Histoire économique de la France

Charles Serfaty

Histoire économique de la France

DE LA GAULE À NOS JOURS

PASSÉS/COMPOSÉS

ISBN : 978-2-3793-3445-0
Dépôt légal – 1re édition : janvier 2024
4e tirage : février 2024

170 bis, boulevard du Montparnasse, 75680 Paris cedex 14

Sommaire

Avertissement

Ce livre est né de l'envie de lire une histoire économique de la France allant de la fondation de Massalia à nos jours, envie qui fut doublement déçue.

Déçue d'abord, car la seule synthèse disponible aujourd'hui, *L'Histoire économique et sociale de la France* en cinq volumes dirigée par Fernand Braudel et Ernest Labrousse dans les années 1970, ne débute qu'en 1450, faisant manquer des périodes cruciales pour comprendre la situation économique française telles que le développement des villes sous l'Empire romain, le grand défrichement des terres conduit au Moyen Âge ou la peste noire[1]. En outre, ces livres ne sont plus à jour. Le présent ouvrage s'appuie par exemple sur une série de données de salaires et de prix permettant de reconstituer le PIB par habitant depuis le XIIIe siècle qui n'est disponible que depuis 2020. Mais c'est une envie déçue surtout parce que le livre qui semblait le mieux répondre à cette attente, *L'Identité de la France*, rédigé par Fernand Braudel dans ses dernières années, est resté inachevé : la troisième partie de l'ouvrage, qui devait retracer une histoire événementielle pour compléter les deux précédents tomes, consacrés à la géographie et aux structures démographiques et économiques, manque, et nous empêche d'imaginer ce « grand récit » économique.

Cette situation est d'autant plus regrettable que la France a été la patrie de grands historiens de l'économie tels que Marc Bloch, Ernest Labrousse, Fernand Braudel ou encore Emmanuel Le Roy Ladurie. Le présent ouvrage n'a naturellement pas la prétention de parachever l'œuvre de Braudel, mais s'inspire du projet qu'avait eu l'historien pour son dernier ouvrage. Il n'échappe ainsi pas à la répétition de plusieurs de ses intuitions fondamentales, telles que l'influence toujours visible de la topographie, notamment le long de l'axe rhodanien, par lequel la Gaule est entrée dans le jeu du grand commerce méditerranéen, mais aussi la permanence des structures de production agricole, l'interdépendance des villes et campagnes dans leur développement, et le lien qui unit l'État au dynamisme des « superstructures capitalistes », pour ne citer que les principales.

Aujourd'hui, l'histoire économique de la France a quitté le devant de la scène, après avoir été l'objet de débats passionnés entre historiens anglo-saxons dans les années 1960 et les années 1970[2]. Bien sûr, la recherche dans ce domaine ne s'est pas arrêtée il y a cinquante ans, et les nombreux travaux de qualité cités dans cet ouvrage en témoignent, mais force est de reconnaître que le « tournant de l'histoire culturelle » amène les auteurs à délaisser les finances publiques ou l'économie, alors que le travail de fiabilisation des sources est loin d'être achevé[3]. Le Moyen Âge, par exemple, inspire aujourd'hui moins de recherches sur son aspect économique, que ce soit le volume des échanges, le fonctionnement des marchés du crédit, le niveau de vie ou les inégalités : quand ces sujets sont traités, c'est surtout pour leurs implications sociales ou culturelles[4].

On peut voir dans ce changement historiographique un effet de la perte d'influence du marxisme auprès des universitaires, et la disparition de la vieille idée selon laquelle le système productif et l'économie étaient les seules forces capables de rendre intelligible l'histoire. Le champ de l'histoire quantitative a ainsi été laissé en grande partie aux économistes. Ces derniers ont également vu leur approche évoluer, concentrant leur recherche sur l'identification des relations causales entre phénomènes historiques, dans le but de tirer des leçons pour l'économie contemporaine. Cette méthode consiste à isoler l'effet causal entre deux variables, par exemple entre le développement urbain et la croissance économique, en décontextualisant au maximum lesdits phénomènes et en utilisant un « instrument ».

Pour citer un exemple souvent repris et contesté, plusieurs économistes ont affirmé que les inégalités de développement entre pays issus d'anciennes colonies s'expliquaient par des modes différents de colonisation. D'après eux, dans le cas de l'Inde, le Royaume-Uni avait laissé de mauvaises institutions, corrompues et inefficaces, et avait choisi d'exploiter les populations autochtones plutôt que d'installer ses propres ressortissants[5]. Dans le cas des États-Unis, au contraire, les colons avaient organisé les cours de justice et les lois pour régler les conflits entre eux, dans une perspective plus égalitaire et, surtout, plus efficace. Pour prouver ce lien de causalité entre niveau de développement et mode de colonisation, les auteurs ont considéré qu'il suffisait de démontrer que là où les colons avaient un taux de mortalité moins élevé, l'économie était aujourd'hui mieux développée, parce que les colons avaient pu s'y établir en plus grand nombre. Au contraire, la présence de la fièvre jaune dans une région la condamnait à voir une faible population européenne et des institutions « extractives ». Pour appuyer leur thèse, les auteurs se fondent sur des corrélations statistiques, pour prouver une relation « toutes choses égales par ailleurs »[6].

Cette démarche de décontextualisation s'inscrit à rebours de celle de l'historien, mais, employée à bon escient, elle apporte une vérification utile de relations déjà connues ou pressenties. Une étude parvient ainsi à quantifier l'effet de la consommation de la pomme de terre sur l'augmentation de la population, en estimant le degré d'adaptation du sol et du climat des différentes régions à la culture du tubercule. Comme pour toute méthode, le risque de la recherche causale tient à son application systématique, pouvant conduire à occulter, même inconsciemment, tout élément de contexte qui démentirait la thèse que l'auteur souhaite démontrer. Il n'est pas inutile de disposer de récits qui se focalisent sur une région, en exploitant la littérature économique mais sans se donner comme objectif de prouver une thèse préétablie[7].

Croiser les sources et les approches des deux disciplines était ainsi un autre objectif assigné à ce livre, dans l'espoir de contribuer à un décloisonnement bénéfique pour le lecteur, mais aussi pour les chercheurs et les décideurs.

Introduction

Et si on écrivait une nouvelle histoire de France ?

Parce que le chemin économique pris par la France croise souvent celui de son histoire politique, ce livre en retrace les grandes étapes au fil des jalons bien connus de changements de régime et de gouvernement. Outre la familiarité de ces bornes pour le lecteur, ce choix permet de mettre en évidence la construction de la politique économique à travers celle de l'État, qui débute avec la fiscalité royale, se prolonge dans les grands projets d'un Colbert, et se lit toujours aujourd'hui dans le poids prépondérant des prélèvements obligatoires et des dépenses publiques dans notre pays.

Néanmoins, ce livre fait tout autant la part aux analyses sur le temps long, à celle du revenu par habitant, des phases de croissance ou de récession, qui connaissent des évolutions souvent bien plus lentes que les renversements de dynastie. Certaines césures politiques de notre histoire ne sont pas de véritables ruptures à l'aune de l'activité économique : ainsi, la conquête par Jules César ne modifia pas radicalement les conditions de vie et de production. La Gaule celtique était déjà intégrée au commerce méditerranéen et elle n'était pas plus pauvre que ne le serait la Gaule romaine. En 476, quand l'Empire d'Occident disparaissait, rien ou presque ne changeait pour les négociants d'Arles ou de Tours. De même, la résurrection des anciennes cités romaines et du commerce ne se joua pas en quelques décennies, sous la « Renaissance », mais en quatre siècles, au Moyen Âge, du IXe au XIIIe siècle : ce fut une période d'expansion démographique, visible dans le grand défrichement et la création des villes neuves.

L'étude de cette « histoire immobile[1] » précédant la révolution industrielle, permet de cerner d'autres changements profonds, derrière l'atonie de la croissance et les cycles répétés de crises militaires et économiques. L'édification conjointe de la fiscalité royale et du pouvoir central en est un des principaux. C'est à travers la succession des conflits, et les dépenses qu'ils nécessitaient, que l'impôt royal a émergé, avec la création de la taille par Charles V, justifiée par la guerre de Cent Ans. D'un système décentralisé, où dominaient l'Église, la féodalité et les institutions communales, la France est ainsi passée à une institution royale forte et dominante, dont les recettes représenteraient près d'un vingtième de la production intérieure à partir du règne de Louis XIII, à l'initiative de son ministre Richelieu. Le monarque partageait son pouvoir avec les grands du royaume, qui bénéficiaient de ses grâces, ainsi qu'avec les financiers, qui lui fournissaient le « nerf de la guerre » quand l'impôt ne suffisait plus.

Ces nombreux investisseurs, marchands, banquiers ou officiers, disposaient d'une épargne abondante et dormante, qu'ils auraient volontiers investie dans la dette royale, même à un taux faible[2]. Malgré cela, la monarchie française ne réussit jamais à conserver ses finances dans un état soutenable. Dès Philippe le Bel, qui alla jusqu'à faire arrêter banquiers lombards et juifs et manipuler la monnaie pour financer ses conflits avec les Flamands, s'amorçait une succession de crises de ce qui n'était pas encore appelé la « dette publique ». Elle ne s'achèverait qu'en 1797, date du dernier défaut souverain. Entre-temps, la grande majorité des rois fut confrontée à la même « contrainte budgétaire », que ce soit sous les derniers Valois, au début du règne d'Henri IV, sous la Fronde, sous la Régence avec John Law ou, surtout, en 1789. Même les hommes d'État que l'on crédite d'avoir stabilisé les comptes publics, comme Sully ou Colbert, n'y parvinrent que grâce à un défaut préalable sur les engagements de leurs prédécesseurs. Cela n'empêcha pas le royaume d'être momentanément la plus grande puissance européenne, grâce à la force du nombre : à défaut de prêts à bas taux, Louis XIV pouvait compter sur les impôts de plus de 20 millions de Français, nettement plus que toute autre nation européenne en 1700.

C'était d'ailleurs cette supériorité démographique qui comptait le plus pour le monarque, car la performance macroéconomique du royaume - qu'on pardonne l'emploi anachronique de ce terme - était médiocre. Les Français ne virent pas leur niveau de vie progresser de Saint Louis à Louis XVI. Ils se situaient cependant dans la moyenne du continent : ils étaient, en 1700, deux fois moins riches que les Hollandais ou les Anglais, mais sans doute aussi riches que les Allemands et davantage que les Polonais[3]. Bien que Paris fût une ville extrêmement peuplée et attractive, Amsterdam était, telle New York aujourd'hui, la ville où s'échangeaient et étaient cotées toutes les denrées imaginables ; l'ancienne Lutèce n'était une place d'échange incontournable que pour certains biens de consommation aristocratique et la dette royale.

Les rois et leurs ministres étaient conscients de cet écart de richesse. Parmi toutes les guerres dans lesquelles s'est engagée la France, deux s'apparentaient ainsi à une véritable tentative de piraterie économique : les multiples campagnes d'Italie, entre 1494 et 1559, et la guerre de Hollande, entre 1672 et 1678, avaient été menées pour récupérer des pans de territoires qui étaient alors les plus riches du continent, le duché de Milan et les Provinces-Unies.

Le succès ne fut que partiel, surtout en Italie, et le PIB par habitant n'augmentait toujours pas. De même au XVIIIe siècle : que la France vainquît l'Angleterre ou non dans les conflits successifs qui les opposaient, l'activité économique ne changeait pas son cours. Cette absence de croissance n'était pas une source de frustration : c'était le monde auquel tous les hommes d'Ancien Régime étaient habitués.

C'est pourquoi les économistes résument généralement l'histoire économique des pays occidentaux[4] avec une seule date charnière, celle de la « révolution industrielle », autour de 1800. Avant cette date, l'économie est dite « malthusienne », du nom de l'Anglais Thomas Malthus, qui publia son célèbre *Essai sur le principe de population* en 1798. D'après lui, chaque progrès technique, comme le développement de la charrue en Europe au Moyen Âge, permettait une hausse seulement temporaire du niveau de vie. En effet, la « passion entre les sexes » – c'est un révérend qui parle – amenait finalement les hommes à faire trop d'enfants. Avec de nouvelles bouches à nourrir, il devenait nécessaire de défricher de nouvelles terres, lesquelles se révélaient de plus en plus difficiles à exploiter et de moins en moins fertiles. Cette situation conduit à une baisse de la productivité, et *in fine*, du niveau de salaires et de production par habitant. Dans ce schéma, la hausse de la population provoque une dégradation progressive des conditions de vie[5]. Cette théorie, pessimiste, est prise au sérieux par les historiens de l'économie, au nom d'un constat très simple : toutes les enquêtes qui ont été faites dans le passé pour calculer le niveau de vie moyen de la population ont abouti à des résultats extrêmement proches de ceux anticipés par Malthus. On ne semblait pas mieux vivre en 1700 qu'au Moyen Âge ou que dans l'Antiquité ; par ailleurs, l'écart de niveau de vie entre les grandes régions du monde était assez faible au moins jusqu'au XVIIe siècle. En un mot, il n'y avait pas de *croissance* avant 1800.

Sous cet angle, avant 1789, et même avant 1815, la France demeurait au stade de l'économie « malthusienne », la mauvaise qualité de la terre imposant à ses habitants de vivre avec le minimum de ressources nécessaire, le « seuil de subsistance ». Au siècle des Lumières, les paysans étaient toujours ces « animaux farouches, [...], noirs, livides et tout brûlés du soleil » qui manquaient de pain. Même la Renaissance du XVIe siècle n'améliora pas les choses – le niveau de vie semblant se dégrader à mesure que la population retrouvait son niveau d'avant la peste noire de 1348. Le progrès ne semblait pas réellement possible, exception faite pour l'élite : l'imprimerie avait par exemple répondu à son intérêt croissant pour les livres et la science, et l'on fabriquait au temps de Voltaire davantage de biens de luxe comme la porcelaine et les miroirs, tout en s'initiant au café, au chocolat, au tabac ou au sucre. Par une certaine ironie de la science économique, au moment même où Malthus décrivait les lois de son système, celles-ci cessaient d'être vérifiées : en 1800, plusieurs pays européens connaissaient une forte croissance démographique sans que celle-ci appauvrît la population, au contraire. Les gains de productivité compensaient largement les effets du « surpeuplement », et le continent s'enrichit considérablement. C'était la « révolution industrielle ».

Cependant, cette dernière expression serait inappropriée pour résumer les changements qui survinrent au XIXe siècle en France : contrairement à l'Angleterre, elle s'est enrichie tout en restant une nation majoritairement paysanne. De plus, le travail industriel était le fait de petits ateliers qui ne connurent une mécanisation que très progressive de leur activité. Surtout, les progrès techniques qui permirent la montée du niveau de vie ne se limitaient pas à l'industrie textile ou au chemin de fer – aussi importants fussent-ils. Ceux de l'agronomie, des chemins, des canaux ou des institutions, devenues plus favorables aux grands projets d'irrigation des terres, étaient tout aussi importants. Il y eut une seconde rupture, plus profonde encore, après 1945 : le revenu par habitant triplait en trente ans, et les progrès de la productivité et de l'équipement agricoles provoquaient l'exode rural. Les paysans, qui avaient été le socle démographique, économique et fiscal du pays pendant des siècles, s'installaient en ville ou dans des pavillons périurbains pour exercer des métiers de service, dans une économie tertiarisée et plus riche que jamais.

Ce fut à deux reprises, après deux désastres militaires, ceux de juin 1815 et de juin 1940, que la France connut ses plus belles phases de prospérité économique – qui allaient bien au-delà de la reconstruction des dommages de guerre. Cette coïncidence est d'autant plus frappante que ces défaites avaient enlevé au pays plusieurs de ses atouts économiques – ses colonies. La perte de la riche île esclavagiste de Saint-Domingue durant la Révolution n'avait pas empêché le décollage économique du XIXe siècle. De même, la décolonisation d'après 1945 ne ralentit pas le rythme effréné des Trente Glorieuses, malgré les ressources (caoutchouc, riz, hydrocarbures) et les 150 millions d'habitants de l'empire. Quand la France « surperformait » le plus par rapport aux autres économies européennes, c'était précisément après les accords d'Évian en 1962[6].

Le choc pétrolier de 1973 provoqua un net ralentissement de l'activité économique, après trois décennies d'accélération continue. Même si le rythme de croissance demeurait plus soutenu qu'au début du XIXe siècle, son décalage avec les changements culturels et sociaux de l'époque, toujours plus rapides, était flagrant. L'économiste Robert Solow se voit souvent attribuer une remarque acerbe sur la révolution informatique : « On voit des ordinateurs partout, excepté dans les statistiques de productivité. » La mondialisation accélérée à partir des années 1990 et le développement des nouvelles technologies font disparaître de nombreux métiers, en particulier dans l'industrie, et modifient en profondeur nos vies quotidiennes, nos relations amicales et amoureuses, nos divertissements, et même notre rapport avec l'écriture. Pourtant, force est de constater que la croissance n'a augmenté ni en Europe ni même aux États-Unis, qui sont demeurés le principal *leader* de cette révolution du numérique. Autrement dit, c'est comme s'il fallait davantage d'efforts moraux à notre société pour augmenter la production : c'est peut-être le propre d'une société de services, où les progrès de la productivité se font en dépersonnalisant davantage les relations humaines et sont de plus en plus difficiles à obtenir[7].

Le réchauffement planétaire provoqué par les émissions de gaz à effet de serre risque de contribuer à une baisse durable de la croissance : la transition climatique contraint la France à remplacer les technologies thermiques, largement éprouvées, par de nouveaux équipements reposant davantage sur la production d'électricité renouvelable. Que ces investissements provoquent la « décroissance » ou non, qu'ils permettent ou non la réindustrialisation de la France, comme voulu par le projet porté par Bruno Le Maire en 2023[8], ils contribueront à un ralentissement de la production de biens matériels.

De ce long panorama économique, quelles lignes de force retenir ? S'il en faut une, c'est la spécificité géographique française au sein de l'Europe : elle était, pour le géographe Paul Vidal de La Blache, qui reprenait des idées de son prédécesseur grec Strabon, « la contrée sise au rapprochement des deux mers ». Elle est reliée à la mer Méditerranée et à l'Atlantique, ce qui en fait le point de rencontre entre les deux grandes cultures européennes. C'était de Massalia que le Grec Pythéas était parti, au IVe siècle av. J.-C., à la découverte de l'Atlantique, de la Hollande et de la Grande-Bretagne. Avant même la conquête par Jules César, c'est par la Gaule que la culture méditerranéenne romaine s'exportait en Germanie : le vin et l'huile du Sud y passaient vers ces pays « barbares ». Les foires de Champagne, au XIIIe siècle, eurent du succès précisément parce qu'elles étaient à mi-chemin entre la Flandre et l'Italie, où se trouvaient les plus riches villes médiévales.

Plus profondément et comme l'avait vu Marc Bloch, l'économie française s'est organisée selon deux systèmes agraires complémentaires, le triennal au nord de la Loire, et le biennal dans la partie méridionale du pays[9]. La spécificité nationale était de rassembler ces deux grands modes de production dans un même pays, autrement dit de tenir à la fois du nord et du sud du continent[10]. Plus tard, au temps des premiers empires, la France bénéficia simultanément du commerce atlantique à Nantes ou Saint-Malo et de l'influence de Marseille au Levant. Quand l'Angleterre commençait sa révolution industrielle à la fin du XVIIIe siècle, le Nord ou la région lyonnaise se mécanisaient tandis que les régions du Sud restaient aussi rurales que l'Italie ou l'Espagne. Au XXIe siècle, au sein de l'Union européenne, notre pays, aussi bien par son niveau de richesse que par sa politique budgétaire, est à mi-chemin entre l'Allemagne, la Hollande, économes et exportatrices, et l'Italie ou l'Espagne, endettées.

Cette position, au cap d'un continent, ne fut pas qu'un atout : elle a amené la France à être le théâtre des guerres et pillages les plus acharnés depuis Alésia jusqu'en 1945 en passant par les invasions anglaises du XIVe siècle, sans oublier les guerres civiles. Ceci a favorisé la formation de l'État centralisé, qui offrait une promesse de paix - qui demeura incertaine et relative pour une bonne partie de cette histoire.

CHAPITRE 1

Gaules celtique et romaine : discontinuité politique et continuité économique (600 av. J.-C.–200)

> La Celtique tout entière, en revanche, produit du blé en abondance, du millet et du gland, et toutes les espèces de bétail d'élevage y prospèrent. On n'y voit pas de sol inactif, sauf en quelques endroits défendus par des étangs et des forêts. Et pourtant, du fait de la surabondance de la population plutôt que de son activité, même ces endroits sont habités. Les femmes, en effet, sont fécondes et bonnes nourrices, et les hommes plutôt guerriers et agriculteurs. Aujourd'hui, il est vrai, ils ont dû déposer leurs armes et se mettre au travail de la terre.
>
> Strabon, *Géographie*

La Gaule de Vercingétorix et le récit national

La Gaule nous est connue d'abord par l'histoire de Vercingétorix. Cet aristocrate venu d'une famille influente d'Auvergne - nommée ainsi d'après son peuple, les Arvernes - réussit à mobiliser contre Jules César les peuples gaulois qui allaient perdre leur indépendance. César nous laissa quelques souvenirs de ce grand chef dans ses *Commentaires sur la guerre des Gaules.* Ces Mémoires devaient servir au général romain comme faire-valoir de son génie militaire : le triomphe était plus grand contre un ennemi plus redoutable, et César tenta d'utiliser la Gaule et Vercingétorix comme tremplins pour sa carrière politique. Pourtant, son ennemi gaulois tomba dans l'anonymat pendant presque deux millénaires. Même Michelet l'évoquait à peine dans son histoire de France, dans laquelle il fait précéder son nom d'un article : « le vercingétorix ». Grâce au travail de l'historien Amédée Thierry et à l'enseignement de la Troisième République, heureuse de commencer son histoire des grands Français par un héros païen, Vercingétorix est sorti de l'oubli. Il est devenu *a posteriori* le symbole de l'unité nationale, et il a servi d'instrument pour achever l'unification du territoire au XIXe siècle.

La formation précoce d'une identité nationale explique beaucoup de succès politiques et économiques de la France, très vieil État-nation, mais les Gaulois n'ont joué qu'un rôle indirect et tardif dans le façonnement de cette identité : contrairement à Clovis, à Charlemagne, à Philippe Auguste ou à Saint Louis, ils furent oubliés ou bien tellement mal connus (confondus avec les Francs ou les Romains, parfois pris pour des Troyens) qu'il eût mieux valu pour eux être oubliés.

Aujourd'hui, nous nous identifions aux Gaulois parce qu'ils ont habité la même terre que nous, et semblent à ce titre être nos ancêtres. Or, si de nombreux habitants du territoire métropolitain descendent bien de Gaulois, ces ancêtres se sont largement mêlés avec des Romains, des Francs et autres Sicambres, des Normands, des Bretons, et, plus récemment, des Italiens, Portugais, Algériens, etc.

En somme, c'est une affinité symbolique et teintée de beaucoup d'approximations qui nous lie aux Gaulois dans le roman national. Selon la conception formulée par Ernest Renan à son époque dans sa célèbre conférence *Qu'est-ce qu'une nation ?*, c'est la conscience d'avoir fait de grandes choses ensemble, et la « volonté de continuer à faire valoir l'héritage qu'on a reçu indivis » qui font une nation. Nous pourrions ainsi dire que les Gaulois méritent de figurer dans une histoire de France parce que nous nous les sommes choisis pour ancêtres : nous possédons en commun le souvenir de leur guerre courageuse contre des Romains mieux équipés et armés, nous aimons ce caractère de « petits qui ne se laissent pas avoir par les grands[1] ». Ils sont de plus associés à d'autres passages de notre histoire : Siéyès, à la veille de la Révolution, assimile les Gaulois au tiers état et la noblesse aux envahisseurs francs du Ve siècle : il se propose de renvoyer cette dernière, si elle prétend conserver ses droits au titre de sa conquête, « dans les forêts de la Franconie[2] ».

La Gaule avant Jules César : un pays tourné vers la Méditerranée

La France a oscillé à plusieurs reprises entre sa façade méditerranéenne et sa façade atlantique. Entre l'âge du Bronze et la fin de l'âge du Fer (du Xe siècle au Ve siècle avant notre ère), le centre de gravité économique et commercial de la Gaule est passé de l'Atlantique des côtes armoricaines à la Méditerranée marseillaise. La raison de cette transition géographique est technique : l'homme apprend la métallurgie du fer, dont les produits, plus faciles à produire et tout aussi efficaces, remplacent ceux du bronze, qui deviennent des produits d'apparat de moindre importance. Ainsi, les épées en bronze produites en Bretagne, dont on a retrouvé des traces dans tout l'ouest de l'Europe, cèdent aux épées de fer produites dans le nord des Alpes et le Massif central. Surtout, le monde méditerranéen grec entre en contact avec le territoire français dans cette même période, ouvrant des débouchés et des monopoles commerciaux à ceux qui vendent ces nouveaux produits de fer et contrôlent la route de l'étain.

L'installation de la colonie grecque, ou *emporion*, de Massalia (aujourd'hui Marseille), par les marins venus de Phocée, a lieu en 600 avant l'ère chrétienne. Massalia servait initialement de comptoir, de point d'étape vers d'autres colonies grecques dans l'ouest de la Méditerranée, dans les Cornouailles et la Sierra Nevada, d'où provenaient étain et argent : elle ne fut pas créée pour coloniser la France ni pour se rapprocher des Celtes. Cependant, après plusieurs décennies, les échanges entre les Grecs, les Étrusques et la Gaule se développèrent par Marseille et le long du Rhône : des fouilles archéologiques ont permis de retrouver des biens de prestige d'origine grecque dans des tombes celtes, comme le cratère de Vix en Bourgogne. Marseille, vivant au rythme de la Méditerranée et de son commerce, berce déjà un peu la France.

Il existe des preuves littéraires que les relations commerciales entre Gaulois et Grecs s'intensifièrent dans les siècles qui suivirent. Ainsi, les Gaulois, au moins par leur élite cultivée, devinrent des amis des Grecs, des « philhellènes » : l'élite cultivée fit circuler la légende selon laquelle le héros grec Héraclès aurait civilisé la Gaule lors d'un voyage, en y faisant cesser les sacrifices d'étrangers. Héraclès aurait également eu un fils d'une princesse locale. Ce fils, Galatès, aurait régné sur un peuple qui prit son nom, les Gaulois[3].

Les Gaulois se nommaient eux-mêmes Celtes, comme le rappelle César. D'après le voyageur Denys d'Halicarnasse, au Ier siècle av. J.-C., ce nom leur aurait été donné par des marins phéniciens, d'après le verbe grec *kellein*, qui signifie « débarquer ». C'est chez des Celtes que des Grecs auraient débarqué et trouvé un abri après une tempête. Jean-Louis Brunaux voit dans cette étymologie fantaisiste une part de vérité historique : « La Celtique est bien cette région dont les habitants ont permis aux marins étrangers de poser régulièrement le pied sur une terre qui, ailleurs, leur semblait hostile[4]. » Pour les Grecs, le monde celtique est un monde ouvert aux échanges.

Cette légende est un reflet des liens politiques et économiques forts qui unirent Celtes et Grecs. Les Gaulois utilisèrent l'alphabet grec les rares fois qu'ils transcrivirent leur langue par écrit, leur élite apprit le grec dans des écoles, et on retrouve des portraits de Philippe II de Macédoine ou d'Apollon sur leurs monnaies. Les fouilles archéologiques révèlent d'ailleurs des échanges importants dès le VIe siècle. Les Grecs fournissaient à la Gaule des biens de prestige, comme le vin, l'huile d'olive, les épices, les vases, les armes, les parures, généralement des biens travaillés à forte valeur ajoutée. En contrepartie, les Grecs se servaient de tribus celtes du Sud comme intermédiaires pour accéder aux marchés du nord de la Gaule, de la Bretagne et de la péninsule Ibérique, dont ils tiraient essentiellement des matières premières, notamment des métaux et minerais : or, argent, cuivre, étain (indispensable à la fabrication de bronze), bois, ambre, résine, poix, sel (condiment et conservateur), peaux, laine, mais aussi des esclaves et des mercenaires, et certains biens plus sophistiqués, comme des outils et des armes en fer.

Au départ limités, ces flux augmentèrent chaque siècle. Progressivement, ce commerce transforma la Gaule : les marchandises grecques étaient des biens de prestige extrêmement coûteux, qui changeaient les habitudes de consommation des plus riches. L'élite gauloise prit ainsi goût au vin venu de Grèce puis de Rome ou d'Espagne. D'abondantes amphores du Ier siècle av. J.-C. venant d'Italie ont été mises au jour dans la colline de Fourvière, sur le site du clos du Verbe-Incarné : le vin remontait le Rhône depuis Marseille jusqu'à Lyon, pour passer chez les Éduens, dans l'actuelle Bourgogne. Les puissantes familles gauloises tiraient profit de l'activité de ces routes, car elles obtenaient en échange de la sécurité des routes une partie des bénéfices des marchands.

Autour du Ve siècle av. J.-C., toute la Gaule souffrit de grandes invasions et batailles, sans doute dues à la poussée de peuples venus du Nord et de l'Est. Ces événements, qui laissent une obscure trace archéologique, étaient similaires aux raids et invasions qui se reproduiraient jusqu'au Xe siècle. Ils donnèrent à la Gaule le caractère ethnique qui serait le sien jusqu'à la colonisation romaine. Cette évolution se lit jusque dans le changement de l'habitat, permettant aux archéologues de parler de « la transition de la civilisation de Hallstatt à celle de La Tène », d'après les noms des deux principaux sites archéologiques qui illustrent les caractéristiques des deux époques.

Malgré cette apparente instabilité, Marseille poursuivait son développement au IVe siècle av. J.-C. et installait des comptoirs sur la côte méditerranéenne, de Nice aux Asturies, accroissant la densité urbaine de la Méditerranée occidentale. Les Gaulois avaient changé : désormais spécialistes de la guerre, ils produisaient plus d'armes. Parmi eux, des aventuriers se vendaient comme mercenaires jusqu'en Asie Mineure. Attirés par les plaines fertiles du Pô - les mêmes que Bonaparte faisait miroiter à ses soldats en 1796 - ils se sont installés dans le nord de l'Italie, et, guerriers réputés, ils menaient des raids fréquents contre les pays qu'ils convoitaient.

Ainsi, les Gaulois devenaient les voisins turbulents de la République romaine. Le général de Gaulle fait débuter à ce moment son histoire militaire de la France : « La France fut faite à coups d'épée. Nos pères rentrèrent dans l'histoire avec le glaive de Brennus[5]. » En 390, les Gaulois menés par leur chef Brennus mirent Rome à sac, assiégèrent ses habitants regroupés sur le Capitole, et leur attaque nocturne aurait pu avoir raison de la Ville sans le cacardement des oies du Capitole. Cet épisode semi-légendaire fut un traumatisme pour les Romains, et le *tumultus gallicus* demeura bien présent dans leur mémoire. Si César s'acquit une telle réputation, c'est probablement aussi parce qu'il avait soulagé Rome d'une ancienne menace en conquérant la Gaule. Il complétait aussi l'œuvre de consolidation romaine en Europe occidentale.

Au début du IIe siècle av. J.-C., les Romains annexèrent la plaine du Pô, qu'ils nommaient la « Gaule cisalpine ». Ils étaient désormais séparés des autres Gaulois par les seules Alpes. Les Romains prirent le sud de la Gaule en tenaille lorsqu'ils s'installèrent en 146 sur la péninsule ibérique. Logiquement, ils colonisèrent le littoral méditerranéen français peu après, dont Marseille, et ils fondèrent une colonie à Narbonne en 118. Pour la Gaule chevelue, c'est-à-dire la partie de la Gaule où Rome ne s'était pas encore installée, Rome devint un partenaire militaire, économique, commercial et politique majeur. Cette coopération alla jusque dans le domaine monétaire : les Gaulois alignèrent leur système de monnaie sur celui de Rome en créant le denier d'argent gaulois. Celui-ci valait la moitié d'un denier romain exactement, ce qui facilitait les échanges : un grand numismate du XXe siècle, Jean-Baptiste Colbert de Beaulieu, a parlé de « zone du denier ». Diodore de Sicile témoigne des échanges qui s'intensifient au Ier siècle av. J.-C. :

> Le naturel cupide de beaucoup de marchands italiens exploite la passion du vin qu'ont les Gaulois. Sur des bateaux qui suivent des cours d'eau navigables, ou sur les chariots qui roulent par les plaines, ils transportent des vins, dont ils tirent des bénéfices incroyables, allant jusqu'à troquer une amphore contre un esclave, de sorte que l'acheteur livre son serviteur pour payer sa boisson[6].

Ces liens économiques ne suffirent pas à garantir la paix mais facilitèrent grandement la romanisation de la Gaule une fois que se fut achevée la conquête de César en 51 av. J.-C.

L'économie gauloise, une économie barbare ?

La Gaule demeure, dans l'imaginaire collectif français, une terre peuplée de druides cachés entre des arbres. Elle serait restée barbare et sylvestre jusqu'à ce que le grand conquérant César lui apportât la civilisation. Tel auteur a même écrit que Rome représentait pour les Gaulois l'équivalent de ce que la Silicon Valley représentait dans les années 2000 pour le Burkina Faso. Dans son poème épique sur la guerre civile romaine, Lucain décrit cette scène de César dans l'arrière-pays de Marseille en 49 av. J.-C. :

> Il y avait un bois sacré, qui n'avait jamais été profané depuis des temps anciens, cachant, par son feuillage et ses branches entremêlées, l'obscurité et les ombres glacées du soleil du midi. Ce bois n'est occupé ni par le Pan du paysan, ni par les puissants silvains, ni par les nymphes : les reliques et les rituels barbares y représentent leur dieu. Le sol était couvert de sinistres autels, et chaque arbre était aspergé de sang humain.
>
> [...]
>
> César ordonne d'abattre cette forêt à la hache. En effet, elle était proche de ses travaux de siège et, intacte avant la guerre, restait très dense entre les montagnes nues. Mais les bras courageux des Gaulois tremblèrent : émus par la majesté vénérable du lieu, ils croyaient que, s'ils frappaient les arbres sacrés, leurs cognées leur rebondiraient dessus. Lorsque César vit que ses troupes avaient été paralysées de torpeur, il osa, le premier, saisir sa hache, la balancer et fendre de son fer un haut chêne. « Maintenant, qu'aucun de vous n'ait peur de couper ces arbres : considérez que c'est moi qui ai commis le sacrilège[7]. »

Cette description d'une Gaule superstitieuse et sauvage a une part de vérité, pour ce qui est du développement des villes et des routes. Avant même les guerres de César, ce sont les Romains qui fondèrent des villes et étendirent le commerce en Gaule. Après la fondation de la colonie de Narbonne en 118, ils jouèrent un rôle important dans l'exploitation des routes commerciales. Ils avaient pris le contrôle des anciens *emporia* (comptoirs) grecs ou en avaient fait leurs alliés, et créèrent les leurs, comme Toulouse ou Vienne.

Malgré tout, il ne faut pas surestimer l'écart économique et technique qui existait entre les Gaulois et les Romains : les premiers avaient des outils en fer et en bois sophistiqués, aussi bien pour se battre que pour cultiver la terre. Les soldats de la République leur avaient même emprunté leurs armes et leurs boucliers. Parmi les rares mots gaulois qui sont restés dans la langue française, plusieurs désignent des véhicules et des outils agricoles repris aux

Celtes par les Romains : char, charrue[8] (et donc charron), charpente, soc, gouge (ciseau de menuisier), ouche, vouge (serpe pour élaguer les arbres). Les Gaulois utilisaient même des moissonneuses, quoique primitives.

La qualité de cet outillage tenait à la disponibilité et à l'abondance du bois. Ainsi, les Gaulois se montrèrent d'habiles charrons et furent aussi d'excellents charpentiers et menuisiers. Les forêts fournissaient le bois pour les chars gaulois et les navires bretons : César décrit avec une certaine admiration les bateaux des Vénètes construits en chêne et plus adaptés à la mer orageuse que la flotte romaine. Le bois servait aussi pour les habitations, la chauffe du fer ou le confort des hommes. Les maisons étaient le plus souvent en bois, ce que l'on interprète à tort comme un signe de pauvreté : il s'agit d'un meilleur isolant que la pierre, plus adapté au climat relativement rude du nord de notre pays.

Les charrons gaulois utilisèrent d'importantes quantités de bois dans leur production et les paysans n'hésitèrent pas à défricher pour leurs cultures, au point que certains historiens et archéologues affirment que la Gaule antique n'était pas plus enforestée que la France d'aujourd'hui[9]. Poseidonios, qui avait voyagé en Gaule avant la conquête de César, affirmait que « nulle part le sol n'y est inactif, si ce n'est en des lieux où les marais et les forêts empêchent toute culture. Cependant même là, grâce plutôt à la surabondance de sa population qu'au génie de celle-ci, ses lieux sont habités[10] ». Cette description par un des rares témoins géographiques fiables sur ces questions ne correspond pas à un pays boisé - même si elle n'exclut pas que des clairières fassent partie du paysage. Plusieurs études archéologiques vont dans ce sens. L'actuelle forêt de Compiègne était par exemple entièrement défrichée ; tel massif forestier, à La Guerche, que l'on croyait hérité du fond des âges, avait été en fait occupé et déboisé par les Gaulois[11]. Dans plusieurs sites, l'étude des restes de pollens anciens (la palynologie) relève le retour de certaines essences d'arbres sélectionnées pour leurs propriétés. Les forêts étaient probablement administrées ou conservées par les autorités politiques locales, par souci de préserver du bois ainsi que du gibier pour la chasse. La forêt que César fit débroussailler était peut-être devenue sacrée pour ne pas épuiser les réserves de bois.

De plus, les techniques agricoles s'étaient affinées dans les siècles qui précédaient la conquête romaine : les Gaulois amélioraient le sol grâce au fumier, corrigeant son acidité par le chaulage ou le marnage[12]. Les paysans se spécialisaient dans des monocultures. Avec le foin et l'avoine, on nourrissait mieux les animaux, qui disposaient de nombreuses plaines débroussaillées pour paître. On alternait sur la même terre culture de céréales et légumineuses, bonne pratique qui serait oubliée au Moyen Âge à certains endroits.

Les Gaulois élevaient depuis longtemps les chevaux, pour les travaux des champs, la guerre, la chasse mais aussi pour leur viande. On retrouvait dans le Midi les cultures sophistiquées typiques des régions plus urbanisées de la Méditerranée : il y avait l'oléiculture, dont l'étendue géographique a peu changé et détermine encore la frontière entre la France du beurre et celle de l'huile, et la viticulture, empruntée aux Grecs et aux Romains. Les Gaulois ne vivaient pas de la chasse, déjà une activité socialement distinguée[13], ni de la cueillette, et une grande partie du territoire servait à l'agriculture et à l'élevage. Les fouilles archéologiques des dernières décennies montrent que beaucoup d'exploitations agricoles que l'on croyait dater de la conquête romaine remontent en fait à la période celtique : les Gaulois n'étaient pas encore romains au Ier siècle av. J.-C. mais ils étaient dignes de l'être.

Pour ce qui est du bien-être matériel, les Gaulois étaient bien nourris : les auteurs latins et grecs notent leur grande taille, signe d'une nutrition riche en protéines animales. En utilisant les mesures biométriques, telle la longueur du fémur, comme indicateur de taille, des historiens[14] ont montré que les régions « barbares » moins densément peuplées, dont le nord de la France d'aujourd'hui, avaient une population plus grande que la population méditerranéenne : 2 centimètres de plus en moyenne, à 1,70 mètres. Même si ces chiffres sont incertains, ils sont compatibles avec les témoignages et la réalité agricole de ces pays. Les Gaulois et les Germains possédaient plus de terres que les Romains pour faire vivre le bétail qui leur fournissait du lait et de la viande, ce que confirme par ailleurs leur grande production de cuir. De plus, ils avaient développé l'industrie complémentaire du sel sur les façades atlantique et méditerranéenne. Le sel, en plus d'être un condiment indispensable, accroissait la valeur des produits animaux. La salaison permettait de conserver les viandes, de confectionner les fromages et la charcuterie et de conserver certaines préparations à base de poisson, comme le *garum*, dont étaient friands les Romains[15]. Grâce au sel, la viande, le lait et le poisson, normalement périssables, deviennent des biens échangeables sur des distances raisonnables et sont moins cloisonnés aux marchés locaux. Les archéologues ont retrouvé, jusque dans le site d'Alésia (Alise-Sainte-Reine en Côte-d'Or), des produits de la mer comme des huîtres, ce qui prouve que les Gaulois savaient déjà transporter dans les terres ces biens de la mer pourtant difficiles à conserver.

Les échanges avec la Méditerranée s'intensifièrent dès le IIe siècle av. J.-C. Comme les échanges et la division du travail étaient en plein essor, il semble que la Gaule ait développé une économie monétaire : les pièces, auparavant uniquement d'or, commençaient à perdre en poids et en valeur et à devenir plus nombreuses. L'abondance de petites pièces d'argent et de bronze n'est pas ici un signe de disparition de l'or, qui viendrait de la dégradation de la balance commerciale : elle indique plutôt que le champ des transactions commerciales s'est étendu. La monnaie d'or, plus chère, sert au commerce des biens lointains, souvent luxueux ; les monnaies d'argent et de bronze servent davantage au commerce de proximité[16]. Les échanges à longue distance avec les Romains et les Grecs permettaient paradoxalement la création d'un marché intérieur gaulois : des marchands qui passaient fréquemment d'une cité à l'autre favorisaient les liens par le transport entre Gaulois. Les échanges entre voisins ne se faisaient pas seulement par dons, contre-dons, impositions, redistribution ou troc, mais aussi sous forme marchande.

L'urbanisation était bien moins avancée qu'en Italie romaine, mais il commençait à se créer des sortes de villes, souvent situées sur les hauteurs pour des raisons militaires. On les nomme *oppida* (places fortes), comme Jules César les appelait. Il s'agissait de larges aires protégées par des barrières naturelles, complétées par des murs « gaulois », construits avec des poutres de bois et des pierres, et admirés de César. Les fouilles archéologiques montrent que ces *oppida* permettaient une forme de spécialisation et de division du travail : des artisans spécialistes, notamment dans la métallurgie du fer, fabriquaient leurs propres biens, entourés de champs de paysans. Il y avait des greniers et des silos permettant de stocker la nourriture.

Les villes du Nord, si elles étaient grandes en superficie, étaient étalées et peu peuplées ; elles étaient souvent des chefs-lieux politiques où logeaient l'aristocratie et ses serviteurs, contrôlant de là les voies commerciales. On y trouvait des menuisiers et des charrons, parfois des marchands étrangers, comme les malheureux Romains qui furent massacrés en 54 av. J.-C. par les autochtones de Cenabum (Orléans). Elles étaient le cœur politique de « cités », dirigées par des gouvernements oligarchiques de sénateurs aristocrates. Certains de ces gouvernements avaient une allure démocratique, ce qui les rendait semblables alors à la République romaine – Polybe rapporte par exemple qu'Hannibal, lorsqu'il traversa la Gaule pendant la seconde guerre punique, dut demander l'autorisation de l'assemblée représentative de chaque tribu. En particulier, les Éduens semblent avoir élu leurs propres magistrats. Ces différentes cités se disputaient souvent, pour des avantages économiques divers comme un monopole de contrôle du commerce, ce qui explique sans doute le caractère défensif des *oppida* : les guerres étaient fréquentes, alimentées par des querelles entre les plus puissantes cités et leurs clientèles.

Les *oppida* du Sud, nettement plus développés, plus denses, mais de moindre taille, ressemblaient davantage aux petites villes romaines, avec plus d'ornements décoratifs et d'activité économique. Ces sites étaient de taille très variée ; à moins de 100 kilomètres l'un de l'autre, Entremont et Taraudeau, au IIe siècle av. J.-C., sont comme le jour et la nuit. Taraudeau, *oppidum* périphérique, quasi autarcique, sans richesse, ni outil sophistiqué ou monument, en cède beaucoup à Entremont, *oppidum* bien connecté à l'économie méditerranéenne, par Marseille, riche en bijoux et édifices publics, cultivant les biens intensifs en capitaux que sont l'huile et le vin[17]. Entre le Nord indigène et le Sud romanisé, entre les villes proches des routes commerciales et celles qui sont plus isolées, celles qui jouissent d'un accès aux ressources minérales et les autres, les divergences sont importantes et les intérêts économiques sont parfois aux antipodes, comme Jules César en fit l'expérience lors de sa conquête.

Colonisation romaine

Rome apporta à la Gaule sa première unité politique. Il existait au Ier siècle av. J.-C. une soixantaine de tribus gauloises, dont les plus éminentes étaient les Éduens (dont le territoire correspondait à peu près à la Bourgogne) et les Arvernes (qui occupaient l'Auvergne). Si l'on exclut l'Aquitaine antique et la Bretagne (l'Armorique alors), la Gaule chevelue formait un ensemble relativement homogène linguistiquement, peut-être ethniquement et sans doute culturellement - les divers peuples devaient être plus ou moins hellénisés. Il existait un conseil de toute la Gaule, réunissant les dirigeants de chaque tribu. Un Arverne, nommé Celtill, aurait un moment eu le primat des Gaules et une forme d'autorité sur les soixante tribus du conseil. Il ne dut pas faire consensus, car il fut tué peu après, et les Éduens, grâce au soutien de Rome, devinrent la plus importante tribu gauloise. Celtill aurait échoué dans sa tentative de faire l'unité gauloise, ce qui n'empêcha pas son fils Vercingétorix de s'y essayer de nouveau[18].

En 59 av. J.-C., Jules César devint proconsul des Gaules romaines, comprenant la Gaule cisalpine, correspondant au nord de l'Italie, et la transalpine ou narbonnaise, notre Midi. Bien qu'il fût tenu d'obéir au Sénat et de travailler pour le bien-être de Rome, son objectif principal était d'accroître sa réputation personnelle par une politique militaire de prestige. César profita des désordres suscités par des expéditions militaires des Helvètes et des Germains pour se poser en défenseur de la Gaule, avec l'approbation des chefs de plusieurs tribus, sans doute en soudoyant l'élite politique gauloise.

Les cités avaient des sénateurs ou des rois qui acceptèrent l'alliance romaine, et la domination de fait de Jules César.

Cependant, il existait une jeune noblesse gauloise, qui ne bénéficiait pas des dons de César ou ne croyait pas à ses promesses. Elle voyait la Gaule subir la loi romaine, qui se matérialisait par l'hébergement des nombreuses légions et le paiement d'un tribut.

C'est grâce à l'appui de cette population que Vercingétorix initia la révolte. Il obtint le soutien de la Belgique et la Gaule celtique, y compris des Éduens, malgré les réticences de nombreux clients de César. Âgé de moins de 30 ans, issu d'une famille très riche et bénéficiant de la prospérité de la cité arverne, Vercingétorix réussit à mobiliser beaucoup de ressources politiques et financières pour s'attacher des fidèles. Il fit battre des monnaies d'or à son effigie, devenant d'ailleurs le seul dirigeant gaulois à être représenté ainsi. Il obtint une victoire prestigieuse contre Jules César à Gergovie (52 av. J.-C.). Quelques mois plus tard, il tenta un assaut qui échoua contre les légions romaines près de l'*oppidum* d'Alésia. Vercingétorix dut se replier dans la ville, attendant des renforts qui lui avaient été promis et arrivèrent en effet. César assiégea les Gaulois, tout en bâtissant des contrevallations protégeant ses légions de l'armée de secours. Malgré leur supériorité en nombre, les assiégés perdirent, frappés durement par les renforts de cavalerie germaine des Romains, et dépassés par la rigueur tactique et la discipline des centurions[19]. Le futur dictateur triompha des dernières résistances en Belgique, et en moins de dix ans, les Gaulois étaient soumis.

Cette campagne montre combien la Gaule était loin de pouvoir former une nation : les divisions internes étaient fortes entre cités au plus fort de la guerre. Malgré tout, si l'on en croit César, l'armée gauloise coincée à Alésia était faite de 80 000 hommes ; l'armée venue la secourir, de 250 000 hommes. Du côté gaulois, cela ferait 330 000 hommes, soit plus que pour toutes les batailles qui eurent lieu en France jusqu'à la Première Guerre mondiale[20]. La Gaule ayant alors entre 6 et 10 millions d'habitants, cette mobilisation fut exceptionnelle : 10 % de la population masculine aurait ainsi participé à la bataille. Non seulement le conflit fut accepté par la population, mais il suscita une mobilisation militaire et économique importante en Gaule.

La guerre avait un coût qui dépassait celui des morts. En représailles d'exactions commises contre les marchands et représentants romains, César réprima sévèrement les civils. Pour empêcher l'armée romaine de vivre des ressources du territoire, les Gaulois eux-mêmes avaient brûlé leurs terres – et pour se battre, les soldats avaient interrompu les travaux des champs. La Gaule dut connaître des pertes importantes, et les survivants des conditions de vie terribles. Les privations avaient été d'autant plus dures que César allait redistribuer les richesses : les chefs et les familles fidèles à César ainsi que les colons romains allaient être récompensés au détriment des Gaulois. C'est avec un important butin que le conquérant revint dans la capitale poursuivre sa carrière politique : Suétone affirme qu'il rapporta tellement d'or que le prix du métal précieux aurait baissé significativement. « En Gaule, [César] pilla les chapelles privées et les temples divins, remplis d'offrandes ; et il détruisit certaines villes pour y faire du butin sans même qu'il s'agisse de représailles contre quelque faute. Ce brigandage lui procura beaucoup d'or, qu'il fit vendre en Italie et dans les provinces, à raison de 3 000 sesterces la livre », alors que le prix habituel était plus proche de 4 000 sesterces[21].

L'union des Gaulois contre Rome avait probablement une motivation économique. Non seulement les Romains imposaient de lourds tributs, mais ils étendaient leur contrôle sur les échanges, après avoir déjà barré aux Gaulois l'accès direct à leur *mare nostrum*. Au moment où la guerre éclatait, le commerce méditerranéen prospérait : les pirates de Cilicie avaient été éliminés par Pompée sept ans avant l'arrivée de César, en 67, ce qui rendait les trajets en mer plus sûrs et moins coûteux. Les marchandises de la Méditerranée remontaient jusqu'au Nord, profitant aux cités qui se trouvaient sur la route. Les Éduens tiraient leur richesse du contrôle des routes entre Gaulois du Nord, Germains et Romains, dont Chalon-sur-Saône était le centre. Ils avaient également intérêt à conserver de bonnes relations avec les puissances politiques qui contrôleraient l'accès à la mer. Au contraire, les Arvernes semblaient tirer parti de leur spécialisation dans l'artisanat du fer ainsi que de leur puissance militaire et vivaient dans une région montagneuse relativement isolée des flux du commerce. N'étant pas sur la route des marchands, ils avaient davantage à perdre de la domination romaine.

Les apports de Rome : routes militaires, commerce méditerranéen

La Gaule avait été appauvrie après les guerres de César, à cause des nombreux morts, des dégâts économiques et des tributs de la défaite ; ainsi, il n'y avait plus d'or ni d'argent. Cependant, ce ne fut pas un bouleversement : très peu des sites agricoles et des centres urbains hérités de l'époque celtique furent abandonnés, grâce entre autres à la repopulation par des colons romains. La nouvelle province avait été également épargnée par la guerre civile romaine qui s'achevait en 31 av. J.-C. À partir de cette période, la Gaule, surtout la septentrionale, connut une phase de croissance démographique et économique, grâce aux infrastructures romaines et au commerce méditerranéen.

La Gaule bénéficia d'abord des efforts romains pour conquérir la Germanie. Rome installa plusieurs légions après la guerre civile, suscitant la création d'autres infrastructures. Afin que les légions pussent évoluer, se loger et s'approvisionner, il leur fallait des villes et des routes. Le tracé de ces dernières était déterminé avant tout par les besoins militaires de Rome, mais elles purent servir également au déplacement des marchandises et de voyageurs. Elles complétaient des voies fluviales bien connues, et aisément praticables : elles ont fait dire au géographe Strabon que le pays gaulois était particulièrement adapté au commerce :

> Mais à ce propos-là revenons encore (la chose en vaut la peine) sur ce que nous avons dit plus haut de la correspondance, en quelque sorte symétrique, qui existe entre les différents fleuves de la Gaule et par suite entre les deux mers Intérieure et Extérieure. On trouve, en effet, pour peu qu'on y réfléchisse, que cette circonstance constitue le principal élément de prospérité du pays, en ce qu'elle facilite entre les différents peuples qui l'habitent l'échange des denrées et des autres produits nécessaires à la vie, et qu'elle établit entre eux une communauté d'intérêts d'autant plus profitable qu'aujourd'hui, libres de toute guerre, ces peuples s'appliquent avec plus de soin à l'agriculture et se façonnent davantage au genre de vie des nations civilisées. On serait même tenté de croire ici à une action directe de la Providence, en voyant les lieux disposés, non pas au hasard, mais d'après un plan en quelque sorte raisonné. Ainsi, le Rhône, qui peut déjà lui-même être remonté très haut, et l'être par des embarcations pesamment chargées, donne, en outre, indirectement accès dans beaucoup de cantons, par la raison que ses affluents sont également navigables et peuvent aussi transporter les plus lourds fardeaux : les marchandises reçues d'abord par l'Arar [notre Saône] passent ensuite dans le Dubis [le Doubs], affluent de l'Arar ; puis on les transporte par terres jusqu'au Sequana [la Seine], dont elles descendent le cours, et ce fleuve les amène au pays des Lexoviens et des Calètes [pays de Caux], sur les côtes mêmes de l'Océan, d'où elles gagnent enfin la Bretagne en moins d'une journée. Seulement, comme le Rhône est rapide et difficile à remonter, il y a telles marchandises de ces cantons (toutes celles notamment qu'on expédie de chez les Arvernes pour être embarquées sur le Liger [Loire]), qu'on aime mieux envoyer par terre sur des chariots. Ce n'est pas que le Rhône, en certains points de son cours, ne se rapproche sensiblement de l'autre fleuve, mais, la route de terre étant toute en plaine et peu longue elle-même (elle n'est guère que de 800 stades) invite à ne pas remonter le Rhône, d'autant qu'il est toujours plus facile de voyager par terre. À cette route succède la voie commode du Liger, fleuve qui descend des monts Cemmènes et va se jeter dans l'Océan[22].

L'axe le plus important était celui qui relie la Méditerranée à la Bretagne, en passant par Arles, en remontant le Rhône jusqu'à Lyon, puis la Saône, enfin en allant jusqu'à la Seine : le choix que firent les Romains d'installer la capitale des Gaules à la confluence de la Saône et du Rhône s'expliquait aisément. Pour

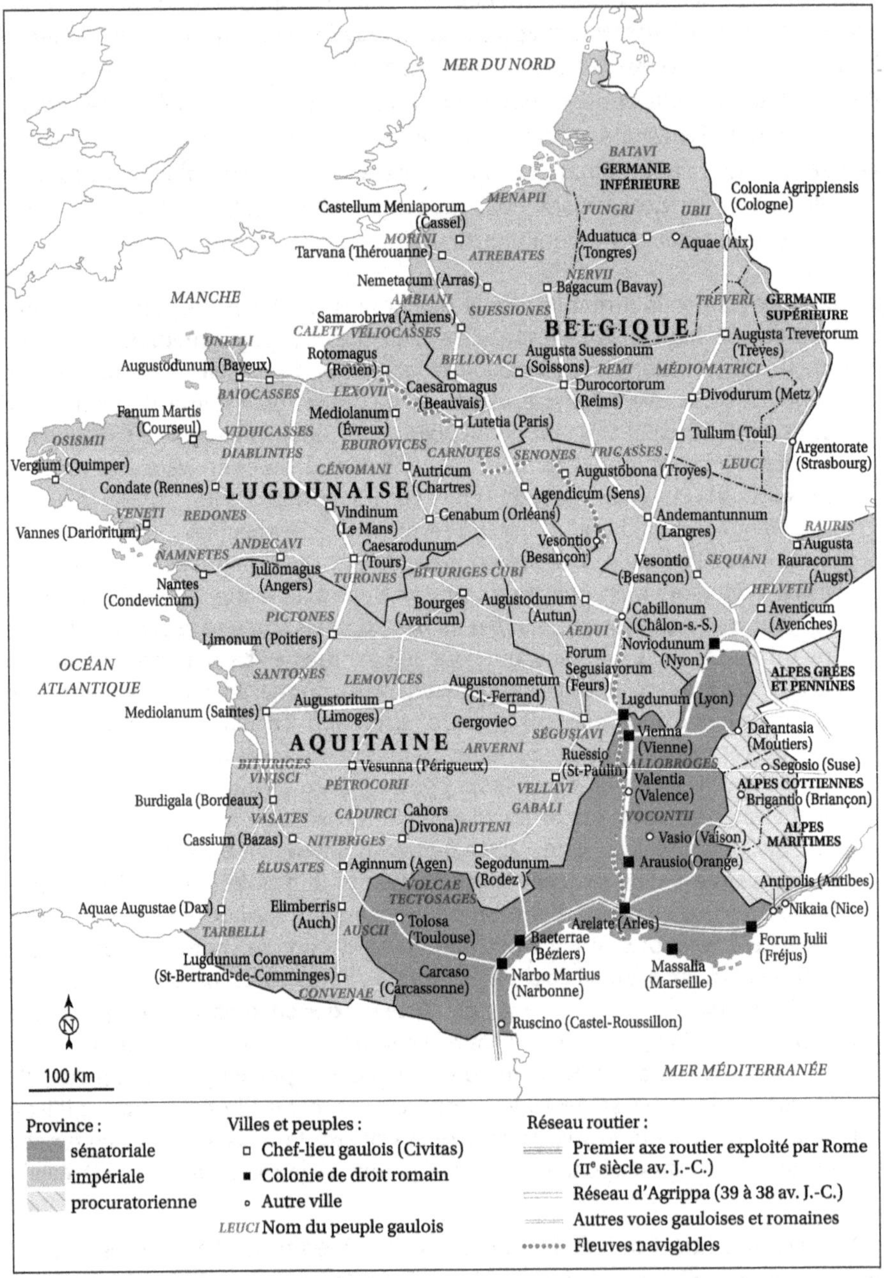

Carte 1.1. Organisation de la Gaule après la conquête : provinces et routes romaines. Ier et IIe siècle

aller en Auvergne, exportateur important de produits du fer, ou pour passer sur la Loire, il existe des routes terrestres sûres depuis Lyon. Au sud, la voie Domitienne courait le long de la Méditerranée de la péninsule ibérique jusqu'à Nîmes, avant de rejoindre l'Italie par Briançon dans les Alpes.

Les épaves retrouvées dans la Méditerranée permettent de retracer l'histoire et la densité des flux économiques. Plus le commerce était élevé, plus il y avait de bateaux circulant dans la mer, et plus il y avait de risques de naufrage. Le nombre d'épaves nous fournit donc une estimation du volume d'échanges[23]. Le commerce dans la Méditerranée française semble surtout s'être développé à partir du IIe siècle avant notre ère et s'être maintenu à un niveau élevé, jusqu'à la fin du IIe siècle ap. J.-C. Le commerce dans le littoral français atteint son point haut au Ier siècle, puis baisse considérablement à la fin du IIe siècle, comme dans le reste de l'Empire (voir figure 1.2).

Sous la domination romaine, l'agriculture gauloise se modifia radicalement. Le commerce, facteur essentiel de la productivité agricole générale, permit une plus importante spécialisation. Ainsi, la Gaule septentrionale s'engagea franchement dans la production de céréales, exportées pour approvisionner Rome. L'Égypte et la Sicile restèrent certes les plus grands greniers à blé de l'Empire, mais la Gaule nourrissait tout de même les soldats romains postés à la frontière et exportait aussi vers la Ville. Alors que la densité de population augmentait dans le Nord, les pâturages cédaient aux champs. D'après les données archéologiques, les porcs remplaçaient les bovins, privant une partie des Gaulois de la production de lait locale[24]. La consommation alimentaire est devenue essentiellement végétale, ce qui explique la baisse de la taille des hommes après la conquête[25].

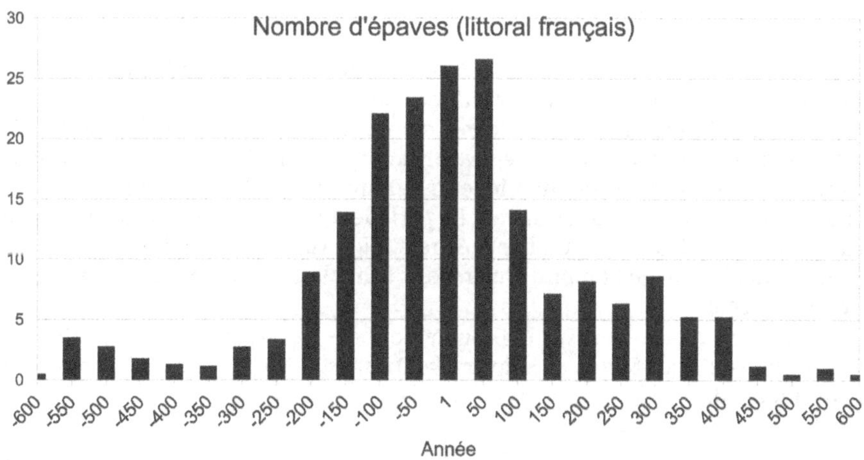

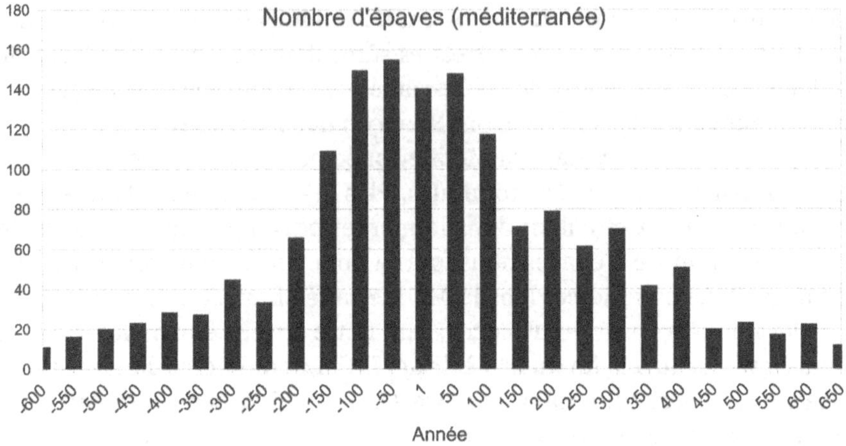

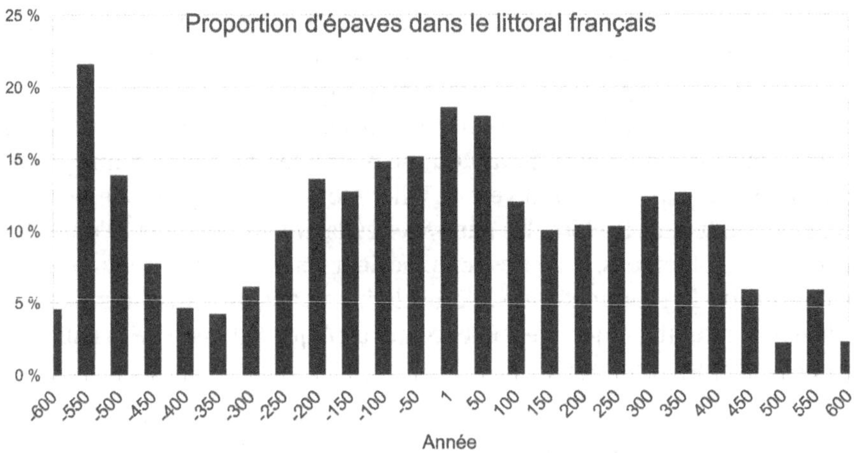

Figure 1.2. Nombre d'épaves retrouvées chaque demi-siècle dans la Méditerranée française et dans l'ensemble de la Méditerranée, proportion d'épaves françaises. Le dernier graphique, moins sûr - car il combine les incertitudes des deux précédents - montre la proportion d'épaves retrouvées dans le littoral français pour chaque demi-siècle. Il donne une idée imparfaite du poids relatif du commerce gaulois dans le monde méditerranéen. La période d'essor de Massalia se distingue clairement au VIe siècle av. J.-C., l'apogée relatif qui suit la conquête également. Le déclin très net à la fin de l'Empire illustre le déclin relatif du commerce en Occident après le Ve siècle.
Source : Calculs de l'auteur, sur la base de données hébergées par Oxford Roman Economy Project : Julia Strauss, « Shipwrecks Database », 2013 ; Version 1.0 consultée en novembre 2022.

La participation gauloise au premier « marché commun »

L'économie gauloise participait à un ensemble bien plus vaste autour du *mare nostrum* (« notre mer »), un premier marché commun avec des taxes modiques sur le commerce - si les coûts de transport demeuraient très élevés, l'économie méditerranéenne romaine semblait néanmoins assez intégrée. L'économiste Peter Temin[26], comparant les données de prix des céréales d'une région de la Méditerranée à l'autre, affirme que les écarts correspondent à ce que l'on attendrait d'un marché efficace : la différence de prix entre blé égyptien et italien correspondait aux coûts de transport entre les deux régions[27]. Il rappelle également le rôle institutionnel de l'État, garant de la validité des contrats à travers l'Empire, simplifiant le commerce à longue distance. Selon lui, Rome est une économie de marché, et peut donc être analysée en tant que telle[28].

L'État ne facilitait pas seulement le commerce grâce aux lois : son interventionnisme en matière d'infrastructures contribuait à l'unité du marché romain et gaulois. Les fameuses routes romaines, qui eurent d'abord une vocation militaire, servirent aussi aux marchands, plus tard aux bandits. Elles permettaient la concentration d'activités régionales et la commercialisation de produits locaux dans des centres urbains, et, comme les fleuves, permettaient aux *villæ* de se relier plus facilement aux cités. Les villes respiraient et grandissaient par la proximité des routes ; Amiens, *oppidum* celtique médiocre avant la conquête de César, devint une vraie métropole gallo-romaine grâce à la *via romana*. Cependant, plus que la route, c'était la mer et le fleuve, comme l'écrivait Strabon, qui assuraient un transport aisé des marchandises : l'édit du maximum de Dioclétien nous donne une indication précieuse sur le coût des différents modes de transport à l'époque. Ces prix relatifs se sont conservés jusqu'au XVIIIe siècle : le transport maritime est près de cinq fois moins coûteux que le transport fluvial, lui-même cinq fois moins coûteux que le transport terrestre. Quand Bruno Dumézil[29] compare les routes romaines à nos TGV d'aujourd'hui, nous sommes tentés de dire que les fleuves jouent ce rôle, les routes étant plus proches des TER : on les utilise en l'absence de cours d'eau navigable. Ainsi, sur les routes transalpines, se retrouvent plusieurs centaines de pièces de monnaie de l'époque romaine, qui démontrent l'existence d'un réseau routier de montagne entretenu et fréquenté, adopté par les marchands faute de mieux[30].

Les gains de l'intégration romaine

Le commerce était un signe de l'enrichissement de la population. Contre une tendance historiographique qui avait minimisé l'apport matériel de l'Empire romain, Bryan Ward-Perkins a rappelé que les flux commerciaux étaient considérables, comme l'illustre l'énorme quantité de poteries retrouvées en millions d'exemplaires par les archéologues. Ces ustensiles, sortes de petits conteneurs antiques, étaient de grande qualité, et leur production occupait une partie significative de la population. Si les Romains et, parmi eux, les Gaulois, avaient des vases si jolis, si pratiques, si nombreux, si *standardisés*, c'est qu'ils avaient des richesses avec lesquelles les remplir, et qu'ils avaient libéré du temps pour produire le superflu d'une jolie vaisselle. Chaque région développait sa propre amphore, adaptée aux produits locaux d'exportation, et l'archéologue reconnaît la poterie à ses motifs ou à sa qualité de production. L'atelier de La Graufesenque, dans l'actuelle Millau, produisait alors une poterie en céramique sigillée très réputée : on a trouvé sur place un puits de vases invendus, preuves de l'existence d'un contrôle qualité strict. On retrouve cette vaisselle partout dans l'Empire et même au-delà de ses frontières. Cette abondance est d'autant plus frappante que beaucoup de marchandises étaient transportées dans des récipients en bois, voire en verre, plus fragiles que ceux en argile et donc moins bien conservés.

Les fromages ou le vin étaient transportés le plus souvent dans des tonneaux - et ils étaient produits en grandes quantités. Le nord de la Gaule était - et demeure[31] - une terre de choix pour la culture du lin, et ses vastes prairies se prêtaient bien à l'exploitation ovine. Ceci favorisa la manufacture textile : les vêtements en lin et en laine étaient revendus à Rome, comme Martial le remarquait : « C'est la Gaule féconde qui m'habille[32]. » Ainsi, en plus du blé, des fruits secs, des produits de la pêche, des huîtres, et de la charcuterie, il existait un véritable marché d'exportations de biens manufacturés, à haute valeur ajoutée.

La croissance économique dont bénéficia l'Empire, en comparaison des périodes précédentes, provenait essentiellement de la plus grande efficacité productive que permettait le commerce : chacune des régions se spécialisant dans la culture ou la production dans laquelle elle excellait, elles produisaient plus ensemble qu'elles ne l'eussent fait séparément. Selon une distinction souvent faite en histoire économique, l'Empire romain connut une croissance essentiellement « smithienne » plutôt que « schumpétérienne » : c'était le commerce et le jeu de la spécialisation, plutôt que les innovations, qui semblaient alimenter la croissance[33].

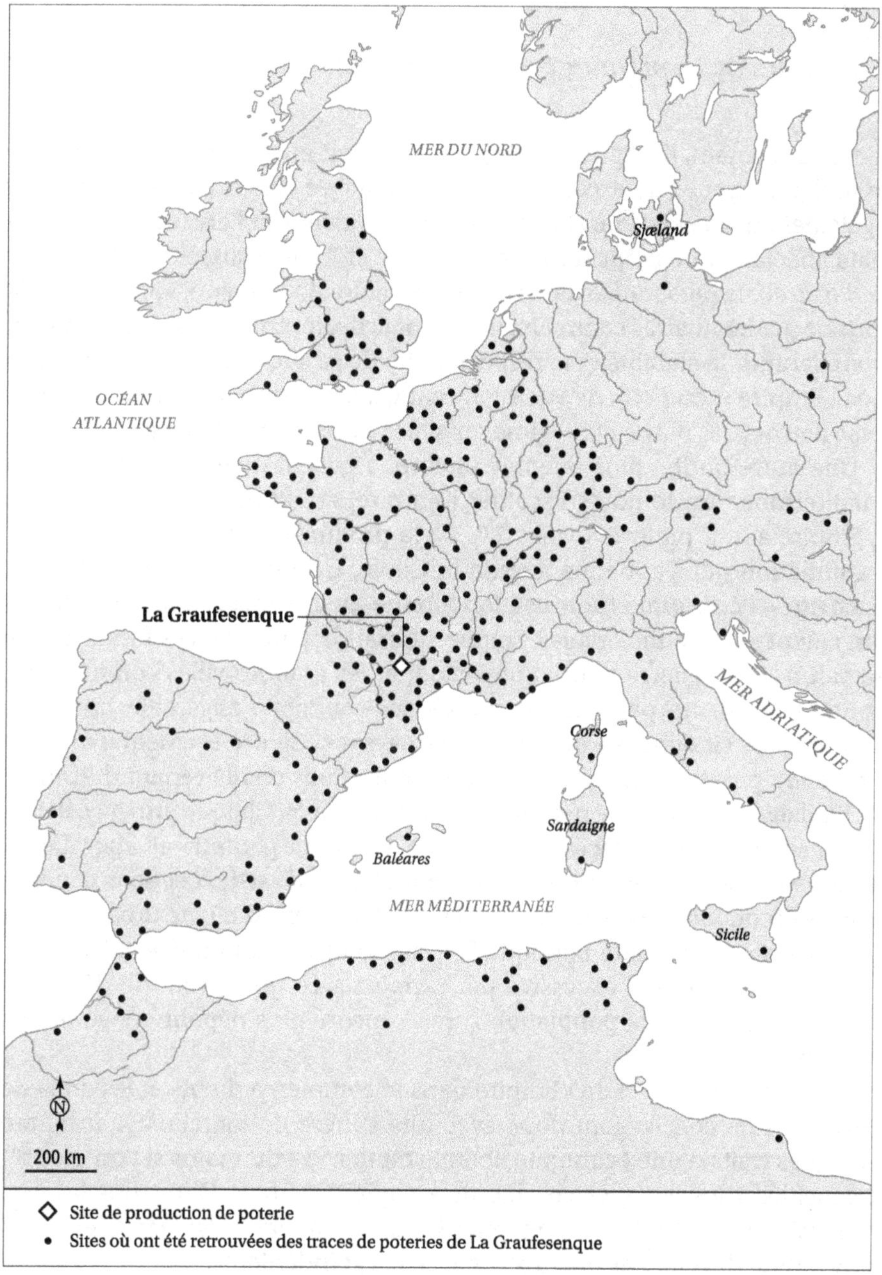

Carte 1.3. Sites archéologiques où ont été retrouvées des poteries produites à La Graufesenque. Source : Bryan Ward-Perkins, *La Chute de Rome* [2005], Paris, Flammarion, 2017.

Les limites de ce premier « marché commun »

Naturellement, l'Empire n'était pas seulement un grand marché : comme le soulignait peut-être excessivement le classiciste Moses Finley, Rome était également une société de statut. Les riches Romains et l'aristocratie sénatoriale affectaient de mépriser les marchands et les investisseurs. Ainsi, dans le *Satiricon*, le personnage de Trimalcion, figure du parvenu, après avoir fait fortune par les affaires commerciales, se hâte de devenir propriétaire foncier, pour garantir la stabilité et la respectabilité de sa situation[34]. Ceci démontre que l'Empire a, du point de vue économique, davantage de points communs avec les sociétés d'Ancien Régime qu'avec l'Europe du XIXe ou du XXe siècle.

Une autre limite, plus tangible encore, à ce « marché commun » de la Méditerranée est le poids fiscal de l'Empire, et l'utilisation de ces fonds. L'Empire aurait prélevé 5 voire 7 % de la production annuelle en impôts[35] - estimation qui s'applique aussi à la Gaule. Ceci n'empêchait nullement l'activité - l'économie française fonctionne au XXIe siècle avec des impôts largement supérieurs - mais l'Empire utilisait la partie de ces fonds qui ne servait pas à la guerre pour approvisionner les grandes villes comme Lyon et Rome. Ainsi, une partie de l'impôt servait à enrichir l'oligarchie, une autre à nourrir les citadins, au détriment des paysans. Ce prélèvement, l'annone (*annona*), pesait sur les gigantesques importations de blé venant d'Afrique, de Sardaigne et, dans une moindre mesure, de Gaule. Chaque province devait verser son tribut en espèces ou en nature. L'annone garantissait aux villes la sécurité alimentaire et permettait aux marchands de se lancer dans d'autres activités économiques avec l'assurance que leur main-d'œuvre urbaine serait toujours nourrie[36]. Cette politique favorisait ainsi le commerce et les villes, peut-être de manière excessive par rapport à ce qui aurait été désirable du point de vue de la population rurale, encore plus dépourvue en temps de crise.

L'interventionnisme de l'Empire dans le commerce du blé et les dons de l'évergétisme coexistaient donc avec une sphère de marché ayant même quelques traits d'une économie libérale moderne - du moins si l'on est prêt à considérer les esclaves comme du « capital vivant ». Dans tous les cas, la densité des échanges commerciaux dans le monde méditerranéen, sans doute aussi développés qu'au XVIIIe siècle, est indéniable.

Naissance du vin français et baisse de la production de viande

Il semble que, avant la conquête, les Gaulois n'aient pas produit de vin - ce qui explique pourquoi une amphore pouvait s'échanger contre un esclave à l'époque de Diodore de Sicile. Ils n'allaient cependant pas rester des consommateurs passifs. Grands amateurs de vins, ils ont contribué à d'importantes innovations dans la production viticole. Ils se voient parfois attribuer l'invention du tonneau, qui est probablement due aux Phéniciens. Il est en revanche certain que les Gaulois l'ont utilisé et perfectionné pour le transport et le stockage, et l'élevage dans les barriques en fûts de chêne qui donne leurs notes boisées à certains grands crus est leur création. Les signes archéologiques (pollens, traces de pépins de raisin, amphores) concordent et indiquent un formidable essor de la viticulture durant la période romaine, dès le Ier siècle ap. J.-C.[37]. La Gaule produisait du vin bon marché, dont elle consommait une grande partie. Elle en exportait également vers le nord de l'Empire, notamment en Bretagne - cette route commerciale se maintiendrait très longtemps, quand les deux régions seraient devenues France et Angleterre. La vigne, cultivée notamment dans le Bordelais et la région lyonnaise, mais également dans le bassin parisien, en Bourgogne ou en Gaule narbonnaise, poursuivrait son extension. Ceci profiterait bien naturellement à la production gauloise. L'édit de Domitien de 92 ordonnait la limitation de l'expansion de la vigne, peut-être pour protéger les cultivateurs italiens de la concurrence du vin gaulois peu cher - et sans doute de faible qualité. Cependant, aucune source écrite n'indique que cet édit ait été réellement appliqué en Gaule, et les sources archéologiques tendent à confirmer que la vigne gauloise continua son expansion avec la bienveillance de l'Empire.

La conquête gauloise eut d'autres conséquences. Elle a provoqué une réduction de la part des protéines animales dans le régime alimentaire gaulois : la viande était, plus qu'avant, réservée à la population urbaine riche. De plus, les changements de la structure économique et de population modifiaient l'élevage : les restes d'animaux indiquent par exemple un changement net des proportions entre moutons, vaches, cochons élevés dans chaque région. La viande de porc prenait un rôle plus important qu'à l'époque de Vercingétorix en Gaule - à l'image de ce qui se produisait en Italie romaine[38]. Les animaux eux-mêmes changeaient : les poules connurent ainsi un âge d'or durant la période romaine, et étaient plus grandes que jamais, ce qui suggère qu'elles étaient mieux nourries[39].

La vie quotidienne des paysans s'articulait toujours autour des *villæ* des propriétaires, qui étaient les anciennes fermes des Gaulois, parfois reconstruites en pierre, entourées de quelques ateliers et de nouvelles machines, comme les presses pour le vin et l'huile. Héritage gaulois, un foyer central occupait encore chaque habitation. La tuile remplaçait lentement le chaume dans les toitures : elle offrait une meilleure imperméabilité grâce à son argile de qualité et à son ingénieuse imbrication. L'autre singularité gauloise était la diversité d'activité de ces *villæ* et des maisons : nombre de petites exploitations conservaient quelques éleveurs et ateliers d'artisans, ou une sylve pour tirer du bois. Les grandes propriétés, les *latifundia* romains, étaient plutôt rares en Gaule.

L'agriculture a bénéficié non seulement des débouchés que lui ouvrait le commerce mais également de la diffusion des meilleures idées de l'époque. Les moulins à eau, invention décrite par Vitruve, s'étaient développés durant la période romaine : si l'on a longtemps cru qu'ils étaient très rares avant le Moyen Âge, des fouilles archéologiques récentes ont révélé que les moulins gaulois étaient très nombreux jusqu'au déclin de l'Empire d'Occident[40]. Se substituant à la traction animale ainsi qu'au travail humain, ils étaient un véritable capital productif comparable aux robots, et permettaient entre autres de broyer le blé en farine bien plus rapidement et économiquement que la main du paysan. Les plus grands et anciens de ces moulins, ceux de Barbegal (Bouches-du-Rhône) produisaient en masse de la farine, qui servait comme pain pour les stocks des navires dans le port d'Arles voisin[41]. Ce site de seize moulins, alimentés en eau par un aqueduc, était la plus ancienne trace de concentration industrielle en France. Il datait du IIe siècle et demeurerait en service jusqu'au IIIe siècle. Il faisait le lien entre l'agriculture gauloise de l'arrière-pays et le monde urbain méditerranéen de la Gaule narbonnaise.

Le développement urbain

Dans le domaine agricole, la Gaule a peut-être plus appris à Rome que l'inverse, au point que les spécialistes français chauvins affirmaient par le passé que la Gaule avait la meilleure agriculture de l'époque. Il n'en va pas de même pour le développement des villes, qui était beaucoup plus avancé en Italie qu'en Gaule. C'est durant cette période que se construisit le réseau urbain de la France d'aujourd'hui : Lyon et Marseille étaient déjà de grandes villes au IIe siècle, et la plupart des métropoles existaient déjà. Cependant, ces centres n'avaient pas tous l'importance qu'ils auraient plus tard : Paris existait déjà sous le nom de Lutèce mais n'était qu'une petite *civitas* sans prétention, moins grande que Narbonne, Nîmes, Vienne, Arles ou Reims.

Le développement urbain participait à la politique ambitieuse d'Auguste et de ses successeurs : l'Empire voulait romaniser l'élite gauloise, comme la République romaine l'avait fait en Espagne. L'élite romanisée et fidèle pouvait ensuite administrer la région et garantir le recouvrement de l'impôt impérial. Elle assurait cette fonction depuis la ville et s'en servait comme d'une vitrine pour accroître son influence et son prestige auprès de la cour sénatoriale et impériale.

Sur le modèle de l'Italie ou de l'Asie Mineure, le marbre abondait et venait donner du cachet aux nouveaux bâtiments. Les monuments publics, les fontaines étaient souvent des cadeaux faits à la communauté par les plus riches Gaulois, favorisés non seulement par l'État romain mais aussi par l'essor économique. Ces dons participaient à un système plus général, l'évergétisme, qui permettait à l'élite d'affirmer sa fonction politique, de se créer une clientèle, ou de donner aux conflits entre potentats locaux une issue plus bénéfique pour la communauté que les conflits militaires. Les résultats étaient impressionnants : sur le Doubs, Mandeure, ville pourtant secondaire, rassemblait 15 hectares de monuments publics, dont un gigantesque théâtre et un temple aux dimensions très importantes[42].

Premier signe de la bonne intégration économique de l'élite « gallo-romaine », l'empereur Claude proposa d'ouvrir la carrière sénatoriale aux aristocrates issus de la Gaule. Autre signe encore plus sûr de leur réussite, de nombreux sénateurs italiens refusèrent, sous prétexte que « ces richards[43] rempliraient tout, eux dont les grands-pères ou les arrière-grands-pères, à la tête de nations ennemies, avaient taillé en pièces nos armées, assiégé le dieu César devant Alésia[44] ». Claude, dans un discours retranscrit par Tacite et sur des tables retrouvées à Lyon, répondit que les Gaulois avaient été fidèles dans les cent années qui suivirent leur conquête : « Désormais mêlés à nous par la façon de vivre, les arts, les alliances de famille, qu'ils nous apportent leur or et leurs richesses plutôt que de les garder pour eux[45]. » Il obtint gain de cause. L'élite gauloise, dont les noms étaient romains, qui parlait le latin et qui avait oublié Vercingétorix, avait trouvé son intérêt dans la colonisation : le rêve du riche aristocrate gaulois était désormais de se faire valoir suffisamment par ses dons et sa gestion municipale pour que le divin empereur lui accordât un poste de sénateur.

La Gaule ne s'était pas seulement intégrée, elle était devenue plus importante au sein de la portion occidentale de l'Empire romain – qui était encore uni. Certes, Claude excita la colère de l'élite italienne par sa politique « pro-gauloise », et, né à Lugdunum, il garda ce surnom apparemment peu flatteur de « Claude le Gaulois » jusque dans une farce écrite par Sénèque après sa mort. Mais cette politique n'était pas liée à sa seule personne et avait une justification économique à long terme : la population gauloise était plus dynamique démographiquement que l'italienne, son sol était riche de promesses, ses frontières permettraient de continuer l'expansion vers le monde germain – ce projet inabouti de l'Empire qui fut accompli par Charlemagne. Sans la Gaule et ses légions, le centre de gravité économique voire politique de l'Empire serait passé très tôt à l'est, où se trouvaient une bonne partie des mégalopoles de l'Empire, comme Antioche, Alexandrie ou Éphèse, bien plus grandes que Lyon.

Les « villes » gauloises d'avant la conquête méritaient ce nom davantage par leur rôle politique probable que par leur densité d'activité : pour la topographie et les monuments, il s'agissait de « sites proto-urbains ». Pourtant, les Romains poursuivirent le développement de sites déjà existants, ce qui permit de conserver l'identité de chaque tribu et de la mettre à profit pour la gestion municipale. Parfois, peut-être pour contrôler plus facilement d'anciens ennemis peu fiables, les Romains créèrent de nouveaux centres, comme chez les Éduens, avec la fondation d'Autun (*Augustodunum*, qui porte le nom de l'empereur Auguste). Autun ne suffit cependant pas à faire disparaître la ville importante qu'avait été Bibracte, qui conserva jusqu'à la fin du Moyen Âge des foires commerciales.

Plus que la localisation des centres urbains, c'est la taille et la densité et les bâtiments que les Gallo-Romains modifièrent considérablement. Ils voulurent ériger des monuments plus impressionnants et durables, et importèrent leurs talents de maçonnerie en Gaule pour y bâtir *fora*, aqueducs, thermes, amphithéâtres et théâtres, parfois en pierre de taille. Ces constructions urbaines et monumentales ne semblent pas avoir agi par contamination directe sur les habitations urbaines voisines, et la technique romaine de construction au ciment distinguait les édifices publics des habitations modestes dans les premiers siècles, qui s'en tenaient aux techniques moins coûteuses.

La population resta majoritairement rurale, avec un dixième de la population habitant dans les villes, et la Gaule ne semble avoir compté aucune métropole de plus de 100 000 habitants. L'Italie demeurait ainsi plus urbanisée : Rome seule comptait près d'un million d'habitants, sans doute autant que toutes les villes gauloises réunies.

Malgré cela, elles concentraient les richesses. Les lieux de spectacle y étaient comparables à ceux de nos villes d'aujourd'hui ; à Paris, le théâtre et les arènes pouvaient abriter plus de 20 000 personnes, alors que la ville était sans doute peuplée de moins de 10 000 habitants. Autre signe de cette affluence, le débit d'eau amené par de puissants aqueducs venait alimenter l'usage quotidien ainsi que les bains chauds, ou thermes - certains historiens soutiennent même que le débit en eau, ramené à la population urbaine, était plus important qu'aujourd'hui[46]. Les villes situées à proximité des voies maritimes, terrestres ou fluviales, bénéficiant de l'ingénierie romaine - des plans d'architecture s'adaptant à chaque ville, un aplanissement des sols bien mené, des routes perpendiculaires -, offraient les mêmes loisirs que la Ville éternelle. Les thermes abritaient également des gymnases, des bibliothèques, des œuvres d'art, et ce loisir, doux à l'esprit comme au corps, dispendieux au regard du niveau de vie de la population rurale, justifiait cependant la nécessité que ressentaient les Gaulois de maintenir le débit d'eau chez eux. Les thermes étaient probablement ouverts à tous pour une somme modique et subventionnés par les autorités municipales.

Les plus importantes villes gauloises étaient situées sur le quart sud-est de la France, sous la ligne qui va de Narbonne à Autun. Même si Marseille, peut-être punie pour sa fidélité à Pompée, n'était plus la grande ville de Gaule, la Gaule urbaine brillait là où elle avait accès à la Méditerranée, directement sur la côte ou sur la route du Rhône. Quoique le Nord, qui était plus en retrait, eût bénéficié de la romanisation, ou que Bordeaux eût profité du commerce atlantique de l'Empire, la Gaule demeura tournée vers la Méditerranée.

Le développement économique entre la conquête et les grandes invasions

Les routes, les villes et les monuments romains servaient-ils seulement un système de taxation, ou bien les Gaulois y trouvaient-ils leur compte également, grâce aux gains du commerce et aux rendements d'échelle que permettaient les grands domaines et surtout l'artisanat industriel urbain ?

Les estimations de la production par habitant de l'Empire romain n'offrent pas toujours un clair consensus, encore moins quand on essaie de distinguer par région ou par période - il faut dire que les calculs sont parfois héroïques. Sans risque d'erreur, on peut dire que le Gaulois moyen n'était pas beaucoup plus riche ni beaucoup plus pauvre que le Français moyen sous Louis XIV : les produits de l'agriculture suffisaient à peine à vivre, avec un régime alimentaire assez pauvre en viande. Des études archéologiques suggèrent que la croissance économique, ou du moins la croissance de la masse des objets de luxe accessibles aux riches urbains (tables en céramique, toits en tuile, bâtiments en pierre) s'est poursuivie partout sous l'Empire pendant deux siècles. La fin de la République en 27 av. J.-C. ne semble pas avoir terni la grandeur économique de Rome - les monuments, les moulins, les presses à huile, les toits en tuile, les bâtiments officiels en pierre se multipliaient sous les empereurs[47].

Le niveau de vie élevé de l'époque doit beaucoup aux institutions et à la stabilité politique qui permirent le développement du commerce : la *pax romana* garantissait une vraie unité économique méditerranéenne, la possibilité de se mouvoir et de commercer en sûreté.

En l'absence de statistiques d'État, les estimations de la production par habitant pour la totalité de l'Empire sont très variables (entre 1 000 et 3 000 euros de 2022 de revenu annuel par habitant de l'Empire[48]). Elles sont fondées essentiellement sur une estimation de la population totale à partir de celle de la production de blé, ainsi qu'une estimation de la population urbaine qui bénéficiait de blé sans travailler à la production de nourriture. Ces travaux sont naturellement approximatifs, et ne permettent pas de distinguer la richesse des différentes régions. Ainsi, l'économiste Angus Maddison suppose que les Gallo-Romains étaient deux fois moins riches que les Italiens - les plus riches de tous les Romains - sur la base d'une appréciation « qualitative » de l'histoire gauloise. On peut naturellement remettre en cause cette donnée fragile, en constatant que la Gaule, notamment sa partie méditerranéenne, suivait les meilleures normes productives de l'époque aussi bien en matière d'équipement que de pratiques agricoles, selon les dernières découvertes archéologiques[49]. Malheureusement, les sources écrites sont trop imprécises - l'Empire romain n'a laissé aucune statistique - et l'archéologie, trop incertaine encore dans ses conclusions.

S'il est tout à fait raisonnable de faire l'hypothèse que la Gaule était moins riche que l'Italie - elle ne bénéficiait pas d'autant de transferts de richesse et était moins intégrée dans le circuit économique méditerranéen - les preuves matérielles se réduisent essentiellement à l'écart dans le degré d'urbanisation.

Pourtant, la richesse des villes ne signifie pas le bien-être de la population, très majoritairement rurale. Quand les Vandales de Genséric prirent en main l'Afrique du Nord, le commerce carthaginois d'exportation de blé vers Rome s'écroula assez rapidement. Cependant, une même question se pose pour Carthage et pour la Gaule : l'interruption du commerce, l'effondrement urbain, la simplification matérielle des vestiges laissés par l'élite, signifient-ils un déclin économique marqué pour la population ? Ou représentent-ils plutôt la fin de l'oppression des campagnes par les villes ? La Gaule devait ravitailler les soldats du *limes*, ce qui pesait sur son produit agricole. La catégorie qui avait le plus profité de l'intégration à l'Empire était l'élite, et ce fut sans doute elle qui maintint la Gaule dans l'Empire : les témoignages de préjugés sur les nouveaux riches gaulois abondent. Ils adhérèrent pleinement à Rome, aussi bien pour l'attrait culturel qu'elle exerçait que pour les gains économiques qu'elle permettait.

Mais au-delà de l'élite, la population fut vraisemblablement très pauvre et avec des difficultés persistantes d'accès à la nourriture, comme le suggèrent les effets de la peste antonine de 165. Les rares squelettes de cette époque retrouvés au nord de la Gaule ne montrent pas une amélioration de la nutrition par la taille, au contraire. La société gallo-romaine dégageait du temps de travail en dehors de l'activité agricole, mais elle le consacrait à l'accroissement du niveau de vie de son élite, sans bénéfice évident pour la majeure partie de la population, à part les jeux et les thermes pour ceux qui allaient en ville. S'il y avait beaucoup de jeux, il n'y avait pas tant de pain en dehors des distributions réservées aux urbains, et peu de viande - ceux qui bénéficiaient de l'annone périssaient souvent du paludisme dans des villes qui étaient de véritables mouroirs offrant de mauvaises conditions sanitaires, en dépit des beaux ouvrages d'eau romains. Le développement urbain est-il une illusion de grandeur nous cachant la misère de la masse gauloise ?

La crise romaine : chute de la population et déclin urbain

Edward Gibbon, au XVIIIe siècle, jugeait que les deux premiers siècles de notre ère étaient sans doute la meilleure époque de l'humanité : les monuments publics, le commerce lui donneraient raison[50]. La fin des jours heureux de Rome que Gibbon datait de 150 coïncide avec un net refroidissement qui dut frapper la productivité agricole dans tout l'Ouest[51], mais aussi avec la peste antonine (la variole, sans doute)[52]. Le IIIe siècle semble avoir été victime de nombreuses épidémies.

L'intuition de Gibbon n'était pas infondée. L'apogée démographique aussi bien qu'économique fut atteint autour de 150, avant la peste antonine. Après ce coup démographique, les centres urbains perdirent leur dynamisme. Les villes gallo-romaines n'avaient jamais été aussi développées que celles du Levant, de l'Afrique du Nord ou même de l'Italie. Elles demeuraient par conséquent plus fragiles, et dépendaient davantage de la bonne santé de l'Empire. Dès que l'économie romaine subit des chocs, ils frappèrent davantage la Gaule et la Grande-Bretagne : le commerce s'y réduisait, comme le suggère le relevé des épaves (voir figure 1.2). Lyon, dont une part importante du commerce se faisait avec l'Italie du Nord, par les Alpes cottiennes, se rapetissa et se vida entre le IIIe et le Ve siècle.

Au contraire, l'est de l'Empire reprit sa croissance après la peste. Il accumulait les avantages économiques qui permettraient à Constantinople de devenir la vraie capitale de l'Empire deux siècles plus tard. La situation militaire de l'Est, précaire jusqu'à la fin du IVe siècle, s'améliorerait également quand les relations avec les Perses se pacifieraient tandis que l'Ouest subirait les assauts des peuples « barbares ».

Au début du IIIe siècle, la Gaule était encore bien protégée par le *limes*. Mais l'entretien de cette frontière militarisée s'est relâché sous la pression fiscale des guerres civiles. Dès 276, la Gaule subit les premières invasions de Germains passant le *limes* qu'aucun soldat ne garde : ils vinrent la piller jusque dans Toulouse avant de rentrer chez eux – des traces de leur butin ont été retrouvées dans le Rhin. Les difficultés à recruter des soldats étaient telles que Rome fit appel à des peuples germaniques qui, en échange d'avantages économiques et politiques, assuraient la défense de la frontière. Les premières migrations ne furent pas empêchées et furent peut-être même voulues par Rome.

L'activité économique fut perturbée par l'épidémie. Dans l'ouest, les activités des mines d'Espagne et de Grande-Bretagne s'écroulaient, peut-être parce que l'argent était devenu tellement abondant que l'exploitation n'était plus rentable. Il y avait en effet eu une grande inflation après la peste antonine, sans doute due à l'abondance du stock de pièces dans une population largement réduite, et la plus faible pollution au plomb relevée dans les neiges du Groenland suggère que l'extraction s'est arrêtée précisément à cette période[53]. La Gaule souffrit sans doute du désœuvrement dans lequel furent plongées ses voisines.

La loi de Malthus veut que des épidémies qui déciment la population comme celle du IIe siècle profitent aux survivants : rien n'est si sûr pour l'Empire romain. Les traces d'épaves démontrent une baisse du trafic maritime, qui fut sans doute plus marquée que la baisse de la population[54], de sorte que les volumes de commerce, ramenés à la population, ont probablement décliné. L'ensemble de l'économie fut contraint de produire localement des biens et des denrées qui étaient auparavant accessibles par le commerce, et l'Empire perdit ainsi les bénéfices de la spécialisation. Les troubles du IIIe siècle et le retour des guerres civiles n'arrangèrent pas le sort de la Gaule. Les preuves archéologiques d'activité économique sophistiquée, que ce soient les épaves, la pollution au plomb, les restes de viande[55], les bâtiments urbains, les presses[56], démontrent une baisse de l'activité économique à partir de 150, puis un effondrement.

On retrouve un indice paradoxal de ce déclin dans la magnificence des résidences de propriétaires des exploitations agricoles, les *villæ*. Dans la somptueuse villa de marbre de Montmaurin, en Haute-Garonne, une riche famille de propriétaires terriens se réfugiait dans un luxe solitaire. L'évergétisme et les dons fiscaux ralentissaient, les monuments publics se raréfiaient, et la beauté fuyait la ville. Les textes d'Ausone et de Sidoine Apollinaire nous montrent que l'élite gauloise affectait de mépriser la vie urbaine - surtout quand elle n'était pas à Rome - et lui préférait le séjour sain à la campagne, où l'on pratiquait l'*otium*, l'activité non productive, la lecture, l'écriture.

Les villes et l'ouverture à la Méditerranée en héritage

Durant cette période de l'histoire de « la France avant la France », sont nées les premières grandes villes, comme Marseille, Lyon, ou encore celles de la région du Rhin, en lien avec le *limes* et l'entretien de l'armée impériale. Ces siècles ont également permis une intégration du pays au commerce méditerranéen, ainsi qu'avec la Germanie et la Grande-Bretagne (*Britannia*). Après les chocs démographiques, la Gaule, comme le reste de la partie occidentale de l'Empire, ne parvint pas à retrouver de dynamique économique, perdit sa densité urbaine, qui lui avait permis de bénéficier pleinement de l'économie méditerranéenne.

Montesquieu avait affirmé que l'Empire romain avait chuté à cause de sa grandeur :

> Lorsque la domination de Rome était bornée dans l'Italie, la république pouvait facilement subsister. Tout soldat était également citoyen [...]. Le nombre des troupes n'étant pas excessif, on avait attention à ne recevoir dans la milice que des gens qui eussent assez de bien pour avoir intérêt à la conservation de la ville. Mais, lorsque les légions passèrent les Alpes et la mer, les gens de guerre, qu'on était obligé de laisser pendant plusieurs campagnes dans les pays que l'on soumettait, perdirent peu à peu l'esprit de citoyens, et les généraux, qui disposèrent des armées et des royaumes, sentirent leur force et ne purent plus obéir[57].

Il semble plutôt que ce soit le rapetissement de Rome qui ait provoqué sa chute : la population diminuant, les soldats devinrent plus difficiles à recruter. Le commerce, qui bénéficiait auparavant des rendements d'échelle qu'offrait un empire de 60 millions d'habitants, pâtit du relatif dépeuplement.

Les Gaulois ne furent plus assez nombreux pour remplir leur territoire de villes et de points de négoce, car il était devenu trop vide et manquait de densité - comme pour le reste de l'Empire d'Occident. L'Est qui retrouva son niveau de population après les épidémies grâce à son sol fertile, put au contraire se maintenir.

L'Empire fut absorbé par ses marges guerrières, comme le prédit la théorie du grand penseur arabe Ibn Khaldûn[58]. Au fur et à mesure qu'elle s'était urbanisée, Rome s'était pacifiée et les recrues de son armée ne venaient plus de la Ville ni même d'Italie, mais des marges de l'Empire. La Gaule avait joué ce rôle au Ier siècle. Puis, une fois que celle-ci s'était urbanisée, ce fut la Germanie, qui, peut-être parce que les gains du commerce n'étaient pas aussi évidents pour elle qu'ils l'avaient été pour les Gallo-Romains, serait moins docile et moins fidèle à l'autorité impériale. Les barbares qui passèrent le Rhin en 406 n'étaient pas si nombreux : les Goths, Huns, Alains et les autres ne devaient pas représenter plus de 100 000 hommes en 450. Cependant, c'étaient des peuples de guerriers, qui avaient repris pour eux le savoir-faire militaire romain. Ils remplacèrent l'armée impériale, avant de devenir la véritable autorité politique en Gaule.

CHAPITRE 2

La lente mort de la Gaule romaine (200-850)

> L'époque mérovingienne, en dépit de sa grossièreté ou si l'on veut de sa barbarie, se rattache encore à l'économie générale du monde méditerranéen ; elle en conserve tous les caractères essentiels et sa monnaie d'or n'est que la conséquence et le symbole de la tradition qu'elle prolonge. L'époque carolingienne, au contraire, nous fournit par sa monnaie d'argent la preuve qu'une période nouvelle a commencé. La grande navigation s'est arrêtée, le grand commerce s'est éteint. L'agriculture, et une agriculture sans débouchés, règne à leur place. Plus de circulation, plus de classe marchande, plus de population municipale. La société s'immobilise dans des cadres locaux où se développent ensemble le système domanial et le système féodal. Ainsi, bien loin que la monarchie franque ait suivi depuis ses débuts une voie rectiligne, son histoire se divise en deux parties tellement distinctes qu'elles présentent une véritable opposition. L'une est encore romaine et méditerranéenne, l'autre a cessé de l'être.
>
> Henri Pirenne, « Un contraste économique. Mérovingiens et Carolingiens », *Revue belge de philologie et d'histoire*, 1923.

Sur le plan économique et commercial, la période de la fin de l'Antiquité et du haut Moyen Âge est définie par une bascule géographique importante : en réponse aux changements qui se produisaient en Europe, le nord de la Gaule, auparavant sa partie la moins développée, devint la partie la plus dynamique politiquement et économiquement, tandis que le commerce méditerranéen perdait de son importance. Le *mare nostrum* n'était plus régi par une unité politique. Les villes d'Europe de l'Ouest, petites sœurs de Rome, ne cessaient de rétrécir et la capitale elle-même devenait une ruine. De l'autre côté de la Méditerranée, l'essor de l'Empire romain d'Orient – ou byzantin – se poursuivait jusqu'à la naissance de l'islam.

De la peste antonine à la déposition d'Augustule, une courte histoire

La peste antonine (165-190) avait interrompu une phase de croissance démographique et économique où les échanges avaient atteint leur apogée - chaque région avait poussé sa spécialisation agricole le plus loin possible. L'abondante production de blé d'Égypte, livrée par commande forcée de l'État, libérait l'Italie de la lourde tâche de se nourrir elle-même - les propriétaires fonciers y exploitaient durement les esclaves dans d'imposantes cultures d'oliviers et de vignes vouées à l'exportation. En Gaule, la situation était différente, parce que la région ne recevait pas les blés d'Afrique ou de Sicile, mais aussi parce qu'il lui fallait nourrir les garnisons de la frontière militaire, le fameux *limes*. On faisait parvenir aux soldats des blés d'Aquitaine et du nord de la France[1]. Tenue de produire un léger surplus pour ces soldats - peut-être 20 000 *limitanei* encore au Vᵉ siècle - et l'extérieur, la Gaule s'était spécialisée dans le blé ainsi que dans certains produits manufacturiers comme la poterie et les vêtements.

Une grande partie de cette activité commerciale avait disparu dès la fin du IIᵉ siècle et la crise politique du IIIᵉ siècle envenima la situation : la Gaule devint indépendante du pouvoir central romain entre 260 et 280. Des incursions germaniques en Gaule, comme celle qui arriva jusqu'à Toulouse en 276, ravageaient le pays et ses centres urbains.

Dioclétien amorça une véritable reprise politique de l'Empire après 284, mais il ne retrouva jamais l'unité qui avait été la sienne. Pendant les invasions, sous les empereurs gaulois, étaient nées les bagaudes, des mouvements de révolte de paysans, contre la faim, contre les barbares peut-être, qui terminèrent en pillages. Quand Dioclétien eut reconquis la Gaule, les émeutes contre la taxation ne cessèrent pas. Certains historiens citent ces épisodes et les témoignages de Salvien de Marseille sur les lourdes contributions qui pèsent sur les paysans au Vᵉ siècle comme des preuves (paradoxales) de vitalité de l'État. Si l'on se révolte contre l'impôt, c'est que l'administration fiscale réussit à en prélever, et qu'elle survit aux déboires de l'Empire[2]. Ces bagaudes attestent peut-être surtout une crise sociale et fiscale dans une économie touchée par des guerres civiles à répétition et par conséquent privée d'une partie de ses débouchés. La Gaule dut se replier vers ses partenaires commerciaux « barbares » : le monde germanique, le monde britannique, en somme ses débouchés d'avant la romanisation. Si les échanges méditerranéens persistaient, ils n'étaient plus aussi sûrs et se concentraient dans quelques grandes villes.

Parmi elles, Marseille et Arles restèrent, bon an mal an, de grands ports jusqu'au VIIe siècle. Elles abritaient une communauté de marchands syriens et juifs[3], qui servaient d'intermédiaires entre la Gaule, Constantinople et ce qui restait de l'Empire d'Occident, avec de nombreux comptoirs en Gaule. Au Nord, Trèves (à la frontière entre le Luxembourg et l'Allemagne), devenue un temps capitale impériale, fut un centre économique grâce aux commandes publiques de l'administration et à la plateforme commerciale qu'elle ouvrait vers les peuples barbares. Ces derniers étaient friands des marchandises orientales qui y parvenaient en remontant les fleuves et les terres. Cependant, la nouvelle capitale étant relativement lointaine, l'accès aux marchandises méditerranéennes avait un certain coût : « Trèves a tout en surabondance, malheureusement à très haut prix », comme le rapporte un traité anonyme de géographie du IVe siècle[4]. Les villes du nord de la Gaule gagnaient en importance politique, comme Lutèce où prit quartier l'armée de l'empereur Julien en 357 – Paris devint brièvement capitale d'un empire dont l'âge d'or était révolu.

Les changements militaires produisirent cependant des effets néfastes en Gaule. L'Empire se résolut bientôt à la défense en arrière plutôt qu'en avant, autrement dit, à laisser entrer les ennemis par les plaines ouvertes de Belgique et du nord de la France plutôt qu'à camper les soldats (les *limitanei*) préventivement sur la frontière, qu'étaient censés protéger les fédérés. Cette stratégie fut peut-être rationnelle pour l'Empereur, réfugié à Ravenne, même si elle n'empêcha pas le pillage de la Ville en 410. Elle coûta cher à la Gaule septentrionale après le passage des Alains, Suèves et Vandales sur le Rhin gelé le 31 décembre 406. Le territoire gaulois fut le théâtre de la plupart des conflits du Ve siècle. Avec les pillages et les tributs qu'ils impliquaient, sans oublier les contrats de protection, la monnaie se raréfia en Gaule, comme en Italie, et devint plus abondante qu'auparavant en dehors des frontières de l'Empire. Le nombre de trésors enfouis au IVe et au Ve siècle était nettement plus faible qu'aux siècles précédents, alors que c'était l'inverse en Germanie et en Bretagne[5] : les raids se traduisaient par un transfert de richesses.

Les difficultés militaires et économiques créèrent une tendance à l'éparpillement. Dès lors que l'armée romaine était faite d'étrangers, il devenait plus difficile de justifier que des régions autosuffisantes économiquement fussent toujours soumises à Rome, si elles pouvaient avoir leur propre administration et leur propre armée. La division s'est imposée comme un état de fait provisoire à la mort de Théodose le Grand en 395, puis le provisoire s'est mué en permanent avec le temps. Par une ironie de la destinée que les Romains auraient pu apprécier, l'Empire d'Orient, victime d'incursions de l'Empire perse, et dont les troupes avaient subi l'écrasante défaite d'Andrinople contre les Goths en 378, fut celui qui se maintint le plus longtemps, retrouvant même une deuxième jeunesse.

Ce renouveau était en partie lié à la suprématie maritime de l'Empire byzantin sur la Méditerranée orientale, à la crise de l'Empire perse et à la géographie, Constantinople étant très difficile à prendre. L'Orient connut de beaux siècles de croissance : ce qui avait été perdu lors de la peste antonine fut retrouvé. La notion d'Antiquité tardive a été créée par Peter Brown[6] pour décrire ce moment de résurrection de la vie impériale après le IIIe siècle, aussi bien sur le plan économique que culturel : saint Augustin et les autres Pères de l'Église en sont le symbole. Cependant, force est de constater que cette idée d'un second souffle s'applique surtout à l'Est et non à la Gaule ou à l'Italie. L'Est, plus anciennement « civilisé », avait toujours été le vrai centre de gravité économique, même si le succès brillant de Rome - dû aux tributs de guerre et aux recettes fiscales qui affluaient dans la Ville - l'avait temporairement fait oublier. Ce nouvel état de fait politique et économique était en fait un retour à la situation initiale d'avant les conquêtes. L'inauguration par Constantin de sa ville, Constantinople, en 330, à l'emplacement de l'ancienne Byzance, en était le symbole.

Les villes occidentales se dépeuplaient. Au début du IVe siècle, la population de Rome est estimée à 800 000 personnes. En 530, on l'estime à 60 000 habitants - elle était reléguée au même niveau qu'une ville provinciale comme Trèves en 300 ; en 700, ce serait 25 000[7]. En Gaule, Lyon, peuplée peut-être de 20 000 voire 50 000 âmes à l'apogée romain, abritait au plus 5 000 personnes au VIIIe siècle[8]. Ce mouvement était irrésistible : les villes avaient changé de rôle et il n'y avait plus autant d'importations agricoles depuis les campagnes pour les nourrir. Par conséquent, les biens manufacturés sophistiqués disparaissaient, le commerce lointain se réduisait aux biens de luxe, toujours moins nombreux, et les constructions donnaient de nouveau la part belle au bois - les édifices publics en pierre furent délaissés, sauf les églises et les cathédrales dans les villes. Même les bâtiments religieux n'étaient pas les plus solides : très peu ont subsisté, et ils furent presque tous remplacés entre 1000 et 1300.

Les villes avaient été sous l'Empire des lieux de production de biens publics et communs et surtout de consommation. Les riches y menaient un train de vie faste, chacun profitait des bains et des théâtres, et même des musées - même si une partie de ces infrastructures profitait à la population des alentours, les amphithéâtres étant assez grands pour accueillir des ruraux de passage. Les plus riches édiles gaulois, à partir du IIIe siècle, délaissèrent la cité pour les postes dans l'administration romaine, plus ouverte aux talents provinciaux depuis le règne de Septime Sévère, ou pour la douce vie à la campagne, où quelques luxueuses *villæ* furent bâties dans le Bas-Empire. Les magistrats municipaux cédaient leur place à l'Église, aussi bien architecturalement que politiquement - c'étaient souvent les mêmes familles qui passaient de la curie à l'évêché.

Les villes étaient moins étendues, ou, quand elles gardaient leur taille, étaient comme une personne qui maigrit dans des vêtements devenus trop larges - les murailles, là où l'on n'a pas puisé dans leur matériau pour bâtir une église, nous laissent une trace tangible du rétrécissement des villes. Au IXe siècle, le port de Dorestad, en Flandre, l'un des principaux centres économiques de l'empire de Charlemagne, ne compterait pas plus de 2 000 habitants ! Les villes, malgré leur faible poids économique et démographique, maintiendraient leur empreinte grâce à l'Église, qui y poursuit ses activités et les conserve comme centres religieux et politiques.

Le recul urbain fut réel, mais moins étonnant qu'en Italie. La Gaule avait été l'épicentre des grandes invasions, le lieu de passage des tribus germaniques, aussi bien au IIIe siècle qu'après la traversée du Rhin par les Alains le 31 décembre 406. Rome fut pillée en 410, mais combien de fois les villes gallo-romaines ne le furent-elles pas ? Certaines d'entre elles, construites pendant la paix romaine, n'avaient même pas de défenses opérationnelles. Il leur fallut se contracter afin de pouvoir se ceindre de remparts, entretenus là où on le pouvait - les centres urbains redevenaient des places fortes (*oppida*), comme au temps d'avant la conquête. Un archéologue pourrait mesurer au volume de remparts la difficulté des temps : en paix, quand on avait oublié la guerre, on se servait de la pierre pour faire de nouvelles églises, et on n'hésitait pas à prélever la matière première sur les anciens remparts. Pendant les guerres, au contraire, les murailles croissaient autour des villes, et bientôt autour des abbayes.

Le bilan de Rome

La facilité de transport inédite créée dans l'Empire, les biens publics et les consommateurs réunis dans les centres urbains avaient permis à la population de se spécialiser et de bénéficier de rendements d'échelle. Il y eut un âge d'or de la consommation de biens matériels, ostentatoires pour les riches et les citadins, à un niveau sans doute inégalé jusqu'à la découverte de l'Amérique par les Européens. Toute cette consommation matérielle, notamment celle de la poterie standardisée de qualité, reposait sur la population, la densité humaine, l'existence de larges marchés, en somme sur les rendements d'échelle croissants que permettait le commerce impérial. L'exemple canonique est celui du toit en tuiles, qu'on ne retrouve plus dans les bâtiments des villes de l'Empire après le Ve siècle, le savoir-faire s'étant perdu.

Cependant, derrière cet âge d'or, il y avait de profondes inégalités, qui purent être en partie amoindries par sa chute. Les restes humains dont nous disposons suggèrent que la population de Gaule, après la chute de l'Empire, était mieux nourrie et en meilleure santé que celle des siècles précédents – à rebours des restes matériels[9].

En fait, les inégalités à Rome étaient proches de celles des États-Unis d'aujourd'hui : 1,5 % de la population, l'élite, détenait un cinquième du revenu impérial, d'après les travaux de Walter Scheidel et de Steven Friesen[10]. Les « classes moyennes », surtout urbaines, 10 % de la population, cumulaient un autre cinquième du revenu. Le reste de la population (un peu moins de 90 % des Romains) aurait vécu au seuil de subsistance, avec 60 % du revenu national. Cette population survivait dans l'Empire plutôt qu'elle n'y vivait, mesurant seulement 1,63 mètre en moyenne d'après les squelettes, et gardant des traces de malnutrition et de maladie. Les dépenses publiques représentaient 5 % du PIB – niveau qui ne serait plus égalé avant le règne de Louis XIII au XVIIe siècle, même s'il est dix fois inférieur à celui de 2022.

La spécificité de l'Empire résidait dans l'existence de cette grande classe de Romains semi-riches qui allait disparaître : il y aurait toujours après la chute de Rome une élite oligarchique pour consommer reliquaires ou bijoux et faire vivre l'orfèvrerie, mais plus de classe moyenne, propriétaire de petits domaines, ou travaillant dans l'artisanat spécialisé, l'administration et l'armée. Celle-ci, au Ier et au IIe siècle, pouvait profiter de vins et d'huile transportés depuis des contrées lointaines dans une poterie de qualité, et habiter dans une maison aux fondations et au toit solides. Elle ne vivait pas dans le luxe, mais bénéficiait d'un certain confort[11].

Le bas-peuple, dans les campagnes, ne vivait cependant pas mieux qu'aux siècles précédents et suivants, et il n'était pas prioritaire aux yeux de la classe politique. La gestion de l'eau l'illustre : les centaines de kilomètres d'aqueducs et de tuyaux souterrains qui alimentaient en eau Nîmes, Vienne, Lyon ou Rome prévoyaient peu de sorties pour l'irrigation, et confisquaient ainsi aux travaux des champs une ressource précieuse, au profit des citadins[12].

Même ces derniers étaient en mauvaise santé, et pas seulement à cause du manque de nourriture. Kyle Harper[13] suggère que le commerce des biens et des hommes favorisait celui des bactéries et des virus, dont la fameuse variole antonine au IIe siècle et, au VIe siècle, la peste justinienne. La malaria était présente dans toutes les grandes villes romaines – y compris dans la capitale. L'économie impériale faisait circuler efficacement les biens mais aussi les maladies, qui touchaient tout le monde. Le commerce et l'agriculture profitaient à une partie de la population seulement. Ainsi, les bovins de la paix romaine étaient bien plus grands et appétissants que ceux de la Gaule celtique - comme les poulets - ce qui pourrait être pris pour un signe de prospérité générale. En fait, les grandes races de bovins sont meilleures à consommer mais elles sont moins aptes aux travaux des champs que les petits bovins que l'on retrouve avant et après la période romaine en Gaule. Une belle vache travaille moins qu'une laide : les vieux bœufs de Thiou, saint du VIe siècle[14], travaillaient à deux, incessamment, aussi productifs que huit jeunes bêtes des autres agriculteurs. Les bovins plus nombreux et moins grands économisaient beaucoup de travail aux hommes sous les Francs. Quand on sait par ailleurs que la Gaule romaine a été un point bas du pâturage, on voit dans ces beaux bœufs de l'époque romaine un leurre, un indice qu'on laissait les hommes et les esclaves porter eux-mêmes l'araire, accomplir des travaux des champs avec moins d'assistance animale que ce que l'on avait observé auparavant. La viande de bœuf, de poulet ou de porc avait sans doute meilleur goût que par le passé mais elle demeurait réservée au plus riche dixième de la population, et inaccessible pour tous les autres : la population générale mangeait moins de viande, et les cuisiniers se spécialisaient dans les recettes végétariennes. Même l'empereur Septime Sévère préférait les bons plats de légumes tandis que, chez les Mérovingiens et les Carolingiens, manger de grandes quantités de viande ou, mieux, des os à moelle, valait la gloire[15].

Vient alors une question à laquelle d'innombrables réponses ont été apportées dans autant d'ouvrages différents : comment ce formidable empire était-il né et s'était-il maintenu aussi longtemps ? Et pourquoi Rome est-elle tombée[16] ? Ce sont le commerce romain et son urbanisme, subventionnés par un État impérial fort, qui assurèrent la survie et la gloire de Rome, ces activités fonctionnant grâce aux économies d'échelle ; par conséquent, elles peuvent se maintenir longtemps mais aussi s'effondrer rapidement. L'Empire était comme le chêne de la fable : il semblait insensible aux coups de vent, avait gardé son armée et sa capitale apparemment intactes malgré les invasions. Cependant, souterrainement, il devenait fragile[17], et tout l'équilibre économique et politique allait finir par rompre. Sans villes dignes de ce nom, le commerce, notamment celui de l'aide alimentaire, allait disparaître, ce qui accentuerait encore la désurbanisation dans un mouvement de cercle vicieux.

La nouvelle élite barbare

La Gaule, région proche du centre et de la frontière militaire, relativement pauvre mais peuplée, avait été le principal pourvoyeur de recrues de l'armée au Ier et au IIe siècle, à l'ouest de l'Empire. Mais la crise sanitaire du IIe siècle crée des problèmes de recrutement : dépeuplant l'Empire d'un dixième, peut-être même d'un cinquième de sa population, l'épidémie fut particulièrement mortelle dans les armées, surpeuplées. La faible participation italienne à l'armée, que déploraient certains auteurs « italiens », s'aggrava et il n'y eut presque plus de Romains dans l'armée romaine. Les contingents gaulois ne donnaient plus à Rome une armée satisfaisante pour ses grandes ambitions militaires. Il fallut recruter de nouveaux hommes, avec des recettes fiscales bien moindres, une population réduite et peut-être poussée à la mollesse par la vie urbaine, pour parler comme certains auteurs d'alors. C'est à la lumière de cette crise de recrutement qu'il faut comprendre les premiers contrats avec les peuples barbares, les *fœdera* qui créaient les peuples fédérés. L'armée fut durablement affaiblie et eut toujours besoin de ces nouveaux adjuvants.

Ces barbares germaniques se virent offrir des terres, en échange de leurs services militaires et de leur affiliation à l'Empire. Ces contrats se faisaient sur des bases différentes d'un peuple à l'autre et d'une année à l'autre. Certains tordaient le bras des Romains pour les obtenir, et devenaient de dangereux alliés, d'autres les recevaient en échange de leur fidélité. Ces nouvelles recrues rendirent plus difficile le maniement des armées, en y augmentant le nombre de factions. Aussi bien que des coups des peuples germaniques hostiles, Rome mourut des manipulations et des retournements de ses alliés. Une image d'Épinal nous présente tous les barbares fédérés aux côtés de Rome : sur les champs Catalauniques, Ætius mobilisa tous les alliés de l'Empire, et quelques légions gauloises contre les Huns qui pillaient la Gaule. Les Huns étaient aussi accompagnés de peuples germaniques, dont certains supposément liés à Rome par un *fœdus*. La situation était confuse, et Rome cédait progressivement du pouvoir à ces peuples, dont plusieurs étaient romanisés, à mesure que son emprise locale diminuait, selon un modèle très proche de ce qui se produirait lors du déclin du pouvoir carolingien après la mort de Charlemagne.

Du point de vue économique, ce changement de peuple dirigeant se manifesta clairement. Malgré d'audacieuses tentatives de Chilpéric, peut-être le plus romain des rois mérovingiens[18], les impôts fonciers n'étaient plus centralisés, le cadastre fut rapidement abandonné : l'uniformité administrative relevait de la mémoire historique. Il semble que les nouveaux rois aient eu l'autorité de régner grâce à leurs rapines et à l'exploitation directe des terres acquises : *Materia munificientiæ per bella et raptus* - la source de leur richesse est dans les guerres et les butins[19].

Du point de vue commercial, il y avait moins de biens échangés, de moindre qualité, moins de spécialisation, moins d'habitants - mais, malgré tout, l'unité méditerranéenne se conservait. L'administration locale romaine par les municipalités resta également en place : seulement, l'évêque, souvent descendant de sénateurs, remplaça les anciens édiles. L'administration et le fisc romains, qui avaient encore réussi au ve siècle à financer des armées constituées de dizaines de milliers d'hommes, disparurent, et les rois francs durent faire sans. Les principales entrées fiscales venaient de l'administration directe de terres, des conquêtes, de la taxation des échanges, et il n'y avait plus d'imposition directe des propriétaires terriens et des paysans, le cadastre impérial se perdant progressivement après les Mérovingiens. La culture juridique romaine fut conservée dans les textes, même si elle fut parfois amendée par les barbares, mais il est clair que sa validité universelle n'était plus ce qu'elle avait été : le monde méditerranéen n'était pas plus uni sous une même juridiction. S'il a été réellement possible, dans l'Empire, de poursuivre en justice un mauvais payeur d'un bout à l'autre de la Méditerranée, comme le suggère Peter Temin, il est clair que ce n'était plus du tout le cas sous Clovis.

Les rois des Francs, de Clodion le Chevelu à Charles le Chauve

Clovis hérita en 481 du royaume des Francs saliens, qui comprenait le nord de la France, la Belgique et la Rhénanie. Clodion, son plus vieil ancêtre historiquement attesté, avait une longue chevelure qui symbolisait son statut élevé et sa liberté à l'époque où il était supposément subordonné à l'autorité politique de l'Empire : il aspirait à être l'égal des Romains et surtout à être affranchi d'impôts, à en croire la légende[20]. Descendant d'un formidable monstre marin, mort à près de 300 ans[21], il était le père d'un certain Mérovée qui aurait participé à la bataille des champs Catalauniques. Le petit-fils de Clodion, Childéric, prédécesseur de Clovis, nous est davantage connu - on a retrouvé son tombeau à Tournai et nous savons qu'il fut gouverneur de la province de Belgique seconde. En plus de nombreux bijoux et armes, son tombeau abritait également cent sous d'or frappés par l'Empire romain (sous Théodose II)[22]. C'est une preuve de ce que ce peuple des Francs était un peuple fédéré, bien payé pour ses nombreux services, très fidèle à l'Empire byzantin.

Ainsi, le Clovis de 481 était un « haut fonctionnaire romain[23] », soudainement privé d'employeur après la chute de l'Empire - elle n'était survenue que cinq ans avant le début de son règne. Son peuple, qui avait été au IVe siècle un adversaire de Rome, était devenu un allié fidèle et rémunéré. Cette fidélité n'avait plus de sens sans l'Empire, à moins de se mettre au service des nouveaux chefs de l'Italie, les Ostrogoths. Cependant, ce n'était plus possible : de même que l'Ouest était devenu peu peuplé et peu dynamique par rapport à l'Est, la Gaule était devenue plus peuplée que l'Italie dans l'Ouest romain. Les villes gauloises n'étaient plus aussi éloignées de Rome que par le passé. Ainsi, le maître de la Gaule aurait davantage de ressources militaires que les Ostrogoths pour prétendre refaire un nouvel empire. Une fois Clovis établi après sa victoire sur les Wisigoths d'Espagne à Vouillé en 507, la Gaule, contrairement à l'Italie, allait bénéficier d'une situation géopolitique favorable : jusqu'au VIIIe siècle, les conflits militaires en Gaule seraient provoqués principalement par des guerres civiles, et non par des invasions extérieures.

La Gaule que conquit Clovis formait un vaste ensemble, et il réussit à lui donner une unité qui n'allait pas de soi. Elle était possible grâce à l'acceptation passive des 5 millions de Gallo-Romains autochtones, qui étaient en fait prêts à accueillir les Francs pour retrouver une forme de stabilité politique. Les dernières décennies du Ve siècle avaient été difficiles pour toutes les classes de la population. Nous en avons différents indices : le Code théodosien, au Ve siècle, impose l'obligation aux fonctionnaires municipaux, les *curiales*, de conserver leur poste[24] sous peine de subir de terribles châtiments - on sait qu'ils ne s'y plièrent qu'avec difficulté et fuirent souvent dans les campagnes pour échapper à la violence. Comme représentant des paysans plus modestes, le théologien Salvien de Marseille, au Ve siècle, protestait avec virulence contre les impôts impériaux. Il alla jusqu'à justifier l'attitude des Espagnols et des Gaulois, qui s'étaient révoltés voire joints aux Barbares :

> En effet, comment sont-ils devenus Bagaudes, si ce n'est par nos injustices, si ce n'est par la malhonnêteté des juges, par les confiscations et les rapines de ces hommes qui ont changé la perception des impôts en profit pour leur propre bourse [...] qui, non contents de dépouiller leurs semblables comme la plupart des voleurs se repaissent encore en les déchirant et, pour ainsi dire, en buvant leur sang[25] ?

Ainsi, l'administration impériale tardive faisait beaucoup de mécontents jusque dans ses propres rangs ; les fonctionnaires municipaux contraints de servir et de prélever les impôts, et les imposés, prêts à rejoindre les brigands et les armées d'envahisseurs. Le fruit était mûr pour Clovis, qui conquerrait de larges pans de la Gaule lors des batailles de Tolbiac en 496 ou de Vouillé en 507. Il put ainsi s'emparer de nombreux biens publics ou d'Église sans résistance. Pour s'assurer le soutien de la population, il fit une concession importante : il se convertit au christianisme.

Clovis reçut le titre de roi de la part de l'empereur romain d'Orient, Anastase, en 508 - reconnaissance d'une délégation de pouvoir plus nominale que réelle. Pour stabiliser sa domination sans épuiser totalement le Trésor tiré de ses conquêtes, il devait chercher l'alliance de l'élite ecclésiastique, souvent issue de l'aristocratie sénatoriale gallo-romaine. Pour ce faire, il dut faire des concessions minimales aux évêques en charge des grandes cités, qu'il avait parfois dépouillés de leurs biens. L'exemple le plus connu est celui du vase de Soissons raconté - ou inventé - par Grégoire de Tours : Clovis reçut à Soissons une requête de l'évêque de Reims Remi, qui lui demandait restitution d'un vase d'argent sacré. Clovis accepta de le rendre immédiatement pour satisfaire l'évêque, malgré la protestation violente d'un de ses soldats qui cabossa le vase d'un coup de hache - il en serait puni[26]. La conversion était la suite logique de cette politique de conciliation vis-à-vis de l'élite catholique locale.

C'est en gardant à l'esprit que Clovis aspirait à gouverner un pays dans lequel l'élite épiscopale représentait une grande puissance qu'il faut interpréter le récit de sa vie par l'évêque Grégoire de Tours. Le baptême était d'autant plus important que Clovis, anciennement païen, entrait « pur » dans la maison catholique, c'est-à-dire sans être passé par l'arianisme. L'élite était en effet friande de théologie, quoiqu'elle fût complètement en retard sur les débats qui opposaient des livres écrits principalement à Constantinople, Rome, Antioche, Alexandrie et Carthage. L'aristocratie gallo-romaine était plutôt nicéenne et elle rejetait fermement les hérésies arienne et homéenne, qu'avaient embrassées les Wisigoths et une partie des Burgondes[27], dangereusement proches de Reims ou de Tours. C'est bien la profession de foi de Nicée, la meilleure, que récita Clovis à Reims[28].

Le baptême eut lieu à une date inconnue, en 496 ou 505, le jour de Noël, et non à Pâques, comme il était plus convenable, car Clovis était un guerrier et préférait profiter d'un mois de trêve hivernale pour organiser la cérémonie. Le fier Sicambre s'était assuré la neutralité temporaire des Burgondes en épousant Clothilde. En se baptisant, il s'assurait l'alliance des anciens *curiales* et leur garantissait qu'ils ne seraient pas remplacés par les guerriers francs païens ni spoliés de tous leurs biens - seulement d'une partie.

Cette stratégie d'assimilation sociale avait été entamée avant même Clovis : Childéric, son père, s'était déjà empressé auprès de sainte Geneviève, héroïne du siège de Paris en 451 contre Attila[29]. Clovis se ferait enterrer près d'elle, ce qui viendrait symboliser la fin de ce cycle - et donner beaucoup d'éclat à Paris. Il y eut dans le baptême et la christianisation de l'aristocratie franque une vision de long cours, qui permit de créer une nouvelle synthèse politique. Boulainvilliers, au XVIIIe siècle, reprochait à Clovis ce baptême, car, il se serait fait au détriment des nobles guerriers francs, et au profit de la populace gauloise que cet auteur aristocratique méprisait. C'est une erreur d'interprétation. Au contraire, la conversion de Clovis permit de fusionner deux corps sociaux distincts : les cadres de l'armée franque et l'élite économique gauloise. Sainte Geneviève elle-même incarnait cette synthèse, étant fille d'un Franc et d'une Gallo-Romaine.

Les descendants de Clovis « achevèrent » ses conquêtes et firent entrer une grande partie du territoire de la France d'aujourd'hui dans le *regnum francorum*. Une des grandes réussites fut l'alliance avec l'Italie ostrogothique qui était en lutte contre l'Empire byzantin : cette alliance ne sauva pas les Ostrogoths mais permit aux Mérovingiens de régner sur la Provence et la Septimanie (qui correspond en partie au Languedoc) à partir de 537.

Malgré leur grand territoire et l'inclusion de provinces maritimes, les Mérovingiens avaient du mal à taxer l'activité économique : les tonlieus, impôts sur le commerce, sont attestés, mais il n'est pas sûr que ce soit le roi qui en ait tiré le plus de bénéfices, ni que ces recettes aient été importantes. L'ancienne administration impériale était organisée de manière décentralisée, de sorte que, si les fiscs étaient encore actifs, leurs revenus étaient accaparés par les potentats locaux, les comtes et les évêques, plutôt que par les descendants de Clovis. Chilpéric, en 578, tenta de rétablir une imposition foncière, sans succès, du fait de la résistance de la population et de l'épiscopat[30]. Surtout, les exemptions fiscales qui se superposaient et se cumulaient rendaient le prélèvement de l'impôt inégal et difficile - tel évêque pouvait tenter d'inventer une tradition par laquelle sa ville devait être totalement exemptée de contributions, ou s'appuyer sur le patronage d'un saint, mort ou vivant, méthode qui semblait avoir un certain succès dans les premiers siècles du christianisme. Ainsi, Grégoire de Tours raconte-t-il comment la peur de représailles de la part de saint Martin de Tours, mort mais toujours capable de miracles et de maléfices, aurait permis à la ville d'obtenir une exemption d'impôts sous Clovis[31].

Cependant, malgré le faible niveau du prélèvement fiscal, les Mérovingiens étaient des dirigeants riches, à la tête de l'entité politique la plus centralisée d'Europe de l'Ouest : les conquêtes de Clovis lui avaient permis de devenir propriétaire foncier d'un stock gigantesque de terres. Le trésor royal sembla se maintenir plus d'un siècle : il survécut au cycle mérovingien de violences politiques plusieurs fois répété. La première étape de ce cycle est un souverain au sommet de sa puissance, propriétaire de nombreuses terres (Clovis, Clotaire Ier entre 558 et 561, Dagobert dans les années 620), qui meurt de cause naturelle. Les règles de succession franques, égalitaires, forcent le partage en territoires égaux du royaume des Francs entre les héritiers du souverain défunt. Ensuite, des frictions, comme celles qui concernent le découpage de l'Aquitaine, ou de la Provence (les régions les plus riches), aboutissent à des guerres civiles. Enfin, après quelques décennies de violence, un homme ou une femme forte - comme la reine Brunehaut - s'impose et reconstitue l'unité du royaume. Ces guerres civiles étaient coûteuses mais permettaient au nouveau roi de confisquer de nombreuses terres et de s'enrichir de nouveau. Cependant, le vainqueur devait accorder différentes concessions à ses alliés après chaque conflit, sous forme de terrains ou d'exemptions d'impôts. Ainsi, la fiscalité jouerait un rôle de plus en plus mince, et les rois perdraient progressivement leur puissance au profit des évêques et surtout des comtes. Dagobert fut sans doute le dernier Mérovingien à régner avec autorité.

Ce roi charismatique allait reconstituer l'unité du royaume et incarner, le dernier, une forme de continuité vis-à-vis de l'Empire romain. Il étudia dans l'École du palais, sorte d'école d'administration du haut Moyen Âge. Il y eut comme professeur saint Éloi, son futur ministre des Finances - ou « chargé du trésor ». Ancien orfèvre et monnayeur, il est présenté dans les chroniques de Frédégaire comme un artisan économe. Clotaire II - le père de Dagobert - lui aurait demandé un trône. Celui-ci, avec l'or qui lui était confié, en fit deux. Faire plus avec peu de ressources, c'était une qualité importante pour un ministre des Finances qui comptait d'autant plus que le souverain devait vivre sur ses terres et ne pouvait augmenter ses rentrées fiscales aisément. Saint Éloi aida notamment le roi à centraliser la fabrication de monnaie, tous les ateliers passant sous le contrôle de Dagobert. Ceci permettait d'uniformiser les espèces et de prélever des frais de monnayage. Agressif à l'égard des grands aristocrates francs, ainsi que des évêques abusifs, il récupérait des territoires ou des domaines quand il constatait un manquement de leur part. Il tenta comme plusieurs de ses prédécesseurs de rétablir l'impôt foncier et le cadastre, et ses succès politiques et militaires laissent à penser qu'il réussit à en tirer des recettes[32].

Le fils de Dagobert, Clovis II, avait 5 ans à la mort du roi en 639. Il épousa assez jeune une esclave anglo-saxonne des maires du palais, Bathilde, qui lui survécut après 657. Bathilde prit le pouvoir elle-même : elle s'allia avec saint Ouen et saint Éloi et régna brièvement depuis la Neustrie (la région parisienne) sur toute la Gaule jusqu'en 665, date à laquelle elle fut écartée. De cette dernière femme forte mérovingienne, on peut retenir la volonté de mettre fin à l'esclavage : elle contraignit plusieurs communautés religieuses (Saint-Denis, Sens, Corbie...) et comtés à soulager leurs populations de nombreuses contraintes[33].

Après le bon roi Dagobert et sainte Bathilde, il n'y eut plus de roi mérovingien fort. L'impôt ne cessa de reculer, tandis que la monnaie en or, qui servait sans doute pour les rentrées fiscales, contenait de moins en moins d'or : le métal précieux était devenu difficile à trouver[34]. De plus, une nouvelle famille politique prendrait le dessus sur le roi après sa mort. À cette époque, commençaient à monter en puissance les maires du palais, fonctionnaires royaux, issus d'une famille prestigieuse, celle des Pépinides : c'étaient les futurs carolingiens qui, après avoir servi les Mérovingiens, allaient prendre le pouvoir. Ils venaient d'Austrasie, et non de la Neustrie depuis laquelle la plupart des successeurs de Clovis avaient gouverné la Gaule. Si ces derniers allaient continuer de régner plus de cent ans, ce serait avec une autorité effacée : ils ne gouverneraient pas réellement.

Il y eut un tournant politique lors du règne « officieux » de Charles Martel au VIIIe siècle. Ce maire du palais, duc des Francs, n'était pas roi mais il était bien l'homme le plus puissant de Francie entre 718 et 741. Il profita d'un raid musulman en Gaule en 732 pour y asseoir son emprise. Alors qu'une armée d'Andalousie menée par Abd al-Rahman avait pillé Poitiers et menaçait Tours où se trouvait le riche et sacré tombeau de saint Martin, Charles Martel fut appelé au secours par son rival Eudes d'Aquitaine. Fort d'une lourde armée, avec très peu de cavalerie[35], Charles Martel battit l'armée arabe : c'est la bataille que nous connaissons sous le nom de « bataille de Poitiers » - bien qu'elle n'y ait pas eu lieu.

Cette défaite musulmane coïncida avec le coup d'arrêt des conquêtes islamiques à l'Ouest[36]. Au siècle précédent, les Arabes avaient conquis l'Afrique du Nord puis l'Espagne de manière opportuniste : lançant des raids et des razzias, ils constataient l'absence d'autorité forte pour s'opposer à leur implantation politique, et revenaient ensuite s'installer. L'armée de Charles Martel montra la capacité de résistance militaire de la Gaule et découragea sans doute les initiatives andalouses. Ce n'était naturellement pas le seul facteur qui pouvait arrêter un empire aussi énorme : celui-ci, fort étiré, avait peut-être atteint ses limites ou était épuisé d'un siècle de raids. Dans tous les cas, après quelques autres batailles, la frontière du monde islamique se fixa aux Pyrénées, même s'il y avait quelques enclaves en Gaule, notamment en Aquitaine ou dans le Limousin. Si les Andalous allaient représenter des rivaux pour la Francie, l'empire islamique dans son ensemble ne formait pas un bloc résolument hostile, grand comme il était - les divisions entre musulmans allaient dans certains épisodes permettre des alliances avec des chrétiens[37]. Les troubles de la conquête et de la guerre en Espagne avaient réduit les échanges. Cependant, par la force des choses et de la géographie, le commerce entre la Gaule et la péninsule Ibérique reprit au moins à partir du début du IXe siècle[38].

Pour Charles Martel, Poitiers fut autant une victoire contre les Arabes que contre ses concurrents dans l'aristocratie franque : ce succès, qui ne fut pas le seul, lui assura le pouvoir effectif. C'est lui-même qui installa sur le trône le roi fantoche Thierry IV. L'Église de Rome apporta sa reconnaissance à la puissance du maire du palais. Le fils de Charles, Pépin le Bref, fut sacré roi par le pape Étienne II, à Saint-Denis, en 754.

Sous Charles Martel, l'aspiration à la paix était telle que le dirigeant put, comme Clovis l'avait fait, confisquer à son profit les terres d'Église - sans pour autant faire de l'institution une ennemie tant elle devait apprécier le retour à l'ordre. À une époque où la taxation foncière avait disparu, une telle confiscation était le seul moyen de reconstituer la richesse de l'État. C'était grâce à ces terres accumulées que son fils Pépin le Bref put se faire sacrer en 754. Le fils et héritier de Pépin, Charlemagne, agrandit encore son large domaine par sa politique conquérante. Il régna sur le nord de l'Italie mais également sur l'Allemagne, accomplissant un rêve auquel avait dû renoncer Auguste lui-même. Charlemagne fut sacré empereur par le pape à Rome le jour de Noël 800 ; ses succès l'avaient rempli d'un tel orgueil qu'il fut mécontent que le pape crût avoir l'autorité de lui conférer ce titre qu'il avait conquis par lui-même[39]. Cependant, cet empire ne dura pas beaucoup plus longtemps que n'avait duré celui de Justinien en Italie et en Afrique du Nord au VIe siècle : quelques décennies à peine.

À la mort de Charlemagne, son fils, Louis Ier, lui succéda seul et eut un début de règne heureux. Louis le Pieux - c'était son surnom - céda une grande partie de ses terres par de généreux dons à l'Église, et il ne parvint pas à se décider quant au partage du pouvoir entre ses fils, notamment à cause de la naissance de son fils d'un second mariage, Charles le Chauve. Alors que le frère de Charlemagne s'était fait moine et que les frères de Louis le Pieux étaient tous morts avant Charlemagne, le souverain se retrouvait dans la même situation que certains de ses prédécesseurs mérovingiens, sans successeur unique. Il voulut partager l'empire entre ses fils, tout en conservant pour son aîné, Lothaire, le gros du pouvoir, au nom de l'unité du royaume. Ce partage ne fut pas accepté par ses autres fils : ils se menèrent une violente guerre, qui aboutit à une tripartition de l'empire, par le traité de Verdun de 843. Les trois régions, d'une manière téléologique, sont parfois perçues comme un avant-goût des futures nations d'Europe, la France à l'ouest, l'Allemagne à l'est, au milieu la Lotharingie – du nom de son roi Lothaire – qui recoupait les terres entourant le Rhin ainsi que l'Italie du Nord. Cette région du milieu disparut très rapidement, même si elle allait marquer l'imagination : quand Charles le Téméraire tenterait de former un grand État européen au XVe siècle, ce serait la Lotharingie qu'il essaierait de reproduire. Deux États se formèrent dans l'immédiat à la suite de cette partition. À l'est, le Saint Empire romain germanique rassemblait de nombreuses principautés, mais ces dernières seraient en fait autonomes au sein de cette union. À l'ouest, apparut la France, qui, à partir de ce moment, exista continûment comme État.

La nation française n'était pas encore née, mais l'État était déjà là. Il était encore plus faible qu'après la chute de l'Empire romain : les Carolingiens, à la suite des guerres du IXe siècle, avaient dû céder leurs terres à leurs alliés et une puissante aristocratie s'était formée. Ce que l'organisation politique perdait en puissance, elle le gagnait en cohérence. Avec les Mérovingiens, disparaissait l'idée que les territoires étaient interchangeables : les fréquents assemblages de terres éloignées que faisaient autour d'une table les rois des Francs prenaient fin. Les territoires que se disputaient les fils de Louis le Pieux étaient plus cohérents géographiquement. L'aristocratie imitait ces rois et elle s'enracinait dans des petits pays dont il était clairement convenu qu'ils se transmettraient par voie héréditaire.

La noblesse avait souffert des guerres entre enfants de Louis le Pieux. À la plus importante bataille de ce conflit, à Fontenoy, en 841, elle avait été décimée. Bien que ce fût une victoire de Charles le Chauve et de Louis le Germanique, alliés contre Lothaire, cette bataille fut recensée dans les annales de ces deux camps comme un traumatisme tant les deux rois y perdirent de compagnons. Paradoxalement, cette hécatombe renforça la puissance de l'aristocratie militaire : les morts permirent des concentrations de terres entre ceux qui restaient. C'étaient ces grands aristocrates propriétaires fonciers qui durent affronter tant bien que mal les invasions et raids du IXe et du Xe siècle, menés par les Vikings, les Hongrois et les pirates sarrasins. Après des décennies difficiles, le calme revint vers le milieu du Xe, mais ce ne fut pas grâce aux rois de ce siècle : l'autorité de l'État en Gaule y était très faible.

Le commerce méditerranéen et les infrastructures romaines jusqu'à Charlemagne

Depuis la prise de Carthage par les Vandales en 439, la sûreté de la Méditerranée n'était plus assurée, du fait de la piraterie. Les côtes étaient redevenues dangereuses, la flotte militaire se réduisait, et les livraisons de blé égyptien dans les grandes villes disparaissaient. Cependant, le commerce méditerranéen, réduit, avait survécu quelques siècles à l'Empire romain et demeurait une des principales sources de prospérité pour les villes franques jusqu'au VIIe siècle.

Henri Pirenne[40], historien belge du début du XXe siècle, précurseur de l'école des Annales, affirma que les Mérovingiens étaient en fait des continuateurs de l'Empire romain, car les fondamentaux de ce dernier n'avaient pas disparu : si la littérature latine s'était appauvrie, le commerce méditerranéen, le véritable socle de l'ancien Empire, persista jusqu'au VIIe siècle. Tant que des navires marchands purent apporter à Marseille des épices orientales, de l'huile d'Afrique du Nord ou du papyrus d'Égypte, Rome n'était pas morte. À en croire Pirenne, Clovis et Dagobert vivaient toujours dans un monde romain et tentèrent de le maintenir pour conserver l'accès aux marchandises d'Orient ainsi que le revenu fiscal des tonlieux - les taxes commerciales.

Si un exemple prouve la pénétration continue du commerce méditerranéen en Gaule, c'est celui du papyrus dont les archives mérovingiennes laissent deviner l'usage fréquent. La rareté des actes administratifs conservés de cette période (entre le Ve et le VIIe siècle) ne semble pas compatible avec leur contenu : plusieurs des documents qui nous sont parvenus sont des formulaires ou des questionnaires pré-remplis avec des lignes à compléter. Ceci laisse à deviner une bureaucratie encore assez lourde qui produisait une grande quantité d'écrits administratifs standardisés. Nous avons une contradiction entre, d'une part, des documents qui semblent indiquer une abondance de papier et, de l'autre, la faible quantité conservée.

Le papyrus explique ce paradoxe. Ce papier, bien moins cher que le parchemin médiéval, est également plus fragile dans les contrées tempérées. L'absence des documents prouve l'importation continue de papyrus d'Égypte en Gaule, plus d'un siècle encore après la fin de l'Empire romain d'Occident. Comme l'écrivait Henri Pirenne : « L'ironie de l'histoire a voulu que d'un temps où l'on a beaucoup écrit, il nous reste bien moins de choses que des époques postérieures où l'écriture était devenue un luxe[41]. »

Le papyrus n'est pas le seul bien oriental que continuait à consommer l'élite franque au VIe siècle. Les clercs du VIe siècle buvaient du vin de Gaza comme un aristocrate du XVIIIe aurait bu du vin de Bourgogne[42]. L'huile d'olive d'Afrique du Nord était encore transportée comme l'attestent les inventaires des monastères. Les sous d'or romains, ses successeurs comme le trémissis, abondaient d'après Pirenne : le poids en or des monnaies battues en Gaule demeura très proche de celui du sou romain jusqu'au VIIe siècle. Corollaire de la dynamique marchande, les épidémies circulaient activement. La peste justinienne arriva de Byzance en Gaule, passa par Arles dès 541, puis Clermont[43] pour aller jusqu'en Angleterre : la circulation du bacille n'est-elle pas un signe que les flux commerciaux restent actifs ?

Si l'on omet l'Aquitaine, devenue assez riche grâce à ses vignes et ses terres productives, le centre de gravité économique de la Gaule était encore la Bourgogne (étendue au sud jusqu'à Lyon) et la Provence, que furent trop heureux de saisir les enfants de Clovis, et que leurs héritiers se disputèrent âprement. Les objets de luxe, dont la valeur avait dû augmenter, s'échangeaient encore contre de l'or comptant et sans doute d'autres métaux, voire des esclaves issus des conquêtes franques. Les routes romaines qui permettaient de faire circuler ces biens après leur débarquement sur la côte n'avaient pas disparu. Sidoine Apollinaire remarquait leur bon entretien[44], dont s'occupaient des fonctionnaires comtaux – c'est-à-dire régionaux[45]. Au VIe siècle, on décrivait encore des chameaux dans les hagiographies, et des archéologues ont trouvé une dent de camélidé de cette même période à Lyon : cette bête ne peut être passée que par la Méditerranée, escortant le long du Rhône un marchand ou voyageur venant d'Afrique[46].

Les infrastructures urbaines n'avaient pas toutes été détruites. L'eau s'écoulait toujours vers les cités : Grégoire de Tours mentionne un gardien d'aqueduc ouvrant la voie aux assiégeants d'une ville. Les thermes continuaient de prodiguer leurs plaisirs, même s'ils semblaient concerner une portion réduite de la population. Les théâtres servaient encore, et les Mérovingiens organisaient, sporadiquement, des courses de chars à Arles ou des cirques à Paris au VIe siècle. Les impôts fonciers étaient toujours prélevés par des précepteurs, même s'ils servirent surtout aux seigneurs locaux plutôt qu'au roi et que les exemptions se multiplièrent – Chilpéric Ier tenta en vain de les rétablir à son profit, et le cadastre gallo-romain ne survécut pas longtemps à l'empire qui l'avait vu naître. L'ancien fonctionnement économique de la Gaule persistait, mais la décentralisation ne fut pas favorable au commerce – sans imposition foncière, les taxes douanières intérieures et extérieures, les tonlieux, jouèrent un rôle de plus en plus important.

Tout ceci fut radicalement modifié après quelques siècles et il est presque possible d'en dater le moment : l'administration commença à écrire tous ses actes sur du parchemin, issu de peaux animales et nettement plus cher que le papyrus. Ce changement signifiait qu'on importait plus difficilement d'Égypte. Pirenne date la « véritable » fin de l'Antiquité des dernières décennies du VIIe siècle, au moment où l'on cessait d'utiliser du papyrus en Gaule, comme l'ont confirmé les recherches archéologiques[47].

Cette date de la fin des importations de papyrus coïncide avec celle de la prise de pouvoir des maires du palais d'Austrasie. Ce n'est pas un hasard : la transition entre Mérovingiens et Carolingiens n'était pas seulement dynastique, elle était surtout économique. Les Mérovingiens avaient tiré leur pouvoir des villes du Sud et du Bassin parisien, tandis que les Carolingiens étaient de riches propriétaires en Austrasie, près de la Frise et du Rhin. Or, avec la fin du commerce méditerranéen, le nord et l'est de la Gaule devenaient le véritable centre de gravité de l'Europe de l'Ouest. Ainsi, Marseille subissait une crise portuaire et démographique depuis le VIIe siècle. Au contraire, la mer du Nord était de plus en plus dynamique, et la Germanie s'ouvrait au commerce gaulois. Le pouvoir politique allait en fait se rapprocher du pouvoir économique en passant aux Pépinides.

En 700, le volume de commerce méditerranéen atteignit sans doute son plus faible niveau de l'histoire de France. Henri Pirenne, qui a bien perçu cette évolution en lisant finement les sources textuelles, l'attribue à la conquête du Moyen-Orient et de l'Afrique du Nord par l'empire islamique. « Sans Mahomet, Charlemagne est inconcevable. » Centré dans le Moyen-Orient, plus loin de la Méditerranée, autosuffisant par la riche variété des pays qu'il conquérait, en concurrence navale avec l'Empire byzantin, l'empire islamique aurait été indifférent voire agressif à l'égard de l'Europe. La Méditerranée, ou « mer byzantine », aurait été surtout un terrain de piraterie pour ce nouvel empire. D'après une citation reprise d'Ibn Khaldûn, plus une seule planche chrétienne ne flottait sur la Méditerranée aux yeux du monde islamique : pour Pirenne, c'est l'hostilité du monde islamique qui expliquait l'effondrement du commerce méditerranéen.

Si l'hypothèse de Pirenne sur le rôle de l'islam est séduisante, elle semble confondre la cause et l'effet : pourquoi les dirigeants de l'empire islamique, dont l'histoire prouve qu'ils étaient ouverts au commerce et à l'entreprise, auraient-ils tenu à faire cesser une activité commerciale somme toute profitable, le monde oriental disposant de nombreuses denrées introuvables en Occident, et l'Occident étant encore capable d'alimenter l'Égypte ou Bagdad en fourrures ou en esclaves ? Certes, la Méditerranée fut empruntée par des pirates sarrasins, mais il y avait aussi les bateaux marchands des riches cités alliées à Byzance, comme Venise ou Amalfi[48], qui tiraient de grands bénéfices de leur activité commerciale. Les biens orientaux circulaient encore en Italie, ainsi qu'en Scandinavie, mais ils arrivaient plus rarement en France, à l'issue d'un circuit moins direct – ils y passaient par des voies fluviales ou terrestres, nettement plus longues et coûteuses, acheminés par des étrangers et non par des Français. C'est sans doute le déclin en France des villes portuaires, et la faiblesse permanente de la flotte méditerranéenne qui explique les difficultés du commerce à accéder en Gaule, plutôt que la seule hostilité de l'empire islamique[49]. Venise profita de la situation pour acquérir un monopole commercial, son arsenal lui permettant de construire la plus puissante force maritime méditerranéenne, pendant que Marseille et Arles finissaient de décliner.

Charlemagne, comprenant la faiblesse de sa flotte et de ses ports, tenta de s'emparer de Venise pour s'accaparer ses privilèges commerciaux – en vain. La Sérénissime devint la plus riche cité européenne ; les marchands français s'y rendaient par les Alpes à partir du IXe siècle pour y vendre des esclaves, en échange de soie ou de reliques – c'étaient en tout cas les biens mentionnés dans les traités de paix entre Venise et l'Empire carolingien[50]. Il n'y avait pas d'autre solution pour participer au commerce méditerranéen, tant les ports gaulois avaient décliné. La nature elle-même semblait vouloir entraver les échanges : le Rhône, soit par une succession d'accidents naturels, soit parce qu'il n'était plus canalisé, devint plus difficilement navigable après le VIIIe siècle[51]. La France n'était pas la seule région à souffrir de difficultés commerciales : les échanges entre Occident et Orient avaient diminué alors que l'Empire byzantin subissait une grave crise démographique et économique aux VIe et VIIe siècles avec la peste justinienne.

Pendant que la Méditerranée française périclitait, le commerce du Nord avec les Anglais, les Frisons, et les peuples scandinaves gagnait en vigueur. Charlemagne reconstruisait le phare de Boulogne-sur-Mer et surtout une première flotte française sur l'Atlantique et la Manche : elle assurerait la sécurité des côtes et des navires marchands contre les pirates pour quelques décennies[52]. Les futures villes flamandes naquirent, et les ports de Quentovic et Dorestad, fort dynamiques quoique peu peuplés, connurent un important essor et un véritable âge d'or au IXe siècle.

Le sel, les fourrures, le cuir, les métaux, le miel, les outils agricoles, le vin français étaient exportés depuis la Frise, les laines, les draps, les os de baleine, les cornes de morse, l'ambre y étaient importés depuis l'Angleterre ou la Scandinavie. En l'absence de grandes cuvées étrangères comme le vin de Gaza, il existait une demande pour un vin français de qualité ; les vignobles septentrionaux de Champagne, de Laon, de Soissons, et même de Paris, en attendant les futurs grands crus de Bourgogne, répondirent à une demande que ne suffisait pas à combler le vin de Bordeaux. Les ventes se faisaient à la foire de vin de Saint-Denis, avant que les vins ne fussent transportés vers la mer du Nord. Le travail du fer et du bois (lequel était redevenu abondant après le VIe siècle) permit la fabrication d'outils agricoles et le développement de nouveautés, comme la charrue, dont l'idée était arrivée depuis la Chine.

Malgré tout, sur plusieurs aspects, l'économie avait atteint un stade de simplification matérielle plus poussé qu'après la chute de l'Empire romain. L'architecture publique et les sciences navales illustrent ce déclin. Les navires commerciaux et militaires étaient peu nombreux et de moindre qualité que sous Rome, et les plus grands palais carolingiens, comme celui d'Aix-la-Chapelle, sont d'envergure très modeste. Cette capitale, si elle était très proche du nouveau centre de gravité économique du pays, avait été choisie par l'empereur à la barbe fleurie pour son confort naturel : proche de forêts giboyeuses et de sources d'eau chaude, la ville n'était pas une métropole dynamique et n'en deviendrait pas une malgré la présence de la cour impériale. Le palais lui-même n'était pas impressionnant en comparaison des monuments antiques ; les villes, plus généralement, étaient dépeuplées, et les ports du Nord dynamiques n'abritèrent pas plus que quelques milliers d'habitants.

La réussite de la politique carolingienne résidait non pas dans l'essor économique de la France mais bien plutôt dans l'adaptation du pouvoir aux grands changements qui étaient intervenus à la suite de l'effondrement du commerce méditerranéen. Ainsi, le développement de l'écriture et du parchemin par la cour de Charlemagne permit de promouvoir la littérature alors que le papyrus avait disparu depuis plus de cent ans : que l'expression « renaissance carolingienne » soit exagérée ou non, l'adoption de l'écriture caroline et l'encouragement de la production de parchemins permirent de mettre fin à une baisse tendancielle de la production d'écrits.

De même, dans le domaine monétaire, l'État réorganisa les ateliers pour tenir compte de la disponibilité de l'argent en Germanie, de la rareté de l'or et de la réduction des volumes de commerce. Charlemagne introduisit un denier d'argent frappé à son effigie. Plus tard, Charles le Chauve, par l'édit de Pîtres de 864, fonda la monnaie de Paris (plus vieille entreprise de France), afin d'uniformiser la qualité de la monnaie, en réduisant le nombre d'ateliers de frappe. En passant de l'or à l'argent, le pouvoir étendit le domaine des biens échangeables de manière réaliste : l'or valant plus, pour le même poids, que l'argent, le choix d'une monnaie en or était adapté pour d'importants volumes d'échange ou des denrées de luxe. L'adoption de l'argent et la stabilité du cours facilitèrent les échanges, notamment entre régions franques. La monnaie, plus abondante, n'était plus réservée aux seuls riches – les documents comptables des grands domaines tenus par les abbayes, les polyptyques, nous donnent des exemples de pauvres recevant l'aumône en argent ou payant leurs nouveaux impôts en deniers.

Sans les crises du IXe siècle, cette politique aurait pu porter ses fruits. Ainsi, avec l'essor de la monnaie, on observe un signe de sophistication de l'économie monétaire, les prêts à usure[53]. Le poids de l'Église, qui interdisait l'usure, donnait une forme particulière à ces prêts : l'intérêt était masqué sous différentes formes (inclusion dans la somme à rembourser, loyer, biens payés en nature…) mais les prêteurs ne prenaient pas toujours de grandes précautions. Les évêques et les saints eux-mêmes, comme Géraud d'Aurillac[54] prêtaient, même s'ils renonçaient parfois à leur intérêt voire à leur capital par générosité. On trouve aussi dans les témoignages de clercs de pauvres paysans, empruntant à de riches propriétaires pour se nourrir, avant de finalement revendre leurs terres. Ce développement du crédit, s'il est souvent présenté sous un mauvais jour, est néanmoins le signe d'une économie en progrès, avec des formes plus sophistiquées d'échange.

L'économie restait fruste. Les taux d'intérêt demeuraient élevés, ce qui était le signe d'un « marché » mal garanti et mal défini ; le volume d'échanges commerciaux était incomparable avec ce qu'il avait été sous Rome et avec ce qu'il serait à la fin du Moyen Âge. Même le commerce nordique n'était pas une nouveauté, car les Gallo-Romains exportaient déjà vers la Germanie ou l'Angleterre. L'économie carolingienne était une économie « démondialisée », ou plutôt « déméditerranéisée ». Même les abbayes, gestionnaires « rationnelles » de gigantesques domaines à la fin du IXe siècle, relativement ouvertes sur le monde extérieur, visaient une forme d'autosuffisance. Il n'était pas rare que, pour éviter de dépendre d'autres exploitations pour son approvisionnement en huile ou en vin, une riche abbaye du Nord achetât des oliveraies ou des vignes éloignées de quelques centaines de kilomètres au sud[55].

Quand, huit siècles plus tôt, Pline le Jeune évoquait dans son *Panégyrique de Trajan* une « Gaule presque sans limites », il décrivait l'impression d'infini que donnaient des distances bien plus longues à parcourir qu'aujourd'hui, mais aussi l'absence de frontières d'un point à l'autre du pays à l'époque romaine. Au IXe siècle, l'empire de Charlemagne était rempli de frontières intérieures.

L'éparpillement était visible dans le commerce : les tarifs douaniers étaient nombreux, mais l'empereur délivrait des exemptions, de préférence pour les hommes d'Église et les pèlerins plutôt que pour les marchands et les seigneurs[56]. Principales bénéficiaires de cette politique, les abbayes ressemblaient pour leurs exploitants à des zones franches. Elles assuraient leurs propres réseaux de transports et de poste, aussi bien à l'intérieur des domaines que vers leurs propriétés excentrées et les marchés locaux où elles écoulaient leurs surplus[57], remplaçant dans ce rôle les anciennes autorités municipales.

La conséquence de la chute de Rome avait été le morcellement, non seulement à l'intérieur des frontières des nouveaux États, mais surtout entre États. Après 476 et la brève domination de Charlemagne, plus jamais il n'est arrivé qu'une même puissance politique contrôle le bassin méditerranéen, voire seulement la moitié de la population européenne. Le continent resta fragmenté politiquement, et les rares tentatives d'agrégation significatives de territoires, menées par Henri V d'Angleterre, Charles Quint, Napoléon et Hitler, furent toutes brèves. Tout se passa comme si l'unité politique était vouée à l'échec après la chute de Rome. On ne pourrait en dire autant du Moyen-Orient, de l'Afrique du Nord ou de l'Asie, où des puissances quasi hégémoniques s'installèrent durablement. Le Saint-Empire d'Occident, occupant une partie de l'Allemagne d'aujourd'hui, survécut certes près de mille ans, de Charlemagne à Napoléon, mais, comme le disait Voltaire, « ce corps qui s'appelait et qui s'appelle encore le Saint-Empire romain n'était en aucune manière ni saint, ni romain, ni empire[58] ».

Au cours des siècles suivants, l'Europe est restée en marge de l'économie mondiale (si cela a un sens de parler d'une économie mondiale entre la chute de Rome et le XVIe siècle). D'après l'historien Walter Scheidel, pourtant, ces siècles de division politique laissèrent toutes les puissances du continent en éveil, à la recherche de progrès constants, militaires ou économiques, du fait de la concurrence politique[59]. Fut-ce là la clé du retournement européen après 1500 ? La chute de Rome se traduisit par une simplification drastique de la civilisation matérielle et de l'État. Cependant, Scheidel affirme que la mort de cet empire a en fait laissé un terreau fertile pour que se développe une multitude d'États prêts à mener des expérimentations politiques : quand de vieux arbres majestueux se meurent, il faut parfois les brûler pour régénérer le sol et qu'une nouvelle végétation y fleurisse. La révolution commerciale du Moyen Âge, les communes ou le perfectionnement des méthodes de guerre n'auraient été possibles que grâce à la désintégration de l'empire, d'après cette hypothèse intéressante.

Église et paysans

L'Église avait remplacé l'ancien pouvoir romain à la fois sur le plan municipal, mais aussi sur le plan fiscal. Elle parvint à acquérir un droit de monopole sur les dons inspirés par les superstitions : elle luttait contre les bonimenteurs proposant d'offrir le beau temps contre de l'argent[60]. Les sépultures des morts, que les Romains avaient toujours placées en dehors des villes, y firent leur retour. Grâce au culte des morts et notamment à celui des saints, dont la tombe et les restes se voyaient attribuer des pouvoirs magiques, les évêques pouvaient rentabiliser l'espace bâti dans les villes dépeuplées. Ces reliques suscitaient d'importants pèlerinages, parfois internationaux, mais également des échanges entre églises et entre croyants fortunés. La religion maintenait ainsi le commerce et les voyages : dans les collections de Sens ou de Chelles, une importante partie des reliques avait été rapportée par des voyageurs d'Italie, de Byzance, d'Égypte ou même de la Terre sainte[61].

Le succès du culte de Jésus Christ mais aussi des saints, et les services de certains clercs, qui offraient à leurs plus généreux donateurs des messes perpétuelles pour leur salut, attiraient de nombreux dons. La charge de l'aumône était une raison supplémentaire pour donner à l'Église. L'institution put ainsi capter les héritages d'hommes pieux ou de veuves sans enfants, de seigneurs et même de paysans libres. En somme, elle se créa un monopole dans les prières, le mystique et le sacré, qu'elle réussit à monnayer. Il faut souligner que certains de ses services aient une valeur économique, notamment en matière de philosophie, de sciences ou d'astronomie – il fallait ainsi suivre les mouvements de la lune pour connaître la date de Pâques.

Les dons étaient loin d'être la seule ressource de l'Église, qui captait la dîme, consistant généralement en un dixième des récoltes – dans un pays où l'agriculture représentait une part essentielle de l'activité, elle représentait jusqu'à 8 % de la production nationale. Cet impôt fut créé entre le VIIe et le IXe siècle, après des épisodes de famine, lesquels auraient illustré, selon certains évêques d'alors, la punition divine contre un peuple ne donnant pas assez à son Église. La dîme assurait aux paysans et seigneurs la bienveillance de Dieu pour leurs récoltes ; plus prosaïquement, elle permettait à l'Église de proposer des services d'aumône bien financés. La richesse de l'Église avait fluctué dans ces siècles, à la baisse à la suite des confiscations de Clovis ou de Charles Martel, à la hausse grâce aux dons de Louis le Pieux. Entre le début du règne de Pépin le Bref en 751 et 825, on estime que la part de terres possédées par l'Église passa de 10 à 30 %, tandis que le nombre de monastères passait de 215 à 550 au VIIIe siècle[62]. Les puissants accroissaient leur prestige en donnant aux monastères, voire en les fondant pour les plus riches. Ainsi, ils conservaient la possibilité de s'y recueillir pour les vieux ans - une forme d'assurance-vieillesse[63] - ou encore ils gardaient un titre d'abbé ou une charge ecclésiastique qui se passerait dans leur famille. L'investissement fut souvent rentable, même du seul point de vue séculier.

L'économie domaniale carolingienne[64]

Les monastères et les abbayes, comme les seigneurs et le roi, disposaient d'importantes surfaces agricoles, qu'ils exploitaient à l'aide de clercs et de notaires compétents. C'est par ces grands domaines, dont nous gardons les polyptyques, livres de comptes soigneusement analysés par des historiens médiévistes très patients, que l'économie agricole carolingienne nous est connue.

Interprétée à tort par Georges Duby comme des facteurs de régression agricole, l'« économie domaniale » marquait en fait le début de l'ère féodale et d'une première croissance agricole européenne[65]. Cette première phase dynamique serait interrompue seulement par un événement extérieur : les invasions de la seconde moitié du IXe siècle. Dans les grandes exploitations, les polyptyques révélaient en effet le dynamisme démographique sous Charlemagne : on y constate le nombre croissant de personnes vivant dans chaque manse (les fermes familiales), ainsi que les nombreux défrichements dans les réserves forestières auxquels se résolurent les exploitants, malgré l'utilité des ressources en bois et en gibier. Cette poussée démographique était le signe d'une économie en meilleure santé, qui offrait aux paysans davantage de moyens de subsistance.

Dans les abbayes comme dans les seigneuries, les statuts des paysans variaient énormément. Les serfs, dont le nom est dérivé de *servus* (l'esclave), étaient attachés à un maître ainsi qu'à une terre. Ils exploitaient un « manse » dont ils devaient une partie du produit au seigneur ou à l'abbé. Ils devaient également quelques corvées sur les réserves seigneuriales, terres de propriété commune. D'autres paysans libres exploitaient des terres qui leur appartenaient, mais devaient une partie de leur récolte à l'Église et à leur seigneur - qu'ils payaient en journées de travail ou quelquefois en numéraire. Outre la sécurité, le seigneur louait ses équipements : le moulin à eau, plus tard les fours, étaient utilisés par les paysans, moyennant des frais. L'importance des corvées et de la réserve seigneuriale - ces terres exploitées par le seigneur grâce au travail salarié ou forcé, et non en faire-valoir indirect par un paysan - empêchait ce système d'être complètement efficace. Les paysans qui travaillaient leurs jours de corvée sur les réserves seigneuriales cherchaient sans doute à ne pas s'épuiser à la tâche, car ces journées dues à leur seigneur ne leur rapportaient rien. Ils étaient bien plus productifs sur leurs propres terres, même taxées, car le produit leur revenait en proportion de leurs efforts.

On observe ainsi d'importants écarts de productivité entre réserves seigneuriales et manses libres (ou « ingénuiles »). Les propriétés les plus étendues se trouvaient entre la Loire et le Rhin. Il y avait de fortes densités en région parisienne, où l'on pouvait déjà deviner les causes agricoles du futur essor urbain. Dans le Sud, les domaines étaient de moindre taille, sauf en Provence. Surtout, le statut des paysans variait beaucoup, bien plus favorable dans le Sud qu'il ne l'était dans le Nord. Les petites propriétés de Provence et de Catalogne étaient également réparties, les corvées moindres : parce qu'ils étaient plus indépendants et parfois armés, comme en Catalogne, les paysans y devaient des impôts rentiers modestes aux seigneurs. Peut-être était-ce le cas partout sous la Loire, même si l'absence de grands domaines avec des livres de comptes nous empêche d'en être certain. Au-dessus de la Loire, l'économie était plus « extractive », plus profitable pour des seigneurs et des abbayes plus riches. Si les paysans allaient mieux vivre au Sud, les grands domaines du Nord allaient obtenir davantage de profits dans un premier temps, et ce surplus agricole viendrait alimenter l'essor urbain de Paris, de la Picardie ou de la Flandre : le nord de la France allait désormais avoir ses métropoles.

Forêts et contrainte foncière

Le paysage gaulois s'est beaucoup modifié après le ve siècle. Le territoire, qui avait été largement défriché et cultivé sous l'Empire, s'était de nouveau enforesté : le dépeuplement causé par les guerres et les épidémies favorisa les arbres et provoqua l'abandon de nombreuses exploitations agricoles. Le vi^{e} siècle fut sans doute un apogée pour les forêts en France[66]. Cette abondance de bois facilitait la nourriture des bêtes, notamment des cochons qui viennent y « glander ». Selon un paradoxe bien apprécié des agronomes, la forêt n'est pas seulement un espace naturel mais également un espace économique exploité par l'homme. Elle est « sauvage, inhospitalière et cependant fort utile[67] », comme le remarquait Marc Bloch, aussi bien pour ses gisements de bois, de charbon ou de fer, que ses herbes et ses fruits qui peuvent aider des paysans à compléter leur alimentation notamment lors des famines. Son exploitation et son défrichement marqueraient l'économie des siècles médiévaux.

Cependant, l'exploitation des vastes ressources forestières ne fut pas aussi débridée qu'elle l'avait été dans la Gaule celtique et romaine. En effet, l'empereur s'appropria assez tôt les forêts, *forestes* (c'est de cette époque que nous vient le mot, invention juridique, du latin *foras*, « à l'extérieur »). Elles devinrent des domaines de chasse interdits au *vulgum pecus*. Les seigneurs et même les puissants abbés imitèrent rapidement Charlemagne dans son goût immodéré pour la chasse et se réservèrent l'utilisation de la forêt, dont plusieurs parties furent interdites aux éleveurs qui cherchaient à y nourrir leurs bêtes ou bien aux paysans voulant chasser ou cueillir pour compléter leurs revenus. Cette politique conserva la faune et le gibier intacts pour les seigneurs, mais au prix d'une injustice sociale qui privait des fruits de la forêt ceux qui en avaient le plus besoin. À très long terme, les différentes inégalités et vexations produites par ces restrictions de la chasse seraient encore visibles dans les revendications de 1789.

Au IXe siècle, les espaces sauvages demeuraient abondants et la contrainte foncière ne se faisait pas encore sentir : de nombreuses terres n'étaient pas dévolues à la chasse, et les propriétaires acceptaient souvent, par appât du gain, de laisser de nouveaux paysans libres défricher leurs terres, en échange d'impôts ou de services. Comme les décennies défilaient, ces nouveaux venus créaient une forme de compétition sur le marché du travail agricole entre seigneurs, abbayes et rois – c'est pourquoi le droit d'aller et venir fut restreint par les seigneurs, et les serfs furent « chasés », ou casés, c'est-à-dire attachés à une terre. En parallèle de ces nouveaux acquéreurs, des paysans libres accablés d'impôts, voire de dette, renonçaient à leur liberté et devenaient serfs, ce qui n'était pas toujours un mauvais calcul pour eux.

La population et la production croissaient, mais cette société purement agricole n'était pas à l'abri de crises, exacerbées par un mauvais climat. Les famines, créées par des accidents climatiques successifs, étaient sans doute aussi fréquentes sous Charlemagne que dans les économies plus urbaines du XIIIe ou du XVIIe siècle, comme en témoignent les politiques volontaristes de l'empereur contre les famines[68].

Ainsi, dans les siècles qui suivirent l'effondrement de Rome, s'était formé un système productif qui se montrerait capable de dégager à terme d'importants surplus agricoles pour enrichir l'Église, l'aristocratie et permettre une renaissance urbaine. Cependant, la faiblesse de l'État fut nettement accusée lors de la dislocation de l'Empire carolingien et des raids des pirates sarrasins, des Hongrois et surtout des Normands à la fin du IXe siècle. Avec la prise en charge des fonctions militaires par les aristocrates, l'économie allait prendre sa forme féodale.

CHAPITRE 3

Le grand défrichement (850-1300)

Le Moyen Âge avait du bon ! Ainsi nos cathédrales !

Flaubert, *Bouvard et Pécuchet.*

Le Moyen Âge ne fut pas une période de stagnation ; le paysage français, sauvage et désurbanisé à la fin du IXe siècle, laissa place à de nombreuses villes peuplées et dynamiques à la fin du XIIIe siècle. En 1300, l'Europe exportait des draps et du vin partout dans le monde, et elle avait cessé d'être une périphérie sous-développée du continent eurasiatique – même si elle n'était pas encore la grande puissance coloniale des Temps modernes.

Le succès était celui du nouveau mode de production, celui que les marxistes appelaient le « féodalisme », rendu possible par l'outil technique caractéristique de cette période, le moulin :

> Les rapports sociaux sont intimement liés aux forces productives. En acquérant de nouvelles forces productives, les hommes changent leur mode de production, et en changeant le mode de production, la manière de gagner leur vie, ils changent tous leurs rapports sociaux. Le moulin à bras vous donnera la société avec le suzerain ; le moulin à vapeur, la société avec le capitalisme industriel[1].

Si l'économie seigneuriale permit le développement de ces bras géants capables de suppléer le travail du meunier ou du forgeron, cet outil n'en était pas à son coup d'essai en Gaule : son utilisation s'était déjà développée à l'époque romaine, contrairement à une idée répandue. Il faisait néanmoins son retour à partir de la fin du VIIIe siècle, après une longue période d'abandon durant laquelle on utilisait sans doute les bras des hommes pour moudre le grain.

La fin de l'esclavage et l'avènement du servage

La fin de l'esclavage est un élément capital de l'histoire économique française et surtout européenne : les principaux progrès économiques furent pour les pays capables d'exploiter le travail libre plutôt que le travail d'esclaves sur leur territoire[2]. C'est en effet dans les sociétés où le travail était libre, plus coûteux, et davantage qualifié, que l'on investit pour démultiplier la productivité des travailleurs autrement peu rentables à exploiter. Céder aux profits de court terme de l'esclavage détournait des innovations productives qui économisent la force de travail[3].

Au VIIIe siècle, le commerce de longue distance, surtout méditerranéen, est faible, et la monnaie plus rare. Les coûts de transport étaient particulièrement élevés : les chemins terrestres étaient mal aménagés, vides, favorables aux voleurs, moins aux voyageurs cherchant des étapes. Les centres commerciaux où l'on trouverait repreneur pour des marchandises spécialisées manquaient. En un mot, les transactions étaient difficiles.

L'activité marchande la plus profitable était la vente d'esclaves qui s'étendait tout autour de la Méditerranée. Il y avait plusieurs lieux de négoce, un à Verdun, le plus grand à Venise. Les conquêtes carolingiennes puis scandinaves fournissaient des Germains et des Slaves à ces marchés tournés vers la Méditerranée. Si ces échanges étaient profitables, c'était probablement parce que les esclaves étaient plus productifs dans l'économie de l'empire islamique que dans celle du VIIIe siècle, ce qui suggère un écart de développement entre les deux régions. Néanmoins, le commerce s'interrompit après la fin des conquêtes carolingiennes. Sans nouveaux territoires, les seuls esclaves à vendre étaient alors des paysans locaux, déjà insérés dans la production agricole française. De plus, asservir ces populations signifiait mettre en esclavage des chrétiens : les évêques commencèrent à condamner le commerce de populations chrétiennes, surtout quand elles étaient vendues à des non-chrétiens. La morale de l'Église et l'évolution économique mirent progressivement fin à la vente d'esclaves : « Ce n'était pas cependant une petite chose d'avoir dit à "l'outil pourvu de voix" des vieux agronomes romains : "tu es un homme" et "tu es un chrétien"[4]. »

Privé de ces viviers de population étrangère[5], le commerce d'esclaves ne resta dynamique que près des frontières espagnoles et dans certaines villes côtières comme Venise. L'esclave devint serf du jour où il n'était plus rentable de l'échanger. Au lieu d'être considéré comme un bien meuble, l'esclave fut rattaché à son outil de travail, la terre. Le paysan avec une tenure manifestait sa condition en rendant un hommage, cérémonie durant laquelle il tendait une corde à son seigneur. Cette corde avait remplacé le fouet du propriétaire d'esclave comme outil d'aliénation.

Le serf pourrait être à certains titres considéré comme un esclave, car le seigneur avait son mot à dire sur son mariage - ce qui est un critère souvent retenu pour définir l'esclavage ; il pouvait également récupérer tous ses biens à sa mort. En effet, il disposait d'un droit de regard sur les mariages et l'héritage serviles. Ce contrôle invasif permettait au maître de maintenir les enfants du serf dans la même condition que leurs parents, en échange de la possibilité de cultiver la même terre[6].

Dans les grands domaines du IXe siècle, les esclaves travaillaient souvent dans les réserves seigneuriales, cultivées en faire-valoir direct par le seigneur. Progressivement, ces réserves disparurent et furent données aux serfs. Ils cultivaient toute leur vie le même lopin de terre, selon un contrat nommé « tenure ». Dans ce système, chaque paysan rendait au seigneur une partie du produit de sa terre, qui était fixée au préalable ou proportionnelle aux récoltes.

Comme jadis les esclaves romains, il arrivait que les serfs occupent en fait des fonctions relativement élevées, notamment certains meuniers, plus aisés que beaucoup de paysans libres. Ces derniers versaient aussi une partie de leur récolte contre la protection du seigneur, et ils étaient astreints à des corvées - journées de travail forcées - qui furent versées sous forme de numéraire ou de céréales avec le temps. La frontière entre serfs et libres n'était pas toujours nette du point de vue économique, même si les polyptyques qui nous informent à leur sujet montrent souvent des paysans libres davantage dotés en terres que les serfs. Les inégalités entre ces deux catégories se dissipèrent au cours du siècle, et seule une classe de paysans aisés, les « laboureurs », se distinguait de la masse appauvrie.

Les seigneurs exerçaient un contrôle strict de la production, les paysans étant tenus de laisser leurs moissons exposées aux agents seigneuriaux chargés de les compter et de prélever l'impôt, parfois au risque qu'elles pourrissent. Plus généralement, les châtelains détenaient le monopole de la violence légitime, avec leurs chevaux, leurs lourdes armures et leurs châteaux : la technologie militaire du Moyen Âge, qui concentrait le pouvoir de destruction dans un faible nombre de soldats suréquipés, facilitait grandement cette forme d'asservissement militaire. La force de frappe du seigneur rendait inutile une sujétion totale dans les enceintes de son domaine. C'est le processus que les historiens qualifient d'« encellulement » des paysans (*incastillamento* en italien, qui laisse voir plus clairement l'étymologie). Paradoxalement, cet encastillement a favorisé la fin de l'esclavage.

Une autre explication de la fin de l'esclavage fut suggérée par l'économiste Evsey Domar. Elle tiendrait à l'effet direct de la démographie et des défrichements. Dans un pays où les terres à défricher abondent, comme la France du VIIIe siècle, le loyer de la terre est faible à cause de la concurrence entre propriétaires terriens : c'est l'exploitation du travail et non la propriété foncière qui crée des rentes. Ainsi, il était dans le meilleur intérêt des puissants propriétaires terriens de créer les conditions du travail forcé. Lorsque la croissance démographique avait repris et que les terres pouvant être défrichées l'avaient été, la main-d'œuvre paysanne devenait plus abondante et, par conséquent, moins chère. L'intérêt de l'esclavage s'était réduit, puisqu'une exploitation intelligente de paysans libres pouvait susciter des profits, et que les conditions de marché étaient suffisamment favorables aux rentes assises sur la propriété foncière. Les restrictions sur la possession et l'exploitation de la terre devenaient alors plus importantes que celle sur les hommes[7]. C'est ainsi que, à partir du Xe siècle, les esclaves purent être remplacés par les serfs.

Cette théorie a une vertu : c'est d'expliquer également la fin du servage plus tard, à la fin du XIIIe siècle. Comme les paysans devenaient encore plus nombreux et que la population de la France approchait 20 millions, la terre deviendrait tellement rare – en termes relatifs – que de nombreux seigneurs abandonneraient d'eux-mêmes le servage et libèreraient des paysans. Par l'abondance de main-d'œuvre, naturellement, les conditions de vie des serfs et des petits paysans libres s'étaient alignées, et le servage devenait ainsi plus encombrant qu'utile pour la gestion d'un domaine agricole.

Cette théorie a une autre conséquence : l'esclavage pourrait revenir si la population s'effondrait, comme au XIVe siècle. Cela ne se produirait pas en France cependant. En effet, un tel retour en arrière présupposait un appareil répressif puissant, et l'absence de point de fuite pour les paysans. Or, à la fin du Moyen Âge, il existait en Europe de l'Ouest de nombreuses villes médiévales autonomes, qui rendaient libres leurs habitants : *Stadtluft macht frei* (l'air de la ville rend libre). Ainsi, la formation de villes populeuses et nombreuses, où pouvaient s'abriter des paysans exploités, changerait la donne après le Moyen Âge et empêcherait le retour du servage et de l'esclavage. En Europe de l'Est, où les centres urbains étaient demeurés de faible ampleur au XIVe siècle, la crise démographique aboutirait au contraire à un net durcissement des conditions de travail, le servage faisant son apparition en Pologne ou en Russie.

Pour revenir au xe siècle, la fin de l'esclavage coïncida avec la diffusion de trois techniques, sans doute anciennement connues, qui venaient se substituer au travail humain sur certaines tâches : le moulin à eau et deux outils de traction, le collier d'épaule et le joug frontal du bœuf. Le moulin permettait de remplacer par l'énergie hydraulique les hommes pour des travaux de presse, et notamment la mouture. De la même manière, il était avantageux d'utiliser la traction animale dans les champs : on éleva et sélectionna des bœufs et des chevaux plus à même de supporter de lourdes charges, ce qui explique comment colliers et joug purent se répandre[8]. Ce besoin de remplacer par des machines du travail humain était le signe que celui-ci avait une valeur, et qu'il était suffisamment coûteux pour que les exploitants soucieux de profits voulussent en faire l'économie.

Le moulin à eau avait été découvert et utilisé sous l'Empire romain mais abandonné depuis ; le joug ainsi que le collier à épaule étaient arrivés de l'Extrême Orient par les routes de la soie. La nouveauté n'était donc pas l'invention de ces techniques, mais leur adoption massive en Europe[9]. Les moulins, les fours, les pressoirs favorisaient la productivité paysanne et le développement d'un surplus agricole, notamment céréalier. C'est grâce à cette abondance de blé que la population de Paris put se multiplier par vingt en quatre siècles[10].

Transformation des pratiques agricoles

Sans pouvoir central ni intégration économique, le premier âge domanial et féodal du ixe et du xe siècle n'avait pas abouti à un niveau de développement ou des institutions uniformes. Ainsi, les territoires où la population était davantage militarisée, comme le Languedoc ou la Provence, offraient de meilleures conditions de vie aux paysans libres. Pourtant, la situation n'était figée nulle part : lorsque les seigneurs y acquirent le monopole militaire au xie siècle, la Catalogne et l'Occitanie devinrent des régions d'exploitation féodale[11].

Malgré toutes ces différences, ces siècles permirent une croissance démographique généralisée – ce qui ne signifie pas nécessairement une amélioration du niveau de vie. Les bonnes pratiques seigneuriales se répandaient : les moulins à eau furent installés partout où cela était possible. Chaque seigneur profitait de ces infrastructures pour prélever des impôts supplémentaires - le droit de ban - sur sa population[12]. Les meuniers prélevaient directement au nom de la seigneurie une partie des céréales que leur donnaient à moudre les paysannes. Si les agriculteurs étaient souvent mécontents de ce prélèvement et des mœurs du meunier, réputé séducteur, le moulin faisait malgré tout de grands progrès. Le phénomène ne fut d'ailleurs pas spécifique à la France mais à l'Europe : « En moins de deux siècles, au prix d'un effort sans équivalent de construction des paysages, l'ensemble des cours d'eau européens fut endigué, mesuré, dompté et contraint à actionner arbres, meules et battoir. La géographie des biefs et des chutes qui se mit alors en place marque encore les paysages ruraux et urbains[13]. »

Le moulin n'était pas seul, tout un arsenal économique l'entourait : les bassins de réserve des moulins à eau étaient ainsi utilisés pour la pisciculture et la pêche. L'innovation technique agricole, plus généralement, se répandait. Dans les territoires les plus avancés, on appliquait de nouveau les conseils des traités agronomiques latins. Ainsi, le traitement des sols, notamment le marnage, permettant de rendre un sol plus calcaire, était de nouveau pratiqué en Artois. Les techniques de pêche, de navigation se perfectionnèrent dans les territoires côtiers. Les animaux des champs assistaient de plus en plus les hommes ; ainsi, les chevaux, relégués aux activités militaires, coûtaient de moins en moins cher, et ils purent contribuer aux travaux des champs dans les exploitations les plus riches.

On voyait déjà poindre une importante particularité française, la diversité de son terroir. Les charrues conquéraient la France septentrionale. Plus lourdes que les araires, et dotées d'un bec versoir permettant de remuer la terre, elles requéraient davantage de force physique et contribuèrent peut-être d'ailleurs au recul de l'emploi des femmes[14]. Dans les terres du Sud, plus légères, plus caillouteuses, l'araire suffisait. La France de la charrue était aussi celle de la rotation triennale : les paysans alternaient entre des blés semés à l'hiver une année, des blés semés au printemps l'année suivante, puis une année de vaine pâture, souvent ouverte aux troupeaux de la collectivité. Les parcelles paysannes, très longues et d'une largeur minuscule, en forme d'arêtes de poissons, se prêtaient d'ailleurs à cette exploitation collective de la jachère, et à la coutume de l'assolement, la coordination communautaire forçant la rotation, même là où il existait des enclos. Au Sud, au contraire, dans les pays d'araire et de langue d'oc, la terre était laissée en jachère plus longtemps, mais les cultures semblaient plus individualistes, davantage séparées les unes des autres. Cette différence des pratiques agricoles, correspondant à une

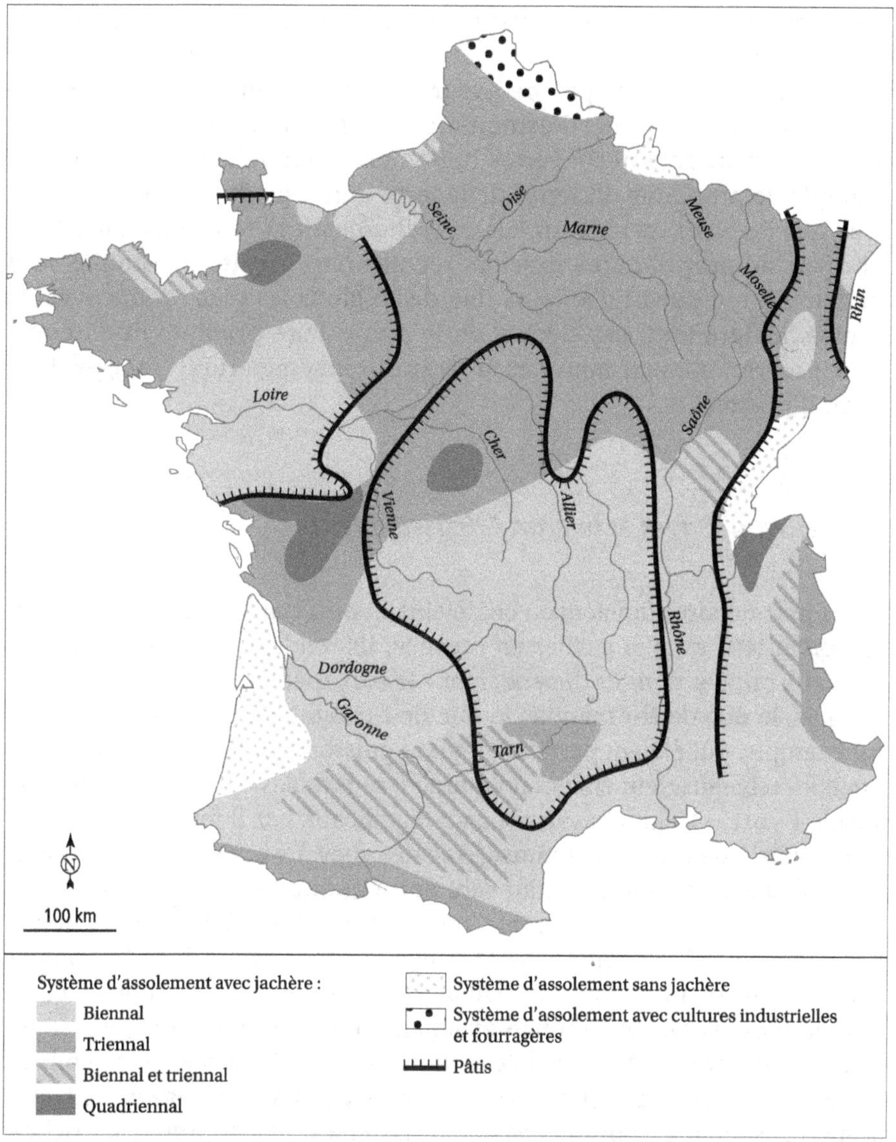

Carte 3.1 : Reconstitution des systèmes d'assolement anciens dans les terres céréalières d'après des archives agricoles des XVIIIe et XIXe siècles. Du fait de l'inertie de l'économie agricole, la carte offre une bonne approximation des pratiques médiévales. Source : François Sigaut. « Pour une cartographie des assolements en France au début du XIXe siècle », *Annales. Histoire, Sciences Sociales*, 1976, p. 631-643.

différence des sols au départ, est le caractère original de la vie rurale française, divisée en deux parties distinctes, là où les autres pays sont plus homogènes[15].

Ces siècles ne firent pas de progrès en agronomie, et il ne semble que seule une minorité d'exploitants aient recouru aux bonnes pratiques qu'avait déjà découvertes le Romain Columelle au Ier siècle. Par exemple, le problème du repos de la terre aurait pu être en partie résolu avec des cultures de légumineuses, rechargeant la terre en azote. Mais très peu de propriétaires fonciers recoururent à cette possibilité sauf en Artois - qui devint d'ailleurs une des régions les plus productives de France. Malgré tout, ces siècles, où le savoir-faire pratique fit d'importants progrès, allaient marquer et définir le paysage rural français dans sa multiplicité.

Seigneurs, abbayes et le grand défrichement

Les propriétaires fonciers ou châtelains nobles étaient concurrents. Pour conserver leur rang et gagner en prestige, ils rendaient des services éclatants aux princes dont ils dépendaient - le roi capétien, mais aussi le comte de Blois, le duc de Normandie, le duc de Bretagne ou le duc de Toulouse, par exemple, qui étaient particulièrement puissants aux Xe et XIe siècles. Les « petits » seigneurs leur étaient notamment redevables d'un service militaire, appelé l'« ost ». Celui-ci avait un coût significatif, car il fallait s'armer soi-même ainsi que d'autres hommes avec des chevaux et de lourdes armures. Un seul cheval de guerre aurait valu entre quatre et dix bœufs autour de l'an 1000, une valeur considérable, qui pouvait ruiner un petit propriétaire.

Le pouvoir militaire entraînait le pouvoir économique : dans les rivalités féodales, perdre un combat signifiait une perte de territoire et d'argent. Passé le temps des Vikings, les combats étaient rarement mortels. Comme le soulignait Duby à propos de la bataille de Bouvines (1214), la guerre ressemblait aux tournois, davantage que l'inverse[16]. Les seigneurs qui s'engageaient dans la guerre espéraient capturer des soldats adverses, vifs, de préférence riches, afin de les rançonner avec profit. Ce qui était vrai pour cette bataille « nationale[17] » l'était *a fortiori* pour les nombreux combats féodaux qui précédèrent l'essor de l'État capétien français.

Le roi Philippe Auguste lui-même aurait justifié ainsi sa politique fiscale : « Si j'ai amassé des trésors en différents lieux et me suis montré économe de mon argent, c'est que mes prédécesseurs, pour avoir été trop pauvres, et n'avoir pu, dans les temps de nécessité, donner une paie à leurs chevaliers, se sont vu enlever, par la guerre, une bonne partie de leurs États[18]. » À l'échelle locale, le problème des seigneurs était similaire.

Il y avait une autre manière de s'enrichir pour ces propriétaires fonciers : augmenter les surfaces de terres cultivées. Les seigneurs pionniers, les paysans et les abbayes réalisèrent le grand défrichement du territoire français.

Certains y consacrèrent beaucoup d'efforts. Ainsi, les comtes de Flandre asséchèrent les marais, pour les transformer en pâturages de moutons qui leur fourniraient de la laine, si utile à leurs draperies urbaines[19]. Dans les régions « désertiques » – c'est-à-dire les montagnes et forêts isolées –, les abbayes cisterciennes entreprirent de grands travaux d'aménagement pour installer leur activité[20]. Les « moines blancs », dont l'éthique mettait en valeur le travail et l'isolement, conciliaient leur vocation érémitique avec un rôle économique actif. En cherchant à vivre du travail de leurs mains, loin des anciens centres d'habitation, ils firent leur part du grand défrichement, à Sénanque, à Silvanès et dans une centaine d'autres établissements en France. Ces milliers de moines cisterciens, et les dizaines de milliers de dépendants qu'ils employaient, étaient particulièrement productifs. Même si ces abbayes étaient souvent isolées des centres urbains, elles étaient en général accessibles et bénéficiaient d'infrastructures routières bien plus favorables que ce que leur vocation austère ferait croire et participaient ainsi aux échanges intérieurs.

Cependant, les principaux acteurs du défrichement, parfois oubliés, furent les nombreux paysans, à la recherche de débouchés dans des propriétés trop petites pour eux. Ils s'investirent d'autant plus dans le défrichement que c'était la seule option ouverte : l'immigration était faible. Il y eut quelques milliers d'hommes pour partir vers l'Orient, comme la large foule anonyme qui suivit Pierre l'Ermite en 1096, avant de mourir au premier combat contre les Turcs. Cependant, la plupart des paysans qui avaient l'esprit d'entreprise ou d'aventure se lançaient dans les déserts de France.

Pour faciliter l'installation de ces défricheurs, les propriétaires terriens n'hésitaient pas à proposer des conditions favorables : moins de jours de corvée, ou moins de versements seigneuriaux. Ceux qui offraient des terres à défricher, les « entrepreneurs de défrichement », semblent avoir été particulièrement nombreux parmi les clercs, souvent plus actifs dans leur gestion domaniale que les seigneurs[21].

Ces nouvelles terres défrichées, les « essarts », étaient associées à une nouvelle figure sociale : le vilain, qui « *molt ot d'avoir* [a beaucoup d'avoirs] », dépeint dans le roman de Renart au XIIIe siècle[22]. Ce riche entrepreneur, Liétard, doit tenir compte de deux grands dangers pour son exploitation : d'abord celui de la nature, des loups, des renards et des chevreuils, venant des bois que jouxte son essart ; ensuite celui des seigneurs, prêts à revenir sur les termes qu'a acceptés le paysan pour s'installer. Quand ce paysan, se croyant seul, menace son bœuf trop lent de le donner à son seigneur, l'Ours brun, ce dernier apparaît aussitôt pour réclamer le pauvre animal. Les paysans prêts à braver l'arbitraire des grands et la violence de la nature furent néanmoins nombreux.

L'âge d'or des foires en France

Les foires se multipliaient et étendaient leur aire d'influence[23]. Parmi les plus actives, on comptait celles de Flandre (Lille, Messines, Ypres, Thourout), mais aussi celles de Champagne. Le roi Henri Ier créa une foire de mi-Carême à Compiègne en 1085 ; à Paris, Louis VI le Gros installa le « marché du roi aux Champeaux » en 1137, à l'emplacement des futures Halles. Cette place accrue des foires dans l'activité économique se lisait dans l'utilisation des monnaies : les pièces locales perdaient en importance par rapport aux monnaies marchandes de meilleure réputation. On retrouve des florins venant d'Italie dans les foires de Champagne, et, au XIIIe siècle, les habitants du Mâconnais, auparavant dépendants de la monnaie frappée par le comte de Mâcon et les autres propriétaires terriens de la région, n'utilisaient plus que des monnaies étrangères : le digenois (de Dijon), le denier de Tours, le denier de Paris et la monnaie viennoise. Ce changement est d'abord dicté par les usages des plus riches, châtelains, bourgeois, puis chevaliers, mais il s'étend ensuite jusqu'aux campagnes[24] et confirme le mouvement d'expansion commerciale, le Mâconnais devenant un lieu de passage essentiel vers les foires internationales de Champagne. Ainsi, de plus en plus de campagnes françaises sont irriguées par les flux du commerce européen.

Les foires, ou marchés, devinrent rapidement une institution économique de référence. Le pouvoir judiciaire reconnaissait leur validité : quand un conflit traitait de la réparation d'un dommage en nature entre un propriétaire et un paysan, la référence sur laquelle s'appuyait la cour de justice pour fixer l'amende était le prix des denrées agricoles dans la foire la plus proche[25]. Celui-ci était devenu le « juste prix » dans la pensée théologique et juridique. Pour que le prix fût juste, il fallait cependant que le marché ne fût pas faussé, ce qui était un objectif politique en soi. Ainsi, quand le moine bourguignon de Cluny Raoul Glaber fit l'éloge des ducs de Normandie au début du XIe siècle, il donna cette preuve de leur excellence : « Parmi eux, passait pour voleur ou pillard quiconque, prétendant en affaire plus que le juste prix, ou trompant sur la qualité, s'enrichissait aux dépens d'autrui[26]. »

Les foires constituaient un moyen pour les seigneurs d'accroître leur richesse, par les droits de tonlieu. De plus, le recours aux monnaies frappées par les princes et par certains évêques - au détriment des monnaies locales frappées par des châtelains ou des abbayes de petite envergure - augmentait les revenus des grands dirigeants du royaume. Comme le remarquait Duby, le nombre d'ateliers se réduisait à mesure que le commerce progressait, ce qui entraînait la concentration du pouvoir de frappe monétaire.

Les seigneurs étaient incités à mener une politique favorable au commerce, notamment en organisant la police du marché. « Juridiquement, le marché est en effet un espace extraordinairement protégé, où les objets des transactions, marchandises et monnaie, sont censés passer en toute sûreté des mains des vendeurs à celles des acheteurs. Il convient donc que les paysans et les marchands puissent y exposer leur grain et leurs produits sans avoir à craindre le vol, la saisie ou l'extorsion[27]. » Les seigneurs assuraient les usagers du marché contre tous les risques, y compris contre eux-mêmes : ils s'engageaient à ne pas s'approprier au-delà des impôts déjà définis les bénéfices du marché et à ne pas y saisir de biens. Ils punissaient également les auteurs de larcins avec une grande cruauté, le vol étant plus gravement puni dans la France du Moyen Âge que les violences : la peine de mort pouvait s'appliquer à un voleur d'épices ou de grains. Le marché bénéficiait souvent d'un système judiciaire *ad hoc*, plus rapide, plus fiable et plus équitable.

Il fallait, pour faire venir toutes ces marchandises, des infrastructures praticables et sûres, notamment des routes et des ponts. Les ponts avaient pour certains des origines lointaines, comme, à Paris, le Petit Pont et le Grand Pont, reconstruit sur des piles en pierre en 1111 - ils correspondent au pont Saint-Michel et au pont au Change. Les ponts, lieux de passage immanquables, offraient de très bons emplacements pour de telles transactions, ce qui explique la décision de Louis VII d'y installer les changeurs de Paris, d'où le nom de pont au Change[28].

Les ponts étaient chers à construire cependant : là où la puissance publique ne pourvoyait pas aux besoins, il se formait des œuvres collectives pieuses pour collecter les fonds. À Saint-Sernin (Toulouse), l'abbé fonda la plus ancienne. À Avignon, une œuvre pieuse fut fondée en 1177, avec à son origine un berger semi-mythique du Vivarais. Ces confréries collectaient des dons, tandis que l'évêque, en lien avec le consulat de la ville (ou sa mairie) les dépensait pour la construction. Ce cas nous donne à voir les contradictions que dut affronter le progrès économique dans ces siècles de croissance. Pour construire le pont en pierre, il fallut passer la vive opposition de seigneurs et de chevaliers qui s'enrichissaient de l'absence d'infrastructure : ils proposaient aux Avignonnais la location de bacs pour passer le Rhône et risquaient de perdre leur fonds de commerce[29].

Ces infrastructures ne bénéficieraient pas uniquement au commerce intérieur, mais également au commerce international, qui aurait pour centre les foires de Champagne.

L'Italie, la Flandre, les foires de Champagne

L'Italie était la région la plus riche d'Europe, car elle brillait à la fois par la puissance des cités-États et par leur rayonnement économique. Grâce à ses chantiers navals, les plus importants du continent, l'Italie bénéficiait d'un quasi-monopole sur le commerce méditerranéen. Le rôle des Italiens dans les croisades illustrait l'importance unique de leur marine en Europe : les marins de la péninsule, notamment les Vénitiens et les Génois, s'étaient chargés d'acheminer les croisés vers le Moyen-Orient. Forte de cette suprématie navale, aussi bien en matière militaire que commerciale, Venise avait accès en exclusivité à de nombreux biens du Levant et en tirait grand profit. Elle compléta ses avantages commerciaux en devenant un intermédiaire financier, inventant (ou important d'Orient) les premiers outils sophistiqués de crédit en Europe[30]. Elle disposait d'une force de travail servile manufacturière, qui se spécialisa entre autres dans la verrerie - une des forces de la Sérénissime jusqu'à Colbert -, la laine, la soie.

L'économie italienne rayonnait également dans la politique européenne par la puissance de sa finance. En France, certes, les Cahorsins avaient un réseau de crédit étendu et les juifs assuraient de petits crédits dans le sud du pays ou en Champagne[31]. Cependant, les Italiens, lombards ou vénitiens, étaient derrière les grandes affaires financières. Ce fut grâce à Venise que Saint Louis put acheter la couronne d'épines du Christ à Constantinople, la très sainte (et très coûteuse) relique pour laquelle fut bâtie la Sainte-Chapelle. Pour transférer une somme d'argent aussi importante[32], il fallait le savoir-faire des Italiens.

Comme l'Italie, la Flandre bénéficiait d'un niveau de vie et de production par habitant nettement plus élevé que le reste de l'Europe. Bruges et Gand, rivales de Venise et Gênes, enrichies par leur activité drapière, suscitaient l'envie de toute l'Europe ; aussi les rois de France tenaient à les conserver dans leur giron. Des milliers de tonnes de laine y étaient importés chaque année d'Angleterre. Le textile brut était tissé par les ouvriers flamands, avant d'être foulé par des moulins. En quelques siècles, la vitesse de fabrication et la qualité des draps s'étaient nettement améliorées, grâce aux nouveaux procédés inventés sur place, notamment les pédales sur les métiers à tisser, et ce premier produit des « chaînes de valeur » européennes s'était imposé comme une référence sur le continent et même en Orient[33]. La Flandre n'était pas la seule région à produire du drap - il s'en produisait en Normandie et dans le Poitou, ainsi qu'en Champagne. Néanmoins, elle tissait le meilleur produit. Son efficacité ne reposait pas seulement sur une mécanisation accrue - il y avait ainsi davantage de moulins à foulon, automatisant une partie de la fabrication, en Normandie qu'en Flandre - mais sur la qualification de ses ouvriers. Les tisserands flamands, experts, travaillaient dans des ateliers domestiques. S'ils étaient généralement mal payés au regard de leur productivité, ils étaient « libres » et participaient à la vie communale. En effet, ces cités en partie autonomes tenaient compte de l'importance de la production manufacturière et du commerce, et favorisaient donc le marché drapier, ainsi que son encadrement légal pour protéger les différents intérêts en jeu.

Le drap, en plus d'enrichir les villes, permettait d'alimenter en débouchés les campagnes environnantes et ainsi de faire ruisseler en partie la prospérité urbaine. Quelques paysans spéculateurs devinrent riches en se spécialisant dans la production de colorants recherchés, telles la guède et la garance. De plus, les communes flamandes consommaient beaucoup de vin. Même si la viticulture était difficile en Flandre, cela favoriserait les vignobles dans la vallée de la Meuse, qui prospéraient à la fin du XIIIe siècle.

Ce succès attisait les convoitises, ce qui faisait courir un danger à l'autonomie de ces cités. La région, qui était sous l'autorité théorique des Capétiens, devait prendre garde à sa position dans les conflits qui débutèrent entre France et Angleterre au XIIIe siècle. Dès 1159, les premières guerres entre les deux « ennemies héréditaires » commencèrent, et la Flandre en serait un enjeu récurrent. Les tisserands flamands dépendaient pour exercer leur travail de la laine anglaise, du fait de sa qualité. Leurs compatriotes drapiers étaient prêts à utiliser la laine flamande ou française, de moindre qualité, car elle tolérait mieux le procédé de foulage industriel qu'ils appliquaient au drap tissé. Une véritable lutte des métiers et des classes séparait la Flandre entre francophiles et anglophiles. Les Anglais, de leur côté, ne toléraient pas que la France menaçât leurs débouchés commerciaux en Flandre. Le roi, par volonté de puissance ou pour capter sous forme d'impôts une partie des richesses flamandes, voulut à plusieurs reprises assujettir sa plus riche contrée et lui faire rompre ses liens avec l'Angleterre. Ces intérêts contradictoires allaient être la source d'innombrables conflits jusqu'à la création de la Belgique, nation construite au XIXe siècle pour permettre la paix entre la France et la Grande-Bretagne.

Malgré un arrière-pays bien raccordé par les fleuves et les canaux, ainsi qu'un accès privilégié à l'Angleterre, la Flandre connaissait une difficulté : du fait des coûts de transport, les marchés de la Méditerranée et du Levant lui étaient en partie barrés. La solution à ce problème fut offerte par la création des foires de Champagne.

Elles s'ouvraient six fois par an à Troyes, Provins, Bar-sur-Aube, Lagny-sur-Marne. Avant que ne se fussent améliorées les techniques de navigation à la fin du XIIIe siècle, la Champagne offrait un point de rendez-vous à mi-chemin entre l'Italie et la Flandre pour procéder aux échanges. Les foires, proches de la Seine, donnaient accès à Paris, sa cour et ses 150 000 habitants, ainsi qu'à Rouen - la deuxième ville du royaume avec plus de 30 000 habitants[34].

De même que le succès de la Flandre et de ses villes libres était dû à l'esprit d'entreprise des comtes de Flandre, qui avaient asséché les marais et encouragé la formation des villes, celui de la Champagne pouvait être attribué aux mesures libérales que mirent en œuvre les comtes de Champagne[35]. Ils pesèrent de tout leur poids pour le succès de leurs foires annuelles : ils garantissaient les voyageurs contre les bandits : c'était le « conduit des foires ». Cette garantie s'étendrait en dehors du comté : Philippe II accorda ainsi en 1209 au comte de Champagne un conduit royal assurant dans tout le royaume la protection aux marchands qui se rendaient aux foires. En plus de la sécurité, la régularité des opérations était assurée. La fréquentation des Italiens ou des Flamands garantissait la présence des meilleurs opérateurs de crédits, et de maisons bancaires bien connectées et capables de soutenir des transactions. Le système juridique qui venait régler les différends commerciaux mettait en valeur des tiers expérimentés et neutres, et il avait un véritable pouvoir coercitif.

Les comtes tiraient du prestige et des revenus de cette activité - même si la taxation des transactions était faible pour assurer la compétitivité de la Champagne. Les foires permettaient également aux riches aristocrates d'accéder plus facilement aux biens de prestige ou aux épices lointaines. Elles devinrent le principal lieu d'échange de grand commerce en Europe, y figurant comme une vitrine du monde - on y trouvait des biens venus du Levant, voire d'Asie orientale. Elles profitèrent également aux ouvriers champenois, qui commencèrent à y proposer leurs propres draperies.

La Champagne, tant que ses foires bénéficiaient d'une politique favorable aux affaires, prospéra pendant tout le XIIIe siècle. Cependant, elle fut dépassée quand, à cause des progrès de la navigation, un transport maritime régulier entre Venise et la Flandre eut été mis en place : elle serait court-circuitée à la fin du XIIIe siècle et son avantage géographique disparaîtrait. De plus, le placement de la Champagne sous l'autorité directe du roi de France par le mariage de Philippe IV avec Adèle de Champagne en 1284 mettrait fin aux privilèges extraordinaires dont bénéficiaient les marchands en Champagne. Au XIVe siècle, les Flamands n'y vendaient plus leurs draps en exclusivité, les Italiens s'y rendaient de moins en moins ; elles disparurent complètement en 1350. Le drap champenois ne leur survécut pas.

Ces centres internationaux avaient donné au XIIIe siècle un aperçu vertigineux du commerce mondial. Cela venait en partie d'un mouvement des Européens eux-mêmes, plus engagés dans le monde. Ainsi, ils avaient une certaine connaissance de l'Orient depuis le début des croisades ; Saint Louis envoya quelques ambassades au grand Khân mongol dans les années 1240 ; en 1298, le Vénitien Marco Polo allait plus loin et publiait un récit de son séjour en Chine et en Mongolie, *Le Devisement du monde*, le premier du genre publié sur le continent[36].

Cependant, l'Europe, et *a fortiori* la France, n'était pas la seule région à avoir des marchands ou des voyageurs entreprenants : il y en avait à Pékin ou à Bagdad, et ils disposaient également d'infrastructures de qualité. Les navires chinois étaient mieux équipés et construits que ceux de Rouen ou même Venise. L'empire du Milieu connaissait une phase de croissance bien plus remarquable que l'Europe sous la dynastie des Song (960-1279) : la population du nord de la Chine avait crû au moins au même rythme que celle de l'Europe et avait atteint 100 millions, et cette région était sans doute la plus riche du monde.

S'il y eut une ébauche de mondialisation[37] à cette époque, c'est avant tout, selon la sociologue Janet Abu-Lughod[38], à cause des conquêtes entreprises par Gengis Khan entre 1206 et 1277 : l'unité de son gigantesque empire garantit pendant un siècle la sûreté et la stabilité des routes entre la Chine et Constantinople, ce qui facilita le trafic de voyageurs et de marchandises. Ce fut la *pax mongolica* (la paix mongole) qui permit la formation de ce « système-monde » d'avant l'hégémonie européenne, dans lequel la soie asiatique arrivait en Champagne. La peste noire et l'instabilité politique mongole mirent fin à cette première mondialisation.

Ces échanges d'épices ou de marchandises de luxe ne concernaient en vérité qu'une minorité de la population[39], mais l'influence du monde extérieur sur la France allait au-delà. Ce qui comptait, le plus, c'était la transmission des idées entre Europe, Levant et Asie[40], qui se fit à moindre bruit et anonymement. Ces voies du savoir permettaient aux outils agricoles, aux inventions mécaniques et à certaines découvertes scientifiques de traverser ces routes : c'est grâce à elles que Thomas d'Aquin pouvait lire Averroès.

Désagrégation du pouvoir militaire et règlement de la question des Vikings

Après le démembrement de l'Empire carolingien au IXe siècle, l'Europe occidentale demeura sous l'autorité de plusieurs souverains carolingiens, à la suite de l'éphémère traité de Verdun, mais leur pouvoir était en réalité faible. Charles le Chauve fut le dernier souverain de France charismatique pour plusieurs siècles, mais il n'eut pas un règne brillant pour autant. Le pouvoir central s'était effacé en Europe, victime des raids de Scandinaves, Sarrasins et Hongrois.

La puissance politique carolingienne procédait bien sûr de sa puissance militaire, puisque c'est la bataille de Poitiers de 732 qui avait servi de couronnement officieux de Charles Martel : avec sa signification religieuse, elle était devenue une pierre angulaire de la propagande carolingienne. Pourtant, le système militaire hérité de Charles Martel, de Pépin et de Charlemagne était fait pour la conquête et les raids plus que pour des guerres défensives ou la protection des populations : une fois que les limites de l'empire eurent été atteintes, il ne restait plus aux guerriers de Charlemagne qu'à tenter de se lancer vers de nouvelles régions. Les marges orientales de l'empire appartenaient à une société davantage militarisée (les pays scandinaves et l'Europe orientale), tandis que les Pyrénées, associées pour toujours au désastre militaire de Roncevaux de 778, offraient une base peu sûre, celle des Basques jaloux de leur indépendance, et un adversaire imposant, les soldats de l'Espagne andalouse.

D'après les décomptes, Charlemagne pouvait lever au maximum des armées de 35 000 cavaliers et 100 000 soldats d'infanterie dans tout l'empire - sans doute moins en pratique[41]. Sous le règne de son fils, ce total se réduisit encore. Ce fut avec moins de troupes encore que le monarque de Francie occidentale, Charles le Chauve, dut défendre son État contre les menaces qui pesaient sur lui - moins de 10 000 cavaliers. Les Vikings n'étaient pas nombreux mais avaient profité d'un pays pris dans la guerre civile, qui avait de plus accumulé des richesses dans des abbayes et églises mal défendues le long de la Loire.

Les vols infligés aux abbayes et villes franques par les Vikings, les Francs les avaient fait subir eux-mêmes à l'Espagne et aux marges orientales de l'Empire, n'hésitant pas à prendre des esclaves parmi les Slaves, qu'ils revendaient occasionnellement au monde islamique, en passant par Venise, Verdun ou Marseille. Les raids vikings jouaient sur l'effet de surprise et mobilisaient de faibles effectifs très mobiles, capables de remonter rapidement les fleuves. La terreur qu'ils inspirèrent avait des effets concrets : pour les fuir, monastères et reliques déménageaient de plus en plus loin des côtes. Ces attaques eurent d'importantes conséquences économiques : les centres portuaires et commerciaux de Quentovic et de Dorestad disparurent complètement. Les villes durent mobiliser des ressources pour établir des enceintes qu'elles avaient auparavant négligées. Louis le Pieux avait ainsi commandé en 820 d'utiliser les pierres des murs qui ceignaient Reims pour y bâtir la cathédrale. Que de regrets ne dut pas créer cet ordre ! Il ne faut bien sûr pas oublier les paysans, les premières victimes économiques de ces conflits - car les envahisseurs volaient le fruit de leur travail pour nourrir leur contingent.

Faute d'un roi efficace, surtout après la mort de Charles II en 877, des princes de moindre importance durent prendre le relais et assurer la défense de leurs villes. À Paris, les deux fils de Robert le Fort, comte d'Anjou, organisèrent un siège défensif contre les Normands. L'un d'entre eux, Eudes, devint brièvement roi en 888. Eudes était l'arrière-grand-oncle du futur Hugues Capet. Pour autant, la famille robertienne ne récupéra pas le pouvoir définitivement, et préféra construire sa force territoriale à l'ombre plutôt que de revendiquer le trône, comme la famille carolingienne avant elle.

Charles III, prince carolingien, succéda ainsi à Eudes, en continuant de gouverner avec les Robertiens. Malgré son surnom peu flatteur (« le Simple »), c'est à lui que le pays lui dut pourtant la « résolution » du problème viking : le traité de Saint-Clair-sur-Epte, en 913, transforma les pilleurs scandinaves en colons, et ces hommes du Nord donnèrent leur nom à la région dans laquelle ils s'installèrent, autour de Rouen, la Normandie. Les Normands suivirent leur chef Rollon et, après avoir pillé les monastères, ils devinrent de bons chrétiens. Les Normands restaient trop forts, l'État et les princes francs trop faibles pour qu'ils fussent éliminés. Les Normands, installés dans des avant-postes occidentaux, décidèrent de se sédentariser pour trois raisons.

La première était que leurs pillages avaient provoqué une désertion des richesses. Beaucoup d'abbayes avaient remonté la Loire voire rejoint l'est de la France, et celles qui restaient étaient pauvres. Les somptueux reliquaires, grandes œuvres du haut Moyen Âge, n'étaient plus aussi faciles à dérober. Les gains potentiels d'un raid étaient moindres.

La deuxième raison est la mise en place de tactiques défensives de plus en plus efficaces : les premiers châteaux forts répondirent à la menace des pilleurs scandinaves. Ils furent accompagnés d'enceintes et de ponts défensifs, comme celui de Pîtres (Seine)[42], qui rendaient plus difficiles la remontée des fleuves et le siège des villes. Les Normands avaient dû remonter la Loire jusqu'à Clermont, tant la Seine était fortifiée. Les raids devenaient plus risqués, alors que ceux qui réussissaient rapportaient moins et amenaient plus loin.

Enfin le troisième facteur est celui décrit par Ibn Khaldûn : à force de piller et de rançonner, les guerriers nomades scandinaves s'enrichirent, s'embourgeoisèrent, eurent envie de se sédentariser. Les Normands s'étaient d'abord rapprochés des côtes, se fixant sur des îles comme celle de Noirmoutier. Le territoire de Rouen que leur offrait Charles le Simple résolvait leurs problèmes.

Cette solution du problème viking revenait à récompenser les agresseurs, mais elle les incitait à cesser leurs raids. Elle finit par fonctionner, et son efficacité peut s'expliquer par la théorie de Mancur Olson sur la formation de l'État. Un bandit essaie de piller les passants d'une route, mais les fait tous fuir progressivement. Cependant, s'il est suffisamment puissant et stable, il devrait finir par considérer qu'il est plus rentable d'attirer à lui marchands et paysans, en garantissant leur sécurité, et de prélever un impôt modeste sur leur activité : ainsi, davantage de monde passera sur les routes qu'il exploite, et il en tirera davantage de profits. En somme, le « bandit stationnaire » est celui qui a le plus de chances de bâtir un État[43]. Les Normands y excellèrent en effet : leurs principes de bonne gestion furent exportés en Angleterre (conquise en 1066 par Guillaume le Conquérant), en Anjou et en Aquitaine (entrés dans le domaine anglo-normand par mariage) par les Plantagenêt, avant d'être imités par les rois capétiens en Île-de-France.

Le pouvoir central s'était montré impuissant devant les invasions, et seul un roi par ailleurs déconsidéré mit fin au problème, en cédant un territoire gigantesque à d'anciens voleurs. Les seigneurs locaux s'étaient illustrés au contraire par leur efficacité, et la crise des Vikings confirma l'affaiblissement pour plusieurs siècles de l'autorité centrale. En Angleterre, les invasions scandinaves l'avaient au contraire servie : les nombreuses amendes imposées par les raids danois avaient permis la naissance d'un impôt central et régulier dès le xe siècle, le *Danegeld*. Il n'y aurait rien de tel en France avant la création du premier impôt permanent au xive siècle.

Hugues Capet, le roi dont les enfants construisirent l'État en France

À la mort de Louis V le Fainéant[44] en 987, l'autorité du roi et ses revenus étaient faibles, et son titre disputé. Hugues Capet prit alors le pouvoir, tandis que les autres puissantes familles réduisaient leurs ambitions. La dynastie qu'il fonda resta au pouvoir en France jusqu'en 1789, puis de 1815 à 1848. Bien qu'il n'y eût aucune règle de succession claire jusqu'au xve siècle, cette dynastie peut se vanter d'avoir appliqué strictement la loi dite salique de succession par les mâles de manière cohérente jusqu'en 1830.

Qui était ce Hugues Capet ? À une époque où le pouvoir réel s'était considérablement morcelé, il était le plus puissant prince du royaume : de son père, Hugues le Grand, il avait hérité le titre de duc des Francs. Dans sa rivalité avec la maison de Vermandois, autre puissante famille de la France septentrionale, Hugues le Grand avait mis sur le trône en 936 Louis IV d'Outremer, prétendant carolingien installé en Angleterre. Comme les Pépinides avant eux, les Robertiens avaient hésité à occuper directement le trône. La bonne occasion se présenta à la mort de Louis V le Fainéant (appelé ainsi parce qu'il n'avait pas eu le temps de prendre beaucoup de décisions en moins d'un an de règne). Alors, les seigneurs du royaume, surtout de l'Île-de-France et de la Picardie, se mirent d'accord pour élire Hugues roi, au détriment de Charles de Lorraine, neveu du défunt roi Louis V le Fainéant[45].

Hugues Capet est parfois nommé « le roi qui a fait la France ». Cette phrase naïve et touchante d'antan a une part de vérité si l'on admet que le premier capétien a fait la France de la même manière qu'Énée a fondé Rome, c'est-à-dire par sa lignée qui mène à Philippe II, Charles V ou Charles VII. La particularité historique de la France est en effet que l'État y a bâti la société puis, progressivement, la nation : les rois capétiens jouèrent évidemment un rôle dans cette longue construction politique et imaginaire, même si une grande partie de leurs actions a consisté à réagir aux changements économiques et politiques qui s'imposaient à eux.

À l'élection d'Hugues Capet, son domaine, dont il tirait ses uniques revenus, n'incluait qu'une bande de terre picarde autour de Senlis, quelques châteaux autour d'Étampes et, pour sa partie la plus riche, la région d'Orléans. Son fils ajouta Paris au domaine, mais pendant deux siècles, il y eut peu de progrès. Le royaume allait plus loin que les domaines dont le monarque était directement suzerain, mais son autorité était virtuelle en dehors. Alors que les routes étaient peu empruntées et mal entretenues, que les messages et les hommes circulaient lentement, la région parisienne étendue captait toute son attention. Le principal enjeu de la politique des premiers Capétiens directs - Robert II (996-1031), Henri Ier (1031-1060), Philippe Ier (1060-1108), Louis VI (1108-1137) - fut de lutter contre le comte de Blois ou de garantir le contrôle et la sûreté de la route entre Paris et Orléans. Le roi n'avait pas encore les moyens d'une action plus ambitieuse, il ne pouvait pas même avoir des intendants dans son royaume, faute d'imposition.

Ce qui valait pour les Capétiens valait cependant pour les autres seigneurs. Le succès du roi provint du fait qu'il était le candidat le plus naturel pour réunir des territoires, grâce à sa politique opportuniste. Le suzerain royal profitait des ruptures d'héritage : quand la disparition d'une lignée ou d'une branche familiale le permettait, il était prêt à en capter une partie. Son autre grande force était de réussir à trouver des alliés partout. Louis VI, Louis VII et Philippe Auguste favorisèrent, comme les seigneurs et les abbés les plus entreprenants du royaume, les communes et les villes neuves par des chartes ambitieuses.

Au XIIe siècle, alors que les premières cathédrales se bâtissaient, les rois engrangèrent des victoires décisives. Des paix étaient signées sous la protection de l'Église et du roi, qui avaient de plus en plus d'influence. Louis VII prononça ainsi la paix de Dieu au concile de Soissons en 1155 : alors que les barons et les évêques faisaient souvent de telles proclamations dans des régions, celle-là était la première du genre faite par la chancellerie royale, reconnue par de grands seigneurs et par l'Église[46].

Le changement ne se limitait pas à des proclamations, comme le montre l'influence croissante du roi dans les guerres saintes. La première croisade (1096-1099) montrait que c'étaient les barons du royaume, et non le roi, qui disposaient du réel pouvoir militaire. Philippe Ier ne partit pas pour la croisade, tandis que Godefroy de Bouillon, fils cadet du comte de Boulogne, devenait un héros du Moyen Âge[47]. Seulement cinquante ans plus tard, la deuxième croisade (1146-1149) et la troisième (1189-1192) furent menées sous la direction des suzerains, qui en profitèrent pour ordonner un prélèvement fiscal extraordinaire. Ces opérations échouèrent, mais elles démontrèrent la centralisation du pouvoir militaire.

Celui-ci était manifeste par la manière dont le royaume, jadis empli de barons hostiles, devenait pour le roi plus paisible. Le château de Monthléry, entre Paris et Étampes, servait de base autour de 1100 à des chevaliers qui, par leur « perfide iniquité », perturbaient la paix et le calme du domaine de Philippe Ier. En 1240, ce même château, propriété du roi, est cité par Saint Louis comme exemple de château paisible « en cœur de France et en terre de paix[48] », dont la garde ne pose aucun problème.

Comment expliquer cette transition ? La renaissance du commerce et la densification du territoire rendaient plus faciles à exploiter les grands domaines, ce qui créait des interdépendances. Ainsi, les Plantagenêt, maîtres et de l'Angleterre et de l'Aquitaine au XIIe siècle, favorisèrent les embarcations de vin bordelais vers les consommateurs britanniques. L'époque était redevenue favorable aux grands États car le monde cessait d'être vide.

La technologie militaire se modifiait également au profit des grands. Les progrès de la poliorcétique rendaient beaucoup plus coûteux les châteaux forts capables de résister à un siège, comme le Château-Gaillard bâti par l'Anglais Richard Ier dans le Vexin : un baron de faible envergure ne pouvait plus rivaliser. La croissance démographique rendait possibles des armées avec davantage de soldats ; les communes mobilisaient de plus en plus de citadins, et il y avait peu de domaines avec des communes capables de fournir un contingent nombreux. À Bouvines, Paris avait fourni 2 000 hommes au roi ; Arras, 1 000, soit près de la moitié de son effectif, plus que de nombreux osts.

Le règne de Philippe II, entre 1180 et 1223, marqua une rupture. Ses prédécesseurs auraient pu mourir sans héritier, s'éteindre sans autre forme de procès, comme cela était arrivé aux Rodolphiens de Bourgogne - la différence eût été imperceptible alors pour la plupart de leurs contemporains. À partir de Philippe II, il se forma une véritable administration, nourrie des revenus de domaines nettement plus larges. Tout commença par la conquête de la Normandie, au détriment de la couronne d'Angleterre, en 1204, conquête d'autant plus importante que la région était bien administrée et déjà imposée : la bureaucratie naissante française pourrait ainsi s'adapter facilement et apprendre les bonnes pratiques.

Dans le Sud, la chance assista les projets de Philippe II. Le Languedoc, appartenant au comté de Toulouse de Raimond VI de Saint-Gilles, fit l'objet d'une croisade soutenue par le pape et le roi de France à cause de l'obscure doctrine religieuse adoptée par une partie de la population, le catharisme. Certains historiens considèrent cette hérésie comme un mouvement de protestation ayant pour cause les frustrations sociales de bourgeois paralysés par le pouvoir seigneurial et de chevaliers ruinés par les partages d'héritage successifs. Acceptée par le comte de Toulouse, Raimond de Saint-Gilles, tant qu'elle était circonscrite à Béziers, cette croisade se transforma pourtant inopinément en guerre de conquête. Le comte de Toulouse s'allia au roi d'Aragon, son rival régional, contre Simon de Montfort, un homme de Philippe II. Ce militaire soutint le choc à la forteresse de Muret (1213), et infligea une cuisante défaite au roi d'Aragon. La conséquence de cette bataille fut que le Languedoc entra dans le giron français, indirectement, sous le règne de Louis VIII[49]. Ainsi, alors que Louis VII n'avait pas de territoire côtier, les successeurs de Philippe Auguste touchaient la Méditerranée et l'Atlantique (La Rochelle). Saint Louis allait faire construire un port en Camargue, à Aigues-Mortes.

La Méditerranée était redevenue ce qu'elle avait cessé d'être au temps de Charlemagne, une zone d'échanges commerciaux denses, où les Italiens étaient dominants. Plus que les profits économiques associés à la contestation du monopole vénitien sur le commerce levantin, le port d'Aigues-Mortes servait les objectifs politiques de son saint fondateur : l'accès à la Méditerranée par un port français permettait de partir en croisade sans dépendre des Italiens et de leurs coûteux services. Saint Louis dut nourrir une forme de fierté à embarquer d'Aigues-Mortes, en territoire national, vers Chypre en 1248.

Le nouvel État central disposait d'une véritable capitale, Paris, peuplée de 100 000 habitants en 1200 - vingt fois plus qu'Aix-la-Chapelle sous Charlemagne[50]. Cette fourmilière urbaine était le résultat d'une cour riche mais aussi d'une véritable administration royale, en partie professionnelle. Celle-ci allait redéfinir les normes juridiques en France.

L'amélioration du système légal

La pratique du droit redevenait plus formelle, l'écrit prenant une place de plus en plus importante. L'arrivée tardive en France d'une invention venue d'Asie, le papier, permit de donner un support d'écriture peu coûteux aux chancelleries dans leur production législative et juridique ainsi qu'aux nouveaux étudiants en droit.

Les relations féodales et les coutumes, des anciens accords passés le plus souvent oralement, définissaient le cadre juridique dans le nord du royaume, sans qu'il y eût toujours de support écrit. Les régions du Sud, encore marquées par l'influence romaine et byzantine, avaient conservé une tradition plus solide : au XIIIe siècle, l'enseignement de leurs universités, qui commençaient à dispenser des formations juridiques, permettrait de réorganiser le droit féodal et de le fixer par écrit.

Quoiqu'il semblât alors moins digne d'intérêt que la théologie, le droit romain devint un objet d'enseignement dans la première université d'Europe, celle de Bologne, fondée en 1088. Les étudiants, peu nombreux, étaient mobiles, et certains venaient de France. La Sorbonne, la première université du royaume, fut créée à Paris en 1150 mais n'enseigna pas le droit pendant plusieurs siècles. Après Toulouse (1229) et Montpellier (1289), les premières facultés à enseigner le droit au nord de la Loire furent Orléans (1306) et Angers, toutes deux favorisées par l'interdiction du droit romain à l'université de Paris, consacrée à la théologie.

C'est dans les universités du Sud que se formèrent les futurs légistes de Philippe le Bel, prêts à argumenter en faveur des droits de leur seigneur. Le droit, enseigné, se fixa progressivement. Les chartes urbaines de plus en plus nombreuses attestent ce mouvement. Surtout, il y eut la naissance des premiers coutumiers qui fixaient par écrit des principes que l'on ne retranscrivait pas soigneusement auparavant.

Philippe de Beaumanoir a écrit le plus célèbre et le plus clair en France en 1285, à propos de la coutume du Beauvaisis. Ces coutumiers avaient comme principal mérite de fixer des normes connues de mémoire une fois pour toutes, et de réduire l'arbitraire par lequel la loi pouvait être modifiée sans raison voire oubliée. Cependant, ces mises par écrit ne visaient pas à créer une forme de droit national : la diversité des coutumes serait longtemps respectée par le pouvoir.

Ces coutumiers avaient une vertu économique : ils rendaient plus accessible et prévisible le droit, ce qui pouvait garantir une sécurité économique plus grande pour les paysans, les fermiers et les citadins. Le principal problème qui se posait n'était pas celui de l'expropriation violente mais celui de l'imprévisibilité et d'une taxation pernicieuse. Certains féodaux utilisaient tout précédent pour fonder immédiatement un nouvel impôt. « Il y avait une fois [...] à Ardres, un ours, amené par le seigneur du lieu. Les habitants, qui se plaisaient à le voir combattre contre des chiens, s'offrirent à le nourrir. Puis la bête mourut. Mais le seigneur continua d'exiger les pains[51]. » Certains vassaux qui devaient héberger leur seigneur craignaient que ce gîte ne se transformât en impôt récurrent, et exigeaient du seigneur une charte de non-préjudice[52].

Saint Louis contribua à cette politique car elle lui permettait d'apparaître comme un roi juste. C'est le souvenir que voulurent en laisser des contemporains comme Joinville ou Guillaume de Nangis. Il ne tolérait pas les abus des puissants et voulait maîtriser leur puissance par le droit royal, parfois au mépris du droit féodal. Saint Louis, assis contre un chêne de Vincennes – selon un fameux texte de Joinville – nommait un juge auprès des plaignants qui venaient à lui, et il apparaît aux yeux de ses mémorialistes « moult échaffé de justice faire », comme dans l'exemple de l'affaire de Coucy.

Un grand baron du Nord, Enguerrand IV de Coucy, fit un jour pendre trois jeunes nobles qui chassaient dans son domaine. Ces derniers étaient en tort, la chasse n'étant permise qu'au seigneur, mais la condamnation était tout à fait excessive. Louis IX refusa au baron le droit qu'il possédait d'être jugé par les pairs de France[53], qui lui auraient été plus favorables, et le fit arrêter par ses sergents[54]. Il le fit condamner à une amende de 10 000 livres tournois – une somme importante. Entre autres punitions, le sire de Coucy dut offrir le bois du litige à une abbaye.

Cette intervention royale aurait du bon : dans le cas d'espèce, elle rassurerait les exploitants des diverses ressources forestières et plus généralement tous ceux qui risquaient un conflit judiciaire avec un grand propriétaire. La peine de mort pour un dépassement des termes du contrat n'était pas une punition raisonnable. Le roi travaillait à rendre les institutions féodales plus justes, et à ne plus faire de l'enrichissement des féodaux leur seul objectif : on pourrait croire qu'elles devenaient un peu moins « extractives[55] ». Cet épisode ne doit pas faire oublier que le roi lui-même pouvait frapper violemment sans justification, comme Philippe le Bel (1285-1314) lorsqu'il confisqua les biens des Juifs, des Lombards, ou arrêta les Templiers – qui offraient des services financiers à la couronne. Même en dehors des affaires d'argent, il arrivait aux représentants du roi de se comporter moins bien que les plus cruels seigneurs. Tel paysan habitant à Langlade, non loin de Nîmes, tenta de fuir l'autorité de son bailli, en vain ; celui-ci, pour le punir, le força à manger des excréments[56].

Néanmoins, ce jugement du sire de Coucy et sa légende correspondent à une part de vérité sur l'assouplissement permis par le roi et quelques grands princes éclairés. Même si le monde médiéval était un monde violent et que l'autorité royale ne venait offrir une protection que dans de rares cas, pour que le commerce et les innovations se développassent, il suffisait qu'un nombre suffisant de Français eussent des protections satisfaisantes : les chartes urbaines offraient un tel abri. Saint Louis, dans les conseils qu'il a rédigés pour aider son fils le futur Philippe III à gouverner, lui affirmait l'importance de vérifier que les chartes urbaines étaient bien respectées : ce serait peut-être la plus importante contribution des Capétiens directs au développement économique du pays.

Le pouvoir royal sous Saint Louis fit de sérieux efforts pour revenir sur les exactions passées, sous la forme des enquêtes royales : des clercs, souvent des frères mendiants, considérés comme neutres, firent le tour du territoire afin de recevoir les réclamations de tous ceux qui s'étaient estimés victimes d'injustices. Ce souci de purification, nécessaire avant la croisade, reflétait aussi une forme d'engagement du gouvernement royal à travailler pour la justice. Les enquêtes conduites avant 1248 laissent s'exprimer un grand nombre de sujets de statuts variés, formant le témoignage du genre le plus important avant 1789.

Les successeurs de Saint Louis ne purent tenir ses ambitieuses promesses de justice. Sur le plan économique, la formalisation du droit montrerait rapidement certaines limites. Le nouveau cadre pouvait rapidement corseter l'esprit d'entreprise et l'organisation de la ville. Ainsi, les métiers furent organisés en corporations lourdement régulées. Ils assuraient une transmission du savoir-faire et une régularité des pratiques commerciales, mais ils bloquaient également la concurrence en introduisant des barrières à la formation et à la mobilité géographique ou professionnelle[57]. Les libertés des communes étaient menacées chaque fois que, en difficulté financière, elles devaient se tourner vers le roi et prendre le risque d'être absorbées dans son domaine. Dans les campagnes enfin, les coutumes, une fois mises par écrit, devinrent rigides et perdirent une partie de l'élasticité qui leur avait permis de s'adapter à un monde changeant entre le IXe et le XIIIe siècle : la stabilité de la loi avait un prix, peut-être exorbitant[58]. Cependant, avant d'aller plus loin dans la formation de l'État, et notamment avant d'augmenter sa capacité de prélèvement fiscal, il était important pour ses serviteurs de démontrer leur attachement à l'idéal de justice. Les rois, en France mais aussi dans le reste de l'Europe, ont d'abord été des juges avant de centraliser le pouvoir ou de lever des impôts substantiels, comme l'a démontré Deborah Boucoyannis[59].

Le budget royal

Les conquêtes de Philippe II grossirent considérablement ses revenus, son pouvoir législatif, la portée de sa justice. Les premiers budgets de France dont nous disposons datent du XIIIe siècle, ce qui signale déjà le développement d'une comptabilité[60]. Les recettes représentaient 70 000 livres par an au début du XIIe siècle, 250 000 en 1248, et jusqu'à 600 000 à la fin du XIIIe siècle.

La plupart des budgets étaient autosuffisants : le roi devant vivre de ses propres revenus, il évitait les emprunts parce qu'ils pourraient le contraindre à revendre ses domaines et surtout parce que leurs taux d'intérêt étaient exorbitants. Ce serait le cas au moins au début du siècle, avant que les banquiers lombards ou cahorsins ne s'installent dans le Paris de Philippe le Bel. Le gros des revenus provenait par conséquent des prélèvements fiscaux ainsi que des domaines du roi.

Selon les hypothèses sur la production totale française, sur la base de données de salaires, le budget royal représentait à peu près 0,5 % du PIB français sous Saint Louis[61], cent fois moins qu'aujourd'hui, dix fois moins que sous Richelieu.

L'essentiel des revenus provenait de l'exploitation agricole du domaine royal, plus que des impôts de passage ou des taxes, qui revenaient souvent au budget des communes. Comme exception, il existait une taxe sur les Juifs, pouvant représenter jusqu'à 7 500 livres tournois (peut-être 3 % du budget royal en 1217[62], substantiellement moins les autres années). La seule chose qui se rapprochât d'un impôt direct dans le royaume était le fouage en Normandie : à part quelques exempts et des pauvres, chacun devait payer 12 deniers tous les trois ans. Cet impôt initialement créé pour aider les ducs de Normandie à stabiliser le cours de la monnaie n'avait plus de claire raison d'être, mais il existait, et le roi ne bouscula jamais les coutumes qui l'arrangeaient : l'impôt fut repris par Philippe Auguste au lendemain de la conquête, assurant au domaine royal sa seule recette véritablement fiscale dès 1206. Plus tard, il disparut sous la pression inflationniste : quand la monnaie commença à perdre de la valeur, cet impôt figé dans la coutume ne fut pas « indexé » sur le niveau des prix au détriment du budget royal... En l'absence de recette fiscale, les revenus du roi dépendaient des récoltes du domaine – même si l'extension de ce dernier avait dû contribuer à stabiliser le niveau des revenus d'une année sur l'autre. Le roi n'hésita pas à recourir à des impôts exceptionnels pour financer ses actions militaires, mais il ne les rendit pas permanents. La ville fut étonnamment peu taxée : comme l'économie numérique de nos jours est parfois difficilement appréhendée par la fiscalité moderne, la nouvelle économie drapière et commerciale fut largement moins taxée que la production agricole – dont elle dépendait pourtant[63].

L'existence même de budgets reflète la conception de la nouvelle administration qui se mettait en place : on avait besoin d'effectuer des calculs précis avant de se lancer dans des conflits de grande ampleur. Le budget de 1221 fut le premier à calculer la différence entre recettes et dépenses pour dégager un surplus net en France. Les comptables de Philippe II avaient alors bénéficié du savoir-faire de ceux de l'administration fiscale normande, l'Échiquier de Rouen.

L'absence d'informations exhaustives sur les finances royales vient de pertes d'archives et de l'incendie de la Chambre des comptes de 1737 – elle ne doit pas faire oublier que les budgets étaient préparés rigoureusement chaque année, notamment par la Chambre des comptes, mobilisant les représentants du roi dans les paroisses de France, ses baillis. Cette même administration s'occupait par exemple d'accorder les droits d'ouvrir des marchés aux villes et bourgs qui lui en demandaient la permission. Une bureaucratie était née.

Les villes neuves

Le défrichement des terres et l'essor du commerce conduisirent à l'émergence de ce que l'on appelait alors les « villes neuves » – même si beaucoup d'entre elles étaient plutôt des villages. Les « villeneuve » et les « châteaux neufs » de France[64] datent pour la plupart de cette période du Moyen Âge. Le seigneur créait un nouveau centre d'habitation pour exploiter de nouvelles terres – ou tout simplement pour accueillir davantage d'hommes. Le roi était derrière certaines de ces créations. Louis le Gros et ses successeurs créèrent des villes neuves comblant le dangereux vide entre Paris et Orléans.

Du nord au sud, Longjumeau, Torfou, La Forêt-le-Roi, Villeneuve-Jouxte-Étampes, Les Bordes furent créés comme des étapes pour les deux journées de marche que nécessitait le trajet entre les deux villes centrales du petit domaine capétien des XIe et XIIe siècles.

Ces nouvelles villes, au plan quadrillé, étaient une conséquence de la croissance agricole. Grâce aux importants surplus dégagés par les paysans, il était devenu possible de nourrir une population d'artisans et d'ouvriers qui ne travaillaient plus dans les champs, et qui pouvaient construire la nouvelle église en pierre de chaque village. La France s'est ainsi parée d'un « blanc manteau d'églises[65] », signe d'une forme d'aisance économique. Comme le relevait Raoul Glaber : « Bien qu'elles fussent dans un état convenable et n'en eussent pas besoin, on vit cependant le peuple chrétien tout entier rivaliser pour la possession des églises les plus belles. »

Les paysans bénéficiaient parfois sans le savoir de ces nouvelles villes, petites ou grandes. Tout d'abord, elles rendaient plus profitable le travail agricole, et offraient des débouchés aux agriculteurs, ainsi que des outils artisanaux de meilleure qualité grâce aux ateliers urbains. De plus, ces nombreuses villes neuves offraient une terre d'asile pour les serfs, et elles rendaient de plus en plus difficile le maintien de la condition servile dans ce qu'elle avait de plus humiliant. Il y aurait des servitudes sans servage désormais : les conditions de vie des urbains – peu favorables en vérité – allaient en partie dicter celles des serfs, car la cité leur offrait une voie de sortie. Dans le nord du pays, plus urbanisé, le servage disparaissait progressivement[66] : les seigneurs affranchissaient d'eux-mêmes leurs serfs, comme en Normandie, où il n'y en avait plus au XIIIe siècle[67]. Un légiste de Philippe le Bel, Raoul de Presles (1270-1329), était le fils d'une femme serve auprès de l'abbé de Saint-Denis. Affranchi, il étudia la religion puis le droit avant de devenir conseiller du roi par son expertise – une ascension méritocratique exemplaire quoique rare. Sans la présence des grandes villes et des plus petites bourgades neuves, elle n'eût pas été possible.

Ces affranchissements et la promotion sociale urbaine provoquaient des tensions dans la société. L'histoire de Perrette avec son pot au lait nous vient de cette époque : avant d'être repris par La Fontaine, le conte, imaginé par Jacques de Vitry en 1240, prévenait les paysans contre une ambition excessive[68]. Il s'agit d'un avertissement contre la montée d'une nouvelle classe, favorisée par le relâchement du pouvoir seigneurial : la bourgeoisie des villes. Celle-ci avait bénéficié du développement des échanges.

Le commerce n'était pas inexistant à l'époque carolingienne, mais il était indubitablement bien plus important au XIIIe siècle, comme le montre l'exemple des foires de Champagne, sans équivalent au XIe siècle : certains parlent d'une « révolution commerciale[69] » visible jusque dans les campagnes.

La monnaie devenait de plus en plus abondante, toutes les classes de la société avaient accès à une foire, et le bourgeois devenait une force politique par lui-même, plus influent que de nombreux seigneurs dans l'enceinte urbaine.

On retrouve des témoignages de leur enrichissement, surtout dans le nord du royaume, dans les enquêtes que Saint Louis mena en 1247. Un Lillois, Sagalon le Jeune, pris en otage par Philippe II lors de la campagne militaire de Bouvines, avait été libéré par sa famille pour une rançon de 10 000 livres[70] – ce qui valait la rançon de certains grands seigneurs et aurait rapporté au Trésor royal 5 % du budget de l'époque. Un bourgeois d'Arras avait dû verser 7 000 livres de frais aux différentes strates administratives pour récupérer l'héritage de son beau-frère. Ces sommes très importantes avaient été payées par des hommes qui n'occupaient même pas les toutes premières positions de leurs villes : ils incarnaient la transformation économique qui s'opérait en France à partir du XIIe siècle.

La démographie, les villes et les cathédrales

Georges Duby avait supposé une transformation drastique de l'économie et de la société autour de l'an 1000. Les recherches des spécialistes des polyptyques carolingiens et l'observation des sites des moulins conduisent cependant à avancer à Charlemagne le début de la période de croissance – il n'y eut rien de spécial qui se modifia en matière économique après l'an mil, si ce n'est, à en croire Raoul Glaber, l'éclosion de nouvelles églises[71].

Si tournant il y eut, il semble davantage être intervenu, comme l'a écrit Marc Bloch, entre 1150 et 1200 : c'est le moment où nous voyons la population des villes et les essartages augmenter le plus rapidement, jusqu'à la fin du XIIIe siècle. Cette période coïncide avec l'affirmation du pouvoir royal – ce qui n'est pas un hasard, car les deux processus de croissance économique et de consolidation de l'État se renforcent mutuellement.

La première phase de la croissance médiévale, entre 800 et 1150, avait été celle des progrès de l'équipement et des défrichements lentement incorporés dans les cultures seigneuriales. La deuxième phase, entre 1150 et 1300, plus dynamique, fut celle de la croissance urbaine et de l'essor du commerce, qui faisaient bon usage du surplus agricole.

Grâce au travail de Paul Bairoch et de ses coauteurs[72], nous disposons d'une estimation de la population urbaine en Europe et en France. Que l'on regarde le nombre de villes, le nombre total de citadins ou même la taille de la capitale, la population urbaine française a crû substantiellement.

Paris, avec 200 000 habitants, était la ville la plus peuplée d'Europe - même si elle était nettement moins peuplée que Bagdad (1 000 000) ou Le Caire (plus de 400 000). Sous le règne de Philippe Auguste, la ville fut entourée d'une large enceinte. Cependant, la croissance urbaine était telle qu'elle se révéla rapidement trop petite. Il fallut construire des bourgs en dehors de l'enceinte, qui fut par ailleurs repoussée sur la rive droite. Ville d'esprit et de gouvernement, la capitale profitait également d'un cadre de consommation extraordinaire : les marchandises des foires de Champagne parvenaient directement à Paris. Son voisinage produisait en grandes quantités un vin qui était alors un très bon cru, et qui arrivait après avoir été trié dans un marché spécialisé à Saint-Denis. Le pays de Meaux, la Picardie, l'Oise participaient à l'approvisionnement en produits frais, ce qui contribuait à rendre la ville plus habitable et agréable.

Son succès avait une contrepartie : la contrainte foncière pesait et les logements enchérissaient, notamment pour les étudiants. D'après Jean de Salisbury, le grand théoricien politique anglais venu étudier à Paris, les loyers avaient démesurément augmenté entre 1135 et 1165[73]. Sur demande du pape, dont dépendait l'Université, les étudiants obtinrent que leurs loyers fussent plafonnés[74] en 1231, réforme effectivement mise en application dans le Quartier latin.

En dehors de la capitale, le nombre de citadins croissait rapidement, comme le nombre de centres urbains[75]. La formation des villes préindustrielles est un phénomène dans lequel les principaux progrès ont été effectués au Moyen Âge : la France de Saint Louis n'était pas significativement moins urbaine que celle d'Henri IV. Une personne sur quinze vivait dans une ville de plus de 5 000 habitants en 1300. Si l'on compte les bourgs peuplés de 1 000 âmes plutôt que de se concentrer sur les villes de plus de 5 000 habitants, plus d'un dixième de la population vivait alors dans un cadre urbain assez large pour abriter des artisans spécialisés et des marchés fréquents.

Beaucoup des grandes villes avaient été fondées par les Gaulois ou par les Romains, et elles avaient été préservées par le réseau d'églises du haut Moyen Âge, ainsi que par les ruines romaines encore utilisables - on utilisait ainsi les pierres des vieilles enceintes pour bâtir des maisons, ou on habitait dans les arènes, comme à Arles. La renaissance des échanges favorisait de nouveau les agglomérations, qui purent retrouver leur splendeur ancienne : il est probable que la plupart des villes françaises aient été plus peuplées que sous l'Empire romain. De plus, se développèrent toutes ces bourgades neuves, qui jalonnaient les routes entre Paris et Orléans, de la vallée du Rhône ou de la Meuse[76].

Cet essor urbain, c'était aussi celui des cathédrales, qui s'élevaient avec majesté même dans des villes secondaires comme Chartres. Elles firent l'objet de nouveaux procédés architecturaux - des traités nous renseignent sur les multiples connaissances des artistes qui dessinèrent ces œuvres d'art - et de nouvelles techniques. Les vitraux sont par exemple une véritable innovation industrielle, qui permet d'incorporer le travail de l'artiste dans le verre, et de le colorer, y compris avec des couleurs qui étaient jusque-là difficiles à reproduire, comme le bleu.

Il existe peu de traces comptables sur ces monuments : quelle part de la production nationale fut investie dans ces cathédrales et plus généralement dans les églises d'apparat ? Faisait-on des sacrifices déraisonnables pour les construire ? Si la France n'était pas au centre de l'économie européenne, était-ce parce qu'elle dépensait trop de ressources dans les cathédrales plutôt que dans l'équipement productif[77] ? Les constructions se faisaient lentement, sur plus de cent ans, pour en amortir le coût. La Sainte-Chapelle de Paris fut construite en cinq ans, pour 40 000 livres - 0,1 % du PIB pour un monument - mais c'est là une exception pour accueillir la sainte couronne qui coûta sans doute plus cher encore. Les hautes cathédrales manifestaient l'ardeur de la foi d'une population qui semble en avoir accepté le principe dans son ensemble : dans des villes comme Amiens ou Bourges, elles dépassent encore les autres bâtiments.

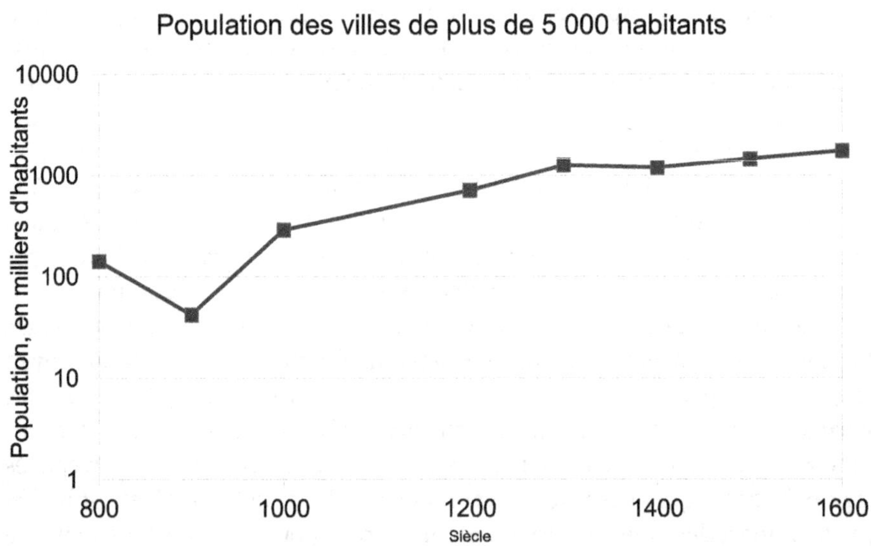

Figure 3.2. Population des villes en France, estimée d'après Paul Bairoch, *Cities and Economic Development. From the Dawn of History to the Present*, Chicago, University of Chicago Press, 1988. Échelle logarithmique. La barre rouge correspond à l'année de la peste noire.

Bilan de l'action royale

Les premiers rois capétiens n'avaient pas tant contribué à l'unité économique du royaume, contrairement à ce que laisse entendre une certaine historiographie. Il restait de nombreux péages à l'intérieur de la France, les pouvoirs féodaux demeuraient forts, les coutumes ou les unités de mesure incohérentes les unes avec les autres. Pire, leur action consista en partie à créer des dérogations et des protections pour l'activité commerciale sous la forme de franchises et de foires, plutôt qu'à uniformiser les règles de la production et du commerce. Ils ne virent pas d'inconvénient à toutes ces différences tant qu'elles ne furent pas un obstacle à leur pouvoir.

Quelques rois tentèrent d'introduire de l'uniformité ou des standards dans le royaume. En 1320 et 1321, Philippe V convoqua des représentants de toute la France - les états, ancêtres des états généraux - pour unifier tous les poids, mesures et la monnaie. Ce fut cependant en vain. Cette mesure serait adoptée plus tard... en 1789. Sous Philippe Auguste, le taux de change entre livre tournois (valable dans les anciens domaines anglais) et livre parisis s'était néanmoins stabilisé - à 5 tournois pour 4 parisis. Si ces deux monnaies n'avaient pas fait disparaître leurs rivales, elles étaient acceptées assez largement, au moins en tant qu'unités de compte, à la fin du XIIIe siècle.

Comme les Capétiens accumulaient des documents et des mythes pour retracer leur brillante histoire familiale, ils faisaient naître, sans le rechercher nécessairement, une première mythologie nationale. *La Philippide* de Guillaume le Breton, qui inclut le récit de la bataille de Bouvines, fut la véritable victoire de Philippe Auguste en 1214 : marquer la postérité, et faire naître dans la culture de l'élite l'idée de France, qui prendrait une forme concrète dans la population deux siècles plus tard[78].

Des économistes ont proposé une estimation du PIB par habitant français sur la base de données de prix et de salaires compilées par des érudits[79]. Une comparaison avec l'Angleterre donne un résultat frappant. L'âge d'or capétien, autour du règne de saint Louis, est la seule période où le revenu par habitant français ait dépassé l'anglais jusqu'au XXe siècle. Cela pourrait sembler une réussite exceptionnelle, mais il convient de rappeler que l'Angleterre, un point de comparaison important pour la suite, n'était pas particulièrement riche au Moyen Âge, contrairement à l'Italie ou à la Flandre.

La France, si elle participait au mouvement général de croissance de ces siècles, n'était ni plus ni moins brillante que le reste du continent.

Sa principale distinction était politique : elle était, comme l'Angleterre, un pays relativement centralisé. L'État y captait, autour de 1300, 1 % de la production nationale, ce qui était plus que sous les carolingiens mais pas le pourcentage le plus élevé d'Europe, où les cités-États disposaient d'un meilleur consentement à l'impôt. En revanche, comme la France était le pays européen le plus peuplé, cela suffisait à faire de son roi le souverain le plus riche du continent. Cette supériorité des revenus fiscaux s'affirmerait plus encore à partir du XIVe siècle quand l'État se mettrait à prélever un véritable impôt permanent.

CHAPITRE 4

Naissance d'une taxation (1300-1450)

Nec fas nec naturale francos anglis, immo anglos francis subici. [Il n'est ni juste ni naturel que les Français soient soumis aux Anglais, et l'inverse non plus en vérité.]

Suger, *Vie de Louis VI le Gros.*

Une économie dominée par les impôts féodaux et d'Église

Bien que le roi eût augmenté l'étendue de son domaine et fût devenu le véritable chef militaire de la France, il ne jouait pas un rôle central dans l'économie. De nombreux prélèvements étaient effectués par les municipalités, les corps intermédiaires, les métiers, les guildes, les féodaux et, bien sûr, par l'Église, en échange de services plus ou moins bien définis selon les cas. Les revenus de l'État capétien représentaient au plus 1 % de la production annuelle du royaume, à comparer avec plus de 50 % aujourd'hui.

Les deux principaux concurrents de l'impôt royal étaient la dîme de l'Église et les prélèvements féodaux. L'Église récupérait près de 10 % de la production agricole, le plus souvent en nature, ce qui était nettement plus important que le revenu de l'État. Si une partie de ces revenus remontait vers la papauté, la majorité finançait le train de vie des évêques, le salaire du petit clergé, la rénovation et la construction des églises. Les « contreparties » offertes en échange à la population comprenaient les offices religieux mais aussi les services éducatifs ou médicaux que rendaient les clercs.

Quant aux seigneurs, leur poids économique se lit dans les contrats de métayage. Dans ces contrats, le paysan donnait une part des fruits produits, la moitié dans certains cas, un quart plus souvent[1]. Ces paiements venaient compenser en partie la propriété foncière et servaient à alimenter les châtelains et autres grands du royaume. Une autre partie de ces charges paysannes servait aussi à financer des services collectifs rendus par les féodaux : construction de moulins, sûreté, remparts, châteaux forts, organisation du marché, justice seigneuriale, entre autres.

Certaines infrastructures, qui seraient aujourd'hui financées par la puissance publique, étaient financées de manière privée. Jusqu'au XIVe siècle, les ponts étaient construits par des seigneurs et des communautés religieuses, qui se rémunéraient par des droits de passage, comme certaines de nos autoroutes. Les remparts furent aussi à l'origine du développement d'une fiscalité locale : entre le règne de Philippe le Bel et le XVe siècle, beaucoup de grandes villes les reconstruisirent, à très grands frais, donnant naissance aux finances municipales[2], avec le soutien royal. Contrairement aux murailles ou aux fossés des siècles précédents, moins coûteux et plus mobiles, et qu'on n'entretenait plus depuis longtemps[3], ces remparts, plus lourds, qui s'adaptaient à l'artillerie naissante (XVe siècle) allaient durablement limiter la croissance des villes. À long terme, ces changements firent augmenter le prix des terrains urbains.

À Tours, un ordre du roi de 1356 fit réunir derrière des remparts les deux villes distinctes et rivales qu'étaient le vieux centre romain, la Cité, et le bourg de Châteauneuf, né au XIIe siècle. La « paix de Dieu » des XIIe et XIIIe siècles avait rendu les esprits rétifs aux protections et aux impôts ; les remparts revinrent les premiers.

Un roi à l'autorité limitée

Le roi « vivait du sien » en droit médiéval. Cela signifie qu'il devait en théorie recevoir ses revenus des seules terres dont il était le seigneur direct. Ces revenus étaient loin d'être suffisants pour une puissance publique dont la communication était aussi grandiose que celle de la famille capétienne, par exemple pour payer une armée permanente de 30 000 soldats[4]. Dès que le monarque voulait mener une action « nationale », il lui fallait convaincre que sa cause était justifiée. Saint Louis, quand il s'était croisé, avait pu récupérer une partie de la dîme et, avant de prélever des revenus supplémentaires en France, s'était senti obligé d'envoyer ses enquêteurs (des frères principalement) afin d'offrir des réparations, parfois aussi d'infliger des amendes à ceux qui avaient abusé de leur autorité : pour justifier un nouveau prélèvement, il offrait en contrepartie un idéal de justice politique.

Les demandes d'impôts royales étaient toujours exceptionnelles et elles devaient emporter l'adhésion des villes ou des métiers sollicités. Elles obéissaient au principe féodal de l'« aide », mâtiné de principes juridiques hérités du droit romain. Le roi pouvait ainsi demander un revenu exceptionnel à ses sujets quand il mariait un de ses enfants ou adoubait comme chevalier un de ses fils, comme un seigneur local l'eût fait. Ce genre de requêtes était accepté selon la vieille coutume. Ces aides étaient payées par les villes, notamment, sous forme d'impôts temporaires, ou de prélèvement sur les fonds de la municipalité qui était libre de taxer ou non ses sujets.

La guerre à l'origine de l'impôt national

Au XIVe siècle, la naissance de l'impôt national s'inscrit dans un contexte mouvementé. La paix du XIIIe siècle était terminée, et c'était le début d'une période de guerres permanentes.

L'émergence concomitante de l'idée de nation et du système fiscal centralisé n'est pas une coïncidence : l'impôt put naître parce que suffisamment de Français, aristocrates, clercs, représentants des bonnes villes, après un siècle de propagande capétienne et, surtout, des décennies de raids, avaient décidé qu'ils donneraient à leur roi de quoi défendre la France - et non plus seulement leur « pays ».

Le besoin d'une fiscalité permanente et centralisée vint de celui d'une armée stable, non seulement pour se protéger des attaques anglaises, mais aussi pour se prémunir de l'indiscipline des soldats désœuvrés. Chaque fois qu'une armée embauchait des mercenaires et cessait de les payer, faute d'activité, ces derniers trouvaient plus profitable de continuer à se battre et à rapiner. Dans le Massif central, où la formation de petites places fortes était particulièrement facile à ces bandes, elles firent des dégâts considérables.

Discontinues, les levées d'impôts péchaient aussi par la lourdeur du recueil du consentement des villes. Pour qu'un message arrivât de Paris au Languedoc, il fallait une dizaine de jours. Une fois les messages envoyés, il fallait tenir compte des éventuelles protestations, des confirmations, des retours en arrière et des annulations de ces derniers - les représentants du roi, sénéchaux, baillis faisaient preuve de beaucoup de zèle, même quand le souverain consentait à une annulation d'impôts.

Ce processus de consultation empêchait toute réactivité de la stratégie militaire, notamment pour contrer les raids tactiques menés par Édouard III et le Prince Noir. Ces incursions permettaient aux Anglais de fuir les combats frontaux, sauf lorsqu'ils étaient en situation favorable ou n'avaient pas le choix. Les armées françaises, incertaines de leur financement à long terme et pressées de finir le combat, dominées par des aristocrates impulsifs[5], tombèrent dans ce piège et se précipitèrent sur des Anglais en meilleure position - un schéma de bataille qui se retrouve aussi bien à Crécy (1346) qu'à Poitiers (1356) et Azincourt (1415), humiliantes défaites où la fleur de la chevalerie française fut décimée.

Clausewitz a écrit de manière célèbre, après avoir vécu les guerres napoléoniennes et la campagne de Russie, que les guerres défensives étaient plus faciles à mener que les guerres offensives. Cependant, une bonne stratégie défensive présuppose l'existence d'une armée permanente, voulant bien assurer la tâche de défense qu'on lui demande d'exécuter. Autrement dit, en l'absence d'un État militaire moderne, sans impôt stable, l'armée qui attaque et pille a un avantage certain.

Philippe le Bel, roi centralisateur

Philippe IV (1285-1314), appelé Philippe le Bel, fut considéré dans l'historiographie du XIXe siècle comme un grand roi centralisateur, précurseur de Louis XI ou de Louis XIV. Depuis les travaux de Favier et de Bautier[6], les historiens voient en lui un dirigeant plus préoccupé par la chasse que par les affaires d'État, qu'il délégua à ses fameux légistes, Nogaret, Marigny, Flote[7]. Très influents au « conseil du roi », trop aux yeux de l'aristocratie, ils incarnent l'émergence d'un corps de fonctionnaires, pour la plupart issus de la bourgeoisie, ayant sa culture propre, son parti et son sens de l'État.

Une anecdote plus tardive est révélatrice de leur mentalité : un grand légiste des Valois, Simon de Bucy (vers 1300 - 1369), qui fut successivement en charge des finances en Normandie et de la justice en Champagne, crut un jour mourir en 1353. Ayant fait la liste de ses péchés, il en demanda la rémission au roi Jean le Bon et se crut ensuite dispensé des offices d'un prêtre. Plus qu'une idéologie, c'était une religion qui animait ces serviteurs[8].

L'avènement des légistes fut le principal changement institutionnel sous le règne de Philippe le Bel. Il s'accompagna de l'émergence d'une opinion publique qui se sentait apte à juger les conseillers du roi, auxquels il était plus aisé de reprocher leur mauvaise politique plutôt qu'au souverain. À la mort de Philippe IV, Enguerrand de Marigny put servir de bouc-émissaire au parti noble et il inaugura à ses dépens, par son exécution, la tradition des ministres des Finances tombés en disgrâce.

Mis à part la professionnalisation de ses conseillers, sélectionnés pour leurs compétences davantage que pour leur naissance, le règne de Philippe le Bel ne fut pas un succès institutionnel ni fiscal. Sentant dès 1294 la limite de ses revenus, lors d'un conflit avec l'Angleterre au sujet de la Gascogne, il fit appel à ce que Louis XI nommerait en 1468 les « états généraux » : des représentants de la noblesse, de l'Église et des bonnes villes se réunissaient pour discuter avec le roi d'une aide exceptionnelle. La première de ces réunions dont nous ayons trace, en 1303, ne semble pas avoir été une rupture. Il s'agissait surtout de discuter le mode de prélèvement de l'impôt, d'arracher un accord aux représentants des cités, que purent facilement renier les communes.

Le système du monnayage

La convocation des états généraux apporta plus d'ergotages que d'impôts. Philippe le Bel dut trouver des expédients pour se procurer des revenus : la manipulation de la monnaie, le procès des templiers, l'expropriation et l'expulsion des Juifs et des Lombards, les enquêtes et investigations sur les héritages, qui servaient à dépister des titres de propriété usurpés à ajouter au domaine royal, au détriment de petits seigneurs. Quand le roi expulsait les Juifs ou les banquiers italiens, il n'hésitait pas à réclamer à leurs débiteurs les créances qu'ils leur devaient. Il récupérait le capital, parfois moins, sans les intérêts, pour ne pas être lui-même accusé d'usure - c'eût été un comble. Lorsque le recouvrement était trop difficile ou trop scandaleux, les agents royaux demandaient tout de même un paiement pour donner une preuve juridique que la dette n'était plus due[9].

Certaines de ces sources de revenus ne pouvaient être exploitées durablement, car elles avaient un coût économique important. Percevoir les revenus des Lombards ou des Juifs réduisait les sources de crédit, pourtant indispensable aux affaires, aux investissements, et qui pouvait aider certains paysans lors des années de mauvaise récolte[10].

En revanche, Philippe le Bel sut très bien exploiter le système de frappe de la monnaie pour reconstituer sa richesse. Les ateliers avec privilège du roi étaient responsables de la fonte de chaque monnaie avec une certaine quantité de métal (or ou argent). La valeur du marc d'or ou d'argent s'exprimait ainsi en nombre de livres fondues grâce à cette quantité. Lorsqu'une nouvelle monnaie était frappée, les détenteurs d'anciennes espèces étaient tenus de se rendre aux ateliers pour les faire fondre à nouveau, selon les nouvelles valeurs en vigueur, mais aussi de s'acquitter des « frais de monnayage » perçus au bénéfice de la couronne. Philippe le Bel fut le premier roi à manipuler à grande échelle cette quantité de métal par monnaie, initiant une pratique royale qui prospéra jusqu'à la première stabilisation en 1360. Certains rois allèrent jusqu'à modifier ce cours plusieurs fois dans une même année, ce qui garantissait la régularité des frais de monnayage. En outre, le montant des frais augmenta aussi, passant de 7 % environ sous le règne de Saint Louis à plus de 20 %, et fut constamment supérieur à 30 % après la défaite de Crécy en 1346[11] sous les règnes de Philippe VI et Jean II.

Cette politique eut des effets indésirables, comme des variations du simple au double du prix en livres du marc entre Paris et le Languedoc. Les marchands toulousains pouvaient ainsi réaliser d'importants profits en récupérant des livres parisiennes[12].

Ces mesures intéressaient une partie de la bourgeoisie parisienne, qui s'y retrouvait : ce fut, sans surprise, Thomas Brichart, un maître des monnaies, qui suggéra le premier l'idée au roi. Les banquiers italiens qui conseillaient le roi, les frères Guidi (Biche et Mouche), y étaient opposés. Les archives laissent des traces du débat, la proposition de Brichart n'étant pas acceptée tout de suite : « Pour ce que Thomas Brichart, maître de la Monnaie et aucuns du conseil conseillaient et voulaient que pour avoir chevance se fît la faible monnaie, qui depuis se fit, monseigneur Mouche et aucuns autres soutenaient le contraire et ne voulant pas que la bonne monnaie se gâtât, pour le destourber qui en résulterait ; et pour ce que la faible ne se fît (par leur conseil), se leva prêt qui fut mis et levé sur les riches bourgeois de toutes les bonnes villes et bailliages...[13] ». Les marchands parisiens laissèrent faire, en échange d'une confirmation de leur privilège sur le contrôle du commerce fluvial. Certains locataires, paysans, dont les charges étaient à verser en livres, selon des contrats fixes, étaient heureux à chaque dévaluation ; leurs propriétaires, aristocrates (notamment) ou bourgeois, nettement moins. Au contraire, de nombreux salariés avaient une rémunération spécifiée à l'avance en livres et pouvaient perdre dans l'affaire. L'absence de stabilité en général créait du mécontentement.

Nicolas Oresme, grand savant du XIVe siècle[14], a condamné cette politique dans un fameux *Traité des monnaies*, la jugeant néfaste pour le commerce et les affaires. Selon lui, le roi n'aurait dû prélever que des frais d'entretien, et ne tirer aucun profit de ce service qu'il devait à la communauté. Nicolas Oresme critiqua également les impôts indirects décidés dans les villes, notamment les gabelles[15] sur le sel :

> Si [le roi] abaissait le prix de l'or et achetait avec de l'argent, puis une fois le prix augmenté, revendait son or ou sa monnaie or, ou s'il faisait pareil pour l'argent, ce serait la même chose que s'il fixait un prix à tout le blé du royaume, l'achetait puis le revendait à un prix plus élevé. [...]

> Si l'on me dit que ce n'est pas la même chose que pour le blé parce qu'il y a des choses qui regardent spécialement le prince, sur lesquelles il peut établir un prix comme il lui plaît, comme certains le disent à propos du sel et, à plus forte raison, à propos de la monnaie, je répondrais que ce monopole ou gabelle du sel, ou de n'importe quelle chose nécessaire à la communauté, est injuste, et que s'il y avait des princes qui établissaient des lois leur concédant ceci, ils seraient de ceux dont le Seigneur dit par la voix du prophète Isaïe : *Malheur à ceux qui créent des lois iniques et qui ont écrit des injustices en les écrivant.*

Ces accusations n'étaient pas isolées. Les états généraux ont exprimé un agacement d'une partie de la haute société vis-à-vis de ce système, qui n'avantageait que le roi et quelques initiés. Ce sont les mutations, plus que les dévaluations, qui étaient en cause : quand le roi, pour rétablir la « bonne monnaie » du temps de Saint Louis, réévalua la livre en baissant le prix du métal, il provoqua de forts mécontentements[16]. Les épisodes de déflation ralentissaient sans doute l'économie, et les mutations, à la hausse comme à la baisse, se traduisaient en coûts de monnayage.

Ces dévaluations arbitraires et l'opposition qu'elles suscitèrent jouèrent un rôle dans la marche vers un impôt centralisé et stable : elles forçaient les états généraux à offrir des revenus en échange de la promesse d'une plus grande stabilité de la monnaie.

Paradoxalement, le succès fiscal le plus marquant du règne de Philippe IV vint de son conflit avec le pape Boniface VIII en 1302. Ce dernier, lassé de l'extorsion des revenus du clergé, publia une bulle déclarant que toutes les créatures de Dieu, y compris les rois, devaient lui être soumises. En réaction, Philippe le Bel demanda au clergé français de déclarer le souverain pontife illégitime, puis confia à son conseiller Nogaret le commandement de troupes avec pour mission de saisir le pape et de l'amener pour être jugé en France. Nogaret réussit à le séquestrer à Anagni en 1303, en s'alliant avec de puissantes familles romaines qui lui étaient hostiles, menées par Sciarra Colonna, dont la légende dit qu'il gifla le pape. Après plusieurs autres conflits, le clergé français obtint la mainmise sur la papauté, qui s'installa à Avignon, nouvelle capitale bâtie et embellie à grands frais au XIVe siècle. L'amitié du pape facilita les dons du clergé français, voire les prêts papaux directs, qui devenaient généralement définitifs. Entre 1314 et 1360, la papauté accorda plus de 3,5 millions de florins à la couronne française[17], ce qui compensait la lenteur des états généraux.

Le consentement à l'impôt

Chaque prélèvement d'impôts, aussi bien sous les derniers Capétiens directs que sous le premier Valois, commençait par des discussions. Les officiers du roi parlementaient avec les autorités locales, notamment les municipalités, sur le montant des prélèvements. L'impôt avait toujours un caractère exceptionnel et devait donc être justifié. Dans le cas de Philippe le Bel, le consentement fut obtenu par la motivation de conserver la Flandre dans le giron français. Il put ainsi conduire plusieurs excursions militaires, même si elles n'empêchèrent pas l'autonomie de cette riche province.

Les successeurs de Philippe le Bel avaient moins d'autorité. Louis X ne régna pas assez longtemps pour s'affirmer. Philippe V, dépeint comme un dirigeant talentueux dans *Les Rois maudits*, souffrait d'un soupçon d'illégitimité car pour la première fois depuis 987, la succession ne s'était pas faite de père en fils. Le même problème se posa pour Charles IV et Philippe VI. Quant à Jean II, l'historiographie ne manque pas de critiques sur son bilan. Ainsi, ces rois durent ménager l'aristocratie et les bonnes villes, et reportèrent une bonne partie du poids des impôts sur les contribuables les plus modestes, qui n'étaient pas représentés aux états.

L'impôt royal, jusqu'en 1356, s'assimilait à une subvention de guerre. Le monarque, voyant la guerre venir, convoquait l'arrière-ban - obligation carolingienne - et les états pour obtenir des fonds. Si d'aventure l'ennemi renonçait ou abandonnait le conflit, le prélèvement était interrompu et même restitué aux contribuables. Ce cas se produisit contre les Flamands en 1313 : alors que la levée avait déjà eu lieu, les adversaires se montrèrent disposés à négocier. Philippe IV, respectueux des usages, remboursa les bonnes villes qui lui avaient envoyé des fonds.

Le principal adversaire de la France fut bien entendu l'Angleterre. Elle était alors quatre fois moins peuplée que la France, avec 5 millions d'habitants contre 20 millions à la veille de la peste noire - presque le même ratio que lors des guerres napoléoniennes. Elle disposait cependant d'un avantage énorme : celui d'un parlement votant un impôt national. Les tenants de la nouvelle économie institutionnelle née dans les années 1970, comme Douglass North, expliquent souvent les succès politiques et économiques de l'Angleterre par le fait qu'elle n'était pas soumise à l'arbitraire d'un pouvoir central fort à partir de la Glorieuse révolution ; certains font remonter cette caractéristique à la *Magna Carta* de 1215. Les institutions outre-Manche étaient certes enviables, mais la victoire contre la France tenait beaucoup plus au fait que le roi y levait des impôts plus importants et plus stables qu'en France. Créé en 1215, le Parlement anglais avait réellement découvert sa vocation pendant les guerres offensives de l'Angleterre en Irlande et en Écosse.

Au contraire, les états généraux français étaient composés de ligues de villes prêtes à nier la nécessité d'un impôt, même lors des conflits défensifs des années 1340. Les villes du Languedoc formaient ainsi une alliance cherchant à minimiser les contributions tant qu'elles ne furent pas directement concernées par la guerre. Dans le Nord, Paris fut toujours un *leader* trop grand pour susciter la sympathie des autres villes de la moitié nord de la France - celle de la langue d'oïl. Même quand les bourgeois parisiens se montraient très généreux, leur exemple était rarement suivi.

Le conflit, du point de vue des contemporains, s'expliquait par les règles de la féodalité et de la chevalerie, le roi d'Angleterre ne voulant pas rendre hommage au roi de France pour ses possessions de Guyenne (l'Aquitaine)[18]. Édouard III, fils d'Isabelle, la fille de Philippe IV, pouvait prétendre à partir de 1328 à la couronne de France - mais, comme plus tard Charles le Mauvais, il avait été écarté au nom de ce que l'on appellerait à partir du règne de Charles V la loi salique : les femmes ne pouvaient pas transmettre la royauté en France[19].

Y avait-il de vraies raisons plus profondes, économiques ? Peut-être de part et d'autre le besoin du roi d'avoir des motifs d'imposition l'encouragea-t-il, pour accroître son pouvoir, à faire la guerre. La diplomatie entrait dans une nouvelle ère[20], et devenait plus consciente du commerce, qui commençait à faire son apparition dans les accords et les traités. L'Angleterre luttait pour plusieurs de ses débouchés, voulant exporter davantage de laine vers la Flandre et conserver son approvisionnement en vins français depuis La Rochelle et Bordeaux.

Les premières années du conflit furent très profitables aux Anglais, étant donné leurs succès : ceux-ci purent mener une guerre offensive et de pillage, sans craindre pour leur territoire après leur victoire à L'Écluse (1340), en quelque sorte un Trafalgar médiéval où l'armée française perdit sa flotte.

Comme cela était arrivé au pouvoir carolingien pendant les raids de Scandinaves, le roi de France était condamné par sa lenteur. Les Anglais agissaient vite, menant des raids dans la campagne française, évitant les affrontements frontaux et les sièges de places fortes - à l'exception de Calais, ville stratégique pour avoir une tête de pont, assiégée et conquise après l'humiliation de la cavalerie française à Crécy en 1346. Les incitations des nobles désargentés poussaient les chefs militaires à des décisions téméraires. Les récits des chroniqueurs d'alors nous dépeignent un sentiment de rancœur vis-à-vis de l'aristocratie : l'entourage du roi, surtout quand il était soupçonné de corruption, la noblesse devenue trop négligente dans l'art de la guerre, la nouvelle mode des vêtements qui collent au corps[21], cet oubli des bonnes coutumes du temps de Saint Louis, tout cela était trop !

L'échec de Crécy agit comme un réveil, et les états de 1347 proposèrent une véritable réforme de l'impôt, qui aurait pu mettre la France au niveau. Cependant, la tragédie de la peste noire de 1348 semble avoir arrêté cet élan réformateur. La guerre, elle, se poursuivit, en dépit des nombreuses trêves qui eurent lieu tout au long des 116 années du conflit.

La peste noire et la conjoncture économique : des rats et des hommes

Le bacille *Yersinia pestis*, responsable de la maladie, était probablement porté par des rongeurs sauvages, vivant loin des hommes. Les gerbilles d'Asie centrale sont supposées être un réservoir de la bactérie, et pourraient l'avoir transmis à des rats européens en s'éloignant de leur habitat, peut-être à cause des changements climatiques survenus au XIVe siècle[22]. Chaque épidémie de peste était d'abord une épizootie : les rats se transmettaient la maladie et en mouraient. Le vecteur était en fait la puce. Celle-ci avalait le sang de son hôte, et digérait lentement le sang contaminé. En passant à un nouveau rat, la puce lui suçait le sang et, ce faisant, régurgitait une partie du sang de son hôte précédent. La morsure de la puce transmettait ainsi la maladie d'un rat à l'autre. Une fois les rongeurs décimés, les puces passaient à l'homme, et lui transmettaient la bactérie[23].

Aux premiers signes de la peste, il était généralement trop tard. Le témoignage souvent cité d'un moine parisien dans les chroniques dites de Jean de Venette les décrit ainsi :

> Il y eut une telle mortalité d'hommes et de femmes, plutôt les jeunes que les vieux, que l'on pouvait à peine les ensevelir. Ils n'étaient malades que deux ou trois jours et mouraient rapidement, le corps presque sain ; qui aujourd'hui était en bonne santé, demain était mort et porté à terre. Ils avaient tout à coup des grosseurs sous les aisselles ou dans l'aine - ou les deux - et l'apparition de ces grosseurs était un infaillible signe de mort. Cette maladie ou peste était appelée épidémie (*epidemia*) par les médecins. Il y eut durant ces deux années 1348 et 1349 un nombre de victimes tel qu'on ne l'avait jamais entendu dire, ni vu,

ni lu dans les temps passés. La maladie et la mort venaient aussi par imagination, relation et contagion, car celui qui était en bonne santé et visitait un malade échappait rarement au péril de la mort[24]. Aussi, dans beaucoup de villes grandes et petites, les prêtres frappés de crainte s'éloignaient ; quelques religieux, plus courageux, administraient les sacrements, et bientôt, en beaucoup d'endroits, sur vingt habitants, il n'en restait que deux en vie. La mortalité fut si grande à l'Hôtel-Dieu, à Paris, que, pendant longtemps, on portait chaque jour dévotement sur des chariots, pour les ensevelir au cimetière des Saints-Innocents, plus de cinq cents cadavres[25].

Des marchands génois, qui avaient été en contact avec des Mongols, ont rapporté dans leurs navires des rats contaminés. La maladie arriva à Gênes puis à Marseille en 1347. Elle se propagea en France en 1348 et 1349, parcourant entre 1 et 2 kilomètres par jour. Elle arriva en Normandie par voie maritime, et atteignit Paris et Londres avant d'atteindre en 1349 la Bretagne, région toujours enclavée économiquement, puis la vallée de la Loire, l'Alsace et la Champagne, plus éloignées des côtes et des premiers foyers de contamination.

Si l'on prend au sérieux les estimations de Jean de Venette, on peut déduire deux ordres de grandeur sur l'étendue de la peste. D'une part, une personne contaminée devait avoir un risque de mourir d'au moins 70 %[26], ce qui expliquerait les disparitions de villages entiers[27]. D'autre part, l'épidémie ayant duré près de 200 jours à Paris[28], on peut supposer que plus de la moitié de la population parisienne en mourut (100 000 personnes sur 200 000). Ces deux hypothèses correspondent aux estimations que fait la littérature d'aujourd'hui sur le sujet : là où l'on trouve des registres démographiques, à Ugine, Chambéry ou Montmélian, à Entremont, à Saint-Flour, Albi, Millau, en Provence, Benedictow[29] calcule pour la pandémie de 1348 une mortalité de 60 %, qu'il paraît raisonnable d'extrapoler pour tout le pays. Même si cette estimation de la mortalité se trouve dans la fourchette haute, tout semble confirmer que, entre 1350 et 1450, la France, comme le reste de l'Europe, a vécu avec deux fois moins d'habitants qu'avant la peste.

Que pensaient les contemporains de la peste ? Ils ne connaissaient évidemment pas la nature du bacille, qui fut découvert à la fin du XIXe siècle par Yersin. Ils n'avaient probablement aucun moyen de savoir ce qui leur arrivait : comme le remarque Frédérique Audoin-Rouzeau, les colonies de rats noirs décimées par le bacille restaient probablement cachées à la vue des hommes, dans les greniers ou les souterrains. En effet, aucun contemporain ne remarque la coïncidence entre l'accumulation des cadavres de rats et le début de la pandémie.

La peste constitua un changement démographique considérable, le plus grand choc qu'ait connu la chrétienté, et nous peinons à imaginer ce terrible fléau. Bien que les meilleures estimations de mortalité au sujet de la peste nous viennent d'Europe, la pandémie fut mondiale, à l'exception des continents américain et australien. Ibn Khaldûn raconte qu'il perdit tous ses maîtres et amis à Tunis ; elle toucha l'Afrique, le Moyen-Orient et sans doute la Chine[30]. C'est la raison pour laquelle il est permis de penser que la peste est un événement exogène, qu'elle est indépendante en tout cas de l'activité économique de l'homme (si ce n'est par son mode de propagation). Elle ne fut pas seulement le catalyseur d'une crise économique sous-jacente, qui aurait été présente dans les décennies précédant la pandémie[31]. Appliquée au reste du monde, cette thèse impliquerait que toutes ces régions étaient arrivées au bout de leurs contradictions économiques au même moment, ce qui est peu probable[32].

La peste, conséquence d'un dysfonctionnement de l'économie française ?

Certains travaux d'histoire économique se refusent à l'idée que la peste soit véritablement un choc exogène, tout comme la grande famine de 1315-1317 qui l'a précédée. La France connaissait en effet une phase de stagnation depuis la mort de Saint Louis, marquée par un ralentissement du développement urbain et du défrichement des terres. Il n'est pas déraisonnable de penser que l'exploitation agricole avait atteint un niveau maximal : faute de progrès technique, la terre n'était plus capable de nourrir de nouveaux hommes. Pour les malthusiens comme Emmanuel Le Roy Ladurie, cela signifiait que l'on recourait à des terres de plus en plus médiocres, usées par des siècles d'exploitation, insuffisamment renouvelées par les jachères et les labours. La famine de 1315-1317 ne serait ainsi que la conséquence de cette surpopulation, et la peste de 1347-1349 le coup d'arrêt à la forte croissance démographique des siècles précédents, frappant des populations mal nourries et déjà malades.

Un marxiste comme Guy Bois refuse également de voir dans ces deux crises un choc complètement exogène, et les interprète comme une nouvelle étape dans la lutte des classes. Selon lui, les seigneurs étaient allés jusqu'au bout de la logique du féodalisme, tirant leurs revenus des terres sans les gérer efficacement, faisant trop d'enfants et devenant trop nombreux[33]. Dès lors, ils n'auraient plus d'autres choix que de surimposer les tenanciers paysans et les travailleurs urbains pour compenser leur perte de revenus relative. Ces derniers, malgré quelques vaines rébellions[34], auraient vu leur niveau de vie se dégrader. Ainsi, la grande famine puis la peste, quoique permises par les conditions externes, sont, à ses yeux, des événements endogènes, révélateurs de problèmes structurels[35].

Le Roy Ladurie met également en avant des changements climatiques intervenus au XIVe siècle[36]. Si cette piste paraît simpliste, elle ne peut être négligée : la grande famine de 1315-1317 est due à une succession exceptionnelle de printemps pourris et d'avanies climatiques, plus qu'à une fragilité structurelle[37]. Contrairement à ce qui s'écrit parfois, l'ancienne économie agricole n'était pas plus stable que nos économies ouvertes à la finance : après une mauvaise année, les effets se faisaient sentir longtemps, car une partie de la récolte était semée pour la suivante et l'on renonçait souvent aux semailles pendant les famines. Les mauvais chocs persistaient et s'amplifiaient, et il fallait espérer une très bonne année pour sortir de ce cercle vicieux.

En réalité, aussi grave que la famine de 1315-1317 ait pu être, elle semble être due à une mauvaise fortune exceptionnelle plus qu'à un défaut systématique de l'économie : entre 1320 et 1347, la population recouvra son niveau d'avant la famine à la faveur de la baisse du prix du blé, plus abondamment disponible après la famine. La population d'avant la peste noire était, dans les frontières de la France d'aujourd'hui, aussi nombreuse qu'à la mort de Louis XIV (1715), d'environ 20 millions d'habitants.

Certains groupes sociaux connurent une crise. Guy Bois a ainsi mis en avant celle des petits propriétaires fonciers de la petite noblesse, qui souffraient particulièrement des crises de la monnaie, de la tension démographique et de la baisse du prix du blé. Comme ils formaient une bonne partie de l'élite militaire, leur mécontentement pouvait favoriser une diplomatie excessivement agressive. Leur empressement à se battre, leur avidité à toucher des soldes pour compenser la baisse de la rente foncière, expliquent une partie des désastres français.

Il existait d'autres facteurs extérieurs. Notamment, une crise financière touchait les principales places européennes. En Flandre dans les années 1290, plusieurs communes firent défaut sur leur dette et entrèrent en crise. Une des plus riches familles de banquiers italiens, les Peruzzi, avait fait une banqueroute partielle en 1345, en partie provoquée par un défaut du roi d'Angleterre en 1343 – ceci eut des répercussions sur toute leur activité continentale et les autres compagnies. La France, périphérie des centres économiques qu'étaient l'Italie et la Flandre, n'est cependant pas le pays qui a le plus souffert de ces faillites. Le roi l'avait prémunie en extorquant les revenus des grands financiers du pays, des Lombards et du Temple en particulier, après quoi l'activité de crédit avait décliné dans la capitale : le royaume était en retard sur le développement des compagnies, et donc moins exposé.

La thèse selon laquelle la peste viendrait d'une situation économique dégradée s'appuie sur des estimations qui montrent un arrêt de la croissance démographique et des défrichements en France, mais aussi, de manière plus discutable, sur un prix faible du blé. En réalité, cette donnée n'est pas un indice de mauvaise santé économique[38]. Il peut certes entraîner des difficultés de la céréaliculture, mais nous suggère une nourriture abondante pour tous avant 1348. L'idée que la peste noire ne fut mortelle que parce qu'elle arrivait dans un continent exsangue est en fait une erreur historiographique : la peste a été mortelle partout où elle est arrivée, qu'il y eût une « crise du féodalisme » ou non. En d'autres mots, nous pouvons la considérer comme un choc « exogène », indépendant de l'évolution antérieure des systèmes économiques en Europe et dans le reste du monde[39]. Elle arrivait dans un pays qui avait atteint son plein potentiel démographique, mais rien ne prouve qu'elle ait fait plus de morts en France que dans l'empire islamique ou en Asie.

En outre, l'exemple de l'Espagne montre que toutes les économies ne souffraient pas d'un problème de surpopulation. Le salaire par habitant semble y avoir baissé assez nettement après la peste. Alors que la France, considérée dans ses frontières d'aujourd'hui, avait à peu près le même niveau de population avant la peste qu'au XVIIe siècle, ceci n'était pas le cas pour l'Espagne, qui était sous-peuplée[40] : à la veille de la peste, elle avait 4,5 millions d'habitants, alors qu'elle s'approcherait de 9 millions au XVIIe siècle. Elle offre ainsi un cas de pays qui n'a pas éprouvé les limites de la productivité de ses terres agricoles avant la peste noire, mais qui fut bien confronté, lui aussi, à un désastre économique. Il est plus probable que la pandémie ait causé la crise matérielle que l'inverse.

Les conséquences économiques de la peste : une bénédiction pour les survivants ?

Durant l'épidémie, qui s'étalait sur plusieurs mois, l'offre de travail était très perturbée, malgré quelques périodes de répit, le plus souvent en hiver. Les populations qui le pouvaient fuyaient les villes, leur air impur et leurs « miasmes ». Chez les plus riches, on vit un retour à la mode des résidences rurales, comme dans la Rome antique – et comme après la pandémie du coronavirus de 2020. L'angoisse de la mort n'était pas propice à l'activité, et elle n'allait pas disparaître tout de suite. Bien que les années 1347-1349, celles de la « première vague », eussent été les plus mortelles, il y eut d'autres épisodes de peste en Europe jusqu'au début du XVIIIe siècle.

Les conséquences économiques se firent ressentir jusqu'en 1450 environ, en particulier du fait de la guerre prolongée sur le territoire français, qui s'ajoutait aux épidémies et les amplifiait sans doute : les armées et leurs provisions traînaient un cortège de rats. En Angleterre, les salaires réels, mesurés en quintaux de blé, augmentèrent significativement après la peste, ce qui a permis de dire que la catastrophe avait accru le niveau de vie de la population survivante. Du côté français, on observe certes par endroits une tendance similaire, comme en Normandie orientale, entre 1350 et 1450, où le niveau des salaires en blé fut multiplié par trois[41]. Une fois que les circuits économiques eurent été rétablis, on put manger plus de viande que l'on n'en avait peut-être jamais mangé[42]. Cette augmentation s'expliquait notamment par la rareté de la main-d'œuvre, en particulier dans les villes.

Néanmoins, la prudence s'impose face à ces données, le travailleur salarié n'étant pas représentatif de la population dans son ensemble. Au Moyen Âge et même jusqu'au XXe siècle, la majorité de la population n'est pas salariée. Surtout, le poids du salariat et son rôle, la position hiérarchique des salariés par rapport aux tenanciers ou propriétaires, furent modifiés après la peste. Dans un contexte très incertain, où il devenait plus difficile de faire des transactions, la peur de manquer de main-d'œuvre, ou, du côté des travailleurs, la crainte d'être floué par un employeur malhonnête sur lequel il était plus difficile de se renseigner qu'auparavant, pouvaient justifier un salaire plus élevé, pour une même quotité de travail[43].

Le cas de l'Angleterre, sur lequel les données sont plus riches, invite lui-même à considérer avec précaution ce type d'estimations. Bien que les salaires journaliers y eussent considérablement augmenté entre 1350 et 1400, le revenu réel par habitant n'augmenta pas : les difficultés de communication et d'embauches de salariés se traduisaient par des problèmes de coordination et des pertes de productivité[44]. Ceux qui n'étaient pas salariés et ne participaient pas à ce système ne bénéficièrent pas des hausses de revenus[45]. Les biens urbains, les draps comme les bâtiments, devinrent plus chers que par le passé. Le prix du blé, qui était produit partout et dépendait ainsi moins des voies commerciales, baissait au contraire.

En outre, l'évolution des salaires ne dit pas tout du niveau de vie. L'absence de reprise de la démographie et le nombre de famines, plus important qu'au XIIIe siècle, suggèrent que les décennies qui suivirent la peste, marquées par les guerres, ne furent pas faciles en France.

Une autre tendance économique révèle le climat d'anxiété qui perdura après 1348 : une étonnante déflation suivit la peste noire, et le prix des objets en métaux ne cessa de baisser. Un tel phénomène peut surprendre, car nous savons que la production fut divisée de moitié par la peste, ce qui devrait entraîner une raréfaction des biens et par voie de conséquence une augmentation des prix. En réalité, si l'on suppose que la quantité d'or et d'argent resta à peu près constante[46], ou que le degré de monétisation de l'économie n'augmenta pas, la déflation ne peut s'expliquer que par une baisse de la vitesse de circulation du stock monétaire existant, c'est-à-dire par une très forte thésaurisation[47].

On trouve d'ailleurs une abondance de trésors monétaires enfouis sous terre dans les premières années après la peste[48]. Une étude sur les insurrections qui frappèrent un office royal à Cerisy[49] nous confirme la rationalité de ces thésaurisations : les actes de violence armés étaient considérablement plus fréquents. La baisse des taux d'intérêt et ces tendances déflationnistes illustrent les difficultés pour les détenteurs de capitaux productifs, trop nombreux par rapport à la capacité de production de l'économie. Les travailleurs étaient devenus la clé de la richesse, en raison de l'abondance des terres à exploiter. La baisse des prix en métaux et des taux signifiait qu'il était alors plus profitable de conserver un stock d'or que d'être propriétaire terrien ou chef d'industrie.

Freinée par les épidémies et les guerres à répétition, la reprise démographique en France n'eut pas lieu avant 1450[50]. À partir de cette date, on peut dire que la paysannerie française connut un certain âge d'or. Pour l'expliquer, l'approche malthusienne des terres marginales est pertinente, même s'il ne faut pas omettre qu'elle s'appuie sur deux cas particuliers, l'Italie et l'Angleterre, et qu'elle ne vaut pas universellement[51]. Par ailleurs, en France, comme dans ces deux pays, c'est près d'un siècle après le choc démographique de la peste que le niveau de vie croît à nouveau. En somme, la peste fut bonne pour ceux qui vécurent cent ans après son apparition.

Une fois la stabilité politique et la paix revenues, après 1450, l'économie pouvait compter sur d'abondantes ressources. En particulier, la forêt, largement défrichée avant le XIVe siècle, avait regagné du terrain entre 1350 et 1450, comme ce fut le cas après la chute de Rome. En 1438, on pouvait même observer des loups en plein centre de Paris[52].

Le moment Étienne Marcel, une première tentative d'organisation de l'impôt par les états généraux

Peu après le début de la peste, en 1356, le roi Jean II fut capturé par les Anglais, ce qui inaugura une période de grande instabilité politique jusqu'en 1360. C'est au jeune dauphin Charles, futur Charles V et alors duc de Normandie, complètement inexpérimenté, qu'échut la responsabilité de trouver des troupes pour résister aux assauts d'Édouard III, aux mercenaires sans solde qu'il avait laissés et de préparer la rançon qui servirait à libérer son père - un projet qui s'annonçait fort coûteux.

Cet épisode cristallisa l'émergence d'un mouvement de la société civile, constitué par une élite urbaine éveillée aux enjeux politiques, et qui comprit bien le risque d'effondrement de l'État. À Paris, le prévôt des marchands Étienne Marcel en devint le héros, lui qui avait déjà pu exercer son influence lors des états généraux de 1355, où il représentait les intérêts de la classe bourgeoise, favorable à un plus grand contrôle de la monarchie. Son projet était de donner au roi les moyens d'une politique défensive, tout en renforçant le contrôle de l'utilisation des ressources fiscales, de l'entourage du roi et surtout de la monnaie, trop instable[53].

Étienne Marcel était issu d'une famille de la haute bourgeoisie parisienne, alors mêlée aux affaires du royaume et surtout à la politique de la ville depuis plus d'un siècle. Marchand, intermédiaire de luxe, vendeur de draps flamands ou normands - et non producteur -, il était prédisposé par son métier à apprécier le juste prix de la paix dans les affaires. Une grande partie de la ville de Paris, industrieuse plus qu'industrielle[54], dépendante du roi et de la cour ou de l'organisation des métiers, était dans les mêmes dispositions. Il s'imposa comme un chef naturel, non seulement par sa richesse et ses alliances familiales, mais aussi parce qu'il était, au sein des États, le seul représentant parisien dont les responsabilités s'étendissent sur toute la ville, celle-ci étant divisée en plusieurs paroisses pour le clergé.

Avec la manipulation de la monnaie, déjà décrite, les impôts indirects formaient une autre source de mécontentement dans la population urbaine. Les « gabelles » frappaient plus durement les pauvres en taxant le commerce des produits de consommation courante. Au contraire, les biens consommés par les plus aisés voyaient leurs taxes compensées par des mesures mercantilistes. Dans l'Albigeois, depuis 1317, l'impôt sur les draps, une taxe de 12 deniers par vêtement, fut mis en place ; cependant, il fut accompagné d'une interdiction d'exportation de la laine brute. Ainsi, les fabricants de draps, quoique taxés sur leur produit final, achetaient leur laine à des prix artificiellement bas[55] - cette mesure protectionniste améliorait leur compétitivité.

Étienne Marcel voulait réformer la collecte de l'impôt, pour la rendre plus efficace, directe et équitable, et pour lutter contre la corruption. Il souhaitait améliorer le processus de consentement à l'impôt, suivant la tradition juridique romaine voulant que tout ce qui affectait toutes les catégories de la population devait être approuvé par tous (*quid omnes tangit omnibus approbetur*). Pour y parvenir, Étienne Marcel souhaitait notamment institutionnaliser davantage la levée de l'impôt et systématiser la consultation des états généraux.

En somme, loin d'être seulement le chef d'une révolte des marchands parisiens, Étienne Marcel proposait un projet ambitieux, celui d'une monarchie représentative et raisonnée. Les bourgeois y voyaient un moyen de prévenir l'arbitraire des officiers des finances, qu'ils craignaient, tandis que la haute noblesse se ralliait à ce projet par exaspération pour les conseillers du roi.

Étienne Marcel proclama des réformes fiscales générales dans l'esprit de ses propositions antérieures, prit le contrôle de Paris et monta une milice. Le mouvement de Paris reçut le soutien des villes du « Languedoïl » (la moitié nord du pays), mais les états généraux se firent sans les villes du Languedoc, plus méfiantes à l'égard de la capitale, dont elles dépendaient moins commercialement.

Étienne Marcel ne réussit pas à trouver un accord avec le dauphin Charles, et rechercha des soutiens en Normandie et près de Rouen, mouvement assez naturel pour le prévôt des marchands, soucieux du transport fluvial jusqu'à l'estuaire de la Seine. Il s'allia ainsi avec Charles le Mauvais, agitateur emprisonné par Jean II, prétendant à la couronne française[56].

Cependant, les revenus fiscaux, d'abord satisfaisants, déclinèrent au cours de l'année 1357. Le roi Jean II, toujours retenu prisonnier chez les Anglais, vit dans l'influence grandissante de Marcel une menace et décréta depuis sa prison la fin des prélèvements d'impôts décidés par les états.

Après cet épisode, Marcel s'en prit violemment au dauphin, en faisant assassiner sous ses yeux deux de ses maréchaux en 1358. Il s'allia également au mouvement de révolte paysanne de la région parisienne, la Jacquerie. Elle était teintée d'une forte couleur antinobiliaire : la noblesse des campagnes parisiennes subit de nombreux actes de violence. Tous ceux, aristocrates et bourgeois, qui aimaient l'ordre et respectaient la légitimité royale finirent par se retourner contre Étienne Marcel : Charles le Mauvais lui-même dut réprimer la Jacquerie pour éviter d'y être associé. Charles V réussit à prendre le titre de régent avec le soutien de l'est du royaume, moins soumis à Paris, et Étienne Marcel fut finalement assassiné le 31 juillet 1358.

Au-delà de son caractère romanesque, cet épisode de révolte montre l'échec de la société civile à susciter la création d'un organe de représentation semblable au parlement de l'Angleterre. Une donnée démographique peut expliquer en partie cet échec : à la différence de Londres, qui était alors quatre fois moins peuplée, la capitale française pouvait faire craindre aux autres villes une domination économique et politique et une surreprésentation des intérêts des bourgeois de Paris en cas d'émancipation des états généraux.

La mort d'Étienne Marcel mit en tout cas un coup d'arrêt au projet d'institutions plus « inclusives[57] ». Balayant tout projet de création d'un impôt national, Charles V recourut à mille taxes décentralisées et sans cohérence qui firent la richesse de tous ses successeurs jusqu'à Louis XVI. Les conseillers politiques du roi, dont la bourgeoisie et une partie de la noblesse avaient voulu limiter l'influence, continuèrent de prospérer et de voir leur ascension favorisée.

Néanmoins, le mouvement incarné par Étienne Marcel ne fut ni sans successeur ni sans héritage. La révolte des « Cabochiens » en 1413, lors de la guerre qui opposa Armagnacs et Bourguignons, émergea des classes populaires parisiennes et suscita une ordonnance portant une réforme qui n'était pas sans rappeler le projet de 1356, visant à accroître le contrôle du pouvoir monarchique et à lier le consentement à l'impôt aux états généraux. La révolte suscita contre elle le même rejet du parti de l'ordre, mais tout ne fut pas perdu : la séparation entre revenus personnels du roi et revenus du royaume fut actée, et une forme de conscience nationale de l'urgence saisit une grande partie des villes du pays.

Du règne de Charles V à la fin des états en 1439 : l'impôt permanent mais décentralisé

Jean II fut libéré à l'issue du traité de Brétigny en 1360, en échange d'otages, de la promesse de verser 3 millions d'écus, de la Guyenne en pleine souveraineté, et de l'instauration d'une zone tampon correspondant, pour simplifier, à notre Nouvelle-Aquitaine. Édouard III, qui aurait pu demander la couronne française en 1356, avait subi ses premières défaites en 1360, près de Reims : le dauphin Charles, par manque de moyens, n'avait eu d'autre choix que d'appliquer la politique de la terre brûlée, qui épuisa les efforts du roi d'Angleterre. Contrairement à Henri V en 1420, Édouard III n'eut pas les moyens de transformer l'essai.

La libération de Jean II ne mit pas fin à la charge de l'impôt : l'ensemble du corps social, notamment les travailleurs urbains et les paysans, fut encore mis à contribution pour financer l'énorme rançon qui était due. Bien que versé pour la paix avec l'Angleterre, cet argent n'assurait pas la sûreté du royaume : les bandits et les routiers étaient plus nombreux que jamais.

Cependant, ces versements furent bien acceptés par la population, et Charles V réussit à calmer les ambitions de Charles le Mauvais et à pacifier le pays, après plusieurs années et quelques échecs, dont une humiliante défaite

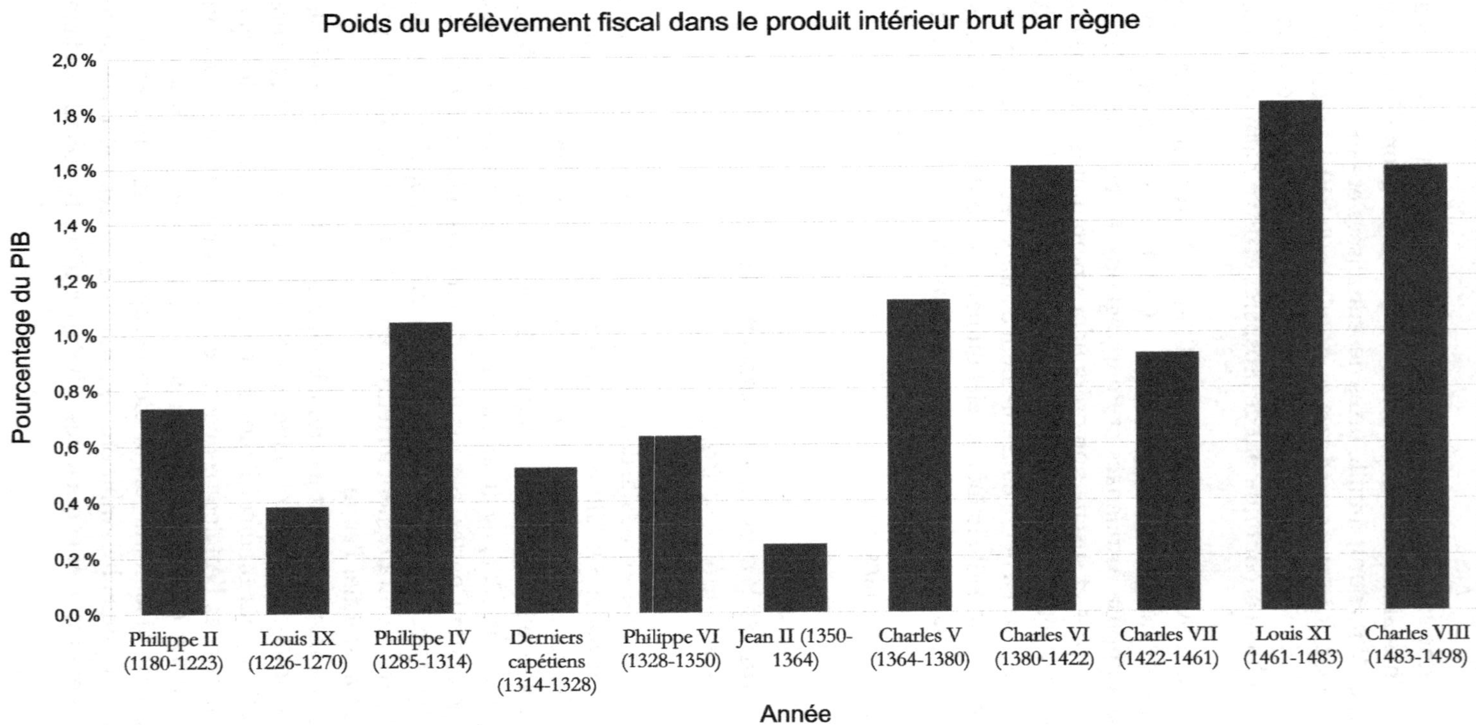

Figure 4.1. Poids de l'imposition durant chaque règne. Calculé en utilisant notre estimation du PIB par habitant ainsi que les recettes en livres tournois par habitant rassemblées par Deborah Boucoyannis, *Kings as judges: Power, justice, and the origins of parliaments.* Cambridge, Cambridge University Press, 2021. *Caveat* : l'estimation est incertaine et s'appuie sur un nombre très réduit d'années pour certains règnes, car les archives financières de la monarchie française sont très parcellaires.

contre des routiers à Brignais, près de Lyon, en 1362. Un trait particulièrement habile de la politique royale fut de recruter les bandits et mercenaires qui ravageaient la France - les « Grandes Compagnies » - et de les envoyer en Espagne en plein dans la querelle entre rois d'Aragon et de Castille. À la fin des années 1360, le même procédé permit à Louis d'Anjou de conquérir la Provence, et de donner un terrain de pillage hors du domaine royal aux brigands. Dans le même esprit, l'ordonnance royale de 1367 permit un assainissement de la structure défensive du pays. Les forteresses que l'on n'utilisait pas furent détruites, afin de ne pas servir aux ennemis ; celles que l'on utilisait furent renforcées. Les progrès de l'artillerie, encore timides, imposaient un tel renforcement.

Charles V récupéra une grande partie des territoires cédés aux Anglais en 1360 lors d'une formidable offensive, aidé d'un impôt aisément levé et d'une bonne compréhension de la patience nécessaire à la guerre. On cite souvent l'anecdote du roi faisant visiter aux états généraux de Rouen des navires dans le Clos des Galées afin de convaincre le contribuable français qu'il fallait verser des impôts - tel un entrepreneur montrant son prototype à des banquiers. Les contribuables virent sans doute leur vie s'améliorer, avec l'arrivée de la paix. En 1380, le roi avait effacé les déboires des années précédentes - ce ne fut que pour mieux plonger et remonter, de nouveau.

Charles V était surnommé Charles le Sage mais aussi Charles le Riche. Il bénéficia d'impôts largement supérieurs à ce qu'avaient reçu ses prédécesseurs : Maurice Rey, qui a étudié les finances de Charles VI, son successeur, nous dépeint une somme de 2 500 000 livres tournois au début de son règne, soit 2 % du PIB, nettement plus que sous tous ses prédécesseurs. Charles V ayant aboli les fouages à sa mort, il disposait probablement de ressources plus importantes[58]. Le roi thésaurisa énormément : pièces d'or, livres, orfèvrerie, toutes sortes d'objets précieux.

Le règne de Charles VI commença ainsi avec une situation budgétaire saine. Alors trop jeune pour gouverner, il fut aidé par les conseillers hérités de son père. Cependant, lorsqu'il fut devenu fou, touché par une maladie étrange à partir de 1392, une des principales inquiétudes des réformateurs se matérialisa : le gouvernement fut pris par les oncles du roi qui accaparèrent une part croissante des ressources fiscales, et commencèrent à se faire la guerre. Entre 1410 et 1413, le duc de Bourgogne, maître du pays après avoir assassiné son oncle le duc d'Orléans (et avant d'être lui-même assassiné par le dauphin, le futur Charles VII), reçut 940 000 francs du roi - peut-être 10 % des ressources fiscales[59] ! De plus, l'impôt était devenu très difficile à prélever dans la dernière décennie du règne, et le roi obtint près de 85 % de ses revenus fiscaux des manipulations monétaires plutôt que des impôts[60] de nouveau.

La guerre civile replongea le pays dans le désordre et l'excès. L'Angleterre engagea une nouvelle offensive. La défaite d'Azincourt de 1415 marqua le retour du même schéma qu'à Courtrai en 1302, qu'à Crécy en 1346, qu'à Poitiers en 1356, qu'à Grignais en 1362 : les Français, entraînés par la chevalerie aristocratique, provoquèrent une confrontation qui les désavantageait. Les Anglais, menés par Henri V, se placèrent en position défensive, et purent envoyer une nuée de flèches sur la chevalerie française ralentie par la boue. La bataille fut l'une des plus meurtrières de l'histoire de France d'avant 1914, avec 6 000 morts sur les plus de 10 000 soldats français, soit plus de morts qu'à la bataille de Sedan ou qu'à celle de Waterloo, alors que les troupes de Sedan étaient dix fois plus nombreuses. De plus, les morts et les prisonniers appartenaient surtout à l'aristocratie et leur disparition déstabiliserait l'organisation du pays. Parmi les otages, se trouvait par exemple le fameux poète et futur duc d'Orléans, Charles, qui composerait de belles poésies en prison en Angleterre.

Charles VII : reconquête et création d'une armée permanente en 1439

Les conséquences d'Azincourt sont connues : Charles le Fou déshérita son fils et offrit la couronne au roi d'Angleterre en signant le traité de Troyes en 1420. Les débuts délicats de Charles VII, depuis l'assassinat de son oncle Jean sans Peur, duc de Bourgogne, jusqu'à la reconquête de la Normandie sont parmi les épisodes les plus enseignés de l'histoire d'Ancien Régime.

L'épopée de Jeanne d'Arc, jeune fille de laboureur (c'est-à-dire d'un paysan aisé) est souvent vue comme la confirmation de l'efficacité qu'a atteinte la propagande royale : une paysanne se sent concernée par le sort de l'héritier légitime de la couronne et, inspirée par des visions de saints pour lesquels elle priait à Domrémy, s'engage dans une aventure pour sauver la royauté. Au-delà de ce cas individuel, la Normandie nous montre une masse de paysans résistant après 1430 à l'occupation anglaise : ce mouvement populaire valut à de nombreux paysans d'être exécutés[61] par les Anglais. La guerre signe une transformation politique des puissants royaumes, qui deviennent des États modernes, avec des intérêts géopolitiques et une propagande nationale.

Quant aux conséquences économiques, elles se résument surtout à des destructions. La reconquête de Charles VII n'apporta un semblant de paix qu'à la toute fin de son règne. Louis XI (1461-1483), né en 1422, garda le souvenir de la pénible reconquête et il chercha à éviter les conflits militaires avec l'Angleterre, quitte à payer des rançons préventives - comme celles que payaient les villes pour éloigner les routiers, ou quelques siècles plus tôt les Vikings.

Le plus important héritage institutionnel fut l'impôt. Le système de prélèvement décentralisé de Charles V se maintint sous Charles VI étonnamment longtemps. Alors que cet édifice semblait s'être écroulé, il put être facilement remis en ordre de marche par Charles VII dans les années 1430. Le souvenir des dernières années du règne de Charles VI, marquées par le désordre mais également la manipulation monétaire tant honnie, avait probablement acquis à l'impôt une grande partie de l'Église, de l'aristocratie et de la bourgeoisie.

Charles VII alla plus loin : il proclama aux états généraux de 1439 la création d'une armée permanente de 9 000 hommes, et ne demanda plus leur avis aux états généraux. Ils ne furent plus convoqués que sporadiquement (neuf fois entre 1439 et 1789, dont huit avant 1610) et cette institution représentative héritée du Moyen Âge déclina avant de connaître une brève fortune en 1789. La structure des revenus de l'État s'était considérablement modifiée : les revenus domaniaux étaient passés de 90 % des ressources fiscales à moins de 10 % entre Philippe IV et Louis XI[62], et la monnaie se stabilisa. L'élite du pays accepta l'idée qu'il valait mieux des impôts que le chaos monétaire. Le roi réussit à imposer à l'aristocratie une importante limite à son pouvoir. L'article 44 de l'ordonnance de 1439 interdisait aux seigneurs de prélever eux-mêmes toute forme de taille sans son autorisation :

> Et pour ce que plusieurs mettent tailles sus en leurs terres, sans l'autorité et congé du roi, pour leur volonté ou autrement, dont le peuple est moult opprimé, le roi prohibe et défend à tous [...] que nul de quelque état, qualité ou condition qu'il soit, ne mette ou impose taille ou autre aide ou tribut sur ses sujets ou autres, pour quelque cause ou couleur que ce soit, sinon que ce soit de l'autorité et congé du roi, et par ses Lettres patentes ; et déclare le Roi, dès-à-présent, le lieu ou Seigneurie où telles tailles ou aide seront mis sûr dans ses autorités et congé, commis et confisqué envers lui.

Si les féodaux n'allaient presque pas payer d'impôts, ils allaient néanmoins être privés d'une partie considérable de leur pouvoir de prélèvement au bénéfice de Charles VII et de ses successeurs.

Il y aurait cependant des protestations, par exemple dans les chroniques de Jean Juvénal des Ursins ou de Thomas Basin : pour ces prélats du XVe siècle,

Figure 4.2. Enluminure du *Livre des trois âges*, un traité sur le gouvernement offert à Louis XI en 1483. Voir Lydwine Scordia. « Le "roi-berger" dans le *Livre des trois âges* : métaphore de l'impôt permanent dans le royaume de France à la fin du xve siècle », *Parlement[s], Revue d'histoire politique*, vol. 37, nº 1, p. 104-114, 2023. Source : Pierre Choinet, *Le Livre des trois âges*, Paris, BnF, Smith-Lesouëf 70, fol. 9C° (1483).

l'impôt permanent allait surtout servir à alimenter la guerre perpétuelle. Afin de faire taire ces critiques et d'éviter les séditions, le pouvoir réduisit la pression fiscale qui pesait sur les bourgeois et les ouvriers. Auparavant, sous Charles V, dans les années 1370, les citadins payaient, par tête, deux fois plus d'impôts que les ruraux. Sous Louis XI, cent ans plus tard, ils paieraient trois fois moins que les paysans[63]. L'autorité du fisc fut acceptée par l'élite urbaine car ce n'était plus elle qui payait les impôts au XVe siècle, mais la paysannerie, moins susceptible de se révolter : la taille rurale allait demeurer le fondement de la puissance de l'État pour plusieurs siècles.

Cette inégalité profita à la monarchie, en lui offrant des revenus stables. Elle égratignerait cependant l'image biblique du roi comme « berger des peuples », qui était au cœur de la propagande publique. Ce serait particulièrement visible lors des « crues de tailles » – c'est-à-dire la multiplication des prélèvements dans une même année. En 1483, dans l'enluminure d'un manuscrit offert à Louis XI, apparaîtrait la première représentation de la perception de l'impôt[64]. Cette opération était représentée purement et simplement comme une tonte, avec un avertissement lourd de sens pour le souverain :

> Une fois l'an, fait bon ses brebis tondre
> En la saison, sans du cuir écorcher.
> Car trop souvent les peut faire morfondre
> Et sans le cuir laine ne croît sur chair.

Géographie de l'économie française

La peste et la guerre réduisirent la population vivant dans les centres urbains, tandis que le commerce était gravement entravé. Si la situation ne favorisait pas les échanges, elle a néanmoins avantagé les villes où l'on risquait moins de se faire assassiner par des routiers. Les cartes furent rebattues sur le territoire : dans les données reconstituées par les démographes pour la population des villes anciennes, c'est entre 1300 et 1400 que l'on observe le plus d'écarts de fortune entre pôles urbains[65]. Marseille, Aix, Dijon ou Lille déclinaient, tandis que Lyon, Reims ou Rennes tiraient leur épingle du jeu.

Ainsi, si certaines villes souffrirent particulièrement de la peste, le réseau urbain médiéval, davantage décentralisé que le réseau antique, était nettement plus robuste et survécut à cette grave crise. Un système financier dominé par une grande banque, débitrice et créancière de toutes les autres, est plus fragile qu'un système où beaucoup d'institutions de petite taille se doivent les unes aux autres : le jour où cette grande banque s'écroule, toutes les autres voient leurs actifs se dévaluer soudainement. À l'inverse, les villes médiévales, densément liées, ne souffraient pas de la dépendance vis-à-vis d'une Rome gigantesque – ce système médiéval décentralisé était finalement plus solide que ne l'avait été l'Empire romain et il survécut mieux aux épidémies.

Le centre de gravité urbain de la France se déplaça sensiblement vers le nord : du point de vue marchand, des relations avec le monde méditerranéen comme celles qu'entretenait le grand argentier Jacques Cœur étaient plus exceptionnelles que courantes[66]. La France se recentrait vers la mer du Nord alors que les marchands italiens s'absentaient du royaume et contournaient la France par la mer. Ceux qui continuaient d'emprunter la voie terrestre préféraient les foires de Genève à celles de Champagne, bien mortes, ou leurs remplaçantes de Chalon-sur-Saône, déclinantes dès 1420[67]. La France, devenue la plus grande puissance militaire, s'était distanciée de l'Italie, qui restait l'économie la plus brillante. Ceci explique sans doute l'avidité avec laquelle la France se jeta sur l'Italie – Louis XI (1461-1483), grand admirateur du duc Sforza de Milan et déjà occupé par sa rivalité avec Charles le Téméraire, avait tenté d'exercer en Italie une forme de *soft power* avant que Charles VIII, Louis XII et François Ier n'y jetassent les armées et la furie françaises[68].

Paris ne déclina pas, et resta la plus grande ville du royaume, malgré le départ du roi : la ville s'étant donnée aux Bourguignons et ayant montré par le passé des signes de rébellion, Charles VII et ses successeurs s'installèrent par intermittence en Touraine, espérant en faire la nouvelle capitale du royaume. Le développement économique de Paris était tel que le départ de la cour ne suffisait pas à en contrebalancer l'importance au sein du pays. Le roi dut bien reconnaître cet état de fait et se réinstaller à Paris au XVIe siècle, n'allant plus en Touraine que pour respirer son bon air.

CHAPITRE 5

Une France immobile ? (1450-1650)

> La poudre à canon, la boussole et l'imprimerie étaient les trois grandes inventions qui ont donné naissance à la société bourgeoise. La poudre à canon anéantit la classe des chevaliers, la boussole découvre le marché mondial et fonde des colonies, et l'imprimerie est l'outil du protestantisme et de la régénération de la science en général, le levier le plus puissant pour créer les prérequis intellectuels[1].
>
> Karl Marx.

Sur le plan économique, la « Renaissance » européenne fut marquée par la construction des premiers empires coloniaux, à la suite de la découverte de l'Amérique par Christophe Colomb. La France manqua clairement la phase des grandes navigations, mais elle ne fut pas exclue du mouvement le plus important de cette période, celui de l'esprit et des inventions.

L'État connut une phase de développement essentielle : la consolidation des structures fiscales héritées de Charles V le Sage ainsi que d'autres hommes d'État tels qu'Henri IV, Richelieu et Mazarin permirent au pays de se hisser au sommet de l'Europe. Cette domination était avant tout d'ordre politique et démographique cependant : des pays comme l'Angleterre ou la Hollande deviendraient, au prorata de leur population, nettement plus riches que la France, qui était « seulement » plus peuplée.

L'Europe devient plus riche que le reste du monde

Malgré les nuances qu'ont pu apporter les historiens spécialistes de la Chine[2], il est difficile de remettre en cause le décollage de la puissance européenne au XVIe siècle, sur le plan géopolitique et scientifique : l'Europe de l'Ouest, auparavant une région périphérique, est devenue la région la plus influente du monde. La meilleure preuve en est les empires coloniaux dont elle s'est dotée, avec l'Amérique et les comptoirs d'Afrique et d'Asie[3] : l'Europe, qui ne représentait que 6 % de la surface continentale terrestre vers 1450, en dominait 35 % en 1800[4]. Cette influence s'exprimait dans plusieurs domaines : l'Europe se mit à exceller, à partir du XVe et du XVIe siècles, en sciences avec l'imprimerie, en guerre avec l'artillerie, en navigation avec la boussole.

Paradoxalement, ces innovations ont toutes trois été inventées en Chine plusieurs siècles auparavant : avec le papier, introduit plus tôt en Europe, elles constituent les « Quatre Grandes Inventions » qui font la fierté de la tradition chinoise. C'est pourtant bien en Europe qu'elles connurent, à partir du XVIe siècle, leurs plus importants développements : nous mesurons le renversement qui se jouait à cette période. Le spécialiste de l'histoire de la science chinoise, Joseph Needham (1900-1995), s'était posé une question cruciale : comment se fait-il que la Chine, où tant d'inventions et d'observations scientifiques avaient été établies plusieurs siècles plus tôt, n'ait pas développé, avant l'Europe, une véritable tradition scientifique expérimentale, cherchant à mathématiser les observations naturelles ? Cette interrogation mérite plusieurs volumes[5] - mais le constat est capital pour notre histoire.

Pour autant, la puissance coloniale et les progrès scientifiques n'eurent pas de retombées économiques significatives, si l'on s'en tient au niveau de vie. Le mode de vie européen trouvait certes au XVIIe siècle une belle vitrine en Hollande, et au XVIIIe en Angleterre : ces économies avaient les niveaux de productivité et de PIB par habitants les plus élevés au monde. Cependant, les régions les plus développées de la Chine - notamment le delta du Yangzi, plus peuplé et vaste que l'Angleterre - étaient presque aussi riches[6]. Jusqu'à la fin du XVIIe siècle, il y avait de « surprenantes ressemblances » de niveau de vie part et d'autre de l'Eurasie.

L'histoire immobile

En France, la puissance vint avant la croissance, et le siècle qui précède le règne de Louis XIV est étonnamment stable du point de vue économique, aussi bien pour le nombre d'habitants qu'en matière de production.

Après un redécollage démographique entre 1450 et 1550, la population est restée figée autour de 20 millions d'habitants, son niveau du XIIIe siècle, entre 1550 et 1660. La population pouvait baisser soudainement de 10 % lors de grandes catastrophes, mais elle revenait à 20 millions d'habitants peu de temps après. Cette stagnation démographique témoigne des faibles progrès techniques dans l'agriculture[7].

Le revenu par habitant fluctua sans doute davantage, mais autour d'un niveau qui restait bas[8]. Les niveaux les plus faibles coïncident avec les crises politiques, notamment les décennies 1580 et 1590 ; 1586 fut particulièrement catastrophique d'après les séries du PIB dont nous disposons. Le début du « règne » de Henri IV fut très difficile : le royaume était dans une guerre civile, et les années 1590-1596 furent les pires si l'on se fie à un autre indicateur disponible, le produit des dîmes[9].

Après les guerres de Religion et l'entrée d'Henri IV dans Paris (1594), la France connut une période de stabilité politique qui se traduisit par une nette amélioration du niveau de vie, de près de 25 % – période qui est celle de la fameuse conjoncture de la poule au pot[10]. Certains clichés historiographiques semblent confirmés pas nos séries économiques comme l'opprobre généralement fait à Henri III pour son impuissance et sa piété ridiculement ostentatoire mais aussi l'âge d'or du règne d'Henri IV, auquel Malherbe avait consacré un fameux morceau de propagande :

> Tu nous rendras alors nos douces destinées ;
> Nous ne reverrons plus ces fâcheuses années
> Qui pour les plus heureux n'ont produit que des pleurs.
> Toute sorte de biens comblera nos familles,
> La moisson de nos champs lassera les faucilles,
> Et les fruits passeront la promesse des fleurs.

En dépit de ces cycles marqués, il n'y eut, à l'échelle de ces deux siècles, pas de croissance. Les moments les plus fastes de la période correspondent aux débuts de la reconstruction – le nouveau défrichement de la seconde moitié du xve siècle, le retour de la paix dans la décennie 1600 – ou aux années qui suivent la Fronde, avant une véritable période de croissance au commencement du règne de Louis XIV[11]. Mais on reconstruisait ce que l'on avait détruit : en 1650, on ne vivait pas nécessairement mieux qu'en 1450. Cette stabilité est frappante en comparaison de ce que nous avons observé dans le passé récent[12], et de l'idée que nous nous faisons de la Renaissance comme d'une période de développement. Les quelques variations résiduelles du revenu par habitant semblent pour l'essentiel dues aux aléas de court terme de la production agricole, comme les guerres et les mauvaises conditions climatiques.

C'est l'« Histoire immobile », selon une expression connue de Le Roy Ladurie. Sur le long terme, il n'y eut pas de changement des fondamentaux économiques ni d'évolution du cadre de vie. Cependant, aux yeux des contemporains, et tout particulièrement des paysans, qui représentaient 90 % de la population, cette stagnation n'était pas synonyme de stabilité, et les périodes de famine et de guerre étaient ressenties avec d'autant plus d'acuité que le niveau de vie était à peine supérieur au seuil de subsistance[13]. Derrière la stabilité du revenu moyen, une crise économique d'une année, provoquée par exemple par une mauvaise récolte, pouvait entraîner de nombreuses morts prématurées.

La France rate l'Amérique

François Ier aurait dit en 1540 à Charles Quint une phrase fameuse qui résumait sa frustration de n'avoir pu conquérir de territoire en Amérique : « Le soleil chauffe pour moi comme pour les autres et je désire fort voir le testament d'Adam pour savoir comment celui-ci avait partagé le monde. »

Alors que l'Espagne et le Portugal avaient accumulé des territoires plus grands que l'Europe dans le nouveau monde, la France fut, pour l'essentiel, exclue d'Amérique pendant plus d'un siècle.

Si les conséquences économiques de ces conquêtes furent limitées en Europe, celles sur la politique furent gigantesques. François Ier était de loin le roi le plus riche d'Europe à son avènement en 1515. Cependant, il ne disposait pas d'un accès à l'or d'Amérique, à la différence de Charles Quint, qui régnait sur l'Espagne, la Flandre et le sud de l'Italie. Le roi d'Espagne et empereur deviendrait plus riche que le roi de France et le demeurerait pendant un siècle grâce aux métaux américains qui commençaient à arriver en masse. Avoir de l'or ou de l'argent était indispensable, car les mercenaires représentaient, malgré l'existence d'une armée permanente, une grande partie des soldats. Dans la campagne d'Italie qui se conclut à Marignan en 1515, les mercenaires allemands, les lansquenets, étaient 22 000 sur les 63 000 soldats qui assurèrent la victoire à François Ier ; dans certains conflits, ils représentaient une portion plus importante encore de l'armée. Il fallait payer ces soldats rubis sur l'ongle, ou courir le risque qu'ils désertassent. Avec l'or d'Amérique, Charles Quint (roi d'Espagne de 1516 à 1556) et son fils Philippe II (1556-1598) eurent les moyens de payer et ils purent donc dominer le XVIe siècle.

Pour comprendre ce qui rendit possible cet échec géopolitique, il faut revenir sur les conditions de la découverte de l'Amérique par les Européens[14]. Celle-ci marque généralement la fin du Moyen Âge, en 1492, avec dans le même temps la fin de ce que les Espagnols ont appelé la *Reconquista*, c'est-à-dire l'expulsion hors de la péninsule Ibérique des autorités musulmanes[15]. Les deux événements ont ceci de commun qu'ils contribuèrent à la puissance de la couronne d'Espagne, laquelle allait, par un jeu d'alliances matrimoniales ficelé au préalable par Maximilien de Habsbourg, voir se réunir à elle un grand nombre de territoires supplémentaires sous Charles Quint, qui se fit élire empereur du Saint Empire romain germanique[16].

Le but initial de l'opération de Colomb était d'accéder directement à l'Inde et à la Chine, pour se passer d'intermédiaires au Levant. L'Espagne ne semblait pas prédestinée à lancer ce genre d'expédition. La France, plus peuplée, plus puissante, disposait également de marins d'élite, avec la Bretagne récupérée en 1491 par le mariage entre Charles VIII et Anne : si l'on ajoute l'Aquitaine et la Provence, le roi très chrétien, dont le territoire ne touchait pas la mer encore au XIIIe siècle, était au XVIe siècle très bien placé pour lancer des explorations. Bartolomé Colomb, le frère de Christophe, aurait tenté de convaincre la sœur du roi Charles VIII et régente, Anne de Beaujeu, de financer son expédition en 1490-1491. Le Roi catholique aurait répondu plus vite, tandis que le fils aîné de l'Église se consacrait à l'Italie : Charles VIII revendiquait alors la couronne de Naples (héritée de la branche capétienne d'Anjou, éteinte après avoir été dépossédée de son royaume du sud de l'Italie). L'Italie absorbant les finances et l'intérêt du roi de France, les expéditions lointaines n'étaient pas prioritaires.

Il n'est pas à exclure que la peur d'être doublé par les Français ait incité la couronne espagnole à financer Colomb[17]. S'il nous faut patriotiquement faire la liste des influences françaises sur la découverte de l'Amérique, ajoutons que Colomb s'était appuyé sur les estimations géographiques du cardinal Pierre d'Ailly (1351-1420) et de son *Imago mundi* pour entreprendre son voyage : grâce aux calculs de cet auteur, il s'était persuadé que la Terre était de moindre taille qu'elle ne l'est réellement, ce qui raccourcissait la distance maritime entre Asie et Europe[18]. Sans cette erreur de calcul, il n'aurait probablement pas entrepris son voyage, qui n'eût pas été jugé viable.

Tandis que Colomb partait pour l'Amérique, Charles VIII allait triompher militairement en Italie : ses armées entrèrent dans Rome en 1494. L'influence française, discrète sous Louis XI, devenait envahissante. Le duché de Milan, qu'obtinrent temporairement Louis XII et François Ier, avait des retombées économiques – les relations commerciales avec l'Italie favorisèrent ainsi la croissance de Lyon et de Marseille. François Ier organisait le mariage entre son fils et Catherine de Médicis en même temps que les financiers toscans et lucquois commençaient de financer ses opérations depuis l'ancienne capitale des Gaules. Divers bienfaits arriveraient en France d'Italie – comme les asperges ou Léonard de Vinci. Ces campagnes apporteraient également la gloire, œuvre des propagandistes du roi autant que de ses soldats : Marignan (1515), bataille somme toute mineure de l'histoire de France quoique déterminante pour l'histoire suisse, donna surtout au roi l'occasion de fabriquer le récit d'une victoire héroïque, que l'on apprend encore à l'école française[19].

Cependant, rétrospectivement, le coût d'opportunité de cette intervention en Italie fut significatif : la France a raté l'Amérique[20]. Le projet de Colomb était un projet certes onéreux mais le roi aurait pu se le permettre : 20 000 livres[21], soit 0,6 % des 3 462 000 livres du budget royal de 1497. Financer un Colomb par an était largement possible. Cependant, Charles VIII avait dû consentir à des baisses d'impôts après le règne de Louis XI, vu par les sujets du roi (au moins ceux des états généraux) comme une période de tyrannie et d'extorsion fiscale. Le roi, qui devait s'acquitter pour ses emprunts de taux d'intérêt entre 10 et 12 % et ne pouvait augmenter les impôts pour des raisons de politique domestique, regardait de près ses dépenses.

Il n'aurait pas été saugrenu que la France se lançât dans ces expéditions : elle était de loin l'État le plus riche d'Europe à cette période, avec 86 tonnes d'argent de revenu fiscal par an contre 51 pour la Castille (seconde) ou 44 pour Venise au début du XVIe siècle. Au début du XVe siècle, avant que le Portugal ne lançât le mouvement des grandes explorations et découvertes, c'était un Français qui avait conquis les îles Canaries[22], Jean de Béthencourt. Cependant, à cause de la faiblesse du pouvoir royal et des Anglais qui contrôlaient les ports français – c'était la fin de règne de Charles VI – Béthencourt avait vendu les îles à la Castille en 1418. De manière plus anecdotique, Louis XI avait déjà levé une somme comparable pour une expédition au Cap-Vert, alors une colonie portugaise. Il s'agissait, à en croire certains contemporains, d'en rapporter des tortues qui eussent pu soulager la maladie du roi, mais le véritable motif était sans doute d'observer la situation portugaise et de trouver des moyens de s'arroger, d'une manière ou d'une autre[23], le commerce de l'or avec la Guinée. Avec les ports bretons, ajoutés aux ports normands et aquitains, la France ne manquait pas d'infrastructures sur l'Atlantique.

Malgré tout, Charles VIII fit le choix de la Méditerranée. Par cette décision, ce roi a sans doute eu dans le cours des événements une influence plus marquée que ne le laisse deviner la mémoire de son règne – qui tourne généralement autour de sa mort absurde. C'était bien une décision personnelle de Charles VIII, car ce choix de partir pour l'Italie ne faisait pas l'unanimité au conseil du roi et n'était pas dans la continuité de la géopolitique française[24]. Le père de Charles, Louis XI, s'était intéressé aux affaires italiennes de très près, mais sans y intervenir militairement.

Le choix n'était pas dénué de logique pour autant : avec l'annexion de la Provence, le renouveau du port de Marseille à partir des années 1480, l'institution des foires lyonnaises et le grand chamboulement de la France urbaine qu'avait créé la peste, la façade méditerranéenne était la plus dynamique à ce moment-là. L'Italie était la région la plus riche d'Europe alors et connaissait un relatif apogée économique - la France a « acheté » quand le cours de l'Italie était au plus haut.

L'échec final de la politique italienne - qui serait soldé par Henri II lors du traité du Cateau-Cambrésis en 1559 - montre rétrospectivement les faibles gains, même sur le plan géopolitique, que la France a tirés de ce choix de Charles VIII. Le principal avantage des campagnes dans le Milanais fut en fait de déplacer hors du royaume les hommes de guerre français, et d'amener la paix sur le territoire. En effet, si l'on excepte la Provence et la Picardie sur des périodes assez brèves, le pays fut le théâtre de peu d'événements militaires avant la mort d'Henri II, malgré tous les conflits de la première moitié du XVIe siècle en Europe.

Les gains du commerce avec l'Amérique

À une époque où les coûts de transport étaient bien plus élevés qu'au XXIe siècle, il ne faut pas exagérer l'importance des premiers empires coloniaux d'un point de vue économique : les richesses d'Amérique arrivaient amoindries en Europe, ne serait-ce que parce qu'une partie d'entre elles passait dans la rémunération des marins qui les apportaient, et qui pendant ce temps n'avaient pas d'autre activité productive.

Cependant, l'Amérique du Sud se révéla fort riche en métaux précieux, de l'or puis surtout de l'argent, biens transportables par excellence. Ces métaux se propagèrent de l'Espagne vers les pays voisins, et entraînèrent à long terme une importante inflation[25] : l'indice du prix des biens en argent augmenta considérablement[26]. Le phénomène économique fut d'ailleurs perçu par les contemporains les plus avisés : Jean Bodin, connu comme « inventeur » de la notion de souveraineté, fut le premier à la lier à la masse de numéraire en 1578[27].

Les métaux précieux avaient à l'époque un rôle limité dans la production nationale, et conservaient surtout une utilisation monétaire. Certes, l'or et l'argent étaient davantage intégrés dans les standards de l'architecture française du XVIIe siècle que par le passé : la dorure serait abondamment utilisée, comme sur le dôme des Invalides ou au château de Versailles. Mais les métaux précieux n'avaient pas d'effet significatif sur la production réelle et restaient surtout une monnaie d'échange : ils permettaient à l'Espagne d'importer davantage de biens (l'Espagne avait en effet un déficit commercial avec la France dès le XVIe siècle)[28], et à l'Europe dans son ensemble d'importer des biens chinois, sans devoir exporter de marchandises manufacturées en contrepartie. Ces stocks de métaux précieux favorisèrent la colonisation de comptoirs en Afrique et en Asie de deux manières, en facilitant pour les États l'avance des dépenses nécessaires aux opérations militaires et, une fois les comptoirs installés, en faisant des Européens les meilleurs intermédiaires commerciaux[29]. Être riche en numéraire favorise naturellement ce rôle : rien n'est plus fâcheux pour un intermédiaire que de manquer de « liquidités » (ici, du métal) permettant d'acheter le bien qu'il doit revendre plus cher ailleurs.

À court terme, l'introduction de métaux précieux augmentait l'activité économique selon un mécanisme classique : l'arrivée d'argent donne le sentiment à chacun d'être plus riche, fait augmenter la consommation et la demande, et se traduit finalement par une offre plus élevée pour répondre à cette demande. Une étude macroéconomique récente sur cette période confirme cet effet « dopant » des métaux d'Amérique sur plusieurs pays[30]. En Espagne, au Portugal, en Hollande, en Angleterre, les arrivées d'argent auraient fait augmenter le revenu par habitant d'à peu près 1 % ; une étude sur la France aurait sans doute donné des résultats similaires. Ceci était significatif mais pas révolutionnaire : il ne s'agit que d'une hausse légère du niveau de vie. Cependant, ces effets étaient temporaires : après plusieurs années, la production et le niveau de vie revenaient à la normale.

L'effet plus fondamental est celui de long terme : l'abondance de métaux précieux rendait plus facile que jamais le commerce en Europe, avec une monnaie de qualité disponible. Il y eut au XVIIIe siècle un nouveau *boom* du commerce, aussi bien intérieur qu'international, et l'abondant stock d'argent en France n'y était pas pour rien : l'Europe possédait un stock compris entre 1 600 et 4 000 tonnes d'équivalent d'argent[31], et importa en plusieurs siècles plus de 70 000 tonnes d'argent. Une partie fut perdue ou exportée vers la Chine (un tiers, d'après Pierre Chaunu), mais la majeure partie restait : même si l'on fait des hypothèses extrêmement pessimistes, le stock d'argent en Europe dut être multiplié par plus de dix en deux siècles. Les métaux précieux connaissaient une croissance de près de 2 % par an, dans une économie où des hausses aussi rapides et soutenues étaient rares. Le numéraire, fiable et aisé à transporter, facilita grandement les transformations économiques de la France moderne ; il deviendrait plus facile de trouver de l'argent pour les échanges commerciaux ou encore le règlement de l'impôt. En d'autres termes, les coûts de transaction allaient baisser.

Mais le véritable trésor de l'Amérique n'était pas la monnaie sonnante et trébuchante, il résidait dans ses plantes : la pomme de terre et le maïs, ainsi que la tomate ou le piment[32]. Ces plantes jouèrent un rôle extrêmement important pour les progrès de l'agriculture : apportant d'abord de la diversité alimentaire en Europe, elles purent remplacer le blé, là où le climat les avantageait, et soulager la faim.

La pomme de terre, mangée avec sa peau et quelques produits laitiers, apporte tous les nutriments dont un être humain a besoin. De plus, elle s'intégrait très bien dans les rotations des cultures, et, cultivée en alternance avec le blé, permettait de préserver les sols. Née en Amérique, elle traversa l'Atlantique au XVIe siècle et ne vit son usage se généraliser en France qu'au XVIIIe siècle, alors qu'elle était déjà plus répandue en Allemagne et en Italie. Le maïs, pour sa part, arriva plus tôt en Europe - Colomb en rapportait dès 1493, mais il semble que les variétés cultivées en France aient été rapportées par des explorateurs de l'Amérique du Nord, peut-être par Jacques Cartier lui-même.

Le maïs et la pomme de terre sont, comme le riz et les céréales, des « plantes de civilisation » (Fernand Braudel), qui ont aidé à densifier l'Europe. Une étude statistique de la démographie d'Ancien Régime trouve que, là où le sol était propice à la pomme de terre, la population et l'urbanisation ont sensiblement plus augmenté que là où le sol ne l'était pas après 1700[33] : un quart de la croissance démographique entre 1700 et 1900 serait attribuable à la pomme de terre !

Les bienfaits de l'Amérique pour l'Europe ne pouvaient être accaparés par les pays « pionniers » : ils touchaient la France quelle que fût la situation coloniale en Amérique. Ainsi, malgré ses échecs politiques complets au XVIe siècle, la France a pu, comme le reste de l'Europe, profiter des retombées économiques de la colonisation de l'Amérique. L'or, l'argent, la pomme de terre et le maïs vinrent en France comme ils étaient venus en Espagne.

On ne peut en dire autant de la colonisation de comptoirs commerciaux, notamment à l'Orient : le rôle d'intermédiaire que jouèrent Portugais et Hollandais, ainsi que leur habileté commerciale, participèrent à l'enrichissement de leur population. La France ne manqua cependant pas une étape majeure de son développement. Bien plus grande que la Hollande, elle n'aurait pas pu bénéficier à une large échelle du stimulus que suscita le commerce avec l'Asie : quelques villes de la côte atlantique se seraient probablement enrichies, mais sans bénéfice énorme pour le reste du royaume. Les revenus et l'économie du roi étant surtout fondés sur l'activité agricole du pays, on peut penser qu'une « meilleure » politique coloniale aurait eu des conséquences essentiellement régionales.

Les premières tentatives d'implantation française dans l'Atlantique

La France essaya de s'implanter au Brésil et en Floride au milieu du XVIe siècle ; mais la rivalité espagnole, ainsi que des tensions entre colons qui rejouaient entre eux les guerres de Religion, mirent rapidement fin à cette expérience. C'est dans le nord de l'Amérique et aux Caraïbes que le royaume put développer une ébauche d'empire. Avant la fondation de Québec par Samuel de Champlain en 1608, sous Henri IV, la France n'avait aucune implantation directe et durable en Amérique. Même la colonisation de l'Amérique du Nord fut instable et prit du temps : par manque de représentants français sur place[34], et à cause des hivers rudes, la seule voie lucrative était celle du commerce avec les Amérindiens, dont les fourrures étaient très recherchées en Europe[35]. Richelieu lui-même, qui était derrière la fondation de la première compagnie française, n'en fit jamais un enjeu prioritaire. Dans son *Testament politique*, il n'y consacra que deux lignes.

Si, en 1635, la France s'implanta en Martinique et en Guadeloupe, ce n'était pas avec des objectifs précis. Conquérir ces îles était un moyen de stimuler la marine et de nuire aux Espagnols avec lesquels la France était alors en guerre. Les fonds manquaient tellement que Richelieu accorda une exemption à la « dérogeance » - le principe d'après lequel les aristocrates ne devaient pas s'impliquer dans les affaires marchandes - pour les entreprises liées à la colonisation. Les aristocrates, qui n'avaient pas le droit de s'impliquer ouvertement dans les affaires commerciales ordinaires sans perdre leur honneur et leur statut fiscal très avantageux, se virent accorder le droit d'investir dans les îles. Si cette mesure était favorable au développement des colonies, elle était surtout le symptôme de l'absence de capitaux spontanément orientés vers les entreprises commerciales - le manque d'hommes prêts à embarquer vers l'Atlantique se combinait avec le manque de fonds.

En 1642, Louis XIII autorisa la traite négrière en Martinique, Guadeloupe et à Saint-Domingue. Les Français, aussi peu désireux de s'installer dans les Caraïbes qu'en Amérique du Nord, étaient difficiles à recruter et ne restaient que quelques années, quand ils ne mouraient pas de la fièvre jaune. Quoique les esclaves d'Afrique fussent plus coûteux à faire venir, ils travaillaient plus longtemps et résistaient mieux aux maladies tropicales, auxquelles ils avaient été davantage exposés que les colons français. Ainsi, un système esclavagiste odieux mais profitable se mit en place dans ces îles ; les piliers de ce système étaient le sucre et le tabac. Ces cultures, avec celle du coton, étaient la principale manne économique des îles, et elles requéraient beaucoup de main-d'œuvre.

Au Canada, il n'y avait pas d'exploitation agricole intensive possible - la terre était ingrate et déjà exploitée par les Amérindiens. Le problème des Français fut de forger des alliances avec les locaux afin de réussir à se maintenir - ils y parvinrent au bout de plusieurs conflits, car il fallait choisir entre les différents peuples amérindiens[36].

Les économistes Daron Acemoglu et James Robinson[37], dans leurs travaux sur l'impact des « institutions » sur l'économie, distinguaient deux modèles : la colonie d'exploitation d'indigènes (ou d'esclaves importés d'ailleurs), comme en Amérique latine ; la colonie de peuplement, dans laquelle les colons remplacent les habitants, le plus souvent par la violence. Le premier type de colonie (l'essentiel de l'Amérique du Sud, plus tard les colonies africaines et l'Inde) aurait été à l'origine d'institutions extractives, mauvaises pour la croissance pour de multiples raisons : une majorité de la population était exclue du partage de la valeur ajoutée, fondée sur la multiplication des exploités plutôt que sur la productivité. Le deuxième type de colonie (États-Unis[38], Australie), malgré ses débuts meurtriers, mènerait à des institutions inclusives. La présence française dans les Caraïbes entre clairement dans le cadre d'institutions « extractives ». Celle en Amérique du Nord sort cependant de ce modèle : malgré certains conflits avec les Amérindiens, la colonisation était fondée sur le commerce, plutôt que sur l'exploitation de locaux étrangers ou celle d'un sol vierge[39]. Un modèle se révélerait plus profitable que l'autre à court terme : au mépris de la morale, ce serait l'exploitation esclavagiste des Caraïbes qui ferait la richesse des villes atlantiques comme Nantes.

La soif de lecture à l'origine de l'imprimerie

L'imprimerie a joué un rôle capital pour deux raisons : elle a facilité et diffusé les idées desquelles dépendraient plus tard les innovations techniques les plus importantes. De plus, il s'agit de la première entreprise de mécanisation massive d'une activité économique, la production de livres.

La population restait majoritairement analphabète, mais quelques anecdotes suggèrent une plus grande propension à lire et écrire dans les décennies précédant l'arrivée de l'imprimerie. Jeanne d'Arc ne savait pas écrire et dut signer d'une croix les actes du procès inique qui lui fut fait par Pierre Cauchon, mais on croit comprendre par ailleurs, de ce même procès, qu'elle savait lire[40]. On retrouve des personnes lettrées et éduquées à des niveaux sociaux modestes : un couturier de Paris du XVe siècle, sans grand prestige[41], tenait un livre de compte fort bien organisé. Dans le Doubs, un groupe de paysans écrivit une fausse charte pour obtenir des baisses d'impôts d'un seigneur distrait[42].

Deux phénomènes ont favorisé le développement de l'écrit : la naissance de la finance, parce qu'elle repose sur des contrats et des promesses de paiement futur, et l'institutionnalisation de la justice royale et seigneuriale, parce qu'elle implique de fixer dans la mémoire les décisions rendues pour faire jurisprudence. Finance et justice étaient des débouchés de plus en plus importants pour les enfants de la bourgeoisie et de l'aristocratie : il leur fallait s'entraîner à rédiger. L'éducation littéraire n'était plus réservée au clergé. Par conséquent, il se développa une forte demande de la bonne société française pour une diffusion accrue du livre - comme dans le reste de l'Europe.

L'intérêt de l'aristocratie pour les livres s'accentua : Charles V, dit « le Sage », accumula une grande librairie qui était l'ancêtre de la Bibliothèque nationale, et Christine de Pizan fut le premier écrivain à vivre de sa plume. Certains puissants lettrés, comme le duc de Berry, frère de Charles V et oncle de Charles VI, commandaient des livres magnifiques pour leur bon plaisir, dont les plus beaux sont conservés au château de Chantilly[43].

Avec le développement des universités, apparaissait une population étudiante et savante éprise de livres, que les bibliothèques universitaires ne suffisaient pas à satisfaire. Cette forte demande contraignit les artisans de la papeterie à développer leur offre dans les centres urbains, ce qui allait aboutir, par le jeu des économies d'échelle, à une démocratisation du papier dans les grands centres urbains. Ainsi, le couturier Colin de Lormoye, déjà évoqué, profitait du voisinage de l'université pour se fournir à moindre prix en papier, avec lequel il remplit son livre de compte - lequel papier est fait de linges usés, écrasés par des moulins.

Des économistes ont pu reconstituer siècle par siècle le nombre total de livres produits en Europe, en appliquant des modèles de mathématiques sur la base des manuscrits que nous avons conservés et de ceux dont nous connaissons l'existence[44]. Très basse au haut Moyen Âge[45], après un éphémère bond sous la « Renaissance carolingienne », la production totale de livres connut une croissance plus rapide que celle de la population après le Xe siècle. Un manuscrit coûtait extrêmement cher à produire, car il nécessitait des ressources substantielles en cuir, encre et papier, ainsi qu'un travail long et pénible de copiste. Sans amélioration technique exceptionnelle, si ce n'est l'introduction du papier[46], on vit le nombre de livres par habitant se multiplier par six entre l'an 1000 et 1300. Cette croissance se poursuivit jusqu'au XVe siècle, malgré la peste[47]. Ainsi, c'était la demande soutenue de la société, et non le seul génie de Gutenberg, qui serait à l'origine de l'invention de l'imprimerie.

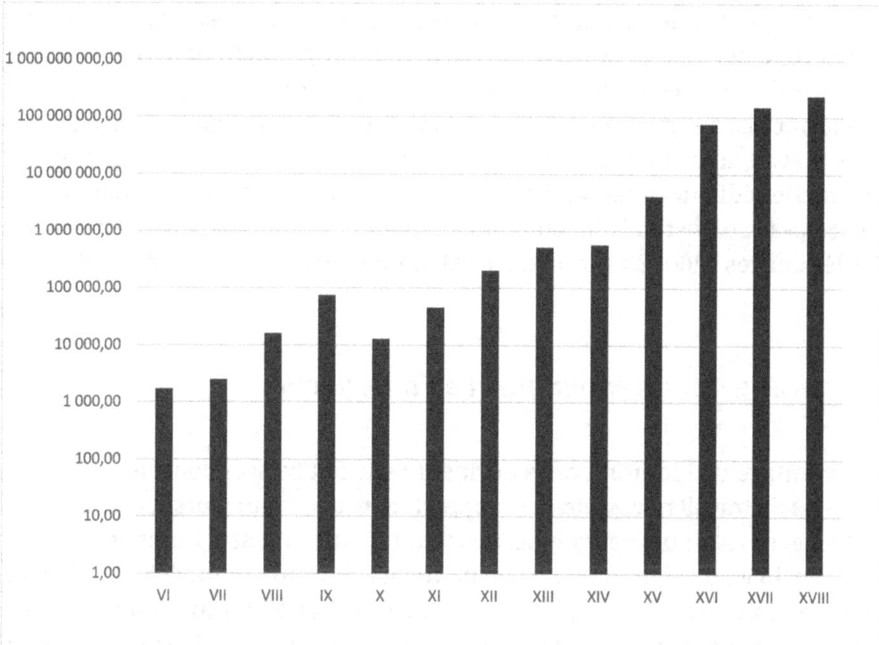

Figure 5.1. Estimation du nombre de livres produits en France chaque siècle (échelle logarithmique). Source : Eltjo Buringh et Jan Luiten Van Zanden, « Charting the "Rise of the West" : Manuscripts and Printed Books in Europe, a long-term Perspective from the Sixth through Eighteenth Centuries », *The Journal of Economic History*, 69(2), 2009, p. 409-445.

La comparaison entre l'Europe et le reste du monde montre bien que ce n'était pas la disponibilité technique mais l'appétit de lecture qui fut déterminant. Du point de vue technique, les Chinois avaient déjà mis au point l'imprimerie sur bois plusieurs siècles auparavant. Ils avaient également inventé les caractères mobiles métalliques, et les Coréens les avaient utilisés dès le XIVe siècle pour imprimer le premier livre du monde fabriqué avec une typographie métallique, le *Jikji*[48]. Cependant, ces inventions n'eurent pas d'effet concret en Asie. C'est bien en Europe que l'imprimerie s'est le plus développée et perfectionnée.

Pourquoi les Chinois, avec leur État centralisé et leur niveau de développement, n'ont-ils pas utilisé l'imprimerie ? Pourquoi les Turcs ne s'en servaient-ils toujours pas au XVIe siècle et importaient même des livres arabes imprimés par les Florentins de la presse orientale Médicis ? Il existe des raisons contingentes (l'alphabet latin se prête plus à l'imprimerie à caractères mobiles que les sinogrammes), mais la véritable responsable est sans doute la demande de livres : parce que de nombreux lettrés et universités désiraient des livres, il était rentable de mener les investissements qui permettraient d'en réduire le coût à l'ouest[49]. Gutenberg lui-même inventa l'imprimerie pour s'enrichir, n'hésitant pas à s'endetter auprès du banquier Fust : son entreprise échoua, mais il avait lancé une invention qui était prête pour la commercialisation. Bientôt des éditeurs feraient fortune en appliquant son principe, comme son ancien associé Fust qui alla en France fabriquer les premiers livres parisiens dès les années 1460. En somme, il existait un marché pour le livre en France.

Les conséquences économiques de l'imprimerie

L'avantage de l'imprimerie est évident : elle fait baisser considérablement le temps de travail nécessaire à la copie d'un texte. Avant Gutenberg, un livre de 25 pages valait plusieurs mois de travail salarié ; un seul après son invention ; en 1550, il valait une journée de travail. Son prix fut divisé par plus de dix[50]. La bible de Gutenberg, tirée à 180 exemplaires à Mayence en 1454, était le livre fabriqué avec le nouveau procédé ; cet ouvrage, qui est devenu une des pièces les plus convoitées des grandes bibliothèques d'aujourd'hui, avait comme principal intérêt son faible coût de production ainsi que l'uniformité et la lisibilité de son tirage. L'imprimerie facilitait également la reproduction d'images, grâce aux gravures sur bois – on en trouvait déjà dans la bible de Gutenberg. Les illustrations dans les livres cessèrent d'être parmi les plus belles œuvres d'art de leur temps, mais elles devinrent plus précises. Les portraits, les dessins scientifiques ou encore les cartes devenaient beaucoup plus faciles à reproduire, en conservant les mêmes proportions d'un exemplaire à l'autre.

Le livre restait une innovation pour les plus riches : l'ouvrier et le salarié agricole ne pouvaient pas se constituer une bibliothèque complète même si ce n'était pas impossible pour un meunier. La naissance de grandes maisons d'impression à Lyon et à Paris répondait surtout aux besoins de la bourgeoisie et de l'aristocratie, qui allaient démultiplier leur nombre d'achats. La bibliothèque de Montaigne, autour de 1580, contenait autant de livres que la librairie du roi Charles V 200 ans plus tôt, alors que ce dernier était réputé féru de livres[51].

Ce progrès technique de l'imprimerie bénéficia principalement aux riches dans un premier temps, mais il créa les conditions d'une accélération considérable du progrès scientifique et technique, et de nouvelles façons de faire de la politique.

L'imprimerie était bien une nouvelle industrie, à rendements d'échelle croissants, et participait à l'essor du commerce et des grandes villes manufacturières : Lyon exportait ses livres en France et en Espagne, les diffusait souvent d'Italie[52]. Plus que la manufacture, l'imprimerie allait surtout changer la civilisation. Dans *Notre-Dame de Paris*, l'archidiacre Claude Frollo reçoit deux visiteurs savants. Leur montrant d'une main un livre imprimé puis la cathédrale de Notre-Dame, il leur dit : « Ceci tuera cela. [...] Le livre tuera l'édifice[53]. » Plus loin, l'auteur commente le propos de son personnage :

> Sous la forme imprimerie, la pensée est plus impérissable que jamais ; elle est volatile, insaisissable, indestructible. Elle se mêle à l'air. Du temps de l'architecture, elle se faisait montagne et s'emparait puissamment d'un siècle et d'un lieu. Maintenant elle se fait troupe d'oiseaux, s'éparpille aux quatre vents, et occupe à la fois tous les points de l'air et de l'espace.
> [...]
> Un livre est sitôt fait, coûte si peu, et peut aller si loin ! Comment s'étonner que toute la pensée humaine s'écoule par cette pente ?

L'imprimerie rend le livre quasi-indestructible et peut sortir de l'oubli les livres anciens, comme allait le prouver la Renaissance. La fuite des derniers auteurs grecs de Constantinople, conquise en 1453 par les Ottomans, accéléra les transferts culturels entre Orient grec et Occident, et l'Europe récupéra des textes grecs qu'elle avait oubliés : on pourrait désormais lire Aristote sans passer par Averroès. En France, Guillaume Budé, auteur d'une grammaire de référence[54], incarnait cette expertise nouvelle en grec et en latin - dont le plus prestigieux représentant fut Érasme de Rotterdam, qui consacra son talent à l'établissement d'une traduction plus fiable de la Bible[55] ainsi qu'à la compilation d'adages antiques, mêlés de réflexions personnelles. Ce renouveau du grec aurait des conséquences pour la langue française. Rabelais, dans *Pantagruel, Gargantua* et leurs suites, introduisit dans notre langue des mots d'origine grecque (quintessence, sarcasme, indigène, etc.) qu'il mêlait au patois de son Anjou natal.

Les textes antiques ainsi retrouvés étaient diffusés bien plus largement qu'ils ne l'avaient jamais été auparavant. Ce qui était vrai pour les textes littéraires l'était également pour les textes scientifiques, notamment ceux d'Aristote, de Pline ou de Columelle. Hors des bibliothèques, des bonnes pratiques agricoles qui s'étaient perdues depuis l'Antiquité revenaient en force grâce à certains travaux de synthèse. Olivier de Serres, grand agronome français, écrivit *Le Théâtre d'agriculture et le ménage des champs* en 1600, qui mettait à jour ces classiques et rappelait, par exemple, comment opérer le marnage des sols alors que ce savoir-faire semblait être tombé dans l'oubli en dehors des régions les plus avancées du Nord.

Les hommes de lettres avaient le sentiment de vivre une période exceptionnelle. C'est à un Italien, historien de Florence, Leonardo Bruni, que l'on doit le terme de « Moyen Âge »[56]. Ce Moyen Âge devint pour les historiens un âge sombre qui séparait le brillant passé de l'Antiquité romaine de la brillante modernité du XVIe siècle – et Michelet, partageant plusieurs siècles plus tard l'enthousiasme de ces hommes pour leur siècle, a trouvé le nom de « Renaissance » pour cette période neuve, qui ne l'était pas du point de vue de l'histoire économique, mais incontestablement pour la vie intellectuelle et politique.

Cette Renaissance ne signifiait pas seulement que l'Occident allait retrouver des textes latins et grecs perdus, pour certains d'une grande valeur scientifique[57]. Les savants européens allaient s'estimer investis d'un double devoir non seulement de continuité mais également de rupture avec les Anciens. La révolution scientifique commença avec l'astronomie et la contestation des théories aristotéliciennes sur la base de nouvelles observations – la stabilité du monde « supra-lunaire » fut remise en cause par le Hollandais Tycho Brahe, tandis que Kepler remplaça le vieux système ptoléméen par un système plus précis et simple, avant que Newton ne découvrît la loi universelle de la gravitation, qui était d'abord une généralisation des lois de Kepler.

De brillants Français participèrent à ce mouvement : les deux plus fameux étaient Descartes et Pascal. Pascal illustrait par son œuvre trois grands progrès que permettait l'imprimerie : la description d'expériences reproductibles, l'invention à visée industrielle, et l'ouverture du débat public par les pamphlets politiques.

Blaise Pascal (1623-1662) utilisa d'abord son talent littéraire au service de son œuvre scientifique. Il écrivit en 1648 un fameux compte rendu de son expérience démontrant l'existence du vide dans la nature : il avait pris un tube contenant du mercure jusqu'au sommet du Puy de Dôme, où il constata que le niveau du mercure montait sous l'effet de l'altitude. Ce texte est une illustration du tournant expérimental qui constituait la révolution scientifique en cours. Comme l'avaient fait les pionniers de l'astronomie un siècle plus tôt, Pascal s'efforça de proposer une expérience reproductible, qui tranchait avec de simples observations glanées dans la nature, et dont les résultats étaient facilement interprétables[58]. Cette nouveauté, propre à l'Europe, distinguait les nouvelles découvertes scientifiques de toutes celles qui avaient précédé, y compris dans l'abondante production savante chinoise d'avant le XVe siècle[59].

Pascal fut aussi, à sa façon, un entrepreneur schumpétérien, car il tenta de remplacer le métier de comptable par une invention « disruptive ». Le père de Pascal était surintendant de Richelieu en Haute-Normandie et jouait un rôle actif dans la ponction fiscale de la région à une époque où les impôts augmentaient considérablement. Il lui fallait à ce titre faire de nombreux calculs, particulièrement ardus dans une région qui était remplie d'exemptions locales à l'impôt, étant à la fois pays d'État et pays d'élection. Les soucis de son père encouragèrent Pascal à automatiser ces calculs : il inventa la première machine à calculer mécanique (la « machine arithmétique »), capable de faire des multiplications et des additions automatiquement. Il obtint un monopole royal en 1642 qui lui permettait d'exploiter commercialement le procédé sans souffrir de concurrence. Le mécanisme, chef-d'œuvre d'horlogerie et d'« algorithmique », était cependant cher à reproduire, et Pascal passa plusieurs années de sa vie à essayer d'en réduire le coût, sans y parvenir, de sorte que ce privilège royal n'engendra pas de profits. Ainsi, la société d'Ancien Régime s'était adaptée à son époque et elle était capable d'inciter les savants à publier leurs inventions, grâce au privilège royal - l'équivalent direct de nos brevets[60].

Sur le plan littéraire, Pascal est également connu pour ses *Provinciales*, lettres de défense du jansénisme[61]. Celles-ci nous intéressent pour ce qu'elles dévoilent de la vivacité relative des débats d'alors. Les partis pouvaient se former et diffuser largement des textes écrits courts et polémiques, les pamphlets - le terme date des années 1650 et vient d'Angleterre. Les périodes d'instabilité du pouvoir royal favorisaient la diffusion de ces libelles, certains participant largement à la diffusion d'informations, vraies ou fausses. Durant la période de minorité de Louis XIII (années 1610) ou celle de la Fronde (1648-1653), toutes sortes de récits injurieux sur Marie de Médicis ou sur Mazarin furent publiés[62], au côté de la propagande royale qui avait du mal à s'imposer. Ces pamphlets firent des petits, et en rendant publics les différends politiques, ils participèrent à la formation d'un premier débat public. Michelet les voyait comme les germes de la Révolution française, au milieu de la censure royale.

> C'est là le sérieux de la Fronde. [...] Elle laisse un esprit, et cet esprit, logé dans un véhicule invincible, ira, pénétrera partout. Elle a fait, pour l'y mettre, une étrange machine, la nouvelle langue française. [...] Ce terrible engin d'analyse éclaire tout, dissout tout et peut tout mettre en poudre, broyer tout formalisme, lois, dogmes et trônes. Son nom, c'est : *la raison parlée.*

Cette « raison parlée » suscita la méfiance du pouvoir politique : elle n'était réellement libre que sur des débats sans enjeu politique - comme la querelle du *Cid*, et les autorités exerçaient un fort contrôle sur le discours public. Les premiers journaux français furent le *Mercure de France* et la *Gazette*, sous l'étroit contrôle de Richelieu. Le deuxième journal, dirigé par Théophraste Renaudot, se donnait comme mission de réfuter les « faux bruits qui servent souvent d'allumettes aux mouvements et séditions intestines[63] ». Ce pionnier du journalisme, déjà opposé aux *fake news*, proposait essentiellement une apologie du gouvernement. Ces textes étaient néanmoins intéressants pour tous ceux qui participaient à la vie publique, population de plusieurs dizaines de milliers d'habitants à la fin du XVIIe siècle. Les officiers et nobles étaient largement surreprésentés parmi les lecteurs de ces revues - on serait sans doute surpris de découvrir la proportion de hauts fonctionnaires parmi les abonnés du *Monde* ou des *Échos*. En plus de ces textes encadrant le discours licite, le gouvernement exercerait son pouvoir de censure : le privilège royal était nécessaire à quiconque voulait publier légalement un livre - ce qui n'empêchait pas les copies « pirates » de livres autorisés ni la diffusion de quelques ouvrages interdits.

L'imprimerie, sans effet direct sur le niveau de vie, changea en profondeur non seulement la quantité de textes écrits mais aussi leur qualité. Il y avait certes des humanistes, des scientifiques et des théoriciens politiques avant la Renaissance[64], mais le changement d'échelle permis par l'adoption de l'imprimerie préparait une transformation de long terme dans toute l'Europe. Elle aurait également des conséquences religieuses, en favorisant le développement de la Réforme.

La Réforme et les protestants en France

La large diffusion des textes des premiers protestants dépendit en grande partie de l'imprimerie. En France, Jean Calvin (1509-1564) traduisit son *Institution de la religion chrétienne* du latin au français, pour en augmenter la diffusion. Cette œuvre, qui fut le premier texte théologique chrétien écrit en français[65], connaîtrait dix-sept éditions françaises et vingt éditions latines au XVIe siècle, ce qui prouve son succès. Une étude statistique montre que les villes qui adoptèrent l'imprimerie en premier furent plus nombreuses à adopter le protestantisme[66]. Qu'il y eût un lien de cause à effet ou non, la nouvelle religion avait surtout du succès auprès des aristocrates et des bourgeois lettrés. La conversion d'un seigneur pouvait susciter des vocations, comme dans le petit royaume de Navarre, où la conversion de Jeanne d'Albret, mère du futur Henri IV, déclencha celle d'une grande partie de la population[67].

La guerre civile, puis l'éviction des protestants hors de France, pèseraient sur l'économie française du XVIe et du XVIIe siècles. Le bilan de ces années est très mauvais, le royaume ayant perdu, par la mort et par l'exil, des esprits originaux qui avaient eu le courage de penser contre la majorité de la population, et qui auraient sans doute aidé son industrie - les protestants étaient surreprésentés parmi les horlogers et ouvriers qualifiés ainsi que les financiers. Plusieurs décennies de guerres civiles allaient contribuer à appauvrir une population qui ne vivait pas mieux qu'au Moyen Âge.

En n'adoptant pas la Réforme, la France a-t-elle manqué son développement économique ? Si l'on procède à une lecture simpliste de *L'Éthique protestante* de Max Weber, associant l'émergence de l'esprit du capitalisme à la réforme protestante, on pourrait croire qu'une plus grande influence du protestantisme eût favorisé le destin économique du pays. C'était d'ailleurs une des réflexions de Napoléon qui affirmait, dans ses divagations à Sainte-Hélène, que François Ier aurait dû rompre avec le pape, et se convertir au protestantisme, pour étendre son influence en Europe. La thèse est d'autant plus séduisante que c'est d'ailleurs précisément au calvinisme, courant protestant français, plutôt qu'au luthérianisme, que Max Weber associait une forme de rationalisme économique : « [Le calvinisme] a été l'un des porteurs les plus importants du développement industriel et capitaliste de la France et, [...] dans la faible mesure où la persécution l'a permis, il l'est resté[68]. »

Cette lecture, quoique séduisante, est cependant fallacieuse : le lien entre éthique protestante et capitalisme tient en grande partie au fait que les convertis étaient plus sensibles à la rationalité économique avant même de lire Luther ou Calvin[69]. Cet esprit « entrepreneurial » put parfaitement se maintenir sur plusieurs générations, tout comme l'attrait pour la « Religion ». Il fut aussi bien une cause de la conversion au protestantisme qu'une de ses conséquences, même aux yeux de Max Weber. Ainsi, la France ne serait pas nécessairement devenue plus capitaliste si elle s'était convertie.

Le pays, pourtant, a commis l'erreur de se priver de ses habitants protestants, qui étaient mieux formés que le reste de la population. Ainsi, l'édit de Fontainebleau de 1685, révoquant l'édit de Nantes et obligeant les protestants à se convertir au catholicisme, comportait dans le même temps une interdiction pour ces derniers de quitter le territoire - mesure qui se révéla aussi injuste qu'inefficace, et dont le roi ne semble pas avoir mesuré toutes les conséquences. Entre 100 et 200 000 protestants partirent à cause de l'édit - ce qui était substantiel, et représentait 1 % de la population, et peut-être 25 % de la population protestante. La perte de connaissances et de savoir-faire fut significative : la volonté publique de la Prusse d'accueillir les protestants ne fut pas seulement motivée par la solidarité religieuse, mais aussi parce que c'était une occasion économique à saisir[70]. En effet, une autre analyse statistique montre qu'au XVIIIe siècle, les villes prussiennes ayant accueilli plus de protestants français après l'édit de Fontainebleau ont connu une hausse durable de leur productivité manufacturière et textile[71].

En somme, même si l'on voit parfois comme une conséquence positive de cet édit la formation d'une diaspora française protestante, qui renforça les liens financiers et commerciaux de la France à la Hollande, à l'Allemagne ou à l'Angleterre, il fait peu de doute que le bilan de l'édit fut défavorable à la France. Ainsi, le départ de l'inventeur et savant protestant Denis Papin (1647-1713) allait-il priver la France d'un des précurseurs de la machine à vapeur.

La révocation de l'édit de Nantes a-t-elle empêché la révolution industrielle ? Alfred Sauvy voyait dans cette décision une des pires décisions économiques de l'histoire de France[72]. La France ne fut cependant pas le seul pays à expulser des minorités pour motif religieux et politique : ainsi, la France de Louis XIV accueillit-elle 40 000 réfugiés jacobites, majoritairement irlandais et aristocrates[73]. Cela ne compenserait pas exactement l'édit de Fontainebleau : les protestants étaient des ouvriers et ingénieurs qualifiés et ils firent défaut au XVIIIe siècle.

Dans l'immédiat, plutôt que le départ des populations protestantes à la fin du XVIIe siècle, ce fut la guerre civile du XVIe siècle qui fut la plus importante conséquence de la Réforme : à partir des années 1560, le royaume, malgré une politique d'apaisement, n'avait plus les moyens d'imposer la paix et il se laissa entraîner, et toute la population avec lui, dans une spirale de violence. La crise serait accentuée par la faiblesse de l'État, dont les recettes (autour de 3 % du PIB) ne suffisaient plus à couvrir les intérêts d'une dette gigantesque ni à mobiliser des armées suffisamment importantes pour faire cesser le conflit.

L'argent est le nerf de la guerre

Au moment de la guerre civile, l'incapacité de l'État à faire cesser le conflit lui donnerait paradoxalement une autorité accrue. Les guerres de Religion joueraient à long terme un rôle similaire à celui de la guerre de Cent Ans, en permettant le progrès de l'autorité royale et de la taxation. Elles seraient une condition de possibilité du mouvement économique le plus important encore initié par un gouvernement en France : la croissance de l'État fiscal sous Richelieu dans la première moitié du XVIIe siècle[74].

Avant les guerres de Religion, le poids de l'État était faible : depuis les réformes de Charles V et la reprise de Charles VII, les impôts représentaient

2 % du PIB français[75] - le double voire le quadruple de ce qu'ils représentaient au XIIIe siècle. Louis XI (1461-1483) fut le premier roi à dépasser ce niveau, et il détint le record du niveau d'imposition jusqu'au règne de Louis XIII (1610-1643).

Charles VII (1422-1461) avait commencé à rétablir, à partir des années 1430, les institutions fiscales de Charles V, et le prélèvement régulier de la taille royale. Il s'agissait de l'impôt des campagnes dont étaient largement exemptées les villes, qui payaient des impôts indirects, comme les aides et la gabelle (qui portait sur le sel). Grâce à ces réformes, le fils de Charles VII, Louis XI (1461-1483) était le plus riche souverain d'Europe : il fut par exemple capable de racheter à son puissant vassal le duc de Bourgogne les villes de la Somme en 1463 pour 600 000 livres tournois[76], rassemblées en moins d'un an en plus des impôts ordinaires, pour un roi qui commençait son règne.

Il utilisa ses ressources pour combattre un formidable adversaire, le dernier duc de Bourgogne, Charles le Téméraire. Son duché s'était émancipé de la royauté, à la faveur de la guerre civile qui avait touché les Français au début du XVe siècle. Véritable pivot de la guerre de Cent Ans, quoique théoriquement vassal du roi selon la coutume féodale, le duc de Bourgogne entretenait une cour plus brillante que celle du roi de France. Le Téméraire s'habillait splendidement dans de la toile flamande aux nombreuses dorures, le roi - son suzerain - misérablement dans des vêtements de feutre grossiers, commodes surtout pour aller chasser.

Bien que le duc de Bourgogne semblât plus impressionnant que Louis XI et régnât sur des régions riches, il était paradoxalement plus pauvre. Ainsi, la Flandre, qui appartenait aux ducs depuis le mariage de Philippe le Hardi avec Marguerite de Flandre, tenait jalousement à ses privilèges, et les quelques tentatives du duc de Bourgogne d'y lever une gabelle équivalente à celle du roi de France aboutirent à des révoltes urbaines - les contributions des Flamands étaient pour leur gouvernement urbain, et non pour leur duc.

Louis XI, au contraire, put augmenter à plusieurs reprises les aides et les tailles qui pesaient sur les plus pauvres, et bénéficier de « dons » de ses « bonnes villes », qui étaient en réalité obligatoires. Après une pause (contrainte par la guerre du Bien public de 1465), Louis XI accrut massivement les impôts dans les années 1470. Dans le Languedoc, où nous avons des estimations fiables, la taille fut multipliée par trois ou quatre[77].

Cependant, cette hausse des impôts avait été trop rapide. Les états généraux de 1484 à Blois virent s'exprimer une aristocratie et une bourgeoisie furieuses contre les impôts. Elles obtinrent du roi une baisse, mais ce dernier conserva le droit de ne pas recueillir le consentement des états pour le niveau futur des impositions. Pour certains historiens, Blois fut une occasion manquée pour la monarchie de devenir réellement parlementaire. Cependant, plus qu'une occasion manquée, on peut y voir une forme de fatalité : la France était un pays trop grand, avec des disparités trop marquées entre ses différentes régions et élites, pour permettre à un parlement national de voir le jour. En Angleterre, le mouvement se faisait plus facilement, car Londres devenait un centre commercial pour l'ensemble du royaume, alors qu'en France, Paris ne fut jamais que le cœur de la « Neustrie » ou du nord du pays. Les distances étaient si importantes dans l'Hexagone que même des réunions fréquentes étaient difficiles.

Le problème des états n'était pas qu'ils fussent dépourvus de pouvoir : ils savaient dire « non » comme ils l'avaient prouvé à Blois. Pendant plus de 150 ans, le montant de l'impôt par habitant n'a jamais dépassé le niveau[78] atteint sous Louis XI. Leur problème était plutôt qu'ils ne savaient pas dire « oui », et qu'aucune coalition stable ne s'y forma pour prendre en charge les besoins de la communauté. Les succès des états généraux se résumaient à refuser l'impôt, mais ils n'obtiendraient pas de contrôle sur les dépenses de l'État. Cela serait vrai des autres corps français avant 1789 et expliquerait les contradictions de l'Ancien Régime, où le roi était libre d'augmenter ses dépenses mais n'avait pas l'autorité suffisante pour augmenter les impôts.

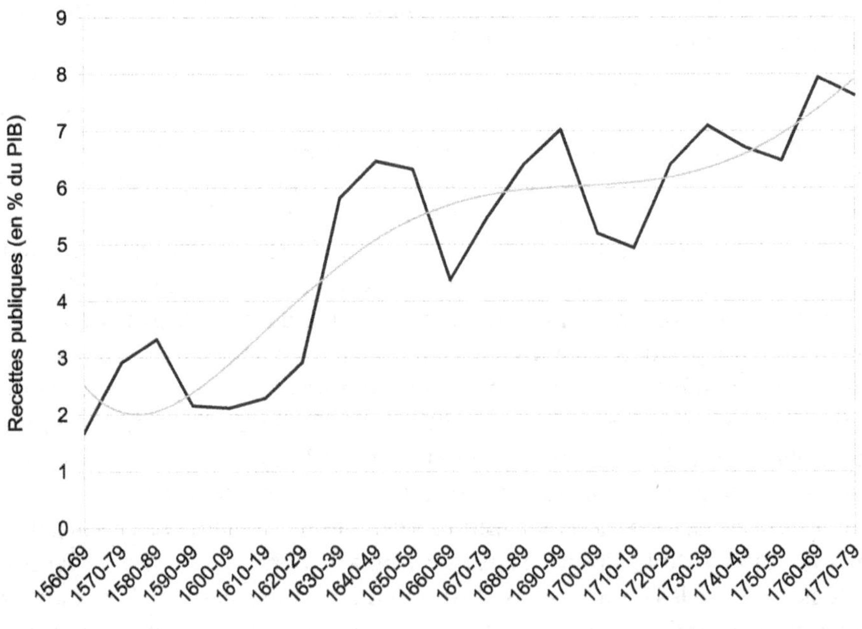

Figure 5.2. Estimation de la part des recettes publiques dans le PIB sous l'Ancien Régime – chiffres bruts et tendance lissée. Calculs de l'auteur.

Malgré la baisse des recettes fiscales, Charles VIII et Louis XII purent consolider leur pouvoir politique et s'implanter en Italie. À leur suite, François Ier commençait son règne avec le titre de duc de Milan, mais ce fut le moment où naquit l'empire de Charles Quint. Alimenté en or (puis surtout en argent) d'Amérique, Charles Quint expulsa François Ier d'Italie dès 1521, et en fit son prisonnier après la défaite française de Pavie (1525). François Ier, après avoir payé une énorme rançon, put revenir en France. À partir de ce moment, il s'allia avec les princes protestants allemands pour lutter contre l'hégémonie de Charles Quint depuis l'intérieur de son empire. Il subit de nouvelles défaites, mais conserva l'intégrité de son royaume ; sa politique fut poursuivie par son fils Henri II (1547-1559).

Trente et un ans après l'humiliation de Pavie, la défaite française de Saint-Quentin (en Picardie) de 1557 régla, pour un temps, la question de la hiérarchie des puissances en Europe. Henri II renonça définitivement à s'implanter en Italie en 1559 dans la paix du Cateau-Cambrésis signée avec l'Espagne et l'Angleterre, alors que la France avait désespérément tenté de récupérer le duché de Milan, perdu en 1521. Le royaume n'était cependant pas ruiné, et il avait repris Calais. Le port, qui servait de tête de pont aux Anglais depuis le XIVe siècle, leur fut repris en 1558 par François de Guise.

Symboliquement et politiquement, la perte de l'Italie coûtait beaucoup au roi : la conquête de cette riche terre avait été perçue comme la première étape avant une nouvelle croisade, et c'est sous le signe des victoires italiennes de Marignan et de Cérisoles que François Ier s'était fait inhumer[79]. Surtout, il existait une élite militaire (Monluc, François de Guise ou encore Coligny) dorénavant oisive, emplie de nostalgie des prestigieuses guerres d'Italie. Ces hommes seraient pleinement disponibles pour les nouvelles guerres qui s'offriraient à eux, en France même : les guerres civiles.

Ces défaites s'expliquent assez simplement par la hiérarchie fiscale qui existait alors en Europe, que nous voyons représentée dans le tableau ci-dessous. L'Espagne, moins peuplée que la France, bénéficiait cependant d'un taux de prélèvement par habitant plus élevé. Si l'on ajoute aux ressources espagnoles celles venant de Hollande et du Saint Empire romain germanique, Charles Quint, Philippe II et Philippe III étaient nettement plus riches que leurs concurrents français au XVIe siècle.

	Revenus fiscaux totaux, en tonnes d'argent								
	Angleterre	Hollande	France	Espagne	Venise	Autriche	Russie	Prusse	Empire Ottoman
1500-09	20,7		86,9	51,0	44,1				
1550-59	35,9		151,6	107,1	48,9				106,1
1600-09	65,7	116,8	294,2	430,8	67,6			3,5	122,6
1650-59	196,1	213,9	1053,7	412,7	68,0	74,6		6,3	150,1
1700-09	559,4	400,6	878,2	219,2	95,0	206,3	89,8	44,5	163,0
1750-59	821,1	367,6	1081,2	439,3	83,3	349,3	275,2	202,3	179,4
1780-89	1627,3	466,8	1962,0	642,5	98,5	858,7	661,7	294,9	147,2

	Revenus fiscaux ramenés à la population, en grammes d'argent								
	Angleterre	Hollande	France	Espagne	Venise	Autriche	Russie	Prusse	Empire Ottoman
1500-09	5,5		7,2	12,9	27,5				
1550-59	8,9		10,9	19,1	29,6				5,6
1600-09	15,2	76,2	18,1	62,6	37,5			2,4	5,8
1650-59	38,7	114,0	56,5	57,3	42,5	10,6		9,0	7,4
1700-09	91,9	210,6	43,5	28,6	46,3	15,6	6,3	24,6	8,0
1750-59	109,1	189,4	48,7	46,2	36,2	23,0	14,9	53,2	9,1
1780-89	172,3	228,2	77,6	59,0	42,3	43,0	26,7	35,0	7,1

Figure 5.3. Revenu fiscal en tonnes d'argent au prorata de la population pour différents pays européens. Source : Kivanç Karaman et Şevket Pamuk, « Ottoman state finances in European perspective, 1500-1914 », *The Journal of Economic History*, 70.3, 2010, p. 593-629.

Bien sûr, l'impôt ne servait pas qu'à la guerre, même si elle constituait le premier poste de dépenses chaque année[80] : la richesse se voyait aussi dans le train de vie de la cour, devenu plus spectaculaire[81], et une partie du budget servait à construire les châteaux de la Loire[82]. Une petite partie de ces ressources servait au mécénat, que ce fût pour faire venir Léonard de Vinci (1516), pour soutenir Pierre Corneille (1606-1684), pour fonder l'Académie française (1634-1635) ou celle des sciences (1666). Les divertissements ainsi financés servaient évidemment des fins politiques : Léonard de Vinci reconstituait en 1518, à Amboise, la victoire de Marignan. Il y avait enfin les entreprises de politique étrangère : le camp du Drap d'Or en 1520, la candidature ratée de François Ier à l'élection impériale, les diverses sommes qu'il fallait payer pour des rançons ou pour maintenir les accords de paix ou de non-agression, ainsi que les traitements d'un corps diplomatique de plus en plus abondant[83].

Toutes ces dépenses avaient leur équivalent du côté de Charles Quint, et elles ne suffisent pas à expliquer la supériorité espagnole : il faut bien la chercher dans les différences de prélèvement fiscal, facilité en Espagne par l'abondance de métaux précieux. La supériorité démographique de la France ne suffirait pas à assurer ses succès militaires tant que la monarchie n'augmenterait pas le niveau des impôts.

Charles IX (1560-1574) et Henri III (1574-1589) disposaient d'un budget représentant 2 ou 3 % du PIB, ce qui était honorable pour l'époque. Cependant, ils avaient hérité de leur père un État failli : les finances publiques étaient largement déficitaires depuis Henri II, qui avait épuisé les ressources financières de l'État dans son conflit avec Philippe II, et avait dégradé la réputation des Valois en faisant défaut en 1557. Les prêts ne seraient plus consentis qu'à des taux d'intérêt plus élevés. Surtout, la tension religieuse se manifestait clairement, et le roi devait modérer les violences des catholiques qui menaçaient de dégénérer tout en cherchant à limiter le succès des protestants, à ses yeux hérétiques : des interventions militaires étaient nécessaires pour maintenir l'ordre. Le pouvoir essaya la médiation et le dialogue pour obtenir de nouvelles ressources et favoriser la paix. Ainsi, Michel de l'Hospital, ministre choisi par Catherine de Médicis, ne cessa-t-il de consulter les parlements et les états, sans pour autant réussir à instaurer la tolérance civile. Henri III fut le premier roi depuis Charles VII à organiser deux fois des états généraux. Ce roi soignait particulièrement ses interventions, et, voyant la situation politique se détériorer, espérait obtenir par son éloquence le soutien de la population et de ses représentants. Le pouvoir royal serait frustré : il n'obtiendrait ni progrès significatif en matière de concorde civile ni de ressources supplémentaires. Les assemblées lui refusaient des impôts, le Parlement la vente de nouveaux offices qui lui auraient permis de contenir les violences[84]. Ce dialogue rugueux était en fait ce que la France d'Ancien Régime a connu de plus proche des recommandations de plusieurs économistes institutionnalistes comme Douglass North : le pouvoir de prélèvement fiscal du roi était alors limité par le Parlement, force tenue par la bourgeoisie et la noblesse. Ces dernières étaient censées encourager une bonne gestion de l'État[85]. Elles n'empêchèrent pas la guerre civile dans le cas présent, parce que leur aveuglement religieux la leur faisait désirer.

Henri III finit piteusement son règne, devant fuir Paris, où dominaient les extrémistes catholiques partisans des Guise, la Ligue. Ceux-ci avaient le soutien d'une grande partie de la population urbaine, comme le montra le massacre de la Saint-Barthélemy (1572)[86].

Les ravages de vingt années de guerre, les destructions d'églises, les pillages de récoltes, l'extrémisme de plus en plus visible des *leaders* de la Ligue, l'appauvrissement général de la population, finirent par provoquer de la lassitude et un profond désir de paix, même chez les plus croyants. Après l'assassinat d'Henri III en 1589, la couronne revint, par la loi salique, à un cousin éloigné du souverain défunt, le futur Henri IV, qui était roi de Navarre et protestant. Ceci créait une difficulté pour une population qui, même si elle désirait la fin des combats, demeurait très majoritairement catholique. Cependant, il était prêt à se convertir : quand il fut devenu clair qu'il était le mieux à même de rétablir la paix, qu'une amnistie eut été promise, et que la messe de conversion d'Henri IV eut été dite, les villes se rallièrent au nouveau roi. Celui-ci proclama l'édit de Nantes en 1598 et mit fin aux guerres de Religion[87]. Cet édit, semblable par son contenu à des textes de Charles IX ou Henri III, avait sur eux une supériorité : il fut appliqué grâce à la restauration de l'autorité politique.

La paix restaurée, la France put se rebâtir. Cela n'allait pas de soi cependant : Henri IV héritait d'une situation délicate, tant la dette laissée par ses prédécesseurs était importante, et elle menaçait d'absorber des revenus aussi importants que la guerre. Il ne l'avait pas répudiée dès le début de son règne : à une époque où sa légitimité était contestée, il avait voulu endosser les dettes d'Henri III pour gagner le soutien des créanciers de la monarchie.

Les seuls intérêts de la dette menaçaient d'absorber tout le budget du royaume. Le roi laissa son habile gestionnaire Sully régler cette question. Bien qu'il s'agît d'un des grands ministres des Finances français, il n'était pas capable de rembourser les dettes et de diminuer les impôts en même temps : il sortit le royaume de cette situation délicate en faisant un défaut camouflé.

Sully, qui réorganisa également l'administration publique, réduisit considérablement les charges qui pesaient sur la population. La période de paix de quinze ans qui suivit les guerres de Religion permit de réduire les dépenses militaires ; ainsi, le règne d'Henri IV (1589-1610) fut la dernière période d'impôts faibles de l'histoire de France. Les impôts représentaient seulement 2 % du PIB. Plus jamais après sa mort ne se reproduirait cette situation où l'État prélevait moins que 5 % de la production annuelle. La « conjoncture de la poule au pot », durant laquelle le niveau de vie fit de notables progrès, tenait non seulement à la paix mais également au faible niveau d'imposition.

Henri IV, au moment où il se fit assassiner, projetait une grande campagne militaire. Le retour de la guerre et, surtout, la volonté de la France de dominer le reste de l'Europe menaçaient de faire croître considérablement le poids de l'État : le Vert Galant mourut juste à temps pour éviter de ternir son image. Le fils d'Henri, Louis XIII, étant mineur, le pays connut de nouveau l'instabilité politique, alors que la régente, Marie de Médicis, avait du mal à asseoir son autorité. La situation s'envenima lorsque le roi, encore adolescent, fit assassiner le principal dirigeant du royaume, Concini, en 1617, pour affirmer son autorité. Il le fit remplacer par son favori de Luynes, mais celui-ci connaîtrait de grandes difficultés financières alors que commençait une guerre civile avec Marie de Médicis et ses partisans : Sully serait le dernier responsable politique à avoir consolidé un excédent budgétaire pendant plusieurs décennies.

Les finances étaient donc mal en point lorsque Richelieu commença à diriger la politique économique et diplomatique de Louis XIII en 1630. Certes, les impôts n'avaient pas cessé d'être prélevés, mais ils avaient servi à alimenter un système politique corrompu[88]. Les projets géopolitiques de Richelieu demandaient d'importants investissements dans la marine française ainsi que dans son armée. Il lui fallait donc augmenter les impôts pour financer le siège de La Rochelle ou encore l'intervention française dans la guerre de Trente Ans.

Entre la décennie 1620 et la décennie 1630, les impôts doublèrent de nouveau, à un niveau trois fois plus élevé que ce qu'ils avaient été à la mort d'Henri II. Ces recettes permirent la réussite de la politique diplomatique de Richelieu : il affaiblit les Habsbourg en intervenant au côté des puissances protestantes dans la guerre de Trente Ans, et fit de l'Espagne une puissance de second rang. Les fruits de cette politique, poursuivie par Mazarin entre 1643 et 1661, seraient recueillis seize ans après la mort du cardinal par le traité des Pyrénées (1659). La France, grâce aux levées massives d'impôts, devenait ce que sa taille démographique la prédestinait à devenir : la première puissance politique d'Europe. Les victoires de Rocroi (1643) ou de Lens (1648) qui avaient permis ces exploits étaient des victoires du fisc autant qu'une victoire des armes. Mazarin maintiendrait la position française sous des conditions politiques intérieures difficiles, et Louis XIV pourrait se présenter comme le roi-soleil grâce à l'œuvre brutale mais efficace de ces deux cardinaux.

Cette pression fiscale entraîna de nombreuses révoltes dans la première moitié du XVIIe siècle. Elles étaient durement contenues, mais la répression était suivie de concessions selon la technique promue par Machiavel dans *Le Prince* : par conséquent, la hausse des impôts, pas aussi importante que celle des dépenses, ne fut pas suffisante pour rétablir l'équilibre.

Certains seigneurs se révoltaient également, car leurs revenus étaient menacés par la croissance du fisc. Richelieu redistribuait le pouvoir aux officiers capables de financer la monarchie - aristocrates ou bourgeois anoblis achetant leur poste - et aux intendants (ancêtres du préfet). Cela se faisait au détriment des détenteurs de vieux offices et des propriétaires fonciers modestes.

Les plus puissants aristocrates, les « Grands », participaient à la finance d'État sous des prête-noms car il leur était théoriquement interdit de « déroger », c'est-à-dire de participer à une activité commerciale ou financière. Ils avaient une large clientèle à faire vivre, et ils détenaient des postes clés dans l'armée. Le doublement soudain de la taille de l'État comportait de nombreux risques de leur point de vue. Premièrement, dans la mesure où ils prélevaient encore des charges de type féodal sur leurs terres, ils perdaient leur capacité de prélèvement sur leurs paysans, l'inflation jouant son rôle également (beaucoup de charges étant comptées en numéraire). Ils se retrouvaient à devoir tirer leurs revenus de l'exploitation de leurs terres au même titre que de vulgaires bourgeois - même si eux n'avaient pas d'impôts à payer. Deuxièmement, le roi avait les moyens d'absorber leurs clients locaux ou de les concurrencer avec ses propres clients (trésoriers, élus, intendants). Par conséquent, pour les vingt plus grands seigneurs du royaume, le meilleur moyen de s'enrichir et de peser était de se faire confier une tâche administrative importante, comme le gouvernement d'une région par exemple - ou, pour les moins ambitieux politiquement, une rente. Le monarque ne pouvait se passer de leur soutien : les Grands permettaient au gouvernement d'étendre ses réseaux, et de prévenir des révoltes. Leur poids militaire les rendait simplement indispensables à la bonne marche de l'État - contrairement aux petits seigneurs. Le chef-d'œuvre de l'absolutisme[89], transformation de la monarchie amorcée sous Henri IV et achevée après Richelieu et Mazarin, fut de faire du roi le centre du réseau de clientélisme et de patronage en France. Le Grand Condé incarne cette transition[90].

Un exemple de révolte princière

Les princes de Condé étaient une branche cousine du roi depuis l'avènement d'Henri IV, bien placée pour la succession royale : si Henri IV ou

Louis XIII étaient morts sans enfant légitime, les Condé auraient hérité de la couronne. Ils comptaient parmi les plus puissants seigneurs du royaume. Henri Ier de Condé (mort en 1588), cousin d'Henri IV lorsqu'il était encore roi de Navarre, fut un chef du parti protestant, rétif à l'autorité royale. Son fils, Henri II de Condé, devenu catholique, avait été adopté par Henri IV ; il quitta la cour en 1609 pour un sordide conflit avec le Vert Galant, qui cherchait à séduire sa femme. Il revint à la mort du roi en 1610, se rebella contre Marie de Médicis à plusieurs reprises, fut même emprisonné en 1616. Sorti de prison en 1619, il finit par servir fidèlement Louis XIII dans l'armée. Son soutien permit au cardinal de Richelieu de réduire le pouvoir exorbitant qu'avaient certains grands dans l'armée, notamment le duc d'Épernon (1554-1642). L'ancien mignon d'Henri III avait la charge de colonel général de l'infanterie, poste tout-puissant car il permettait de contrôler toutes les nominations d'officiers. Il l'aurait conservée pour son fils sans l'action de Richelieu. Henri II de Condé illustre l'ambiguïté de la politique absolutiste vis-à-vis des féodaux : le roi protégeait et enrichissait les Grands qui voulaient bien l'aider à accroître son autorité, car seule cette politique lui permettait de mettre de côté les autres.

Son fils, le « Grand Condé » (1621-1686), remporta très jeune les victoires de Rocroi (1643) et de Lens (1648) contre les Espagnols, qui lui apportèrent une gloire immense : il n'était pas hors de propos pour les contemporains de le comparer à César ou Alexandre.

Rappelons le contexte : Louis XIII était mort en 1643, un an après Richelieu, et le nouveau roi, Louis XIV, était âgé de seulement 5 ans. Anne d'Autriche, la mère du jeune roi, soupçonnée d'accointance avec l'ennemi espagnol (le roi d'Espagne, Philippe IV, était son frère), avait été privée par le testament de Louis XIII du pouvoir traditionnellement dévolu à la régente depuis Blanche de Castille. Cependant, ce testament fut aboli par le parlement de Paris dès 1643[91]. Anne d'Autriche, encadrée par le Parlement, eût pu préparer un revirement de la géopolitique française et précipiter les négociations de paix avec l'Espagne. Dans un retournement de situation dont sont friands les psychanalystes (l'amour maternel prenant le dessus sur la fidélité familiale), Anne d'Autriche décida au contraire de prolonger la politique de Richelieu en prenant comme principal ministre le cardinal de Mazarin, protégé de Richelieu.

Il leur fallut poursuivre la mobilisation militaire d'un pays exsangue, alors que le crédit public était au plus bas : cela amena la Fronde, révolte des bourgeois et des rentiers de Paris (c'est-à-dire des détenteurs de dette publique française). Le parlement de Paris initia le mouvement en protestant contre une augmentation des taxes sur le vin : c'était la « Fronde parlementaire », qui finirait en émeutes urbaines.

Le duc de Condé et d'autres grands aristocrates du royaume y virent une occasion de monnayer leur soutien à une monarchie qui en dépendait. Après être restés passifs, les princes firent chanceler l'autorité de la régente, et obtinrent le départ de Mazarin. Lorsque les deux Frondes, celle du Prince et celle du Parlement, se furent réunies, bénéficiant également du soutien des Espagnols, le pouvoir royal pouvait sembler perdu.

Cette révolte échoua finalement, et Louis XIV put maintenir les conquêtes que Louis XIII avait faites sur les revenus de ses sujets, et rallier largement l'élite aristocratique. Même si la Fronde ne s'était pas terminée par un renversement du jeune Louis, que (presque) personne ne souhaitait[92], elle aurait parfaitement pu aboutir à une baisse de la pression fiscale, comme cela était arrivé à la mort de Louis XI lors des états de 1484. Ce ne fut pas le cas. Au-delà de l'habileté tactique de Mazarin, nous pouvons identifier deux principales causes expliquant l'échec de cette révolte.

La première cause de l'échec de la Fronde, c'était la richesse du roi. Mazarin et Anne d'Autriche purent suivre la même stratégie que Louis XI lors de la guerre du Bien public, Anne de Beaujeu pendant la Guerre folle, ou Henri IV lorsqu'il reconquit Paris : « séparer par intérêts particuliers tous ceux qui étaient ligués contre [eux], sous des prétextes généraux[93] ». En achetant ses adversaires et en le faisant savoir, il était facile de discréditer leur cause – Mazarin put rapidement récupérer les gouvernements qu'il avait cédés. La machine fiscale avait atteint un tel degré d'efficacité que, même surendetté, le système pouvait promettre plus de profits à ceux qui le servaient fidèlement que ses adversaires : c'est ainsi que, dans les moments les plus désespérés, Fouquet trouva les sommes qui manquaient à la régente.

Les temps avaient changé, et il n'était plus dans l'intérêt des grands princes de se rebeller contre le roi, seul à même de les récompenser autant qu'ils estimaient le mériter, mais aussi de les châtier autant qu'ils le craignaient. Le prince de Condé fut exilé, avant d'être rappelé de manière magnanime par Louis XIV en 1659. Lui et ses héritiers furent des sujets fidèles, voire obséquieux, et ils purent conserver un certain temps leur propre cour, dans le château de Chantilly – une des seules hors de Versailles. Cependant, intégrés à Versailles, les Condé perdirent leur influence. Comme le Lion amoureux de La Fontaine, les Condé et les grands cessèrent d'être effrayants une fois qu'on leur eut ôté leurs griffes et crocs : ils devinrent au mieux des ministres, au pire d'oisifs jouisseurs.

La deuxième cause est paradoxale : la dette publique était devenue un actif de choix pour l'épargne de l'élite et elle rendait la bourgeoisie dépendante de la survie de la monarchie. Ce changement avait commencé au début du XVIe siècle en France.

Une dette royale de gré à gré

Avant les émissions de dette publique, la personne royale empruntait en son nom propre, sans engager toujours ses successeurs[94]. C'est un jeune Charles VIII qui, après avoir été contraint de baisser les impôts, fit la plus grande opération de crédit à l'étranger qu'un roi de France eût encore jamais faite. Sa campagne d'Italie fut financée par des banquiers du nord de la péninsule, milanais notamment, qui la soutenaient également sur le plan politique[95].

Lorsque ce n'étaient pas des créditeurs étrangers, c'étaient (plus souvent) des hommes de la cour : le célèbre argentier de Charles VII, Jacques Cœur, avança les frais nécessaires à la reconquête du pays[96], mais aussi aux besoins personnels du roi. Par exemple, il prêta 60 000 livres à Charles VII pour racheter les bijoux de sa maîtresse Agnès Sorel, - ce qui représentait 2 % des recettes publiques annuelles de l'époque. Ces prêts personnels se maintinrent même après la création des premiers marchés publics de la dette en 1522.

Sous François Ier, Jacques de Beaune, baron de Semblançay, consentit des prêts considérables. Fouquet fut le pilier financier de la régence d'Anne d'Autriche (1643-1661).

Ces trois argentiers appartiennent à la grande tradition des financiers français emprisonnés - Semblançay fut même exécuté - après avoir servi les finances royales. Ils suivaient l'exemple de Marigny. Il était en fait aussi risqué que rémunérateur d'être créancier du roi : avant sa condamnation, Jacques Cœur s'était formidablement enrichi dans le « navigaige du sel »[97] ; Fouquet fut accusé de menacer l'État précisément parce que ses richesses étaient suffisamment étendues pour donner le sentiment d'omnipotence.

Cependant, beaucoup plus nombreux furent les prêteurs médiocres ou grands, qui n'eurent jamais à craindre pour leur sécurité tout en obtenant d'honnêtes rendements sur leurs investissements. Citons par exemple l'ambassadeur français en Suisse, Lamet, qui dut recruter en 1521 des mercenaires dans le pays à envoyer en soutien aux troupes françaises en Italie. Pris de court, Lamet fit l'emprunt lui-même sur place, apportant sa propre garantie personnelle, et recruta les mercenaires[98]. Sous Henri III, dans les années 1580, alors que les finances publiques avaient perdu toute crédibilité, les plus proches conseillers du roi se portèrent caution pour lui dans des « constitutions », afin de faciliter ses emprunts[99]. Malgré les grandes difficultés budgétaires des décennies suivantes, les anciens mignons d'Henri III ne furent jamais inquiétés comme caution, et les dettes émises en leur nom furent remboursées - preuve de la valeur de leur signature dans cette société de cour[100].

Ces formes de crédit se faisaient de gré à gré, et à des taux élevés : les prêts qui servirent pour la campagne d'Italie se négociaient à 14 % par an[101]. Pour emprunter à un meilleur taux d'intérêt, l'État profiterait des nouveaux marchés de crédit urbain qui s'ouvraient. Grâce à l'impôt permanent et aux administrations communales des grandes villes, l'État put offrir des garanties aux premiers rentiers. En effet, les taxes signifiaient que chaque ville générait des flux de revenus stables, qui pouvaient servir de caution pour des emprunts publics.

La naissance de la dette publique

Auparavant, les seuls États à emprunter directement sur des marchés avaient été les cités-États de Flandre et d'Italie, notamment Venise. Le crédit y avait bénéficié de plusieurs facteurs : la circulation perpétuelle d'espèces et de marchandises grâce au commerce, le fait que le gouvernement fût généralement à l'écoute de ses créanciers, la richesse des cités et l'engagement du gouvernement à faire respecter les contrats, tout cela avait préparé des conditions favorables aux premiers marchés de dette publique européens et manquait en France.

François Ier tenta d'imiter ces cités, lorsqu'il fonda en 1522 les rentes sur l'Hôtel de Ville à Paris, puis dans les autres grandes villes de France. Paris, en plus d'être peuplée de 200 000 habitants, était une commune partiellement indépendante du pouvoir royal. Elle était administrée par un personnel politique bourgeois supposément plus fiable que l'entourage royal et elle avait des ressources propres, avec les « aides » municipales (les impôts indirects sur la consommation ou l'entrée en ville des marchandises). Le roi se servit alors des hôtels de ville comme d'intermédiaires pour émettre ses titres de dette. Ainsi, il put profiter de la structure communale héritée du Moyen Âge pour faire naître le crédit « moderne ». La dette serait émise sous la forme de « rentes sur l'Hôtel de Ville ».

Les rentes sur l'Hôtel de Ville étaient des perpétuités : le prêteur versait un capital de 100 pour acheter la rente, et il recevait chaque année une annuité (ou « arrérage ») r (r est le taux d'intérêt en pourcentage). Le titre de dette pouvait être remboursé par l'État à tout moment mais n'était pas exigible par l'emprunteur[102]. Cette forme de crédit n'était pas spécifique aux finances publiques, et elle était fréquemment utilisée pour des crédits privés à Paris ou à Rouen dès le XIIIe siècle[103], avec comme caution des terres ou des immeubles[104].

Le fonctionnement de la rente marqua les esprits : au XIXe siècle, les romans de Balzac utilisent le montant de la rente comme référence pour décrire la richesse. Lorsque le baron de Nucingen possède 20 millions de livres de rente, cela signifie qu'il possède un capital de 400 millions de livres qui lui rapportent chaque année, au taux de 5 %, 20 millions de livres, qu'il peut consommer sans réduire son capital[105].

Si la rente fut adoptée plutôt qu'une autre forme de crédit, c'était parce que la théologie en était venue à la distinguer de l'usure comme une forme légitime de prêt. Les bulles papales *Regimini* de 1425 et 1455[106] autorisaient les rentes assises sur des immeubles sous certaines restrictions[107]. Progressivement, se constituèrent des rentes volantes assises sur des revenus[108] – c'était le cas des rentes sur l'Hôtel de Ville, puisque leur fondement n'était pas un immeuble ni une terre agricole mais les ressources fiscales de la ville.

En 1522, les rentes parisiennes furent émises pour la première fois, afin de financer une nouvelle campagne en Italie. Dans les années 1530, le roi en manque d'argent se tourna non seulement vers Paris mais aussi vers les autres villes de France. En période de « primat des dépenses[109] », François Ier puis Henri II épuisèrent rapidement les ressources fiscales des villes. Les intérêts des rentes dépassaient chaque année les ressources propres des villes, qui étaient censées financer la dette. Cela provoquerait une crise, notamment à Lyon : l'ancienne capitale des Gaules, qui se démarquait comme un centre financier, avait fourni les fonds pour la campagne de 1536-1537.

Lyon profitait au début du XVIe siècle d'une conjoncture favorable. Après le déclin des foires de Champagne puis de la Saône, les foires de Genève avaient connu un bref succès. Lyon remplaça ensuite la capitale suisse comme centre commercial, grâce à une politique d'exemptions fiscales et à son emplacement idéal : elle était à la fois proche de l'Italie et à la confluence du Rhône et de la Saône. Les plus grands banquiers italiens avaient déplacé leurs bureaux étrangers de Genève vers Lyon, laquelle abritait donc une bourgeoisie marchande internationale, qui s'intéressait aux entreprises françaises – notamment les marchands florentins et lucquois. De plus, Lyon était proche du théâtre des principales guerres du XVIe siècle, ce qui rendait plus facile d'y employer les fonds empruntés[110].

Néanmoins, la prospérité lyonnaise fut de courte durée : les rentes perdaient progressivement leur valeur. Pour redresser la situation, le roi donna en caution à ses créanciers les impôts d'autres régions en créant le « Grand Parti » à Lyon, en 1555. Cependant, les conflits de la fin du règne d'Henri II furent terribles, et le roi fit douloureusement défaut en 1559, de même que son rival Philippe II. Le vaincu comme le vainqueur perdirent leur réputation auprès des investisseurs[111].

Lyon serait gravement touchée par ce défaut. Elle souffrirait de plus de la guerre civile[112], qui allait interrompre le bon fonctionnement de ses foires. Le renoncement du pouvoir à rembourser les vieilles rentes, notamment lors du ministère de Sully, empêcha la renaissance de la ville. Ce serait de nouveau Paris qui assurerait le crédit du roi par la suite. Sans ce défaut et les guerres de Religion, Lyon eût grandi et fourni à la France une deuxième capitale économique.

Les défauts souverains de Sully et Colbert

La grande action de Sully, homme travailleur et compétent[113], consista en un défaut souverain partiel. Henri IV, pour être véritablement roi, dut faire la guerre ; son statut de chef de parti protestant, son charisme et son fameux ensemble blanc du cheval au panache ne suffisaient pas à financer une armée. Conscient qu'il avait besoin de crédit, il prit soin dans ses discours de distinguer la royauté française des Habsbourg, qui avaient fait défaut avec fracas précédemment. Il reconnut, contre l'avis de son Parlement, les dettes de ses prédécesseurs, ne faisant une exception que pour les rentes émises lorsque la Ligue contrôlait Paris. Ces reconnaissances de dette ne se firent pas parce qu'Henri IV attachait une importance extraordinaire au remboursement des créanciers, mais parce qu'elles étaient paradoxalement le meilleur moyen de faire de nouveaux emprunts, et de financer les mercenaires, poste prioritaire de dépense. Alors que les promesses de remboursement s'étaient accumulées, le moment pour « restructurer » la dette était venu en 1604.

Sully fit la même chose que les technocrates font lorsqu'ils considèrent un problème compliqué : il éplucha les rapports passés sur la question de la dette souveraine et commanda plusieurs commissions d'experts. Deux constats en ressortirent. Le premier était que les archives financières n'étaient pas bien tenues et qu'il n'était pas possible de savoir ce qui était vraiment dû et ce qui avait été réellement payé. La culture du secret fiscal entretenue depuis Louis XI avait contribué à cet état de fait navrant pour une administration aussi sophistiquée. De grandes assemblées délibératives proposées en désespoir de cause par Henri III avaient certes contribué à l'amélioration non seulement de la transparence de la délibération publique, mais surtout de la connaissance qu'avait l'administration royale de sa propre dette – mais elles n'avaient pas épuisé le problème. La deuxième observation, plus fataliste, était que la France était extrêmement endettée : si l'on additionnait les rentes (62,8 millions de livres sous Henri III), les offices récents et la partie aliénée du domaine royal (50 millions de livres), on obtenait une dette totale de 113 millions de livres. Cette somme représentait près de 10 % du PIB, elle était à comparer à un revenu fiscal moyen à cette époque de moins de 25 millions de livres. Le stock de dette dû par le roi représentait entre quatre et cinq fois ses revenus annuels ; avec un taux d'intérêt de 5 % (hypothèse optimiste pour l'époque), le roi eût dû consacrer plus d'un quart de son revenu fiscal aux intérêts de la dette[114]. À moins de considérablement remonter la pression fiscale et de ne plus mener de guerres, il fallait renoncer à rembourser les dettes passées.

Sully prépara ainsi un projet de « défaut équitable » - par exemple ceux qui avaient racheté des titres de rente à prix réduit sur le marché secondaire devaient voir leurs rendements diminués par « équité »[115]. Les créanciers les mieux remboursés furent ceux qui avaient conservé leurs titres de dette le plus longtemps. Les plans de Sully inspirèrent ses successeurs, notamment pour le défaut de 1713-1714[116].

La répudiation de 1604 eut des conséquences durables sur le crédit français. Les taux d'intérêt auxquels le roi pouvait emprunter restèrent durablement plus élevés en France que dans les autres économies européennes. Entre le début des guerres de Religion et 1670, le *spread*, c'est-à-dire l'écart de taux d'intérêt entre la France et les pays plus sûrs (la Hollande et l'Angleterre, sur la période) fut très haut, à plus de 10 %. C'était le symptôme de la méfiance des investisseurs.

Sully avait été prévoyant et, en plus de consolider les finances publiques après son défaut, avait baissé les impôts pour laisser des marges de manœuvre à ses successeurs s'ils voulaient financer de grandes entreprises diplomatiques[117]. Avec la paix, le roi avait même pu financer de grands travaux, dont le symbole le plus connu est le Pont-Neuf.

Après 1610, l'instabilité politique et les grandes ambitions militaires de Richelieu ne firent aucun bien au budget. Les décisions sur les dépenses venaient presque toujours avant les considérations sur les recettes : seules les résistances des corps intermédiaires (celle des États de Languedoc, par exemple) ou les révoltes populaires fiscales des années 1630 empêchaient le roi de prélever autant qu'il le souhaitait. Il fallait alors trouver un moyen de vendre de nouvelles rentes, de forcer des emprunts, etc. Richelieu dut même recourir massivement à une pratique contre laquelle il n'avait jamais eu de mots assez durs avant de gouverner, la création d'offices.

Les offices étaient le droit d'exercer une tâche dans la fonction publique, généralement dans les métiers de finance, mais aussi dans la magistrature, et de toucher les émoluments associés. Tous les officiers ne prenaient pas la peine de réellement travailler, mais beaucoup le faisaient cependant, pour exercer le pouvoir que leur donnait leur charge. Ce qui rendait le système des offices propre à la France était la vénalité. Imaginons un pays où les hauts fonctionnaires, les magistrats, les diplomates ont acheté leur charge, et détiennent le droit de la léguer à leurs enfants voire de la revendre : la France était ainsi jusqu'en 1789. La royauté avait au XVIe siècle largement autorisé le commerce d'offices, bien que la transmission ne fût pas automatique[118]. Henri IV avait stabilisé leur valeur, en créant la « paulette ». En échange d'une contribution annuelle proportionnelle au prix de l'office (un soixantième), le détenteur de l'office était garanti de pouvoir léguer sa charge. Ainsi, d'un point de vue financier, l'office était devenu équivalent à la rente : le versement d'un capital assurait le versement de gages perpétuels et inaliénables - et le roi n'avait plus de droit de regard sur qui exercerait les offices[119].

L'office était la consécration d'une carrière réussie dans les affaires. Depuis la naissance des villes, il y avait toujours eu une tension entre aristocratie terrienne, détachée légalement des affaires commerciales et industrielles, et bourgeoisie. Tout en restant un bien désirable pour l'aristocratie, l'office était une véritable « savonnette à vilains » - il permettait aux bourgeois de rejoindre la noblesse de robe, et de se fondre avec la grande aristocratie au sommet de l'État. Il devenait une étape essentielle du *cursus honorum* des parvenus.

La Fronde, les rentes et les impôts

Après la mort de Louis XIII (1643), la dette avait de nouveau atteint des sommets, notamment à cause de la guerre de Trente Ans[120]. En 1648, Mazarin tenta de trouver des ressources, et proposa une hausse des impôts indirects sur les boissons à Paris. Le parlement de Paris était remonté depuis plusieurs années contre la suspension du remboursement des intérêts sur les rentes, et il se voulait le représentant des intérêts des Parisiens, particulièrement hostiles aux impôts indirects. Par conséquent, les juges du Parlement saisirent l'occasion de manifester leur mécontentement en présentant de « très humbles remontrances » au roi qui le priaient de ne pas taxer les boissons. Le jeune Louis XIV se rendit en personne au Parlement où il fit un « lit de justice », ce qui contraignait le Parlement à enregistrer son édit.

L'affaire se fût arrêtée là sans la révolte du Parlement, qui se réunit de nouveau et, au mépris des institutions d'Ancien Régime, cassa l'édit royal.

Il prononça une motion dans la chambre Saint-Louis du Palais de Justice. Une de ses principales réclamations était une meilleure considération de la rente publique de Paris. Nous avons déjà vu comment finit la Fronde, avec l'intervention des Grands et la victoire finale de Mazarin.

Cette révolte institutionnelle du Parlement n'aboutit pas : le Parlement représentait les rentiers détenteurs de dette publique mais également les officiers. Ces derniers devaient leur fortune au roi - leur existence même faisait partie des abus qu'ils dénonçaient, et une révolte poussée trop loin, en révolution, ne présageait rien de bon pour eux. Ils auraient été renvoyés en même temps que le pouvoir en place. Les rentiers, même ceux des « familles médiocres » avaient trop à perdre dans une grande révolution.

Les désirs des rentiers parisiens pouvaient sembler contradictoires. Ils attendaient de l'État le paiement de leurs intérêts et en même temps la baisse des impôts. Rhétoriquement, ils sortaient de cette aporie en attribuant l'impécuniosité de l'État à la corruption « du Mazarin » et des officiers chargés des impôts.

Les frondeurs avaient raison sur un point : la corruption absorbait une grande partie de l'argent public. Le pouvoir royal sous-traitait depuis plusieurs siècles déjà le prélèvement de nombreux impôts à des « fermiers », qui assuraient un revenu payé parfois plusieurs années à l'avance au roi (l'État impécunieux brûlait pour les guerres d'aujourd'hui ses ressources du lendemain), en échange du droit de prélever l'impôt. Dans un mélange des genres souvent dénoncé à l'époque, ces mêmes fermiers étaient responsables du remboursement des intérêts des rentes de Paris, avec quelquefois un pouvoir discrétionnaire considérable sur les bénéficiaires des versements de l'Hôtel de Ville. Ils pouvaient par exemple proposer à tel rentier d'obtenir des remboursements en priorité en échange d'un versement d'impôts plus élevés que prévu.

Le roi, en sous-traitant l'impôt, avait comme objectif de s'assurer un revenu plus constant que l'eût été un prélèvement fiscal direct : les fermiers assumaient les risques liés au prélèvement de l'impôt, inconstant. Cependant, les revenus des fermes étaient plus inconstants encore que ceux des impôts directs prélevés par l'administration royale[121], ce qui n'arrangeait pas leur réputation.

Ces fermes profitaient de plus en plus aux mêmes hommes, dans des circuits de plus en plus opaques et fermés. Auparavant, l'affermage (ou la sous-traitance) des impôts indirects[122] était soumis à un véritable marché public : l'administration royale organisait des enchères, et le fermier le plus offrant empochait contre argent comptant le droit de prélever tel impôt. Ce comportement qu'aurait approuvé une autorité moderne de la concurrence ne donnait plus satisfaction au roi depuis le début du XVIIe siècle, qui commença à réunir dans les mains des mêmes fermiers la sous-traitance des mêmes impôts, et à ne plus proposer d'enchères. Thomas Bonneau, héritier de marchands de soie tourangeaux du XVIe siècle, s'était vu accorder le fermage de la totalité de la gabelle entre 1632 et 1655. De plus, les entreprises de ces grands financiers suscitaient des investissements discrets des Grands du royaume – Condé ou Mazarin lui-même avaient des intérêts liés à l'entreprise de Thomas Bonneau.

Après la Fronde, la concentration des fermes se poursuivit : Colbert créa la Compagnie générale des Fermes en 1680, qui se vit confier l'affermage de la majorité des aides (impôts indirects) et des droits de douane. Pourtant, contrairement à ce que nous pourrions penser, les contrats avec ces grands cartels fournirent au roi des revenus bien supérieurs à ceux qu'il avait conclus avec des petits fermiers en concurrence les uns avec les autres[123]. Ce système fit ses preuves.

L'autre critique des frondeurs portait sur un problème de « gouvernance » : l'Hôtel de Ville de Paris était devenu un intermédiaire fiable car il était administré par des « fonctionnaires » municipaux représentant la bourgeoisie et indépendants du roi. Or ils avaient été remplacés progressivement par des officiers au service de la couronne, ce qui faisait de l'Hôtel de Ville une simple administration nationale plutôt qu'un corps intermédiaire. Ceci était beaucoup plus grave que l'absence d'états généraux, souvent citée comme cause du faible crédit public français[124].

L'État se met parfois en tête de remplacer une administration territoriale car il s'estime plus compétent[125]. Ici, son efficacité de gestion laissait à désirer. Citons la plus amusante des incongruités : lorsque l'Hôtel de Ville remboursait les arrérages aux rentiers, ces derniers étaient appelés à venir retirer leur dû par ordre alphabétique... du prénom. Les détenteurs de rente commencèrent à signer des contrats avec de faux prénoms : Aaron, Achille, Aliénor, Anne, Antoine[126]... Zébédée risquait d'être appelé fort tard, voire de ne pas bénéficier de son arrérage si les fonds avaient été épuisés[127].

Ces abus, aussi nombreux fussent-ils, n'étaient pas suffisants pour que les rentiers voulussent renverser le roi. Il y eut des contestataires « extrémistes » à Bordeaux, qui constituèrent le « parti de l'Ormée » : ces républicains purent servir d'épouvantail fédérateur pour le parti de l'ordre, et la Fronde échoua comme avait échoué la révolte d'Étienne Marcel, la bourgeoisie commençant à craindre la radicalité davantage que le roi. Le système politique, aussi corrompu fût-il, était cohérent socialement, et il faisait du roi le sommet d'une cascade de rétributions vers l'ensemble de l'élite parisienne. Que le débit de la cascade baissât, et la bourgeoisie protestait ; que la cascade s'asséchât complètement, et la bourgeoisie perdait tout.

En somme, il valait mieux une répudiation partielle de la dette, comme celle organisée par Colbert entre 1661 et 1665, que le risque d'une révolution et d'une banqueroute sans plus aucune compensation. Dans ses *Mémoires*, le cardinal de Retz revenait rétrospectivement sur les causes de la Fronde, dont il avait été un des initiateurs :

> L'on peut dire, avec vérité, que les rentes de l'Hôtel de Ville de Paris sont particulièrement le patrimoine de tous ceux qui n'ont que médiocrement du bien. Il est vrai qu'il y a des maisons riches qui y ont part : mais il est encore plus vrai qu'il semble que la providence de Dieu les ait encore plus destinées pour les pauvres ; ce qui, bien entendu et bien ménagé, pourrait être très avantageux au service du roi, parce que ce serait un moyen sûr, et d'autant plus efficace qu'il serait imperceptible, d'attacher à sa personne un nombre infini de familles médiocres, qui sont toujours les plus redoutables dans les révolutions. La licence du dernier siècle a donné quelquefois des atteintes à ce fonds sacré[128].

Le cardinal interprétait avec lucidité la situation : si l'État avait remboursé ses dettes, il n'y aurait pas eu de Fronde. Cependant, dès que l'État menaça de s'écrouler, le rentier manifesta de nouveau sa confiance.

La France put s'imposer dans sa guerre contre l'Espagne en empruntant de nouveaux fonds malgré des finances publiques qui nous inspireraient moins de confiance que celles de l'Argentine des années 2000. Même Richelieu, malgré l'image de sérieux qui lui était associé, avait été derrière une des plus importantes émissions de dette d'Ancien Régime en 1634, très mal remboursée[129].

Les taux d'intérêt étaient restés très élevés à la suite du défaut de Sully, ce qui rendait la situation d'après la Fronde complexe. Colbert, devenu ministre des Finances de Louis XIV, fit un nouveau défaut. C'était inévitable non seulement à cause des écueils passés, mais aussi pour des raisons économiques aisées à comprendre. Les taux d'intérêt de la dette étaient supérieurs à 5 %, le taux de croissance nul, et l'impôt avait déjà été relevé au plus haut taux possible : cela rendait très difficile le remboursement de la dette[130]. Cependant, à la différence du défaut de Sully, celui de Colbert fut suivi d'une baisse des taux d'intérêt[131] : le défaut fut considéré comme « excusable[132] ». Il était dû à la politique de grandeur de Richelieu, que les détenteurs de dette publique voulurent bien pardonner, peut-être qu'elle avait fait la gloire de Louis XIV. Le roi organisait dans les années 1660 de très beaux spectacles à Paris et rationalisait à marche forcée l'administration, ce qui donnait satisfaction aux rentiers. Ils bénéficièrent d'une autre compensation qui leur fit accepter ce défaut : la situation fiscale des villes, dans lesquelles ils vivaient, était généralement meilleure que celle des campagnes et elle le demeura. Les aides payées par les citadins représentaient une taxe moins importante que les tailles rurales : la taille était le fondement fragile de l'État moderne[133]. De plus, les habitants des villes bénéficiaient de toutes sortes d'avantages, comme une politique d'approvisionnement prête à confisquer les blés des campagnes - l'objectif était d'assurer la paix sociale. La répudiation des dettes n'était pas si injuste à l'égard des créanciers. Enfin, il faut ajouter que Colbert avait fait défaut stratégiquement, en privilégiant le remboursement de ceux qui pourraient être amenés à faire de nouveaux prêts à l'État : selon que l'on était puissant ou misérable, les titres de dettes n'avaient pas la même valeur[134].

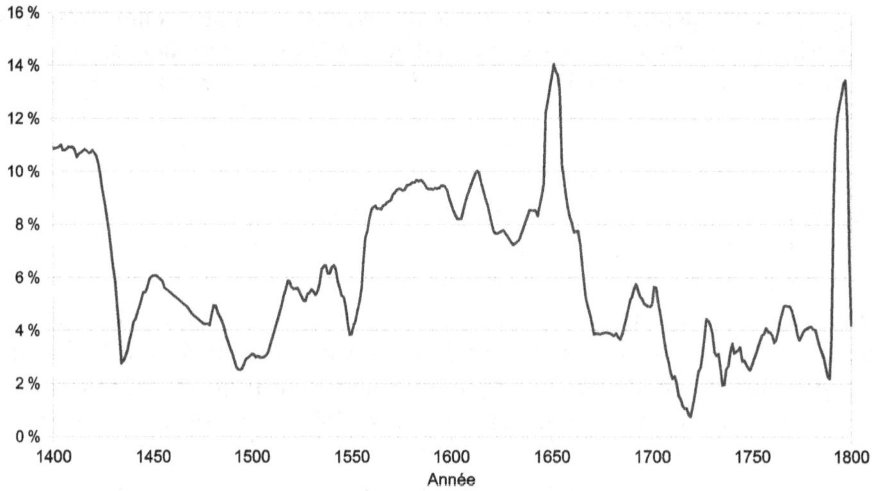

Figure 5.4. Écart de taux d'intérêt (« *spread* ») entre la France et le pays européen le plus sûr. Source : Paul Schmelzing, « Eight centuries of global real interest rates, r, g, and the suprasecular decline. 1311-2018 », Document de travail, 2019.

Ainsi, durant la seconde moitié du XVIIe siècle, la France put bénéficier de conditions d'emprunt relativement favorables. Cet état de grâce ne durerait pas : les taux augmenteraient de nouveau au XVIIIe siècle (voir Figure 5.4).

Le défaut souverain avait précipité Lyon dans la crise en 1559 : ainsi, les cycles économiques alimentés par les cycles d'endettement et de remboursement s'étaient-ils manifestés clairement pour la première fois. Au XVIe siècle, le Lyonnais Jean Bodin, qui avait vu naître et mourir le Grand Parti, le constatait amèrement :

> Le marchand pour la douceur du profit (du denier douze[135]) devient casanier, l'artisan méprise sa boutique, le laboureur quitte son labeur, le berger son bétail, le noble vend ses héritages, pour tirer quatre ou cinq cents livres de rentes constituées, au lieu de cent livres de rente foncière ; et puis la rente constituée

s'éteint et l'argent s'envole en fumée ; de sorte que ceux qui ne savent aucun métier pour gagner, s'adonnent à voler ou semer des séditions ou guerres civiles pour brigander en sûreté[136].

Jean Bodin décrit, outre les conséquences dramatiques du défaut, ce que les économistes appellent un « effet d'éviction » : la dette publique aurait absorbé des ressources et de l'épargne qui auraient pu être utiles ailleurs. Certains historiens ont nié qu'un tel effet d'éviction existe réellement dans la France d'Ancien Régime[137]. Notamment, les économies les plus performantes avaient une dette publique plus importante, relativement à leur production nationale : la Hollande et l'Angleterre. On pourrait arguer avec raison que le rythme des défauts ne faisait aucun bien à l'économie. Si la France avait une histoire mouvementée, les finances publiques ne sauraient cependant être le seul facteur expliquant l'arriération relative de l'économie. L'Angleterre ne fut pas exemplaire en matière de finance jusqu'à la fin du XVIIe siècle, ce qui ne l'empêcha pas de connaître une phase de croissance soutenue avant 1700.

Au-delà des cycles financiers que créait la dette publique, se posait la question de l'utilisation de l'impôt. La formation d'un État fiscal fort est souvent considéré comme un signe de développement économique, mais il faut savoir à quelles fins l'État utilise l'argent qu'il prélève.

Si l'État offre des services de qualité, la hausse des impôts contribue à la rationalisation des pratiques, voire à l'uniformisation des normes juridiques, et contribue au bien public. Ainsi, les chambres de justice françaises devenaient au XVIIe et au XVIIIe siècles de plus en plus procédurières et équitables. Les condamnations de sorcières, devenues une mode au XVIe siècle, cessaient là où les cours de justice royale s'installaient[138].

Une partie notable des dépenses publiques venait cependant récompenser les clientèles du roi qui ne jouaient pas nécessairement un rôle productif utile dans la société - même s'il est possible d'argumenter que cela était nécessaire à la paix civile. Il fallait aussi financer le train de vie fort dispendieux de la cour du roi - mais marchande-t-on la « grandeur » ?

Ces consommations oisives, construites sur le dos des contributeurs fiscaux, principalement les paysans, pouvaient bien être injustes - elles ne nuisaient pas forcément à la production nationale. Pierre Chaunu avait considéré[139] que l'imposition avait probablement enrichi la France, en la forçant à travailler davantage malgré elle - même si le bien-être, qui inclut le temps libre, ne s'en retrouvait pas nécessairement amélioré. Les émeutes paysannes particulièrement fortes entre 1590 et 1660, notamment dans le Sud-Ouest, suggèrent que la hausse des impôts était très durement ressentie.

À long terme, si nous comparons la France avec les autres pays européens au XVIIe siècle, il ne se dégage aucun lien clair entre niveau d'imposition et revenu par habitant. La Hollande taxe beaucoup tout en étant riche ; l'Angleterre, plus riche à la fin du XVIIe siècle, taxe moins sa population que la France - mais elle la taxerait bien davantage au XVIIIe.

Dans toute l'Europe, le montant des impôts avait augmenté considérablement, et le premier effet de cette croissance était d'allouer un budget de plus en plus important à la guerre. L'intense compétition entre États avait permis une révolution militaire.

La révolution militaire et ses conséquences économiques[140]

Au XVIIIe siècle, les armées européennes étaient devenues les plus redoutables du monde. Au Moyen Âge, rien ne semblait les prédestiner à une telle réussite : même s'ils avaient à leur actif quelques succès pendant les croisades et une certaine maîtrise de l'art de la poliorcétique, les Européens n'étaient pas les seuls à faire fréquemment et habilement la guerre.

C'est l'artillerie, qui, d'après Marx, détruisit la chevalerie, ou du moins mit fin à sa domination - à vrai dire les archers l'avaient déjà bien entamée avant les premières armes à feu[141]. L'artillerie, était arrivée à un stade assez développé sur le continent. Les Chinois avaient inventé la poudre autour de l'an 1000 et ils utilisaient des petits canons à main - les ancêtres des arquebuses. Les canons ne furent pas importés, mais imités d'après la façon chinoise. Cela nous rappelle que, si le commerce des objets était somme toute modeste à l'époque, les transmissions de connaissances, voulues ou non, étaient autrement plus importantes[142].

Les Européens apportèrent deux types d'amélioration à l'artillerie. Ils agrandirent les canons et furent les premiers à les utiliser dans la marine. Ils inventèrent également les gâchettes, qui rendaient les armes légères nettement plus précises.

Le canon lourd ou la bombarde n'avaient pas pu se développer en Chine pour une raison étrange : les enceintes et les remparts y étaient nettement plus larges qu'en France ou même qu'au Levant. À Paris, le mur de l'enceinte de Philippe Auguste était large de 4 mètres et celle de Charles V avait un mur large de 2 mètres, la différence s'expliquant sans doute par le prix du travail plus élevé sous Charles le Sage que sous Philippe Auguste, et l'épuisement partiel des carrières de pierre parisiennes. Ces remparts étaient parmi les plus denses du continent. En Chine, il était courant, depuis l'Antiquité, de bâtir des murs de 10 mètres d'épaisseur. Un puissant canon pouvait détruire un mur en Europe, mais pas en Chine. Il se développerait donc plus avantageusement en Occident car il pouvait y détruire des forteresses. La poudre rendait prenables des places auparavant invincibles : Constantinople était tombée sous les coups d'une bombarde ottomane en 1453.

L'autre grande différence favorable pour l'industrie militaire naissante était la permanence des guerres en Europe. La Chine en avait aussi connu beaucoup. Cependant, au début de l'ère « moderne », quand l'Europe connaissait sa révolution militaire, les grandes puissances passèrent nettement plus de temps en conflits les unes avec les autres que dans l'empire du Milieu. Tonio Andrade a remarqué que c'étaient précisément pendant les périodes de combats intenses que les progrès techniques les plus décisifs furent obtenus.

Les Flamands, lorsqu'ils dépendaient du duché de Bourgogne, avaient joué un rôle notable dans le développement des premières grandes pièces d'artillerie. Un canon comme celui offert par le duc de Bourgogne au roi d'Écosse, *Mons Megg*, lourd de 6 tonnes, et avec une portée de plus de 3 kilomètres, servit aux sièges de Charles le Téméraire dans l'Artois en 1477. La France en fut une grande utilisatrice tout au long de son histoire : la dernière victoire de la guerre de Cent Ans s'était déjà réglée avec les canons du maître de l'artillerie Jean Bureau, à Castillon (1453). Louis XI et ses ennemis se disputaient le service de Giraud de Samain, maître d'artillerie, et de sa « bande » de spécialistes[143]. En 1494, beaucoup d'Italiens furent impressionnés par la puissance de l'artillerie française, capable de faire plier des villes fortifiées à un rythme inédit : « Il n'est pas de muraille, si épaisse soit-elle, que l'artillerie ne puisse abattre en quelques jours[144] », comme le remarquait Machiavel.

L'artillerie modifierait radicalement la physionomie des places fortes. Les fortifications finiraient par prendre des formes géométriques sophistiquées : cela donnerait le fameux système en étoile de Vauban, fait pour ôter à l'ennemi des points de fixation, tout en offrant à l'artillerie défensive de bons moyens de riposte. Ces nouveaux remparts étaient nécessaires au bon développement militaire des nations qui voulaient gagner leurs conflits. Cependant, ils leur firent probablement plus de mal que l'artillerie elle-même. L'artillerie, arme décisive, permettait de mettre rapidement fin aux batailles. Les fortifications, au contraire, rallongeaient les guerres et appelaient en réponse toujours plus de canons : les technologies défensives font parfois plus de mal que les offensives.

Ces nouveautés avaient un coût prohibitif. Philippe Contamine évalue à 600 000 livres la valeur des canons détenus par François Ier dans les années 1540, ce qui représentait plus de 10 % du budget annuel[145]. De plus, chaque pièce d'artillerie requérait des soins particuliers. Il fallait des hommes et chevaux, charretiers ou pionniers, pour transporter les canons ; pour les réajuster et les entretenir, l'aide de maçons, charpentiers ou fondeurs, était nécessaire. Beaucoup de ces tâches ingrates étaient confiées à des aide-canonniers temporaires[146], tandis que des canonniers plus spécialisés supervisaient les opérations de placement. L'utilisation du canon requérait des connaissances géométriques et un grand savoir-faire pratique pour ajuster l'angle des canons.

Même si l'artillerie semblait aller dans le sens d'une réduction du nombre de soldats, qui auraient pu être remplacés par des ingénieurs canonniers, le phénomène concomitant de la croissance de l'État fiscal et l'intensification des conflits provoqua une hausse du nombre de soldats. À Marignan, il y eut autant de morts (5 000 Français, 10 000 Suisses) qu'il y avait eu de soldats à Bouvines trois siècles plus tôt. Au XVIe siècle, de nombreux conflits mobilisèrent dans chaque camp plusieurs dizaines de milliers d'hommes. À Saint-Quentin en 1557, Philippe II dirigeait 60 000 hommes. Dans les années 1630, en pleine guerre de Trente Ans, Wallenstein réunit plus de 100 000 hommes – pour la première fois depuis l'Empire romain. Par contraste, les croisades, de loin la plus importante mobilisation du Moyen Âge, avaient impliqué seulement 25 000 hommes.

L'artillerie n'est pas seulement une arme mortelle, elle est aussi le fruit du progrès technique et de l'inventivité humaine. Elle fut le premier domaine, avec l'imprimerie, dans lequel nous ayons observé une croissance de productivité soutenue avant la révolution industrielle. La demande très forte des États – notamment en France – suscita une véritable révolution industrielle de l'armement, qui était visible dans les centres de production de Charleville ou de Saint-Étienne. Entre le XVe et le XVIIIe siècle, la productivité française dans la fabrication de canons, de mousquets et de poudre a augmenté au rythme de 0,5 % par an[147]. Cela distinguait clairement l'armement du reste de l'économie de l'époque, surtout sur une période aussi longue : en un siècle, la productivité d'un atelier d'artillerie doublait, alors que le reste de l'économie semblait immobile.

Il est permis de supposer que cette industrie aurait des retombées positives sur d'autres secteurs, grâce au savoir-faire accumulé – les régions productrices d'armement allaient devenir de futurs centres industriels.

La révolution militaire eut une autre conséquence positive : elle forçait l'État à croître et à se réorganiser. L'Europe eut besoin, pour se développer, d'États centralisés suffisamment forts pour fixer les normes nécessaires à une économie de marché contractuelle, notamment la sécurité et des recours juridiques fiables, ainsi que pour bâtir les infrastructures de base. C'était avant tout à cause de l'armée et de ses nouveaux besoins financiers que l'État

« militaro-fiscal » s'était développé en France. L'État n'aurait pas pu remplir d'autres missions de service public s'il n'avait pas atteint une taille critique auparavant. Ainsi, la guerre permanente permit, incidemment, d'améliorer la qualité des « institutions ». Cette croissance, sans effet bénéfique immédiat, serait une condition nécessaire pour que l'État investisse massivement dans les infrastructures de transport et d'éducation au XIXe siècle.

Néanmoins, la première chose que faisaient les guerres, c'était de détruire des vies et des ressources tout en mobilisant du travail hautement qualifié à cette fin. Les nouveaux outils rendaient la guerre plus mortelle qu'auparavant. « Que pleust à Dieu que ce malheureux instrument n'eust jamais été inventé ! » se lamentait le maréchal de Monluc quand il parlait d'arquebuses.

CHAPITRE 6

La modernité des Lumières (1650-1789)

> L'on voit certains animaux farouches, des mâles et des femelles, répandus par la campagne, noirs, livides et tout brûlés du soleil, attachés à la terre qu'ils fouillent et qu'ils remuent avec une opiniâtreté invincible ; ils ont comme une voix articulée, et, quand ils se lèvent sur leurs pieds, ils montrent une face humaine, et en effet ils sont des hommes ; ils se retirent la nuit dans des tanières où ils vivent de pain noir, d'eau et de racines ; ils épargnent aux autres hommes la peine de semer, de labourer et de recueillir pour vivre, et méritent ainsi de ne pas manquer de ce pain qu'ils ont semé.
>
> La Bruyère, *Les Caractères*

Une espérance de vie en progrès

La Bruyère nous rappelle que, malgré la « Renaissance » ou le brillant règne du roi-soleil, la réalité économique ne s'est pas modifiée pour le commun des mortels : de longues journées de travail, dont on peut compter les heures au teint de la peau, et une grande pauvreté. Malgré tout, de réels progrès sont manifestes à la fin du règne de Louis XIV, notamment en matière d'espérance de vie.

Nous pouvons regarder toutes les personnes dont nous avons conservé la date de naissance et de mort pour étudier la durée de vie moyenne : ces hommes illustres, que la postérité a honorés d'une fiche Wikipédia, fournissent une base de données[1]. Leur durée de vie moyenne reflète davantage l'espérance de vie des hommes ayant atteint l'âge adulte que celle à la naissance : en effet, un enfant mort-né fait rarement l'objet d'une notice biographique, de sorte que cette mesure exclut la mortalité infantile[2]. En moyenne, un homme illustre vit soixante ans à la fin du Moyen Âge. Sa durée de vie augmente de dix ans entre 1500 et 1700. La tendance s'inverse chez les hommes au XVIIIe siècle (mais non chez les femmes), et l'espérance de vie d'un homme illustre semble baisser à partir de 1720. Le creux de 1760 correspondant à la classe d'âge mobilisée pour les guerres révolutionnaires[3]. Ce mouvement ne semble pas dépendre de la profession exercée, puisque les militaires, les aristocrates et les universitaires ont tous une vie plus longue en moyenne. Cette longévité accrue des adultes se retrouve chez les Bourbons, qui meurent nettement plus vieux : Louis XIV meurt peu avant ses 78 ans ; le cardinal de Fleury, le ministre de Louis XV, meurt à 89 ans. Cela n'empêche pas la mortalité infantile de rester élevée, même au sommet du royaume : la variole tue le petit-fils et deux arrière-petits-fils de Louis XIV en 1711 et 1712. D'après les registres de divers villages, un bébé n'avait qu'une chance sur deux d'atteindre l'âge adulte.

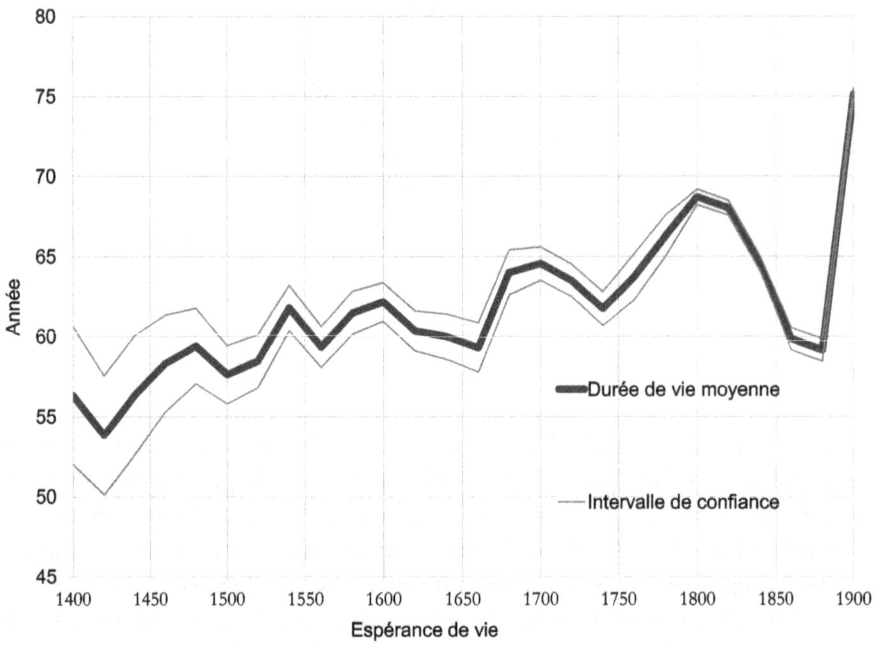

Figure 6.1. Espérance de vie des hommes illustres par année de naissance. Calculs de l'auteur.

Bien entendu, les personnes « célèbres » ne sont pas représentatives. Cette tendance peut donc s'expliquer par une des hypothèses suivantes : soit le train de vie des notables les plus riches s'est amélioré par rapport à celui des plus pauvres, soit un progrès généralisé a atteint toute la population, soit les deux phénomènes se sont produits à la fois.

Dans une enquête au long cours sous la direction de Louis Henry, des démographes français ont collecté les données issues des paroisses[4]. Chacune d'entre elles enregistrait les naissances et les décès, pour les besoins du culte, et il est demeuré des registres de qualité à partir de la fin du XVIIe siècle. Si toutes les paroisses n'ont pas laissé des registres, l'enquête de Louis Henry a sélectionné des paroisses représentatives.

Ces données, plus proches de la population réelle, confirment la baisse de la mortalité durant la première moitié du XVIIIe siècle, mouvement qui s'accentue après les années 1750 - c'est la mortalité infantile qui diminue le plus, même si elle demeure beaucoup plus élevée qu'aujourd'hui[5].

Paradoxalement, cette baisse de la mortalité ne s'est pas traduite par une hausse du revenu par habitant : après avoir augmenté dans la seconde moitié du XVIIe siècle et subi les affres des dernières guerres de Louis XIV, le revenu par habitant stagne tout au long du XVIIIe siècle. Un autre indicateur, la taille des recrues militaires, nous dépeint un tableau plutôt sombre des conditions de vie : les Français (pris par cohortes de naissances) semblent avoir grandi après le XVIIe siècle, mais rapetissent de nouveau à partir des années 1740[6]. Si l'on vivait mieux au XVIIIe qu'au XVIIe, le « siècle des Lumières » n'a pas pour autant été un siècle de croissance économique, contrairement à ce que pensait Jules Michelet, qui le considérait comme le véritable « Grand Siècle ».

Les progrès de l'espérance de vie ne tenaient pas seulement à l'amélioration de l'approvisionnement alimentaire. Le cycle de pandémie ouvert en 1348 prenait fin mystérieusement : le dernier épisode de peste eut lieu en 1720 à Marseille. Elle fut vaincue, pensait-on, par un confinement rigoureux, sans doute également par un processus invisible de sélection génétique chez les rats[7], de plus en plus résistants au bacille.

La guerre épargna également les Français. Si l'on excepte la douloureuse guerre de Succession d'Espagne, les conflits se déroulaient hors du royaume, et les rares incursions ennemies étaient proches des frontières. Il restait à payer les impôts et parfois à loger les « dragons ». Les armées, plus disciplinées, ne répandaient plus des épidémies partout comme elles le faisaient encore dans la première moitié du Grand Siècle.

Il y eut également le climat, qui connut d'importantes variations entre 1500 et 1800 : la baisse de température moyenne à la fin du XVIe siècle aurait été ainsi une des causes des crises et des guerres civiles en Europe[8]. Ce « petit âge glaciaire » semble avoir pris fin peu après 1700. Les dernières grandes famines en France eurent lieu en 1709, lors du grand hiver et de la phase la plus douloureuse de la guerre de Succession d'Espagne.

Ajoutons à cela l'effet déjà évoqué des nouvelles plantes d'Amérique, qui amélioraient la qualité de l'alimentation : il y avait la pomme de terre, que

Parmentier commença à introduire avec succès dans les années 1770 – mais son heure de gloire serait le XIXe siècle. Au XVIIIe siècle, le maïs soulageait déjà le Sud-Ouest et avait contribué à réduire le nombre de jachères[9]. Le sarrasin, ou blé noir, souvent négligé car considéré comme un substitut de faible qualité au froment (il est deux fois moins cher), apparut en France au XVIe siècle, venant sans doute d'Europe de l'Est ; il occupa une part importante des surfaces cultivées en Bretagne et dans le Bas-Maine, ainsi qu'en Alsace ou en Auvergne. Il amoindrit les dégâts causés par les hivers rudes, car le sarrasin, semé en mai, est surtout sensible aux chaleurs estivales ; le blé noir pouvait aussi être semé en urgence si les récoltes des blés d'hiver étaient compromises, comme en 1709 dans l'Ouest. Cette céréale, moins exotique et attrayante que les plantes d'Amérique, joua pourtant, contre les famines, un rôle presque aussi important[10].

Ces nouveautés ne s'imposaient que lentement. Seuls les riches propriétaires agricoles faisaient des expérimentations, dont nous gardons des traces par exemple dans le journal de Gouberville[11]. L'assolement le plus efficace du blé noir, avec avoine et seigle, ne fut pas déniché tout de suite, de même que le maïs ne trouva pas tout de suite ses meilleures terres ; mais l'expérience venait et, avec elle, sagesse et productivité.

Le progrès du commerce

La population française augmenta rapidement, passant de 22 millions en 1700 à 29 millions en 1789. C'était la première fois que la France dépassait la barre des 20 millions d'habitants, déjà atteinte au Moyen Âge : il fallait cultiver avec plus d'intensité des terres de plus en plus ingrates. Pourtant, le niveau de vie n'a pas diminué, et la sécurité alimentaire s'est même améliorée, la dernière famine générale datant de 1709.

La stagnation du niveau de production par habitant ne signifie donc pas l'absence de progrès technique, mais que celui-ci est tout juste suffisant pour compenser les effets du décollage démographique. Nos calculs sur les chiffres de PIB par habitant et la population conduisent à estimer la hausse de la productivité entre 15 et 20 % au XVIIIe siècle[12].

Ce phénomène s'explique par la spécialisation agricole, de meilleures techniques et le commerce colonial. Voltaire a ainsi pu louer, dans *Le Mondain*, le « bon temps » de « ce siècle de fer » et le développement du commerce qui « a réuni l'un et l'autre hémisphère ».

Dans l'agriculture, qui restait le principal secteur d'activité, le progrès provint d'abord du développement du commerce intérieur, grâce auquel les différentes régions pouvaient se spécialiser de plus en plus. L'agronomie elle-même ne fit pas de progrès, le livre d'Olivier de Serres de 1600 restant la meilleure référence disponible. Il fallut attendre le XIXe siècle[13] pour que les progrès de la chimie aboutissent à une modification radicale des pratiques.

Ainsi, ce sont des routes de meilleure qualité, combinées à quelques innovations comme la bouteille de vin en verre sombre, qui permirent la croissance de la productivité agricole. Dans le village de Sennely, en Sologne, les nouvelles routes commerciales permettent l'essor de l'élevage dans de grandes exploitations, les herbages étant plus adaptés à la faible qualité du sol, tandis que les petits paysans qui cultivaient auparavant du seigle noir vendent leurs terres et émigrent vers des régions plus fertiles[14].

L'amélioration du transport a également d'autres avantages pour l'agriculture : il y avait plus de charrettes et de chevaux, et ces derniers fournissaient un engrais précieux.

Il n'y eut pas de changement dans les modes de transport eux-mêmes, qui reposaient toujours sur la force de trait animale. Le transport maritime bénéficia de la précision accrue des compas et des montres, et les navires à voile anglais accéléraient grâce à des coques en cuivre à la fin du XVIIIe siècle – mais ces innovations n'étaient pas aussi radicales que le serait le bateau à vapeur et, surtout, elles ne bénéficiaient pas aux navires français, ni même aux hollandais[15].

Cependant, l'État améliora les infrastructures existantes. Pour le transport terrestre, après avoir créé une poste rapide et fiable, l'administration prit en main la rénovation des routes. Le corps des Ponts et Chaussées fut créé en 1716. En 1738, le contrôleur général Orry instaura la corvée royale, qui contraignait les paysans, manœuvriers et même les bêtes à contribuer à l'entretien et à la construction des routes. Ils pouvaient être amenés à travailler jusqu'à douze jours par an, même si les conditions différaient largement d'une région à l'autre. Au total, ces corvées auraient représenté 36 millions de journées de travail par an, soit 1 % de la force de travail totale en France[16].

Assez rapidement, la corvée royale suscita des oppositions. Certains « économistes », comme Turgot et Dupont de Nemours, tentèrent de l'abolir dans les années 1770 et 1780. Ils pensaient que les corvéables travaillaient de mauvaise grâce quand ils étaient appelés à venir gratuitement pour l'entretien des routes. Des travailleurs spécialisés et rémunérés à la tâche leur auraient semblé plus productifs.

Cependant, si l'État avait prélevé des impôts en espèces plutôt que sous forme de corvée, il n'aurait sans doute pas été capable de consentir un effort important pour les routes, et aurait consacré ces recettes à des besoins plus urgents aux yeux des ministres comme le remboursement de la dette ou la guerre. La corvée royale était une manière pour le gouvernement de démontrer sa capacité à mettre en œuvre des travaux d'intérêt général, car c'était une ressource « fléchée » vers les transports[17].

Avant les corvées, l'État fit construire plusieurs canaux qui améliorèrent le transport fluvial. Le canal de Briare, achevé en 1642, reliait la Loire et la Seine et permettait à un cargo venant de la Méditerranée et allant à Paris de n'effectuer plus qu'une seule escale terrestre, de Lyon à Roanne. En 1692, le canal d'Orléans fut achevé, reliant la ville jusqu'à Paris. En 1784 le prince de Condé posa la première pierre d'une écluse du canal de Bourgogne, puis du canal reliant le Rhône au Rhin, enfin de celui reliant la Saône à la Loire. Les intendants jouaient un rôle moteur pour ces projets : à Caen, Esmangart (1736-1793) rendit l'Orne navigable jusqu'à la mer ; à Valenciennes, Sénac de Meilhan (1736-1803) prolongea l'Escaut jusqu'à Cambrai.

Le plus bel ouvrage de la France d'Ancien Régime, le canal du Midi (nommé « canal royal du Languedoc » avant la Révolution), réalisait un rêve d'ingénieur romain : passer de la Méditerranée à l'Atlantique en bateau, sans avoir à contourner la péninsule Ibérique. La France était depuis Rome la « contrée sise au rapprochement des deux mers[18] », grâce à l'ouverture créée par la remontée du Rhône et de la Saône dans l'arrière-pays depuis la côte méditerranéenne. Le canal du Midi raccourcissait encore le trajet, et sa jonction avec la Garonne permettait de voyager depuis Bordeaux jusqu'au Cap d'Agde, en passant par Toulouse, d'où son autre nom de « canal des Deux-Mers ».

Proposé par le fermier et entrepreneur Pierre-Paul Riquet, avalisé par Colbert, financé en partie par l'administration royale et les États du Languedoc[19], le canal fut achevé en 1681, offrant de nouveaux débouchés aux vins de Bordeaux comme à ceux, moins prestigieux, de Montpellier. Le canal permit au Bas-Languedoc d'abandonner en partie la culture peu productive du blé et de se spécialiser davantage dans le vin, tandis que le Haut-Languedoc exportait son blé vers la côte. Grâce à lui, les draps de Toulouse pouvaient rejoindre la Méditerranée à bas coût et s'exporter vers le Levant. Le canal, trop étroit, ne permettait cependant pas à la marine française de passer de l'Atlantique à la Méditerranée et il ne remplit pas tous les objectifs que s'était fixés Colbert. Malgré tout, en désenclavant l'Armagnac et la région de Toulouse, en étendant les marchés du Bordelais, il fit beaucoup pour le commerce et justifia son coût de 16 millions de livres tournois (un peu moins de 1 % de la production annuelle française, et près de 15 % des recettes publiques annuelles, mais les sommes furent déboursées sur quinze ans).

Les progrès scientifiques des précédentes années se traduisaient également dans les ouvrages d'art qui servaient aux transports terrestres. Les anciens ponts avaient souvent fini emportés par les crues des fleuves, et la seule technique que l'on avait trouvée pour les stabiliser avait été de construire des arches massives, comme celles du pont d'Avignon ou du Pont-Neuf[20]. Cependant, ingénieurs et architectes des Lumières se rendaient compte qu'il valait mieux réduire la résistance qu'opposaient les arches à l'eau : les nouveaux ponts, aux bases plus fines et « dynamiques », seraient plus durables[21] et moins coûteux.

À la fin du XVIIIe siècle, la France comptait 400 ponts, 1 000 kilomètres de canaux et 4 000 kilomètres de chemins[22]. Cela est bien peu comparé à aujourd'hui, où les seules autoroutes sont longues de 12 000 kilomètres, les chemins de fer de 31 000 kilomètres, et le réseau routier total d'un million de kilomètres[23]. Ce réseau était néanmoins bien plus dense que tout ce qui avait précédé, et faisait l'objet d'une gestion centralisée par un corps de fonctionnaires et d'ingénieurs compétents. Il préparait le futur réseau de chemin de fer, par la rencontre du progrès technique et de la volonté de l'État[24].

Ces nouvelles infrastructures firent prospérer le commerce intérieur français. Paris, à la fin du XVIIIe siècle, était l'un des plus grands marchés d'Europe, une foire permanente avec des biens venant des quatre coins de la France et de plus loin encore : les bovins du Limousin, les huîtres de Saint-Vaast ou de La Hougue, le sucre des colonies passant par Nantes, les vins de Champagne ou de Bourgogne, les morues pêchées en Terre-Neuve, le hareng blanc de Dieppe, le beurre du pays de Bray, les œufs de Lagny ou du Gâtinais, etc.[25].

Le commerce favorisait les manufactures et la spécialisation, notamment dans la vigne : les vignobles de Champagne et de Bourgogne étaient parmi les entreprises françaises les plus dynamiques du XVIIIe siècle.

L'essor de la vigne

La capitale était une ville de buveurs : le Parisien moyen du XVIIIe siècle consommait 150 litres de vin par an[26]. L'Île-de-France avait encore un important vignoble, dont il ne reste que des vestiges ; il fallait bien cela pour remplir la coupe de la capitale, et animer toutes les guinguettes aux frontières de la ville, qui étaient dispensées des lourds impôts dont était frappé le vin en franchissant les enceintes urbaines.

L'existence de ces vignes franciliennes, dans des terres fertiles mais auxquelles on n'a jamais reconnu la qualité de « terroir », nous signale un défaut d'intégration commerciale en France. Tant que les coûts de transport étaient élevés, il fallait que les vins fussent d'une qualité supérieure à la moyenne, ou exceptionnellement peu chers à produire, pour être exportés : il fallait donc des vignes locales pour compléter les importations. Paris était desservi en vins de luxe par Bordeaux mais aussi par la Bourgogne et la Champagne qui commencèrent à produire des vins hauts de gamme, et l'approvisionnement lointain allait être favorisé par l'essor commercial. En plus des nouveaux canaux et routes, plusieurs innovations vinrent faciliter l'échange du vin : les bouteilles en verre sombre, que les Français achetaient aux verriers catalans, ou encore le bouchon de liège[27]. Ces nouveautés, venues d'Angleterre, remplaçaient les barriques. Elles permettaient de transporter beaucoup plus facilement les liqueurs et d'en préserver la qualité. Avec le temps, le commerce s'étendait aux vins bas de gamme. À la fin du XVIIIe siècle, des vins bon marché arrivaient à Paris, depuis le Languedoc ou le sud de la Bourgogne.

Le vin de Champagne devint pétillant grâce aux innovations du « procureur » - c'est-à-dire du cellier - de l'abbaye de Hautvillers, le semi-légendaire Dom Pérignon (1639-1715). Travaillant sur des cépages de vin rouge (les raisins blancs champenois avaient mauvaise réputation), il mélangea les variétés et les laissa maturer pour que leur sucre provoque l'effervescence. Le Champagne, vignoble le plus septentrional de France, apparemment le moins avantagé, allait devenir une marque de luxe. La « méthode champenoise » allait permettre l'enrichissement de plusieurs fermiers et agriculteurs habiles - à l'image du père du *Paysan parvenu* de Marivaux. Ce marché réservé d'abord à une élite s'étendit dès le XVIIIe siècle. En 1780, la Champagne exportait 400 000 bouteilles de vin par an ; ce serait 5 millions en 1840 et 22 millions en 1900.

De manière générale, les progrès de la consommation à l'intérieur de la France permirent à toute une classe de petits propriétaires de s'illustrer. La viticulture permettait à un viticulteur de gagner sa vie avec 2 hectares seulement, là où il fallait 4 hectares[28] de terres céréalières pour qu'un paysan fût auto-suffisant - même si les vignes requéraient davantage de travail.

Une économie qui laisse à l'écart les provinces

Ce marché agricole et industriel ne s'était pleinement développé que dans la grande région nordique et centrale de la France, qui avait bénéficié de l'abolition des douanes intérieures par Colbert en 1664 : c'était la grande région des « Cinq Fermes », la plus dynamique de l'économie française. Les autres, les « provinces réputées étrangères » (qui bénéficiaient d'une certaine autonomie administrative) et les « provinces étrangères » (ou nouvellement acquises) bénéficièrent moins de l'essor du commerce, ne serait-ce que parce qu'elles ne pouvaient commercer librement avec la région des Cinq Fermes.

La Bretagne, par exemple, était en régression économique - elle était demeurée enclavée malgré le succès de Saint-Malo dans le commerce atlantique. Même si elle n'avait pas vu son niveau de vie baisser, sa population cessa de croître au XVIIIe siècle, alors que celle du reste du pays avait augmenté de 40 %. Il s'était déjà formé une grande inégalité entre un Nord riche et un Sud pauvre ; la frontière qui les séparait était définie par la ligne allant de Saint-Malo à Genève. Cet écart ne se terminerait pas avec la monarchie et il allait en fait être accentué par la Révolution.

L'accès à un vaste marché ouvert et dominé par la capitale était une des sources du progrès économique. Les campagnes anglaises, plus concentrées autour d'une Londres (650 000 habitants en 1750) encore plus populeuse que Paris (550 000 habitants), en ont profité à plein. Être dans la région parisienne permettait d'acheter facilement tous les outils imaginables, d'accéder au précieux fumier de cheval, mais aussi de trouver des débouchés pour une plus grande variété de cultures.

Facilitateur du commerce, le crédit suivait : s'il est un corporatisme d'Ancien Régime qui eut du bon, il s'agit sans doute de celui des notaires. Ils purent servir d'intermédiaires efficaces pour de nombreux « microcrédits » en France. Les minutes de notaires (c'est-à-dire les archives de leurs actes), bien connues des historiens qui y cherchent des détails juridiques ou des petits faits vrais caractéristiques des changements de mentalité, nous dévoilent également un crédit entre particuliers dynamique dans les grandes villes. D'après une estimation par sondage, les encours de prêts notariaux représentaient près de 20 % du PIB en France ; en somme, un paysan champenois un peu aisé qui avait besoin d'une avance pour planter des vignes pouvait, malgré l'absence de banques, espérer le prêt d'un particulier[29]. Le crédit était d'autant plus facile à obtenir que l'on habitait près d'une grande ville.

La politique de Colbert

Jean-Baptiste Colbert[30] était issu d'une famille de riches marchands, qui avait acheté plusieurs offices dans l'administration financière ; il se rapprocherait du cardinal de Mazarin pendant la Régence :

> Admirablement placé pour être au courant des affaires de l'État, des affaires de Mazarin et s'occuper des siennes, il avait une grande obstination, une énorme puissance de travail, le goût de l'ordre, la pratique des dossiers, quelques idées claires, parfois fausses, et une avidité immodérée : seul ce dernier trait était alors banal. Le cardinal l'avait légué au roi. Tous deux se lièrent, en quelque sorte, en complotant l'arrestation de Fouquet, puis sa condamnation[31].

Le poste de surintendant des finances ayant été supprimé après l'arrestation de Fouquet en 1661, Colbert n'était officiellement que contrôleur général des finances, mais il était premier ministre du roi de fait. Avant que Louis XIV ne se lançât dans des guerres qui allaient faire de l'équilibre budgétaire une chimère, Colbert restructura la dette héritée de Richelieu et de Mazarin dans les années 1660, par des procès contre les financiers réputés véreux, par des défauts sur les rentes, et des rachats sur les marchés secondaires de rentes et d'offices déjà dépréciés[32].

Pendant que le roi faisait les grands jours d'Auvergne où il s'affichait comme défenseur de son peuple contre les abus des Grands, Colbert menait une enquête sur la noblesse, et demandait aux familles de prouver leur titre de noblesse. L'objectif était de mettre fin à certains abus de pouvoir et de priver d'exemptions fiscales les faux nobles.

La restructuration de la dette, la politique nobiliaire plus rigoureuse, la paix, et quelques bonnes récoltes[33] permirent d'atteindre l'équilibre budgétaire sans augmenter les impôts. L'État put alors investir dans certaines infrastructures (canaux et bâtiments royaux) ainsi que dans le soutien à l'économie manufacturière.

Une idée semble avoir obsédé Colbert : le retard sur la Hollande. Voyant ce que les aristocrates français consommaient de l'étranger, notamment en provenance des Pays-Bas, il s'inquiétait de la mauvaise santé des industries nationales ; les vêtements en lin s'exportaient bien, mais la manufacture lainière déclinait dans le Languedoc et était très faible dans le Nord. Les miroirs, production mineure mais dispendieuse, venaient tous de Venise. Le gouvernement voulait soutenir ces industries pour faire baisser le déficit commercial.

On écrit souvent que Colbert se fixait cet objectif parce qu'il était « mercantiliste ». La notion de mercantilisme est une reconstruction *a posteriori* par les adversaires de cette doctrine. Le ministre lui-même ne pensait pas être mercantiliste, et son œuvre nous montre un homme qui croit aux vertus de la liberté commerciale. Ainsi, une de ses réformes les plus emblématiques fut son tarif de 1664, déjà cité, qui mettait fin aux barrières commerciales internes de la moitié nordique du pays - sans la Bretagne ni l'Est. Il demeure qu'il était obsédé par l'équilibre de la balance commerciale.

Cette obsession du déficit, qui n'a pas disparu du monde contemporain, avait trois explications principales. Premièrement, une balance commerciale excédentaire était vue comme un atout en cas de guerre. Elle permettait de conserver un stock d'or, un savoir-faire manufacturier (pour vêtir et armer des hommes) et l'activité des navires qui transportaient les marchandises permettait d'entretenir les infrastructures portuaires et d'avoir des marins bien formés.

Deuxièmement, la conviction de l'époque était que le pays manquait d'or et qu'il en avait besoin pour stimuler le commerce intérieur et faciliter les transactions, conception économique de la monnaie encore répandue aujourd'hui[34].

Enfin, le troisième motif était celui social : ayant vécu la Fronde, Colbert était obsédé par les vagabonds désœuvrés, et pensait que les emplois des manufactures les occuperaient tout en assurant la sûreté des villes et des routes. Il fit ouvrir des ateliers de bas de laine dans les hôpitaux généraux qui accueillaient les pauvres, en faisant l'équivalent de *workhouses* à la française[35] ; les bonnetiers fournissaient des outils et de la laine et rachetaient à un tarif fixé les œuvres des mendiants recueillis dans lesdits hôpitaux. La réforme fut avortée après plusieurs années[36].

Cette politique était animée plus généralement par la recherche de la prospérité de l'économie nationale. Tous les arguments par lesquels les économistes ont pu justifier une politique industrielle se retrouvent en creux dans les correspondances et Mémoires de Colbert, notamment l'argument de l'industrie naissante. On y retrouve même l'idée répandue chez les économistes que, une fois qu'une industrie est bien établie, elle ne requiert ni privilège ni monopole[37]. L'État avait un rôle à jouer car le savoir-faire circulait mal : en faisant venir des ouvriers qualifiés en France, on permettrait à la manufacture d'atteindre pleinement son potentiel. Ainsi, le gouvernement fit débaucher des artisans éprouvés en Hollande, comme le drapier hollandais Van Robais, qui vint - malgré sa religion protestante - s'installer à Abbeville avec cinquante ouvriers[38]. Forte du soutien royal à ses débuts, son entreprise survécut à la révocation de l'édit de Nantes et à Louis XIV, et elle demeurerait encore prospère à la veille de la Révolution.

Une autre justification de la politique de soutien à la manufacture était la faiblesse du crédit. Les prêts entre particuliers, bien qu'ils ne fussent pas inexistants dans l'Ancien Régime, ne suffisaient pas à acheter des machines-outils pour les entrepreneurs. Dans les campagnes, les crédits dont on retrouve des traces dans les minutes notariales étaient faibles et ils finançaient des petits achats ou investissements agricoles et non de grandes manufactures. Or, au XVIIe siècle, c'était dans les campagnes que s'installaient le plus souvent les manufactures (les machines-outils étant souvent à domicile chez les ouvriers)[39] : faute de crédit commercial, le soutien financier de l'État pouvait faciliter des entreprises risquées.

Parmi les réussites de Colbert, il y eut l'industrie lainière. Dans le nord du pays, particulièrement en Normandie, elle devait son essor à l'action du contrôleur général. La manufacture textile y maintiendrait son activité au XVIIIe siècle et même au XIXe siècle[40]. Dans le Languedoc, où l'industrie textile existait déjà mais connaissait une phase de déclin, la manufacture de drap fut portée à bout de bras par l'État un certain temps[41]. La région fut dotée d'un système d'inspection de la qualité en 1669. Ce contrôle administratif de la qualité était rigide et décrié, mais il fit ses preuves et permit la création d'une image de marque : quand, au XVIIIe siècle, il serait relâché, les exportations de draps vers le Levant s'effondreraient, et les drapiers en deviendraient nostalgiques[42].

Le soutien au secteur de la laine s'étendait à des manufactures de sergés à la façon de Londres[43] notamment en Bourgogne. La politique colbertiste encouragea la fabrication de bas de soie, avec l'introduction de la technique des formes développée plus tôt en Angleterre, qui accroissait considérablement la productivité. On voulut appliquer le même procédé aux bas de laine, mais la guilde des bonnetiers en retarda l'adoption et obtint qu'il fût restreint aux bas de soie.

Malgré plusieurs échecs (la moquette de Meaux, les bouracans de La Ferté-sous-Jouarre peu rentables, le débauchage du drapier bruxellois Prévost qui mourut en arrivant en France), Colbert atteignit son objectif, qui était la montée en gamme du secteur textile : ce dernier se mit au niveau de ses concurrents anglais et hollandais. Pour ce qui est de la soie, la suprématie du royaume devint telle que l'Angleterre interdit purement et simplement l'importation de soie française sur son territoire.

Alors que l'aristocratie commençait à acheter des miroirs italiens, Colbert fit naître en 1665 la manufacture royale des glaces qui deviendrait plus tard

Saint-Gobain[44], aujourd'hui une entreprise du CAC 40. Pour ce faire, il fit débaucher une dizaine d'ouvriers vénitiens des ateliers de Murano. Venise était en effet le *leader* mondial du secteur et produisait les miroirs d'une grande taille que les autres fabricants, lorrains (la région n'était pas encore française) ou bohémiens, ne savaient pas faire. Le secteur était tellement profitable que les directeurs italiens réagirent avec violence à l'espionnage français, menaçant de mort tout travailleur qui serait perçu en train de céder aux avances des agents parisiens. Une fois débauchés, les ouvriers voulaient conserver leurs secrets de fabrication et se refusaient à former les Français ; de plus, leurs employeurs les trouvaient bagarreurs, de sorte qu'ils finirent par être congédiés dès 1667, et que l'on renonça à produire des miroirs aussi grands que les vénitiens.

Malgré ces péripéties, la manufacture honora ses premières commandes. Colbert put donc dès 1672, interdire les importations de glaces vénitiennes. La galerie des Glaces du château de Versailles (construite en 1674-1684) serait faite uniquement avec des miroirs fabriqués en France : elle servirait de vitrine au nouveau savoir-faire manufacturier. Bien que cette création de Colbert ait été une des plus grandes réussites au long terme et qu'elle ait été rentable après 1700, il ne faut pas exagérer son importance : elle aurait un chiffre d'affaires annuel de plus 2 millions de livres avant la Révolution, ou seulement 0,03 % du PIB français[45].

Dans le même esprit fut créée la manufacture des Gobelins, dirigée par le peintre Le Brun. Elle reçut de nombreuses commandes de la cour et réussit, contrairement à la manufacture des glaces, à tirer profit du débauchage d'ouvriers et artisans étrangers - flamands en l'occurrence[46]. Une tapisserie de la manufacture représente une visite du roi et du contrôleur général des finances, venus admirer les résultats de leur politique industrielle.

Figure 6.2. Louis XIV visitant la manufacture des Gobelins en compagnie de Colbert. Tapisserie du château de Versailles. Photo © RMN-Grand Palais (Château de Versailles)/Christian Jean/Jean Schormans.

Parmi les échecs, nombreux, sont souvent cités le fer-blanc ou la dentelle. Colbert fit venir plusieurs maîtresses de confection de Venise, afin qu'elles formassent des Françaises à la dentellerie. Il dota leurs compagnies de dentelle d'un monopole temporaire. Les prix étaient excessivement élevés cependant et les ateliers ne se maintenaient que par des commandes d'une cour peu préoccupée de ses dépenses. Seule survécut la dentellerie d'Alençon, qui existait avant Colbert. Après des péripéties rocambolesques[47], les ouvriers alençonnais en étaient venus à accepter de faire former leurs filles à la confection du point de dentelle français (imitation de celui de Venise). Ce point français, devenu le point d'Alençon, se retrouve encore dans la production locale, même si c'est sous forme muséifiée. La dentelle vénitienne allait décliner pour des raisons extérieures à la politique de Colbert, mais les Françaises n'en profiteraient pas : la dentelle hollandaise resterait plus compétitive que celle d'Alençon.

Une politique commerciale agressive accompagnait toutes ces subventions. En 1664 puis surtout en 1667[48], Colbert imposa d'importants tarifs douaniers sur les produits manufacturés venant de l'extérieur ainsi que sur l'exportation des matières premières. Il réduisait dans le même temps les tarifs portant sur l'exportation de produits manufacturés et l'importation de matières premières[49]. La raison de cette politique était que les produits manufacturés concentraient le gros de l'emploi, de la valeur ajoutée et des excédents commerciaux, et qu'il fallait par conséquent encourager leur production (en les protégeant de la concurrence étrangère) et leurs exportations ; dans le même esprit, il fallait favoriser l'accumulation au meilleur prix des matières premières comme la laine qui servaient à les produire[50].

Colbert a la réputation d'avoir inauguré les guerres tarifaires en Europe, qui finissent mal si tous les pays du monde s'imitent ; s'il est vrai que la France a tiré la première, elle fut loin d'être la seule à jouer ce jeu. La patrie des libéraux, l'Angleterre du XVIIIe siècle, était bien davantage fermée aux importations françaises que la France protectionniste ne l'était aux exportations anglaises, et cela demeurerait vrai jusqu'au règne de Napoléon III. Les Anglais développèrent le vin de Porto et se mirent à la bière afin de ne plus consommer de vin français, auquel ils imposaient des tarifs rédhibitoires. Lorsque la France lui proposa de négocier des accords de libre-échange, l'Angleterre se montra systématiquement plus réticente[51]. Ainsi, si le mercantilisme a fait du mal à l'économie, c'est à l'échelle de l'Europe et non seulement de l'Hexagone.

Colbert fut également responsable de la politique coloniale. Il lança des compagnies à capitaux publics et privés, généralement dotées d'un monopole commercial sur une des possessions françaises. Les compagnies firent toutes faillite dans les vingt ans qui suivirent. Il s'agissait d'une expérimentation délibérée, tentée par le « surintendant à la navigation » pour deux raisons. La première était le grand succès des compagnies coloniales hollandaises et anglaises, qu'il s'agissait d'imiter. La deuxième était cette idée que l'on pouvait prendre le risque de pertes (souvent publiques) si l'on consolidait des gains futurs dans le commerce. Avant ces créations de compagnies, une grande partie du trafic des colonies françaises était captée par des navires hollandais, et c'est ce à quoi Colbert tenta de mettre fin. Il fit ainsi interdire l'importation de viande de bœuf salée étrangère (importée par les Hollandais quoiqu'elle vînt d'Irlande), au motif qu'elle créait un déficit commercial supplémentaire. Or la viande de bœuf française coûtait quatre fois plus cher que la viande irlandaise. De même, pour favoriser les liqueurs de métropole, il fit interdire la fabrication de rhum dans les colonies françaises alors que les conditions de production y étaient idéales. Par symétrie, et pour favoriser le commerce des colonies, il restreignit considérablement la culture du tabac en métropole. Ces actions freinèrent le développement des colonies, y rendant les conditions de vie plus difficiles et elles renchérirent le tabac en France.

Malgré ces mauvaises orientations et l'échec initial des compagnies coloniales, la période colbertiste marquerait le début de la véritable exploitation économique des îles françaises. Le ministre avait pu constater que les Français, contrairement aux Anglais, étaient peu désireux de quitter leur patrie : le gouvernement était attentif à la question du peuplement des colonies et y ordonna plus de soixante-sept recensements, alors qu'il n'y en avait jamais eu en France métropolitaine[52]. Il prit alors une de ses décisions les plus importantes : acheter des esclaves pour peupler et cultiver les colonies, dans les Caraïbes et en particulier à Saint-Domingue. Les Hollandais et les Anglais maîtrisant le marché de la traite négrière, il alla chercher les esclaves en Afrique directement dans les comptoirs français du Sénégal[53]. Saint-Domingue abritait quelques milliers d'esclaves en 1681, et plus de 600 000 en 1789. Ce nouveau mode de production inhumain, adopté alors que l'esclavage avait disparu depuis plusieurs siècles en métropole, nécessitait des précisions sur les droits des esclaves et ceux des propriétaires – notamment pour prévenir les litiges qui pourraient survenir entre colons. C'est ainsi que fut entreprise l'écriture du Code noir. Il serait terminé par le fils de Colbert, Seignelay, et promulgué deux ans après sa mort, en 1685.

Une autre singularité de Colbert fut son intérêt pour la marine. La « Royale », coûteuse à entretenir et aucunement prioritaire pour une France qui s'intéressait davantage aux conflits continentaux, était tombée en décrépitude avant que le surintendant à la navigation ne fît redémarrer les arsenaux et construire plus d'une centaine de bâtiments. Elle dépassa alors les marines anglaise et hollandaise combinées, ce qui ne se reproduirait plus jamais après 1700[54]. Elle allait également jouer un rôle économique majeur : le commerce colonial deviendrait un des principaux enjeux des conflits européens à partir de la guerre de la Ligue d'Augsbourg. Les bâtiments de guerre permettaient d'assurer une sécurité à ce commerce et à ses débouchés. Les progrès de la Royale permirent également de réduire la piraterie en Méditerranée depuis les côtes des États « barbaresques » (Maroc, Tunisie, Algérie), ce qui facilita le dynamisme de Marseille au XVIIIe siècle.

Colbert mena également une politique de soutien à la pêche. Le tarif de 1664 et des mesures additionnelles en 1671[55] protégeaient les pêcheurs commercialisant la morue canadienne, en taxant lourdement le hareng hollandais. Les morutiers français allaient chercher en Terre-Neuve ces poissons gras, qui avaient d'autant plus de succès qu'ils étaient autorisés pendant les jours de maigre ou le Carême. Ces longs voyages à la logistique difficile, en plus d'être très profitables, étaient une véritable école de formation pour la marine.

En plus de toutes ces missions, Colbert était surintendant des bâtiments. Il surveillait lui-même l'avancée des travaux des châteaux de Saint-Germain, Fontainebleau, Versailles, ou du Louvre. Il servit même d'intermédiaire entre le roi et Mademoiselle de La Vallière pour leur rupture, et veilla à l'éducation des enfants illégitimes de Louis XIV avec la marquise de Montespan.

En somme, Colbert était avant tout un bourreau de travail, qui bénéficia d'une période de prospérité et d'un budget assez confortable pour mener d'importants investissements. Il était « pragmatique », n'étant ni libéral ni même colbertiste : il accordait le privilège et imposait les inspections et règlements supposément restrictifs en même temps qu'il contournait d'anciens monopoles. L'économie qu'il réformait était très verrouillée, et il ne comptait pas le moins du monde abolir les corporations, même s'il voulait davantage les soumettre au roi[56]. Dans ses lettres et ses Mémoires, transparaît un homme qui apprécie les bienfaits du laisser-faire commercial, n'accordant de privilèges ou de subsides que dans la mesure où une industrie était naissante ou pour attirer de talentueux étrangers.

Ses dernières années ne furent pas aussi brillantes que les premières. Une fois que les guerres eurent repris, la politique économique de grandeur céda le pas à la politique des expédients, consistant à emprunter de l'argent pour financer les armées dirigées par Louis XIV et le rival de Colbert, Louvois. Il vit croître la dette qu'il avait restructurée, et disparaître les excédents qu'il avait patiemment accumulés. Il aurait cependant la chance de mourir avant que l'État ne soit plongé de nouveau dans la détresse financière.

Le secteur français le plus dynamique : le commerce extérieur

Le commerce extérieur, et particulièrement le nouveau commerce colonial, connut un essor impressionnant au XVIIIe siècle, surtout aux Antilles. À Saint-Domingue, aujourd'hui Haïti, le nombre d'esclaves fut multiplié par 100 entre 1700 et 1789 (600 000). Ils travaillaient dans la production de sucre, de café et de tabac.

À la veille de la Révolution, les importations représentaient près de 10 % du PIB[57], dont une part importante provenait des colonies. Les villes atlantiques bénéficièrent pleinement du commerce colonial avec les Antilles, dont elles revendaient le sucre et le café. En Méditerranée, Marseille devint un centre de réexportation des produits de l'Atlantique, ainsi que des draps languedociens et des soieries lyonnaises, vers l'Italie et le Levant.

L'Angleterre créa à la fin du XVIIIe siècle la première chaîne de valeur mondiale avec son empire du vêtement de coton[58]. De son côté, le commerce colonial français restait une affaire assez simple, sans processus industriel sophistiqué, et il n'exploitait pas au maximum toutes les possibilités qui lui étaient ouvertes. Ainsi, Saint-Domingue était le premier producteur de sucre, ce qui fournissait un excédent commercial aux Français, notamment vis-à-vis des Anglais, les plus gros consommateurs du monde ; cependant, la France manquait de combustibles peu chers, et elle ne raffinait donc pas le sucre qu'elle réexportait. La principale raffinerie, à Orléans, servait uniquement à la consommation parisienne.

Le commerce antillais, extrêmement enrichissant pour ceux qui pouvaient s'y adonner[59], n'eut pas un rôle moteur pour l'industrie française comme le coton en Angleterre. La prospérité des cités atlantiques fut temporaire. Quand, à la suite de la Révolution française, les esclaves de Saint-Domingue se furent libérés de la tutelle française, Bordeaux, Nantes et Le Havre mirent plusieurs décennies avant de redevenir des ports prospères, portés par la révolution industrielle du XIXe siècle[60]. Ces ports atlantiques, notamment Bordeaux, furent les derniers qui « bâtirent leur fortune sur le commerce d'entrepôt[61] ». Ils avaient seulement servi d'intermédiaires entre les riches Caraïbes, dont la navigation était devenue interdite aux étrangers, et le reste de l'Europe. Ce rôle d'intermédiaire deviendrait moins intéressant à la fin du siècle, quand le gros de la valeur ajoutée serait concentré dans l'activité industrielle et non plus dans le commerce : Marseille allait jouer un rôle économique similaire pour le second empire colonial français à la fin du

XIXe siècle, mais elle n'en profiterait pas autant que Nantes avait bénéficié du premier empire colonial.

Le commerce extérieur fut cependant un important moteur du développement économique au XVIIIe siècle, et il donna au pays les revenus qui lui permettraient d'importer le blé du Levant, de la mer Baltique voire d'Angleterre lors des mauvaises récoltes[62]. Il permit à beaucoup de bourgeois de s'enrichir, et de bâtir de belles demeures en pierres. Cependant, le maintien de ce commerce colonial nécessitait une politique militaire coûteuse, financée par le contribuable.

La France était présente sur un nombre croissant de marchés depuis la guerre de Succession d'Espagne (1701-1713). Cette guerre, la plus douloureuse et coûteuse qu'eût dû mener Louis XIV[63], engagée pour des raisons géopolitiques, avait également des motifs économiques : elle pouvait procurer à la France des avantages commerciaux dans l'empire espagnol. Louis XIV écrivit même que le « principal objet de [cette] guerre [...] est celui du commerce des Indes et des richesses qu'elles produisent[64] ». La France assura la sécurité de cargos de métaux précieux venus d'Amérique jusque dans ses côtes durant le conflit. En 1709, le ministre des Finances, Desmarets, assura devoir le salut (tout relatif) du budget à l'arrivée d'un cargo intact de 30 millions de livres tournois de métaux[65]. Alliée à l'Espagne par un contrat de famille, la France put commercer avec l'Espagne et ses possessions coloniales, en Amérique comme en Inde, en bénéficiant de la clause de la nation la plus favorisée, qui lui offrit des termes commerciaux très favorables. À la paix d'Utrecht, les Français et les Espagnols durent certes céder des privilèges commerciaux aux Anglais, et notamment le droit de faire venir en Amérique un navire de traite d'esclaves chaque année. Malgré tout, ce furent les Français qui bénéficièrent le plus de l'ouverture du commerce espagnol : plusieurs familles de marchands s'implantèrent à Cadix. Jean-Joseph de Laborde (1724-1794), un des grands financiers de Louis XV, était né dans le pays d'Ossau et il avait bâti sa fortune sur le commerce franco-espagnol, florissant à la frontière.

La France était devenue une puissance commerciale en Inde et elle aurait pu sérieusement perturber l'activité coloniale anglaise si elle y avait concentré ses efforts. Lors de la guerre de Succession d'Autriche (1740-1748), Dupleix noua des alliances efficaces avec les Indiens contre les Anglais. Pendant la guerre d'Indépendance américaine (1778-1783), Suffren connut son heure de gloire sur le théâtre indien, où il assista les colonies néerlandaises et s'allia avec le royaume indien de Mysore, infligeant de sévères défaites à la marine anglaise. Bien qu'elle eût gagné cette dernière guerre, la France ne tenta pas de déstabiliser les positions anglaises et ne s'aventura pas dans une colonisation indienne : elle visait un retour de l'équilibre entre les deux puissances et ne voulait pas provoquer de nouvelles guerres. Le commerce dans le Pacifique consistait essentiellement en importations de biens comme le thé, les épices ou la porcelaine, qui pouvaient être revendus en Europe depuis les ports français. Le principal bénéfice que tiraient les Français de ces échanges était celui de la contrebande de thé vers la Grande-Bretagne. L'Angleterre, qui achetait en Inde du coton brut à bas coût, en profitait pour développer son industrie textile. Ainsi, le commerce indien était un des facteurs de la révolution industrielle en Angleterre et un passe-temps de flibustier en France.

Les Français avaient investi une partie de leurs efforts au Canada et en Louisiane, y embarquant quelques dizaines de milliers de personnes - tels *Manon Lescaut* et le chevalier des Grieux, exilés en punition de leur vie dissolue dans le roman de l'abbé Prévost. Le commerce de fourrure assurait des bénéfices, modestes mais appréciables. Cela ne pouvait aller plus loin : la France manquait déjà de ce dynamisme démographique qui permettrait à l'Angleterre de coloniser de vastes territoires en y envoyant des centaines de milliers d'hommes. La priorité serait les Antilles, qui trouva l'équilibre économique grâce à l'esclavage. Lorsqu'il dut faire des concessions territoriales après la guerre de Sept Ans (1763), Louis XV préféra conserver ses positions dans les Caraïbes plutôt que ses comptoirs en Inde ou même l'Amérique française - à laquelle il renonça complètement lors du traité de Paris de 1763. Le seul vestige de l'occupation française serait les droits de pêche en Terre-Neuve. La persévérance et la francophobie de l'élite anglaise lui avaient permis de trouver les ressources militaires et fiscales pour progressivement chasser les Français de ces marchés. Cette humiliante défaite ne mit pas fin aux progrès du commerce mais démontra qu'il était à la merci de la *Royal Navy*, et fit germer des doutes sur la puissance du royaume.

La prospérité de Saint-Domingue était telle que, malgré les déconvenues politiques, le commerce extérieur poursuivit sa croissance. Autour de 1700, le royaume avait un volume d'exportations largement inférieur à celui de l'Angleterre ; il la dépasserait à la fin du siècle, bien que les exportations anglaises eussent crû à un rythme soutenu. S'il n'y avait rien d'impressionnant à ce que la France exportât davantage de marchandises qu'un pays quatre fois moins peuplé[66], il demeure que le commerce extérieur était le secteur le plus dynamique de l'économie. Les marchands français étaient les principaux exportateurs dans les Caraïbes, dans la Baltique, dans le sud de l'Europe ou encore au Levant. Les Anglais les dominaient au Portugal, en Russie (cela aurait son importance pour la suite) et dans leurs colonies.

Le maintien du commerce colonial contraignait la France à toutes sortes de dépenses inutiles, qui contrebalançaient les gains des villes portuaires. La nature des dépenses publiques que faisaient peser ces rivalités s'illustre le mieux dans la pratique des courses. Après une vaine tentative d'invasion de l'Angleterre lors de la guerre de la Ligue d'Augsbourg (1688-1697), Louis XIV décida d'encourager les initiatives privées de piraterie. Les « courses » consistaient en un contrat entre l'État et des armateurs ; ces derniers se voyaient accorder l'autorisation de capturer les cargaisons de navires ennemis, qu'ils pouvaient remettre en vente. À ses débuts, la stratégie était croisée avec une marine puissante, capable d'immobiliser l'ennemi en menaçant d'attaques à des points stratégiques, et elle livrerait de bons résultats, militairement et économiquement. Cependant, comme la flotte de guerre déclinait dans la première moitié du XVIIIe siècle, les courses devinrent de moins en moins efficaces[67] : les armateurs se ruinaient, des marins qui eussent pu servir dans la Royale mouraient, et les prises étaient de plus en plus difficiles puisque les cargaisons ennemies étaient désormais soutenues par des navires de guerre. Les autres puissances se mirent à pratiquer les courses, et la marine française dut à son tour protéger ses cargos commerciaux. Les courses ne firent que des perdants en fin de compte. Elles ne constituaient qu'une petite partie des dépenses consenties à la marine de guerre : si les marchands et les colons s'enrichissaient grâce au commerce colonial, il n'est pas sûr que cela ne soit pas fait au détriment de l'économie prise dans son ensemble.

Les différents travaux d'estimation proposés sur les deux pays suggèrent que, après 1700, le PIB par habitants a crû au même rythme en France et en Angleterre ; ces trajectoires parallèles ne doivent pas masquer un écart permanent entre les deux pays[68]. Cet écart précède donc les grandes transformations institutionnelles qui les ont tous deux affectés[69].

Le système de John Law (1716-1720) : une réforme ratée de la finance

À la mort de Louis XIV en 1715, son arrière-petit-fils et successeur, Louis XV, était âgé de 5 ans. Durant la Régence, jusqu'en 1723, il n'y eut pas de contestation du pouvoir, événement rare dans l'histoire de la monarchie.

Le neveu du roi, Philippe d'Orléans, était plus « libéral » que Louis XIV. Il gouverna de manière collégiale, à l'aide de plusieurs conseils spécialisés : c'était la « polysynodie ». Le Régent était anglophile, ce qui aurait des conséquences pour la politique intérieure et étrangère. Il ouvrit ainsi une période de paix avec l'Angleterre, alors que les deux pays venaient de s'épuiser dans deux longs conflits, leurs relations étant exécrables depuis que Guillaume d'Orange - qui régna sous le nom de Guillaume III entre 1688 et 1702 - s'était emparé du trône en Angleterre. Cette détente se fit au prix de tensions immédiates avec le nouvel allié espagnol, qui serait dépossédé de ses territoires en Italie en 1720 sans intervention française. Ce fut le prix à payer pour que, entre 1713 et 1740, il n'y eût plus de guerre entre les deux « ennemies héréditaires » : c'était un soulagement pour l'économie, à une époque où la paix d'Utrecht avait consacré la puissance de l'Angleterre.

Sur le plan fiscal, la situation héritée du Régent était devenue banale : la guerre avait alourdi la dette de l'État et les impôts avaient été augmentés de manière exceptionnelle pour la financer. Il ne semblait pas y avoir de marge pour les augmenter davantage et les intérêts de la dette empêchaient d'accumuler des excédents budgétaires.

Pour résoudre ce problème, le Régent pouvait recourir aux expédients habituels et faire défaut, mais sa réputation auprès des créanciers se serait détériorée davantage : il avait déjà fallu courir après eux pendant la guerre, et les charmer. En 1708, Louis XIV, dans le château de Marly, avait feint de rencontrer par hasard Samuel Bernard, son dernier financier fidèle, au moment où celui-ci négociait les termes d'un prêt avec Desmarets (le contrôleur général des finances). Le roi se montra très poli et fit une visite guidée du château au banquier. Ce dernier aurait ensuite promis à Desmarets que, après un tel honneur, il serait prêt à se ruiner pour le roi[70].

Les financiers ne purent cependant empêcher que le Régent n'ouvrît une chambre de justice en 1715-1717. Certains d'entre eux seraient condamnés pour des malversations, notamment Bourvallais ou Paparel, qui finirent ruinés : ces hommes avaient eu le tort de trop s'enrichir aux dépens de l'État au moment où celui-ci avait besoin d'un bouc-émissaire. Malgré ces procès, le Régent ne prévoyait pas de revenir sur ses engagements financiers. Dans l'ensemble, le pouvoir se montra favorable aux rentiers : le dernier contrôleur des finances de Louis XIV, Desmarets, avait lancé en 1713 une politique de déflation. Le louis d'or avait vu sa valeur en livres tournois (la livre était une unité de compte légale et non une monnaie en circulation) passer de 20 à 14. Sans clause prévoyant de relabéliser la monnaie des dettes existantes, les débiteurs furent largement désavantagés par cette mesure, la valeur en or de leur dette grimpant de 46 %. Cette mesure aurait des conséquences sociales délétères, mais elle avait été adoptée comme un gage de bonne volonté de l'État envers ses créanciers, et venait en compensation de plusieurs manipulations inverses du cours de la monnaie. Le roi avait essayé de réparer ses torts et de revenir à la « bonne monnaie », comme cela avait pu être le cas à la fin du Moyen Âge[71].

La dette représentait 100 % du revenu intérieur français. Un défaut trop net était exclu, mais une réforme fiscale était envisageable. Bien que les impôts fussent lourds, une grande partie de la population n'était pas taxée : les citadins (y compris pour leurs propriétés foncières rurales) et les aristocrates. Louis XIV avait élargi l'assiette de la taxation, avec la capitation, impôt universel que même le dauphin payait. Cet impôt, bien qu'il fût régressif[72], avait le mérite d'être universel et de constituer un premier pas vers l'équité fiscale. Le Régent, entouré de ducs jaloux de leurs privilèges fiscaux, comme Saint-Simon, n'envisagerait pas d'augmenter les taxes des riches exemptés : seule la Révolution réussirait dans cette voie.

Une solution au problème de la dette se présenta en la personne de John Law (1671-1729), un économiste[73]. Il était issu d'une famille d'orfèvres écossais, qui jouaient en fait le rôle de banquiers. Dans une économie anglaise en pleine transformation - la Banque d'Angleterre avait été fondée en 1694 - il s'était intéressé aux avantages des billets de banque. Il écrivit un traité dans lequel il affirmait que la création de billets de banque ne susciterait pas d'inflation, mais stimulerait l'industrie, l'emploi et augmenterait la richesse[74]. Le cours des monnaies, qui avait précédemment été réévalué, fut diminué après la paix d'Utrecht en 1713 : quand John Law arriva, son système avait d'autant plus de chances de soulager l'économie que celle-ci venait de subir une crise déflationniste. Ainsi, la théorie de Law s'appliquait particulièrement bien à la France de 1715[75].

Il s'agissait d'un homme beau et charismatique, qui se révéla avoir les talents d'un administrateur. Il rêvait d'appliquer son système à un pays, et faisait la tournée des ministres des Finances pour leur exposer ses idées. Peu avant la mort de Louis XIV, John Law avait rencontré le duc d'Orléans et Chamillart - contrôleur général entre 1709 et 1713. Philippe d'Orléans devenu régent, John Law, qui lui avait fait une forte impression, allait être appelé aux affaires et pouvoir tenter l'une des expérimentations politiques les plus audacieuses de l'Ancien Régime.

Le système de Law était constitué de plusieurs couches et avait l'ambition de remplacer tout le capitalisme financier français. Il y aurait d'abord une banque classique, qui serait dotée d'un monopole sur l'émission de monnaie, puis une compagnie coloniale ; John Law se porterait garant de toute la dette publique, et serait également responsable du prélèvement des impôts. Il s'agissait d'une compagnie gargantuesque.

La première étape était la création de la Banque générale, établie par lettres patentes le 2 mai 1716 à Paris. C'était un établissement de dépôt privé, inspiré de la Banque d'Angleterre, dont le but était d'encourager le crédit. Elle émettait des billets qui pouvaient être utilisés comme moyens de paiement. Son taux de réserve, de près de 50 %, la rendait très sûre. Elle jouait également un rôle sur le marché des changes, et facilitait les transactions commerciales. Ses actifs étaient constitués de métaux précieux ; son passif consistait en billets de banque et en actions. Par privilège royal, les billets devinrent le premier papier-monnaie en France : ils étaient acceptés par exemple pour le règlement des impôts. Ils n'inspirèrent aucune défiance *tant que leur cours ne fut pas manipulé*. Cependant, les investisseurs étaient attentifs sur ce sujet, car Louis XIV avait manipulé à quatre reprises la monnaie dans les vingt-cinq dernières années de son règne[76].

La banque n'était qu'une première étape. John Law allait reprendre en main l'ensemble des activités coloniales : sa nouvelle compagnie investirait dans le commerce avec l'Amérique et l'Inde, sur lequel elle acquit un monopole sous le nom de compagnie du Mississippi[77]. En septembre 1720, avec l'acquisition des compagnies de Saint-Domingue et celle de Guinée, qui exerçaient un monopole sur le commerce d'esclaves dans la côte africaine occidentale[78], Law tenait dans sa compagnie tout le commerce colonial français, y compris dans les Antilles. En ce début de siècle, ce n'étaient pas les Caraïbes qui semblaient promettre le plus de profits, mais plutôt la Louisiane, où l'on commença notamment l'exploitation des mines de plomb au sud du Missouri. Law souhaitait y établir un système d'exploitation semblable à celui des Caraïbes, fondé sur l'esclavage. La Louisiane, avec son climat tempéré, pourrait fournir ses provisions à Saint-Domingue. Surtout, La Nouvelle-Orléans ouvrait au commerce un arrière-pays gigantesque, grâce au fleuve Mississippi : c'était un meilleur port que Boston ou New York de ce point de vue[79]. John Law n'était pas le seul à penser que la Louisiane offrirait des trésors à la France : même après la fin du système, les investissements continueraient d'y affluer, car la région était perçue comme un Eldorado[80]. Law était à la tête de cet ensemble et avait été derrière ces fusions-acquisitions ; les deux activités (commerce colonial et finance) étaient complémentaires ; tout gigantesque qu'il était, un tel ensemble avait sa cohérence, car il pouvait profiter de ses liquidités pour investir dans les infrastructures coloniales (travaux, achats d'esclaves).

Cette compagnie, mêlant banque et commerce colonial, formait un tout assez grand pour absorber une grande partie des capitaux français. Or une bonne partie d'entre eux étaient placés sous forme de dette. Étant donné la situation des finances publiques, les rentiers n'avaient pas confiance dans la capacité de l'État à les rembourser, et ils auraient été heureux d'échanger leurs titres contre une valeur plus fiable. En août 1719, le système de Law tirait parti de la situation et prenait un tournant : il absorbait la totalité de la dette souveraine. La « Banque générale » devenait « Banque royale », et ses actions remplaceraient les rentes publiques. Cette forme de souscription forcée alourdissait le passif de la compagnie ; en échange, elle acquérait le droit à un dividende permanent de l'État, qui correspondait à la charge d'intérêt : 48 millions de livres, ou un peu plus de 2 % du revenu national.

L'économiste écossais agrandirait encore son emprise sur l'économie avec ce dividende de l'État. Plutôt que de le reverser directement à ses actionnaires, il l'utiliserait pour s'offrir l'affermage de tous les impôts indirects du royaume, pour 52 millions de livres par an. L'intérêt de cette dernière manœuvre pour la Banque royale était le suivant : elle ne devenait pas dépendante de versements de l'État, qui aurait pu faire défaut sur les dividendes de 48 millions et la précipiter dans une crise. En prélevant elle-même l'impôt, elle s'assurait des revenus plus constants.

Cependant, cette dernière extension comportait des risques politiques. Beaucoup des financiers desquels avaient dépendu les finances publiques travaillaient dans ces fermes auxquelles étaient sous-traité le prélèvement de l'impôt : ils furent brutalement mis au chômage par John Law. Comme le remarquait Daniel Dessert, ce n'était pas seulement une révolution économique, mais bien une révolution politique et sociale contre l'élite financière. Elle tenterait de se venger.

Enfin, dans un mélange des genres qui ne choquait pas encore grand-monde, Law devenait contrôleur général des finances en janvier 1720.

L'Angleterre avait déjà fait l'expérience de la conversion des actions d'une société coloniale en dette publique avec la Banque d'Angleterre, mais le projet de Law dépassait par son ampleur et ses fonctions le simple cadre du commerce colonial et portait sur de très importants volumes de dettes. Il portait également sur une économie moins développée et financiarisée que ne l'était alors l'Angleterre.

Dans son principe, le système paraît raisonnable au regard de la situation de la régence. Transposons le cas à des pays d'aujourd'hui en délicatesse avec leurs créanciers. Si, en Argentine ou au Liban, en 2023, les autorités proposaient soudainement de confier à un technocrate étranger toutes les entreprises nationales, l'administration fiscale, le prélèvement de l'impôt, et un rôle de garant pour le remboursement de la dette, il ne fait aucun doute que les créanciers s'empresseraient d'accepter, et que le FMI féliciterait ce pays pour ses ambitieuses réformes structurelles[81]. Law n'était d'ailleurs pas le seul à avoir conçu un tel projet. D'autres financiers, comme Samuel Bernard, avaient fait des propositions de réformes qui partageaient des points communs avec celles de l'Écossais. L'idée de la Banque royale n'était pas seulement le fruit des réflexions de son directeur, mais aussi celui des circonstances[82].

Il y avait deux principaux problèmes qui expliqueraient la faillite du système. Le premier était sa politique actionnariale, qui encourageait la spéculation et la volatilité. Le second, le plus important, était la taille trop grande de ce Léviathan économique, qui devait absorber une dette trop importante en comparaison de ses revenus futurs[83].

La compagnie vendait ses actions en Bourse. Elle avait été une bonne affaire pour les investisseurs : les actions, initialement valorisées à 500 livres, avaient été rachetées en janvier 1718 à 5 000 livres lorsque la Banque générale fut nationalisée. Une fois que l'activité de l'entreprise eut été élargie, le cours de Bourse fut multiplié encore par trois[84]. John Law lui-même avait voulu ces augmentations, afin d'encourager les investisseurs à conserver leurs actions. Il n'hésita pas à manipuler le cours de l'action lui-même, en en rachetant discrètement pour éviter des baisses. De manière plus fondamentale, les émissions d'actions favorisaient par leurs modalités des cours volatiles. En effet, la souscription typique était une option d'achat : le futur actionnaire versait un dixième du prix de l'action, avant de verser le reste pour acheter l'action quelques mois plus tard. Un investisseur sceptique pouvait ainsi miser sur l'action sans la payer en totalité, et attendre de voir l'évolution du cours pour payer le reste. Ce type d'instrument financier dérivé, s'appuyant sur des effets de levier, peut démultiplier l'effet d'une décision d'investissement sur le cours boursier. L'enthousiasme pour les actions fut tel que le siège de la Banque, initialement rue Vivienne, ne pouvait plus accueillir les actionnaires. La rue Quinquampoix, où s'effectuaient les achats et ventes d'actions, se remplit pendant ces années d'une foule compacte d'investisseurs ainsi que de toutes sortes de petits commerces et services. L'euphorie financière pourrait cependant se retourner : c'est dans cette même rue que se manifesta la panique financière lorsque la compagnie fit faillite en 1720.

Ce qui contribua le plus à faire échouer le projet fut une grave erreur de calcul. Alors que les premières formes de l'entreprise avaient une capitalisation raisonnable, elle commença à émettre une quantité de monnaie et d'actions trop importante au vu de ses « fondamentaux » (c'est-à-dire des profits futurs qu'elle pouvait escompter) à partir de 1719. John Law voulait fixer le cours de l'action à 9 000 livres tournois (au plus haut, elle atteignit 15 000 livres), avec 600 000 actions, pour une valorisation totale de 5,4 milliards de livres, quand le PIB français représentait 2 à 3 milliards de livres[85].

La capitalisation boursière totale du CAC 40 en 2022, rapportée au PIB français, était deux fois inférieure à celle de la valorisation de la Banque royale rapportée au PIB français de 1720. Le système de Law en était venu à représenter la quasi-totalité du capital mobile en France (hors terres et logements). Il fallait des revenus gigantesques pour assurer la survie d'un tel Léviathan boursier. François Velde[86] a proposé de recalculer rétrospectivement les profits que firent au XVIIIe siècle les différentes activités de la compagnie après la dissolution du système afin de recalculer les flux de dividendes qu'elle aurait pu assurer à ses actionnaires. Il a trouvé un total de 70 millions de livres. Avec optimisme, on peut supposer que la compagnie, avec un *management* efficace, aurait dégagé 90 millions de livres de profits annuels[87]. La place financière la plus performante d'Europe, la Hollande, avait un taux d'intérêt « sans risque » de 3 %. Selon que l'on compte les 200 000 actions détenues par le gouvernement et la compagnie elle-même ou non, sous notre hypothèse optimiste, le système de Law aurait rapporté entre 1,7 % et 2,5 %. Law pensait pouvoir ramener le taux d'intérêt à 2 %, de sorte que sa compagnie pourrait être viable... si le principal actionnaire, le roi, renonçait à encaisser des dividendes. Law semblait croire que son système rendrait la place financière parisienne plus performante que celle d'Amsterdam, au point d'avoir un taux de financement plus avantageux : c'était avoir beaucoup de foi dans sa théorie économique que de s'imaginer que la France pourrait en quelques années dépasser le niveau de développement financier de la Hollande. En maintenant le prix d'émission des actions de la « Compagnie royale » à 5 000 livres, Law eût sans doute fait une compagnie viable. Mais, pour exister, elle devait promettre de grands avantages au gouvernement, et régler définitivement la question de la dette, qui était simplement trop importante en 1715.

La panique qui tua le système fut causée par une manipulation du cours des billets de banque, en février et mars 1720. La compagnie, pour empêcher le cours de l'action de baisser, racheta ses propres actions en émettant de nouveaux billets, ce qui contribua à faire baisser leur valeur en augmentant leur quantité. L'or devint une valeur-refuge. Le gouvernement tenta alors de faire du papier-monnaie la seule monnaie légalement acceptable pour les transactions économiques, les détenteurs de métaux étant obligés de les échanger contre des billets de banque et se voyant interdire de les transformer en bijoux. Une société qui se voulait religieuse ne pouvait cependant pas imposer cette règle pour les objets sacrés ; le génie humain pour contourner les législations contraignantes inspira alors une foi ostentatoire au Paris de la régence. Le 17 juillet 1720, le cours s'effondrait, et des mouvements de foule d'actionnaires ruinés firent des morts rue Quincampoix. Le système fut progressivement défait, et Law exilé en décembre 1720. La chute de l'Écossais avait été favorisée par tous les puissants ennemis qu'il s'était faits : après son départ, le financier Pâris-Duverney reprenait en main les affaires économiques, et organisait pour le Régent un « visa » - un audit de la dette publique.

La Banque royale aurait pu relancer l'activité coloniale de la France, aider à rétablir la marine commerciale, et permettre à la monarchie de sortir habilement d'une crise de dette, en faisant baisser le taux d'intérêt. La situation ne s'améliora pas, et le crédit de la monarchie ne remonta finalement pas – les taux d'intérêt furent bien plus élevés au XVIIIe siècle qu'ils ne l'avaient été sous Colbert ou ne l'étaient en Hollande. Néanmoins, la leçon fut tirée sur la manipulation de la monnaie : après une dernière tentative de déflation en 1724 qui créa de nouveau une récession puis un boom de reprise lors de son abandon en 1726[88], la monarchie décida de stabiliser la monnaie, qui ne serait plus manipulée jusqu'à la crise des assignats (1793-1795).

Sur le plan colonial, la compagnie de Law a sans doute contribué à faire augmenter les flux de marchandises, et le nombre de navires français qui circulaient en Inde ou en Amérique augmenta sous Law et ne baissa plus ensuite – même s'il ne faut pas exclure une coïncidence. Même si la Louisiane n'a pas été aussi profitable que l'anticipaient les investisseurs, les plantations de sucre des Caraïbes commencèrent à générer d'appréciables profits après 1720. Cette entreprise était de ce point de vue profondément immorale, et sa viabilité dépendait bien du succès des entreprises esclavagistes françaises.

On accuse souvent le système d'avoir empêché le développement de banques privées, et d'avoir jeté l'opprobre au nom même de « banque » ; on va parfois jusqu'à dire que cet événement serait la cause de la méfiance atavique des Français à l'égard de la finance. Néanmoins, il existait des banques dans les années 1780 et Paris n'eut pas de mal à devenir une place financière au XIXe siècle.

La faillite de Law a néanmoins une portée plus grave : la tentative de résoudre le problème de la dette souveraine a échoué. L'ambition réformatrice inattendue qu'a eue le monarque, ou plutôt son régent, suscite un tel échec que les moqueries abondent dans les années 1720. Montesquieu dresse ainsi dans ses *Lettres persanes* un portrait évident de Law sous la figure de l'enfant d'Éole, dieu des vents, manipulant la confiance des peuples de Bétique et ayant « le secret d'enfermer les vents dans des outres, qu'il [vend] ensuite à tous les voyageurs ».

La capacité réformatrice de la monarchie en ressortit diminuée ; un régime habitué à échouer aurait du mal à se sortir de l'impasse dans laquelle son endettement extrême des années 1780 allait de nouveau le placer. Le conservatisme politique s'accentuerait avec l'échec d'une autre réforme audacieuse : la libéralisation du marché du grain.

La libéralisation ratée du marché du grain

La monarchie tenterait de créer un marché unifié en France au XVIIIe siècle, en rassemblant toutes les barrières douanières du royaume, en vain. Ce tarif unique illustre la pénétration d'idées économiques modernes à la tête du pays, l'élite étant plus instruite sur ces sujets que ne l'était celle des légistes de Philippe le Bel. L'échec de cette réforme montre aussi tous les blocages auxquels pouvait se heurter la monarchie dans ses entreprises.

On associe généralement la naissance du libéralisme au XVIIIe siècle en Europe à l'Écossais Adam Smith, son plus brillant représentant. En réalité, la première véritable école d'économistes libéraux était française : il s'agissait du mouvement physiocrate initié par François Quesnay. Beaucoup de ses apports sont négligés, parce qu'ils étaient entachés de quelques propositions saugrenues, et que les économistes « classiques » Adam Smith, David Ricardo ou Karl Marx ont exprimé avec plus de clarté et de logique les meilleures idées physiocrates. Il n'en reste pas moins que ces précurseurs ont eu une influence certaine dans les années qui précédèrent la Révolution : les « économistes », comme on les appelait alors, étaient si bien organisés qu'ils furent accusés de former une espèce de secte, et plusieurs d'entre eux eurent d'importantes responsabilités sous Louis XV et Louis XVI.

Avant les physiocrates, les « mercantilistes » étaient préoccupés par le commerce et la circulation de l'or. À leurs yeux, un monarque devait accumuler un stock de métaux précieux et d'armes en cas de besoin, pour la grandeur de sa cour et, surtout, les besoins de la guerre. Le mercantiliste Antoine de Montchrestien (1575-1621), l'auteur du premier *Traité d'économie politique* en 1615, proposait d'encourager la navigation ou la plantation de pastel dans le Languedoc, partant du principe que cela rapporterait des devises et enrichirait le pays. Montchrestien ne s'interrogeait pas sur les raisons pour lesquelles ces industries ne se créaient pas par elles-mêmes - l'idée que le *laisser-faire* ait des vertus, qui fournit le modèle de base de l'économie aujourd'hui, n'allait pas de soi. Ces idées étaient représentatives des pratiques politiques : sous Henri IV, le contrôleur général du commerce, Barthélémy de Laffemas, fit planter avec l'horticulteur Traucat des milliers de mûriers dans le Languedoc, afin d'encourager l'industrie de la soierie au début du XVIIe siècle[89]. Colbert poussa plus loin ce principe en créant les manufactures royales et en tâchant d'aider les industries dans leur enfance en France[90]. Ces politiques en vinrent le plus souvent à encourager les manufactures, censées être des sources d'exportations plus fiables.

En réaction aux mercantilistes, les physiocrates s'intéressaient davantage à la production et moins à la balance commerciale. Ils prônaient le « gouvernement selon la nature » et les travaux des champs. Leur nom y fait d'ailleurs référence (la nature, *physis*) et les désigne assez bien, car ce furent de parfaits représentants des intérêts des propriétaires fonciers. Selon eux, c'était la terre agricole qui créait de la valeur, en faisant advenir un fruit du travail humain. Ils ne donnaient pas beaucoup d'importance à la production industrielle, perçue comme une simple transformation d'objets déjà existants : ils considéraient les marchands et les industriels (y compris les ouvriers) comme une classe stérile à laquelle on accordait trop d'attention. Dans une contribution à l'*Encyclopédie* de 1757, Quesnay résumait ainsi son opinion sur la politique industrielle du royaume :

> Depuis longtemps les manufactures de luxe ont séduit la nation ; nous n'avons ni la soie ni les laines convenables pour fabriquer les belles étoffes et les draps fins ; nous nous sommes livrés à une industrie qui nous était étrangère ; et on y a employé une multitude d'hommes, dans le temps que le royaume se dépeuplait et que les campagnes devenaient désertes. On a fait baisser le prix de nos blés, afin que la fabrication & la main-d'œuvre fussent moins chères que chez l'étranger : les hommes et les richesses se sont accumulés dans les villes ; l'Agriculture, la plus féconde et la plus noble partie de notre commerce, la source des revenus du royaume, n'a pas été envisagée comme le fond primitif de nos richesses ; elle n'a paru intéresser que le fermier et le paysan : on a borné leurs travaux à la subsistance de la nation, qui par l'achat des denrées paye les dépenses de la culture ; et on a cru que c'était un commerce ou un trafic établi sur l'industrie, qui devait apporter l'or et l'argent dans le royaume. On a défendu de planter des vignes ; on a recommandé la culture des mûriers ; on a arrêté le débit des productions de l'Agriculture et diminué le revenu des terres, pour favoriser des manufactures préjudiciables à notre propre commerce. [...] Pour gagner quelques millions à fabriquer et à vendre de belles étoffes, nous avons perdu des milliards sur le produit de nos terres.

Quesnay n'hésitait pas à s'en prendre à Colbert, qui faisait l'objet d'un culte d'une grande partie de l'administration[91]. « Monsieur Colbert, tout occupé des manufactures », avait excessivement taxé l'agriculture au lieu de l'aider à se développer : « On a préféré l'industrie à l'agriculture, et le commerce des ouvrages de fabrication au commerce des denrées du cru : on a même soutenu des manufactures et un commerce de luxe au préjudice de la culture des terres[92]. »

Cette opinion eut l'avantage d'attirer l'attention des dirigeants sur la production et la distribution agricoles, peut-être trop négligés sous Louis XIV[93].

La valeur ajoutée nationale provenait davantage de l'agriculture que de l'industrie au XVIIIe siècle. Dans cette France « moderne », 15 % de la population seulement était urbaine. Les 85 % de ruraux n'étaient pas tous des paysans[94] - nombre d'entre eux étaient artisans, marchands, meuniers, et beaucoup ouvriers, souvent à domicile, comme les fileurs - mais les paysans constituaient une majorité des travailleurs. Une majeure partie de la production était alimentaire, entre 60 et 70 % en valeur[95], et les céréales en particulier jouaient un rôle très important (près de la moitié de la production totale en valeur). L'agriculture n'était pas suffisamment productive, et la principale activité des 28 millions de sujets du roi consistait à préparer le pain qui les nourrirait.

Les « économistes » pensaient que la culture du blé devait donc être encouragée en favorisant les terres aux meilleurs rendements, en adoptant les chevaux plutôt que les bœufs pour tirer la charrue, et surtout en maintenant un prix élevé du blé. Rapidement, les physiocrates, proches pour la plupart des milieux financiers et administratifs, se focalisèrent sur une grande réforme : libérer le commerce des grains. Les producteurs, pensaient-ils, ayant davantage de débouchés que dans le marché corseté d'alors, bénéficieraient de prix plus élevés.

Ce projet intervenait alors que dans les années 1750, le royaume était encore empli de taxes intérieures : péages (pour passer un pont par exemple), octrois (pour entrer dans une foire ou une ville), aides et droits de marque (taxant la production), la gabelle et le sel - monopoles royaux - et enfin les tarifs douaniers[96]. Certaines taxes avaient un but clair et légitime, d'autres étaient surtout des héritages du temps féodal où le seigneur imposait arbitrairement la circulation.

Le système de douanes intérieures n'était pas simple et admettait de nombreuses particularités locales, malgré la réforme de Colbert en 1664 : le « liard du baron » à Arles, le tarif catalan du Roussillon, le trépas de Loire, la traite d'Anjou, la douane de Lyon, administrée par quinze bureaux, ou encore la douane spéciale de Provence à Marseille, qui appliquait la « table de mer ». Au coût fiscal s'ajoutaient celui de la tracasserie administrative, les contrôles dans les bureaux[97], les inspections nécessitées par la lutte contre la fraude, la difficulté qu'il y avait à connaître les arcanes du système pour les petits marchands sans commis ni amis haut placés. Le coût de ces barrières intérieures dépassait en fait celui des recettes suscitées, qui étaient de 7 millions de livres - soit plus de 0,1 % du PIB - encore en 1784[98].

Les tarifs, intérieurs ou extérieurs, découragent non seulement le commerce, mais aussi la spécialisation économique. S'il faut s'acquitter d'une taxe chaque fois que les céréales passent une frontière, cela n'incite pas à transformer les céréales en farine ailleurs que dans leur lieu de production ou de consommation - autrement, il faudrait payer deux fois l'octroi. Or il est parfaitement possible que les lieux où il est le plus facile d'exploiter la force hydraulique soient différents de ceux où se cultive le mieux le blé.

En plus des douanes, plusieurs restrictions à la liberté du commerce persistaient. Les exportations agricoles étaient interdites, sauf lors des bonnes récoltes ; il y avait également les réquisitions des lieutenants de police des grandes villes - ces derniers jouaient plus ou moins le rôle du préfet. Ils étaient particulièrement actifs à Paris, où ils s'assuraient que le blé fût disponible en quantités nécessaires et à bas prix. Cette politique, semblable à l'*annona* romaine, était devenue centrale dans la propagande : le monarque exerçait, par le biais de sa police, une fonction nourricière. Il rendait à l'ouvrier le pain que des marchands spéculateurs rêvaient d'exporter en Hollande, voire de cacher en attendant la hausse des prix[99]. Lors d'une famine du début de son règne, en 1661 et 1662, Louis XIV ne manqua pas de faire valoir sa générosité pour son peuple parisien, auquel il assura l'approvisionnement en céréales. Cette action fit l'objet d'une peinture de Charles Le Brun dans la galerie des Glaces et de plusieurs pièces de monnaie - même si elle n'occupe presque aucune place dans les Mémoires du souverain, davantage consacrés à la diplomatie. Ces réquisitions bénéficiaient aux Parisiens mais nuisaient aux producteurs de la région parisienne, forcés de vendre leur blé à bas coût.

Mettre fin à ce système risquait de déstabiliser l'équilibre social. Si la liberté était laissée au commerce du grain, les consommateurs des grandes villes devraient payer plus cher leur pain, car ils perdraient le bénéfice de la politique d'approvisionnement de la ville, qui représentait une subvention sur le prix de la nourriture. Une réforme enrichirait en revanche les propriétaires fonciers, en augmentant la valeur de leur production.

La libéralisation menaçait ainsi de créer des protestations des ouvriers et d'enrichir des exploitants agricoles déjà riches, mais cela ne signifiait pas nécessairement que la réforme fût mauvaise. Elle aurait en effet pu bénéficier aux travailleurs agricoles, producteurs de blé - et plus nombreux que les travailleurs urbains. Surtout, elle aurait permis d'approfondir l'intégration commerciale, qui était loin d'être parfaite. Pour preuve, il existait encore une multitude de foires au XVIIIe siècle. La raison pour laquelle ces institutions médiévales persistaient en France alors qu'elles disparaissaient en Hollande ou en Angleterre était qu'elles permettaient de contourner le système des tarifs et certains impôts locaux. Le système fiscal était tellement lourd que la contrebande ne cessait de croître et recueillait même le soutien de la population. Dans les années 1750, un bandit qui pillait les fermiers généraux, chargés de la perception de l'impôt, Louis Mandrin, était devenu un héros de la littérature populaire de cette période, étant décrit comme un nouveau Robin des Bois.

Les physiocrates ne furent pas les premiers à se pencher sur le problème ; Colbert avait eu l'ambition d'abolir les douanes intérieures car il s'était rendu compte que, paradoxalement, elles faisaient du tort au commerce extérieur. Ainsi, un représentant du commerce du Rhône, Anisson, avait fait valoir auprès de lui que les libraires et papetiers de Lyon ne pouvaient pas gagner des parts de marché contre les imprimeurs génois. Leurs exportations vers l'Espagne étaient soumises à la douane de Lyon, à celle de Valence ainsi qu'à une taxe pour la sortie du territoire (la « foraine ») : ces impôts pesaient lourdement sur leur compétitivité.

Le projet d'un tarif unique avait suscité de l'intérêt, d'abord sous la Régence, et surtout avec Bertin, le contrôleur général des finances de Louis XV (1759-1763), partisan ardent du projet jusqu'à son renvoi. Ainsi, près de cent ans après Colbert, le tarif unique n'existait toujours pas, ce qui prouve les difficultés de la réforme.

Deux contraintes rendaient la réforme impossible sans violence. La première était l'impécuniosité permanente du monarque. Le tarif intérieur avait beau représenter seulement 1 % des recettes royales (3 % si l'on inclut les tarifs extérieurs), la crise des finances publiques qui agitait en permanence la monarchie depuis la guerre de la Ligue d'Augsbourg rendait impossible un renoncement de l'État à la moindre recette – d'autant qu'il n'existait pas d'organe pouvant évaluer l'avantage et le coût d'une réforme des douanes nationales[100].

La seconde contrainte était tout simplement la difficulté à concilier tous les intérêts locaux. Par exemple, beaucoup de Bretons tenaient davantage à limiter le tarif de leurs activités commerciales extérieures qu'à importer le drap de Languedoc à moindre prix. Leur objectif était surtout de favoriser le commerce extérieur de Saint-Malo, qui profitait, depuis la guerre de Succession d'Espagne, de débouchés en Amérique, et ils avaient peur d'en perdre le bénéfice s'ils étaient obligés de suivre la même politique commerciale que le reste du royaume. Bayonne, Marseille protestaient pour les mêmes raisons contre l'union douanière.

La coexistence des barrières commerciales intérieures avec les politiques d'approvisionnement de la ville créait un équilibre subtil auquel s'étaient habitués de nombreux intermédiaires et consommateurs, et il avait ses profiteurs. Même dans les systèmes économiques les plus inefficaces, il est souvent difficile de trouver une réforme qui ne fasse aucun mécontent si l'État n'est pas prêt à sacrifier une partie de ses recettes – ce qui était inconcevable[101]. Ceci compliquerait la tâche du gouvernement.

Dans les années 1760, le tarif unique était donc un serpent de mer vieux d'un siècle pour les financiers, convaincus de l'efficacité de la réforme et séduits par l'idée de simplifier l'administration des douanes. Malgré leurs inspirations mercantilistes, ces commis trouvèrent un fort soutien dans la société civile et ses idées nouvelles : les physiocrates les soutenaient. Bien que ces derniers fussent favorables à une liberté totale, étendue au commerce extérieur et à tous les biens, dont n'auraient pas voulu les administrateurs d'inspiration colbertiste, le tarif unique créait un lien d'entente entre les « philosophes » et les gestionnaires plus traditionnels de l'État. Enfin, Madame de Pompadour, la maîtresse de Louis XV qui suivait de près le mouvement des encyclopédistes, avait promu les idées physiocrates et introduit François Quesnay auprès du roi. La réforme du tarif unique allait enfin pouvoir se concrétiser avec l'appui à la fois d'une bonne partie de l'administration, des économistes et du roi, à partir de 1763.

Le tarif unique fut mis en place sur le seul marché du grain, jugé prioritaire par les physiocrates. L'objectif était de mettre un terme à la baisse du prix du blé. En vérité, celui-ci avait plutôt augmenté (en termes réels) depuis 1700[102], mais les décisions politiques sont souvent construites sur des idées fausses.

Après plusieurs hésitations, la réforme fut entreprise par L'Averdy, ministre de Louis XV qui était issu du Parlement et converti aux idées libérales. À cause de mauvaises récoltes, et sans doute aussi d'un mouvement de spéculation[103], les céréales se renchérirent considérablement. C'était l'objectif poursuivi, mais la hausse des prix était extrême et conduisit à de violentes émeutes, de sorte que la réforme dut être abandonnée en 1770.

Elle fut reprise par Turgot, physiocrate convaincu, dépeint parfois comme un idéologue forcené[104], après sa nomination en 1774. Pris dans les mêmes difficultés que L'Averdy, à savoir une hausse des prix en ville, due encore en partie à la combinaison de mauvaises récoltes et de la perturbation de l'approvisionnement subventionné, Turgot en vint à nier la réalité - il attribuait toute la hausse à des marchands hostiles qui auraient comploté contre lui. Il réussit à étendre le régime de la liberté au vin en 1776 - mais la réforme était trop impopulaire. Il fut disgracié en 1776, et remplacé par son principal opposant et critique, le banquier suisse Necker[105], homme « pragmatique » ouvert à certaines idées modernes, mais colbertiste opposé à la liberté des blés.

Peu d'économistes douteraient aujourd'hui de l'utilité de cette politique, qui aurait pu constituer la première étape vers la fin du tarif intérieur. Cependant, lorsqu'une nouvelle mesure modifie le cadre de vie d'une partie importante de la population, il faut que le gouvernement soit prêt à compenser d'une manière ou d'une autre les populations les plus désavantagées par sa politique - dans ce cas, les ouvriers parisiens, qu'il fallait d'autant plus ménager qu'ils pouvaient lancer des séditions urbaines. Le jusqu'au-boutisme de Turgot, qui était attaché à son idée de liberté mais n'était pas prêt à faire des concessions, le conduisit à l'échec. Ceci était d'autant plus étonnant que les oppositions à la réforme étaient parfaitement prévisibles, certains lieutenants de police - en charge de l'approvisionnement - ayant fait part de leurs réserves d'emblée[106].

La liberté des grains, imposée par un pouvoir autoritaire qui n'inspirait plus confiance et soutenue par une partie de l'aristocratie libérale, butait contre les corps intermédiaires, contre les marchands et les hommes de justice.

La réforme ratée du tarif unique est à l'image de nombreux projets tout au long du XVIIIe siècle, comme les réformes d'uniformisation fiscale - l'administration royale avait accumulé des cartons remplis de réformes vigoureuses qu'elle était incapable de mettre en place, et que la Révolution reprendrait. L'échec était patent, au point que le pouvoir changea la direction des réformes : dans les années 1780, fut construite la barrière d'octroi entourant la capitale, permettant de s'assurer que les marchandises atteignant Paris avaient payé tous les droits nécessaires, et qui suscita un bon mot resté fameux : « le mur murant Paris rend Paris murmurant[107] ».

Cet épisode illustre cependant le caractère éclairé de l'administration d'Ancien Régime, dont plusieurs membres étaient d'éminents économistes. De l'autre côté de la Manche, les *corn laws* de 1773 interdisaient les importations de blé pour enrichir les propriétaires terriens. Même si les politiques des deux pays visaient le même objectif - renchérir le blé - celle du roi de France, consistant à libéraliser le marché, était nettement plus rationnelle et moderne.

Cet exemple contredit une thèse répandue chez les économistes, selon laquelle les Bourbons auraient été trop autoritaires, au point de nuire aux initiatives économiques[108]. D'après cette théorie, les parlementaires anglais auraient été partisans de la liberté et auraient ainsi favorisé la croissance. Le problème de la France aurait été de ne pas avoir un corps législatif capable de s'opposer au roi et de promouvoir le même type de réforme. Pourtant, ceux qui s'opposèrent aux réformes de Turgot étaient précisément ceux qui auraient détenu le pouvoir si les institutions avaient été parlementaires : les financiers, les juges et les corporations de marchands.

La supériorité économique de l'Angleterre[109]

En géopolitique comme en économie, la domination anglaise devenait de plus en plus évidente, sa marine et son industrie textile en étant les signes les plus clairs au XVIIIe siècle. Les Anglais étaient mieux nourris et nettement plus grands que les Français[110]. De plus en plus de biens faisaient leur entrée dans la vie quotidienne outre-Manche, tels le sucre, les vêtements colorés en coton (les « indiennes »), le thé, le café, les productions métallurgiques, la quincaillerie : en quelque sorte les premiers produits de grande consommation[111]. En France, au contraire, seuls les milieux aisés des métropoles profitaient de ces nouveautés. Le secteur du luxe servait un marché de niche et non un marché de masse. Ceci pourrait expliquer pourquoi il était plus facile pour les Anglais de produire selon des procédés industriels, car le consommateur ordinaire pouvait acheter davantage de marchandises de bonne facture[112].

La supériorité économique nouvelle de l'Angleterre est constatée par de nombreux contemporains, de Philippe d'Orléans à Necker. Elle trouve cependant son origine dès le début du XVIIe siècle.

Une étude récente de trois macroéconomistes montre que les salaires anglais reflètent des gains de productivité annuels de 0,4 % à partir de 1600, un taux de croissance nettement plus élevé qu'en France[113]. En 1700, l'Anglais moyen était déjà deux fois plus riche que son homologue français, avant même que les premières machines à tisser mécanisées ou à vapeur n'eussent été inventées. Un secteur emblématique comme l'industrie cotonnière n'a pu émerger au XVIIIe siècle que grâce à la croissance de long cours, entamée beaucoup plus tôt par l'agriculture et la production d'énergie anglaises[114].

L'écart de PIB par habitant entre les deux puissances demeura à peu près identique tout au long du XVIIIe siècle, et même pendant tout le XIXe siècle[115]. Cela s'expliquait en partie par la plus forte croissance démographique anglaise. La hausse de la population y absorbait davantage les gains de productivité, étant donné les contraintes malthusiennes qui se manifestaient encore dans ces économies agricoles. C'est ce qu'illustre le graphique ci-dessous, qui présente l'évolution des deux économies sur la longue durée, avec des estimations du revenu par habitant ainsi que de la productivité[116].

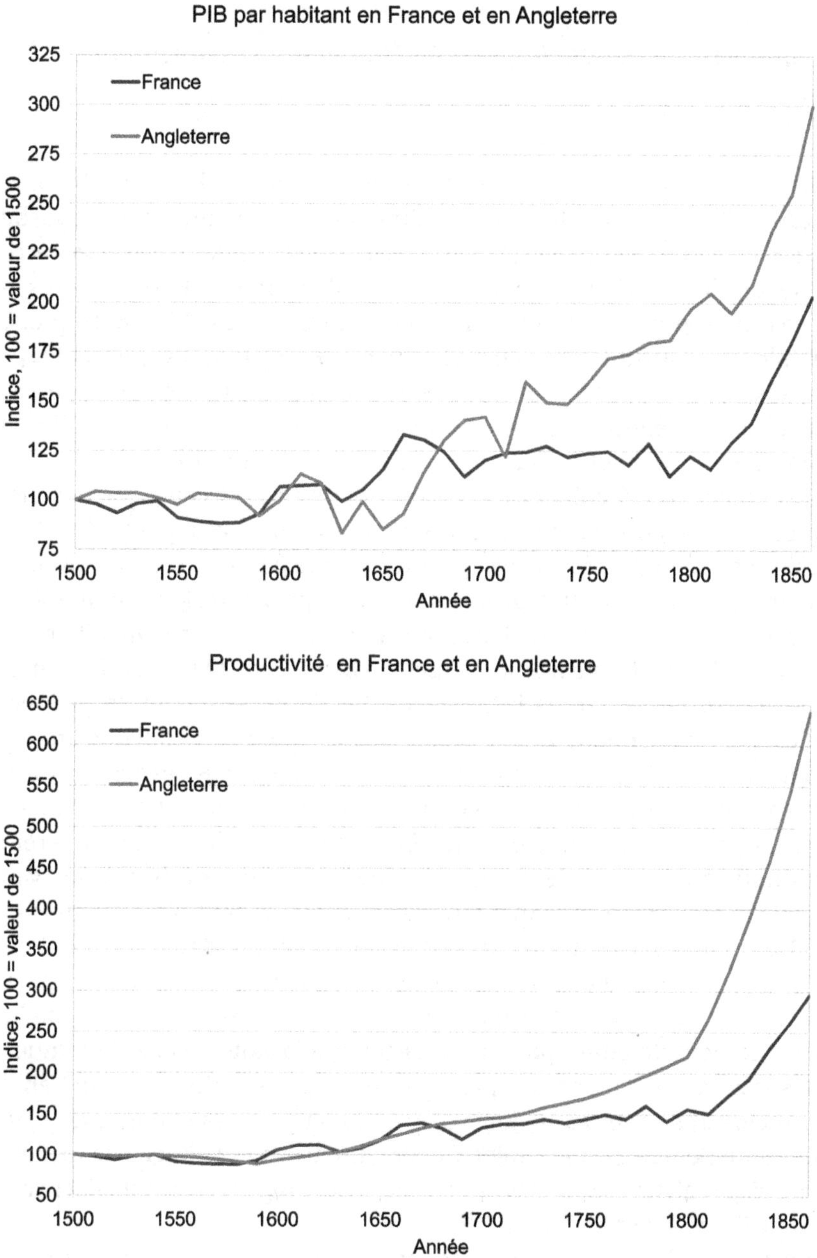

Figure 6.3. PIB réel par habitant et productivité en France et en Angleterre, entre 1500 et 1850.

Le mouvement des enclosures, le décollage agricole anglais et le cas français

Le niveau de vie élevé de l'Angleterre tenait d'abord à la qualité de son agriculture : elle produisait des surplus alimentaires de manière assez constante, quand la France devait recourir aux importations lors des mauvaises récoltes.

Une explication d'inspiration marxiste, celle de Robert Brenner, attribue ce succès au progrès des grandes propriétés britanniques[117]. Les entrepreneurs agricoles et les aristocrates anglais furent assez forts pour exproprier les petits paysans, mettre fin aux *commons* et exploiter plus rationnellement de grands domaines. La législation parlementaire des enclosures de 1773 illustre le phénomène, qui avait en fait été entamé 200 ans plus tôt.

Les enclosures facilitaient le rachat de petites parcelles par les grands exploitants qui pouvaient sous certaines conditions outrepasser le refus des petits, et elles mettaient fin aux droits de « vaine pâture », qui autorisaient les paysans à nourrir leur troupeau sur les champs d'autrui, notamment après les moissons. Elles permettaient donc aux grands propriétaires de réserver le produit de leur ferme à leur cheptel, de bénéficier du fumier de ce dernier pour nourrir les sols de réduire les années de jachère – ou de planter des trèfles, qui régénéraient le sol et nourrissaient mieux le bétail que l'herbe ou la paille, car ils étaient plus gras. La mise en place de ces barrières juridiques et physiques donnait lieu à des conflits sociaux dans les deux pays, mais elle fut plus précoce en Angleterre, les *inclosure acts* y étant particulièrement nombreux au XVIIe siècle[118]. Par conséquent, la Grande-Bretagne avait vu la taille moyenne de ses exploitations agricoles se multiplier par trois entre 1600 et 1800 – sans qu'il y eût d'évolution similaire dans le reste de l'Europe. Ce mouvement était le prolongement de celui des *yeomen*, ces paysans marchands qui s'étaient enrichis après avoir racheté des terres anglaises anciennement détenues par les monastères, à la suite de leur dissolution au XVIe siècle[119]. Les rendements par hectare des exploitations qui ont bénéficié des enclosures se sont améliorés d'après la plupart des études quantitatives qui se sont penchées sur le sujet. Cependant, il semble difficile de réellement savoir si la majeure partie des progrès agricoles anglais peuvent effectivement être attribués à ce phénomène[120].

En France, les petits paysans conservaient de l'importance et demeuraient rétifs au salariat, et se seraient montrés incapables de mener à bien une rationalisation des cultures similaire à celle observée en Angleterre, faute de concentration. Les aristocrates français, contrairement aux *lords* britanniques, ne remportèrent pas la lutte des classes contre leur paysannerie, et cela leur aurait fait rater une occasion de se moderniser.

Si la France était plus pauvre au XVIIIe siècle, était-ce réellement parce qu'elle avait raté le mouvement des enclosures ? Il ne faut pas surestimer le rôle des droits de vaine pâture, qui concernaient principalement le foin après les moissons et ne changeaient rien pour les jachères, généralement à l'abri des troupeaux des communautés paysannes[121]. Les paysans qui en bénéficiaient l'utilisaient souvent pour des troupeaux de moutons, dont ils revendaient la laine aux manufactures textiles : ils n'étaient pas isolés de l'économie productive moderne. De plus, le fait que beaucoup de paysans possèdent des petits lopins de terre ne signifiait pas qu'ils étaient autosuffisants. Très peu pouvaient aspirer à une forme d'autarcie et la plupart devaient exercer une activité salariée pour subsister - de sorte qu'un grand exploitant ou un établissement industriel pouvaient trouver de la main-d'œuvre lors des saisons creuses[122].

Surtout, si la propriété ne put se concentrer en France, ce n'était pas seulement du fait des contraintes institutionnelles et politiques mais également parce que le sol y était différent. En Angleterre, il n'y avait, à cause du climat, pas de vignes, tandis que beaucoup des petits lopins français étaient des exploitations viticoles, qui représentaient 1,6 million d'hectares en 1789[123]. La viticulture n'avait pas les mêmes caractéristiques que la culture du grain : l'exploitation se prêtait moins bien au fermage et aux grands domaines, car l'entretien des plants de vigne était plus problématique. Un fermier pouvait les épuiser afin d'en tirer un rendement maximal avant d'abandonner son exploitation : ce problème rendait plus efficaces les petites propriétés[124]. La différence de taille moyenne des fermes entre les deux pays s'explique en partie par le rôle du vin.

Enfin, il n'est pas sûr que les propriétaires fonciers les plus entreprenants aient véritablement connu des difficultés à acheter des terres supplémentaires, malgré l'absence des enclosures. Philip Hoffman a montré, en utilisant des registres de baux, que les fermes les plus productives de la région parisienne grossissaient au fil des ans - ce qui ne serait pas possible sans un marché de la terre réactif. Plus généralement, ce n'était pas le petit propriétaire rural qui bloquait le progrès : quand un grand exploitant ne pouvait mener à bien un projet d'irrigation, c'était le plus souvent à cause d'autres grands exploitants qui n'hésitaient pas à « chicaner » et à ester en justice[125].

Il n'y avait pas un modèle unique de développement auquel chaque pays aurait dû se conformer. Étant donné le rôle que jouait la viticulture, peut-être également à cause de certaines habitudes nationales, comme la méfiance vis-à-vis du salariat, il était naturel que la répartition de la terre fût relativement égalitaire en France. Les petits propriétaires, loin de bloquer la croissance, auraient pu obtenir des rendements élevés s'ils n'avaient pas été tant défavorisés. Outre le fait qu'ils étaient bien davantage taxés que les exploitants aristocrates, ils souffraient de certaines survivances du droit féodal. Les cahiers de doléances de 1789 les rappelaient : le fait de devoir supporter les animaux du seigneur sur les champs des paysans, l'interdiction de tuer le gibier seigneurial ou les pigeons du colombier local quand ils endommageaient les récoltes, les « banalités » encore en vigueur - c'est-à-dire l'obligation d'utiliser un four, un moulin ou un pressoir appartenant au seigneur, naturellement plus cher que les autres équipements du voisinage. Cet ensemble de règles introduisait une « distorsion de concurrence » défavorable aux agriculteurs roturiers qui pâtissaient également des confiscations en faveur des villes. L'on s'interroge souvent sur la raison pour laquelle la grande propriété « latifundiaire » n'a pas émergé en France, mais il faudrait également se demander ce qu'aurait donné une agriculture de petits exploitants si ces derniers n'avaient pas dû subir l'ensemble des impôts et des privilèges seigneuriaux. Au XIXe siècle, les rendements connaîtraient un rythme de progrès très rapide sans qu'il y eût besoin de concentrer davantage la propriété.

Les raisons de l'industrialisation anglaise

Une question a fait couler beaucoup d'encre : pourquoi est-ce en Angleterre que les machines industrielles sont apparues en premier ?

D'après les thèses de la nouvelle économie institutionnelle, les règles juridiques et la culture anglaises auraient été plus favorables aux innovations. En particulier, son système de brevet aurait permis aux inventeurs de s'enrichir, tandis que le système français de privilège royal était trop soumis à l'arbitraire. De fait, beaucoup des grandes innovations industrielles du XVIIIe siècle ont été anglaises.

L'utilité des brevets dans l'économie de l'innovation du XXIe siècle ne fait pas de doute dans certains domaines comme l'industrie pharmaceutique. Elle n'est pas aussi évidente au XVIIIe siècle. La propriété intellectuelle offre un monopole, qui peut aussi bloquer la circulation des nouvelles techniques. Ainsi, une fois que James Watt eut obtenu un brevet pour la machine à vapeur en 1782[126], il s'employa davantage à restreindre la concurrence qu'à développer ses usines. Il déposa énormément de brevets abusifs, pour s'approprier les idées d'autres inventeurs. Il est probable qu'il ait en fait retardé l'adoption de machines en Angleterre. Les innovateurs qui ne perdaient pas leur temps dans des arguties juridiques ne s'enrichissaient pas toujours. Comme le malheureux David Séchard des *Illusions perdues*, beaucoup ne tirèrent presque aucun profit de leurs idées. Dans les deux pays, ceux qui déposèrent des brevets étaient une minorité[127]. Seuls ceux qui surestimaient leurs chances de succès se lançaient.

Surtout, celles-ci ne semblaient pas plus importantes en Angleterre qu'en France. L'Académie des sciences émettait de plus en plus de « privilèges royaux » comme celui que Pascal obtint pour sa machine à calculer. Leur nombre augmenta nettement durant les décennies qui précédèrent la Révolution[128], et le gouvernement tenta d'attirer des inventeurs, comme l'Anglais John Kay (1704-1779). Celui-ci avait découvert la navette volante, machine capitale de la révolution industrielle qui multipliait par deux la productivité des tisserands. Il n'avait pas réussi à rentabiliser cette invention dans sa patrie d'origine : les fabricants utilisant ses machines refusèrent de lui payer la moindre redevance, et menacèrent même de l'éliminer physiquement. À partir de 1747, il s'installa en France, où il obtint un soutien de quelques milliers de livres des pouvoirs publics pour le développement de son invention. Ce soutien était modeste, mais il était plus important que celui dont il avait bénéficié en Angleterre.

Il faut donc chercher ailleurs les racines du machinisme en Angleterre. Celui-ci a deux causes : le niveau de vie élevé qu'a atteint le pays incitait à tenter de substituer la force mécanique à celle de l'ouvrier, et le charbon y était relativement abondant, ce qui avait permis la formation de nombreux ouvriers métallurgistes qui seraient prêts à fabriquer des navettes volantes ou des engins à vapeur.

La théorie marxiste de Brenner affirmait que les paysans anglais, privés de leur droit de vaine pâture, voire dépossédés de leur terre, formèrent un prolétariat disponible pour le salariat de masse. Ainsi, les usines auraient disposé d'un vivier important de main-d'œuvre. L'économiste Robert Allen[129] a pris le contrepied de cette explication, en constatant que les salaires anglais étaient plus élevés qu'ailleurs. Ainsi, s'il y avait bien une main-d'œuvre disponible pour l'industrie, celle-ci n'était pas plus misérable qu'en France – elle l'était même nettement moins. Les revenus des travailleurs anglais, deux fois plus élevés, incitaient les patrons de manufacture à investir dans des machines permettant d'économiser du travail humain, car il pesait davantage sur leurs bénéfices[130]. L'énergie de combustion était au contraire trois fois moins chère – ramenée aux salaires – à Londres qu'à Paris, et moins coûteuse encore dans le cœur de la révolution industrielle anglaise, à Newcastle[131]. Dans ces conditions, une machine assistant l'ouvrier permettait de faire davantage d'économies.

En France, le coût de l'énergie était tel qu'il rendait la mécanisation bien moins intéressante. Cette situation était notamment liée à la pénurie de bois, le principal combustible. Cette rareté d'un « matériau critique » avait contraint Colbert à créer l'administration des Eaux et Forêts en 1669, pour mieux allouer et exploiter les ressources boisières - le pouvoir voulait notamment s'assurer que la flotte française disposerait de son matériau. Signe du désespoir du temps, on était allé chercher du bois jusque dans le fond des Pyrénées, dont on avait épuisé les réserves accessibles : le chemin de la Mâture, à Urdos, impressionnant ouvrage d'art creusé sur un flanc de falaise abrupte, long de plus de 1 200 mètres, fut entrepris en 1772, pour accéder aux sapins auparavant hors de portée. Le prix avait tellement augmenté que de tels travaux devenaient rentables, alors que le nombre de forêts avait sans doute atteint son plus bas niveau dans l'histoire du pays[132].

Les Anglais connaissaient une situation de pénurie similaire, qui affectait les coûts de la construction navale, mais ils bénéficiaient, contrairement aux Français, depuis le XVIe siècle, de réserves de charbon qui leur fournissaient un combustible bon marché.

En plus d'avoir favorisé directement l'industrialisation par le faible coût de l'utilisation de l'énergie, et du combustible servant à fabriquer les machines, la disponibilité du charbon anglais a également favorisé les innovations de l'industrie textile d'une manière indirecte[133]. Notamment, l'extraction du charbon du sous-sol était l'activité à laquelle étaient assignés les premiers prototypes de la machine à vapeur. De plus, son exploitation a permis l'apparition des *mechanics*, ouvriers mécaniciens, presque artisans, capables de travailler les métaux avec suffisamment de précision. Ils fabriquaient notamment les poêles à charbon qui chauffaient un nombre croissant de foyers[134]. Les régions où ces ouvriers mécaniciens étaient les plus nombreux furent pionnières dans la première révolution industrielle[135].

La différence entre les deux nations tenait davantage à ces ouvriers qu'aux inventeurs, qui ne manquaient pas en France : Jean-Charles Borda, Gaspard de Prony, Augustin de Bétancourt produisirent des œuvres pionnières en ingénierie après 1750. Il n'y avait pas suffisamment de travailleurs qualifiés pour répliquer leurs inventions[136]. Le savoir-faire de ces artisans était très recherché[137], et le gouvernement tenta de les attirer ou d'importer leurs machines[138]. Ce ne fut pas suffisant, et l'absence de ces ouvriers spécialisés a empêché le développement de l'industrie cotonnière[139].

L'intrigante baisse de la natalité française

Bien que le pouvoir semblât incapable d'imposer des réformes, et que l'économie française ne fût pas aussi brillante que l'anglaise, la France fut le pays le plus « moderne » ou en tout cas le plus précoce sur un point : sa transition démographique.

La pauvreté était dominante dans le monde au XVIIIe siècle, et les écarts de richesse entre pays étaient plus modestes que ceux que nous observons aujourd'hui, y compris en Europe[140]. La population jouait donc un rôle déterminant pour la hiérarchie des puissances. Certes, le gouvernement anglais prélevait deux fois plus d'impôts par habitant que la plupart des autres pays européens, France comprise. Cependant, cette dernière demeurait quatre fois plus peuplée, et elle resterait par conséquent la nation d'Europe la plus influente jusqu'au XIXe siècle.

Un changement, dont n'étaient pas conscients les contemporains, se produisait souterrainement : à partir de 1750, la part de la population française en Europe allait décroître significativement, et les guerres de la Révolution seraient le dernier grand conflit où la France dominerait démographiquement[141].

Le pays connut une baisse de la mortalité au début du XVIIIe siècle, puis le taux de natalité commença à diminuer à son tour à partir de 1750 - cent ans plus tôt que pour tous les autres pays d'Europe. La population continua certes de croître jusqu'en 1914 - elle passa de 28 millions d'habitants en 1789 à plus de 41 millions à la veille de la Grande Guerre. Cependant, elle le fit à un rythme bien plus lent qu'en Angleterre - qui passa de 8,3 à 33 millions d'habitants dans la même période.

Première nation à avoir amorcé cette transition démographique, la France met en échec le modèle « unifié » proposé par certains théoriciens de la croissance, pour lesquels le développement devrait précéder la transition démographique[142]. D'après leur théorie, la hausse du niveau de vie modifie le comportement démographique. L'éducation devenant de plus en plus importante pour le travail et la mortalité infantile baissant, il serait devenu plus intéressant pour des parents d'avoir moins d'enfants - en accordant à chacun d'entre eux davantage d'attention et de ressources[143].

Comment expliquer la précocité de ce changement démographique en France alors que le revenu par habitant y stagnait autour de 1750 ? Historiens et économistes s'accordent sur une cause : la modernisation philosophique et morale du pays, et notamment sa sécularisation. Une recherche récente,

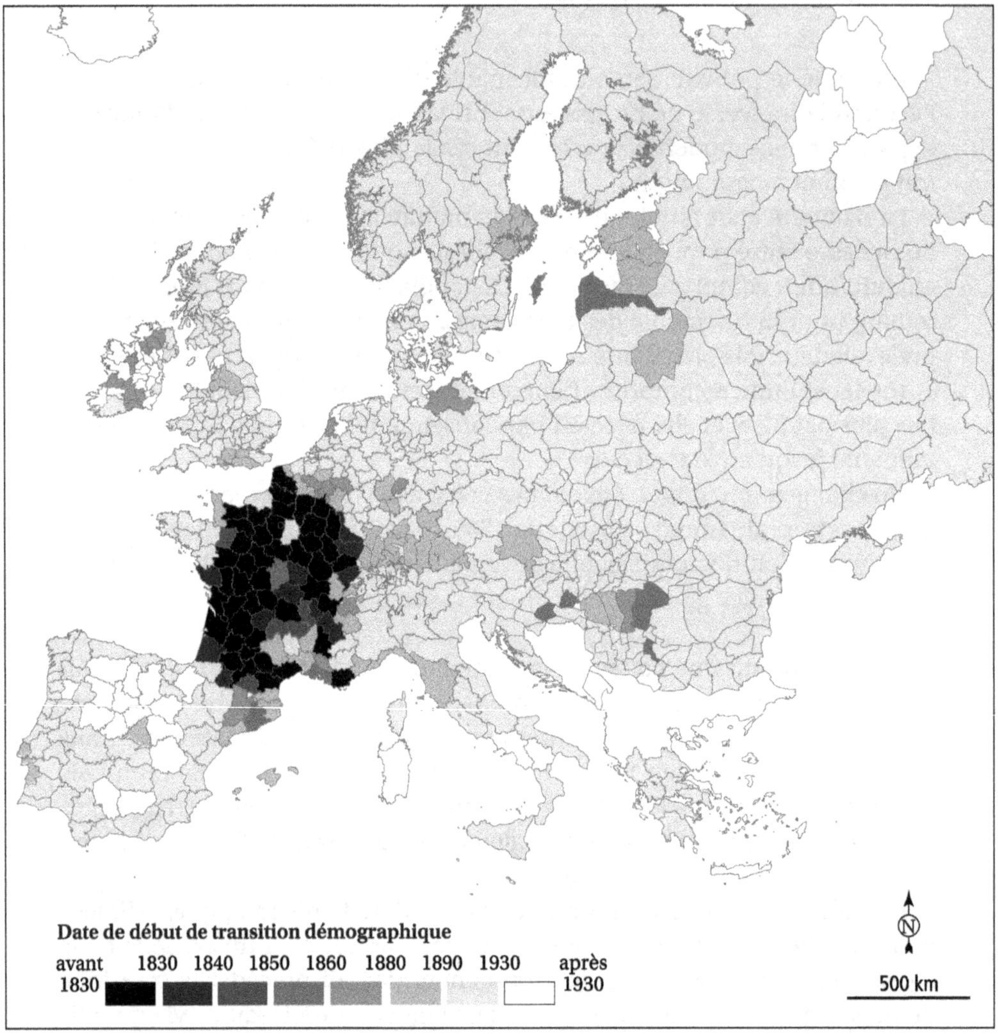

Carte 6.4. Date de début de la transition démographique, mesurée par un déclin marqué d'au moins 10 % de la natalité d'Ancien Régime. Carte établie par Ansley J. Coale et Susan C. Watkins. *The Decline of Fertility in Europe*. Princeton, Princeton University Press, 1986, citée par Guillaume Blanc, The Cultural Origins of the Demographic Transition in France. *Document de travail*, 2023.

fondée sur des analyses de données généalogiques[144], a établi que la baisse du taux de natalité était particulièrement forte dans les départements où il n'y eut pas de prêtres réfractaires à la Révolution – c'est-à-dire là où la population s'était le plus détachée de l'Église avant 1789. D'autres indices confirment que le pays devenait moins religieux dans son ensemble, comme les testaments de Provence étudiés par Michel Vovelle. Alors qu'il était difficile de trouver des testaments sans mention du Christ au XVIIe siècle, ils devinrent progressivement minoritaires au XVIIIe siècle[145]. Ce début de sécularisation permettait un contrôle des naissances plus direct, notamment par la méthode du *coïtus interruptus*. Dans un siècle qui mit en valeur l'allaitement, l'allongement de sa durée moyenne permettait également d'espacer davantage les naissances. Il n'y avait pas seulement les progrès de la contraception : à Paris, plus d'un nouveau-né sur dix était abandonné à la veille de la Révolution, et il y avait de plus en plus d'institutions comme l'hôpital des Enfants-Trouvés[146]. Le taux de survie de ces bébés anonymes étant très faible, cela réduisait de presque autant la croissance démographique.

Moins d'enfants, éduqués avec davantage de soin (à condition de rester avec leurs parents) – c'était une autre tendance de l'époque que représentait Jean-Jacques Rousseau. Le philosophe suisse installé en France – qui avait abandonné ses cinq enfants – écrivit le traité d'éducation le plus important du siècle, l'*Émile* (1762). Ce livre, le premier de la sorte à ne pas se préoccuper d'un jeune prince mais d'un jeune bourgeois exemplaire, met en valeur la relation entre le tuteur et son élève, et insiste sur le temps qu'il faut consacrer à l'éducation :

> Un père, quand il engendre et nourrit des enfants, ne fait en cela que le tiers de sa tâche. Il doit des hommes à son espèce, il doit à la société des hommes sociables ; il doit des citoyens à l'État. Tout homme qui peut payer cette triple dette et ne le fait pas est coupable, et plus coupable peut-être quand il la paye à demi. Celui qui ne peut remplir les devoirs de père n'a point le droit de le devenir. Il n'y a ni pauvreté, ni travaux, ni respect humain, qui le dispensent de nourrir ses enfants et de les élever lui-même.

Cette éducation améliorée a d'autres coûts matériels : pour faire l'expérimentation de tous les arts et de toutes les notions morales, capitales pour le jeune homme, il faut être prêt à gâcher des ressources. La culture du potager lui permet ainsi de comprendre la notion de propriété privée : lorsqu'Émile plante des fèves et détruit sans s'en rendre compte les graines de melon du jardinier, qui lui gâte ensuite son travail. Tout ceci allait de pair avec la baisse de la fertilité : Émile est enfant unique.

Ce nouveau souci pour l'éducation ne concernait pas que les plus riches mais la population prise dans son ensemble : le nombre de Français sachant lire semble avoir augmenté notablement au XVIIIe siècle, notamment dans la moitié nord du pays.

Cette transition démographique précoce fut sans doute bénéfique pour les Français qui la vécurent - elle empêcha une réduction du revenu par habitant après 1750. Pour la grandeur de l'armée, elle fut au contraire très défavorable. Napoléon Bonaparte disait avoir 100 000 nouveaux hommes de rente, prêts à partir au combat chaque année - l'Angleterre, l'Allemagne, la Russie et même l'Italie en auraient chacune autant voire davantage en 1914. Si la population française avait crû au même rythme que la population britannique après 1750, il y aurait aujourd'hui 240 millions de Français. Les projets coloniaux du XIXe siècle souffrirent également de cette stagnation démographique relative ; le pays n'eut pas d'abondant surplus démographique à envoyer dans des îles lointaines ou en Algérie, contrairement à l'Angleterre.

La sécularisation était visible par bien des aspects : le goût jusqu'au sommet de l'État pour la philosophie des Lumières, les souscriptions importantes à l'*Encyclopédie*, le détachement vis-à-vis de l'Église, les écrits clandestins, les rumeurs scabreuses sur le roi, le souvenir de la Fronde, toutes ces tendances remettaient implicitement en cause la légitimité de la monarchie. Un système politique sclérosé, incapable de réformer son économie significativement, rencontrait l'esprit voltairien et le système de pensée rousseauiste. Le problème récurrent de la monarchie française depuis 500 ans, celui du financement de la guerre, se présenta de nouveau. Un orage éclata, comme en 1356 et comme en 1648 - mais il emporta tout cette fois-ci.

CHAPITRE 7

Une crise de dette souveraine (1789-1815)

> Camille Desmoulins, Danton, Robespierre, Saint-Just, Napoléon, les héros, comme les partis et les masses de l'ancienne Révolution française, accomplirent en costume romain et avec des phrases romaines les tâches de leurs temps : libérer de ses chaînes et instaurer la société bourgeoise moderne [...]. Aussi peu héroïque que soit la société bourgeoise, il en avait fallu de l'héroïsme, du sacrifice, de la terreur, de la guerre civile et des batailles entre les peuples pour la mettre au monde. Et ses gladiateurs trouvèrent, dans les austères traditions classiques de la République romaine, les idéaux, les formes artistiques, les illusions sur soi dont ils avaient besoin, pour se cacher à eux-mêmes le contenu bourgeoisement borné de leurs luttes et pour maintenir leur passion à la hauteur de la grande tragédie historique.
>
> Karl Marx, *Le 18 Brumaire de Louis-Napoléon Bonaparte.*

À la fin du XVIIIe siècle, les institutions françaises n'avaient pas connu de transformation majeure, à la différence de celles de l'Angleterre, qui avait modernisé son système politique au lendemain de la Glorieuse Révolution de 1688.

Les tensions s'étaient accumulées dans le pays sans trouver de résolution. Le pouvoir royal avait besoin de davantage de revenus, parce que les guerres devenaient plus coûteuses qu'auparavant ; et pourtant, l'impôt pesait toujours sur les mêmes malheureux, les paysans, les plus riches restaient exemptés. Cette situation était défavorable aux finances royales, car les revenus agricoles dépendent du succès des récoltes, et étaient de ce fait très volatils. Il existait une véritable demande de réformes dans l'élite économique française, qui n'était pas satisfaite. Notamment, la bourgeoisie aspirait à une reconnaissance plus marquée de son rôle social, notamment dans la carrière administrative et militaire. Malgré des avancées en sa faveur, l'édit de Ségur de 1781 réserva les carrières d'officiers à l'aristocratie[1]. La bourgeoisie, principale pourvoyeuse de fonds de la monarchie, jouerait un rôle important dans les états généraux convoqués par le roi en 1789. C'étaient plus précisément les avocats de province, qui ne faisaient pas partie des milieux financiers mais connaissaient les parlements, qui initieraient un mouvement politique inédit.

Le roi n'était pas fermé aux idées nouvelles et aspirait à réformer son pays – Louis XV et Louis XVI avaient par exemple tenté de libéraliser le marché des grains. Mais ce n'était pas au nom de Quesnay, de Voltaire et encore moins de Rousseau qu'il avait convoqué les états généraux ; il l'avait fait pour un grave problème d'argent que les institutions d'Ancien Régime ne lui permettaient pas de résoudre.

Les états généraux avaient joué un rôle important au XIVe siècle, avant que Charles VII ne décidât autoritairement de s'en passer pour prélever l'impôt. Sous la régence d'Anne de Beaujeu, à la mort de Louis XI, le mécontentement exprimé lors des états généraux de Blois avait abouti à une forte réduction des impôts (1483). Plus tard, les derniers Valois désespérés avaient tenté de les utiliser pour conserver leur puissance pendant les guerres de Religion, et Marie de Médicis avait dû les convoquer pendant la minorité de Louis XIII pour éviter une crise de légitimité. En somme, ils avaient été utilisés comme un pis-aller en période de crise, et n'étaient plus convoqués depuis 1614. En 1789, c'était la première fois qu'ils l'étaient pour une crise d'origine principalement fiscale, alors que le pouvoir ne souffrait pas de contestation de sa légitimité.

Le recours à cette institution, disparue et ressuscitée, avait un caractère original et audacieux – le roi prenait un risque. L'élection des représentants se fit au suffrage censitaire selon une grande consultation impliquant des millions d'hommes. Beaucoup prirent au sérieux l'événement et firent part de leurs frustrations dans les fameux cahiers de doléances. Il y en eut 60 000, chacun d'entre eux pouvant représenter les réclamations de centaines de personnes présentes lors de débats dans un bailliage d'Ancien Régime. Il n'est pas absurde de supposer que plusieurs millions de Français[2] aient participé d'une manière ou d'une autre au contenu de ces cahiers, ce qui en fait un document riche et surtout démocratique : dès leur élection, les états généraux du tiers cherchèrent des réformes et des idées bien au-delà de la question pour laquelle on les avait sollicités.

Réunis à Versailles à partir du 4 mai 1789, les états généraux étaient encore divisés en trois ordres, selon une tradition multiséculaire : le clergé, l'aristocratie et les autres 98 % de la population, des grands marchands aux plus humbles paysans, qui formaient le tiers état.

Ce dernier ordre avait obtenu du roi, le 27 décembre 1788, dans un contexte social tendu, d'avoir deux fois plus de députés que chacun des autres ordres. Ces députés du tiers, comprenant de nombreux avocats et notables de province, étaient généralement des lettrés attachés aux Lumières. Le jeune Robespierre avait par exemple écrit des odes aux progrès du siècle comme le paratonnerre. Ils avaient été élus de manière plus ou moins directe par plusieurs millions de Français, au suffrage censitaire. Ils étaient sensibles à l'emprise encore forte de l'aristocratie dans les campagnes, et ressentaient avec la masse du pays les vexations gravées dans les cahiers de doléances, comme l'interdiction de la chasse pour les paysans.

Le problème de la dette et l'incapacité des institutions à la juguler

Louis XVI butait sur un problème extrêmement simple à comprendre, mais plus difficile à résoudre : la dette publique avait explosé, en grande partie à cause des entreprises militaires françaises contre l'Angleterre. La guerre d'Indépendance américaine (dans laquelle la France intervint entre 1778 et 1783) avait rétabli l'honneur de la marine, mais également fait peser l'entretien de sa flotte sur le budget royal.

La dette représentait près de 80 % du revenu national annuel, alors que les recettes royales équivalaient à 8 % du PIB, et les dépenses à 10 % en 1788 (près de six fois moins qu'en 2023). Le taux de croissance nominale du PIB était d'un peu plus de 1 % par an - pour moitié due à l'inflation, pour moitié due à la croissance démographique, avec une faible croissance du PIB par habitant. Le taux d'intérêt payé par l'État était difficile à estimer. En effet, de nombreux titres de dette étaient détenus sous la forme de rentes viagères - une rente versée jusqu'à la mort de la personne qui y appose son nom - comme les tontines. Dans tous les cas, le taux d'intérêt oscillait entre 5,5 % et 9 % et il n'y a aucun doute qu'il était largement supérieur au taux de croissance, ce qui faisait augmenter mécaniquement la dette, qui ne pouvait être réduite sans un effet sur les dépenses publiques. Pour la rembourser, le gouvernement aurait dû accumuler un surplus budgétaire supérieur à 3 % du PIB pendant plusieurs années, ce qui était sans exemple dans l'histoire fiscale universelle, et le demeure encore aujourd'hui[3].

L'Angleterre s'était elle aussi investie dans des conflits très coûteux et son taux d'endettement ramené à sa production était deux fois supérieur à celui de la France. Pourtant, elle put poursuivre sa politique d'emprunts pendant les guerres napoléoniennes et même rembourser sa dette sans révolution entre 1815 et 1914. Cette entreprise fut facilitée par un taux de croissance supérieur, qui rendait l'effort des contribuables plus soutenable. Louis XVI et Necker ne peuvent bénéficier de telles conditions et la banqueroute en France fut notamment liée à la conjoncture macroéconomique[4]. Ne serait-ce que parce que sa population n'allait pas doubler au XIXe siècle, la France n'aurait pas pu soutenir un niveau de dette aussi élevé que sa rivale.

Une autre explication tient à la différence des taux d'intérêt. Ils étaient nettement plus faibles de l'autre côté de la Manche[5], car la couronne anglaise disposait de la confiance des créanciers. La dette y était administrée par un puissant intermédiaire, la Banque d'Angleterre, et facilement échangeable. Lorsque le gouvernement avait besoin d'emprunter, lors d'une guerre, cette dernière émettait de la dette de court terme. Une fois le conflit terminé, la dette était convertie en une rente perpétuelle et le remboursement de ses intérêts était adossé sur de nouveaux impôts, sous le contrôle du Parlement, qui exerçait également un contrôle sur le niveau des dépenses.

L'administration française avait au contraire conservé un « marché » très éparpillé, qui lui permettait de choisir arbitrairement parmi ses créanciers. Il y avait des intermédiaires entre les créanciers et le roi, comme les hôtels de ville, mais ils avaient été phagocytés par l'administration centrale, leur indépendance compromise, leur pouvoir fiscal réduit. Le système de Law n'eût-il pas failli, la France eût sans doute possédé un cadre institutionnel capable de soutenir le crédit de son roi de la même manière que la Banque d'Angleterre.

La transparence d'un système à l'anglaise eût pu faire des parlements français les représentants des créanciers, capables de défendre leurs intérêts de manière aussi cohérente que les *landlords* britanniques. Ils étaient trop hétéroclites et ne réussissaient pas à exercer leur autorité en vue d'un but cohérent. Ils représentaient non seulement les créanciers mais surtout la noblesse de robe, davantage intéressée à la conservation de ses privilèges qu'au remboursement de la dette. Propriétaires fonciers, ils souhaitaient également réduire la pression fiscale sur les paysans pour pouvoir en extraire davantage de revenus. S'ils réussissaient à s'entendre pour bloquer la levée de nouveaux impôts, ils ne réussirent jamais à représenter une véritable proposition politique. À leur décharge, ils n'avaient aucun pouvoir de contrainte sur les dépenses royales ou sur la politique diplomatique. En revanche, ils disposaient, grâce à leur contrôle de la légalité, d'un véto implicite sur les mesures fiscales[6]. Après avoir été mis au pas sous Louis XIV et Colbert, les parlementaires étaient redevenus relativement indépendants. Louis XV avait tenté à la fin de son règne de remplacer leur personnel par des officiers à ses ordres. C'était la réforme initiée par le chancelier Maupeou entre 1771 et 1774. Elle avait provoqué de tels remous que Louis XVI était revenu dessus dès le début de son règne (1774-1792).

L'absence générale de lisibilité de la situation rendait plus difficile un accord entre parlements et gouvernement. Il y avait un culte du secret fiscal, que l'on pouvait faire remonter au moins à Louis XI, qui rendait la situation incompréhensible dans le détail. Jacques Necker, banquier genevois, devenu plusieurs fois ministre des Finances, tenta d'y remédier en publiant, pour la première fois, un audit de la dette publique, le *Compte rendu au roi* de 1781[7]. Il y écrivait :

> Une autre cause du grand crédit de l'Angleterre, c'est, n'en doutons point, la notoriété publique à laquelle est soumis l'état des finances. Chaque année, cet état est présenté au Parlement, on l'imprime ensuite ; et tous les prêteurs, connaissant ainsi régulièrement la proportion qu'on maintient entre les revenus et les dépenses, ils ne sont point troublés, par ces soupçons et ces craintes chimériques, compagnes inséparables de l'obscurité. [...] Je conviens que, dans quelque situation, on a pu profiter du voile répandu sur la situation des Finances pour obtenir, au milieu du désordre, un crédit médiocre qui n'était pas mérité ; mais cet avantage passager, en entretenant une illusion trompeuse, et en favorisant l'indifférence de l'Administration, n'a pas tardé d'être suivi par des opérations malheureuses, dont l'impression dure encore, et sera longue à guérir [...]. C'est donc une grande vue d'Administration de la part de votre Majesté, que d'avoir permis qu'on rendît un compte public de l'état de ses finances.

Ce livre, vendu à plus de 100 000 exemplaires[8], fut un des étonnants *best-sellers* de la fin du XVIIIe siècle. Il rappelait que les « dépenses ordinaires » (en excluant la guerre et les intérêts) de la monarchie étaient inférieures à ses recettes, mais il insistait surtout sur le mauvais état du crédit. C'était en vérité le faire-valoir d'un expert des marchés financiers qui tentait de convaincre que son expérience suffirait à obtenir de meilleures conditions de crédit - Necker lui-même avait recouru à l'emprunt pour financer la guerre d'Indépendance américaine et n'avait pas voulu augmenter les impôts. L'ouvrage fit scandale en insistant sur les dépenses de cour et en révélant également les noms des aristocrates qui bénéficiaient de pensions - ceci fut sans doute pour beaucoup dans le succès du livre. La question, quoique technique, devint cependant pressante dans la décennie 1780, et elle ne suscita jamais autant d'intérêt qu'à cette période : si l'on en croit les mentions dans les livres manuscrits, le sujet de la dette n'a jamais été autant évoqué qu'autour de 1789, où il a surgi comme le principal problème politique de la nation.

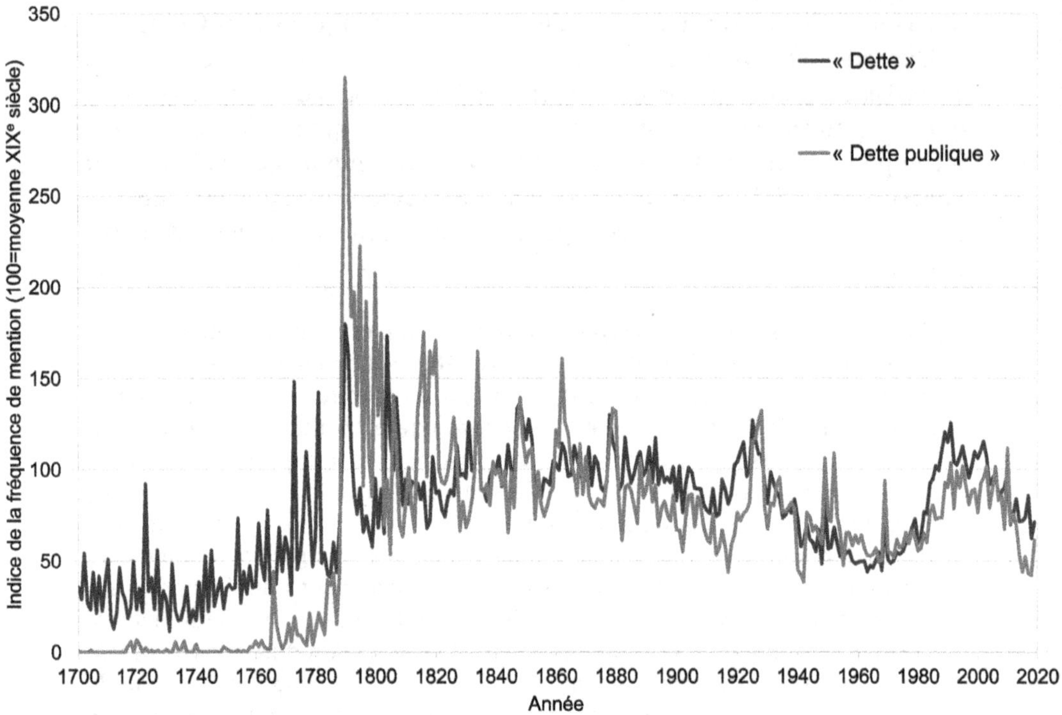

Figure 7.1. Mention de la dette ou de la dette publique dans les textes français enregistrés sur Google, en pourcentage des mots utilisés. On voit que le thème de dette publique était plus souvent abordé dans les écrits de 1789 que pendant la crise de la dette de 2011 ou l'élection présidentielle de 2012. Source : Google Ngram.

Il est fréquent depuis Pierre-Joseph Cambon (le « Colbert » de la Convention qui allait administrer les finances françaises en 1793) de blâmer les financiers de la fin de l'Ancien Régime, et particulièrement Necker, pour leur mauvaise gestion des deniers publics. On a ainsi reproché à ce dernier de s'être fait berner, voire corrompre par les banquiers genevois (il en était un lui-même) au sujet des rentes viagères dont il s'était servi pour emprunter dans les années 1770.

Ces rentes viagères étaient une forme d'assurance-vie : en échange d'un capital initial, le prêteur recevait jusqu'à sa mort un revenu annuel fixe. La particularité des rentes viagères était que leurs bénéficiaires ne les souscrivaient pas nécessairement en leur nom. M. Dupont, rentier à Paris, pouvait souscrire une rente viagère au nom de n'importe quel tiers, par exemple Mlle Favre, adolescente suisse. Toute une industrie financière s'était constituée : à Genève, dont les habitants étaient réputés vigoureux, on sélectionna plusieurs « bonnes familles », et trente jeunes filles parmi elles, sur lesquelles seraient souscrites une quantité importante de rentes viagères. On les nommait les « trente immortelles de Genève ». Ce nombre de trente n'était pas choisi au hasard : il était suffisamment grand pour éviter qu'une mort inattendue ruinât les souscripteurs, et suffisamment petit pour éviter des frais de gestion trop importants. En effet, le versement de la rente viagère supposait de prouver chaque année que les jeunes Genevoises auxquelles elle était attachée n'étaient pas mortes, ce qui n'était pas gratuit.

Ces stratégies permettaient aux investisseurs d'obtenir un rendement maximal pour chaque produit financier émis sur les marchés. Cependant, les institutions financières étaient toujours plus nombreuses, même si le nom de banque n'était plus utilisé depuis la faillite de Law. Par conséquent, la concurrence entre souscripteurs de dette faisait augmenter son prix d'émission, au bénéfice de l'État. Les investisseurs, même les plus retors, ne bénéficièrent pas d'un rendement supérieur sur ces produits sophistiqués en comparaison des porteurs ordinaires, si l'on tient compte du risque de défaut inhérent à ces prêts de long terme. Ainsi, l'État put émettre sa dette à un taux d'intérêt favorable, même si ses conditions d'emprunt ne s'étaient pas améliorées, ni avec les rentes viagères, ni même avec les emprunts tontiniers - une forme plus complexe de rente viagère, avec réversion des primes des morts vers les vivants[9]. Ceci valait aussi bien pour les offices. Les trésoriers du roi disposaient du privilège de conserver un mois les revenus des receveurs des impôts avant de les verser à l'Administration. Ces liquidités leur permettaient de faire d'importants profits à la Bourse de Paris, en spéculant sur... les emprunts publics. Cependant, ces profits étaient désormais anticipés dans le prix des offices, qui se vendaient plus cher. Quant aux rentes viagères, leur prix augmentait à mesure que l'on tentait d'augmenter leur rendement. Ainsi, leur taux d'intérêt élevé ne signifiait pas nécessairement que le gouvernement royal s'était fait escroquer, mais plutôt que les investisseurs identifiaient un risque sur cet emprunt à long terme, pour lequel le roi pouvait revenir sur sa parole. La capacité d'abstraction et de calcul des grands investisseurs s'était améliorée, et l'on exploitait toutes les possibilités. Le siècle avait connu les premiers ouvrages mathématiques appliquant la théorie des probabilités et les statistiques aux problèmes financiers, de sorte que les bonnes affaires étaient rapidement épuisées[10]. Le caractère savant de ces marchés empêchait paradoxalement l'État de perdre des revenus vraiment substantiels. C'est ce que confirme une analyse des rendements des différents titres de dette émis pendant la seconde moitié du XVIIIe siècle[11].

Le principal problème était simplement l'insolvabilité du gouvernement. Elle provenait de l'incohérence d'un système institutionnel, où le roi dépensait autant qu'il l'entendait mais ne pouvait taxer sans subir la désobéissance des corps privilégiés s'il s'en prenait aux riches, ou le risque de révolte des paysans, lesquels ne semblaient pouvoir offrir davantage que ce qu'ils versaient depuis Louis XIV. En 1787, la seule chose qui eût pu sauver le régime d'une crise financière aurait été un miracle, une pluie d'or, ou bien un tremblement de terre à Genève emportant toutes les jeunes filles suisses sur lesquelles étaient indexées les rentes viagères, qui représentaient près de 40 % de la dette[12].

La crise semblait inévitable. Cependant, une question demeure. Le roi aurait pu être auréolé de gloire. Il avait mené une guerre victorieuse contre l'Angleterre - elle avait coûté cher, mais c'était bien une victoire, à une époque où elles étaient devenues rares. Certes, la France ne tira pas d'importants profits économiques de cet exploit : elle ne profita pas de la campagne de Suffren dans l'océan Indien pour installer des colonies en Asie car elle s'était montrée modérée lors des négociations du traité de paix de Paris (1783). Surtout, les Américains, indépendants, avaient repris le commerce avec leur ancienne mère-patrie, et le commerce franco-américain périclita, malgré un accord de libre-échange. En compensation, le régime aurait dû gagner en popularité auprès d'une opinion qui savait la puissance nouvelle de l'Angleterre.

Fort de ces faits d'armes, pourquoi Louis XVI ne demanda-t-il pas à Calonne ou à Necker de faire ce que tous les grands financiers avaient fait avant eux, à savoir un défaut sur la dette ? Ils pouvaient le faire graduellement, en commençant par suspendre les paiements, puis par renier les versements d'intérêt supérieurs à 5 %, et enfin en répudiant la dette sur certains segments - tous les Bourbons l'avaient fait. Louis XV avait bien fait défaut sur la dette issue de la guerre de Sept Ans - une cuisante défaite - et la stabilité de son régime n'en avait pas souffert. Il faut voir ici une décision personnelle du roi, peut-être imposée par l'air du temps.

En 1774, le jeune Louis XVI s'engagea à rembourser la dette en nommant Turgot contrôleur général des Finances. Celui-ci lui écrivait à la suite d'un entretien dans une lettre du 24 août :

> Je me borne en ce moment, Sire, à vous rappeler ces trois paroles : Point de banqueroute ; Point d'augmentation d'impôts ; Point d'emprunts. Point de banqueroute, ni avouée, ni masquée par des réductions forcées. Point d'augmentation d'impôts, la raison en est dans la situation de vos peuples, et encore plus dans le cœur de Votre Majesté. Point d'emprunts, parce que tout emprunt diminue toujours le revenu libre ; il nécessite au bout de quelque temps ou la banqueroute, ou l'augmentation des impositions.

Si le roi ne maintint pas Turgot à son poste et fut forcé de recourir à l'emprunt, il n'augmenta pas les impôts et ne fit aucun défaut de paiement avant 1788. Il voulait que son règne marquât le renouveau du crédit de la monarchie, et il conserva cet objectif avec tous ses ministres successifs. Cette décision était l'équivalent financier de la réhabilitation des Parlements après la réforme de Maupeou : le roi faisait un mouvement vers la société et ses créanciers, en espérant qu'ils le lui rendissent.

Louis XVI, monarque à la fois avant-gardiste et conservateur, obéissait-il à son tempérament personnel ou au contexte politique particulièrement difficile de son temps, en refusant le défaut ? Cet homme qui lisait l'anglais, voulait que la dette française fût quelque chose d'aussi stable que la dette britannique - elle avait été une des principales forces de l'adversaire dans les luttes entre les deux puissances. Sur le plan financier, son prédécesseur et grand-père, Louis XV, avait bien réussi une chose : stabiliser la monnaie en 1726. La valeur de la livre tournois en métaux, sujet de tant de discordes dans les siècles précédents, ne fut pas manipulée jusqu'à la Révolution, malgré les pressants besoins financiers de la couronne. Ce que Louis XV avait fait pour la monnaie, Louis XVI voulait le faire pour la dette publique.

Un défaut eût certainement provoqué une crise sociale et économique : seule la connaissance de la suite des événements nous fait croire que le défaut pouvait être une voie plus sûre pour le régime, ce qu'un homme de 1789 n'aurait pas pu prédire facilement. De plus, le système financier parisien avait, malgré le mauvais souvenir de Law, connu un véritable *boom* dans les dernières années d'Ancien Régime[13]. Faire défaut aurait compromis des banques plus prospères que jamais, et provoqué une crise financière peut-être plus profonde, au moins pour la finance parisienne, qu'au temps de la Fronde. Autrement dit, une autre des raisons pour lesquelles Louis XVI tenait à éviter la banqueroute était que les répercussions économiques, notamment sur le marché neuf des rentes viagères, eussent été bien plus sévères qu'au temps de Louis XIV : le coût du défaut pour l'économie nationale et les finances royales avait augmenté[14].

La Convention (1792-1795), même après avoir décapité Louis XVI, ne revint pas en arrière sur la promesse de ce dernier de rembourser la dette, afin de ne pas éloigner d'elle les investisseurs, de les attacher à la République par l'argent, même si Cambon restructura une partie de la dette, notamment les fameuses rentes viagères. Cette décision étonnait Burke, le contempteur anglais de la Révolution : « Aucun acte de l'ancien gouvernement des rois n'est considéré comme valide par l'Assemblée nationale [qui a, entre autres, annulé tous les impôts], excepté ses engagements pécuniaires - ceux de tous ses actes dont la légalité est la plus douteuse[15]. »

La bourgeoisie parisienne détentrice de rentes continuerait d'effrayer les députés de la Révolution comme elle avait effrayé Louis XVI et ses ministres. Un discours de Mirabeau du 26 octobre 1789 les mettait en garde : « La banqueroute menace de consumer vous, vos propriétés dans une convulsion du désespoir et de la misère. »

C'est au Directoire que revint finalement, en 1797, la responsabilité de crever l'abcès qui avait mis fin à la royauté, en faisant une nouvelle répudiation de dette – la première que ne fit pas un roi en France.

Les origines économiques de la Révolution ?

Karl Marx voyait dans la Révolution la crise au bout de laquelle l'aristocratie féodale, poussée dans ses contradictions et tout juste bonne à exploiter des moulins, allait être remplacée par la bourgeoisie industrielle, plus efficace et rationnelle. Pour les historiens marxistes en général, elle résultait d'une récession économique.

On a parfois exagéré l'ampleur des problèmes, voire inventé certains d'entre eux. Ernest Labrousse pensait par exemple qu'une des causes de la Révolution était une crise de la viticulture française. Les petits vignerons propriétaires, les véritables classes moyennes d'alors, auraient été ruinés et leur colère aurait donné naissance à la Révolution[16]. L'historien fondait sa théorie sur l'observation des prix du vin, en baisse par rapport à ceux du blé ou des biens manufacturés. Cependant, il semble que cette baisse était liée à l'amélioration des rendements et que les vignerons s'étaient en vérité considérablement enrichis durant cette période[17]. De tous les Français, ils étaient ceux qui avaient le moins de raison de se plaindre de la conjoncture : ils avaient par exemple été les principaux bénéficiaires du traité de libre-échange franco-anglais de 1786, qui leur permettait d'exporter leurs bouteilles vers la Grande-Bretagne sans avoir à s'acquitter de tarifs prohibitifs[18].

Deux problèmes affectèrent cependant l'économie française des années 1780 : une crise de la manufacture, et les mauvaises récoltes qui précédèrent la Révolution.

Le même traité de libre-échange de 1786 avait provoqué une crise sérieuse de l'industrie manufacturière française, notamment pour les rares productions cotonnières et celle de la laine. Cette dernière n'était plus protégée de la concurrence de l'industrie anglaise, tandis que la suprématie du coton anglais, secteur *leader* voire unique de la révolution industrielle, menaçait de faire fermer les manufactures françaises peu modernes. Le traité Eden-Rayneval – tel était son nom – avait été négocié sans tenir compte des risques qu'il impliquait pour l'industrialisation française. Contrairement aux Anglais, les diplomates français avaient une connaissance assez faible de leurs propres intérêts commerciaux. Surtout, la tendance physiocratique de certains hommes d'État en charge des négociations, comme Dupont de Nemours, les amenait à négliger les intérêts industriels qui auraient été au cœur de la politique d'un Colbert. Le réel but du traité, aux yeux du ministre des Affaires étrangères, Vergennes, était de consolider la paix avec l'Angleterre, et l'avenir de l'industrie française lui semblait secondaire en comparaison.

Les Anglais furent moins enthousiastes que les Français lors des pourparlers. Dès 1783, les contrôleurs des douanes laissèrent volontairement entrer davantage de biens en contrebande afin d'habituer les industriels anglais à exporter vers la France. Vergennes et Dupont de Nemours, qui l'avaient ordonné, pensaient que cela inciterait les Anglais à conclure le traité en leur montrant tous les gains qu'ils tireraient d'un accord durable[19]. Les idées de Montesquieu étaient alors en vogue : le *doux commerce* entre la France et l'Angleterre rendrait cette dernière dépendante de la France et moins hostile.

Pour parvenir à un accord, les négociateurs français cédèrent sur presque tous les points. Ils n'obtinrent ni la fin de la prohibition des importations de la soierie lyonnaise, ni même de garantie que les vins français obtiendraient le traitement de la nation la plus favorisée - les Anglais se réservant le droit de baisser les tarifs du vin portugais[20]. Ils ne tentèrent même pas de conserver des restrictions sur les biens manufacturés en contrepartie.

Sans ces concessions, il n'est pas sûr que les Anglais eussent signé le traité. Ce calcul diplomatique n'était pas absurde d'un point de vue économique. Si les Anglais avaient voulu jouer la revanche de la guerre d'Indépendance américaine, ils auraient pu contraindre le roi à une guerre ruineuse et, en cas de défaite, les Français auraient perdu leurs colonies esclavagistes et leurs comptoirs, sur lesquels ils plaçaient tant d'espoir. Éviter ce risque valait bien le sacrifice de quelques intérêts catégoriels, surtout pour les économistes qui croyaient aux vertus du libre-échange, voire tenaient la production industrielle pour « oisive ».

L'industrie anglaise était déjà dominante et bien formée dans les années 1780, de sorte que l'ouverture du commerce fut un choc brutal pour les manufactures françaises. Le pouvoir promit de réparer les dégâts que provoquerait le traité en offrant une compensation aux manufactures les plus touchées par le traité. Le budget de soutien consacré à ces mesures équivalait à la moitié du budget de la garde-robe de la reine Marie-Antoinette[21].

Il y eut des chômeurs, des revendications des chambres de commerce ; si les premiers étaient davantage disponibles, et surtout motivés, pour participer aux grandes révoltes urbaines[22], les industriels ne firent pas tant entendre leurs revendications. Aux états généraux, les propriétaires de manufactures (et *a fortiori* les ouvriers) étaient très peu représentés, surtout en comparaison des avocats. En 1791, l'Assemblée nationale législative revint en partie sur le traité en augmentant les tarifs douaniers à l'importation, mais ce fut surtout la déclaration de guerre de 1793 qui mit fin à cette parenthèse libre-échangiste entre la France et son éternelle rivale. Les ouvriers du faubourg Saint-Antoine qui prirent la Bastille le 14 juillet avaient peut-être été mis au chômage par la concurrence anglaise, mais ceci ne joua pas de rôle politique explicite dans la Révolution ; la cherté du blé en 1789 fut un événement plus déterminant.

La crise de l'industrie manufacturière provoquée par le traité de 1786 eut des effets notables sur la politique commerciale de la France à long terme, en accentuant son penchant pour le protectionnisme jusqu'en 1860, mais il serait exagéré de dire qu'elle déclencha la Révolution. La conjoncture économique n'était pas mauvaise à Paris : les salaires réels y étaient légèrement plus élevés (5 %) que ce qu'ils avaient été entre 1726 et 1750, années de paix, et ce alors qu'ils avaient baissé à Amsterdam, Londres ou Milan[23]. En termes absolus, les Parisiens étaient certes moins bien lotis que les Londoniens, mais les années 1781-1787 furent parmi les meilleures années de l'Ancien Régime pour eux : 1789 ne venait pas après plusieurs décennies de crise dans la capitale.

Du côté agricole, la situation ne s'était pas vraiment détériorée. Les rentes foncières s'étaient accrues au XVIIIe siècle, de sorte que les propriétaires fonciers pouvaient s'estimer satisfaits. Leur capacité à résister à l'impôt fut une des causes de la Révolution. La noblesse possédait un tiers des terres agricoles ; la bourgeoisie, un quart ; l'Église, un quinzième (6,5 %) ; les paysans, le tiers restant. Étant donné que de nombreux bourgeois bénéficiaient d'exemptions fiscales par leur statut de citadin, que la noblesse et l'Église, non contentes de ne verser aucun impôt sur leurs revenus fonciers, en prélevaient, cela faisait que moins de la moitié des propriétés pouvaient faire l'objet d'une taxation foncière. Il n'y avait donc pas de crise de revenus structurelle de long terme, ni de renversement de tendance.

Cependant, la cherté du grain entre 1788 et 1789 constitua sans doute une condition de possibilité de la Révolution française : provoquée par de mauvaises récoltes, elle était la pire crise agricole depuis 1770[24]. Elle amplifia les difficultés pour le prélèvement des impôts dès 1788, mais elle n'était pas inédite dans une économie qui connaissait encore la sensation de la faim. Ainsi, elle ne peut être la seule cause de la Révolution : sans la convocation des états généraux, sans la crise de la dette, les éventuelles révoltes urbaines auraient fini comme toutes celles qui avaient eu lieu au XVIIIe siècle, avec des répressions violentes et des subventions sur le prix du blé.

En 1789, la mauvaise récolte fut largement amplifiée par les premières révoltes : l'incertitude et la montée des tensions compliquèrent l'approvisionnement des villes et plus généralement le transport des marchandises. Ils provoquèrent une forme d'attentisme des grands marchands. Par conséquent, le blé demeura cher jusqu'à l'excellente récolte de 1795. À la fois cause et conséquence des émotions populaires, le grain fut un acteur des grandes journées révolutionnaires : le 5 octobre 1789, les femmes de Paris vinrent réclamer du pain à Versailles, et le roi fut mené de force dans sa capitale le 6 octobre par une foule qui voyait en lui le « boulanger » de la nation - et, surtout, de Paris.

Circonstances politiques et œuvre économique de l'Assemblée nationale constituante

Les états généraux s'ouvrirent le 5 mai 1789 avec un discours de trois heures de Jacques Necker sur la situation de la dette. Plutôt que de se pencher sur les solutions que leur proposait le ministre, les députés du tiers exercèrent une importante pression le jour même pour obtenir que le vote se déroulât par tête, non par ordre, et que les ordres siégeassent ensemble. Les députés du tiers étant plus nombreux et obstinés, le roi devait recourir à la violence ou céder. Il accorda le vote par tête le 27 juin 1789. Après d'autres péripéties, la nouvelle Assemblée nationale fut chargée de rédiger une constitution pour le royaume le 9 juillet 1789 : elle devint l'Assemblée nationale constituante[25]. Comme le troisième ordre avait obtenu d'être doté de deux fois plus de députés que le clergé ou la noblesse, ce changement signifiait que le tiers état allait pouvoir déterminer le contenu de la constitution : il avait réussi à devenir « quelque chose » dans l'ordre politique.

Des révoltes nombreuses secouèrent le pays, dans les campagnes où des châteaux furent pillés, et dans les villes. À Paris, où l'on suivait assidûment les débats des états depuis le Palais Royal, une foule voulut s'armer en craignant que des soldats royaux ne vinssent assiéger la capitale. Le 14 juillet, elle s'empara alors de la Bastille, prison royale fortifiée, pour obtenir ses réserves de poudre - avant d'exécuter son commandant. Ce bouillonnement, qui devenait visible dans l'ensemble du pays, impressionna toute l'élite du pays, dont une partie décida de se réformer de peur de finir lynchée.

Le 4 août 1789, le duc d'Aiguillon, grand propriétaire aristocrate en mal de popularité, proposa à la tribune de l'Assemblée constituante que les paysans pussent racheter *à des conditions modérées* les droits féodaux sous lesquels ils ployaient. Après un concours de générosité entre clergé et aristocratie, les députés du tiers des pays d'états, plus émancipés vis-à-vis du roi que les pays d'élection, renoncèrent aux privilèges de leurs provinces (Bretagne, Dauphiné, Provence, Normandie, Bourgogne, Artois, Auvergne, Lorraine). « Puis ce fut le tour des villes », dont les habitants étaient exemptés de taille et d'une partie des impôts fonciers qui frappaient les paysans campagnards. « Leurs députés vinrent en foule déposer leurs privilèges sur l'autel de la Nation. » Michelet décrivait ainsi la fin de cette fameuse session :

> La nuit était avancée, il était 2 heures. Elle emportait, cette nuit, l'immense et pénible songe des mille ans du Moyen Âge. L'aube, qui commença bientôt, était celle de la liberté.
> Depuis cette merveilleuse nuit, plus de classes, des Français ; plus de provinces, une France !
> Vive la France[26] !

Malgré l'exaltation de Michelet, la nuit du 4 Août restait respectueuse des droits de propriété des anciens privilégiés, puisqu'elle ne faisait que transformer leurs privilèges féodaux en droits contractuels, et les « conditions modérées » auxquelles ils pouvaient être rachetés demeuraient prohibitives. Une fois la rupture achevée entre bourgeoisie et aristocratie, la Convention terminerait cette œuvre avec moins d'égards pour la féodalité, en abolissant le 17 juillet 1793 toute contrepartie aux privilèges d'Ancien Régime.

Après l'égalité devant l'impôt, l'égalité devant la loi fut également consacrée : la Déclaration des droits de l'homme et du citoyen, incarnation des ambitions universalistes dont se prévaut encore la France d'aujourd'hui, fut proclamée le 26 août 1789. Son article 17 prévoyait que « la propriété étant un droit inviolable et sacré, nul ne peut en être privé, si ce n'est lorsque la nécessité publique, légalement constatée, l'exige évidemment, et sous la condition d'une juste et préalable indemnité », cette même propriété étant considérée dans l'article 2 comme un des « droits naturels et imprescriptibles de l'homme », au même titre que la liberté. Cette insistance sur la propriété dans ce texte fondamental prouve pour les marxistes le caractère bourgeois de la Révolution. Elle a également fait dire à certains économistes que les droits de propriété auraient été dès lors mieux protégés[27].

Le droit de propriété était, paradoxalement, d'autant plus important à proclamer que la Révolution commença par une grande opération d'expropriation : elle vendit les biens de l'Église, et en violation encore plus flagrante de ses principes, ceux des émigrés, confisqués à partir de juillet 1792. Les terres que la jeune République de septembre 1792 avait redistribuées, elle s'engagerait dans les termes les plus formels à ne pas les reprendre ; sa survie politique et financière allait en dépendre.

La vente des biens nationaux

Le grand historien des finances publiques Marcel Marion, républicain de cœur, commençait ainsi le volume de son *Histoire financière* consacré à la Révolution : « Qu'on veuille bien se souvenir que, de toutes les parties de l'œuvre révolutionnaire, celle dont il est question ici est probablement la moins brillante, la plus défectueuse[28]. » La France faisait sa première expérience du gouvernement par assemblée. Privés du pouvoir de juguler la dépense royale, mais capables de défendre efficacement les privilèges fiscaux, les vieux parlements (qui n'avaient qu'un pouvoir de contrôle législatif au demeurant) n'avaient pas été incités à faire l'apprentissage du gouvernement responsable. Tout s'apprend dans la vie d'une nation, et il faut faire l'expérience de l'impéritie budgétaire pour savoir comment contenir les émotions d'une assemblée pleine de contradictions - c'est l'expérience que firent l'Assemblée nationale, la monarchie constitutionnelle puis la Première République.

Dans ses *Réflexions sur la Révolution en France*, Edmund Burke manifestait son mépris pour ceux qui avaient rédigé la première constitution de la France : « Parmi [les députés de l'Assemblée nationale], j'ai vu des hommes de rang ; certains de talent brillant ; mais d'homme avec une expérience des affaires d'État, il n'y en avait aucun. Les meilleurs étaient des hommes de théorie. » Indépendamment de ses autres jugements et des autres qualités de ces hommes, nous pouvons nous accorder avec Burke sur l'inexpérience des nouveaux députés : les affaires d'État avaient été jusqu'ici réservées à un club très fermé, et même les hommes considérés comme des parvenus étaient entrés dans la carrière ministérielle par la banque (Necker) ou par l'administration (Colbert). Les postes s'ouvrirent tout d'un coup à quelques milliers d'hommes nouveaux, qui changèrent radicalement les bases politiques et sociales sur lesquelles était construite la France. Cependant, ce fut également un moment où les pressions politiques contradictoires et, bientôt, les guerres extérieures, nécessitaient des hommes rusés comme des renards et expérimentés, pour régler les conflits qu'allait provoquer l'inévitable banqueroute. Talleyrand ou Cambon, familiers des affaires financières, étaient des exceptions dans ce paysage politique renouvelé.

Le roi avait convoqué les états généraux pour augmenter ses recettes, mais il se retrouva avec une assemblée générale décidée à les diminuer. Les députés du tiers déclarèrent illégaux tous les impôts le 17 juin 1789 en même temps qu'ils s'érigeaient en Assemblée nationale. Celle-ci se déclarait *a posteriori* dépositaire du droit d'approuver les taxes qui, depuis Charles VII, avaient été levées sans véritable consentement populaire. Bien que la constituante précisât aussitôt que les impôts resteraient provisoirement prélevés, cette décision ne manqua pas d'aggraver la crise fiscale : les recettes fiscales se réduisirent presque aussitôt de 90 %.

Malgré cet écroulement des revenus du gouvernement, aucun des députés et très peu de publicistes étaient en faveur de l'annulation de la dette, même après la proclamation de la Première République en septembre 1792. Pour que le régime durât, il fallait, pensaient beaucoup de révolutionnaires, lui attacher, par une signature plus fiable que celle de la monarchie, les intérêts des financiers. Pourtant, à part une baisse des dépenses de la cour royale, soumis à un régime plus strict que par le passé, il n'y avait que très peu de bonnes nouvelles sur le front fiscal qui pourraient justifier la confiance d'éventuels créditeurs.

Le défaut aurait été imminent sans une action extraordinaire : l'appropriation par l'État des biens de l'Église, renommés biens nationaux, et leur vente au public. Cette décision ne fut pas prise pour la première fois en France. Durant les guerres de Religion, à partir de 1563, Charles IX puis Henri III avaient aussi vendu des terres ecclésiastiques pour financer la riposte catholique[29]. Lorsque les Jésuites furent bannis de France en 1763, leurs terres furent confisquées également - mais elles ne représentaient qu'une faible proportion des propriétés épiscopales.

Ces épisodes, moins bien connus, n'ont pas eu des conséquences économiques et sociales aussi profondes que la vente des biens nationaux. Avant la formation du système de Law, à une époque où les finances royales connaissaient aussi une crise profonde, le pouvoir avait envisagé une solution similaire ; ce fut 1789 qui usa de ce dernier recours.

L'Église ne disposait plus d'un patrimoine aussi important qu'au début du Moyen Âge, où elle possédait entre un cinquième et un tiers du foncier. Reventes successives et grignotages royaux faisaient que l'Église ne possédait plus que 6,5 % du foncier en France. À leur valeur de marché, ces terres représentaient entre 33 et 50 % du PIB français[30], soit la moitié de la valeur de la dette royale.

Talleyrand fut le premier à proposer l'utilisation de cette richesse pour combler la dette dans un discours du 10 octobre 1789. Grand aristocrate, évêque d'Autun, mieux connu pour sa carrière de caméléon politique et de diplomate sous les régimes successifs, il était représentant du clergé à la Constituante en 1789. Il s'était auparavant familiarisé avec les questions économiques et fiscales en participant aux négociations qui portaient sur le montant du « don gratuit » que faisait l'Église à la royauté. Il s'agissait d'une contribution fiscale consentie par l'Église gallicane au roi, qui compensait en partie l'exonération fiscale dont l'institution bénéficiait, et qui était renégociée tous les cinq ans. Talleyrand était à ce titre conscient du problème de dette qui pesait sur le nouveau régime. Il prévoyait qu'un peu plus de 20 % de la dette serait remboursée grâce à ces « biens nationaux ».

Presque sans aucune recette pendant plusieurs années, la Révolution put financer le gouvernement, plusieurs de ses extraordinaires entreprises, et même rembourser 1 milliard de livres (ou 17 % du PIB) : les terres d'Église avaient permis ce miracle fiscal.

Pour pouvoir utiliser sans attendre le futur revenu des ventes, qui ne débuteraient qu'à la fin de 1790, le gouvernement émit à partir de 1789 une forme de papier-monnaie, les assignats. Certains députés craignirent immédiatement que les assignats n'aboutissent à une crise inflationniste, forts du souvenir de Law. Mirabeau fit un discours rassurant qui soutenait que, contrairement aux actions et billets de la compagnie de Law, les assignats ne tiraient pas leur valeur d'une aventure coloniale incertaine, mais de la source de valeur par excellence, la terre.

Les assignats ne donnaient pas le droit à une terre particulière, mais permettaient de participer à des ventes de biens nationaux. Initialement prévus uniquement en coupure assez élevées (500 livres, ce qui équivaut à une année de revenus d'un foyer modeste de l'époque), ils furent également émis sous forme de petites coupures et en vinrent seulement progressivement à remplacer la monnaie : ce n'était pas leur objectif initial. Le cours forcé de l'assignat - égal théoriquement à 1 livre, en pratique à beaucoup moins - fut adopté légalement dès avril 1790, en même temps qu'était supprimé l'intérêt de 5 % qu'il était censé offrir.

En plus de permettre de disposer à l'avance des fonds des ventes, les assignats permettaient de ne pas les précipiter à l'excès : une cession de terres équivalant à plus de 30 % du PIB se serait faite à un prix largement dévalué, voire bradé, car les acheteurs n'auraient pas disposé des liquidités suffisantes pour les acheter à un prix reflétant leur qualité. Il fut prévu que, comme jadis les actions de Law, les assignats permettraient de payer la vente en différé - option à laquelle très peu d'acheteurs recoururent, à cause de l'incertitude politique de la période.

Cette politique de vente eut deux conséquences : à court terme, l'utilisation de l'assignat comme monnaie et son impression excessive finirent en crise hyperinflationniste. À long terme, et de manière plus déterminante, elle permit d'attacher à la nouvelle République toute une classe de nouveaux propriétaires.

L'inflation et la crise économique de 1793-1795

La crise inflationniste s'explique facilement : le produit des biens nationaux n'avait pas suffi à rembourser la dette, et les recettes fiscales, au plus bas, commencèrent à remonter à partir de 1792, tandis que les dépenses de guerre (extérieure avec l'Autriche, la Prusse puis l'Angleterre et intérieure en Vendée) augmentaient beaucoup plus rapidement. La « déplaisante arithmétique[31] » monétaire et fiscale montre que seules trois possibilités, non exclusives, s'offraient au nouveau régime : renier la dette, augmenter les impôts, imprimer davantage d'assignats. La première solution exclue, la deuxième irréaliste, vu le faible consentement de la population à l'impôt et les dissensions de l'assemblée sur la taxation en 1792 (plusieurs impôts, sur les rentes ou les portes et fenêtres, furent examinés et rejetés), la République choisit la troisième. Les assignats permirent finalement au régime de financer par l'inflation des guerres victorieuses, mais ils se terminèrent, naturellement, en hyperinflation.

Le gouvernement avait besoin de toujours plus de fonds, ce qui lui faisait tourner à plein l'impression d'assignats. Il le fit à un point tel que l'imprimerie était devenue une industrie profitable : le nombre d'imprimés s'était multiplié, entre les libelles, les journaux, les déclarations gouvernementales et les assignats. Dans les *Illusions perdues*, le père Séchard, ouvrier qui ne savait pas lire, s'était enrichi en rachetant l'imprimerie d'Angoulême où il était « ours » - c'est-à-dire compagnon pressier. Il profita ainsi de l'explosion de la demande.

La quantité d'assignats en circulation fut multipliée par 200 entre 1791 et 1795. La loi de Gresham s'appliqua : la mauvaise monnaie - l'assignat - chassa la bonne. En effet, pour qui disposait de 1 000 livres en argent et de 1 000 livres en assignats, il valait mieux dépenser les seconds que les premiers afin de conserver des encaisses métalliques qui ne se dévalueraient pas. L'or et l'argent disparurent temporairement de la circulation. Ils servirent surtout pour les importations, car les marchands étrangers n'acceptaient pas les assignats.

L'accès aux subsistances était devenu difficile, et le risque de disette semblait se renforcer en 1793, alors que les prix avaient triplé depuis 1789 sans que tous les salaires eussent suivi[32]. Cette situation fit l'objet de débats entre physiocrates modérés ou girondins (comme Féraud, le ministre de l'Intérieur Roland, Serré) qui voulaient laisser faire le marché et encourager les agriculteurs, et jacobins (Viger, Beffroy, Saint-Just et Robespierre), favorables à un contrôle des prix ainsi qu'à des réquisitions pour sauver le peuple de la faim. Les seconds l'emportèrent finalement, alors que Robespierre avait de plus en plus d'influence dans le gouvernement. La loi du maximum du 4 mai 1793 fixait un prix plafond pour de nombreux biens.

Les départements, chargés de mettre en œuvre la politique du maximum, étaient en fait en compétition les uns avec les autres : appliquer rigoureusement le plafond des prix, c'était s'exposer à la pénurie car les départements qui acceptaient de payer au-delà recevraient davantage de denrées[33]. Les conséquences prévisibles de cette politique furent bientôt visibles : le stockage par les fermiers et agriculteurs auxquels on demandait un prix inférieur au prix « d'équilibre », ou le recours au marché noir. Certains métiers, comme les bouchers, étaient pris entre deux feux, car la régulation était incomplète : ils étaient censés vendre la viande découpée à un prix moindre que celui auquel ils achetaient la bête, puisque le prix du bétail n'avait pas été régulé par le maximum. Des stratégies d'évitement furent mises en place : le prix de la viande de porc crue étant bloqué, on vendit de la viande de port cuite, dont le prix était libre ; la crème remplaça le lait pour les mêmes raisons. Le gouvernement tenta de combler les vides et recourut au rationnement. Les files d'attente devinrent alors, avec la guillotine, un des spectacles quotidiens du Paris révolutionnaire. Le Comité de salut public, devenu particulièrement autoritaire en 1793, menaça de la peine de mort les accapareurs et de dures punitions ceux qui ne respecteraient pas les prix. Cependant, parmi les victimes de la Terreur de 1793, les auteurs d'infractions contre le maximum étaient minoritaires. La succession de lois sévères et bavardes illustrait surtout la faiblesse du nouveau pouvoir sur cette question économique.

Il n'y eut pourtant pas de famine jusqu'à la chute de Robespierre (juillet 1794), et ce, alors que la guerre pesait lourdement sur la production du pays. La levée en masse de la population masculine entre 18 et 25 ans, avait été décrétée en mars 1793 par la Convention jacobine pour reprendre en main la guerre avec l'Autriche décidée un an plus tôt. Lazare Carnot en fut l'organisateur efficace ; l'armée française quadrupla de taille en quelques mois. Par conséquent, il fallut loger, nourrir et payer 800 000 soldats à la fin de 1793. La loi du maximum, tant que le gouvernement réussissait à réquisitionner des fermiers, lui permettait de payer à moindre prix ses achats de nourriture en masse et allégeait partiellement la crise fiscale. Paradoxe pour les économistes libéraux, la famine semble s'être aggravée après la fin du maximum en décembre 1794. Ainsi, la politique de contrôle des prix ne provoqua pas de catastrophe dans l'immédiat, même s'il est plausible qu'elle ait été au moins pour partie responsable des mauvaises récoltes de 1794 : ses effets les plus nocifs ont attendu sa disparition pour se manifester[34]. Cette crise avait également touché le commerce intérieur : on constatait des écarts de prix importants entre départements même riverains, ce qui était le signe que les marchandises circulaient moins facilement.

L'origine de l'inflation était l'augmentation excessive du nombre de billets en circulation. En temps normal, ce seul facteur ne suffit pas à expliquer les mouvements de prix, étant donné que d'autres paramètres peuvent interférer, comme le volume de crédit, ou la réactivité plus ou moins forte de l'économie aux changements macroéconomiques qui sont à l'œuvre. Néanmoins, en 1793 et 1794, la masse monétaire connut un mouvement d'une telle ampleur, une multiplication par 200, que cela eut un effet direct et significatif sur les prix, qui furent multipliés par 1 000 entre 1789 et 1795[35]. Le mouvement s'amplifiait d'autant plus que la guerre exerçait également une pression inflationniste et que le pays recevait de faux assignats des émigrés installés en Angleterre.

La défiance croissante envers le gouvernement, la faiblesse des nouveaux impôts, qui n'étaient pas indexés sur l'inflation (de sorte qu'ils devinrent rapidement insuffisants), faisaient que, pour tirer des revenus de cette nouvelle monnaie, il fallait en émettre toujours plus, au risque de compromettre l'efficacité du blocage des prix et la rentabilité du prélèvement fiscal. Cette crise contribua également à faire diminuer les profits tirés des ventes de biens nationaux : l'État vendait à un dixième voire un quarantième de leur valeur réelle[36] les biens qui lui restaient. Ainsi, les assignats minaient les autres sources de recettes du gouvernement, qui devait reposer uniquement sur les revenus de l'inflation. La jeune République vivait de ce que les économistes appellent les « frais de seigneuriage ».

Cette politique ne fut pas pour autant un échec : la victoire de Fleurus (26 juin 1794) était fille des assignats et de l'hyperinflation. Pour le socialiste Jean Jaurès, l'assignat « est un prodigieux navire de papier qui a porté à travers les orages, sur les flots soulevés, la Révolution et sa fortune[37] ». Sans être excessivement élogieux à l'égard de politiques dirigistes qui déstabilisèrent profondément le commerce, on peut se demander de quelle autre manière un régime né sur la contestation de l'impôt aurait pu financer ses campagnes militaires. Pour éviter la disette de 1795, la dernière famine de l'histoire de France, il aurait fallu la paix. Si les mesures dirigistes visant à bloquer les prix eurent sans doute des effets délétères sur l'économie et le commerce du blé, l'hyperinflation était une nécessité politique dans le contexte explosif de 1793.

Le gouvernement put revenir à l'équilibre monétaire et stabiliser la monnaie, le franc, en augmentant ses recettes et en renonçant au remboursement de la dette en 1797 : la République fit défaut sur les deux tiers de la dette – c'était le « tiers consolidé ». Les recettes augmentèrent également grâce aux victoires militaires qui permirent de vivre sur les territoires occupés :

la Belgique (à partir de 1794, après une première occupation en 1792) ou l'Italie (à partir de la fameuse campagne de Bonaparte en 1796). Surtout, une belle récolte mit fin à la disette de 1795 et permit le rétablissement de l'ordre dans le pays, en facilitant la livraison du pain aux armées et à la population.

Une fois le cours forcé des assignats interrompu en 1797, le franc, devenu monnaie de compte par la réforme de germinal an XI (avril 1803) sous Bonaparte, devait garder sa valeur en métal constante jusqu'en 1914. La monnaie de compte cessa également d'être distincte de la monnaie d'usage. Les assignats étaient une parenthèse d'instabilité monétaire au milieu d'une phase de stabilité de deux siècles, entre 1726 et 1914.

Les acquéreurs de biens nationaux

Les acheteurs les plus connus de biens nationaux sont sans doute les personnages balzaciens, notamment le père d'*Eugénie Grandet*, Félix Grandet, un tonnelier de Saumur :

> Dès que la République française mit en vente, dans l'arrondissement de Saumur, les biens du clergé, le tonnelier, alors âgé de quarante ans, venait d'épouser la fille d'un riche marchand de planches. Grandet alla muni de sa fortune liquide et de la dot [...] au district, où, moyennant deux cents doubles louis [9 600 livres] offerts par son beau-père au farouche républicain qui surveillait la vente des domaines nationaux, il eut pour un morceau de pain, légalement sinon légitimement, les plus beaux vignobles de l'arrondissement, une vieille abbaye et quelques métairies. [...] Commercialement, il fournit aux armées républicaines un ou deux milliers de pièces de vin blanc et se fit payer en superbes prairies dépendant d'une communauté de femmes que l'on avait réservées pour un dernier lot.

Le père Grandet avait la chance de vivre dans une ville peu républicaine, où les ventes intéressaient peu : le père Grandet semble avoir bénéficié d'une décote exceptionnelle[38], pour finir par multiplier par plus de 100 son capital initial[39]. Pour Balzac, ces ventes illégitimes, comme celles des terres vendues lors de la dissolution des monastères anglais au XVIe siècle, profitèrent à une classe d'entrepreneurs opportunistes et audacieux.

Acheter un bien national était, dès le départ, un pari politique et financier, qui avait de lourdes conséquences sur la réputation des acquéreurs. L'opposition violente du clergé attacha un opprobre moral durable à ces achats, au point que, jusqu'au début du XXe siècle, les historiens qui étudièrent la question n'osèrent pas publier les noms des familles concernées[40] - cette fortune semblait presque plus odieuse que celle acquise dans les plantations où travaillaient des esclaves. Les biens de l'Église étaient ceux de la communauté et, en partie, des pauvres auxquels elle faisait la charité - les prendre, n'était-ce pas remplacer l'économie morale d'Ancien Régime par « les eaux glacées du calcul égoïste » ?

Un bien national était un investissement dans la Révolution : il fallait parier qu'il n'y aurait pas de restauration et risquer sa mise, voire sa tête étant donné le risque de « contre-Terreur ». Acheter, c'était s'attacher à la future République. Le bien national était un « certificat de jacobinisme », comme l'écrirait plus tard Jean Jaurès[41]. Le père Grandet devint ainsi maire de Saumur sous la Convention. De tels hommes existèrent en dehors de la fiction : le plus grand acheteur de biens nationaux de l'Ardèche, un certain Bernardi, devint maire d'Aubenas, et un des hommes les plus influents de son département sous la Révolution.

Outre les Grandet et Bernardi, il y eut des bourgeois et des paysans de moindre envergure qui acquirent des domaines d'Église et en tirèrent profit sans être richissimes. Cette question a suscité un débat historiographique, afin de déterminer si, comme dans l'œuvre de Balzac, elle avait essentiellement enrichi quelques grands bourgeois, ce que soutenait Marcel Marion, ou si elle avait également profité à des paysans petits propriétaires, comme l'affirmait Loutchiski, et comme le souhaitait le nouveau régime[42].

Si l'on en croit les études accumulées sur le sujet, la réponse est entre les deux. Dans les terres jouxtant les villes (Paris ou Rouen), beaucoup de grands bourgeois et quelques artisans furent les principaux bénéficiaires des ventes. Dans les départements ruraux, davantage de petits paysans acquirent des morceaux de lots à des bourgeois ou firent même des coalitions d'acheteurs pour se partager à plusieurs de grands lots - ils n'hésitèrent pas, dans certaines occasions, à intimider les autres acheteurs. Cependant, lors des années de crise après mai 1793, les ventes furent réorganisées uniquement en ville dans les chefs-lieux départementaux. Cela concerna notamment les terres des émigrés qui fuyaient la révolution : ces lots, qui furent bradés et qui représentaient plus de 3 % de la propriété foncière, profitèrent principalement aux grands bourgeois.

Au total, près de 10 % de la propriété foncière fut redistribuée, parfois pour retomber dans les mêmes mains : quelques aristocrates ou évêques rachetèrent les terres dont ils avaient été dépossédés. En l'absence d'études complètes sur les transactions du marché secondaire, il serait difficile de conclure sur les principaux bénéficiaires des ventes, même si une étude récente semble indiquer que les biens nationaux ont participé à la hausse des inégalités foncières en France. En effet, les départements (ou districts, pour reprendre l'échelon administratif temporaire au niveau duquel se firent les ventes) où il y eut le plus de confiscations de terres d'Église ont vu la taille des grandes propriétés augmenter le plus[43]. Toutefois, les propriétés latifundiaires ne semblent pas en avoir bénéficié : la vente des biens nationaux a surtout favorisé des propriétés moyennes supérieures - les 25 % de propriétaires les plus riches.

Les biens nationaux devinrent le ciment sur lequel se construisit l'adhésion à la République. Que Louis XVI eût été tué le 21 janvier 1793 avec le consentement du peuple ou non, la perspective du retour du roi menaçait de puissants intérêts : ces nouveaux propriétaires, grands et petits, enrichis des biens de l'Église et de ceux des émigrés, et les paysans, débarrassés par Robespierre des privilèges féodaux abolis en 1793[44]. Les grands acheteurs (pour une valeur supérieure à 10 000 livres, soit vingt années de salaires d'un paysan journalier) étaient plusieurs centaines par département[45]. Quelques milliers de lots furent vendus dans chaque département, sans compter les reventes qui devaient bénéficier à beaucoup de paysans. Au total, près de 1,1 million de lots furent attribués. Quelques dizaines de milliers de bourgeois plus ou moins imposants s'enrichirent considérablement, et près d'une centaine de milliers de petits propriétaires y trouvèrent leur compte.

Bien sûr, dans certains endroits, la question des biens nationaux semble avoir participé à la haine de la République. En regardant le département de la Sarthe, Paul Bois a établi que, dans les cantons religieux où des bourgeois « étrangers » - c'est-à-dire d'une ville relativement éloignée - avaient racheté les biens de l'Église, la chouannerie avait été plus vive durant la terrible guerre de Vendée. Au contraire, là où ces mêmes biens avaient profité aux membres des communautés locales, y compris les plus riches, il y eut davantage d'adhésion au nouveau régime[46].

L'enrichissement ne s'était pas limité pour ces bourgeois aux achats de biens nationaux, mais aussi à la fourniture militaire - comme le père Goriot de Balzac, ouvrier parisien qui s'était enrichi en rachetant l'atelier de vermicelles de son patron et en fournissant des pâtes aux armées. Les régimes successifs voulurent conserver le soutien de ces hommes riches.

Lors de son sacre à Notre-Dame, le 2 décembre 1804, le nouvel empereur, Napoléon Ier, jura de faire ce pour quoi Paris l'avait laissé faire son coup d'État : « respecter et faire respecter l'égalité des droits, la liberté politique et civile, *l'irrévocabilité des ventes des biens nationaux* ».

Napoléon Bonaparte

Né en Corse en 1769, alors qu'elle venait de rejoindre la France, d'une famille aristocratique mais relativement pauvre, Napoléon Bonaparte bénéficia d'une éducation de cadet-gentilhomme destiné à l'armée royale. Son implication dans la Révolution ne fut pas brillante jusqu'en 1795 - on peut tout juste compter une très faible tentative de peser sur les affaires corses, avec puis contre Pascal Paoli, qui s'était battu pour l'indépendance de l'île. Après avoir aidé le Directoire à écraser une insurrection royaliste à Paris en octobre 1795, Bonaparte devint général en chef de l'armée d'Italie en 1796. Il s'agissait d'un théâtre secondaire de la guerre, qui visait seulement à distraire l'Autriche de la campagne du Rhin.

Il existe une croyance selon laquelle il n'y aurait pas de progrès de productivité dans les services - un coiffeur, un garagiste, des avocats ne semblent pas pouvoir s'améliorer, et les prouesses du *management* seraient limitées. Il pourrait en aller de même pour la guerre. Napoléon Bonaparte prouve que ceci est faux. Son génie militaire provenait avant tout d'une bonne logistique et d'une excellente gestion des évolutions de son armée. Une célèbre image revient dans sa propagande et illustre mieux que tout l'art de la guerre napoléonienne : le général utilisant le compas sur une carte pour planifier le mouvement de ses troupes. Les fameuses grandes batailles ne faisaient que concrétiser l'avantage de positions acquises avant le combat[47]. La campagne napoléonienne n'était pas seulement le fruit d'une armée mieux *managée,* c'était aussi celui du progrès de la théorie militaire, qui bénéficiait d'une application rigoureuse des mathématiques et de la cartographie : presque sans expérience, Bonaparte fit mouvoir ses troupes plus vite que toutes les armées autrichiennes[48].

Il intégrait également une fine compréhension des objectifs politiques de ses ennemis pendant les campagnes. En Italie, dans sa première manœuvre, il engagea des combats qui ne visaient qu'à placer son armée à mi-chemin entre les armées sardes (ou piémontaises) et autrichiennes, qui devaient protéger l'une Turin, l'autre Milan et Vienne, que son armée pourrait alors toutes deux menacer. Une fois qu'il eut obtenu la « position centrale[49] », il put engager une armée ennemie avec toutes ses forces sans laisser le temps à l'autre armée de la rejoindre.

Après une campagne ratée en Égypte[50], qui visait à menacer les intérêts anglais dans le Moyen-Orient et en Inde, Napoléon Bonaparte déserta son armée et revint à Paris en 1799, auréolé de gloire - une communication réussie vaut parfois mille victoires. Aidé par ses frères, sa popularité, et surtout une certaine apathie de l'opinion lassée des guerres et des changements politiques, il put organiser un coup d'État, le 18 brumaire an VIII (9 novembre 1799). Il bénéficia de plusieurs soutiens politiques mais également financiers. Le facteur qui favorisa le 18 Brumaire était que le Directoire avait pris la décision, nécessaire, de liquider la dette royale, lors de la déroute dite des deux tiers de 1797 : l'État faisait défaut sur 66 % des obligations. Le « tiers consolidé » fut du reste remboursé en bons du trésor douteux. Les rentiers et bourgeois de Paris étaient mécontents et ils n'étaient pas défavorables à un nouveau régime autoritaire, d'autant plus que la menace jacobine planait encore.

Jean Tulard résumait ainsi l'accession de Bonaparte au pouvoir : « Il appartenait à Bonaparte de maintenir les avantages acquis, en fixant un point de non-retour au passé et en freinant la marche en avant de cette révolution[51]. » Ainsi, celui qui deviendrait progressivement le consul des bourgeois enrichis, des fournisseurs aux armées parisiens, des paysans ayant acquis une parcelle de bien national et des rentiers mécontents, serait populaire auprès de sa « base » tant qu'il la garantissait contre une restauration, une révolution jacobine, et que la guerre ne pesait pas trop sur l'économie : ce serait le cas tant que Napoléon gagnerait.

Bonaparte put ainsi profiter de la colère qu'avait suscitée le défaut du Directoire, tout en bénéficiant de ses conséquences - il n'eut pas à rembourser les fameux deux tiers. Cependant, du point de vue financier, son règne ne fut pas pour autant facile : si le Premier consul puis l'Empereur s'est vanté d'avoir peu recouru à l'emprunt, c'est en grande partie parce que les taux d'intérêt furent très élevés sous son règne. L'écart avec le taux de l'Angleterre a été aussi haut sous Napoléon qu'il l'avait été dans les dernières années du règne de Louis XVI, ce qui était d'autant plus coûteux que les taux avaient également augmenté d'un point de pourcentage en Angleterre. La guerre que Napoléon mena fut aussi financière, mais elle fut largement perdue sur ce front-là. Pourtant, le gouvernement britannique subissait les conséquences de la guerre et avait dû suspendre la convertibilité des billets de la Banque d'Angleterre en métaux entre 1797 et 1821. Ces remboursements en papier-monnaie ne l'empêchèrent pas de conserver un meilleur taux d'emprunt que l'Empire. La confiance du public anglais et la plus grande disponibilité de capitaux permirent cette victoire financière anglaise[52].

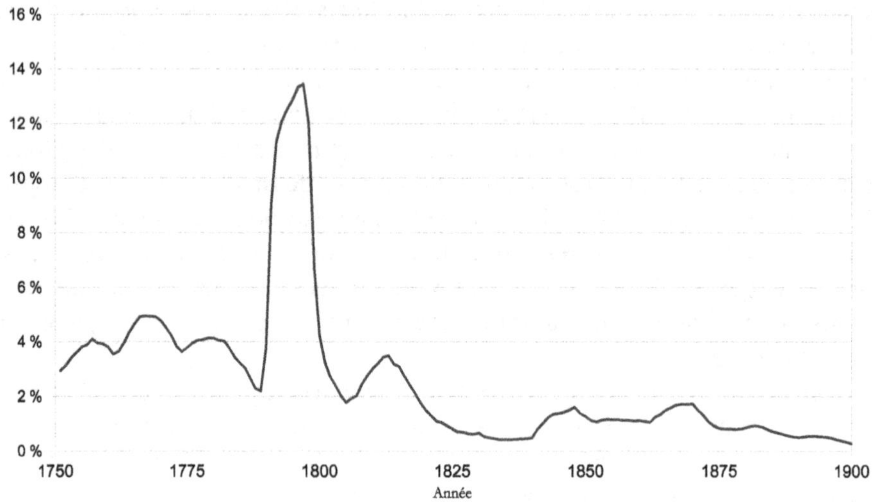

Figure 7.2. Écart entre le taux français et le taux anglais entre 1740 et 1900, en points de pourcentage. En France, le taux se rapproche de celui de l'Angleterre après 1815. La période de l'Empire est à peine plus favorable que les dernières années de l'Ancien Régime, alors que les taux ont augmenté en Angleterre du fait de la guerre.

Les taux élevés en France étaient dus aux grandes perturbations qu'avait provoquées la Révolution sur les marchés des capitaux. Une étude des crédits entre particuliers démontre que le nombre de prêts s'était effondré pendant la Révolution : les encours de dette enregistrés chez les notaires se réduisirent de moitié. Beaucoup de bourgeois et de propriétaires furent ruinés, certains effrayés par l'incertitude politique, d'autres enfin durent mobiliser leurs liquidités pour s'acheter les biens nationaux, et ne pouvaient plus prêter à d'autres particuliers ni à l'État. C'est d'ailleurs là où il y eut le plus de ventes de terres d'Églises que le crédit souffrit le plus, comme à Nuits-Saint-Georges[53].

La France ne semblait pas avoir progressé depuis 1788 en la matière. Cependant, les régimes qui succédèrent à l'Empire (Restauration et monarchie de Juillet) bénéficièrent des taux les plus bas qu'eût jamais connus le pays. Rétrospectivement, les états généraux atteignirent le but que leur avait fixé Louis XVI, qui était de donner confiance dans la dette publique - même si ce fut par des voies inattendues.

La guerre commerciale avec l'Angleterre

Bonaparte consolida les positions françaises en Belgique, en Italie et sur le Rhin, avant de signer une brève paix avec l'Angleterre à Amiens en 1802. Il réorganisa entièrement l'Europe après la victoire de Marengo (1800) et le traité de Lunéville (1801), et mit notamment fin à des États vieux d'un millénaire (Venise et le Saint Empire romain germanique). Cependant, la toute-puissance de la France suscitait des désirs de revanche chez les puissances vaincues. Replongé dans la guerre avec les Anglais puis avec les Prussiens, les Autrichiens et les Russes, Napoléon enchaîna d'impressionnantes victoires continentales et maintint plusieurs années une domination politique inédite sur le continent. Il contraignit un temps ses ennemies - sauf l'Angleterre - à la paix.

Il put également les contraindre au remboursement d'une partie des frais de guerre. L'armée absorba 5 % du PIB français entre 1805 et 1815, et la moitié de cette somme fut remboursée par les indemnités de guerre de l'Autriche, de la Prusse et des nouveaux territoires français (la France s'étendant dans toutes les directions). Ainsi, bien que la guerre eût mobilisé plus d'hommes que jamais - à part peut-être durant la guerre des Gaules -, elle pèserait moins sur l'économie française que l'armée des dernières années de l'Ancien Régime. Cependant, la rivalité avec l'Angleterre persisterait, et causerait indirectement la perte de l'Empire.

Quelle était la raison de cette rivalité tenace ? Une des causes proclamées de la guerre, à ses débuts, était la radicalité du régime français, qui avait osé condamner à mort son roi ; plus tard, les Anglais invoquèrent leur désir de libérer du joug français l'Europe continentale. Le monarchiste Jacques Bainville proposait une synthèse simple de ces guerres : la France révolutionnaire, après Jemappes en novembre 1792, avait annexé la Belgique, et cela aurait été le véritable *casus belli* pour l'Angleterre.

> Les Anglais se seraient peu souciés de l'exécution de Louis XVI si, le 21 janvier, nous n'eussions déjà occupé Anvers.
> Alors commença la guerre véritable, celle de l'Angleterre et de la France, l'éternelle guerre pour les Pays-Bas, la même sous la Révolution que sous Philippe le Bel, la vieille guerre pour la suprématie maritime de la Grande-Bretagne. [...] La coalition retrouvait sa tête et sa caisse. Cette fois, l'Angleterre allait mener la lutte jusqu'au bout, d'autant plus résolue à liquider son vieux compte avec la France qu'elle la voyait privée de ses forces navales par la Révolution[54].

La France, de son côté, aurait été déterminée à conserver ses conquêtes. Napoléon promettait également le jour de son sacre de « maintenir l'intégrité du territoire de la République [*sic*] ».

Pour vaincre militairement l'Angleterre, il fallait une flotte - dont Napoléon perdit une grande partie en octobre 1805 à Trafalgar. Cette défaite cuisante le força à investir dans la construction d'une nouvelle flotte et à abandonner ses projets de guerre maritime voire d'invasion de l'Angleterre[55].

Napoléon, notamment après la victoire de Friedland (1807) et la signature du traité de Tilsit, dominait pourtant le continent. Il décida de tirer parti de ses victoires pour intensifier la guerre économique contre l'Angleterre, et tenter de ruiner son commerce et de la déposséder de son or grâce à la politique du blocus continental. Celui-ci, d'abord appliqué par la France, fut généralisé à toutes les puissances « alliées » (y compris les puissances vaincues comme la Prusse et l'Autriche) par le décret de Berlin d'octobre 1806.

La politique était résolument mercantiliste. Napoléon ne visait pas à affamer les Anglais mais à les priver d'or : ainsi, pendant la mauvaise récolte anglaise de 1810, fit-il venir du blé français dans les ports anglais. Dans les échanges en général, il voulut encourager les *smugglers* anglais à importer - pourvu que les continentaux ne leur achetassent rien[56]. Cette vision de la guerre commerciale pourrait paraître étonnante et datée ; en effet, on mène une guerre plus sûrement avec des denrées et des armes qu'avec de l'or. Cent ans plus tard, la France de 1914-1918 aurait plus sûrement voulu priver l'Allemagne de sa capacité d'importer du matériel que de ses surplus commerciaux[57]. Napoléon aurait, selon cette vision plus moderne de la guerre, affamé l'Angleterre plutôt que de la laisser importer un huitième de sa consommation de blé en 1810. Cependant, ce mercantilisme n'était pas à contre-emploi : la principale arme de l'Angleterre sur le continent était véritablement son or. Rares furent les rencontres militaires directes entre les ennemies héréditaires, sauf en Espagne - et à Waterloo (1815). Les Anglais ne furent même pas présents à Leipzig, la « grande bataille des nations » qui fut la défaite la plus significative de Napoléon. Leur domination navale leur permettait des coups de main mais ils mobilisèrent beaucoup moins d'hommes que la Prusse, la Russie ou l'Autriche. Si leur système financier s'était écroulé, ils auraient pu être contraints d'accepter la domination française en Italie, Belgique et Allemagne, ou cessé de représenter un soutien utile aux coalitions successives. Une crise financière était tout à fait possible en Angleterre car le pays dépendait de manière critique de la confiance du public anglais, voire étranger : sa dette publique représentant 200 % du PIB[58]. Sans la campagne de 1812 en Russie, le blocus aurait peut-être provoqué la reddition financière de l'Angleterre. Les réserves métalliques de la Banque d'Angleterre, garantes de l'importante dette publique, furent divisées par trois entre 1808 et 1814.

Si l'on partait du principe que la guerre avec l'Angleterre était inévitable, le blocus était en fait sans coût, puisque la *Royal Navy* avait la première organisé un blocus sur l'économie française. Il fut une contrainte surtout pour ses nouveaux satellites et alliés, qui le supportèrent mal. Les critiques du blocus ont parfois insisté sur son manque d'efficacité - ainsi, le frère même de Napoléon, Louis, devenu roi de Hollande, tenta de contourner le blocus tant il était visible que cette politique était ruineuse pour une économie qui dépendait tant du commerce. Murat connut des difficultés similaires dans son royaume de Naples. Au large du Danemark, l'île d'Heligoland, récupérée par les Anglais, servait de plaque tournante pour la contrebande. Malte joua une fonction similaire, en Méditerranée, où la présence anglaise était importante. Le Portugal préféra le risque d'une guerre avec Napoléon plutôt que de couper ses relations privilégiées avec l'Angleterre, et son commerce avec l'Angleterre profita de la fermeture des autres ports européens - et cette décision fut d'ailleurs derrière la fameuse guerre d'Espagne dans laquelle s'embourba Napoléon.

Malgré tous ces trous dans le système, le trafic maritime s'effondra réellement en Europe, les nouveaux ports de destination ne suffisant pas à remplacer les anciens.

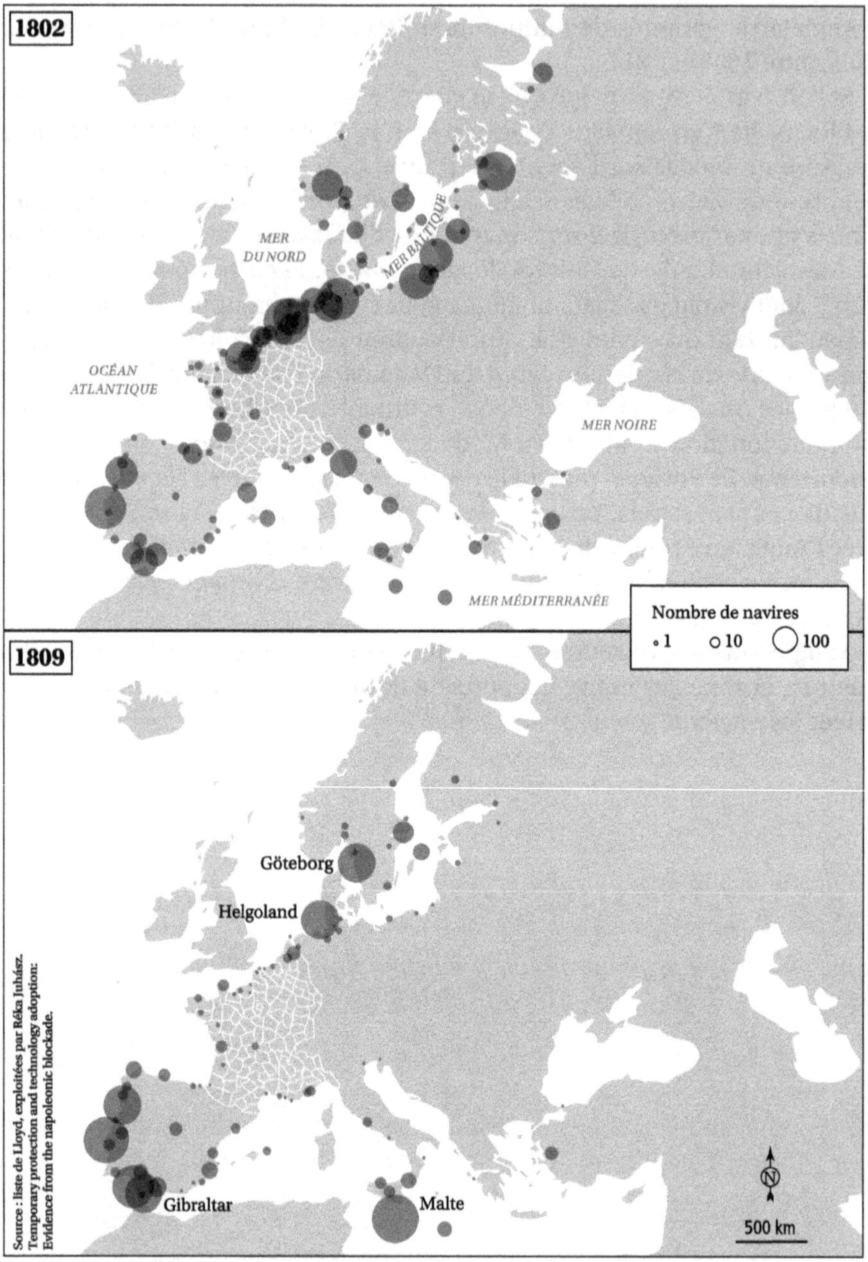

Carte 7.3. Nombre de navires anglais accostant dans chaque port européen, en 1802 (en haut) puis en 1809 (en bas). Source : listes de Lloyd, exploitées par Réka Juhász, « Temporary protection and technology adoption : Evidence from the napoleonic blockade », *American Economic Review*, 108.11, 2018, p. 3339-3376.

Le blocus fut un stimulant pour l'industrie cotonnière française, et, dans une moindre mesure, la belge, l'allemande et la suisse, ainsi que pour l'agriculture italienne[59]. Le système continental, qui complétait le blocus, visait à encourager le commerce continental entre la France et le reste de l'Europe. Ce serait dans des termes favorables aux intérêts français, ou en tout cas à ceux des manufactures françaises, dont les exportations furent largement favorisées. Toute la France n'en bénéficia pas de la même manière.

La situation commerciale des villes atlantiques s'était naturellement dégradée. Privées du débouché de Saint-Domingue, et temporairement de ceux de la Martinique ou de la Guadeloupe, les manufactures de lin et de laine girondines et languedociennes, qui produisaient des vêtements pour les colonies, disparurent, ainsi que plusieurs raffineries de sucre - faute d'importations de sucre de canne. Marseille pâtissait également de ces conflits prolongés, et ce n'est pas un hasard si Napoléon évita soigneusement cette ville lors de son retour de l'île d'Elbe en 1815[60]. Plusieurs départements du Sud connurent un processus de « pastoralisation », la manufacture reculant au profit de l'élevage[61]. Au contraire, le Nord et l'Est, tournés vers le continent et protégés de la concurrence anglaise qui les avait empêchés de se développer pleinement, profitèrent de ce mouvement. L'industrie cotonnière s'y concentra.

Napoléon sous-estima l'hostilité que suscitait sa politique en Russie, dont l'élite semblait très attachée au commerce de bois et de chanvre avec l'Angleterre - cette dernière avait été pour les Russes un partenaire commercial plus important que la France tout au long du XVIIIe siècle. Plutôt que de revenir en arrière sur l'application du blocus par la Russie ou les autres différends diplomatiques, l'Empereur mena, dans un pays lointain et décidé à lui résister, une campagne plus longue qu'anticipé. La stratégie défensive russe, de terre brûlée, mettait en échec ses plans qui prévoyaient une victoire décisive et rapide dans le territoire ennemi. Une fois sa grande armée affaiblie, et ses alliés redevenus ses ennemis, il perdit contre la sixième coalition qu'il eut à affronter, à Leipzig (1813), avant de subir une invasion du territoire national. Paris fut occupé par les puissances belligérantes qui imposèrent à la France le recouvrement de ses frontières territoriales de 1789, et une amende équivalente à 20 % de son PIB - ce qui venait compenser le fardeau financier que la France avait imposé pendant dix ans à l'Europe continentale. Le retour de Napoléon en 1815, monument d'égoïsme de ce grand homme, confirma les grandes puissances du congrès de Vienne dans leur volonté de diminuer la puissance militaire française. Elle perdit à cause de cette aventure la Savoie et le comté de Nice. Cependant, l'Angleterre décida de maintenir une forme d'équilibre sur le continent, après avoir constaté que la Prusse et la Russie étaient sorties beaucoup plus puissantes de la guerre, et pressentant peut-être les transformations démographiques à venir en Europe : l'intégrité territoriale et politique française fut ainsi maintenue malgré sa double défaite.

Louis XVIII, le frère de Louis XVI, restauré à défaut d'une meilleure option par les puissances occupantes, put gouverner la France avec le consentement d'une population fatiguée de la guerre. Il ne revint pas en arrière sur les principaux acquis révolutionnaires : il conserva aussi bien le code Napoléon que l'irrévocabilité de la vente des biens nationaux[62]. Napoléon n'était plus qu'un fauteur de trouble pour la bourgeoisie :

> Une dictature de salut public au profit des nantis de la révolution, telle était la signification profonde de l'Empire. Pour l'avoir oublié et imaginé qu'il allait établir une dynastie appelée à régner sur le continent, le « sauveur » fut renvoyé à la rédaction de ses Mémoires[63].

Ainsi se conclut la dernière guerre avec l'Angleterre, à l'issue de laquelle il fut décidé que la France ne serait pas la première puissance mondiale et qu'elle perdrait définitivement une grande partie de son premier empire colonial. Elle perdit à la fois Saint-Domingue et la supériorité géopolitique qui était encore la sienne après la guerre d'Indépendance américaine. Elle avait également perdu une occasion d'annexer la Belgique et notamment le vieux cœur industriel de la Flandre. Se sachant incapable de défendre des possessions sur le continent américain contre la Royal Navy, Napoléon avait déjà renoncé, pour 80 millions de francs (soit 1 % du PIB – ramené à la production d'aujourd'hui, ce serait 30 milliards d'euros), à la Louisiane, sur laquelle les financiers d'antan avaient bâti tant d'espoirs. L'Empire colonial serait réduit à la Martinique et à la Guadeloupe, alors nettement moins développées que ne l'était Haïti.

Les conditions démographiques et politiques qui permirent Fleurus, Austerlitz, Iéna ou Wagram avaient été réunies pour la dernière fois. La France avait été la première à lever en masse une armée populaire de près d'un million d'hommes, et elle avait tenu tête à l'Europe non seulement par l'intensité de sa mobilisation mais aussi parce qu'elle était plus peuplée. Il y avait aussi le talent d'une génération d'hommes de guerre neufs, promus par la Révolution puis l'Empire : outre Napoléon, les maréchaux d'Empire, Davout, Murat, Jourdan, Lannes, Masséna, et même certains rivaux, comme Hoche, Moreau ou Bernadotte. La politique irréaliste suivie par le Consulat puis l'Empire n'avait pourtant pas permis de tirer des bénéfices de long terme de ces conditions si favorables.

Les fruits de la Révolution : Robespierre, la Convention, le Code Napoléon

L'*Histoire de la Révolution française* de Jules Michelet s'arrête à la mort de Robespierre - quoique Michelet ne fût pas un apologiste de « l'Incorruptible », il reconnaissait que sa disparition coïncidait avec l'arrêt des réformes pour le peuple. Ainsi s'achève la grande œuvre de l'historien lyrique :

> Peu de jours après Thermidor, un homme qui vit encore et qui avait alors dix ans, fut mené par ses parents au théâtre, et à la sortie admira la longue file de voitures brillantes qui, pour la première fois, frappaient ses yeux. Des gens en veste, chapeau bas, disaient aux spectateurs sortants : « Faut-il une voiture, mon maître ? » L'enfant ne comprit pas trop ces termes nouveaux. Il se les fit expliquer, et on lui dit seulement qu'il y avait eu un grand changement par la mort de Robespierre[64].

Thomas Piketty a proposé une histoire quantitative des inégalités économiques qui confirme cette intuition de Michelet. Il mesure ces dernières par la concentration du patrimoine, en calculant les héritages conservés par les Français et en les comparant entre eux - les notaires, en plus de faciliter les transactions et les prêts, étaient d'excellents archivistes. La conclusion frappante à laquelle il est arrivé était que les inégalités de patrimoine mesurées par la part du patrimoine qui appartient au centième ou au dixième le plus riche de la population n'a pas baissé après la Révolution et a même augmenté à Paris (respectivement 50 % et 80 % du patrimoine). Il semble en être allé de même pour les inégalités de revenus (le top 10 % gagnant 50 % des revenus ; le top 1 % gagnant 20 % des revenus). Dans la France entière, les inégalités ainsi mesurées sont restées étonnamment stables, malgré les prétentions égalitaires de la Révolution française[65]. Il y aurait encore beaucoup de domestiques et de maîtres au XIXᵉ siècle.

Napoléon n'avait pas été Robespierre à cheval, si l'on considère que Robespierre représente d'abord l'avocat de l'orphelin et du pauvre. Son règne avait été celui des nantis, dans une certaine mesure des petits paysans enrichis mais surtout des pères Grandet. Pourtant, la Révolution eut une véritable œuvre sociale, en abolissant les charges féodales, impôts permanents versés par le pauvre directement au riche. Même si les montants réels avaient baissé, les divers monopoles et interdictions vexatoires pesaient beaucoup et, quoiqu'elles ne se traduisissent pas en inégalités de patrimoine, elles avaient une signification économique. Ce fut bien Robespierre qui abolit réellement ces droits en 1793, la nuit du 4 Août n'ayant fait que les transformer en baux commerciaux[66].

D'autres réformes contribuèrent à l'enrichissement du contribuable en œuvrant pour le bien commun. Du point de vue politique, la propriété privée fut clairement distinguée de la propriété publique. Les offices vénaux et les juridictions seigneuriales disparurent tous - ce qui ouvrait la voie au recrutement des agents de la fonction publique « selon leurs capacités, et sans autres distinctions que celles de leurs vertus et de leurs talents » (article 6 de la Déclaration des droits de l'homme et du citoyen). Bien que certains concours existassent déjà sous l'Ancien Régime, pour des postes techniques ou pour la gloire des étudiants (comme le concours général), le recrutement d'une grande partie de la fonction publique par examen n'était pas encore à l'ordre du jour : la vénalité des offices serait remplacée en grande partie par l'entregent.

Les corporations, qu'avait déjà tenté d'abolir Turgot sous Louis XVI, disparurent en grande partie, avec la loi d'Allarde en mars 1791[67], suivie de la loi Le Chapelier de juin 1791 - laquelle interdisait les alliances patronales et surtout les syndicats d'ouvriers, par peur de mouvements sociaux. Ainsi, le principe de liberté de l'activité commerciale était placé au cœur de la Révolution, ce qui mettait fin aux inefficaces monopoles des différents métiers. Cette disparition se fit cependant au détriment de la représentation politique que donnaient ces corporations à leurs membres, qui seraient plus isolés dans la sphère politique.

Tocqueville remarquait que la Révolution, tout en balayant les institutions monarchiques, avait accompli les dernières volontés de la royauté en matière d'uniformisation, allant nettement plus loin que ne l'auraient même espéré les ministres de l'Ancien Régime en la matière[68]. Il y eut en effet une série de réformes de rationalisations qui accentuèrent encore la centralisation du pays.

Le gouvernement décida par exemple d'imposer de nouvelles unités de mesure dans le pays. Ce système métrique, créé pour l'occasion et mis en place à partir de 1795, était étranger aux usages, mais il finit par remplacer les anciennes unités, et poursuivit une carrière internationale triomphale pour devenir la référence du Bureau international des poids et mesures en 1875. Depuis le XIVe siècle et Philippe V en 1316, les rois de France avaient plusieurs fois échoué dans des réformes de moindre ambition. De même, la réforme monétaire de 1803 unifiait et stabilisait le franc, mariait enfin monnaie d'usage et monnaie de compte, et rendait les transactions monétaires plus simples que jamais.

En matière fiscale, les impôts furent remis à plat, organisés sur une base semblable pour tous : les taxes indirectes, impopulaires, furent abolies. Les contributions que l'on nommerait plus tard les « quatre vieilles » remplacèrent les aides et les tailles. Il s'agissait de la contribution foncière (assise sur la propriété terrienne), de la contribution mobilière (déterminée selon le loyer de l'habitation), de la patente (impôt pour les locaux commerciaux et industriels) et de l'impôt sur les portes et fenêtres (1798). Ce dernier était sans doute un des pires impôts possibles car il inciterait de nombreux ouvriers à vivre dans des logements insalubres sans fenêtre. Quoique ce nouveau système d'imposition ne fût pas le meilleur, qu'il ne fût pas progressif ni même équitable pour les différentes entreprises qui devaient s'en acquitter indépendamment de leur profitabilité, il était moins injuste et inefficace que le précédent système fiscal. Il créait moins de distorsions arbitraires entre bourgeois et paysans et contenait une notion de proportionnalité plus solidement établie. Il ne fut pleinement appliqué qu'une fois que le cadastre, qui avait fait défaut sous l'Ancien Régime et était nécessaire au prélèvement de la contribution foncière, eut été achevé, en 1840. Les quatre vieilles seraient la principale source de revenu fiscal pendant plus d'un siècle, avant d'être remplacées par l'impôt sur le revenu en 1914, puis la taxe sur la valeur ajoutée et les contributions sociales après 1945. Ces nouveaux impôts seraient plus adaptés à une économie de salariés dans l'industrie et les services qui n'était pas encore celle de la France au début du XIXe siècle.

Le Code civil rendait le cadre législatif français, en droit pénal, civil ou commercial, explicite et uniforme en France, et permettait de savoir ce que l'on risquait pour une infraction - il simplifiait les transactions et les contrats dont les épais coutumiers reflétaient la complexité, et permettait facilement à un bourgeois d'acheter des terres dans des fiefs différents et de les exploiter de la même manière.

Il y eut d'autres créations institutionnelles qui répondaient à la fois à un désir de rationalisation et à un idéal social : l'école, l'égalité entre héritiers, et surtout les droits civiques accordés aux minorités religieuses.

La Première République créa l'École normale supérieure en 1794, qui fut théoriquement chargée de former les futurs professeurs des écoles normales secondaires, qui formeraient elles-mêmes des instituteurs ou professeurs partout dans le pays. Si le régime n'a pas, pour des raisons matérielles, contribué à la démocratisation de l'école autrement que par des expérimentations incomplètes, il fit les premiers pas qui permettraient plus tard l'idée de scolarité obligatoire.

La Révolution modifia le régime successoral essentiellement pour des raisons idéologiques : le droit d'aînesse fut aboli, et l'égalité entre héritiers forcée par la loi du 17 nivôse an II (1794), qui stipule dans son article 11 que « les successions des pères, mères ou autres ascendants, et autres collatéraux [...] seront partagées également entre les enfants, descendants ou héritiers en ligne collatérale, nonobstant toutes lois, coutumes, donations, testaments et partages déjà faits ». La liberté de tester était réduite à un dixième de l'héritage - ce principe reste valable en France aujourd'hui[69]. L'objectif de cette législation était de briser les grandes lignées aristocratiques en les contraignant à la division, et d'encourager la petite propriété en morcelant les héritages[70]. Cette législation explique sans doute en partie la persistance de la petite propriété agricole en France, et elle représentait, comme d'autres mesures de la Révolution, une imposition du modèle parisien à celui de la France. Selon les travaux d'Emmanuel Todd[71] et les analyses du droit coutumier[72], Paris était déjà caractérisée par un modèle familial nucléaire assez égalitaire - les enfants quittaient le foyer et vivaient en couple après leur mariage, en dehors de chez leurs parents, et les héritages y étaient égalitaires. Ce n'était pas le cas du Midi ou de l'Ouest, où le modèle de famille souche restait puissant : après le mariage des enfants, l'aïeul continuait de vivre avec l'aîné auquel il passait progressivement son autorité et une majeure partie de son héritage. La réforme contribua à y exporter les mœurs de Paris, ce qui constituait un premier pas vers la francisation du territoire au XIXe siècle. Elle retarda dans l'ensemble la formation de grandes propriétés, ce qui aurait d'importantes répercussions pour l'économie agricole[73].

Le royaume de France avait, dans ses dernières années, accepté de revenir à bas bruit sur l'édit de Fontainebleau, et en était venu à tolérer la présence protestante. La Révolution accentua le mouvement, en incluant dans une même communauté nationale tout le monde, y compris les juifs. Certains furent attirés par cette promesse d'égalité individuelle que faisait Clermont-Tonnerre dans un fameux discours : « Il faut tout refuser aux juifs comme nation et tout leur accorder comme individus. » De cette promesse, vint une nouvelle relation entre la France et les juifs, qui devait faire de la France une terre d'exil et d'égalité pour les juifs, dont le nombre est multiplié par deux entre 1800 et 1870 (alors que la population française ne crût que de 40 % dans la même période). Plusieurs profitèrent de l'égalité juridique et purent fonder des entreprises ou plus tard intégrer l'élite intellectuelle et politique française. Ainsi, Baruch Weil, fils de porcelainier allemand, vint s'installer à Fontainebleau sous le Directoire en 1795. Il s'enrichit dans la manufacture de porcelaine, puis reprit un atelier de dépôt à Paris où il ouvrit des magasins, avant d'être nommé chevalier de la Légion d'honneur par Charles X en 1825 ; un des arrière-petits-fils de cet homme serait un écrivain, Marcel Proust[74]. Il en allait de même pour les protestants de la diaspora française, dont une partie était revenue au XVIIIe siècle, tel le père de l'économiste Jean-Baptiste Say.

Cette liste non exhaustive montre l'ampleur de l'œuvre réformatrice de la Révolution. Les nouvelles lois allaient créer un cadre plus favorable pour la croissance que celui de l'Ancien Régime. C'est une fois les remous de la Révolution passés, en 1815, que commença la croissance moderne. D'après notre mesure, la productivité commença à croître continûment de plus de 1 % par an, à un rythme beaucoup plus rapide que durant tous les siècles précédents. La cassure ne se situe pas au milieu du XVIIIe, mais après 1789. Il ne semble pas que la Révolution ait interrompu une phase de croissance économique de l'Ancien Régime, mais plutôt qu'elle en ait fait commencer une autre[75].

Bien sûr, la question des causes du développement industriel est complexe et ne peut se satisfaire pleinement d'une corrélation, mais cette coïncidence entre la fin de la Révolution et la croissance de la productivité devrait exclure l'idée que 1789 aurait été dommageable à l'économie française[76] : le pays ne connaissait pas de révolution industrielle ni agricole sous Louis XV et Louis XVI. Le secteur le plus dynamique de la France d'Ancien Régime était l'exploitation servile de Haïti, secteur qui ne portait en lui aucun germe de mécanisation. La raffinerie de sucre était sa seule application industrielle, mais elle consommait de l'énergie de combustion qui aurait pu servir à d'autres activités industrielles et qui manquait en France. Le remplacement du sucre de canne par le sucre de betterave, rendu possible par la découverte de Benjamin Delessert en 1812, était plus prometteur pour la production française. L'économie ne pâtit pas à long terme de la fin du système esclavagiste de Saint-Domingue, même si les propriétaires d'esclaves furent considérablement appauvris.

C'est à long terme que la situation économique s'améliora. Lorsqu'elle se déroula, la Révolution n'eut pas de répercussions positives ; malgré la création de la Banque de France qui devait faciliter le crédit, les capitaux furent rares jusqu'à la fin de la guerre, à cause des pertes liées aux colonies et à la marine, à la guerre, ainsi qu'à l'immobilisation d'une partie de l'épargne nationale dans les biens nationaux. Ceci explique que la Révolution en elle-même n'ait pas été une période économique brillante. En revanche, une politique militaire et étrangère plus modeste permettrait à l'épargne de se reconstituer : les nouvelles réformes feraient alors rapidement leurs preuves, dès 1815, notamment en matière agricole.

La revente des biens nationaux a permis des progrès économiques dans les quelques décennies qui suivirent la Révolution, parce que de bonnes terres furent redistribuées à des bourgeois et paysans capables de cultiver ou d'investir avec talent. Une étude récente confirme que les acquéreurs obtenaient de meilleurs rendements sur leur terre en 1850, même si l'effet semble s'être estompé après plusieurs décennies[77].

Surtout, tous les projets de contrôle de l'eau, que ce soit le drainage ou l'irrigation, qui avaient buté sur le droit de propriété tatillon de l'Ancien Régime, furent facilités par la Révolution. La présence de l'État dans les départements ruraux s'était renforcée, les préfets ayant remplacé les anciens intendants. La rigueur et la clarté nouvelle de la loi faisaient que la coutume ne posait plus autant d'obstacles à la modernisation, et de nombreux projets de grands travaux purent passer outre les oppositions des propriétaires voisins.

Sous l'Ancien Régime, mener des grands travaux agricoles supposait une expertise et une patience juridique exceptionnelles. Les marais de Normandie offraient quelques revenus d'exploitation pour les propriétaires féodaux, pour les moulins ou encore les droits de pêche, mais ceux-ci étaient souvent inférieurs aux gains potentiels qu'aurait permis un drainage. Un seigneur qui voulait se lancer dans un tel projet devait compenser les communautés paysannes qui pouvaient librement y faire paître des troupeaux, en exerçant leur « droit de triage ». Il n'y avait dans l'ancienne coutume aucune définition claire des compensations possibles, ni de leur montant, et la jurisprudence se limitait aux jugements issus d'autres coutumes, la plupart du temps différentes les unes des autres. Ainsi, le seigneur qui entreprenait les premiers travaux risquait de subir des procès des communautés paysannes et d'autres propriétaires jouissant de droits d'usage sur sa terre, sans qu'il lui fût possible de se former une idée claire des risques qu'il encourait et des frais légaux que cela engendrerait[78]. Le nombre d'appels juridiques possibles contre un même projet de drainage était de plus de six en Normandie, dont plusieurs remontaient jusqu'au conseil royal – et chacun d'entre eux était suspensif[79]. Il était généralement moins risqué pour le propriétaire de renoncer au drainage et de poursuivre l'exploitation de son marais, même si celle-ci était stérile.

La comédie de Jean Racine intitulée *Les Plaideurs* mettait en scène en 1668 un certain Dandin qui cherchait désespérément à faire des procès pour faire passer le temps. Il juge au dernier acte un chien accusé d'avoir mangé un chapon, faute de meilleure affaire. Cette farce, qui fut un des plus grands succès de Racine, représentait en fait l'une des tragédies de l'économie de l'Ancien Régime. Les aristocrates, les bourgeois et même les paysans, extrêmement procéduriers, se lançaient dans de longs procès à l'issue incertaine, car le système judiciaire incitait chacun à la chicane pour ne pas perdre ses privilèges coutumiers. La Révolution, menée par des avocats, permit de rendre les procédures plus directes, compréhensibles et efficaces : l'accord unanime des propriétaires locaux et de paysans n'était plus nécessaire pour mener à bien un projet de drainage, et un vote du conseil municipal doublé de l'accord du préfet suffisaient, sans qu'il fût besoin de mobiliser l'exécutif directement. Dans les trente années qui suivirent 1815, les délais juridiques se raccourcirent et l'on vit se multiplier les grands travaux agricoles. Ainsi, il y eut plus de terres drainées dans le Calvados entre 1815 et 1845 que pendant tout le XVIIIe siècle. En Provence, le nombre de projets d'irrigation menés à bien fut multiplié par cinq[80]. Ils permettaient de rationaliser l'exploitation des terres, sans que cela se fît toujours au détriment des plus pauvres : les communautés villageoises réussissaient à obtenir d'importantes contreparties financières des projets d'irrigation, captant une partie non négligeable des profits ainsi créés.

CHAPITRE 8

L'enrichissement du monde (1815-1914)

> Mais, Messieurs, que si, écartant de mon souvenir ces sombres tableaux, je reporte mes yeux sur la situation actuelle de notre belle patrie, qu'y vois-je ? Partout fleurissent le commerce et les arts ; partout des voies nouvelles de communication, comme autant d'artères nouvelles dans le corps de l'État, y établissent des rapports nouveaux ; nos grands centres manufacturiers ont repris leur activité ; la religion, plus affermie, sourit à tous les cœurs ; nos ports sont pleins, la confiance renaît, et enfin la France respire !
>
> M. Lieuvain, conseiller à la préfecture de la Seine-Inférieure dans un discours aux comices agricoles de Yonville-l'Abbaye, Gustave Flaubert, *Madame Bovary*.

Le XIXe siècle est l'une des périodes les plus agitées de l'histoire politique française, avec la succession de pas moins de six régimes politiques : le Premier Empire (1804-1814 et 1815), la monarchie de la Restauration (1814 et 1815-1830), la monarchie bourgeoise et orléaniste de Juillet (1830-1848), la Deuxième République (1848-1851), le Second Empire (1852-1870) et la Troisième République (1870-1940).

Ce bouillonnement politique s'explique d'abord par les nombreux problèmes institutionnels laissés en suspens par la Révolution, mais il est aussi le fruit d'une transformation économique sans précédent, entamée dès 1815.

Le terme de « décollage économique » n'aurait rien d'exagéré pour le XIXe siècle, au regard de l'amélioration de la productivité et du bien-être matériel. Entre 1800 et 1900, le revenu par habitant a triplé en France[1]. La croissance se constate jusque dans la stature des Français : la taille moyenne des adultes a augmenté de plus de 2 centimètres, d'après les données fournies par les registres de conscription militaire[2].

Le régime de la Restauration (1815-1830) a marqué le début de cette transformation, alors même qu'il héritait d'une situation défavorable. En 1815, les guerres de la Révolution et de Napoléon avaient fait, en proportion de la population, autant de morts que plus tard la Première Guerre mondiale : près d'un million. Néanmoins, le taux de natalité restait important et permit une reprise démographique rapide. Si l'évolution de la population était moins dynamique qu'en Angleterre, elle l'était cependant beaucoup plus qu'elle ne le serait au XXe siècle : les industriels ne connurent pas de pénurie de main-d'œuvre masculine[3] aussi grave que dans l'entre-deux-guerres.

En outre, le congrès de Vienne décida d'imposer des réparations qui représentaient près de 20 % du revenu national à la monarchie française, qui n'eut d'autre choix que de retarder les investissements et les rénovations des routes. Cette amende fut rapidement remboursée, car l'État, après la Révolution, bénéficiait d'un niveau de prélèvement fiscal plus élevé et d'une plus grande acceptation de l'impôt grâce à une répartition plus équitable au sein de la population[4].

Malgré ces difficultés, le revenu par habitant a crû de plus de 1 % par an entre 1815 et 1850 – il augmenta deux fois plus que pendant tout le XVIIe siècle. Dans le même temps, la population augmentait de 20 %, passant de 30 à 36 millions. Les Français n'avaient jamais été aussi nombreux, ni les salaires aussi élevés.

Le choix du protectionnisme jusqu'en 1860

L'Angleterre, depuis plusieurs décennies, augmentait la productivité de son secteur cotonnier à un rythme inédit. La France aurait pu embrasser les principes du libre-échange en reproduisant après la guerre un traité commercial, qui lui aurait permis d'exporter des soieries et quelques articles de laine.

Ce n'est pas le choix que fit la Restauration, résolument protectionniste. Le protectionnisme était d'autant plus naturel qu'il avait acquis un certain prestige sous l'Ancien Régime, et que la Révolution, en faisant de la France une union douanière, avait réalisé le vieux projet de Colbert de créer un marché national permettant de donner beaucoup plus de poids au tarif douanier vis-à-vis de l'étranger[5].

Les exportations représentaient plus de 10 % du produit national à la veille de la Révolution, en grande partie grâce aux denrées venues des colonies et réexportées depuis la France, mais ce chiffre descendit jusqu'à 5 % vers 1830 et 6 % entre 1840 et 1850[6]. Le protectionnisme et la relative fermeture du commerce n'empêchèrent pas une croissance soutenue avant 1860[7].

Le protectionnisme répondait aux demandes exprimées par plusieurs secteurs, en particulier les cotonniers et les ports atlantiques. Ces derniers espéraient ressusciter le commerce des Caraïbes grâce aux plantations de Martinique et de Guadeloupe et craignaient par-dessus tout la baisse du prix du sucre qui serait advenue si la France avait autorisé les importations de Cuba ou de Jamaïque. En revanche, les vignerons bordelais comptaient parmi les défenseurs du libre-échange, dans l'espoir de gagner des marchés d'export. Ils espéraient également voir baisser le tarif du fer, qui servait pour leurs outils et dont la production nationale renchérissait indirectement le prix du bois.

L'Angleterre imposait aussi voire davantage ses importations, et prohibait un grand nombre de marchandises[8]. Elle continuait à taxer les vins français à des tarifs prohibitifs, et le blé, avec les fameuses *corn laws* qui prévalurent jusqu'en 1846, sous la pression des propriétaires fonciers qui avaient profité du blocus continental et ne désiraient pas voir baisser leurs revenus. Même après l'abolition des *corn laws*, la politique commerciale de la France était en fait moins restrictive que celle de l'Angleterre.

La concentration de la production textile française

La répartition géographique du secteur cotonnier reflète assez fidèlement les choix de politique commerciale faits par la France au cours du XIXe siècle. Avant 1815, le blocus continental et les guerres napoléoniennes ont donné lieu à une relocalisation complète de la production textile française, visible notamment dans l'augmentation du nombre de broches de coton par département entre 1803 et 1812. Alors qu'elle était présente un peu partout dans le pays, sauf en Bretagne, la manufacture cotonnière se concentra progressivement dans le nord et l'est de la France.

À plus long terme, le coton semble avoir bénéficié, non seulement du blocus continental, mais aussi de l'absence d'accord commercial avec l'Angleterre jusqu'en 1860. En effet, ce sont d'abord les régions les plus proches du Royaume-Uni, davantage « protégées » par le blocus, qui ont vu leur commerce s'accroître[9]. De plus, les départements du Languedoc, en plus d'être privés de leurs débouchés coloniaux, durent subir la concurrence industrielle du Nord, dont les produits étaient accessibles sans tarif interne depuis la Révolution. La séparation entre un Nord riche et un Sud pauvre semble n'avoir jamais été aussi vive qu'au XIXe siècle.

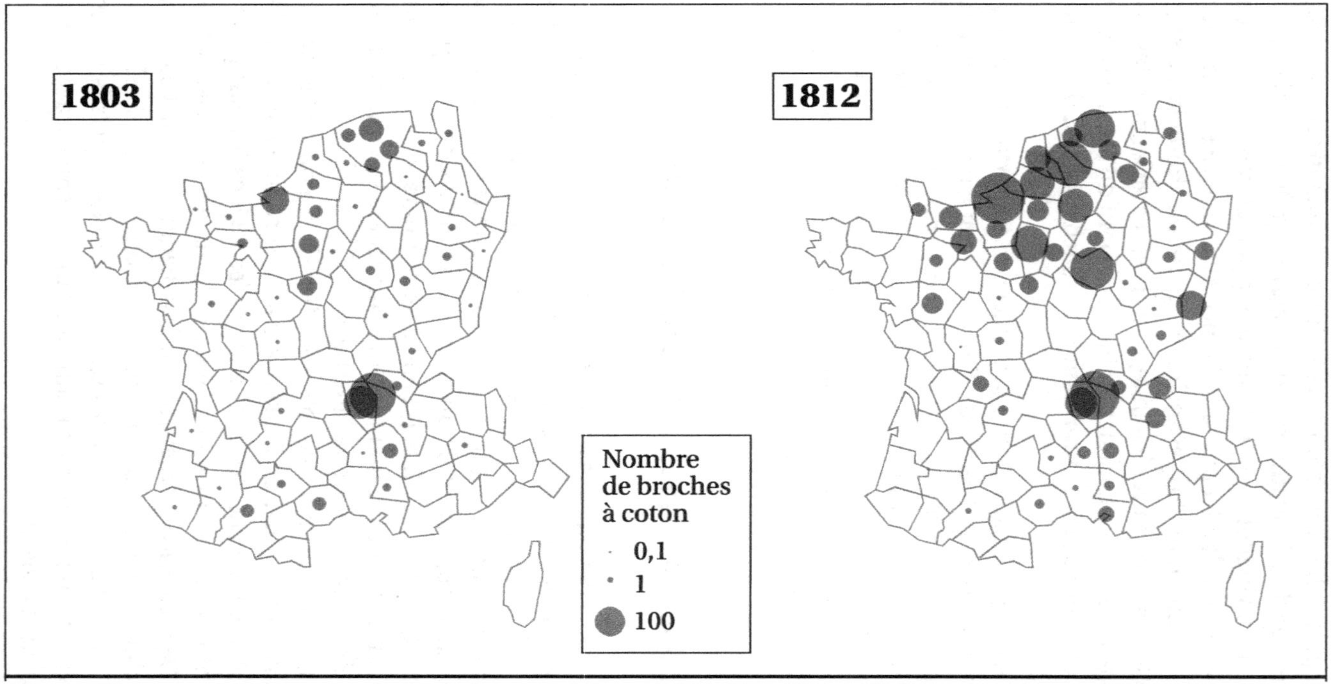

Carte 8.1. Nombre de broches à coton par département en 1803 et 1812. Source : Réka Juhász, « Temporary protection and technology adoption : Evidence from the napoleonic blockade », *American Economic Review*, 108(11), 2018, p. 3339-3376.

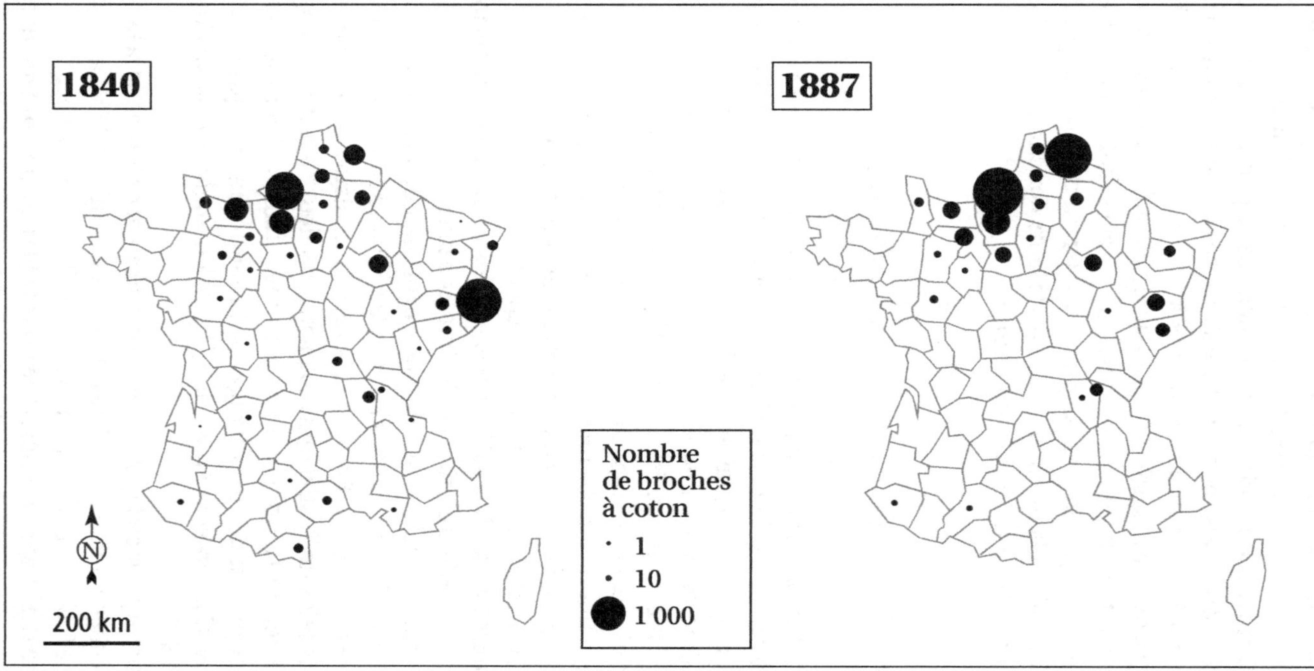

Carte 8.2. Nombre de broches à coton par département en 1840 et 1887. Source : Réka Juhász, « Temporary protection and technology adoption : Evidence from the napoleonic blockade », *American Economic Review*, 108(11), 2018, p. 3339-3376.

La production textile s'est maintenue pendant la Révolution et l'Empire. Ce maintien est une belle performance, au regard de la forte perturbation provoquée par la fin des exportations textiles vers les colonies, marché captif, et des difficultés du marché du crédit dans cette période, ainsi que de la faible demande pour des biens de luxe dans des économies européennes qui consacraient beaucoup de ressources à la guerre. L'industrie avait été favorisée en partie par le système continental : ainsi, les soieries lyonnaises, qui n'ont pas souffert du blocus continental car elles étaient déjà interdites d'importations en Angleterre auparavant, profitèrent du système pour accaparer à prix favorables la matière première de leurs concurrentes italiennes, défavorisées dans le cadre du Grand Empire.

Un début de libéralisation sous la monarchie de Juillet

Une petite inflexion de la politique protectionniste eut lieu sous la monarchie de Juillet, influencée par l'école libérale. Les prohibitions furent progressivement converties en tarifs, à hauteur de 30 % de la valeur des biens échangés, forme d'équilibre entre les intérêts mercantilistes des différentes catégories. Les tisserands, par exemple, étaient favorables au libre-échange, notamment ceux qui produisaient des draps fins et luxueux, car ils voulaient se fournir en fils plus fins à moindre prix. De même, les cotonniers exigeaient d'être protégés de la concurrence anglaise de coton filé mais de pouvoir importer sans tarif le coton brut d'Amérique[10]. S'ils craignaient encore la concurrence des textiles anglais mécanisés et des bas salaires belges[11], les milieux industriels français devenaient moins rétifs au principe de libre-échange.

Au même moment, une école libérale s'exprimait en France, inspirée par Jean-Baptiste Say, dont le *Traité d'économie politique* connut le succès intellectuel dès la Restauration. Elle associait les économistes saint-simoniens et des polémistes tels que Bastiat, qui mettaient en valeur l'expérience anglaise : les libéraux Peel ou Cobden étaient acclamés dans la littérature libérale française, comme dans un ouvrage de Frédéric Bastiat qui connut un certain succès, *Cobden et la Ligue, ou L'Agitation anglaise pour la liberté du commerce* (1847).

La géopolitique poussait le gouvernement français dans le sens de la libéralisation. En particulier, l'union douanière acquise outre-Rhin en 1834, le *Zollverein*, était une étape fondamentale vers l'unification allemande. La formation constituait une perte d'influence économique pour la France, anciennement protectrice de plusieurs États, comme la Bavière, désormais dépendants de la Prusse.

C'est dans ce contexte que François Guizot, chef du gouvernement de Louis-Philippe entre 1840 et 1847, proposa, en vain, une union douanière avec la Belgique, dont l'industrialisation débutait. Les industriels français tuèrent le projet, ce qui n'empêcha pas un accord commercial de moindre ambition en 1845. Un traité avec le Piémont fut adopté à la même époque, ce qui était facilité par le fait que les exportations de cette région correspondaient aux besoins de matière première de l'économie française : soie grège, riz ou huile[12]. Dans l'ensemble, le libéralisme de la monarchie de Juillet était timide, car elle s'appuyait sur des classes industrielles qui, à quelques exceptions près, restaient très attachées à leurs intérêts commerciaux.

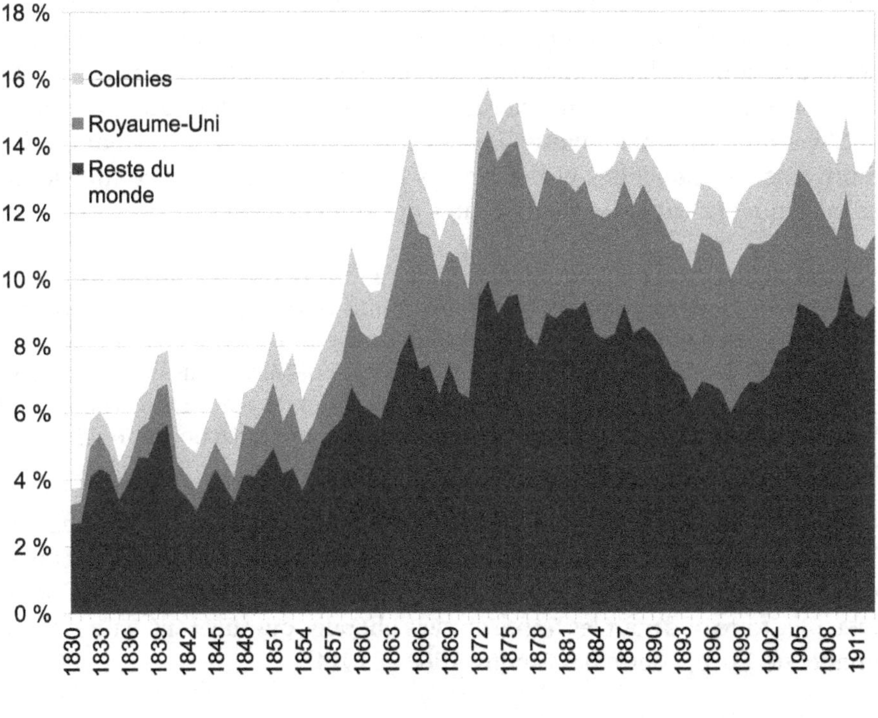

Figure 8.3. Exportations françaises, par région de destination, ramenées au chiffre de la production annuelle. Source : données issues de la base « Tradhist » du Centre d'études prospectives et d'informations internationales (CEPII).

Dans une certaine mesure, le protectionnisme pouvait favoriser l'innovation : par exemple, le prix du sucre fut maintenu à un niveau élevé pour faire redémarrer l'économie de plantation dans ce qui restait des Caraïbes françaises. Ceci allait bénéficier à l'industrie chimique qui extrayait le sucre de betterave en métropole. Le procédé, s'il s'était perfectionné sous Napoléon, n'aurait pu vivre par lui-même si le sucre avait été importé de Cuba sans tarif. Il fallut attendre 1824 pour voir l'ouverture de la grande usine d'extraction de Thumeries dans le Nord, à l'origine du futur conglomérat Béghin-Say. Le sucre betteravier devint de plus en plus rentable au point d'exciter la colère des colonies sucrières françaises[13] - à la fin du XIXe siècle, il serait dominant en France. De plus, la betterave permettait une meilleure rotation des cultures et offrait un nouvel aliment pour le bétail.

Cependant, la politique économique protectionniste était surtout orientée par les intérêts des secteurs qui parvenaient le mieux à se faire entendre. Dans le secteur du bois, par exemple, plusieurs propriétaires de forêts avaient acquis leurs biens sous la Restauration, à la faveur de dernières ventes de biens nationaux. Ils réussirent à obtenir que la France continuât d'imposer la taxation du charbon, notamment au Nord où se trouvaient les mines françaises, pour vendre plus cher le bois utilisé en substitut de ce dernier.

Illustration de cette époque, Bastiat imaginait en 1845 une pétition des fabricants de chandelles et bougies, déplorant la concurrence injuste du soleil, lequel faisait cesser leurs ventes dès son apparition :

> Nous demandons qu'il vous plaise de faire une loi qui ordonne la fermeture de toutes fenêtres, lucarnes, abat-jour, contre-vents, volets, rideaux, vasistas, œils-de-bœuf, stores, en un mot, de toutes ouvertures, trous, fentes et fissures par lesquelles la lumière du soleil a coutume de pénétrer dans les maisons, au préjudice des belles industries dont nous nous flattons d'avoir doté le pays, qui ne saurait sans ingratitude nous abandonner aujourd'hui à une lutte si inégale.

Au-delà de ce débat polémique alimenté par les esprits libéraux de l'époque, force est de reconnaître que la période de politique protectionniste, entre 1830 et 1860, correspondit à une croissance du revenu par habitant bien plus forte que pour les trente années libérales qui suivirent, à un rythme annuel de 1,6 %, contre 0,9 % entre 1860 et 1914[14].

Le développement des infrastructures et l'avènement tardif du chemin de fer

Le développement des infrastructures, et avec lui celui du commerce intérieur, fut un puissant moteur de la croissance française du XIXe siècle. Avant même d'investir dans les chemins de fer, l'État continuait de dépenser au moins 0,3 % voire 0,5 % du produit intérieur brut dans l'entretien des chemins ordinaires et des voies d'eau[15]. Les 5 000 kilomètres de routes qui existaient en 1815 furent multipliés par cinq en 1840, et ces routes, mal entretenues sous le Premier Empire, étaient dans un meilleur état lors de la révolution de 1848.

Dans les années 1820, le plan Becquey, du nom du directeur général des Ponts et Chaussées et des Mines, permit un développement inédit du réseau des voies navigables. Plus de 900 kilomètres de canaux furent ouverts.

Les diligences portaient mieux leur nom que jamais : entre 1800 et 1840, le temps de trajet entre la capitale et la plupart des grandes villes du royaume pour un voyageur sans bagages lourds fut divisé par deux. Il fallait sept jours et demi de voyage pour se rendre à Bordeaux depuis Paris, en 1800, il n'en fallait plus que trois en 1840. C'est un progrès considérable qui démontre que l'État était prêt à favoriser le déploiement de nouvelles et grandes infrastructures plus rapidement que sous Louis XIV ou Louis XVI.

Le plan Becquey portait également une innovation financière, en établissant des concessions avec des sociétés privées pour des montants de plusieurs centaines de millions de francs (le PIB représentait alors plus de 10 milliards de francs). Ce nouveau schéma fut néanmoins un échec, les études nécessaires à la réalisation des travaux prenant beaucoup de retard et obligeant l'État à renflouer les sociétés et à financer lui-même les travaux. Même si cette expérience suscita la méfiance des banques à l'égard des travaux publics, elle illustre le caractère novateur de l'administration de l'époque.

Le corps des Ponts et Chaussées joua un rôle majeur dans cette politique, et dans les programmes d'investissements suivants. Institution prestigieuse, il abritait des ingénieurs de haut niveau, comme Henri Navier, physicien qui découvrit l'équation de la mécanique des fluides, mais également auteur de référence pendant plus d'un siècle sur les ponts suspendus. L'application de principes scientifiques et d'analyses coûts-bénéfices pour les constructions permit d'augmenter l'efficacité des investissements publics par rapport à ceux qui avaient été engagés au cours des deux siècles précédents.

Ainsi, l'innovation du chemin de fer arriva tandis que la France investissait plus que jamais dans ses transports. Paradoxalement, malgré une administration qui semblait aussi compétente que portée sur le sujet, et malgré les grands investissements réalisés dans le domaine fluvial et routier, la France se lança avec un net retard dans les chemins de fer, en comparaison des autres pays industrialisés.

Alors que le fret représente une part minoritaire du trafic ferroviaire aujourd'hui, le chemin de fer était à sa conception pensé d'abord pour le transport de marchandises, et avant tout pour le transport du charbon depuis les bassins houillers. Les tout premiers équipements furent concentrés dans la région entre Rhône et Loire, autour de Saint-Étienne, Lyon et Roanne. La première ligne de chemin de fer, ouverte en 1827, transportait ainsi la houille de Saint-Étienne à Andrézieux sur 23 kilomètres.

Les premières voies furent pensées comme des compléments des voies d'eau plutôt que comme un nouveau mode de transport par défaut, jusqu'à ce que les ingénieurs des Ponts et Chaussées prissent conscience du bienfait que pouvait représenter le nouveau réseau dans les années 1830. Dans les écrits enthousiastes des anciens disciples de Saint-Simon, le chemin de fer devint alors l'outil de la paix universelle, l'artère par laquelle les idées nouvelles issues du génie français infuseraient dans le corps du monde. Dans les écrits plus posés d'autres technophiles, le chemin de fer pouvait faire de la France le port de l'Europe, avec des grands axes nord-sud permettant aux marchandises de passer de la Méditerranée au nord de l'Europe et de l'Atlantique à l'Europe centrale. « Je veux », disait dans ces années un député légitimiste de l'Est, « assurer le transit à la frontière d'Allemagne par un chemin de fer qui traverse la France et procure au Havre les avantages que la Belgique veut donner à son port d'Anvers »[16]. En somme, il s'agissait de bénéficier de la position géographique de la France, entre Méditerranée et Atlantique, pour en faire un grand pôle commercial. Les progrès de la navigation maritime avaient tué les foires de Champagne à la fin du XIIIe siècle, les progrès du chemin de fer permettraient peut-être la renaissance de foires équivalentes au Havre d'après certains responsables français.

Le retard français était lié à une indécision du pouvoir politique, en particulier quant au régime d'exploitation à retenir pour la construction des chemins de fer. Il fallut attendre la loi du 11 juin 1842 pour que fût entériné un tracé des futurs chemins de fer nationaux. Il fallut choisir entre des lignes droites reliant directement les grandes villes entre elles, et des lignes en sillons qui permettaient de désenclaver le territoire. Le réseau en étoile autour de Paris l'emporta pour l'essentiel, plutôt qu'un réseau bâti autour de centres intermédiaires. Cette décision fut prise alors que la capitale concentrait une part toujours plus grande de la population, passant de 2 % à 5 % au cours du siècle, et que son avance économique devenait incontestable.

Outre la définition de l'« étoile de Legrand », du nom du directeur général des Ponts et Chaussées et des Mines, la loi de 1842 établit le modèle économique de ces grands travaux. L'État prit à sa charge l'acquisition des terrains et la construction des ouvrages et des stations, et délégua aux compagnies l'exploitation et la fourniture du matériel roulant, dans le cadre de baux fixant la durée de l'exploitation et les tarifs qui pouvaient être pratiqués.

Avec cette loi, les premières grandes lignes virent enfin le jour, comme Paris-Orléans et Paris-Rouen, et le savoir-faire en matière de fabrication et d'entretien de chemins de fer put se roder. Les premières locomotives françaises furent produites par Schneider, même si la majorité était encore importée d'Angleterre.

Si la Restauration puis la monarchie de Juillet posèrent les fondations du réseau des chemins de fer, c'est bien sous le Second Empire que se produisit la première grande phase de croissance. La France parvint à rattraper son retard pour atteindre un taux d'équipement comparable à celui de l'Allemagne ou du Royaume-Uni.

Sous le Second Empire, le chemin de fer devint une activité très rentable. Financées par les banques mais aussi par des émissions d'actions, les compagnies ferroviaires étaient les entreprises qui bénéficièrent le plus de financements extérieurs. Les sommes en jeu et la nécessité de négocier avec l'État les conditions des concessions donnaient aux banques un avantage comparatif, car elles étaient capables de financer les études nécessaires à des projets d'envergure et de trouver des fonds si les coûts anticipés venaient à augmenter. De plus, leurs dirigeants fréquentaient les mêmes cercles que les responsables publics, ce qui pouvait faciliter le développement de leurs affaires ferroviaires.

Les travaux étaient très lourds : tout point d'eau traversé par un chemin de fer nécessitait par exemple un pont capable de supporter un train chargé à plein. Les viaducs se multiplièrent, dont le plus haut du monde, du moins pour quelques années, fut construit par Gustave Eiffel, à Garabit dans le Cantal. Haut de 122 mètres et long de 565 mètres, sur la ligne de Béziers à Neussargues, il est un impressionnant témoignage du savoir-faire que dut mobiliser l'investissement ferroviaire. Le chemin de fer ne visait pas seulement à l'efficacité, mais aussi à réaliser une part de rêve. Un Bitterrois, même pauvre, pouvait théoriquement aller à Paris en passant par de magnifiques ouvrages d'art. L'utilité économique, sociale et politique du chemin de fer, que l'on retrouve dans tout le pays, en font l'innovation technique la plus importante du siècle.

Une fois les lignes rentables construites, l'État intervint en 1878, dans le cadre du plan Freycinet, du nom du ministre des Travaux publics, pour les lignes moins rentables économiquement mais nécessaires, pour leurs « externalités[17] ».

Ce plan d'investissement, survenu alors que la France avait dû mobiliser une importante part de son épargne pour rembourser les réparations de guerre à l'Allemagne, avait un objectif de relance économique plus général, notamment pour l'industrie métallurgique, en difficulté dans les années 1870.

Ce plan de 6 milliards équivalait à peu près aux réparations allemandes : il représentait 25 % d'une année de revenu national[18]. Il permit l'ouverture de la moitié des lignes ferroviaires disponibles en France en 1900, en ouvrant à la fois des lignes « d'intérêt général » et des lignes « d'intérêt local ».

En 1910, il y avait près de 40 000 kilomètres de voies ferrées françaises, et plus de 20 000 kilomètres de voies locales. Ramené à la population, ce nombre faisait de la France le pays industrialisé le mieux équipé d'Europe à la veille de la Première Guerre mondiale. Les années 1910 et 1920 représenteraient l'apogée du réseau de chemin de fer. Aujourd'hui, le train, s'il est plus rapide que celui du XIXe siècle, bénéficie d'un réseau deux fois moins dense qu'il y a un siècle, depuis que l'automobile et la route ont pris la place du mode de transport dominant.

Les trois cartes qui suivent démontrent les progrès de la vitesse de circulation en France en représentant la distance qui sépare Paris des autres villes du pays, en 1765, 1791 et 1882. En 1765, il faut plus de quinze jours pour rejoindre, en diligence, le sud de la France. En 1791, la nouvelle de la fuite de Louis XVI fait le tour de la France en seulement six jours, moment où elle atteint les villes les plus « reculées », Digne et Tulle, preuve que les transports « traditionnels » se sont largement améliorés dans les dernières décennies de l'Ancien Régime. En 1882, quand les chemins de fer se sont installés, il faut un peu plus d'une journée (vingt-six heures) pour rejoindre la ville la plus éloignée de la capitale (Menton) – à condition d'être chanceux sur les correspondances. Ainsi, tandis que l'installation de diligences divisait par deux ou trois les temps de trajet des voyageurs pressés, le chemin de fer, capable de transporter des marchandises, les divise de nouveau par cinq.

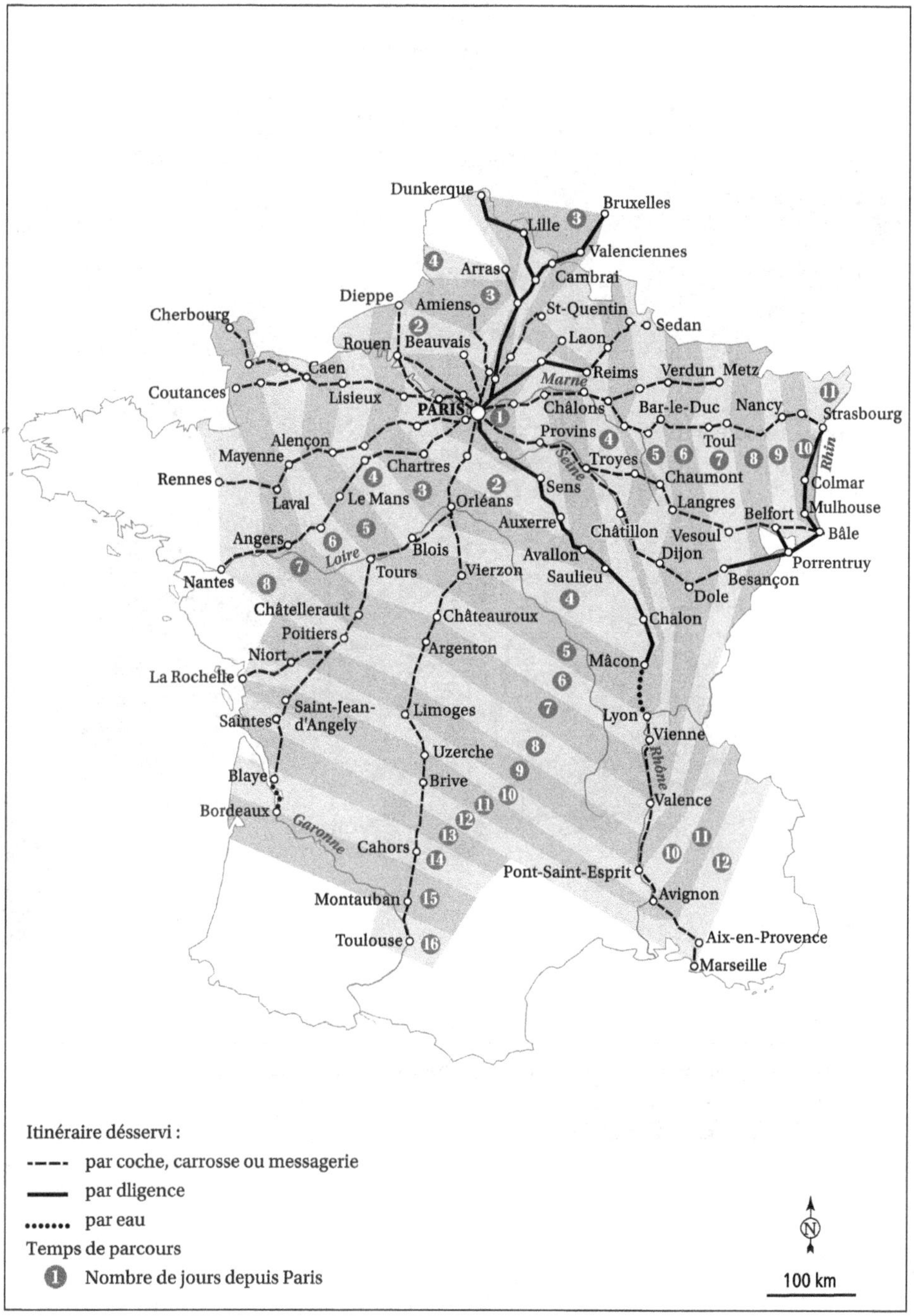
Dunkerque
Bruxelles
Lille
Valenciennes
Arras
Cambrai
Dieppe
Amiens
St-Quentin
Sedan
Cherbourg
Laon
Rouen
Beauvais
Caen
Reims
Verdun
Metz
Coutances
Lisieux
Marne
PARIS
Châlons
Bar-le-Duc
Nancy
Strasbourg
Provins
Toul
Alençon
Mayenne
Troyes
Rhin
Chartres
Seine
Rennes
Chaumont
Colmar
Sens
Laval
Le Mans
Orléans
Langres
Belfort
Mulhouse
Auxerre
Angers
Châtillon
Vesoul
Bâle
Loire
Blois
Avallon
Dijon
Porrentruy
Nantes
Tours
Vierzon
Saulieu
Besançon
Dole
Châtellerault
Châteauroux
Chalon
Poitiers
Argenton
Niort
Mâcon
La Rochelle
Saint-Jean-d'Angely
Saintes
Limoges
Lyon
Vienne
Uzerche
Rhône
Blaye
Brive
Valence
Bordeaux
Garonne
Cahors
Pont-Saint-Esprit
Avignon
Montauban
Aix-en-Provence
Toulouse
Marseille
Itinéraire désservi :
par coche, carrosse ou messagerie
par dligence
par eau
Temps de parcours
Nombre de jours depuis Paris
N
100 km

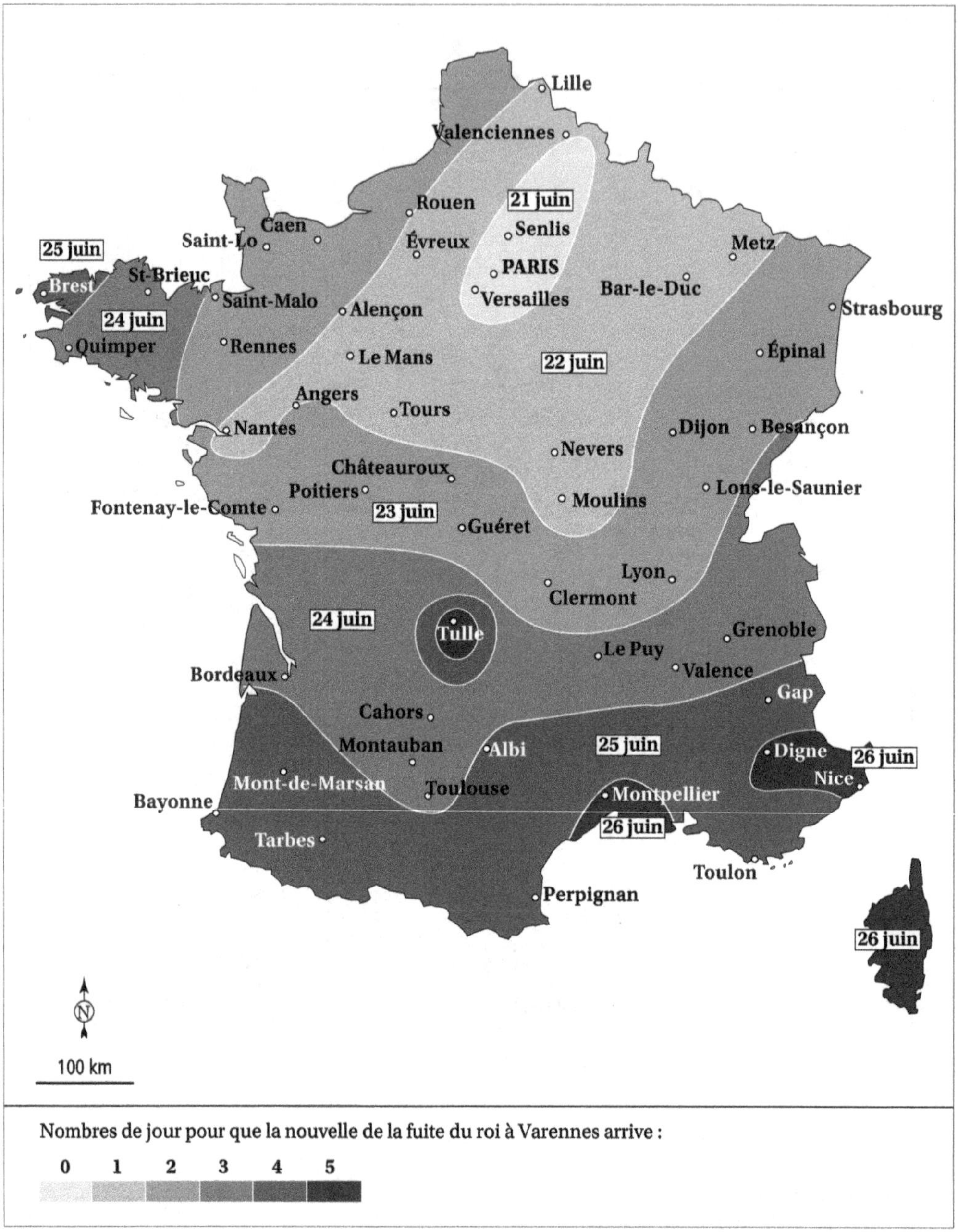
Lille
Valenciennes
21 juin
Rouen
Senlis
Caen
Saint-Lo
Évreux
Metz
25 juin
PARIS
Brest
St-Brieuc
Bar-le-Duc
Versailles
Saint-Malo
Alençon
Strasbourg
24 juin
Quimper
Rennes
Épinal
Le Mans
22 juin
Angers
Tours
Nantes
Dijon
Besançon
Nevers
Châteauroux
Poitiers
Lons-le-Saunier
Fontenay-le-Comte
Moulins
23 juin
Guéret
Lyon
Clermont
24 juin
Tulle
Grenoble
Le Puy
Bordeaux
Valence
Gap
Cahors
Montauban
Albi
25 juin
Digne
26 juin
Nice
Mont-de-Marsan
Toulouse
Montpellier
Bayonne
26 juin
Tarbes
Toulon
Perpignan
26 juin
N
100 km
Nombres de jour pour que la nouvelle de la fuite du roi à Varennes arrive :
0
1
2
3
4
5

Carte 8.4. Sources : Guy Arbellot, « La grande mutation des routes de France au XVIIIe siècle », *Annales. Économies, Sociétés, Civilisations*, 28e année, n° 3, 1973, p. 765-791 ; Guy Arbellot, Bernard Lepetit et Jacques Bertrand (dir.), *Routes et communications*, vol. 1 de Serge Bonin et Claude Langlois (dir.), *Atlas de la Révolution française*, Paris, Éditions de l'EHESS, 1992, p. 70 ; E. Martin et E. Chevaillier, Paris, 1882.

Le désenclavement des campagnes et le progrès agricole

L'arrivée du chemin de fer au XIXe siècle marque le désenclavement de nombreuses régions et leur intégration dans l'économie française, voire mondiale. De manière révélatrice, en Corrèze, département parmi les plus isolés de l'époque, le prix du blé, jusque-là indépendant des fluctuations des cours mondiaux, devient totalement corrélé à l'évolution du cours du grain dans la Baltique à partir des années 1880[19].

La densification et l'amélioration du réseau d'infrastructures permirent de renforcer les échanges entre campagnes et petites villes, en pleine croissance. Dans une France majoritairement rurale, c'étaient elles qui assuraient les liaisons politiques et économiques entre la capitale et ses campagnes, mais aussi entre des pans entiers du pays.

En outre, la structure du cadastre, unique et centralisée, mise en place en 1807, quoiqu'imparfaite, permettait de remettre à plat le régime de la propriété foncière. Au fur et à mesure que le cadastre était complété par les géomètres-experts, la gestion des conflits de voisinage et de propriété devenait plus fluide et facilitait les transactions. L'égalité de l'imposition foncière n'était pas encore totale, mais il y eut d'indéniables progrès en ce sens[20]. Sa mise en œuvre fut le résultat du travail des préfets, qui jouèrent au-delà du cadastre un rôle économique non négligeable.

Les sous-préfectures fonctionnaient comme des courroies de transmission entre campagnes et gouvernement, et encourageaient l'économie locale, par l'attention prêtée aux problèmes des marchands et des industriels, en matière de sécurité, de routes, et, naturellement en ce siècle bourgeois, pour l'encadrement des premières manifestations et grèves ouvrières. La présence des préfets permettait à l'État de s'informer par ses propres oreilles et ses propres yeux sur le tissu économique du pays ; sous l'Ancien Régime, l'administration royale devait se fier aux réclamations des chambres de commerce ou des parlements des différentes villes, toujours partiales.

L'installation de l'État dans les sous-préfectures des 371 arrondissements assura l'essor de nombreuses petites villes françaises. Une étude récente estime qu'une ville devenant chef-lieu d'arrondissement en 1790 voyait sa population augmenter de 40 % un siècle plus tard, ce que l'installation du personnel préfectoral ne suffit pas à expliquer[21]. Le préfet fut accompagné d'une nouvelle élite notable, notamment pour assurer les fonctions éducatives et médicales. Ces villes répondaient aussi à une demande économique croissante : les progrès de l'élevage rendaient plus profitables que par le passé les services des vétérinaires, car on investissait davantage dans chaque bête ; les apothicaires ou pharmaciens écrivaient des traités d'agronomie et contribuaient par leur savoir à la diffusion des bonnes pratiques agricoles, à une époque où l'agronomie faisait des progrès considérables.

Les techniques agricoles se perfectionnaient d'abord grâce aux avancées de la métallurgie, où le charbon faisait augmenter la productivité et baisser les prix. Il n'avait jamais été aussi facile d'acheter des outils de fer ou des tiges pour les clôtures ou les échalas, qui étaient disponibles dans les quincailleries des petites villes. En outre, la chimie des sols permit des méthodes plus efficaces que les assolements biennaux et triennaux, grâce à une plus grande variété de culture, comme celles du trèfle ou de la betterave, permettant d'enrichir les sols et de nourrir le bétail, qui fournissait à son tour plus de fumier.

Ces progrès conduisirent à une augmentation des salaires, amenant à privilégier la productivité des travailleurs plutôt que celle des sols : ainsi, la faux, concurrente de vieille date de la faucille, l'avait-elle remplacée sur toutes les cultures céréalières au milieu du XIXe siècle. La faux permettait de moissonner un champ de céréales bien plus rapidement, mais provoquait une perte sur les blés tendres comme le froment. Ce n'est donc qu'une fois que le coût du travail fut suffisamment élevé en comparaison de celui du blé que les propriétaires préférèrent utiliser la faux, quitte à perdre une part de leur production[22].

Tout ceci vint avant tout d'une amélioration de la science et des connaissances. À la différence de la révolution scientifique du XVIe siècle, les avancées scientifiques se diffusaient plus rapidement et se traduisaient plus facilement en progrès technique, grâce entre autres à un élargissement considérable du nombre d'inventeurs capables de s'informer au moins de manière indirecte des progrès scientifiques, du théoricien universitaire au mécanicien spécialisé.

Il y avait des passeurs de ces connaissances. Dans *Madame Bovary* de Gustave Flaubert (1857), le pharmacien normand Homais contribue au progrès local, en tentant d'introduire des nouveautés médicales comme l'opération du pied bot. Ce bourgeois pédant se vantait également d'avoir publié un traité d'agronomie intitulé *Du cidre, de sa fabrication et de ses effets* – ouvrage particulièrement adapté aux cultures de pommiers du Nord-Ouest. Si le roman met en avant les conséquences catastrophiques de l'opération chirurgicale ratée initiée par le pharmacien, les Homais de campagne participaient à un mouvement plus large de diffusion des connaissances. Dans la seconde moitié du XIXe siècle, le ministère de l'Instruction promouvait savoirs théoriques et pratiques en agriculture par l'éducation et les concours : en 1871, la société agricole de Falaise faisait disserter dans un concours les garçons des campagnes sur « les engrais, les assolements, les prairies naturelles et artificielles » et les filles sur « les qualités d'une fermière, la fabrication du beurre »[23]. Dans les petites villes, les comices et les concours agricoles mettaient en valeur le savoir-faire des artisans, avec des outils adaptés aux spécificités locales : dans le Gers, à Mirande, chef-lieu de canton, les comices achetèrent et exposèrent en 1862 la charrue Cougoureux, qui a gagné le concours agricole régional de Mont-de-Marsan dans les Landes voisines, « afin de le présenter comme modèle aux mécaniciens du pays[24] ». Les préfectures furent souvent des catalyseurs de progrès dans les campagnes.

La préférence pour l'agriculture et le cas viticole

La France a longtemps été perçue comme un pays ayant raté la révolution industrielle. De grandes références d'histoire économique ont ancré cette vision, comme le *Prométhée déchaîné* de David Landes, écrit à une période où le souvenir de la défaite humiliante de 1940 pesait encore beaucoup sur l'image de la France. Une littérature « révisionniste » s'est imposée par la suite, représentée par le livre d'O'Brien et Keyder[25]. Les auteurs y affirmaient que la France était moins industrialisée que l'Angleterre, non parce que le pays était plus pauvre, mais parce qu'il avait fait des choix différents pour son économie.

Le retard français en matière d'industrialisation et d'augmentation du revenu par habitant est incontestable. La démographie anglaise était bien plus dynamique tout au long du XIXe siècle, et contribua à un renforcement du poids relatif de l'Angleterre dans l'économie mondiale. Surtout, l'Anglais moyen était depuis la fin du XVIIe siècle nettement plus riche que le Français, avec un revenu supérieur de 60 voire 80 % selon les années et les estimations. Cet écart ne se réduisit que dans les dernières années de la Belle Époque, tandis que Paris exerçait tout son attrait sur le reste du monde, passant à un retard équivalent à un siècle de croissance en 1800, à cinquante années de croissance en 1900[26].

Alors que l'urbanisation allait à grands pas et que les grandes manufactures fleurissaient à Birmingham, à Liverpool ou à Londres, l'économie française restait majoritairement rurale jusque tard dans le siècle. La production agricole représentait plus de 40 % du PIB jusqu'en 1880, époque à laquelle sa part commença lentement à décroître, en partie à cause de la crise du phylloxéra et de la baisse mondiale du prix du grain. La consommation alimentaire représentait également la majeure partie de la consommation nationale jusqu'en 1900[27].

En Angleterre, le poids de l'agriculture était nettement plus faible, et de nombreux récits de voyage relatent l'omniprésence de l'industrie dans le paysage anglais. Les voyageurs français jalousaient cette avance de leurs voisins outre-Manche, et tout au plus trouvaient-ils du réconfort dans les difficiles conditions de vie de la population ouvrière anglaise, se persuadant que l'équivalent était introuvable chez eux. En définitive, la France était donc moins riche et surtout moins industrialisée que l'Angleterre au début comme à la fin du XIXe siècle.

Faut-il conclure que l'économie française était en échec au XIXe siècle ? Probablement pas. Derrière le retard pris dans l'industrialisation, c'est aussi une préférence française pour l'agriculture qui se lit, et tout particulièrement dans un secteur comme la viticulture.

La théorie de l'avantage comparatif de David Ricardo nous dit qu'un pays se spécialise davantage là où il est le plus productif, en termes relatifs[28]. La France conservait un avantage comparatif dans la vigne pour plusieurs raisons : du fait de la faible croissance démographique, la terre y devint un facteur de production relativement plus abondant qu'en Angleterre ou qu'en Allemagne.

De plus, la France manquait de certaines ressources naturelles pour prendre le tournant industriel. Le charbon était présent en faibles quantités et importé en majorité, ce qui freinait le développement de la métallurgie. La spécialisation agricole ne répondait donc pas à un schéma institutionnel défaillant, mais bien à un choix économique efficace. Statistiquement, ce sont les régions où l'énergie hydraulique était abondante, notamment grâce au perfectionnement des moulins, et le charbon rare qui enregistrèrent le plus faible nombre de machines à vapeur[29].

La viticulture est emblématique de cette préférence pour l'agriculture à plusieurs égards. Le vin, l'alcool en général, était un fait social important de la France du XIXe siècle. La propagande politique contre l'alcoolisme sous la Troisième République, que Marcel Pagnol se remémore dans *La Gloire de mon père*, répondait à une consommation sans comparaison avec celle de notre époque : 230 bouteilles par adulte par an[30].

La surface viticole en France atteignait déjà 1,6 million d'hectares autour de 1800 et connut un sommet historique avant la crise du phylloxéra, au début des années 1860, de 2,4 millions d'hectares, soit 5 % de la surface totale de la France et 10 % de la surface cultivée[31]. Dans le même temps, la productivité par hectare avait nettement augmenté, notamment grâce aux nouveaux outils en fer bon marché.

La France produisait ainsi plus de 40 % du volume mondial de vin à son apogée des années 1870[32]. Le vin, notamment grâce au champagne, représentait une part importante des exportations françaises en valeur, jusqu'à 10 % à la veille du traité de libre-échange avec l'Angleterre de 1860, qui fut accueilli favorablement par les vignerons[33]. Le gros de la production répondait cependant à la demande nationale : seulement un vingtième des volumes produits était destiné à l'export.

Enfin, deux spécificités de la culture de la vigne ont pu contribuer au maintien d'une spécialisation agricole. D'une part, la viticulture nécessitait une main-d'œuvre à la fois conséquente, davantage par hectare que les autres cultures, et complémentaire avec la production de blé, les vendanges intervenant généralement deux mois après les moissons. D'autre part, les propriétés viticoles se distinguaient par leur éclatement, la culture de la vigne se prêtant moins aux grandes propriétés latifundiaires que celle du blé, ce qui peut expliquer l'éclatement de la carte agricole française par rapport à celle de l'Angleterre.

Le poids de la viticulture fut aussi un facteur de vulnérabilité pour certaines régions, et tout particulièrement pour celle du Languedoc, où se concentrait la production de vin à faible coût. Totalisant 40 % de la production nationale en volume, le territoire fut lourdement frappé par la crise du phylloxéra dans les années 1880. Cette fragilité sociale se vit encore en 1907, lorsque les vignerons du Languedoc furent au cœur d'un puissant mouvement de contestation sociale. La faible diversification économique de la région l'exposait clairement à de plus violents chocs sectoriels.

La faiblesse relative de l'industrie

Le retard français s'explique aussi par le fait que la révolution industrielle concernait principalement le coton, et que le marché mondial n'était pas assez développé pour permettre l'émergence concomitante de deux puissances économiques dans ce secteur. Quand bien même le coût de l'énergie eût-il été plus faible en France, il ne pouvait y avoir alors deux nations ateliers concurrentes, faute de demande suffisante. En outre, la France étant plus peuplée que l'Angleterre au début du XIXe siècle, une spécialisation forte de son économie aurait supposé un marché mondial plus large.

On affirme souvent que le retard français tenait à la nature du tissu économique, fait d'un réseau de petits propriétaires, de travailleurs indépendants et de petites usines, incapables de bénéficier des rendements d'échelle inhérents à l'âge industriel. Il y avait ainsi 2,8 millions d'ouvriers pour 1,3 million de patrons d'après le recensement de 1866 : les petits ateliers et les travailleurs à domicile étaient bien majoritaires, notamment dans le secteur textile[34]. Cependant, les établissements de plus de dix salariés n'étaient pas de moindre taille qu'ailleurs. Les enquêtes des années 1840 et 1860 montrent que les « usines » françaises avaient autant de salariés en moyenne qu'en Angleterre ou qu'en Allemagne dans les mêmes secteurs d'activité. La prépondérance de la micro-entreprise en France ne signifiait pas qu'il était impossible de faire advenir de grands établissements : les aciéries, telles celles de Schneider au Creusot (ouvertes en 1836), ou les grandes manufactures de coton étaient de taille équivalente à celles des principaux pays industriels[35].

Le maintien de l'agriculture comme principale activité économique a favorisé la persistance de micro-entreprises textiles : en effet, beaucoup d'ouvriers ne travaillaient dans leur atelier qu'en dehors des moissons et des semailles, quand le travail des champs était moins intense. De grandes usines mécaniques auraient dû rester oisives plusieurs mois par an avec ces travailleurs saisonniers, ce qui aurait rendu plus difficile d'amortir les machines[36].

Malgré tout, la France réussit à développer une industrie mécanisée complémentaire de celle de l'Angleterre, notamment dans le luxe, en poursuivant son investissement dans ses fabriques de soie. Cette industrie déjà multiséculaire avait bénéficié d'un important progrès technique : le métier à tisser Jacquard, perfectionné par l'inventeur lyonnais (1801-1816) qui lui a donné son nom, permettait de tisser des motifs à l'aide d'une carte perforée. Cette révolution technique devait ancrer la France comme capitale du goût capable de proposer des nouveaux motifs en masse chaque année. Les seules soieries représentaient, dans les années 1850, 20 % des exportations françaises, ou près de 2 % du PIB (sans compter le marché intérieur)[37]. Ce poids est significatif et témoigne de l'héritage de Laffemas, ministre du Commerce sous Henri IV qui avait favorisé les plantations de mûriers en France, puis de Colbert dans le choix du luxe.

En définitive, les Français trouvèrent pour longtemps des intérêts commerciaux mutuels avec les Anglais[38], les premiers exportant soieries, champagne et biens de Paris, et les seconds accumulant ainsi un important déficit commercial vis-à-vis de la France durant toute la première moitié du siècle. Cette évolution explique sans doute le revirement du pays concernant le libre-échange en 1860. Même si ce changement politique est en partie dû aux préférences idéologiques de l'élite, notamment pour sa partie saint-simonienne, il peut refléter, plus profondément, une économie qui a confiance en sa capacité de gagner davantage de parts de marché.

Il faut toutefois exclure de ce cas le secteur protégé de la manufacture cotonnière : l'industrie cotonnière de la France vécut à l'abri de la concurrence anglaise pour vêtir le marché français principalement, si l'on exclut la fabrication de certains motifs de luxe. En général, les filatures françaises étaient moins mécanisées : Karl Marx remarquait le faible nombre de broches dans les usines françaises en comparaison des britanniques en 1866[39]. Sa production bas de gamme, qui ne sut pas mettre en valeur les beaux motifs et le goût français, souffrirait de la concurrence européenne, mais il n'est pas impossible de soutenir que cette industrie protégée a permis au pays d'acquérir des savoir-faire industriels essentiels pour les autres secteurs.

Le caractère agricole de la France et le succès de la petite propriété la font apparaître plus en retard qu'elle ne l'était réellement. Plutôt qu'un pays condamné par son étatisme, la France était un pays moyen de l'Europe, plus pauvre que l'Angleterre mais plus riche que l'Italie ou la Pologne, et son économie s'adaptait efficacement à des coûts de production différents de ceux du reste de l'Europe, tout en se trouvant des niches très profitables. Plus riche en terroirs et en cours d'eau, plus pauvre en charbon ou en fer, la France était légèrement en retard sur les procédés industriels ; le travail peu qualifié y demeurait moins cher qu'en Angleterre, ce qui impliquait que les grandes machines servant à automatiser le travail étaient moins nombreuses en France.

La Banque de France et la stabilité monétaire retrouvée

L'Ancien Régime était tombé sur un défaut souverain ; les régimes successifs en France, malgré des niveaux de dette élevés, tombèrent après des mouvements populaires indépendants de la situation fiscale du pays. La monarchie du dernier roi « légitime », Charles X, se finit en 1830, à cause des remous que provoqua la volonté royale de revenir en arrière sur la liberté de la presse. En 1848, c'est une crise sociale, provoquée notamment par une hausse du prix du grain, qui provoqua une nouvelle révolution. En 1851, un coup d'État renversa le gouvernement et, en 1870, une défaite militaire.

Ainsi, la politique fiscale et budgétaire ne joue plus un rôle déclencheur comme en 1789. Même la Deuxième République, en sa première année encore « sociale », réussit à se financer sans trop de heurts. Une institution joua un rôle majeur dans ce changement, en régulant les marchés financiers et en garantissant la stabilité de la monnaie au XIXe siècle : la Banque de France.

Fondée en 1800 par Napoléon, qui était alors actionnaire principal à titre privé, la Banque de France est une banque privée dotée du droit d'émission de billets de banque. Sa création visait à fournir une compensation financière aux banquiers qui avaient financé le coup d'État. Après une faillite en

1805, la Banque fut réorganisée par l'État, avec un gouverneur nommé par le gouvernement, chargé de superviser les activités, sous la direction des principaux actionnaires, à la gestion aristocratique[40]. La Banque de France ne serait nationalisée qu'en 1945, après une première limitation de son indépendance en 1936.

Elle se vit accorder le droit d'émettre des billets de banque partout où elle avait des succursales, qui constituèrent un réseau de services économiques départementaux, conservé aujourd'hui. Le droit d'émission devint monopole en 1840, et en 1848 il fut étendu sur le territoire, lorsque la Deuxième République laissa la Banque de France absorber les dernières banques locales émettrices de billets, qui subsistaient dans certains départements. Institution privée, la Banque de France se finançait grâce à ses émissions, mais devait être prudente dans ses échelonnements et assurer la disponibilité dans ses coffres d'importants stocks de métaux pour éviter les paniques[41].

La Banque de France jouait un rôle mondial en stabilisant les prix relatifs de l'or et de l'argent. La France était le dernier grand pays à avoir conservé deux métaux précieux pour sa monnaie, l'Angleterre et les États-Unis ayant choisi l'or comme unique pilier monétaire. Par conséquent, il fallait qu'un gramme d'or continuât à en valoir 15,5 d'argent pour que les pièces d'or françaises ne fuissent vers des contrées où elles vaudraient davantage[42]. L'économie française pesait alors deux fois plus dans l'économie mondiale qu'aujourd'hui, représentant plus de 6 % du PIB mondial en 1870, contre 3 % en 2021[43], ce qui facilitait ce rôle de pilier de la finance mondiale des métaux.

Le bimétallisme permettait à la France d'entretenir des relations commerciales plus aisées avec les pays du bloc or (Angleterre, Brésil, Portugal, Turquie) et ceux du bloc argent (Allemagne, Mexique, Autriche-Hongrie, Asie), mais il prit fin en 1873, lorsque l'Allemagne épuisa les réserves d'or de la France pour transformer son étalon-argent en étalon-or : les réparations de la guerre de 1870, équivalentes à près d'un quart du PIB français, étaient en franc-or. L'Allemagne nouvellement formée, qui avait adopté une loi monétaire en 1871, tenta de convertir en or son argent démonétisé en France. La France, de peur de souffrir de la dévaluation de l'argent qu'entraîneraient la hausse de la demande d'or et de l'offre d'argent provoquées par l'Allemagne, préféra abandonner la parité or-argent, et ainsi sonna le glas du système bimétallique dont elle avait été le dernier porte-étendard – même les États-Unis, où une partie de l'opinion était favorable au bimétallisme, ne tentèrent pas de le faire survivre[44].

La naissance de la place de Paris

Les années 1850 ont marqué le développement de la place de Paris, qui devint la deuxième plus importante d'Europe, derrière Londres mais loin devant Berlin[45]. Certains porteurs recherchaient des placements plus rentables que la dette publique française, que ce soit à l'étranger ou dans les investissements productifs. La dérogeance, qui incitait la noblesse à ne pas se mêler de commerce ni d'industrie sous peine de perdre ses privilèges, s'était terminée avec lesdits privilèges, ce qui permettait aux plus riches aristocrates d'investir dans l'économie productive en concurrence avec les bourgeois.

Les pouvoirs publics soutenaient le développement du secteur bancaire et financier, toujours soucieux, que le régime fût monarchique, impérial ou républicain, d'encourager l'épargne de tous les Français. Ce soutien allait jusqu'à tolérer l'existence de la « coulisse », bourse officieuse voire illégale où se négociaient les titres non cotés, notamment ceux de dettes étrangères, par opposition au « parquet », la bourse officielle où les agents de change bénéficiaient du monopole légal dans leur rôle d'intermédiaire et de courtier[46]. Les agents de change devaient garantir la fiabilité et la transparence des transactions les plus importantes, qui concernaient les principaux titres bancaires et souverains, et ainsi réduire les frictions des marchés financiers[47]. Le cas français n'était pas unique, la même dualité entre une place financière officielle et un marché boursier officieux existait à l'étranger, notamment à New York, où la « coulisse » se déroulait dans la rue, la fameuse Wall Street.

Sur le marché officiel, le monopole faisait légèrement augmenter le coût des transactions et, surtout, plusieurs agents de change manquèrent d'intégrité et de prudence dans leurs investissements et firent faillite lors des krachs boursiers de la seconde moitié du XIXe siècle. Après avoir dû sauver de la banqueroute plusieurs agents fautifs en 1882, la corporation des agents de change fit preuve d'une plus grande discipline collective les années suivantes[48]. Au bout du compte, le développement de la Bourse de Paris ne fut pas freiné par cette corporation. Si la Bourse de Londres avait plus de succès, c'était avant tout parce que l'Angleterre était une économie plus dynamique et plus ouverte plutôt que du fait de la régulation boursière.

Par la suite, le marché non officiel de la coulisse perdit de son succès, notamment après un épisode de spéculation sur le marché des métaux et les mines d'or du Pérou, dans les années 1890. L'affaire Dreyfus participa également au discrédit de plusieurs agents de change juifs non agrémentés du fait de la montée de l'antisémitisme, ce qui permit au marché officiel de regagner sa popularité[49].

Le goût du risque : création des premières banques universelles

Sous le Second Empire apparurent les premières banques universelles. Après la « Caisse Laffitte » (1837-1858), les frères Pereire innovèrent en ouvrant le Crédit mobilier, autorisé par l'État en 1852, premier établissement à proposer de financer le développement du commerce et de l'industrie grâce à la collecte de l'épargne individuelle des Français. Même si le Crédit mobilier fit faillite en 1867 à cause d'une crise de liquidités, les grandes banques historiques de Paris furent ouvertes sur ce modèle : le Crédit lyonnais, créé par Henri Germain, était la première banque d'affaires à proposer une offre de dépôts et de services financiers à des petits porteurs, en 1863, puis la Société générale, le Crédit industriel et commercial (CIC) et la Caisse d'épargne furent créés à cette période également. La plus grande banque d'affaires fut la Banque de Paris et des Pays-Bas, future BNP, créée en 1872.

En dehors de Paris, les banques d'envergure étaient rares pour financer les projets industriels, comme l'a mis en évidence une longue tradition historiographique. La couverture du territoire s'était nettement améliorée, grâce au soutien de la Banque de France, si bien qu'en 1840 chaque département disposait d'une banque et, en 1869, chaque sous-préfecture. Les établissements étaient cependant de faible taille et les notaires continuèrent d'être un acteur majeur de l'intermédiation financière. Une grande partie du crédit, notamment dans les grandes villes, dépendait d'eux au XVIIIe siècle. Au XIXe siècle, ils trouvèrent un rôle complémentaire à la finance bancaire, administrant la majorité de l'encours des crédits jusqu'à la toute fin du siècle : là où les banques s'installaient, les notaires ne disparaissaient pas[50].

De manière générale, l'encours de crédit total en France a crû au rythme de 2,5 % par an tout au long du XIXe siècle, soit presque deux fois plus vite que le PIB nominal[51] : la finance n'a pas ralenti l'économie française, elle a au contraire été un de ses éléments les plus dynamiques, avec le rôle important de la corporation des notaires qui demeurait, plus encore qu'au siècle précédent, une efficace pourvoyeuse de crédit.

Si bon nombre des grandes banques universelles créées à cette période existent encore aujourd'hui, les faillites furent aussi nombreuses que retentissantes dans la deuxième moitié du XIXe siècle. Outre le Crédit mobilier de 1867, on peut citer la banque de l'Union générale, qui dut cesser ses paiements en 1882, et le Comptoir national d'escompte de Paris en 1889. La crise de l'Union générale fut celle qui eut le plus de répercussions sur l'économie, et elle est à ce titre souvent citée comme un exemple de l'intégration financière de la France. Fondée dans les milieux monarchistes catholiques, la banque fut dirigée par Paul Eugène Bontoux, avec un dessein politique, voire antisémite, visant à concurrencer les grandes banques de l'époque, selon une rhétorique ultramontaine qui prenait souvent les Rothschild pour cibles. Le 19 janvier 1882, elle fit faillite après avoir échoué à recouvrer des investissements faits en Autriche-Hongrie. Sa déroute fut amplifiée par une panique bancaire, qui fut d'ailleurs attribuée à la malveillance de la « finance juive » par des antisémites comme Drumont.

Les pertes provoquées par la faillite de l'Union générale furent d'autant plus grandes que l'interdépendance financière était élevée à cette époque, la banque ayant notamment co-investi avec plusieurs établissements comme le Crédit lyonnais. Le fondateur de ce dernier, le prudent banquier Henri Germain, n'en fut que plus convaincu de la nécessité de séparer les activités de dépôt et celles de financement risqué, animé par « la crainte profonde du *run*, de la panique qui jette la clientèle aux guichets pour retirer ses fonds[52] ». En outre, la faillite de l'Union générale fut amplifiée par l'implication de sept agents de change sur les soixante que comptait la place de Paris. Ces derniers, dont les positions furent compromises par la faillite de la banque, durent faire défaut sur leurs engagements, ce qui engagea le reste de leur corporation.

La Bourse de Paris ne se remit de ce krach financier que plus de trente ans après, à la veille de 1914, si bien qu'il peut être considéré comme la plus grande crise financière de l'histoire contemporaine, si on le rapporte à la volatilité des marchés de l'époque[53].

Il est intéressant de noter que c'est à la même époque que se produisit une profonde évolution du droit de la faillite. Cette branche n'avait apparemment pas connu de modernisation profonde de ses règles, le code du commerce de 1807 retranscrivant pour l'essentiel une ordonnance de Colbert, particulièrement répressive à l'égard des débiteurs défaillants. Cependant, une autre disposition de ce même code autorisait les premières sociétés anonymes, qui permettaient à un entrepreneur de ne pas engager tous ses fonds personnels : complétée en 1863 et 1867, cette loi permettrait la naissance de centaines d'établissements, notamment dans le chemin de fer. Pour ceux qui rechignaient à utiliser cette nouvelle forme juridique, une loi du 23 mai 1838 adoucit le sort réservé à ceux dont l'entreprise venait à échouer, en réservant une procédure de liquidation judiciaire aux commerçants de « bonne foi », dont la faillite était liée à des circonstances économiques défavorables. Plus tard, en 1867, la peine de prison pour dettes fut abolie, et la loi du 4 mars 1889 ferait la distinction entre les débiteurs « malhonnêtes » et ceux qui avaient été malchanceux. Cette progression juridique advenait en même temps qu'une société où les entreprises individuelles se multipliaient et où il devenait souhaitable d'encourager la prise de risque en distinguant la personne de la société.

Les débuts de la régulation financière

Le système financier français semble avoir appris à se réguler progressivement, comme le montre l'exemple de la stabilisation de 1889[54]. Cette année-là, une nouvelle crise bancaire secoua la France : l'insolvabilité du Comptoir national d'escompte de Paris (CNEP), une des grandes banques générales de dépôt du pays.

Le Comptoir s'était livré à des investissements risqués, typiques des banques d'affaires de l'époque, et notamment dans la « Société des Métaux », dirigée par l'ingénieur charismatique Secrétan. Alors que la demande mondiale de cuivre augmentait fortement, ce dernier avait tenté de s'enrichir en montant une grande spéculation sur ce marché, en achetant à terme du cuivre, ce qui signifie qu'il engageait sa société à acquérir plus tard d'importants stocks à un prix fixe. Le schéma était le suivant : s'il opérait discrètement et achetait des stocks suffisants, Secrétan détiendrait un pouvoir de marché énorme qui lui permettrait de renchérir le cuivre.

Secrétan parvint à lever des fonds auprès de plusieurs banques, dont le CNEP, grâce à ses liens avec son dirigeant, Eugène Denfert-Rochereau. Après un retournement soudain du cours mondial du cuivre, qui fut divisé par deux au début de l'année 1889, la spéculation de Secrétan échoua et sa société fut ruinée, devenue incapable d'honorer les engagements qu'elle avait pris. En mars de cette année, elle entraîna dans sa chute le CNEP, et Eugène Denfert-Rochereau se suicida le 5 mars.

La tension politique était palpable, le gouvernement républicain[55] faisant face à une contestation d'un front du mécontentement hétéroclite, assez autoritaire, incarné par le général Boulanger. Les élections, qui pouvaient renverser une grande partie du personnel politique, étaient pour septembre 1889, et l'un des thèmes de campagne des boulangistes était la corruption du nouveau régime réputé affairiste[56]. Le gouvernement ne pouvait plus se permettre une nouvelle crise financière, mais ne pouvait pas non plus accorder une garantie publique aux banques, qui aurait prêté à une accusation de corruption et de complicité avec l'avidité de la sphère financière.

Le ministre des Finances, Maurice Rouvier, réussit à convaincre le gouverneur de la Banque de France de contraindre ses actionnaires à faire ce que, bien plus tard, la réserve fédérale américaine refuserait de faire pour Lehman Brothers : faire renaître le CNEP par un prêt de secours. Ils le concédèrent avec une grande réticence, en raison du risque élevé de pertes, et surtout de l'aléa moral créé par ce précédent : si les banques qui spéculaient étaient secourues, cela inciterait les autres établissements à prendre des risques et leurs partenaires à ne pas être trop regardants à l'avenir.

En apportant son secours au CNEP, deuxième banque du pays, la Banque de France protégeait en fait la France d'une crise plus grave que celle de 1882. Le CNEP finançait une grande partie du commerce international français et était le principal établissement de dépôt parisien. Une crise systémique aurait fait perdre davantage que le prêt de 140 millions de francs (plus de 0,5 % du PIB) qui fut accordé. Cependant, la Banque de France veilla à ce que les conditions de remboursement des créanciers du CNEP ne fussent pas équivalentes selon le degré d'engagement dans la spéculation de métaux. Finalement, les pertes liées à ce prêt furent modestes, grâce à la remontée du prix des cuivres à partir du milieu de l'année 1889, et il n'y eut par la suite plus d'autre crise boursière d'ampleur jusqu'en 1914.

Dans un autre domaine, la Banque de France jouait également un nouveau rôle de stabilisation économique, vis-à-vis des politiques des banques centrales étrangères. Lorsque la Banque d'Angleterre augmentait son taux d'intérêt, le taux pratiqué par les banques françaises devait lui-même être entraîné à la hausse, par le jeu de réallocation des capitaux entre les deux pays, ce qui diminuait la disponibilité du crédit pour les entreprises. Ce risque était lié à l'existence d'un taux de change fixe, qui faisait que les conditions de crédit en France et en Angleterre devaient s'aligner à moyen terme. Pour pallier cette difficulté, la Banque de France vendait ses actifs étrangers et prêtait aux banques françaises à des taux relativement faibles[57]. Dans les pays qui n'étaient pas encore dotés d'une banque centrale, comme les États-Unis, les chocs financiers internationaux se transmettaient beaucoup plus fortement qu'en France, et le crédit américain suivait les fluctuations du crédit international bien plus qu'en France[58]. Ainsi, la Banque de France protégeait à cette période l'économie française des mouvements cycliques dus aux fluctuations de la politique monétaire anglaise[59].

La finance au service des ambitions internationales de la France

À la veille de la Première Guerre mondiale, le montant des actifs financiers qui s'échangeaient à la Bourse de Paris valait trois années de production nationale, et ces placements étaient rentables[60]. Parmi les entreprises cotées, celles de chemin de fer étaient les mieux financées sur le marché (Bourse et banques). Les autres entreprises recouraient encore beaucoup à l'autofinancement ou à des prêts individuels[61], intermédiés par les notaires, qui jouaient encore un rôle prépondérant dans le financement de l'économie[62].

À défaut d'avoir suffisamment d'entreprises performantes dans lesquelles placer leur épargne, les Français développèrent un appétit pour les investissements étrangers, allant de pair avec une stratégie politique que nous pourrions appeler, avec l'historien David Todd, un « impérialisme informel ». Ce tournant stratégique opéré après la défaite de 1815 conduisit la France à jouer un rôle d'influence indirecte plutôt que de domination dans les territoires où elle s'étendait. Cette stratégie allait de pair avec le développement de la Bourse cosmopolite de Paris, qui permettait à la France de projeter ses capitaux vers des pays lointains.

Un « impérialisme informel » ne signifie pas une moindre brutalité des méthodes employées. Dans les Caraïbes, la France avait beau avoir conservé des petites colonies et se faire reconnaître sa souveraineté imaginaire sur l'île révoltée de Haïti au congrès de Vienne de 1815, elle avait perdu la « perle des Antilles » et ses riches exportations. Pour compenser cette perte, une canonnière fut envoyée par Charles X en 1825, qui menaça Haïti d'un blocus militaire si elle ne reconnaissait pas une dette de 150 millions de francs à la France, en compensation – il fallait l'oser – des propriétaires d'esclaves ruinés par la révolution. Cette expédition militaire était moins ambitieuse que la tentative de reconquête initiée par Bonaparte en 1802-1803 avec 23 000 hommes expérimentés issus de la campagne d'Égypte et 12 000 hommes de renfort, presque tous morts. Charles X ne visait pas le recouvrement de la colonie perdue parce que son intérêt économique avait diminué : le prix des denrées tropicales avait baissé, du fait de l'essor du sucre de betterave, et surtout des progrès de la production esclavagiste cubaine.

Cette politique du blocus et de la canonnière, si elle pouvait sembler tristement réaliste aux enfants du siècle amoureux de violence militaire, limitait le nombre de morts français, en se contentant de menaces crédibles, et obtenait des gains plus sûrs : la dette de 150 millions de francs (alors 1,5 % du revenu national français) était toujours bonne à prendre, et sa gestion donnerait du grain à moudre aux financiers parisiens qui assureraient ses échéances et percevraient des intérêts[63].

Cette nouvelle approche coloniale a été analysée récemment par David Todd dans *Un empire de velours*. Ce dernier en fait dater les origines intellectuelles à Talleyrand, maître de la diplomatie française sous les régimes successifs pendant près de trente ans. Talleyrand avait voyagé aux États-Unis entre 1794 et 1796, et avait constaté que, malgré la guerre d'Indépendance et l'amitié française pour la jeune République américaine, le commerce anglais y demeurait bien plus représenté que le français, comme si la guerre d'Indépendance n'avait pas autant desservi les intérêts économiques anglais que l'espéraient certains anglophobes français. De ce constat, il tira un mémoire en 1797, où il insistait sur la force du crédit anglais et son rôle dans le maintien des relations commerciales, ainsi que sur l'endettement de nombreux marchands américains vis-à-vis de l'ancienne mère-patrie. « L'indépendance des colonies était un bien pour leurs métropoles », concluait-il, parce que les relations commerciales étaient un lien difficile à couper, et que les coûts militaires du maintien de la sujétion coloniale n'étaient plus à la charge de l'Angleterre[64].

Cette vision de Talleyrand fut partagée par de nombreux auteurs, du libelliste de relations internationales Pradt au diplomate saint-simonien Michel Chevalier. L'empire informel français, qui n'excluait pas le recours à la violence, ne s'appuierait pas sur des conquêtes comme celles qu'aurait faites un Napoléon, mais sur la finance française. Même la brutale conquête de l'Algérie n'avait pour but initial que l'établissement de comptoirs et la formation d'un royaume ami et client de la France sous la houlette d'Abdelkader, objectif qu'atteignait le traité de la Tafna de 1837. C'est l'échec progressif de cette politique ainsi que de la politique du royaume arabe de Napoléon III qui aboutit à la colonisation formelle de l'Algérie.

Du fait de sa transition démographique bien entamée, la France du début du XIXe siècle, à la différence de l'Angleterre, n'avait pas besoin de colonies pour y installer une population « excessive[65] ». La ville coloniale la plus peuplée, Alger, avait rassemblé une partie non négligeable d'Espagnols, d'Italiens ou de Maltais, attirés par les avantages économiques. En 1881, les « étrangers » européens auraient été presque aussi nombreux que les Français en Algérie.

Surtout, la France était spécialisée dans des secteurs généralement peu intensifs en capitaux, comme le luxe ou la vigne. Dans les secteurs industriels, le degré de mécanisation était moindre qu'en Angleterre, du fait des salaires plus faibles. Même dans l'industrie, les besoins en machines-outils (que ce soient des machines à vapeur, des poêles ou des broches) étaient moins importants – si l'on excepte les moulins, mais ces derniers ne manquaient pas sur le territoire en 1800, de sorte que l'essentiel de l'investissement portait sur l'entretien du stock. Ainsi, une grande partie de l'épargne ne trouvait à s'employer que dans des secteurs peu productifs, ou des bâtiments d'apparat[66]. Ceci explique l'intérêt des petits investisseurs pour les actifs financiers « exotiques » venus de l'étranger, sur lesquels il était possible de se renseigner en lisant le journal.

Le développement et la stabilisation du système financier permirent aux Français d'investir leur importante épargne à l'étranger. Certaines de ces entreprises servirent le prestige national. Ainsi, l'impératrice Eugénie assista-t-elle à l'inauguration du canal de Suez le 17 novembre 1869, qui est encore aujourd'hui un facilitateur central dans le commerce mondial ; le canal avait été construit par un ingénieur français, Ferdinand de Lesseps et, s'il servit davantage les besoins économiques de l'Angleterre, il avait bénéficié d'importants capitaux français. Paris exerçait une influence économique réelle en Égypte jusque dans les années 1870, sans avoir colonisé directement le pays[67].

Il y avait ainsi depuis le milieu du XIXe siècle une véritable mondialisation financière et, si la France n'était pas aussi industrialisée que l'Angleterre, elle joua pleinement son rôle de grande puissance dans les services financiers. Elle était devenue, par sa politique d'accumulation de réserves, une des assurances du monde, détenant à la veille de la Grande Guerre un septième des réserves d'or mondiales. Son taux de change fixe, sa dette publique large mais stable, inspiraient confiance et lui conféraient un « privilège exorbitant », comparable à celui que de Gaulle et Giscard dénonceraient quand il bénéficierait aux États-Unis. La France, valeur-réserve stable, pouvait consommer plus qu'elle ne produisait, tant que ses actifs étrangers gardaient leur valeur : elle empruntait à taux faible et prêtait à taux élevé, et la différence des taux se traduisait en surplus de la balance des paiements malgré une balance commerciale déficitaire. Elle était, à la fin du XIXe siècle, l'« usurier du monde[68] » – même si elle pouvait partager ce titre avec l'Angleterre.

Cette mondialisation financière était accompagnée naturellement d'une mondialisation commerciale, qu'allait embrasser une France plus sûre de ses atouts commerciaux que dans la première moitié du siècle.

Le libéralisme impérial et le traité Cobden-Chevalier de 1860

La politique économique du Second Empire (1852-1870)[69] était d'inspiration libérale, bien que certains libéraux français eussent été chassés du pouvoir, et encourageait les grandes entreprises financières. Le pouvoir promut ainsi les chemins de fer, et entretint plus généralement des bonnes relations avec les grands industriels et financiers, comme les frères Pereire ou les Rothschild. Au-delà, Napoléon III était également imprégné des réflexions du saint-simonisme, au point d'avoir été qualifié de « Saint-Simon à cheval » dans une récente biographie[70]. Il avait exprimé ses idées en

1844 dans son ouvrage *De l'extinction du paupérisme*, en se penchant sur la « question sociale » et la prise en charge de la classe ouvrière naissante - il proposait notamment l'allocation de terres incultes aux chômeurs urbains : « L'industrie appelle tous les jours les hommes dans les villes et les énerve. Il faut rappeler dans les campagnes ceux qui sont de trop dans les villes et retremper en plein air leur esprit et leur corps[71]. »

Le comte de Saint-Simon (1760-1825), homme qui consacra plusieurs années de sa vie à des études approfondies à Paris et à l'élaboration d'un système de pensée à part entière, fut peu lu de son vivant, publia à compte d'auteur et mourut ruiné ; cependant, ses quelques lecteurs constituaient un groupe de fidèles. Ses adeptes se distinguaient des marxistes par leur paternalisme, et par une absence d'aspiration à l'égalité. Au contraire des libéraux comme Say ou Bastiat, ils avaient des vues étatistes et sociales. Chacun devrait être aiguillé vers une position *productive*, dans une société dirigée par des industriels qui auraient préalablement démontré leurs capacités dans les affaires.

Pour Saint-Simon, la Révolution n'avait pas été à la hauteur et n'avait pas permis à l'industrie de dominer la France ni aux producteurs d'être suffisamment représentés auprès du pouvoir. Du saint-simonisme ressort également une ambition d'unir l'humanité voire l'Europe par le progrès : ses anciens disciples s'enthousiasmèrent tous pour le développement du chemin de fer en France et dans le reste de l'Europe, espérant qu'il permettrait de relier Lisbonne à la Turquie, puis à Bagdad[72]. Prosper Enfantin lui-même, le chef des saint-simoniens, fut le premier à proposer le percement d'un canal en Égypte pour relier la Méditerranée à la mer Rouge et joindre l'Europe à l'Asie sans avoir à contourner l'Afrique.

L'influence du saint-simonisme dans l'élite française était considérable, allant de Michel Chevalier, négociateur du traité de libre-échange, aux frères Pereire, en passant par Auguste Comte, le philosophe positiviste, et d'autres figures intellectuelles comme Prosper Enfantin. Ils se faisaient les promoteurs du commerce international, notamment à travers leur éloge des trois grandes révolutions techniques que constituaient les voies ferrées, le bateau à vapeur, et le télégraphe, qui facilitaient les échanges internationaux[73]. Ces innovations abaissaient le coût des transports, et accroissaient également la part des tarifs douaniers dans le coût de transaction, dont le niveau devenait ainsi plus décisif dans les relations commerciales. La doctrine saint-simonienne prescrivait de favoriser ces modes de transport, d'abolir les taxes sur le commerce et d'ouvrir les frontières pour projeter le savoir-faire et les capitaux français dans tous les grands projets d'infrastructures mondiaux, comme le canal de Suez[74] ou les chemins de fer internationaux.

C'est à un membre éminent de cette « secte », Michel Chevalier, que revint la responsabilité de proposer au nom de l'empereur un accord de libre-échange entre la France et l'Angleterre, en 1860. Cet accord scellait la bonne entente et l'alliance militaire entre les deux pays : même si la rivalité coloniale allait alimenter en France quelques accès d'anglophobie (et réciproquement), les deux puissances n'étaient plus en guerre depuis 1815, et avaient même combattu ensemble contre la Russie lors de la guerre de Crimée (1853-1856).

L'accord de libre-échange réduisait les droits de douane sur la plupart des biens, les abolissait pour les matières premières et les produits alimentaires. La France et l'Angleterre bénéficiaient réciproquement de la clause de la nation la plus favorisée, ce qui signifie qu'elles s'appliquaient réciproquement toutes les baisses de tarifs consenties à d'autres partenaires commerciaux. Ceci n'avait pas été le cas en 1786 quand, après avoir accepté une baisse sur les tarifs du vin français au même niveau que celui sur le vin de Porto, les Anglais s'étaient empressés de baisser le tarif sur le vin portugais à un niveau inférieur. La querelle commerciale du vin français, ouverte depuis Colbert, se fermait enfin. Cependant, les Anglais s'étaient entre-temps suffisamment accoutumés à la bière pour ne pas importer de grandes quantités de vin malgré la fin du tarif.

Le commerce entre les deux nations doubla avec le traité : les exportations françaises vers l'Angleterre, qui représentaient 1 % de son PIB en 1840 et un peu moins de 2 % à la veille de l'accord, représentèrent rapidement 4 % du PIB dans les années 1860[75].

De 1865 jusqu'en 1927, la France fit également partie de l'Union monétaire latine, avec l'Italie, la Belgique et la Suisse, qui partageaient des règles monétaires communes. D'autres pays européens rejoignirent ensuite l'Union par des accords bilatéraux, et le franc devint ainsi monnaie de référence dans plus de trente pays (l'Angleterre et l'Allemagne n'en faisaient cependant pas partie). Ceci favorisa les échanges au sein de l'Union. Néanmoins, en l'absence d'autorité monétaire unique, et dans un monde où, du fait de l'ancrage des monnaies sur l'or, les taux de change variaient peu, la portée de cette union était plus faible que celle de l'union monétaire que nous connaissons aujourd'hui. La France, jusqu'à la guerre franco-prussienne, jouait un rôle de pivot du système monétaire métallique pour commercer à la fois en or et en argent, en rééquilibrant les taux de change quand les quantités d'or sur les marchés fluctuaient trop fortement. Plusieurs pays ayant l'étalon-or et l'étalon-argent, la France devenait un facilitateur du commerce mondial, jusqu'à son abandon de l'argent comme monnaie sous la pression des réparations allemandes en 1873.

L'évolution du commerce total sous le Second Empire montre une France qui a clairement entamé sa mondialisation commerciale : au sommet de la courbe, les exportations de la France représentaient 15 % de sa richesse nationale - une part égale à celle qu'elles représenteraient plus tard en 1970.

Le « retour à la terre » et le protectionnisme agricole

Ce moment libéral français fut en partie remis en cause sous la Troisième République, pour des raisons de politique extérieure et intérieure. Sur le plan extérieur, l'Allemagne avait mis en place une politique de tarif industriel protectionniste qui réduisait les débouchés industriels français et appelait une réaction. Sur le plan intérieur, une grave crise économique avait affaibli les viticulteurs et les agriculteurs céréaliers et suscité une demande politique de tarif agricole.

Les régions viticoles étaient frappées par le phylloxéra, parasite mortel pour la vigne, venu d'Amérique. Les vignes malades, la France avait dû renoncer à une grande partie de sa production, notamment ses vins de faible qualité dans le Languedoc, et avait réussi à mettre en valeur le vignoble de la colonie algérienne en compensation, tandis que la production nationale s'était recentrée sur le vin haut de gamme. La crise prit fin grâce à l'importation de plants de vigne américains, dont les pieds étaient immunisés contre le parasite. Cependant, elle avait laissé des traces : une étude économétrique a montré que la crise avait fait rapetisser les nouveau-nés des départements touchés de 2 millimètres, et fait baisser les revenus de 10 %[76].

De manière plus décisive, il y eut une importante baisse du prix des denrées agricoles, due à l'afflux de grain venu de la Baltique mais également de viande d'Amérique du Sud, car les progrès de la réfrigération avaient réduit les coûts d'exportation. Cette tendance favorisait les consommateurs français urbains mais risquait de déstabiliser la paysannerie. Voulant éviter une nouvelle crise auprès de cette catégorie presque majoritaire dans la population, et après plusieurs années d'hésitations[77], le gouvernement ne tenta pas de « profiter » de ce moment de vérité sur la compétitivité agricole française pour industrialiser, et préféra protéger de la baisse des prix les paysans français.

La chambre vota en 1892 le tarif Méline, qui signait le retour à une forme de protectionnisme modéré[78]. Cette mesure, présentée par son auteur comme « une œuvre de réparation et de justice », ralentit le déclin du prix et des revenus de la terre. Il permettrait de faire coïncider les intérêts économiques des agriculteurs avec les intérêts politiques du régime.

L'esprit de cette politique fut bien résumé par Jules Méline, homme du lobby agricole, dans son livre publié en 1905, et qui eut un certain succès, *Le Retour à la terre*. Il y déplore une crise de surproduction industrielle, due aux progrès des machines et à l'arrivée dans le marché mondial de nouveaux pays comme le Japon, et pense que la demande pour les biens industriels est saturée, condamnant capitalistes et ouvriers à voir leurs revenus baisser, et l'incertitude sociale s'accumuler. Le retour à la terre, favorisé par une économie autarcique, permettrait aux Français de s'enrichir, tout en réduisant leur dépendance vis-à-vis de cette conjoncture internationale. En réalité, davantage que ces théories, c'est le poids politique de la paysannerie qui explique l'imposition d'un tarif en 1892, absolument inédit, puisqu'il conduisait à protéger davantage les biens agricoles que les biens industriels, à l'opposé de ce que l'Allemagne mettait en œuvre à la même époque.

Si l'ouverture au commerce international fut maintenue, le gouvernement ayant surtout souhaité ralentir le déclin d'un secteur menacé, le poids des échanges dans le revenu national allait cesser de croître à partir de cette date.

Le poids de la paysannerie

L'épisode du tarif Méline illustre en fait tout le pouvoir politique acquis par le monde agricole depuis l'élection présidentielle de 1848, attribuée par Karl Marx à la crainte de la paysannerie de perdre ses débouchés[79]. Après la défaite de 1870, la paysannerie vota pour le parti de l'ordre monarchiste en 1871, effrayée par la Commune et la guerre à outrance que semblaient proposer les républicains. Elle fut sans doute favorablement impressionnée lors de la répression de la Commune de Paris par le régime républicain ; comprenant l'enjeu électoral, Gambetta, grand favori des villes, tenta de s'adresser davantage à la classe paysanne et s'isola de la frange gauche des républicains (les radicaux)[80]. Certes, le soutien à la gauche républicaine provenait surtout des villes ; mais, lentement, les paysans acceptèrent la Troisième République, grâce à un travail de pénétration de cette dernière dans les campagnes. Le tarif Méline, obtenu contre la gauche de l'époque, marque sans doute la naissance de la droite républicaine à l'écoute des intérêts paysans[81].

Au-delà des réformes qui visaient l'agriculture, la paysannerie bénéficia beaucoup de l'évolution républicaine : le chemin de fer, notamment le plan Freycinet de 1879, qui créa 17 000 nouveaux kilomètres de chemins de fer, soit la moitié du réseau de 1914, mais aussi et surtout l'école publique.

La scolarisation française progressait depuis le début du XVIIIe siècle et la majorité des départements avait une population largement alphabétisée dès 1850. Cependant, d'importantes inégalités subsistaient en la matière, et la loi Ferry de 1882, en plus de changer la nature de l'enseignement, permit une couverture complète du territoire national. Pour ne pas perturber excessivement le rythme de la société rurale, les vacances d'été furent adaptées à la vie des champs : en juillet et août, les enfants étaient « libres » de participer aux moissons.

Les bars (sous le contrôle préfectoral pour éviter les abus de l'alcoolisme qui devenait problématique), les fêtes nationales, les Mariannes s'intégraient progressivement dans la vie du village. Les « hussards noirs de la République » n'étaient pas toujours des « bouffeurs de curés » qui essayaient à tout prix de corrompre leurs élèves et de leur faire perdre leur accent provincial comme dans le roman de Maurice Barrès, *Les Déracinés*[82]. Même s'ils participèrent au moins passivement à la fin de beaucoup de langues régionales en imposant le français comme langue d'instruction, ils avaient des objectifs souvent plus modestes : enrichir les campagnes ne signifiait pas une révolution sociale, et la promesse d'égalité s'accomplissait surtout dans la facilité d'accès au chef-lieu départemental et, éventuellement, à Paris, ainsi que dans l'envoi d'un instituteur bien formé dans un centre urbain local.

L'exode rural français advint bien plus tard qu'en Angleterre. Certains avancent que cette situation provenait d'une faible productivité de l'agriculture française, embauchant et maintenant dans les campagnes un trop grand nombre de paysans, par rapport à ce qui s'observait outre-Manche. En réalité, l'écart des salaires entre les villes et le monde rural était le même qu'en Angleterre, ce qui montre que les paysans français n'étaient pas particulièrement « attachés » à leur campagne (dans ce cas, l'écart serait plus élevé car ils accepteraient un salaire plus faible). Il n'y avait donc pas de problème de productivité spécifique à l'agriculture française avant la fin du siècle[83] .

Le tarif Méline protégea de la ruine tout un pan de l'économie française, et permit d'assurer une certaine stabilité politique et sociale. La crise du phylloxéra seule avait déjà entraîné une perte de plus de 10 % du revenu pour les viticulteurs et la baisse du prix international du grain aurait, sans le tarif, appauvri davantage de Français encore. Le coût économique de cette politique protectionniste fut cependant élevé, dans un pays qui restait importateur agricole net au XIXe siècle. Elle ralentit indéniablement l'industrialisation et l'urbanisation de la France, même si son effet sur la croissance est plus ambigu, puisqu'elle évita sans doute la crise de la demande qui aurait résulté de l'appauvrissement des campagnes.

Ouvriers et immigrés, visages de la France industrieuse

Vers 1880, près d'un actif sur deux travaille encore dans l'agriculture, alors que dès 1840 ils ne sont plus que 25 % dans ce cas en Grande-Bretagne, chiffre que la France atteindra dans les années 1950. Si les paysans continuent ainsi de constituer la majorité de la population française, et ce jusqu'en 1931, la croissance de l'industrie s'accompagne d'un changement progressif mais profond de la population française, avec l'émergence de la classe ouvrière et de nouveaux flux d'immigration.

Même si les villes connaissent une augmentation incontrôlée de leur population, les ouvriers du XIXe siècle ne sont pas tous urbains, et pas tous des prolétaires « à plein temps »[84]. Ils sont pour une grande part d'entre eux encore paysans, et vivent à la campagne. Ils sont aussi pour une grande part des femmes, qui représentent un tiers de la classe active de 1856, ou des enfants, dont le travail n'est interdit qu'à partir de la loi de 1841 en deçà de 8 ans, puis à partir de 1874 en deçà de 12 ans, avant que cette législation ne soit renforcée par la suite.

La naissance de la classe ouvrière s'est accompagnée d'une attention renforcée aux enjeux de santé publique, suscitée par l'extrême pauvreté et l'insalubrité croissante à laquelle est confrontée cette population. Dans les quartiers les plus industrieux, comme Wazemmes à Lille, 70 % des adultes mouraient avant l'âge de 40 ans, notamment d'infections pulmonaires qu'ils attrapaient dans les ateliers. Cette misère était connue, non seulement grâce à certains auteurs d'enquêtes sociales, tel Frédéric Le Play qui écrivit sur les ouvriers des aciéries, mais aussi parce qu'elle était visible de l'élite qui la percevait bien en ville. La nouvelle « classe laborieuse », jugée d'abord trop dangereuse pour avoir ses syndicats, en obtiendrait finalement à partir de 1884, par la loi Waldeck-Rousseau.

Les immigrés jouèrent un rôle significatif dans le monde ouvrier. Les notions mêmes d'étranger et de nationalité furent formalisées à la Révolution, et les modalités de naturalisation précisées au long du siècle qui suivit. Le droit du sol, tel qu'il existe encore, fut instauré en 1851. Au début du XXe siècle, les étrangers, principalement des hommes, représentaient près de 2 % de la population, et une part plus importante de l'emploi (3 ou 4 %). Ils étaient moins nombreux qu'aux États-Unis mais faisaient de la France le premier pays de destination des immigrés en Europe. Les deux tiers d'entre eux repartaient après avoir travaillé plusieurs années.

En l'absence d'exode rural massif, l'immigration permettait aux industriels de trouver facilement de la main-d'œuvre. Elle répondait par ailleurs aux besoins de l'agriculture, pour le travail saisonnier lors des moissons ou des vendanges, qui attirait de nombreux Italiens et Espagnols. De manière générale, dans un pays qui aurait pu être bloqué dans son essor industriel par sa transition démographique précoce, les immigrés eurent une contribution très importante pour le développement de l'économie française, même s'il n'est pas exclu que la pression qu'ils exercèrent à la baisse sur les salaires ait pu en partie retarder la mécanisation du pays[85]. Cependant, avant le début du XXe siècle, la majorité des immigrés était des Belges, qui avaient un niveau de vie moyen supérieur à celui des Français, et ne jouaient pas le même rôle dans l'économie du Nord que les Italiens en Provence[86].

Les flux migratoires européens reflétaient naturellement les dynamiques économiques à l'œuvre dans chacun des pays : l'Angleterre n'eut pas à absorber autant d'ouvriers qu'il en naissait chez elle car elle exportait son surplus démographique dans ses colonies, notamment l'Australie ou la Nouvelle-Zélande. L'Italie, moins développée que la France, ou l'Irlande, considérablement appauvrie par la famine causée par la crise de la pomme de terre, voyaient leur population émigrer en masse. Comme point de destination, il y avait naturellement les États-Unis, dont la célèbre statue de la Liberté symboliserait le destin de terre d'accueil ; il y avait aussi, en plus petit, le pays où avait été fabriquée ladite statue, la France. Elle accueillait des Belges et des Italiens au Sud, notamment à Marseille. Dans une moindre mesure il y avait des Espagnols, des Allemands et des Suisses. Tous ces immigrés constituaient une main-d'œuvre de substitution pour le patronat du point de vue ouvrier - ainsi, dans le roman de Zola *Germinal*, la Compagnie des Mines tente de briser et contourner la grève en employant des ouvriers belges.

L'école ou la promesse de l'égalité républicaine

La promesse d'égalité était au cœur du programme politique de la République. Le Second Empire ayant consacré l'affichage insolent de la richesse urbaine, dans les salons dorés et les immeubles en pierre de taille, ou par l'édification de monuments somptuaires à l'image de l'Opéra Garnier, une société plus équitable pouvait sembler une promesse facile. Cependant, ce fut bien davantage la croissance économique que la redistribution sociale qui assura le sort des malheureux sous le nouveau régime, et les inégalités ne diminuèrent pas, au contraire.

Tout d'abord, l'école ne provoqua pas une ascension sociale massive des classes populaires. L'école ne permettait pas plus qu'aujourd'hui au fils de paysan d'intégrer l'École normale supérieure : un fils de normalien avait 450 fois plus de chances de l'intégrer, en 1880 comme en 2000[87]. Cette mesure de l'inégalité demeure constante au cours du XXe siècle : la méritocratie républicaine a davantage résidé dans l'ouverture de positions plus variées à la bourgeoisie que dans le renouvellement de l'élite économique et politique[88]. Charles Péguy, élevé vers un très haut magistère intellectuel depuis une famille modeste, était malheureusement un cas moins répandu que ne le fait croire l'image d'Épinal de notre école républicaine. Il est vrai que l'ascenseur social opérait généralement sur deux générations avec des fils de paysans devenant instituteurs, et leurs enfants intégrant de plus hautes sphères. L'école républicaine proposerait quelques cas exemplaires d'ascension sociale, mais ni plus ni moins qu'aujourd'hui.

Cependant, il ne faut pas minimiser le progrès social permis par les lois de 1837 et de 1882. L'école obligatoire donnait une langue et un cadre culturel communs, définis au niveau national. Grâce aux horaires du chemin de fer, de l'école, de l'usine, une même heure s'imposait dans tout le pays, et les paysans « sauvages » dépeints par Eugen Weber, balbutiant à peine le français dans les années 1870, parlaient de moins en moins des dialectes régionaux[89]. Un indicateur traditionnellement retenu, quoiqu'imparfait, pour mesurer le recul de l'illettrisme, est le taux de signature des actes de mariage, qui passe d'un peu plus de 40 % pour les hommes et de 20 % pour les femmes en 1789 à plus de 60 % pour les deux catégories à la veille de la Troisième République en 1870, grâce notamment à la loi Guizot de 1833, et à presque 100 % en 1910, du fait de la généralisation de l'enseignement par la loi Ferry de 1882. Les progrès de la scolarisation contribuèrent à une plus grande transparence de la vie politique, permise notamment par la loi de 1881 sur la liberté de la presse, extrêmement libérale. De même, dans l'administration, le passage des concours devenait la norme du recrutement, faisant reculer le népotisme.

Une meilleure éducation ne garantissait pas pour autant la réduction des inégalités sociales. Thomas Piketty a mis en évidence que la concentration du revenu et du patrimoine n'avait jamais été aussi importante que durant la Belle Époque : 10 % de la population recevait plus de 50 % des revenus quand 50 % de la population n'en recevait que 13 %. Le bourgeois parisien recevait plus de vingt fois le salaire du Français pauvre, et pouvait ainsi facilement embaucher des domestiques sans trop entamer son revenu. Il y avait près d'un million d'employés de maison en France à cette période, soit plus de 5 % de l'emploi[90], ce qui manifestait l'importance des inégalités. La Première Guerre mondiale seule ferait baisser les inégalités, en réduisant la valeur des actifs financiers détenus par les capitalistes français.

Les vingt premières années de la Troisième République ne virent pas plus de grande loi d'égalité que sous Napoléon III. La condition sociale ouvrière, notamment, était abordée comme un problème de salubrité publique. La seconde moitié du XIXe siècle vit ainsi naître un « hygiénisme industriel[91] », et de nombreux patrons prirent en charge la vie et la santé de leurs ouvriers, en organisant des mutuelles ou en mettant à disposition des logements confortables et proches de l'usine, comme Schneider en 1902. Dans certains cas, le paternalisme se colorait d'une forme d'utopie sociale, dans des cités comme le familistère de Guise, œuvre de Jean-Baptiste Godin, ancien ouvrier et fondateur d'une manufacture de poêles, achevé en 1879 pour accueillir plus de 1 300 ouvriers dans des conditions d'habitation très supérieures aux standards de l'époque (logements lumineux, aérés, avec des vide-ordures).

C'est à partir de la fin du XIXe siècle, et de l'arrivée au pouvoir des forces politiques de gauche, notamment des radicaux, que les grandes lois sociales de la Troisième République purent être votées. Le courant solidariste de Léon Bourgeois, député radical, permit la suppression en 1890 du livret ouvrier, outil de fichage et de contrôle du déplacement des ouvriers, aberration d'une société qui se disait libérale. Le repos dominical, aboli par anticléricalisme en 1880, fut rendu de nouveau obligatoire en 1906. En 1893, les ouvriers obtinrent le droit à l'assistance médicale en cas de nécessité. La loi de 1898 rendait obligatoire la compensation des accidents du travail - alors que l'on pouvait mourir de misère d'un tel accident, comme dans *L'Assommoir* de Zola. Soucieux de la natalité, le régime prit des mesures contre le travail des enfants et pour le pouvoir des femmes : le travail des adolescents fut également restreint. Les femmes, vues comme des mères, se virent interdire le travail de nuit, et accorder le droit de conserver leur salaire, plutôt que de le confier à leur mari, ainsi qu'un congé maternité de huit semaines sans rémunération, par la loi Engerand de 1909.

Ces lois furent adoptées dans un contexte de hausse de la productivité, alors que les salariés profitaient d'une partie des gains de la croissance. Leur mise en place pour les salariés fut probablement compensée en partie par une baisse des salaires, ou par une progression moins rapide de ces derniers, qui stagnèrent au cours de cette période malgré une forte croissance[92]. Le progrès syndical jouerait plus de poids dans l'après-guerre sur la redéfinition du partage de la valeur ajoutée, qui se faisait au profit de la bourgeoisie même sous la République.

Cette indifférence du jeune régime se voyait dans sa politique fiscale : la seule véritable tentative de réduire les inégalités économiques vint de l'impôt sur le revenu, serpent de mer de la Belle Époque, finalement voté à la veille de la Première Guerre mondiale et appliqué dans les années 1920. Cet impôt serait le premier à avoir un taux d'imposition progressif en fonction du revenu, permettant ainsi de faire davantage contribuer les riches. Il deviendrait un objet récurrent de débat politique, la droite revenant sur le caractère redistributif de l'impôt et la gauche l'accentuant. Il illustrait le passage à un régime parlementaire où la politique économique ne serait plus déterminée en fonction des seuls intérêts des exportateurs et des conglomérats, mais aussi en tenant compte d'un idéal de justice sociale.

La Belle Époque : les nouvelles inventions et Paris

Le nom donné aux vingt années qui précèdent la guerre dénote la nostalgie d'une France sans guerre et n'ayant pas connu l'expérience des tranchées, et celle d'un progrès économique formidable. La Belle Époque n'a pas totalement usurpé son nom : par contraste avec la décennie 1880, marquée par des crises financière, agricole et politique, les décennies 1890 et 1900 furent des années de forte croissance[93].

La France était alors en pointe dans plusieurs secteurs nouveaux de l'économie, et notamment la principale productrice d'automobiles[94]. Comme la plupart des innovations scientifiques du XIXe siècle, l'automobile était née de progrès et de perfectionnements successifs. La première automobile fonctionnelle fut forgée par un fondeur de cloches français, Amédée Bollée. « L'Obéissante » réussit le trajet entre Paris et Le Mans à 30 km/h en transportant une dizaine de personnes. L'innovation ne tenait pas à la vitesse, plus faible que ce que le chemin de fer proposait déjà, mais au fait que ce déplacement s'effectuait sur des routes ordinaires. Ces premiers chariots sans chevaux étaient, comme le montre l'état de leur premier inventeur, des objets artisanaux.

La France avait un double avantage économique dans les premiers temps de l'automobile : la demande était abondante, et l'offre favorisée par des conditions de production favorables. Quoique plus pauvre que l'Angleterre ou les États-Unis, la population comprenait une grande bourgeoisie urbaine, suffisamment nombreuse et riche pour constituer un public intéressé par cette innovation. Loin d'être, comme une partie de la classe politique, éprise d'un passé autosuffisant idéalisé, les bourgeois semblaient épris d'inventions, pour les sensations et les libertés qu'elles donnaient. Paris, avec ses salons et ses courses, était devenue la capitale de l'automobile[95].

Même dans un roman de la Belle Époque qui n'accorde que très peu d'intérêt à l'économie et à la lutte des classes comme *À la recherche du temps perdu*, ce goût pour les inventions transparaît. Le narrateur fait de longs voyages en taxi avec Albertine et compte sur le chauffeur de taxi pour la surveiller et soulager sa jalousie paranoïaque ; à Versailles, il pleure d'émotion en voyant s'élever dans le ciel un pionnier de l'aviation ; le même narrateur vante plusieurs fois dans le roman le téléphone qui introduit de la magie dans l'existence, car il admire « l'admirable féérie à laquelle quelques instants suffisent pour qu'apparaisse près de nous, invisible mais présent, l'être auquel nous voulions parler » (*Le Côté de Guermantes*).

Proust incarne le public qui peut consommer ces biens de pointe : ces rentiers, hauts fonctionnaires, patrons d'industrie, cadres de banque, riches commerçants et les restes de l'aristocratie sont la clientèle idéale pour une nouvelle technologie en plein essor comme l'automobile. La bourgeoisie française était certainement aussi riche que celle d'Angleterre, même si le revenu par habitant moyen restait plus faible, étant donné le caractère très inégalitaire de la France à la Belle Époque[96]. Il faut aussi compter sur l'affluence de riches touristes britanniques, autrichiens, américains ou argentins dans la capitale et les stations balnéaires, en plein essor pendant le siècle (qu'il suffise d'évoquer Biarritz), ce qui favorisait le marché de location de voitures. Il y avait en France un parc de plus de 100 000 voitures en 1913, ce qui était moins que les États-Unis (plus d'un million) ou que l'Angleterre (200 000, mais la moitié avait été importée) mais davantage que l'Allemagne[97].

Du côté de l'offre, le secteur automobile bénéficia de salaires plus faibles que dans les autres puissances industrielles, notamment par rapport aux États-Unis[98], et d'une main-d'œuvre bien formée à la fin du XIXe siècle, grâce à la massification de l'enseignement. Le savoir-faire automobile, à ses débuts, s'apparentait pour beaucoup à une compétence artisanale, chez des petits producteurs indépendants, et la majeure partie des coûts était encore le travail humain, la production n'étant pas encore mécanisée.

Durant cette première période, relativement expérimentale, les méthodes de construction étaient encore peu homogènes et se rodaient progressivement. Ainsi, le véhicule électrique connut son heure de gloire du fait de son élégant silence et de ses vitesses de pointe plus élevées que les véhicules au gaz ou à l'essence, mais pâtit de l'autonomie[99] des batteries en plomb, plus faible que celle des véhicules à essence. De plus, l'accessibilité du pétrole du Moyen-Orient et d'Afrique rendait l'alimentation énergétique des voitures à essence moins coûteuse : les grandes compagnies pétrolières (l'américaine Standard Oil, l'anglo-hollandaise Shell) datent de cette période, et Total serait créée en 1924. Ignorant bien sûr la question des émissions de carbone[100], mais aussi celle du silence urbain (mais pouvait-on réellement anticiper le tout-automobile[101] ?) ou encore celle de la pollution des pots d'échappement, les contemporains, industriels comme consommateurs, en vinrent rapidement à préférer les véhicules à essence et à gaz : ces derniers étaient sans doute supérieurs techniquement sur le moment. Jules Verne anticipait le tout-électrique dans ses romans : le sous-marin *Nautilus* naviguait et fonctionnait à l'énergie électrique dans *Vingt mille lieues sous les mers* (1869), et n'avait pas de problèmes de batterie : il parcourait d'énormes distances sans recharge[102]. En revanche, le rêve de l'électricité comme nouvelle puissance motrice du monde ne deviendrait pas réalité dans le domaine de l'automobile, malgré des précurseurs français. La disparition de la voiture électrique se joua donc en France, à cette époque.

Jusqu'au déclenchement de la guerre, la France avait produit davantage de voitures que tous les pays industrialisés, à l'exception des États-Unis, et elle demeura jusqu'alors le premier exportateur d'automobiles. C'était avant l'avènement de la Ford T, des ateliers mécanisés décrits par Céline dans son *Voyage au bout de la nuit*, dont les salariés répétaient constamment le même geste et que seule une paie élevée maintenait dans un travail aussi « aliénant ». Après la Grande Guerre, la France céda la main à la puissance industrielle américaine, dont les hauts salaires favorisaient le recours à des machines plus perfectionnées. Les petits ateliers qui ne s'étaient jamais agrandis disparurent les uns après les autres, tandis que ne survivaient que les grands groupes ou ceux qui avaient mécanisé leur production. Ainsi, Charles Jeantaud, constructeur de la Tilbury électrique, se suicida-t-il ruiné en 1906. Les machines-outils pour automobiles se développèrent : d'abord importées, elles furent ensuite produites en France pour répondre aux besoins locaux. Malgré ce repli, la France avait marqué les débuts de l'automobile et conserverait de beaux fleurons capables de peser dans le marché mondial, comme Renault et sa grande usine de Boulogne-Billancourt.

Le génie français s'exprimait dans d'autres domaines : les progrès du chemin de fer, les tramways, le métropolitain, le cinématographe - inventé par des ingénieurs français, les frères Lumière[103], et exposé lors d'une fameuse projection à Lyon. Si les États-Unis étaient appelés à rentabiliser (et, selon les goûts, sublimer) le septième art, la France avait largement contribué à sa possibilité technique dans cette période inventive.

Un autre article français s'exportait à la fin du XIXe siècle : le charme de Paris, dont les photographies se concentraient déjà sur la nouvelle tour Eiffel. Paris, qui venait d'avoir son premier et presque unique gratte-ciel, se vivait comme une vitrine du bon goût, de l'art mais aussi de la modernité. La capitale surpeuplée de la France, forte de ses 2 millions d'habitants (multipliés par plus de quatre en un siècle)[104], de ses articles de bon goût mais aussi de son industrie, attirait le monde entier ; ses nouvelles grandes avenues bâties sous l'influence de Napoléon III et de son préfet de police Haussmann en avaient fait la grande capitale la plus touristique du monde, attirant à la fois les riches consommateurs étrangers et les artistes qui rêvaient de se former dans la capitale de l'art. Paris avait beau n'être que la seconde place financière d'Europe, et battue par Londres sur beaucoup d'autres aspects productifs, elle était la capitale de l'Europe à beaucoup d'autres égards. Ce *soft power* apportait des recettes appréciables dans la balance des paiements grâce aux dépenses sur place des touristes, ainsi que par une influence intellectuelle et artistique certaine.

La deuxième révolution industrielle était plus que la première celle du monde moderne, même s'il ne faut pas minimiser l'apport économique d'une production textile plus efficace. Les inventeurs français du XVIIIe siècle étaient des théoriciens dont les œuvres ne trouvaient pas d'application immédiate, contrairement à ce qui se produisait en Angleterre. À la fin du XIXe siècle, les ingénieurs bénéficiaient de l'éducation de masse et de la présence d'ouvriers mécaniciens qualifiés qui seraient capables de diffuser leurs innovations et de les exposer au monde. La Troisième République en fut fière et fit de ces inventions les véritables vedettes des différentes expositions universelles. La France n'était cependant pas la seule nation d'inventeurs : l'Angleterre et l'Allemagne n'étaient pas en reste, et les États-Unis construisirent une véritable mythologie de l'entrepreneur autour de figures comme Thomas Edison ou Nikola Tesla.

Tant que le commerce international se développait, tant que la paix (relative) demeurait entre grandes puissances[105], ces inventions serviraient la riche bourgeoisie internationale. Cependant, le monde allait devenir soudainement moins ouvert et moins coopératif.

CHAPITRE 9

La guerre de trente ans (1914-1944)[1]

Notre œuvre doit être le contraire d'une destruction, d'une restriction ; elle sera dans le plein sens du terme une construction et elle ne peut pas se réaliser sans que le pays y consacre une partie de ses ressources, sans qu'il s'ouvre par conséquent à lui-même un large crédit ; elle suppose une *avance à l'allumage*, elle suppose cette espèce d'anticipation confiante sur la réalité que l'on appelle aujourd'hui une mystique.

Léon Blum, au Conseil national de la SFIO du 11 mai 1936.

La Première Guerre mondiale eut des conséquences terribles sur la France, sa population et sa richesse. Elle sembla pourtant se relever dans les années 1920, et même rattraper les économies plus avancées ; en 1930, les dirigeants du pays se croyaient ainsi épargnés par la Grande Dépression et vantaient le modèle social français de petits propriétaires. La crise, même si elle n'a pas commencé par des désastres comparables à ceux qui frappèrent l'économie américaine, s'éternisa dans le pays, fatigué, et se traduisit en de graves et futiles divisions politiques.

La nation paysanne fut en fait le dernier pays à sortir de la crise des années 1930. Pire, alors qu'elle se considérait comme la première puissance militaire du monde, elle subit la plus terrible défaite de son histoire en 1940. Il lui manquait clairement la « mystique » qu'évoque Léon Blum dans la citation mise en exergue, et la décennie 1930 fut avant tout marquée par la défiance collective, aussi bien sur le plan économique que politique. L'Occupation provoqua ensuite la plus grave récession de l'histoire nationale, entre autres malheurs.

Une guerre entre partenaires commerciaux

Dans *La Guerre du Péloponnèse*, Thucydide citait, entre autres raisons du conflit qui opposa les Athéniens et les Spartiates, la prospérité économique d'Athènes au Ve siècle av. J.-C. : « C'était l'ascension d'Athènes et la peur qu'elle inspirait à Sparte qui rendait la guerre inévitable. » Un politiste américain a proposé d'appliquer cette explication à divers conflits, notamment la Première Guerre mondiale[2]. L'Allemagne devenait une grande puissance industrielle. Elle cherchait à concurrencer l'hégémonie commerciale des Anglais, et lorgnait les colonies françaises : elle tenta deux coups de force au Maroc en 1905 et en 1911. Les deux « puissances dominantes » auraient alors souhaité freiner la croissance de l'économie « émergente ».

Cette théorie séduisante ne semble pas cependant tenir compte de l'essentiel : les tensions politiques entre ces pays, qui se considéraient les uns les autres comme des menaces militaires voire existentielles, plutôt que comme de simples rivaux économiques[3].

La diplomatie française avait été plutôt prudente à l'égard de l'Allemagne, et ne cherchait pas à provoquer de conflit au sujet des régions perdues. Ainsi, en 1911, quand l'empereur Guillaume II menaçait directement la côte marocaine d'Agadir avec une canonnière, le gouvernement de Joseph Caillaux préféra concéder des territoires en Afrique équatoriale à l'Allemagne plutôt que de prendre le risque d'une guerre.

La question de la responsabilité du conflit de 1914 a été vivement débattue, mais il ressort de travaux d'histoire diplomatique que les dirigeants allemands souhaitèrent davantage sans doute le conflit que les français. Même si ces derniers manquèrent de prudence pendant la crise, ils étaient trop inquiets de leur infériorité démographique et industrielle[4]. Ils avaient conclu une paix durable avec l'Angleterre et s'étaient rapprochés de la Russie pour se protéger d'éventuels conflits – et donner des débouchés financiers à leur épargne. Paradoxalement, cette prudence fit entrer la France dans la guerre : elle dut s'engager dans le conflit à la suite de la réaction russe à la déclaration de guerre autrichienne contre la Serbie en juillet 1914[5]. Les dirigeants français et allemands furent entraînés par la mécanique des alliances, comme des somnambules[6].

Ajoutons que la guerre, si elle a pu être encouragée par les rivalités impérialistes des gouvernements français, anglais ou allemands, n'était pas désirée par les milieux financiers et industriels français. Ils avaient déjà émis des réserves sur la politique économique anti-allemande de la Belle Époque[7]. Le gouvernement ne fut pas particulièrement généreux à leur égard après 1914. Ainsi, en 1916, un impôt exceptionnel de 50 % fut adopté sur les « bénéfices excédentaires » des entreprises. Celles qui réalisaient des gains supérieurs à ceux de 1913 devraient en verser la moitié à l'État, afin d'éviter le phénomène des « profiteurs de guerre » et ce alors que les profits n'avaient encore jamais été taxés directement[8].

L'enrichissement de certains industriels comme Renault et Citroën ne doit pas faire oublier que les premiers effets de la mobilisation de masse sont l'appauvrissement de la population, la baisse de la consommation et la raréfaction de la main-d'œuvre masculine disponible, toutes choses mauvaises pour les affaires. Les secteurs qui bénéficièrent de la guerre étaient minoritaires, et les incertitudes sur la nature du conflit empêchaient tout réel calcul. En août 1914, les usines de Billancourt de Louis Renault furent fermées et lui-même fut mobilisé sur le front. Si le gouvernement revint en arrière assez rapidement, au vu de la rapide consommation du stock d'obus, cette interruption prouve que la durée de la guerre et l'importance que prendraient les chars étaient imprévisibles en août 1914.

La confrontation survenait malgré une phase prolongée d'ouverture économique. En 1913, les exportations représentaient 15 % du revenu national en France, 18 % en Allemagne, et 26 % en Angleterre. Ces taux avaient été atteints dès 1880 et s'étaient maintenus ensuite à ce niveau record[9]. Les échanges franco-allemands représentaient 2 % du PIB des deux nations[10]. Le *doux commerce* ne suffit pas à apaiser les dirigeants des nations et le ressentiment politique provoqua la guerre davantage qu'une quelconque nécessité économique.

Les conditions de la guerre économique

Contrairement au conflit de 1870, qui s'était rapidement conclu par la prise en étau de l'armée de Napoléon III à Sedan, celui de 1914 est devenu après la bataille de la Marne de septembre 1914 une guerre de position interminable. L'utilisation de matériel et de munitions fut également nettement plus intense que tout ce qui avait été anticipé : la capacité productive allait donc jouer un rôle plus important pour déterminer le vainqueur que cela n'avait encore jamais été le cas.

La ligne de front qui traversait surtout la France resta stable pendant trois ans. L'armée allemande administrait de nombreux départements : le Nord, l'Aisne, les Ardennes ainsi qu'une partie du Pas-de-Calais, de la Somme, de la Marne et de la Meuse... Cette période fut difficile pour la population, qui y éprouva la dure loi de l'occupant. Pour le reste de la nation, ces départements constituaient une grave perte industrielle : la France dut se battre quatre ans alors que 90 % de son acier, 80 % de son fer, 55 % de son charbon étaient produits avant le début de la guerre dans les territoires occupés. Ces matériaux jouaient un rôle critique pour les usines d'armements et leur pénurie fut pour certains secteurs plus dommageable encore que le manque de main-d'œuvre - des journées de travail entières étaient parfois perdues faute d'acier.

Les travailleurs n'étaient plus disponibles : 8,7 millions de soldats furent mobilisés au total - dont 7 % des colonies, soit trois hommes sur quatre en âge de travailler (entre 20 et 55 ans)[11]. Cette réduction de la force de travail disponible pesait d'autant plus que la consommation d'obus et d'armes avait dépassé toutes les attentes. Les besoins de l'artillerie étaient gigantesques, et il fallait sans cesse développer de nouveaux modèles, ainsi que des avions pour faire des reconnaissances de support pour l'artillerie[12]. Ces activités absorbaient aussi toutes les matières premières et le gros du travail industriel, puisqu'il fallait innover et tester sans cesse des prototypes de canons, d'avions, de chars. Il manquait également des biens de consommation courante, notamment les grains, la viande ou le cuir, dont l'importation était nécessaire tant la mobilisation raréfiait le travail.

À cause de la mobilisation de sa main-d'œuvre et de l'occupation de ses terres industrielles, la France fut contrainte d'accumuler des déficits commerciaux très importants. Ceux-ci étaient de près de 3 % du PIB avant la guerre[13] ; ils s'élevaient à 30 % en 1917, l'année la plus intense du conflit (voir figure 9.1). Les biens importés (matières premières, acier ou équipement) provenaient essentiellement d'Amérique du Nord, du Royaume-Uni, et dans une moindre mesure des colonies. Ainsi, le soutien américain à la France se manifesta avant tout par le commerce et des prêts dès 1915, et pas seulement par l'intervention dans le conflit en 1917. Les importations nettes venant des États-Unis représentaient plus de 10 % de la production française. L'Angleterre, en plus de mobiliser des millions de soldats sur le front, fournit une aide financière presque équivalente à celle des États-Unis. Ces deux partenaires se substituèrent en partie à plusieurs fournisseurs commerciaux de 1913 perdus : les pays ennemis (Allemagne, Autriche-Hongrie, Turquie) et la Belgique occupée n'échangeaient plus avec la France, alors qu'ils représentaient un tiers des débouchés avant le conflit[14].

La France avait été privilégiée sur le front financier par rapport à l'Allemagne, qui connut des déficits commerciaux nettement plus faibles faute de financement extérieur : 5 % du PIB, essentiellement vis-à-vis de l'Europe centrale. Ne disposant ni du soutien des États-Unis ni de colonies, et souffrant du blocus que leur imposait la Royal Navy, l'Allemagne et l'Autriche devaient produire elles-mêmes tout leur armement et toutes leurs munitions. Elles subirent des pénuries de plus en plus graves, et éprouvèrent davantage de difficultés à renouveler leur matériel à la fin de la guerre.

C'était la raison pour laquelle la stratégie allemande avait consisté, en 1914, en une tentative d'offensive éclair : une guerre longue augmentait les chances de victoire de l'Entente. La France, à l'inverse, était restée plus prudente. Elle menait la Première Guerre mondiale dans un contexte international très différent des précédents conflits : au lieu d'être seule contre tous, elle était accompagnée d'alliés disposant de la plus importante force de frappe industrielle et financière au monde. C'est grâce à eux que la République put emprunter les ressources dont elle avait besoin. Ce soutien eut un coût : le taux d'endettement de la France atteignit 180 % de la production annuelle en 1918, alors qu'il n'était que de 70 % en 1913[15].

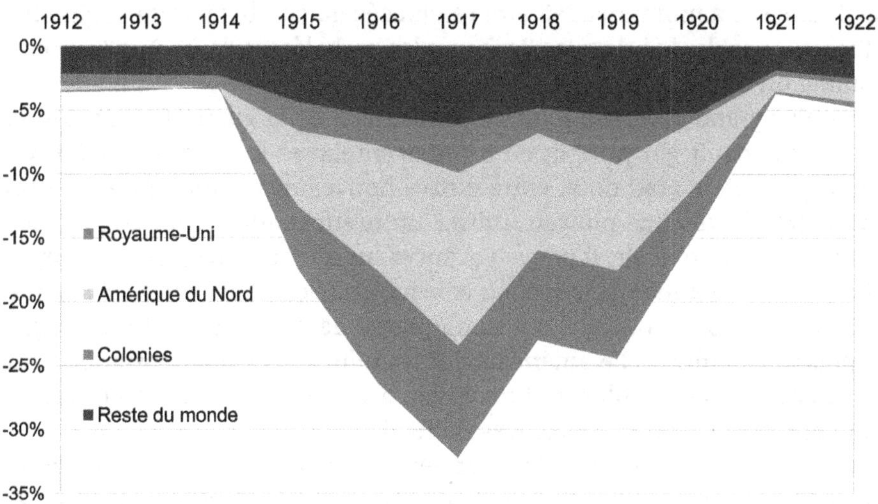

Figure 9.1. Balance commerciale française pendant la guerre décomposée par partenaires commerciaux, en pourcentage du PIB. Source : calculs de l'auteur, d'après les données de la base « Tradhist » du CEPII.

Du cheval au char : la condition technique de la victoire

Les armes à feu et les canons étaient devenus plus mortels et plus efficaces qu'au XIXe siècle, ce qui modifiait radicalement les conditions de combat. Le changement le plus représentatif était celui de la monture : les charges de cavalerie allaient disparaître.

Huit millions de chevaux furent mobilisés ou réquisitionnés pendant la guerre - ils étaient presque aussi nombreux que les hommes sur le front. Cependant, leur rôle avait radicalement changé : devenus presque inutiles au combat à cause des barbelés et du feu, ils servaient aux fonctions logistiques, ce qui permettait d'économiser du carburant. Dans le roman de Céline *Voyage au bout de la nuit*, le héros doit assurer des communications entre différents quartiers, et sa bête surchargée meurt dans d'atroces souffrances. La monture allait être remplacée au combat par un engin plus efficace, capable de briser les lignes ou les barbelés, et de frapper l'ennemi comme un canon.

La plus grande réussite militaro-industrielle de la guerre fut la création du char Renault FT, produit en 3 700 exemplaires à la fin du conflit. Ce « poing d'acier » était doté, entre autres nouveautés, d'une tourelle rotative à 360 degrés que pouvait utiliser un tireur tandis qu'un conducteur manœuvrait le véhicule. Il pouvait avancer sur tout terrain grâce à ses larges chenilles. Il révolutionna le secteur et le mode de combat : eût-il été inventé plus tôt, il est probable qu'il n'y aurait pas eu de tranchées en 1914. Malgré la puissance industrielle américaine et les difficultés d'approvisionnement en acier et en combustible, ce furent bien des chars de fabrication française qui permirent les offensives alliées de 1918.

Ce char léger succédait à des premiers véhicules lourds de Schneider et Saint-Chamond, dont le succès sur le terrain avait été mitigé. Son développement, œuvre conjointe de l'appareil industriel et du quartier général, était dû à un militaire entreprenant, le colonel Estienne, qui réussit à faire produire et expérimenter les prototypes suffisamment vite pour répondre aux nouveaux besoins. Le Renault FT résolvait un problème que rencontrait l'armée française. Celle-ci souhaitait disposer d'une arme capable de casser les lignes, ce à quoi ne parvenait pas son artillerie lourde : elle était difficile à manipuler et sa cadence de tir était trop lente. Les canons allemands pouvaient rapidement riposter aux attaques ennemies en se réorientant, de sorte que la préparation de l'artillerie lors des offensives françaises était souvent mise à mal. Les puissances d'Europe centrale ne réussirent pas à développer de chars : elles étaient moins intéressées, et il manquait plusieurs savoir-faire techniques comme celui de la fabrication des chenilles, particulièrement développées en France et en Angleterre.

Cette réussite technique des alliés jouerait un grand rôle dans la victoire finale[16]. Elle préfigurait un tournant stratégique : de nouvelles catégories d'armes furent créées, avec des cycles de renouvellement bien plus rapides que par le passé. Il faudrait en permanence mettre à jour l'armement et reconsidérer la doctrine de son utilisation.

La guerre à l'arrière

La « guerre totale » devint l'unique préoccupation du gouvernement : la politique économique prit un tournant dirigiste, comme son seul objectif était de faciliter la production militaire. La politique sociale, quant à elle, fut largement négligée au nom de la solidarité avec les « poilus ». Les objectifs de « l'arrière » étaient les suivants : produire des munitions, les acheminer, produire les denrées nécessaires aux soldats installés dans les tranchées. Albert Thomas, un ministre socialiste entré au gouvernement au nom de l'« Union sacrée », organisa la production d'armement en France. Pour compenser l'absence des hommes, on recourut, de manière inhabituelle dans l'industrie lourde, au travail féminin : c'étaient les « munitionnettes ». Le travail dominical et nocturne se généralisèrent, jusqu'à l'épuisement.

Dans le même temps, les salaires restaient fixes, et ce alors que l'émission monétaire était devenue un des moyens de financement de la guerre : il y eut, pour la première fois depuis les assignats, une forte inflation, qui provoqua une dégringolade du niveau de vie. Le produit intérieur brut décrût de 35 %[17]. La baisse de niveau de vie était plus nette encore que celle de la production : une part importante de la valeur ajoutée était en effet absorbée par le matériel militaire, qui contribuait au chiffre du PIB mais n'améliorait pas le confort matériel.

Divers biens et matériaux étaient systématiquement réquisitionnés : les taxis mobilisés pour le transport de soldats lors des batailles de la Marne ou de Verdun n'étaient pas les seuls exemples. Le gouvernement dut confisquer des lits ou du bois pour loger les soldats. L'acier n'était plus disponible que pour les munitions et les blindés, et les outils agricoles n'étaient pas renouvelés ou, quand ils l'étaient, ils devenaient plus rudimentaires. Le train servait en priorité à l'armée. Dans la capitale, les pannes d'électricité frappaient même les beaux quartiers - qui en bénéficiaient depuis peu[18].

La mobilisation concernait également les animaux, qui furent perdus pour l'agriculture.

La dureté des conditions de travail des femmes et des ouvriers spécialisés susciterait des frustrations, même si elles étaient difficiles à exprimer quand l'expérience des tranchées et la mort captaient une grande partie de l'attention publique. Comme les soldats sur le front, les travailleuses et les travailleurs consentirent des sacrifices matériels pendant plusieurs années. Cette dégradation du niveau de vie provoquerait, après 1918, d'importantes mobilisations sociales : il y eut ainsi, en juin 1919, une grève soudaine de plus de 100 000 personnes en région parisienne, avec des revendications politiques radicales. Le jeune Parti communiste français (PCF), né en 1920, allait tirer profit des durs sacrifices consentis durant cette période pour séduire la classe ouvrière. L'expérience de la guerre fit dans les esprits certaines des divisions et tensions qui paralyseraient la Troisième République dans les années 1930.

La paix de Versailles

La France et les autres puissances de l'Entente purent remporter la victoire car leurs sources d'approvisionnement étaient plus stables et diverses, et parce qu'elles réussirent à obtenir une réelle supériorité technique grâce aux chars[19]. Le retrait de la Russie de la guerre en 1917 à la suite de la révolution bolchévique n'empêcha pas l'armée allemande, après une dernière offensive, de s'écrouler à l'automne 1918 et de capituler. Les Alliés lui accordèrent un armistice, tandis que le gouvernement allemand devenait républicain à la faveur d'une révolution sociale[20].

La conférence de la paix a été la source de beaucoup de frustrations. Georges Clemenceau, président du Conseil depuis 1917, dut négocier avec des Anglais et surtout des Américains opposés à ses vues. L'étrange résultat auquel il se résigna fut un ensemble de traités signés à Versailles et à Saint-Germain-en-Laye, qui disposaient du sort des vaincus de manière très différente. Au nom du principe de nationalité promu par Woodrow Wilson, l'Autriche-Hongrie était divisée en plusieurs petits États faibles. Au contraire, l'Allemagne, la principale belligérante, puissance démographique et industrielle du continent, conservait son intégrité territoriale et démographique. Elle perdait certes l'Alsace-Lorraine ainsi qu'une partie de ses territoires orientaux. Elle pourrait cependant obtenir à long terme des compensations : elle était voisine au sud et à l'est d'États faibles avec d'importantes minorités allemandes, qui ne pourraient réellement opposer de résistance à une éventuelle tentative d'annexion. Les négociateurs eurent conscience de ces difficultés, puisqu'ils prévirent des clauses interdisant le rattachement des minorités allemandes de Tchécoslovaquie ou d'Autriche à l'Allemagne.

L'Allemagne était encore peuplée de 60 millions d'habitants et son unité politique continuerait de constituer un danger pour la sécurité française. Pour s'en garantir, Clemenceau dut se contenter de promesses d'Alliés peu engagés, qui allaient lui faire des concessions symboliques. Par exemple, ils acceptèrent d'imposer à l'Allemagne de gigantesques réparations de guerre, mais celles-ci étaient destinées à n'être remboursées qu'en partie. De même, le traité de Versailles de juin 1919 contraignait l'Allemagne à réduire au minimum son armée, et à ne plus concentrer de troupes dans la région proche des frontières franco-belges (engagement que violerait Hitler en 1936). Cependant, il ne donnerait pas de gages sur son appareil productif[21] qui auraient rendu ces dispositions plus faciles à appliquer.

Du point de vue économique, le traité condamnait l'Allemagne à des réparations très importantes, en plus de lui attribuer toute la culpabilité des événements. L'économiste anglais John Maynard Keynes a dénoncé ces conditions « léonines » dans un fameux livre de 1919, *Les Conséquences économiques de la paix*, dans lequel il reprenait en grande partie les arguments de la délégation allemande à la conférence de Versailles. Il se souciait de l'impact qu'une crise prolongée en Allemagne pourrait avoir sur le reste de l'économie : les réparations déprimeraient l'industrie mondiale car elles représenteraient un poids excessif pour un pays au savoir-faire important, central dans les échanges commerciaux. Du point de vue de l'Angleterre en tout cas, il était capital qu'ils reprissent. Il faisait peu de cas des malheurs de l'économie française, et semblait croire qu'elle avait à peine souffert de la guerre en comparaison de l'économie allemande, ce qui était faux après l'occupation allemande du nord-est du pays.

Certes, les réparations imposées à l'Allemagne (en or) équivalaient nominalement à 130 milliards de marks-or, soit 2,6 fois sa production annuelle de 1920 ; en comparaison, les réparations imposées à la France après 1870 ou après 1815 équivalaient à un quart du revenu national, c'est-à-dire que les réparations allemandes valaient dix fois plus[22]. Elles étaient comparables à l'endettement de l'Angleterre à l'issue des guerres napoléoniennes. Pourtant, la majeure partie de cette dette était virtuelle. Les réparations étaient divisées en trois catégories, et seule une partie de la première serait remboursée. Le rythme et les échéances de remboursement des réparations de « catégorie C » seraient déterminés ultérieurement, une fois que l'Allemagne aurait remboursé 50 milliards de marks-or des dettes de catégorie A et B - ce qui n'était pas de très bon augure pour les « créanciers ». La question du remboursement, contentieux et en réalité impossible, deviendrait un marronnier politique pour les deux décennies à venir.

Réduite à leur partie réellement exigible, les réparations allemandes représentaient plus de 90 % du PIB allemand - quatre fois les réparations françaises de 1870. Le total effectivement payé par l'Allemagne équivaudrait en fait à 40 % de son revenu annuel : l'Allemagne paya 20 milliards de marks-or entre 1919 et 1932, date qui suivit un moratoire sur sa dette, après lequel elle ne paya plus rien. Cette somme importante fut majoritairement financée par des prêts étrangers, notamment anglo-saxons, que répudia Hitler dans les années 1930. Rétrospectivement, l'Allemagne paya donc une bien moindre part de son revenu annuel que la France après Waterloo ou après Sedan.

Dans l'ensemble, les réparations représentèrent un transfert financier modeste de l'Allemagne vers le reste du monde, surtout à partir de 1924 et du plan Dawes : les difficultés économiques furent concentrées dans les cinq années qui suivirent la guerre[23]. La France ne bénéficia pas autant qu'on le lui avait promis de cette amende : mais 40 millions de Français pouvaient-ils être créanciers de 60 millions d'Allemands sans le soutien des puissances alliées[24] ?

La situation financière française n'était pas beaucoup plus saine. Les versements allemands seraient en grande partie affectés au remboursement de la dette accumulée pendant le conflit, et ils devaient à peine y suffire[25]. Les diplomates et Clemenceau voulurent que les Britanniques et les Américains acceptassent de lier les réparations à la dette interalliée, mais ils s'y refusèrent. Ainsi, dans les années 1930, quand, l'Allemagne ne payant plus, la France voulut également revenir sur la dette contractée vis-à-vis des États-Unis pendant le conflit, il y eut une mésentente entre les deux puissances, qui fut une des sources de l'isolationnisme américain et accentua les tensions diplomatiques[26].

L'appauvrissement en 1918

La France était, devant l'Allemagne, le pays européen qui avait le plus souffert de la guerre sur le plan économique. La production y avait baissé de 35 % entre 1914 et 1918, alors qu'elle avait légèrement augmenté en Angleterre, et diminué de « seulement » 20 % en Allemagne. Le taux d'endettement de la France était de 180 % de la production annuelle, dont deux tiers étaient dus à la guerre. L'appauvrissement de la nation ne se limitait pas à la hausse de la dette : il passait également par l'effondrement de la valeur de tous ses actifs étrangers. En effet, la France avait beaucoup investi à l'étranger avant 1914, et elle subit des pertes sur une bonne partie de ses placements, notamment les obligations russes[27]. À eux seuls, ces emprunts, souscrits par 300 000 ménages, représentaient une richesse théorique de près d'un tiers du PIB en franc-or, qui disparut brutalement.

La République avait également dû se séparer de ses stocks de métaux précieux. Pour être capable d'importer des États-Unis sans y exporter, il avait fallu fournir en contrepartie non seulement des promesses de remboursement mais également des réserves. La Banque de France et l'État avaient pu récupérer sous forme de don une partie de l'or du public, mais cela n'avait pas suffi à éviter la monétarisation de la dette et la baisse des réserves métalliques. La perte était d'autant plus sensible que la Banque de France avait adopté une politique de thésaurisation qui en avait fait le prêteur de dernier ressort de la finance européenne : elle détenait près de 2,6 fois les stocks d'or du Trésor et des réserves fédérales américaines en 1913, et quatre fois ceux de la Banque d'Angleterre[28]. Il fallut renoncer également à la stabilité des prix, qui dépendait de ces mêmes réserves de la Banque de France. L'étalon-or fut abandonné, simplement parce qu'il n'y avait plus d'or pour le soutenir. La valeur du franc était restée presque constante plus de cent ans, mais cette période était désormais révolue - la nostalgie de cette stabilité serait la source de beaucoup de malheurs dans les années 1930.

Les pertes économiques ne se limitaient pas aux actifs financiers ni aux métaux. Un chiffre surtout résume la détérioration de l'économie française : 60 % du capital physique fut endommagé pendant la guerre. En comparaison, celui de l'Angleterre demeurait intact, et celui de l'Allemagne baissait à peine (de 3 %), la localisation des combats expliquant cette différence. Alfred Sauvy a rassemblé plusieurs chiffres éloquents sur la destruction du territoire : plus de 2 millions d'animaux moururent ou furent pris par les Allemands ; 200 000 maisons furent détruites, 300 000 autres endommagées ; 2 millions d'hectares de terres de labour devaient être remis en état ; les infrastructures des industries et mines avaient particulièrement souffert des prélèvements et destructions opérés par l'occupant dans le nord-est du pays[29]. Au total, la richesse nationale baissa de plus de moitié[30].

Les 1,4 million de morts allaient aussi peser sur le budget de la nation. Les orphelins de guerre (devenus pupilles de la nation), les veuves de soldats et leurs parents bénéficièrent d'importantes pensions, que le gouvernement dut payer pendant tout l'entre-deux-guerres : elles représentaient plus de 2 % du PIB et il était très impopulaire de les diminuer quand les fonds manquaient. Surtout, ils n'étaient plus là et ne seraient pas remplacés. La France stagnait démographiquement et devait supporter l'absence criante des générations édentées de la guerre. En 1815, quand elle sortait des guerres napoléoniennes, la France était encore en pleine transition démographique, avec une natalité élevée, et les morts des guerres napoléoniennes furent rapidement remplacés par de nouveaux jeunes gens : « S'ils tombent nos jeunes héros, / La terre en produira de nouveaux. »

L'hymne national avait cessé d'être vrai : la population française ne crût presque pas après 1918. Il fallut attendre 1930 pour rattraper le pic démographique de 1914, à 41,5 millions de Français – et encore était-ce dans une France plus grande, qui avait récupéré l'Alsace et la Lorraine. Cette réduction de la force de travail avait un impact d'autant plus direct qu'elle touchait le cœur de la société productive : les hommes dans la fleur de l'âge. Aux morts, il fallait ajouter les nombreux blessés, et les enfants qui n'étaient pas nés pendant le conflit : la natalité y avait été particulièrement basse. L'accroissement de l'immigration viendrait compenser seulement en partie cette stagnation démographique.

L'apogée de l'empire colonial

La crise et la Seconde Guerre mondiale illustrent l'importance de l'empire colonial français dans l'épreuve. Pendant la crise, il fournit un marché captif ; pendant la guerre, il fournit ses premiers territoires à la France libre et lui donna une grande partie de son contingent et de ses ressources.

Avant la période de décolonisation (1945-1962), l'entre-deux-guerres fut une phase de croissance importante pour l'empire et représenta l'apogée de la France coloniale. C'était un apogée, parce que l'importance de l'empire pour la métropole s'accrut, mais aussi parce qu'il atteignait son expansion maximale : il incluait les mandats de la Syrie et du Liban, ainsi que la partie orientale du Cameroun depuis la Première Guerre mondiale. L'exposition coloniale de 1931 à Vincennes – qui attira 1 million de visiteurs – illustrait le rôle de tous ces territoires dans l'opinion et l'imaginaire collectif.

Cependant, même durant cet apogée, l'empire jouait un rôle de faible importance pour l'ensemble de l'économie, simplement parce qu'il était trop pauvre. Il n'avait pas bénéficié d'investissements suffisants de la part du colonisateur pour s'enrichir[31]. Les colonies les plus riches (en Afrique du Nord) étaient trois fois plus pauvres que la France métropolitaine, et certaines l'étaient six fois plus[32].

L'exemple de la Première Guerre mondiale illustre l'importance de ces inégalités économiques. L'empire avait fourni à la France un peu moins de 10 % de ses soldats, dont 75 000 étaient morts. Il avait livré près de 10 % de ses importations de matériaux, et plusieurs milliers de travailleurs immigrés étaient venus à Paris. Plus une colonie était riche et peuplée, plus elle contribuait militairement et économiquement à la guerre, comme l'illustre l'exemple de l'Angleterre qui tira davantage de ressources de ses colonies plus développées.

Les colonies rapportaient peu, même s'il faut convenir qu'elles ne coûtaient pas beaucoup de ressources : c'était un empire « bon marché »[33]. Les colonies fournissaient des matières premières : le vin algérien avait remplacé le vin du Languedoc après la crise du phylloxéra des années 1880, le riz et le blé complétaient la production alimentaire française, qui n'était pas autosuffisante malgré le fort secteur agricole. Le caoutchouc cultivé en Indochine ainsi qu'en Afrique équatoriale était une importante ressource pour l'industrie textile et surtout les pneumatiques[34]. Il y avait également le plomb, le phosphate, les arachides...

En réalité, le système colonial n'était pas indispensable pour se procurer ces denrées : un accord de libre-échange l'aurait permis. La principale différence était que les bénéfices de ces activités agricoles, et notamment tous les gains liés à la propriété foncière, revenaient aux exploitants français. Cependant, ceux-ci étaient puissants et jouaient au maximum de leur pouvoir de marché vis-à-vis de la métropole, notamment dans la culture de l'hévéa. Ainsi, ces capitalistes coloniaux captaient une partie disproportionnée des gains d'exploitation, au détriment non seulement de la population locale mais également de celle de métropole, qui devait payer son caoutchouc un certain prix. Les patrons de ces grands groupes jouirent plus généralement d'une influence disproportionnée sur la politique coloniale. Il s'agissait d'aventuriers et parfois d'anciens hauts fonctionnaires coloniaux qui coulaient ainsi une retraite dorée et exploitaient leur entregent politique. La diplomatie française semblait parfois complètement dirigée par ces grands intérêts, lesquels n'étaient pas même représentatifs de la majorité des colons[35]. Il est vrai que ces entrepreneurs servaient à maintenir l'influence de la métropole dans les colonies conquises.

Tout cela n'aurait pas pu justifier, pour un homme politique soucieux de l'intérêt économique du Français moyen, une telle politique étrangère, qui avait un certain coût militaire. Entre 1833 et 1962, on estime que 0,7 % du PIB français fut consacré aux dépenses militaires dans les colonies ; ce coût dépassait la balance commerciale nette des colonies, et la France aurait transféré 0,3 % de son PIB chaque année, en moyenne, en flux financiers vers les colonies[36]. Si cette proportion est modique, elle représente davantage que le budget du ministère de la Culture en 2023[37]. Sur l'ensemble de la période coloniale, la France a donc davantage investi qu'elle n'a reçu de transferts venant des colonies - même si une grande partie des transferts allait se faire après 1945.

En l'absence de transferts financiers importants directs des colonies vers la France[38], il y avait deux principaux gains économiques aux yeux des colons. Le premier était de priver les autres pays d'Europe de l'accès économique aux colonies et de le réserver à la France ; cette utilité fut manifeste pendant les années 1930, quand les colonies furent le seul partenaire commercial stable du pays et vinrent à représenter près de 40 % des échanges commerciaux de la France métropolitaine. De plus, le caractère captif des marchés coloniaux offrait des avantages : il permettait aux producteurs français de tirer de meilleurs prix de leurs ventes. L'autre justification économique était que la France, par sa « puissance civilisatrice » et ses capitaux, se serait montrée capable d'accélérer le développement économique de ces États, ce qui aurait eu des répercussions positives sur son économie en assurant une sécurité d'approvisionnement accrue. Si les colonisateurs crurent sans doute à ce mythe, il semble particulièrement faux pour les colonies françaises.

L'Angleterre avait, pour une meilleure exploitation coloniale, construit des lignes de chemin de fer en Inde qui se révélèrent bénéfiques pour son développement économique ; de manière générale, les anciennes colonies britanniques réussirent beaucoup mieux que les françaises[39]. La France ne réussit pas à mobiliser et exploiter utilement des fonds suffisants, non par manque de capitaux - ils étaient abondants en métropole - mais à cause d'une mauvaise exploitation des fonds publics tirés des colonies. L'exemple du Cameroun, partagé entre France et Angleterre, illustre l'inefficacité de l'approche française. Le colonisateur français recourut au travail forcé pour les travaux d'infrastructure, ce qui rappelait l'ancienne corvée royale ; les résultats furent médiocres. Les Britanniques installèrent des chemins de fer et des canalisations d'eau à l'aide d'employés administratifs locaux salariés, et obtinrent des résultats plus satisfaisants, qui donneraient au Cameroun anglais de meilleures infrastructures, y compris après la décolonisation[40].

La France imposait un niveau de taxation relativement élevé dans les colonies. Le taux d'extraction fiscale ainsi était proche de celui de la France, à 10 % du revenu national, même si c'était parfois sous la forme de corvées inefficaces[41]. C'était beaucoup plus que pour des pays au développement économique comparable. Si ces dépenses avaient servi à investir dans des infrastructures à l'usage de la population colonisée, cela aurait pu contribuer à une croissance plus rapide.

Malheureusement, ces importantes ressources fiscales servirent peu aux colonisés. Elles ne furent pas renvoyées vers la métropole, mais elles étaient en partie gâchées en coûts de gestion. L'administration, composée de fonctionnaires français, devait payer ces derniers extrêmement cher en comparaison du niveau de vie local. Ce qui restait, une fois leurs émoluments payés, allait en priorité aux autres colons. Ainsi, les infrastructures en Algérie bénéficièrent avant tout à Alger, qui devint une belle ville méditerranéenne, avec des voies de qualité et un bon approvisionnement : c'est parce qu'une grande partie des « Européens » y habitaient. Les gains de la colonisation étaient donc bien réels, mais ils revenaient essentiellement aux Français et Européens sur place, qui étaient bien plus riches que les autochtones[42].

L'Empire sauva sans doute des emplois, durant la crise des années 1930. Jacques Marseille a soutenu que ce n'était pas pour le mieux : les colonies auraient maintenu en vie la partie la plus archaïque du capitalisme français, notamment son industrie alimentaire et son industrie textile[43]. Bien que les colonies eussent commencé à offrir un débouché financier intéressant à la fin des années 1920, elles auraient maintenu des « rentes sclérosantes » dans ces secteurs inefficaces. Cependant, ce point de vue présuppose que la France aurait laissé mourir son industrie textile si elle n'avait pas eu d'empire. Les colonies rendaient moins coûteuse la protection de ces industries, à laquelle se serait sans doute résolue le gouvernement. Quoi qu'il en soit, il faut reconnaître avec Jacques Marseille que leur rôle n'était pas capital : la France connut la phase de croissance la plus rapide de son histoire alors qu'elle perdait progressivement toutes ses colonies, entre 1945 et 1962, et non pendant l'« apogée » de son empire. Le principal bénéfice de ces conquêtes fut sans doute symbolique : la mappemonde où chaque continent contenait des morceaux de la France rendait certains patriotes républicains fiers.

La fonction économique la plus importante de l'empire fut l'immigration en métropole : des dizaines de milliers d'immigrés marocains, algériens, indochinois permirent de remplacer les classes creuses de la Première Guerre mondiale. Généralement moins payés que les Français, ils étaient relégués à des fonctions productives difficiles comme celles de mineurs de fond (notamment les Marocains) dans lesquelles les Français deviendraient moins nombreux ; malgré leurs conditions de vie ingrates, les travailleurs algériens et marocains pourraient faire bénéficier leur patrie de naissance de transferts financiers. Surtout, ils servaient la France en empêchant sa stagnation démographique de produire trop d'effets négatifs sur le développement industriel, et en fournissant une main-d'œuvre manuelle qui manquait. Ce flux d'immigration s'ajouta dans l'entre-deux-guerres à celui des Espagnols, des Italiens ou des Polonais, et ne diminua pas après la décolonisation[44].

La France, keynésienne sans le savoir : la reconstruction réussie des années 1920

Malgré toutes les difficultés héritées de la guerre, la France fit plus que rattraper les années de croissance et de richesse perdues. Le tableau suivant donne des chiffres de croissance annualisée du revenu par habitant réel entre 1913 et 1929.

Pays	PIB total	PIB par habitant
France	1,9	1,9
Royaume-Uni	0,4	0,4
Allemagne	0,6	0,7
Italie	1,7	1,2
Pays-bas	3,6	2,1
États-Unis	2,5	1,1
Japon	3,9	2,6
Belgique	1,4	1,1
Autriche	0,3	0,4
Espagne	2,8	1,9
Portugal	2,3	1,6

Figure 9.2. Taux de croissance annuel (en pourcentage) sur la période 1913-1929. Source : calculs de l'auteur sur la base de la *Maddison database*. Tous les chiffres sont corrigés de l'inflation.

Avec un taux de croissance de 1,9 %, la France a fait mieux que compenser les pertes de la guerre : elle a rattrapé voire dépassé la tendance de la Belle Époque. Le niveau de vie y crût plus rapidement qu'en Angleterre ou qu'aux États-Unis, bien que ces deux pays eussent été moins touchés par le conflit et eussent accumulé moins de dettes à l'égard de l'étranger. C'était la première fois depuis le début du XVIIIe siècle que l'écart de niveau de vie entre France et Angleterre se réduisait substantiellement.

Seul le Japon, qui connaissait une phase de rattrapage économique fulgurante, fit sensiblement mieux (2,6 %). Parmi les économies développées, la Hollande, l'Espagne, le Portugal et la Belgique ont aussi bénéficié de la période. Le point commun de ces pays fut leur choix d'une politique de relance : l'État y accumula de larges déficits dans les années 1920 pour reconstruire l'économie, ce qu'il ne fit ni en Angleterre ni aux États-Unis. Sans ces dépenses, l'économie française eût étouffé et, au mieux, elle eût suivi la difficile phase de reconstruction des États-Unis. On se demande parfois si un pays peut se permettre d'emprunter, mais il est des circonstances où il ne peut se permettre de ne pas emprunter. La France put financer sa relance grâce à sa politique monétaire - même si ce fut involontairement.

Alors que la Première Guerre mondiale avait provoqué une forte inflation et un déplacement des réserves vers les États-Unis, la convertibilité en or du franc avait dû être suspendue. Certains hommes politiques d'alors espéraient redonner au franc son ancienne valeur métallique, parce qu'ils accordaient beaucoup d'importance à ce que Keynes appelait une « relique barbare » : contrairement aux dirigeants britanniques, ils échouèrent.

L'échec de cette politique fut une bénédiction. La République française, accablée d'une dette valant 180 % du produit national à la fin de la guerre, aurait dû multiplier la valeur en or de toutes les dettes (publiques et privées) par cinq pour retrouver l'ancienne valeur du franc. Dans ce scénario hypothétique, l'accroissement de l'endettement eût été tel que, avec un taux d'intérêt de 5 %, la moitié du *produit national* aurait dû être consacrée au paiement des intérêts de la dette publique chaque année, sans compter les créances privées ainsi démultipliées[45]. Même à supposer que la baisse des dépenses publiques et la hausse des impôts n'auraient pas suscité de contrecoup économique, la capacité physique du pays à redonner au franc sa valeur était très douteuse : rembourser en franc dévalué était déjà difficile.

Pourtant, ce désir irrationnel qu'avaient les hommes des années 1920 de réévaluer le franc joua un rôle bénéfique dans la crise. Le fait que ce fût la principale option politique sur la table permit de rassurer les marchés financiers quelque temps ; quand il fut finalement décidé de renoncer à l'ancienne parité, l'inflation permit d'éponger les dettes de la guerre et de la reconstruction. Sans l'inflation, la France eût connu une décennie 1920 aussi morose que l'Angleterre. Sans les partisans de la réévaluation, la France n'aurait pas pu se sortir de cette situation sans subir une hausse des taux d'intérêt. Elle se serait sans doute lancée dans une spirale inflationniste qui eût crispé le pays plus encore, voire, dans le pire des cas, provoqué une hyperinflation similaire à celle que connaissait l'Allemagne[46].

Les principales décisions politiques furent prises pendant deux crises financières qui eurent d'importantes ramifications sur la vie de l'Assemblée nationale : une première fut provoquée par la situation budgétaire du pays alors que la droite était au gouvernement en 1923, une seconde eut pour cause une panique des marchés alors que le « cartel des gauches » dirigeait, en 1925 et 1926.

Le gouvernement de droite du « bloc national », issu des élections de 1919, avait accumulé des déficits pour financer la reconstruction - bâtiments et chemins de fer notamment. Cette gestion insoutenable des finances publiques avait été adoptée en tenant compte du calendrier de paiement des réparations allemandes, qui permettraient théoriquement d'équilibrer les comptes. L'Allemagne se révéla incapable de payer en 1923 et même d'assurer les livraisons de charbon prévues par le traité de Versailles. Le président du Conseil, Raymond Poincaré tenta de contraindre le gouvernement allemand en occupant la Ruhr, mais cette politique ferme échoua, faute de soutien des Alliés. Alors que le déficit gouvernemental était encore de 6 % du PIB en 1923, il fallait que le gouvernement commençât à accumuler des surplus : ainsi Poincaré augmenta-t-il les impôts indirects en 1924, ce qui mit fin à la baisse du franc.

La nécessité d'une « consolidation fiscale » faisait l'unanimité politique mais pas la nature des impôts à augmenter : il y avait un désaccord de la droite avec les radicaux et les socialistes. La gauche préférait une hausse de l'impôt sur le revenu, un élargissement des monopoles d'État et un impôt exceptionnel sur le capital aux contours flous, et la droite une hausse plus générale qui visait moins les riches - notamment les prélèvements indirects. Le cartel des gauches, alliance entre le centre-gauche radical et la gauche socialiste (mais non communiste) de la SFIO, arriva aux affaires en 1924, portée par le contexte de la crise économique. La situation était considérablement assainie à ce moment, l'inflation ayant déjà réduit une partie de la valeur réelle de la dette, qui demeurait cependant un poids pour l'économie.

Le gouvernement Herriot ne revint pas en arrière sur les hausses d'impôts : le budget de 1925 était presque à l'équilibre, pour la première fois depuis que la guerre avait éclaté. Pourtant, à partir de 1925, le franc commençait de baisser et les titres de dette publique se vendaient de moins en moins bien. Cette perte de confiance, que les contemporains attribuèrent à un complot de l'Angleterre, avait pour véritable fondement la peur de l'homme de gauche et de sa taxe sur le capital[47].

La Banque de France ne pouvait intervenir sur les marchés autant que par le passé car des règlements anti-inflationnistes avaient limité sa capacité de détention de dette publique. Herriot la contraignit à contourner ces limites par des artifices comptables. Lorsqu'ils furent révélés, il dut démissionner et il y eut une phase d'instabilité politique ; les gouvernements de gauche se succédaient et proposaient des plans de consolidation fiscale dignes de ceux qu'aurait proposés le chef de la droite, Raymond Poincaré, mais le franc continuait de baisser. Ce que la gauche nomma le « mur d'argent » se manifesta par un blocage complet des marchés tant que les socialistes soutenaient le gouvernement[48] : pour résoudre l'abcès de fixation, la chambre des députés, pourtant à gauche, remit Poincaré à la tête du gouvernement et lui accorda les pleins pouvoirs législatifs en matière économique.

Ce dernier, qui jouissait de la confiance des marchés, put rétablir la situation fiscale. Il aurait pu tenter de rendre au franc son ancienne valeur mais il comprit qu'il était urgent d'attendre sur cette question. Il mit d'abord en œuvre un plan de consolidation fiscale, en augmentant encore les prélèvements indirects. Au grand dam de la gauche, il baissa les impôts des plus riches - ceux sur les successions et le revenu. Cette volonté de revenir sur le caractère progressif de la taxation était clientéliste. Cependant, elle compensait pour les plus riches les pertes provoquées par l'inflation et les crises successives.

Dans l'ensemble, la politique de Poincaré ne bénéficia pas tant aux rentiers, car il abandonna la principale mesure qui aurait pu enrichir les épargnants. Après deux années d'hésitation, il allait faire cesser la dévaluation du franc et le stabiliser, mais il ne tenterait pas de le redresser et de lui rendre son ancienne valeur comme l'avait fait l'Angleterre avec la livre sterling. Il rétablit la convertibilité en or du franc - c'est ce que l'on a nommé le « franc Poincaré » - mais son cours exprimé en or était cinq fois plus bas qu'en 1914, et plus bas encore qu'en 1920. Ceux qui détenaient des actifs en francs, par exemple de la dette, avaient ainsi subi une perte de 80 % en valeur réelle.

Cette forte inflation d'après guerre, que le gouvernement ne réussit pas à contenir, allait provoquer l'euthanasie des rentiers. Leur fortune allait décliner, le nombre d'employés de maison s'écrouler, les inégalités de patrimoine et de revenus nettement baisser[49].

L'opération fut très bénéfique d'un point de vue macroéconomique : elle allégeait considérablement le fardeau de la dette qui aurait pu provoquer une interminable récession. La dette publique, qui valait 180 % du PIB annuel en 1921, en valait 70 % en 1929. Cette réduction, atteinte sans surplus budgétaire, fut un véritable soulagement pour l'économie française. La France avait évité l'écueil inflationniste dans lequel avait sombré l'Allemagne - ceci était plus facile pour elle car une grande partie de sa dette n'était pas libellée en or mais dans sa propre monnaie. Malgré les craintes qu'aurait pu provoquer le souvenir de cette inflation, les prix de vente des nouvelles émissions de dette souveraine furent très favorables pour l'État[50].

Le franc Poincaré était « fort » et inspirait la confiance précisément parce qu'il était trop « faible ». En effet, il était largement sous-évalué[51], ce qui tendait à accroître artificiellement les surplus de balance courante. De plus, la Banque de France, rendue méfiante par une décennie d'instabilité monétaire, décida de maintenir un taux d'intérêt élevé, ce qui ralentit l'activité à la fin des années 1920. Par conséquent, la France devint un aimant à or : les investisseurs internationaux qui voulaient bénéficier d'un taux d'escompte favorable et sûr de la Banque de France y déposèrent leurs métaux, et un cinquième du stock *mondial* embarqua vers la France en quelques années[52].

Considérée avec une vue d'aigle, la politique économique française des années 1920 fut, malgré ses errements quotidiens, bien plus efficace que la britannique, comme le révèlent les chiffres de la croissance. Cependant, la chute du gouvernement de gauche dans des circonstances dramatiques et l'incapacité de se détacher de l'illusion monétaire selon laquelle un franc fort était le propre d'un pays « fort » auraient des conséquences nocives sur les mentalités. De cette période, resterait l'idée nocive que seule la voie de Poincaré avait un sens.

« Nous sommes les soldats du franc et [...] nous nous ferons tuer dans la tranchée pour le franc[53] », disait au gouverneur de la Banque de France un ministre radical en 1925. La baisse du franc vis-à-vis de la livre anglaise avait été vécue comme une humiliation. Les hommes politiques ne se rendirent pas compte que la dévaluation avait bénéficié à la France, et lui avait permis de se reconstruire à une vitesse inespérée. Les dirigeants des années 1930, de droite et même de gauche, voudraient à tout prix éviter une nouvelle dévaluation - erreur fort coûteuse. Ils voulurent maintenir le cours du franc qu'avait fixé Poincaré, plutôt que de le laisser flotter. La dévaluation délibérée est un outil qui, utilisé à répétition, fait perdre la confiance dans la monnaie et épuise ses propres bénéfices - il y avait donc une forme de sagesse politique à vouloir éviter d'y recourir de nouveau, pour éviter une nouvelle crise inflationniste[54]. Cependant, le risque d'une telle crise allait être très faible durant la Grande Dépression et l'obstination dans cette politique d'étalon-or fit durer la dépression.

L'origine française de la Grande Dépression ?

On considère généralement que c'est une crise financière aux États-Unis, provoquée par un excès d'optimisme et une bulle spéculative sur les marchés boursiers, qui a été à l'origine de la crise économique mondiale des années 1930. Le « jeudi noir » de la Bourse américaine du 24 octobre 1929 en marque ainsi le déclenchement. Cependant, un des facteurs qui a accentué le *krach* et lui a donné une portée macroéconomique mondiale fut la tendance des économies et des ménages à accumuler des réserves pour se prémunir contre les divers risques financiers : chacun voulut mettre de l'argent dans ses bas de laine, quitte à sacrifier ses envies du moment. Ceci provoqua une baisse de la « demande », qui mit au chômage les ouvriers du monde entier et fit baisser les prix – c'était la déflation. Le mouvement était auto-entretenu : la déflation rendait plus intéressante encore l'idée de différer sa consommation pour profiter de la future baisse des prix, ce qui réduisait de nouveau la demande, etc.

Ce mécanisme de baisse généralisée des prix joua un rôle central dans la crise, et la France contribua à l'aggraver. La politique de dévaluation du franc absorba le stock d'or du reste du monde, et le « stérilisa » : il reposait dans des coffres et circulait trop peu. Les États-Unis menaient une politique monétaire similaire depuis 1928 mais la France était allée plus loin, malgré la moindre taille de son économie. Avec moins d'or en circulation, les tendances déflationnistes s'accentuèrent encore, et la tension exercée par la France fut particulièrement forte en 1931 et en 1932. Si le pays avait cessé d'augmenter ses réserves en or et réévalué sa monnaie, la Grande Dépression eût été nettement plus courte d'après des analyses rétrospectives[55]. La France ne fut pas la victime passive des choix économiques des États-Unis : elle contribua directement au désordre économique mondial.

La crise de 1929 a-t-elle été différente en France ?

La thèse canonique est connue : la France aurait été épargnée par la crise jusqu'en 1931, à en croire les discours de ses dirigeants d'alors, comme Tardieu. En réalité, la crise économique des années 1930 ne fut pas plus tardive en France et l'économie connaissait des signes de ralentissement depuis la stabilisation du franc, c'est-à-dire avant le krach boursier d'octobre 1929.

L'indice habituellement retenu pour juger de la bonne santé de la France est l'indice de production industrielle, qui ne baisse pas avant 1931, mais il est problématique[56]. Tout d'abord, certains secteurs industriels étaient en difficulté, comme l'automobile, dont les exportations et la profitabilité diminuaient malgré la baisse du franc[57]. L'automobile, en voie de devenir un bien de masse aux États-Unis et dont la production croissait rapidement, était le bien des temps modernes. Le ralentissement précoce de sa production était le signe que l'économie ralentissait. Si l'indice de production industrielle continua pourtant d'augmenter, c'est parce que certaines industries bénéficièrent de l'« exclusif colonial », renforcé en 1928 : les colonies se virent interdire le commerce avec d'autres pays que la métropole. Par conséquent, le pouvoir de monopole des entreprises sur le marché captif de l'Algérie ou de l'Indochine s'était renforcé, notamment dans le secteur textile.

Ce qui rend l'indice de production industrielle problématique est surtout le fait que la France n'était pas une nation majoritairement industrielle : en 1931, l'année du pic de production industrielle, la moitié de la population était encore rurale. La France conservait encore un large secteur agricole. Alors en phase de croissance rapide, la France convergeait vers le niveau de vie et d'industrialisation britannique et américain[58]. Par conséquent, l'évolution de la production industrielle française n'est pas comparable à celle de la production industrielle anglo-saxonne – elle était « naturellement » en train de croître plus rapidement dans les années 1920 et son ralentissement était le signe d'une récession[59].

Il faut donc considérer à la place les reconstitutions du revenu par habitant. Le niveau de production réelle a baissé de plus de 15 % entre 1929 et 1932 – cette baisse était moins sévère qu'aux États-Unis (– 28 %), mais elle l'était davantage que ne le serait celle provoquée par la pandémie de 2020. Les chiffres du chômage étaient également en nette hausse[60]. La crise dura plus longtemps, et il n'y eut pas de véritable reprise avant la fin de 1936.

Des facteurs proprement nationaux ont contribué à la crise, qui n'a pas été seulement importée : il y eut notamment des paniques bancaires qui affectèrent particulièrement les banques régionales. Les caisses d'épargne, qui avaient été créées au XIXe siècle pour encourager les ménages français à faire des économies, offraient un taux d'intérêt fiable et une garantie publique. Elles étaient donc, aux yeux des épargnants, plus sûres que les dépôts bancaires. Une étude statistique a montré leur rôle néfaste : plus il y avait de caisses d'épargne, plus il y eut de ruées aux guichets des banques[61]. Les déposants qui craignaient que leur banque ne fît faillite et qui avaient accès aux caisses d'épargne retiraient leurs fonds. Privées de leurs dépôts, les banques devaient liquider leurs actifs en toute urgence, ce qui pouvait entraîner de grandes difficultés voire une faillite. Cet enchaînement convainquait le public encore davantage qu'il fallait placer ses fonds dans des caisses d'épargne[62]. L'État et la Banque de France intervinrent très peu et ne prêtèrent pas aux banques ni aux entreprises les fonds que leur avaient confiés les épargnants. Le crédit s'écroula paradoxalement à cause de la politique de protection de l'épargne.

Cette crise financière était d'autant plus frappante que, en 1931, la France bénéficiait d'un franc dévalué et enregistrait un important surplus de la balance courante. Tout l'or accumulé aurait pu alléger la récession : en Angleterre ou en Allemagne, les problèmes de balance des paiements avaient amplifié la crise. Il n'y avait aucun risque de ce genre en France avant 1934 : les espèces métalliques étaient abondantes et pouvaient permettre d'encaisser des déficits. Cependant, cet or ne fut pas exploité pour protéger l'économie. Ici se manifestaient les limites de l'expertise financière française, confrontée pour la première fois à une crise financière frappant la totalité du pays[63]. La Banque de France agit essentiellement en passant par son réseau. Les grandes banques, reliées à l'actionnariat d'alors de la Banque, bénéficièrent de ses liquidités et résistèrent à la crise ; ce ne fut pas le cas des banques régionales qui manquaient d'entregent[64]. Cette intervention ciblée ne limita que partiellement les dégâts de la crise : de meilleures politiques auraient été possibles.

Le gouvernement de son côté ne tenta pas de sauver les banques. Une des raisons expliquant sa timidité était l'accusation persistante d'affairisme sous la Troisième République et particulièrement dans les années 1930. Un scandale financier, l'affaire Oustric, avait fait chuter le gouvernement Tardieu en novembre 1930[65]. Quiconque aurait proposé à la Chambre des députés de transférer sans contrepartie des liquidités aux banques régionales se serait fait accuser de corruption.

Le temps n'était pas encore venu des opérations à marché ouvert (*open market*) des banques centrales. Dans les années 2010, la politique monétaire de l'Europe et des États-Unis soutint le crédit déprimé et abonda de liquidités les marchés financiers pour éviter des crises similaires et toucher l'ensemble des établissements financiers. La crise de 2008, la Grande Récession, n'a pas eu les mêmes répercussions bancaires que celle de 1929, la Grande Dépression ; notamment, le niveau de vie en a clairement moins pâti, malgré toutes les difficultés que cette longue crise a provoquées en Europe. Une des raisons était que la politique monétaire était mieux informée[66]. En 1929, les banques centrales n'étaient pas intervenues avec suffisamment de vigueur pour faire cesser les paniques financières. Elles avaient également, par certains aspects de leur politique, aggravé le paradoxe de l'épargne.

Retour au protectionnisme

Le contexte international, qui avait été marqué dans les années 1920 par un réchauffement des relations franco-allemandes[67], s'était incroyablement dégradé. Les fascistes italiens et les nazis allemands représentaient un nationalisme agressif et décomplexé ; les alliés, les États-Unis, qui étaient devenus la grande puissance industrielle du monde, et l'Angleterre se repliaient sur eux-mêmes, aussi bien sur le plan économique que sur le plan politique. Les anciens vainqueurs de la Première Guerre mondiale s'étaient lancés dans une guerre commerciale, et ils formèrent un front désuni face aux provocations hitlériennes ou à la crise des réfugiés juifs d'Europe centrale. Adam Tooze parle, pour qualifier la période, de « déluge » permanent : cette crise était d'autant plus tragique et surprenante que l'ordre ancien de la Belle Époque, le libéralisme commercial, les flux de capitaux et la paix semblaient en voie de restauration à la fin des années 1920[68].

Les exportations et plus généralement le commerce s'effondrèrent[69]. Les pays souffraient d'une crise de surproduction. Ils tentèrent tous de réduire leurs importations et d'exporter davantage de biens, notamment industriels ; ceci aboutit à des dévaluations mais surtout à des restrictions douanières. Les États-Unis appliquèrent de lourds tarifs industriels ; même l'Angleterre, pourtant championne du libre-échange depuis 100 ans, se replia sur son empire. Les nouvelles dictatures européennes n'allaient pas offrir davantage de débouchés que les démocraties : l'Allemagne créa par exemple un système d'échanges administré avec le reste de l'Europe centrale et réduisit au strict minimum son commerce avec la France[70].

Cette dernière était légaliste, et elle avait noué de nombreuses alliances par traités commerciaux au XIXe siècle. Par conséquent, elle ne pouvait augmenter ses tarifs. Afin de rompre avec l'esprit des traités du libre-échange sans les violer, elle adopta une politique de quotas à partir de 1931, qui n'avait pas été prévue dans ces traités[71]. Le quota s'appliquait sur plus de 1 100 catégories de biens (soit une sur sept), et restreignait le montant total autorisé à l'importation. Il ouvrait la voie à des décisions discrétionnaires et tatillonnes de l'exécutif ; naturellement, les quotas suscitèrent des réactions des partenaires commerciaux, ce qui aggrava encore la crise[72].

Quel était l'objectif des dirigeants ? C'était de donner un emploi aux travailleurs touchés par la crise. Si, au XVIIe siècle, Colbert avait subventionné tant d'entreprises de bonneterie ou de laine, même quand elles semblaient inefficaces, c'était parce qu'elles favorisaient l'emploi de vagabonds qui inspiraient la pitié et posaient des problèmes de sûreté publique. Observant la montée du chômage, les ministres des années 1930 ne réfléchissaient pas différemment quand ils mirent en œuvre ces politiques protectionnistes. Un des risques de cette politique était d'exporter le chômage plutôt que de le réduire ; le monde entier allait pourtant augmenter ses tarifs douaniers, et cela aboutit à la pire crise du commerce mondial de l'histoire contemporaine[73].

La décrue fut très soudaine en France, avec une baisse de près d'un tiers des échanges, comme l'illustre la figure 9.3[74].

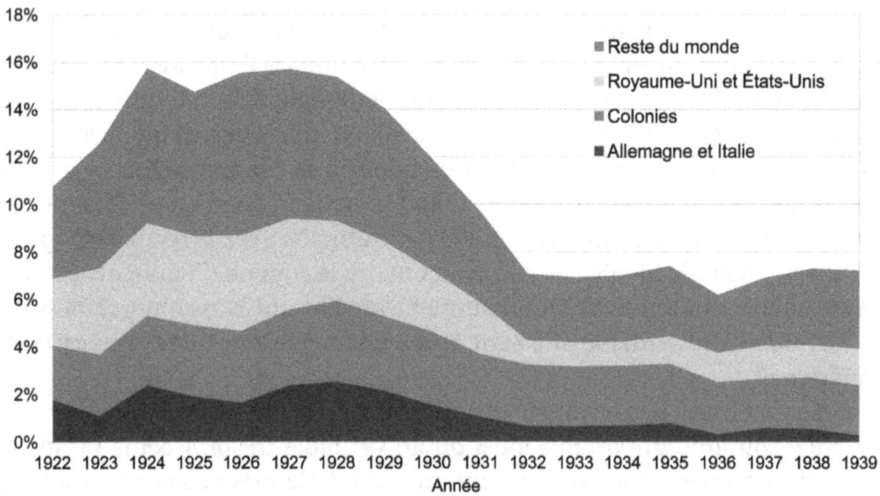

Figure 9.3. L'effondrement du commerce français avec le reste du monde. L'ouverture commerciale est la somme des importations et des exportations. Source : calculs de l'auteur, d'après les données de la base « Tradhist » du CEPII.

La France, comme l'Angleterre, ne vit pas son commerce s'écrouler autant que d'autres économies : les colonies demeuraient un important débouché, ainsi qu'une source de matières premières précieuses pour l'industrie, comme le caoutchouc ou les plantes tinctoriales. Les échanges avec les colonies n'ont pas réellement augmenté, mais ils sont restés stables dans cette période difficile. C'était notamment à cause de l'exclusif colonial, adopté en 1928, qui imposait la métropole comme unique partenaire d'échange à tous les pays de l'empire.

Toutes les entreprises exportatrices mais aussi les consommateurs et les importateurs de biens intermédiaires souffrirent de la situation, qui amplifia la crise financière en réduisant considérablement les gains du commerce.

La stabilité du franc à tout prix

La France avait recouru d'autant plus aux restrictions commerciales qu'elle ne pouvait dévaluer sa monnaie[75] : la stabilisation de Poincaré, obtenue par la formation d'un gouvernement d'union nationale et le retournement des radicaux contre leurs alliés de gauche, avait été trop chèrement payée pour être abandonnée. Le pays se cramponna donc à sa « monnaie forte » durant les années 1930. La France refusa d'abandonner le franc-or, et préféra mener une politique de restriction commerciale. Quoique, avec le recul, cette politique nous semble inefficace, elle avait obtenu le soutien d'éminents économistes dans les années 1930, notamment Keynes qui la recommanda pour le Royaume-Uni - même si c'était après une expérience des années 1920 différente[76].

Grâce au franc sous-évalué, la France avait accumulé des excédents de balance courante importants ainsi qu'un véritable trésor. Ceci la protégea dans un premier temps de certains aspects de la crise : ses exportations demeuraient moins chères et baissèrent moins que celles d'autres pays. Surtout le franc ne fut pas menacé sur les marchés internationaux en 1931, quand la livre sterling ou le dollar en souffraient. Il s'agit sans doute de la raison pour laquelle le PIB diminua moins qu'ailleurs dans un premier temps.

Le franc sous-évalué n'était pas la seule raison de ce succès relatif : la dette ayant été considérablement réduite, les gouvernements de 1929 à 1932 firent un plan de relance même s'ils ne s'en rendaient pas compte. Le plan Tardieu de 1930, qui visait une politique de prospérité, s'éloignait de la vertu budgétaire prônée par Poincaré[77]. Les crédits pour la construction de la ligne Maginot participèrent également à la relance en promouvant la demande publique. Sans crise de balance des paiements à l'horizon, les déficits publics ne semblaient pas problématiques.

Cependant, une fois que l'Angleterre (en octobre 1931) et les États-Unis (en 1933) eurent abandonné l'étalon-or et laissé flotter leur monnaie, le cours du dollar et de la livre se dévaluèrent et ces économies se mirent de nouveau à accumuler des excédents commerciaux. Surtout, ces deux gouvernements, ne tentant plus de protéger le cours de leur monnaie, abandonnèrent les politiques déflationnistes et initièrent des politiques de relance comme le *New Deal* de Roosevelt. La France fit l'inverse, adoptant des politiques déflationnistes à partir de 1932. Un consensus historique se dégage sur les années 1930 : plus un pays abandonnait tôt l'étalon-or et tentait de relancer son économie par les dépenses publiques, plus il sortait tôt de la crise[78].

Le franc devint surévalué quand les autres monnaies eurent abandonné leur cours en or, à partir de 1931. À cela s'ajoutait la fin des réparations allemandes (mais aussi des dettes interalliées) après le moratoire Hoover de 1931 et la conférence de Lausanne en 1932. La réduction à néant des réparations allemandes dégraderait la balance des paiements et le budget du gouvernement. La situation relative française se détériorait : le gouvernement prit par exemple la décision de suspendre le remboursement des dettes interalliées.

Du point de vue diplomatique, la France ferait de grands efforts pour conserver l'étalon-or et forcer l'Angleterre à réévaluer le cours de sa monnaie ou, à tout le moins, de le stabiliser et de l'empêcher de décroître davantage[79] ; d'abord alliée aux États-Unis sur cette question, elle serait déçue par l'élection de Roosevelt, qui prit la décision d'abandonner l'étalon-or en 1933. Les Français, qui avaient avant 1931 converti une partie de leur or en livres sterling pour soutenir la monnaie britannique, avaient été lésés par la dévaluation de 1931, ce qui expliquait leur position.

La France fonda alors le bloc-or, un ensemble de pays qui s'engageaient à maintenir le cours de leur monnaie par rapport à celui de l'or - il comprenait la Belgique, le Luxembourg, la Suisse, les Pays-Bas et l'Italie. Ce bloc fut un échec, la Belgique étant le premier pays à l'abandonner. Il était né parce que les Français pensaient que le système monétaire international s'écroulerait sans le soutien de l'or. La monnaie britannique ne dépendait plus que de la confiance des investisseurs, car elle ne garantissait plus de valeur en or. Le bloc sterling acceptait de vivre avec cette incertitude radicale - pas le bloc-or.

Les grandes puissances se rendaient compte plus généralement que le morcellement du commerce nuisait à l'économie mondiale. Cependant, la France s'alarmait avant tout de l'instabilité du cours des monnaies et cherchait d'abord à ancrer la valeur de l'or, avant de mettre fin aux quotas. Le Royaume-Uni au contraire voulait mettre fin aux restrictions commerciales. De deux expériences économiques des années 1920 radicalement différentes, découlaient deux points de vue presque irréconciliables[80].

Les Anglais avaient sans doute raison sur cette question : il ne faut pas faire d'équivalence trompeuse entre dévaluation et restrictions commerciales. Certes, les dévaluations ont, en apparence, des effets similaires aux politiques protectionnistes : elles renchérissent les importations et font baisser le prix des exportations, ce qui permet aux pays d'écouler davantage de marchandises. En réalité, la hausse des tarifs et la dévaluation n'ont pas les mêmes effets : le problème d'une politique focalisée sur le taux de change est qu'elle contraint la demande intérieure par des mesures déflationnistes.

Pour maintenir le franc, la politique déflationniste promouvait l'épargne directement, en réduisant les dépenses publiques - ainsi, l'État fit des économies sur les salaires qu'il ne versait plus à ses salariés dans le plan de réduction de Laval. Elle l'encourageait aussi par la hausse du taux d'intérêt. Avec ces deux types de mesures, la demande baissait, ce qui amplifiait la crise.

La dévaluation, en permettant le relâchement de cette politique déflationniste, soutenait au contraire la demande et faisait augmenter le revenu national. Si l'effet de la dévaluation sur les prix des biens étrangers était moins important que son effet sur le produit national, les importations pouvaient même augmenter. Abandonner l'étalon-or n'aurait pas nécessairement nui aux partenaires commerciaux. En revanche, le maintenir était mauvais pour l'économie française. Une récente thèse s'interroge sur les effets de ces politiques et tire parti de leur décalage dans le temps dans différents pays pour voir si les dévaluations ont effectivement contribué à exporter la crise : elle montre que la réponse est négative[81]. Avec la déflation et les quotas, la France a fait le choix de la pire politique économique, aussi bien pour elle que pour ses partenaires commerciaux. Les quotas et les taxes douanières n'offraient pas de soulagement similaire à ceux de la dévaluation.

Le choix entre dévaluation ou déflation

Le franc était depuis 1933 la grande monnaie la plus surévaluée. Dans un fameux discours à l'Assemblée du 20 février 1934, Paul Reynaud expliquait très bien les termes du problème :

> Si notre économie s'enfonce, c'est que nos prix sont supérieurs aux prix étrangers. Aucune reprise n'est à espérer dans ces conditions. La condition fondamentale d'une amélioration est l'égalisation entre les prix français et les prix étrangers. Ce nivellement peut être obtenu de deux façons, par la déflation, ou plus exactement la baisse des prix, ou par la dévaluation qui modifie les parités.

La déflation était perçue comme le meilleur choix, celui de la rigueur vertueuse. La dévaluation était perçue comme le choix du laisser-aller :

> Si l'expérience prouvait qu'il était impossible de faire une déflation des prix de revient, nous serions, que nous le voulions ou non, conduits, en effet à l'autre solution, à savoir la dévaluation monétaire.

Paul Reynaud affirmait dans ses Mémoires être le premier à avoir compris cette alternative et à l'avoir exposée, et il est souvent repris au mot ; pourtant, il n'était pas si isolé et beaucoup d'autres hommes politiques avaient compris ce qui était en jeu. C'est bien en connaissance de cause que l'on fit le choix de la déflation[82] : la classe politique serait victime de l'illusion monétaire[83].

Une des pires décisions économiques de politique française de l'entre-deux-guerres fut l'adoption du plan de déflation de Laval, qui réduisait de 10 % le nombre de fonctionnaires, et de 10 % les émoluments de ceux qui restaient. Cette mesure avait théoriquement un avantage : elle permettait de libérer des ressources fiscales pour l'État, alors que les taux d'intérêt élevés semblaient menacer la situation des finances publiques. Cependant, le niveau élevé des taux d'intérêt était dû précisément à cette volonté de maintenir le cours de la monnaie au-dessus de ce qu'il aurait été dans un marché de change flottant...

La politique déflationniste vint donc accentuer le problème de dette qu'elle semblait résoudre. Avec la déflation et la crise économique, le PIB nominal décroissait, tandis que le taux d'intérêt se maintenait autour de 5 %. Avec un taux d'endettement de 70 %, la charge d'intérêt allait croître et justifier une nouvelle tentative de consolidation, qui allait elle-même aggraver la crise jusqu'en 1936.

La Troisième République s'était certes accoutumée, avant la Grande Guerre, à utiliser une partie de ses recettes publiques pour le paiement de ses créanciers. Cependant, le taux de croissance était nettement plus faible dans les années 1930 ; la peur d'une panique financière comme celles expérimentées en 1923 ou 1926 était dans tous les esprits. Ainsi, l'État n'eut-il pas les coudées franches pour lancer un plan de relance keynésienne, après avoir déjà relâché sa politique budgétaire en 1930. La mauvaise situation économique, la baisse des rentrées fiscales, et la nécessité de rediriger vers l'armement une partie des dépenses publiques du fait de la montée des tensions allaient aggraver la situation. Malgré ou à cause de cette politique de rigueur, l'endettement de l'État augmenterait rapidement, passant de 72 % du revenu national en 1930 à plus de 120 % en 1936. Sur le front macroéconomique, le PIB par habitant réel de 1935 était 13 % plus faible que celui de 1929.

Cette mauvaise décision fut-elle le résultat d'une ignorance généralisée de la classe politique, comme l'a soutenu Alfred Sauvy, ou plutôt du caractère théoriquement raisonnable de la politique déflationniste ? À la décharge des hommes politiques, la macroéconomie et beaucoup de ses concepts dataient de cette période et de *La Théorie générale de l'emploi, de l'intérêt et de la monnaie*, publiée par Keynes en 1936. Elle serait traduite en français pour la première fois après la guerre – rares étaient les personnes qui l'avaient lue en France, comme l'inspecteur des finances Jean de Largentaye qui en fit la première traduction, ou le journaliste Georges Boris.

Même dans la crise récente traversée par l'Europe (commencée en 2008 puis suivie par un rebond en 2011), des économistes ont soutenu des vues qui auraient été compatibles avec certains aspects de la politique de déflation. Pour les tenants de la « relance austéritaire », il existerait des cas, comme l'Italie ou la Grèce, où l'État, source de corruption et d'inefficacité, joue un rôle tellement négatif qu'une contraction budgétaire serait source de progrès économique[84]. C'était à peu près dans ces termes que des personnalités politiques libérales de la Troisième République défendaient le point de vue déflationniste. En 1934, le ministre des Finances Louis Germain-Martin écrivait :

> L'État [...] tend, non pas à créer des richesses, mais seulement à les répartir. Ce qu'il faut avant tout rechercher, c'est le développement de la richesse, développement créateur des rentrées fiscales. Ce résultat est bien plus sûrement atteint en diminuant les charges qui pèsent sur les producteurs qu'en augmentant les allocations des parties prenantes du budget[85].

La volonté d'éviter la dévaluation s'explique par la peur de toucher l'épargne financière, déjà largement mobilisée dans la décennie de la reconstruction. La déflation était la seule politique à même de préserver les intérêts des créanciers. « On ne peut pas, dans la même décade [*sic*], amputer sévèrement, à plusieurs reprises, l'épargne et toutes les valeurs fixes d'un pays », disait tel article du *Journal industriel* d'avril 1934[86], représentatif des milieux économiques français qui avaient bien compris l'alternative entre dévaluation et déflation.

Le Front populaire : une reprise contrariée

Si la déflation avait permis dans un premier temps de « protéger » le cours du franc, elle ne s'était pas manifestée dans les prix, lesquels ne baissèrent pas particulièrement en 1935. De plus, la situation budgétaire se dégradait rapidement.

En 1936, alors que la crise avait eu raison du gouvernement Laval et qu'Hitler avait remilitarisé la Rhénanie sans réaction de la France, le Front populaire remporta les élections. Il s'agissait d'une alliance entre les radicaux, les socialistes de la Section française de l'Internationale ouvrière (SFIO) et les communistes, partisans ardents du régime anticapitaliste de Moscou. Le Front populaire avait bénéficié d'un vote ouvrier et paysan[87], lors d'une campagne marquée par la situation internationale et notamment la politique à adopter vis-à-vis du fascisme. Le socialiste Léon Blum devint président du Conseil.

Les débuts du Front populaire furent marqués par une série de grèves qui contraignirent le gouvernement à accorder des avantages à la classe ouvrière (l'essentiel des salariés d'alors). Ainsi, les accords de Matignon de juin 1936 accordaient plus à la classe ouvrière que ne l'avait prévu le programme électoral - outre des hausses de salaires, il y avait les premières semaines de congés payés. Ces accords, qui compromettaient la politique de stabilisation, ainsi que les peurs du patronat rendirent la situation du franc intenable. Le gouvernement le laissa alors se dévaluer, sans doute la meilleure décision économique depuis plusieurs années : ce fut l'une des clés pour la reprise économique.

Cette reprise était nécessaire pour pouvoir préparer le pays au conflit avec l'Allemagne qui s'annonçait. Le gouvernement Blum fut le premier à relancer l'effort de Défense qui s'imposait dans les années 1930, en votant des crédits d'armement et en rétablissant une deuxième année de service militaire afin que la réserve disposât de davantage d'hommes[88]. Cet effort fut cependant ralenti par une mesure prise à contretemps par le gouvernement Blum : la semaine de travail de quarante heures, votée en 1936 mais qui s'appliqua à tous les secteurs en juin 1937.

Il était naturel que les importants progrès de productivité dont l'humanité avait bénéficié finissent par se traduire en temps de loisir supplémentaire. Cependant, dans le contexte d'une crise de demande, le chômage était élevé parce que les salaires étaient en fait excessifs. Forcer les entreprises industrielles à payer quarante heures de travail à un coût horaire plus élevé n'aurait pas pour conséquence d'augmenter la demande de main-d'œuvre et de faire baisser le chômage comme l'espéraient les promoteurs de cette mesure. La politique se traduisit en une nette hausse des prix, et en une baisse de la production, comme le montre un examen statistique de la dynamique des prix dans les différents secteurs industriels[89]. Les prix des industries affectées auraient augmenté de 5 % du fait de la réforme, tandis que la production baissait de 5 %. La mesure, bien appliquée, a réellement réduit le nombre d'heures travaillées sans réduire le chômage. Dans la mesure où les ouvriers spécialisés étaient rares, l'effet sur la production était négatif - spécialement dans l'industrie lourde. Ceci était fâcheux à un moment où la nation avait besoin de produire rapidement des munitions, des chars et des avions.

Le gouvernement commit également des erreurs dans sa politique agricole[90]. Sa décision de faire fixer le prix des céréales par l'Office national interprofessionnel du blé, créé à l'occasion, empêcha les agriculteurs, qui avaient pourtant voté pour le Front populaire, de bénéficier de la dévaluation en augmentant leurs prix. En effet, le prix fixé pour les exportations et le marché intérieur n'augmentait pas : alors qu'il était censé être un plancher, il était devenu un plafond en 1946. Puisque les biens manufacturés et les importations se renchérissaient, les agriculteurs s'appauvrirent[91]. Ils avaient déjà été les principaux perdants de la crise économique – ce qui avait expliqué leur choix pour le Front populaire de 1936. En grands déçus de la nouvelle politique, ils formeraient une clientèle pour Pétain[92].

Le problème de cette politique n'était pas seulement la façon dont elle affectait les paysans : elle prolongeait la crise, l'agriculture étant un secteur capital des années 1930 pour la plupart des pays[93]. Le cas des États-Unis offre la possibilité de mesurer ce qu'une autre politique aurait pu accomplir. La dévaluation du dollar en 1933 avait permis aux agriculteurs américains de bénéficier d'une hausse des prix des céréales : ils contribuèrent alors disproportionnément à la reprise, notamment en s'équipant de tracteurs. En France, où la production agricole représentait une part nettement plus importante du produit national (20 % contre 8 % aux États-Unis) et des travailleurs (35 % contre 25 %), un soutien efficace des paysans aurait eu des répercussions encore plus importantes. Leur demande aurait augmenté et ils auraient pu à leur tour mécaniser la production – ce qui aurait sorti de la crise les ouvriers du secteur automobile, de la sidérurgie et de la chimie, tout en permettant une hausse de la productivité. Les paysans furent victimes de la politique qui devait les protéger. La rapide motorisation de l'agriculture française à partir de 1947 démontrerait d'ailleurs le retard pris par la paysannerie française en matière d'équipement, non seulement du fait de la guerre, mais également du fait de la longue crise qui l'avait touchée.

Malgré ces erreurs, la fin des mesures déflationnistes permit une reprise suffisamment robuste en 1936 et 1937. Une récession suivrait aussi en 1938, avant un nouveau rebond en 1939, une fois la loi sur les quarante heures abolie. À la veille de la déclaration de guerre du 1er septembre 1939, la France avait recouvré son niveau de production de 1929. Dans l'ensemble, la décennie des années 1930 a été particulièrement difficile pour la France. Cependant, à la différence d'autres pays, elle avait bénéficié d'années 1920 favorables. Si l'on considère l'ensemble de la période 1913-1939, et que l'on ne tient pas compte de la croissance démographique, seuls l'Allemagne et le Japon firent mieux que la France en matière de croissance économique[94].

Aussi décevante qu'ait été la décennie 1930 en France, les souffrances qu'a occasionnées la crise économique peuvent sembler peu de choses par rapport à la pire tragédie de l'histoire du XXe siècle : la défaite de juin 1940. Que de crimes et de morts inutiles n'eût pas épargnés à l'humanité une victoire de la France !

La défaite de 1940

La débâcle de juin 1940 est la pire catastrophe politique, morale et économique de l'histoire de France et il demeure difficile pour un patriote de considérer cette période sans colère ni tristesse. La personnalité éclatante du général de Gaulle et son glorieux appel du 18 Juin, lumière de bon sens et d'espoir au milieu des ténèbres, offrent une bien maigre consolation : les pays qui n'ont pas besoin de héros sont souvent moins à plaindre que ceux qui en ont besoin.

La France et l'Angleterre commencèrent le conflit dans une position défensive voire passive : les soldats s'engagèrent dans un nombre très réduit d'opérations entre septembre 1939 et mai 1940 et restèrent pour beaucoup dans leurs casernes, ce qui a laissé le souvenir de la « drôle de guerre ». Si cette stratégie était paradoxale pour des pays qui s'étaient engagés dans la guerre pour protester contre l'invasion de la Pologne, elle n'était pas une absurdité. L'Allemagne avait une quantité limitée de matériaux pour la construction d'armements, et ce n'était pas sa nouvelle alliée, l'URSS, qui allait lui en fournir en masse - l'alliance étant de circonstance. De manière encore plus aiguë que pour la Première Guerre mondiale, elle risquait de pâtir de son isolement international et du blocus partiel que seraient à même de lui infliger les flottes de la France et de l'Angleterre réunies. L'accès à l'appareil industriel américain, qui sortait de la crise, était décisif, et cette question semble avoir obsédé les cercles dirigeants allemands[95].

Les États-Unis avaient mis en œuvre une politique de *cash and carry*, nettement plus restrictive que son attitude de la Première Guerre mondiale : le pays se refusait à faire des prêts, mais était prêt à livrer du matériel à tous les belligérants d'un conflit possible à condition qu'ils paient en dollars. La politique, en apparence défavorable aux Alliés, interdisait en fait à l'Allemagne de s'approvisionner aux États-Unis, car cette dernière ne détenait pas de dollars et avait un système de change fermé. Ainsi, France et Angleterre, qui disposaient encore de devises, pouvaient seules bénéficier de l'approvisionnement américain.

L'Allemagne, contre laquelle le temps jouait, n'avait pas, contrairement à ce que crurent dans l'immédiat les témoins de la guerre[96], d'avantage matériel. Certes, elle avait consacré plus de 20 % de son PIB à l'armement dans les années 1930, au détriment de la consommation : c'était le plus grand effort militaire jamais consenti par un pays en temps de paix. Elle consacrait un tiers de son revenu à l'armement et à la guerre en 1940. Mais elle partait de plus bas que ses adversaires : elle n'avait presque plus d'armée en 1933, et la reconstruction du stock avait consommé beaucoup de ressources. Les Alliés commençant à véritablement accroître leur production d'armement, les deux camps étaient en fait à peu près équitablement armés. La supériorité nazie n'était marquée que dans le domaine aérien – suffisamment pour soutenir efficacement les chars, mais non pour donner des coups décisifs à l'Angleterre. Les chars franco-anglais étaient aussi nombreux que les allemands. La France, bien qu'elle n'eût pas lancé de production de masse, avait continué à en produire en faible nombre mais régulièrement.

Cependant, ces chars étaient mal utilisés par l'armée. Le désaccord stratégique sur lequel le colonel de Gaulle avait bâti s'était fait connaître quelques années plus tôt : la France, qui avait été pionnière de l'usage et de la fabrication de chars, devait comprendre que leur fabrication et utilisation en masse changeaient les conditions de la guerre. Notamment, les chars regroupés pouvaient casser les lignes, tandis que les chars isolés en soutien de divisions d'infanterie n'apporteraient que des gains modestes et ne permettraient pas de bénéficier de la vitesse des véhicules blindés. Envisageant surtout une guerre défensive, l'armée française manquait de mobilité.

C'est en grande partie pour cette raison qu'elle se laissa prendre par un coup de poker de l'armée allemande qui réussit à passer en force dans les Ardennes, que l'état-major de l'armée avait négligé de surveiller[97].

Une fois que les Allemands eurent pénétré dans le territoire français, les combats furent sanglants ; plus de 100 000 soldats français moururent en à peine un mois, à un rythme plus rapide que lors de la Première Guerre mondiale. Les voies et chemins se remplirent de civils terrifiés par les soldats allemands.

Le gouvernement indécis fuit Paris, bientôt occupé, et se réunit à Bordeaux. Le maréchal Pétain, vieillard auréolé de la gloire de Verdun, était devenu chef de file des défaitistes. Le renoncement frappant tous les esprits, il fut nommé chef du gouvernement, et demanda aussitôt un armistice le 17 juin 1940, qui fut signé le 22 juin. Les Allemands occupèrent la moitié nord de la France, tandis que le gouvernement de la « zone libre » s'installait à Vichy, station balnéaire choisie pour ses nombreux hôtels qui pourraient fournir à cette nouvelle bureaucratie dictatoriale suffisamment de logements et de bureaux. Les Allemands avaient capturé 1,8 million de prisonniers français ; leur détention, en plus de séparer les familles, limitait la main-d'œuvre, et permettait aux nazis d'exercer un perpétuel chantage.

Charles de Gaulle, général de brigade (à titre temporaire, après avoir remporté quelques-unes des rares victoires françaises en mai 1940), devenu sous-secrétaire d'État à la Guerre et à la Défense nationale, se rendit après la nomination de Pétain à Londres, d'où il fit son fameux appel du 18 Juin, dans lequel il s'opposait à l'armistice. Après avoir prédit l'entrée des États-Unis dans la guerre, de Gaulle énumérait dans son appel[98] tous les avantages dont bénéficiait la France malgré le désastre :

> Mais il nous reste un vaste empire, une flotte intacte, beaucoup d'or. Il nous reste des alliés, dont les ressources sont immenses et qui dominent les mers. Il nous reste les gigantesques possibilités de l'industrie américaine. Les mêmes conditions de la guerre qui nous ont fait battre par 5 000 avions et 6 000 chars peuvent nous donner, demain, la victoire par 20 000 chars et 20 000 avions.

L'empire aurait pu jouer un rôle très important, en servant de tête de pont logistique aux Anglais en Afrique du Nord et en leur assurant une solide position en Méditerranée. L'or, qui avait été embarqué en catastrophe vers les États-Unis, le Sénégal et la Martinique, ne servit que comme garantie implicite des paiements futurs de la France libre - il aurait pu servir à financer directement du matériel. La flotte, sabordée à Toulon lors de l'occupation de la zone libre par les Allemands en novembre 1942, ne se battit jamais contre un navire allemand. Tout ceci contribua au rallongement de la guerre et représentait le coût de la décision du maréchal Pétain pour le reste du monde mais aussi pour les Français. Un gouvernement en exil eût sans doute adouci davantage le sort des Français en raccourcissant la durée de l'Occupation.

L'Occupation

L'objectif affiché du maréchal Pétain était précisément d'adoucir le sort des Français dans l'Occupation, sans doute parce qu'il prévoyait que la domination allemande sur le continent durerait un certain temps. Il n'hésita pas à promouvoir la « collaboration » avec l'ancien ennemi pour en obtenir des avantages. Cette politique n'obtint aucune concession majeure de la part des Allemands, à part la libération d'un nombre réduit de prisonniers de guerre.

Pour financer les frais d'occupation imposés par l'Allemagne, le pays prit un tournant dirigiste. L'ensemble de l'épargne fut redirigé vers les bons du Trésor, dont la Banque de France réduisit le rendement pour éviter que la charge d'intérêts ne devienne trop lourde. La nourriture commença à manquer, tandis que l'occupant prélevait une grande partie des ressources : le gouvernement rationna et contrôla strictement le marché.

L'économie dut aider l'Allemagne à poursuivre son effort de guerre, en lui fournissant les matières premières voire la force de travail qui lui manquaient ; plus de 10 % de la production agricole passait dans les mains de l'occupant, qui n'hésita pas à piller directement les stocks de matière première. Une majeure partie de la production chimique, textile ou encore de céramique passait en Allemagne[99]. La France était devenue la « vache à lait de l'Allemagne » ; elle fournit 40 % des ressources que l'Allemagne retira de l'Europe occupée.

Le gouvernement de Vichy fit lui-même le lien entre industries françaises et commandes allemandes. Ainsi, le mur de l'Atlantique, chef-d'œuvre architectural de la Collaboration, et plus généralement les infrastructures de surveillance et de défense allemandes en France, comme les blockhaus, mobilisèrent tout le BTP, qui ne construisit que très peu d'habitations utiles à cette époque. Plus de 15 000 entreprises françaises y participèrent au côté de constructeurs allemands, fournissant la majeure partie du ciment qui devait empêcher la libération du territoire[100].

L'avocat de Philippe Pétain, Jacques Isorni, le présenta comme le bouclier qui aurait protégé les Français des extrémités auxquelles aurait pu se livrer l'occupant. Il semble plutôt que son administration ait travaillé à la maximisation de la contribution française à l'effort de guerre allemand[101]. Il est difficile de voir quel avantage matériel fut retiré de cette politique : les estimations du PIB pour la période sont cataclysmiques et pires que celles de la Première Guerre mondiale. En 1944, la production était moitié plus faible qu'en 1939.

Pendant la guerre, la Société des Nations a publié une estimation des conditions de nutrition, et la consommation de calories en France aurait été encore plus basse que dans la Belgique et les Pays-Bas occupés (1 180 calories par jour, contre 1 400 en Belgique ou 1 800 en Hollande). Malgré le nouveau triptyque « Travail, Famille, Patrie », élever un enfant était devenu sensiblement plus difficile : le taux de mortalité infantile, de 6 % en 1939, était passé à 9 % en 1940[102]. De cet appauvrissement, tous souffraient sauf certains collaborateurs et une partie des paysans, qui purent profiter de la pénurie et de la hausse du prix relatif de la nourriture.

Philippe Pétain, dans sa fameuse allocution radiophonique du 17 juin 1940, avait dit sa confiance dans les agriculteurs : « La terre, elle, ne ment pas. » Son gouvernement promut en effet les valeurs de ceux qui avaient le plus perdu de la crise des années 1930. Il tenta d'encourager le « retour à la terre », en subventionnant l'installation de familles urbaines à la campagne – mais la politique n'était pas significative et moins de 2 000 familles en bénéficièrent. Cependant, ce ne fut pas l'action du maréchal Pétain qui servit la paysannerie mais bien plutôt la paupérisation généralisée du pays et la politique de rationnement. Alors que la nourriture était réquisitionnée par l'occupant, que les conditions de production étaient perturbées, et que le gouvernement tentait de rationner la consommation, les agriculteurs qui étaient prêts à encourir des risques pouvaient vendre leur production à des prix très élevés sur le marché noir et s'enrichir considérablement. Même ceux qui ne le faisaient pas pouvaient garder pour eux une partie de leur production : cette possibilité de manger sa propre nourriture était devenue un luxe.

Vichy et la Résistance : la montée en puissance des technocrates et de l'État

Le gouvernement de Vichy fut une prise du pouvoir par une partie de l'extrême droite française qui tenta dans le malheur de l'Occupation de donner une traduction politique à ses lubies, notamment à son antisémitisme[103] et à sa xénophobie : ainsi, de nombreux naturalisés furent dépossédés rétroactivement de leur nationalité française, voire déportés pour les juifs. Si cet aspect domine à juste titre notre jugement moral sur le gouvernement de Vichy, ces quatre années de gouvernement, du point de vue de l'histoire économique, ne se résument pas à cela. Vichy fut également un nid de technocrates, auxquels furent laissées beaucoup d'initiatives. La mise en congé de toute forme de vie parlementaire donnait au gouvernement dictatorial les coudées franches pour lancer de nouveaux projets qui avaient été gelés dans les dernières années de la Troisième République. Le rationnement rendu nécessaire par la difficile crise alimentaire, l'encouragement des secteurs prioritaires n'étaient qu'une partie de l'activité : l'action fut multiforme et fut, à certains égards, une expérimentation des nouvelles missions de l'État[104]. Le régime laissa un héritage : il y eut, sur le plan technique, une continuité entre Vichy et le gouvernement de la Libération.

Une grande partie des cadres qui avaient travaillé sous Vichy à une distance suffisante du gouvernement ne furent pas renvoyés après la guerre. Anticipant les difficultés économiques de la Libération, ainsi que la nécessité de poursuivre une politique d'encadrement de l'économie et notamment de rationnement, des hommes du Gouvernement provisoire de la République française - qui dirigea la France à la Libération - comme Pierre Mendès France, Jean Monnet ou Paul Giacobbi, avaient voulu limiter les bouleversements. Contrairement aux ministères liés directement à l'occupant, les ministères techniques et économiques furent en grande partie épargnés par l'épuration[105]. Certains hauts fonctionnaires avaient travaillé sous Vichy avant de rejoindre la France résistante plus tard durant le conflit : ainsi, Maurice Couve de Murville, qui rejoignit Alger après l'occupation américaine en 1943, et devint un homme de confiance du général de Gaulle. Même parmi les résistants de l'intérieur, certains avaient travaillé pour Vichy, comme François Mitterrand.

Le personnel administratif avait retiré de l'expérience des années 1930 et de celle de la guerre l'idée que l'État devrait accroître son rôle dans l'économie. La Première Guerre mondiale avait été l'occasion d'exercer un contrôle sur l'appareil productif. Les affaires étaient ensuite revenues à la normale, même si l'État avait grossi après la guerre, si l'on s'en tient à la part de ses dépenses et de ses recettes dans le revenu national. La crise économique convainquit l'opinion et les experts qu'il ne fallait pas laisser l'économie à elle-même. Le comité X-crises, groupe d'anciens polytechniciens qui préconisait une gestion économique plus poussée, faisait partie de cette génération. Les cadres français de Londres s'étaient familiarisés avec les idées keynésiennes et avec les réflexions de William Beveridge qui publia un fameux rapport en 1942 sur l'État social. Ainsi, l'économiste René Courtin, dont le pseudonyme de résistant était Économicus, avait contribué à un *Rapport sur la politique économique après guerre* en 1943. Il soutenait que l'État devait assurer le plein-emploi et jouer un rôle de coussin pour l'économie en cas de crise, en menant des politiques « contracycliques » – ce dernier mot revient plusieurs fois dans le rapport. Les missions nouvelles de l'État devaient inclure le contrôle de l'économie, l'encouragement de la modernisation et une mission sociale élargie.

Ces désirs trouveraient une traduction politique après 1944. La place de l'État dans l'économie (et la société) françaises allait croître considérablement après la Seconde Guerre mondiale. Malgré la coupure nette entre Vichy et le Conseil national de la Résistance, l'expérience de dirigisme économique de 1940-1944 allait en partie informer la politique d'aide française. Pour donner un exemple de continuité, ce fut Vichy qui créa l'école des cadres d'Uriage, qui était en fait la préfiguration de l'École nationale d'administration. Même sur le plan social, certaines orientations furent retenues : le premier régime de retraite par répartition datait de mars 1941. La doctrine du corporatisme ne fut pas retenue comme orientation générale, mais les comités d'organisation qui en étaient issus donneraient des idées pour faciliter le dialogue entre État et branches sectorielles. Le ministère de la production industrielle de 1940 allait former la base du futur ministère de l'Industrie à la Libération.

CHAPITRE 10

Des Trente Glorieuses à nos jours (1944-2022)

En 1979, le journaliste Jean Fourastié a nommé « Trente Glorieuses » les trois décennies qui séparent 1944 de 1974, version économique des Trois Glorieuses de 1830 - la formule a eu un tel succès qu'elle a presque éclipsé la référence initiale aux journées révolutionnaires qui firent chuter Charles X[1]. Cette période de reconstruction et de modernisation, dont les contemporains perçurent très bien la singularité mais aussi la fin, n'a pas usurpé son nom : toutes les variables mesurant le confort de vie matériel étaient en nette hausse, et chacun pouvait constater la transformation du paysage et des habitudes sociales qui en résultaient. L'agriculture fut totalement révolutionnée, avec une diminution de la main-d'œuvre et une augmentation de la production historiques. L'espérance de vie augmenta de presque dix années, et le PIB par habitant fut multiplié par 2,5 entre 1950 et 1974.

Le niveau de vie des ouvriers s'améliora à une vitesse qui ne fut jamais observée auparavant, et qui ne le serait plus à l'avenir : par la seule hausse de la productivité et des salaires, un ouvrier en 1960 pouvait espérer atteindre le même niveau de vie qu'un cadre de son époque en l'espace de trente ans. Pour un ouvrier du début des années 2010, c'était 200 ans[2].

En dépit de ces changements rapides, ces années furent marquées par un certain conservatisme social, suscitant des critiques cinglantes : l'automobile, la grande distribution, les nouveaux équipements ménagers et le spectacle permanent de la télévision auraient abruti et aliéné les travailleurs. La « société de consommation » fut parmi les cibles de la révolte étudiante et du mouvement social de mai 1968. Pourtant, pour l'économiste qui s'en tient aux chiffres reflétant le niveau de vie, comme le salaire ou le revenu par habitant, cette période est une des plus prospères : le confort de vie s'est réellement démocratisé. Alors que la ville du Havre avait été presque rasée par la guerre et que les conditions de vie y étaient devenues indigentes en 1945, l'ouvrier habitant un des immeubles de béton construits par Auguste Perret dans les années 1960 disposait d'un appartement mieux chauffé que le Versailles de Louis XIV.

Certes, la fin du XIXe siècle semblait déjà offrir toutes les innovations qui permettaient d'entrevoir cette nouvelle société, avec le téléphone, le bateau à vapeur, la voiture et les prédictions des ouvrages d'anticipation de Jules Verne. Mais la Belle Époque était demeurée profondément bourgeoise, et les dernières inventions y étaient réservées à quelques dizaines de milliers de privilégiés. Les Trente Glorieuses permirent de les améliorer et de les démocratiser. Les Citroën 2 CV furent moins belles que les pionnières de l'automobile mais beaucoup plus pratiques. Si la Belle Époque fut une période de rêve et de luxe, les Trente Glorieuses furent la période du confort de vie et de la massification : chauffage, électricité et voiture individuelle se généralisèrent.

Avant d'en arriver là, le pays dut traverser des années laborieuses et difficiles, marquées par des crises sociales et une pénurie permanente. Il abandonna temporairement l'idéal de libre-échange et fit le choix d'une économie largement dirigée par l'État jusqu'à la libéralisation des années 1980.

La brève inflation d'après-guerre : une épuration économique ?

La guerre détruisit de larges pans du territoire français, sur un territoire plus vaste que la précédente. Il fallait tout à la fois reconstruire des logements, des usines, les lignes de chemin de fer et résoudre le problème de l'approvisionnement alimentaire. De Gaulle déclarait en 1945 à Paris : « Chaque Français comprend que la Libération ne nous apporte pas du tout, tout de suite, l'aisance matérielle et que nous devrons faire un grand effort de travail, d'organisation, en même temps que de discipline, pour venir à bout de cela[3]. »

Les gouvernements comme les travailleurs s'attelèrent à cette tâche avec entrain. Cinq années après la guerre, en 1950, le niveau de la production nationale par habitant avait dépassé celui de 1929 : le point commun entre les deux guerres mondiales est qu'elles suscitèrent une phase de reconstruction intense et durable, malgré la destruction du capital physique.

Sous le gouvernement de Vichy, il n'y eut pas de défaut sur la dette publique, si l'on excepte les spoliations tragiques que subirent les Juifs. À sa suite, la France Libre mit un point d'honneur à ce que les financements britanniques de son activité fussent accordés sous la forme de prêts que rembourserait la France libérée, et non sous forme de dons[4]. En vérité, ceci ne changerait pas grand-chose, car l'inflation de l'après-guerre consumerait toutes les dettes. Dès la Libération, le gouvernement s'était aperçu des fortes pressions sur les prix. Pierre Mendès France, ministre de l'Économie nationale entre 1944 et 1945, avait proposé en 1945 un plan de rigueur de nature à réduire l'inflation, mais son projet fut refusé par le général de Gaulle, qui craignait d'asphyxier l'économie. Entre le début de 1945 et le début de 1950, les prix furent multipliés par plus de six[5]. Cette forte inflation, si elle accentua les tensions sociales, permit de financer les nationalisations sans dette publique supplémentaire : l'État put ainsi récupérer presque gratuitement la moitié de la capitalisation boursière cotée à Paris[6]. Ce fut, comme avec l'inflation d'après 1918, l'occasion d'un grand jubilé qui ne dit pas son nom.

Si l'inflation résolvait le problème de la dette, elle réduisait les entrées fiscales[7] et entrait en contradiction avec la politique d'encouragement de l'épargne. L'objectif que se donnaient le gouvernement et les hauts fonctionnaires, qui suivaient la doctrine exprimée par le commissaire général au plan Jean Monnet en 1946, était de rebâtir le capital physique et les biens d'équipements détruits pendant la guerre. La méthode était théoriquement simple : il fallait contraindre la consommation de biens par les ménages et augmenter le taux d'épargne nationale, pour que la production servît essentiellement à la construction de biens d'équipement[8]. Parmi les objectifs figurait notamment la reconstruction des logements, dont 5 millions avaient été détruits en 1945 - mais le plan, soucieux d'augmenter la capacité productive du pays avant tout, donnait la priorité aux bâtiments industriels.

L'inflation permettait à l'État et aux débiteurs d'effacer leurs dettes, mais réduisait l'intérêt de l'épargne pour les ménages et les entreprises, ce qui obligeait le gouvernement à restreindre encore davantage la consommation. Elle posait donc un problème pour le financement à long terme de l'investissement productif, si elle persistait.

Elle risquait notamment d'entraîner une dévaluation permanente du franc vis-à-vis du dollar. Si certains cadres de l'État étaient moins réticents à l'idée de dévaluer que par le passé, ayant tiré les leçons des années 1930 et des débats économiques anglo-saxons, ils n'avaient pas pour autant abandonné l'objectif de donner à la monnaie une valeur stable.

La hausse des prix de 1945-1950 s'était produite malgré eux - le plan de restriction de Mendès France avait eu leur faveur. La source de cette inflation avait été le conflit entre la politique d'épargne du gouvernement, qui souhaitait contrôler les prix, et les revendications salariales des ouvriers, dont l'influence politique et sociale avait atteint un apogée.

Après une guerre douloureuse qui suivait la dépression des années 1930, et avec un parti communiste ouvrier très puissant, les salariés industriels n'acceptaient pas facilement les sacrifices qui leur étaient demandés. De plus, les conditions de logement étaient exécrables. En 1954, un hiver très rude fit souffrir tous les mal-logés, dont plusieurs moururent de froid. L'abbé Pierre, ancien résistant et ancien député, qui dédiait sa vie à l'aumône, fit un vibrant appel qui suscita de nombreux dons et la création de « cités d'urgence », logements temporaires bâtis à la hâte dans les banlieues de nombreuses villes. La crise de l'hiver de 1954 donnait une idée des terribles conditions dans lesquelles vivaient beaucoup de Français, et ce alors que la situation macroéconomique s'était sensiblement améliorée par rapport à celle de 1945. Des familles habitaient des maisons aux toits et fenêtres détruits, des bâtiments éventrés étaient encore utilisés ; l'électricité manquait dans plusieurs quartiers de Paris.

Cette crise du logement fit partie des causes de plusieurs des grands mouvements sociaux de l'après-guerre : 3 millions d'ouvriers firent grève en 1947. Les hausses de salaires ne pouvaient être refusées moralement, mais, dans une économie en tension où les organismes de l'État finançaient les investissements, elles se traduisaient en inflation. C'était le résultat d'un conflit entre les salariés capables de bloquer l'économie, d'une part, et un État qui voulait forcer l'économie à reconstruire son équipement à marche accélérée, d'autre part. L'État, et non le patronat, était le véritable interlocuteur des grévistes pour plusieurs raisons : il décidait directement du niveau des prix et avait nationalisé une grande partie de l'industrie.

En réalité, l'inflation donnait quelque part gain de cause à l'État, en réduisant le coût de la dette publique[9]. Elle permettait également une forme de redistribution sociale, en augmentant l'effort supporté par les Français les plus riches, qui détenaient des encaisses monétaires et voyaient leur valeur dépréciée.

La situation provoquait cependant le mécontentement de toutes les classes sociales. De plus, l'inflation forçait le gouvernement à recourir toujours davantage à des mesures de contrôle des capitaux et de l'épargne pour continuer la reconstruction, car elle incitait chacun à dépenser aussi vite que possible ses revenus.

Après plusieurs années difficiles, elle fut maîtrisée, grâce à plusieurs mesures fortes, comme la fixation des prix ou le rationnement, qui persista jusqu'en 1949. En 1953, elle n'était plus que de 1 %[10].

Pendant plusieurs décennies, l'inflation cessa d'être problématique : le taux annuel moyen entre la stabilisation de 1953 et 1970 fut de 4,2 % par an, contre 2,2 % aux États-Unis et 3,5 % en Angleterre. Si les prix allaient continuer de demeurer plus instables en France qu'aux États-Unis, c'était surtout à cause des périodes de crise monétaire de 1958 et 1968. Contrairement aux États-Unis et même à l'Angleterre, la France connut une guerre de décolonisation particulièrement douloureuse en Algérie, qui eut des répercussions inflationnistes. On peut créditer la Banque de France et les gouvernements successifs d'une politique efficace, qui permit de limiter les effets de cette crise[11].

Les politiques de stabilisation de l'inflation étaient fort différentes de celles d'aujourd'hui. Pour maintenir le taux de change fixe avec le dollar, la Banque de France ne modifiait que rarement ses taux d'intérêt, alors qu'il s'agit du principal outil des banques centrales d'aujourd'hui[12]. Elle agissait en revanche directement sur l'allocation des crédits[13] : la direction de larges pans de l'économie par l'État donnait à ce dernier de nombreux moyens de contrôler la demande.

L'État-providence

Le poids de l'État dans l'économie augmenta sensiblement au lendemain de la Seconde Guerre mondiale. C'était en réalité la poursuite d'une tendance qui s'était déjà manifestée après 1918. La part du budget de l'État dans l'économie augmenta tout au long du XXᵉ siècle et franchit un palier après la Seconde Guerre mondiale. Alors que l'État prélevait moins de 15 % de la production avant 1940, ce chiffre dépasserait 20 % quasi systématiquement par la suite (voir Figure 10.1).

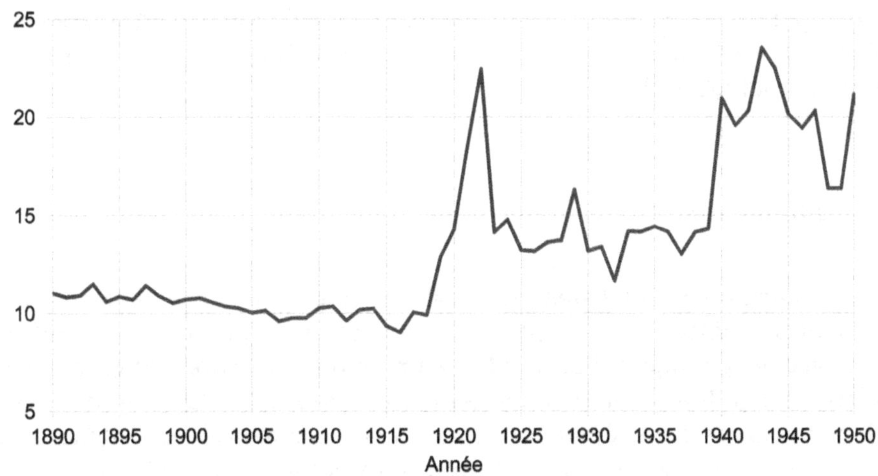

Figure 10.1. Recettes publiques totales divisées par le PIB entre 1890 et 1952. Source : Pierre Villa, « Une histoire macroéconomique de la France au XXᵉ siècle », *Cahiers du séminaire d'économétrie*, CNRS, 1993.

L'un des principaux facteurs de cette évolution fut la mise en place de l'« État-providence ». Elle se structura d'abord avec l'œuvre du Conseil national de la Résistance, qui créa la sécurité sociale pour tous[14], avec le ministre du Travail communiste Ambroise Croizat en 1945. La naissance des politiques sociales répondait aux nouveaux besoins de la société ainsi qu'à son sentiment de justice, clairement plus aiguisé qu'au XIXe siècle. Elles étaient l'aboutissement des idées sociales qui avaient mobilisé la réflexion d'une partie réformiste de l'élite depuis la crise de 1929. L'influence anglaise joua également un grand rôle : une partie des mesures était inspirée du rapport Beveridge de 1942, et l'État social français eut beaucoup de ressemblances avec celui qui s'édifiait de l'autre côté de la Manche[15].

Cet État-providence était d'abord plus riche et plus puissant. Ses « prélèvements obligatoires » allaient augmenter : tout d'abord du fait de la croissance, puis avec l'invention de la taxe sur la valeur ajoutée (TVA), en 1954, ingénieux impôt sur les ventes, dont le mécanisme fut largement repris à l'étranger[16].

L'époque vit également le développement des « cotisations sociales », reversées sous forme de retraites et de prise en charge des dépenses de santé, puis en indemnités chômage à partir de 1958. Elles n'étaient alors pas réellement à la disposition de l'État, puisqu'elles relevaient de la gestion paritaire, avec une majorité de représentants élus des cotisants salariés au sein des instances de gouvernance. Néanmoins, ce nouveau financement assuranciel étendait le domaine de contrôle public, à l'instar des règles fixées par l'assurance-maladie en matière de régulation de l'offre de soins. Elles définissaient notamment la répartition des rôles entre praticiens libéraux et hôpitaux publics.

L'économie mixte

Cependant, l'accroissement du poids de l'État à cette époque allait nettement plus loin que la simple augmentation de la part des dépenses et des recettes publiques dans le PIB : comme d'autres pays d'Europe et les États-Unis, la France adopta une économie « mixte », clairement dirigiste, dont plusieurs caractéristiques paraîtraient inconcevables aujourd'hui. Le Commissariat général au Plan fixait les priorités industrielles de l'État, allouait les quotas d'importations, déterminait où et comment devaient être produits acier, énergie, transports, machines, bâtiments, équipements agricoles. Il pouvait par exemple prendre la décision de retarder la reprise de l'industrie textile en l'empêchant de se procurer les équipements dont elle avait besoin. Certains secteurs se virent accorder une priorité par les organismes de crédit, qui avaient été nationalisés. Le Trésor finança davantage encore que les banques les investissements productifs. Les propriétaires des entreprises privées qui ne furent pas nationalisées subissaient un niveau de taxation élevé. L'impôt sur les sociétés fut créé en 1948 et taxait 50 % des profits jusqu'en 1985[17]. Cet impôt était le premier à viser les profits en France – si l'on exclut l'impôt sur les profits de guerre exceptionnels de 1916 – et il avait un taux extrêmement élevé, ce qui en faisait une coupure supplémentaire avec les pratiques de l'avant-guerre.

Ces mesures n'étaient pas seulement exceptionnelles du point de vue de nos standards contemporains : elles l'étaient au regard des traditions passées du pays, ou de l'enseignement libéral de l'École libre des sciences politiques qui avait formé une grande partie de l'élite politique du pays depuis 1871. Elles répondaient à l'« ardente obligation » qu'imposait la situation matérielle désastreuse de 1945.

L'administration s'était donné comme objectif initial de rebâtir le pays par ces méthodes dirigistes avant de revenir peut-être au libre-échange du monde d'avant. L'économie conserva cependant son caractère mixte pendant plusieurs décennies, alors même que le Plan n'avait pas été pensé pour durer, mais pour résoudre des problèmes critiques au milieu de la confusion (bâtiments qui manquent, difficultés de l'agriculture, pénurie généralisée, etc.). Cependant, dans les années critiques entre 1945 et 1948, un sourd combat se joua dans l'administration française. Il fut décidé que la politique exceptionnelle continuerait tant que la France ne se serait pas *modernisée* : la reconstruction ne suffisait pas.

En effet, même si la France dépassait dès 1950 son pic de production d'avant guerre, elle était toujours en retard : la supériorité technique des États-Unis était devenue éclatante. Charles de Gaulle, contemplant New York du haut d'un gratte-ciel lors d'une visite diplomatique de 1945, s'était étonné du nombre de voitures : « Ce pays n'a pas construit une seule voiture pendant trois ans, et maintenant les rues en sont pleines[18]. » Ce constat, partagé également par Jean Monnet – malgré l'inimitié notoire entre les deux hommes –, allait pousser la France dans une politique de modernisation de son économie. Il y eut une nouvelle génération de fonctionnaires compétents, versés dans la science économique, se sentant capables de prendre des décisions industrielles et financières. Elle s'était dotée d'une école d'administration généraliste, qui donnait une formation juridique et économique commune à tous les hauts fonctionnaires, depuis les préfectures jusqu'au Trésor : c'était l'École nationale d'administration (ENA).

L'administration n'était pas unanime sur la direction à donner : notamment, les techniciens du ministère de l'Économie étaient réservés sur le Plan. Une poignée de « modernisateurs » - le commissaire général au Plan Jean Monnet, son adjoint Robert Marjolin ou le directeur du Trésor François Bloch-Lainé - avaient emporté la décision. Ces trois hommes et leurs émules occupèrent des postes clés dans l'administration financière et les cabinets ministériels du pays par la suite. Bloch-Lainé dirigea après 1952 la Caisse des dépôts et consignations. Monnet et Marjolin continuèrent d'influencer la politique économique après leur départ du Commissariat au Plan par leur rôle dans les institutions européennes.

On pourrait croire que ces hommes étaient de tendance socialiste ; les organisateurs du plan étaient pourtant parmi les plus libéraux et anglophiles qui existassent dans l'administration française. Comment expliquer ce revirement de la haute administration française ? La perspective d'ajouter de brillants postes de directeurs d'entreprises publiques aux carrières ouvertes dans l'État joua peut-être un rôle[19]. Ces hommes croyaient que leur tâche prendrait fin rapidement : sorte de politique de l'industrie naissante appliquée à l'échelle du pays entier, le Plan se donnait comme fin de libéraliser l'économie à long terme, une fois que la France serait devenue une grande nation moderne, une fois qu'elle aurait été « restaurée »[20].

Des économistes relevaient en 1972 que « la stimulation de la concurrence et la restauration d'une économie de marché apparaissent à travers les différents Plans comme une des préoccupations majeures de la planification française » : une fois que la nation serait devenue suffisamment moderne, le marché serait restauré[21]. C'est le grand paradoxe français de l'après-guerre : des libéraux organisèrent le fonctionnement d'une économie dirigiste, mais il fallut des socialistes dans les années 1980 pour relâcher les leviers par lesquels l'État dictait son rythme et ses règles à l'économie française.

Le plan Marshall

En 1947, dans un discours à l'université Harvard, le secrétaire d'État George Marshall proposa d'accorder une aide qui permettrait aux Européens de « lutter contre la faim et la misère » - et, incidemment, contre le communisme qui avait obtenu de bons résultats électoraux en France ainsi qu'en Italie. Pour les États-Unis, l'objectif politique se combinait avec un impératif économique : les pays européens ne pouvaient plus importer de biens américains, ce qui pénalisait l'industrie des biens d'équipement, qui avait « saturé » son marché domestique.

Le plan donna la prépondérance, à l'intérieur de l'État, aux modernisateurs qui voulaient stabiliser l'économie. En effet, pour pouvoir prétendre à ces dons[22], il fallait montrer la disposition du gouvernement à utiliser l'argent convenablement. Pour paraître aux yeux des Américains une bénéficiaire crédible, la France devrait notamment lutter contre l'inflation, et abandonner les contrôles les plus stricts associés au rationnement.

Le plan Marshall avait été accordé en partie parce que les marchés des capitaux étaient inefficaces : les États d'Europe de l'Ouest en pleine reconstruction étaient pauvres, n'avaient presque plus de réserves en or, exportaient peu, et leurs marchés des changes étaient strictement contrôlés. Ils manquaient de dollars et ne pouvaient pas emprunter des réserves pour importer des marchandises américaines, comme l'aurait voulu la logique économique. Les dons du plan résolurent ce problème. De plus, l'aide permit de redoter l'Europe d'une flotte marchande. Celle-ci complèterait le plan, en permettant à terme d'importer les marchandises américaines sous pavillon français (ou allemand). Les dollars et les *liberty ships*, les bateaux cargo du plan Marshall, allaient rétablir les relations commerciales que la guerre et la pauvreté avaient mises à mal[23].

Le plan Marshall consistait en un don[24] en dollars qui fut versé entre 1948 et 1951, complété par un prêt de moindre ampleur. C'était un peu moins de 10 % du PIB des pays concernés, ou 2 % par an[25]. La France en fut une des principales bénéficiaires, après le Royaume-Uni, mais avant l'Italie et l'Allemagne de l'Ouest[26]. La principale condition de ce transfert financier était qu'un montant équivalent devait être utilisé en achat d'importations américaines. Les Français tinrent leur engagement, et les commandes de biens américains représentaient en effet plus de 2 % du revenu national entre 1948 et 1952[27]. Il n'y eut pas besoin de contrepartie dans les exportations françaises aux États-Unis.

Les premières arrivées d'équipements et de denrées américains, malgré les avertissements des communistes contre la colonisation de l'Europe par les États-Unis, furent accueillies en grande pompe dans les ports par le ministre de l'Agriculture et les médias : des milliers de tracteurs permirent à la France ainsi qu'à une bonne partie de l'Europe d'accélérer les progrès de l'agriculture. Des machines, qui étaient les plus performantes du monde, permirent de remettre en état de marche la sidérurgie, l'extraction minière de potasse, le raffinage de pétrole et les centrales électriques[28].

Le rationnement, la mesure la plus impopulaire de Vichy, qu'avaient dû maintenir le Gouvernement provisoire puis la Quatrième République à cause de la pénurie, allait prendre fin grâce au plan. Les dernières restrictions sur l'essence, le café et le sucre furent levées en décembre 1949. L'aide avait permis une reprise de l'activité agricole, mais elle avait également incité à remettre en marche le « signal-prix » bloqué par ces politiques. La reprise du commerce avait montré l'importance de la stabilité des prix et des marchés de change fonctionnels, à une époque où les mesures bureaucratiques de restriction des importations et le plafonnement des taux de change bloquaient les échanges. Surtout, les pressions américaines de l'*Economic Cooperation Administration* (ECA), qui accordait les aides, poussaient le gouvernement français à libéraliser son économie. Cette influence permit à l'économie mixte française d'abandonner ses aspects les plus inefficaces, ce en quoi certains économistes lui font crédit[29]. Le contrôle sur les prix et les transactions commerciales se relâchait, même si l'État allait garder la main sur la structure de financement et les investissements : la politique de modernisation ne faisait que commencer.

Une évolution similaire se produisit dans les autres pays d'Europe de l'Ouest, facilitant la coopération économique et l'avènement futur de la Communauté européenne du charbon et de l'acier (CECA). La CECA fut fondée par le traité de Paris à la fin du plan Marshall, en 1951, et préfigurait la future Communauté économique européenne, qui allait naître en 1957 avec le traité de Rome. Elle réunissait l'Allemagne, l'Italie, les pays du Benelux et la France. Le parrainage des États-Unis avait ainsi marqué les débuts de la coopération économique.

La fin des paysans[30]

L'agriculture fut un des secteurs les plus radicalement transformés par le plan Marshall. Réceptrice de nouveaux engins, elle fut bénéficiaire – ou victime – de la modernisation. Dans une célèbre chanson de 1964, *La Montagne*, Jean Ferrat décrivait l'exode rural le plus rapide de l'histoire de la nation :

> Ils quittent un à un le pays
> Pour s'en aller gagner leur vie
> Loin de la terre où ils sont nés.
> Depuis longtemps, ils en rêvaient,
> De la ville et de ses secrets,
> du formica et du ciné.
> [...]

Ils avaient tous l'âme bien née,
Noueuse comme un pied de vigne.
Les vignes, elles courent dans la forêt,
Le vin ne sera plus tiré, c'était une horrible piquette.

Naguère nation agricole, attardée dans la vigne et la petite propriété, la France avait vécu protégée depuis plus de cinquante ans par son tarif agricole, hérité de Jules Méline. Les salaires n'avaient pas évolué, demeurant assez faibles dans l'entre-deux-guerres, en particulier dans les années 1930, qui furent très mauvaises pour le secteur. De ce fait, il n'y avait pas eu d'incitation pour les exploitants à mécaniser l'agriculture, ni à acheter de tracteurs. De plus, les parcelles, généralement de taille réduite, ne permettaient pas de rentabiliser des investissements dans des machines autant que dans les vastes exploitations américaines. Ce fut en réalité une occasion ratée pour l'économie, qui aurait pu bénéficier du savoir-faire des grands constructeurs automobiles, qui avaient débuté leur production dès 1918. Après 1945, et la confiscation du bétail pendant la Seconde Guerre mondiale, qui réduisait le nombre de têtes disponibles pour les travaux des champs, la mécanisation devenait plus rentable, en particulier sous l'effet de la hausse des salaires agricoles. S'ajoutèrent les progrès des engrais de synthèse, qui finirent d'accélérer le remplacement de l'animal de trait par des outils puissants, polyvalents et rapides.

L'équipement de l'agriculture faisait partie des priorités de l'industrialisation définie par le Plan, après la réception du plan Marshall. Les différents organismes de crédit dirigés par l'État eurent pour objectif de favoriser la diffusion des tracteurs dans les campagnes. Ces machines réduisaient aussi les heures travaillées dans les champs. De nombreux agriculteurs allaient ainsi devoir changer de profession et venir travailler en ville, dans l'industrie ou dans les nouveaux services.

La réussite se mesurait ici en baisse du nombre d'emplois. Toujours plus de 5 millions au lendemain de la guerre, où ils occupaient un tiers des emplois, les agriculteurs indépendants ou salariés étaient à peine plus de 2 millions en 1970, et moins de 1,5 million en 1980 – alors que la population générale augmentait. L'agriculture ne serait plus un secteur « retardataire » : alors qu'elle était 50 % moins productive que l'ensemble de l'économie au lendemain de la guerre, l'agriculture n'aurait presque plus de retard de productivité dans les années 1980[31].

Ce progrès ne signifie pas que la France abandonna la production agricole pour importer davantage de nourriture, comme l'Angleterre avait pu le faire dans les années 1840. Elle compensa la réduction du nombre d'agriculteurs en devenant plus productive : la productivité agricole (mesurée en volume) se multiplia par trois entre 1950 et 1970[32]. La productivité croissait plus vite que ne diminuait l'emploi agricole, si bien que le secteur produisait deux fois plus dans les années 1980 que dans l'avant-guerre. La population avait augmenté de moins de 40 % dans le même temps : la France devint ainsi, pour plusieurs décennies, une exportatrice agricole nette, ce qui ne serait pas sans conséquences sur sa politique commerciale.

Cette modernisation mettait fin à un certain mode de vie. Un essai du sociologue Pierre Bourdieu, *Le Bal des célibataires*, dépeignait la triste condition des hommes gascons restés dans le Béarn malgré l'exode rural. Souvent condamnés au célibat, ils demeuraient seuls et patauds dans ces villages ou lieux-dits où ne vivaient plus de femmes qu'ils pussent épouser : certains agriculteurs, plutôt que de partir en ville, disparurent du champ productif en n'ayant pas de descendance. Cette fin des paysans était la condition nécessaire de la croissance économique et de l'efficacité productive : avec une pression salariale à la hausse, des progrès spectaculaires de la mécanique et de la chimie, l'agriculture des petites exploitations n'était plus rentable, sauf pour certaines cultures luxueuses. Pour avoir été plus tardif que dans beaucoup d'autres pays développés, l'exode rural fut sans doute plus rapide.

Le gouvernement français, qui avait lancé ce mouvement par sa planification des années 1940 et 1950, tâcha cependant de conserver son autosuffisance alimentaire en maintenant la production agricole, ce qui permit d'atténuer la crise sociale qui frappait le secteur. À cette fin, il offrit des garanties financières aux agriculteurs lourdement endettés du fait de leur nouvel équipement.

Surtout, les agriculteurs bénéficièrent de la création de la Communauté économique européenne (CEE). Le traité de Rome de 1957 prévoyait la mise en place dès 1959 d'une politique agricole commune, avantageuse surtout pour le principal pays producteur de la CEE : la France. De Gaulle, hostile au traité avant de revenir au pouvoir en 1958, ne le remit plus en cause après cette date, comprenant l'intérêt qu'y trouvaient les producteurs[33]. De même, le Général refusa l'entrée de l'Angleterre dans la CEE pour deux raisons : sur le plan politique, il ne voulait pas laisser un « satellite américain » entrer dans une communauté qu'il voulait émancipée des États-Unis ; sur le plan économique, il craignait la concurrence agricole du Commonwealth à l'intérieur du marché commun. L'entrée de l'Angleterre aurait en effet impliqué une baisse des taxes à l'importation imposées à l'ancien empire britannique[34]. Plus tard, la règle de l'unanimité obtenue par de Gaulle en 1966 permettrait à la France, qui demeurerait attachée à la politique agricole commune, d'obtenir la continuation de la subvention agricole par l'Europe[35]. Pierre Bérégovoy,

Premier ministre en 1992, s'opposerait ainsi à l'intégration de l'agriculture dans les négociations du *General Agreement on Tariffs and Trade* (le GATT, ancêtre de l'Organisation mondiale du commerce).

De nos jours, la production agricole est très proche des besoins alimentaires de la nation. L'excédent qu'a connu la France dans les décennies qui ont suivi la guerre aura probablement été une parenthèse historique, qui a résulté de la double conjonction de la modernisation du secteur et de la persistance d'une politique de subvention. Le drame social et culturel qu'aurait pu représenter la fin des paysans a été amorti par la politique économique européenne, mais il en est toujours resté une forme de nostalgie qu'illustrent le succès du salon de l'agriculture chaque année à Paris et, de manière plus profonde, la singularité des agriculteurs dans le paysage politico-économique.

Le financement : l'État et la Bourse

L'État nationalisa la Banque de France – même si cette dernière avait déjà fait l'objet d'une réforme réduisant le pouvoir de ses actionnaires en 1936 – ainsi que l'ensemble des banques de dépôt et des organismes de crédit par une loi du 2 décembre 1945. Une certaine méfiance régnait à l'égard du secteur financier, à cause du souvenir des conséquences du krach de 1929.

Maître de l'ensemble du crédit en France, l'État pouvait orienter à sa guise l'épargne nationale. À l'intérieur du complexe ensemble du crédit public, les banques nationalisées jouaient en fait un rôle mineur. Tout d'abord, elles étaient, nous l'avons vu, largement dirigées par la Banque de France[36]. Cette dernière plafonnait les volumes de crédit de chaque banque[37], contrôlait les volumes prêtés ainsi que les secteurs bénéficiaires.

Les banques n'assuraient même pas la majorité des crédits : le Trésor accordait presque autant de prêts qu'elles jusque dans les années 1960[38]. De plus, les prêts des banques jouaient un rôle clairement moins important et stratégique que ceux de l'État. Elles se spécialisaient dans le crédit de court terme. Un travail récent de recherche a établi que ces crédits bancaires, contrairement à ceux alloués directement par l'État, comblaient des besoins de liquidités des entreprises et ne financèrent pas l'accumulation de machines : les crédits réellement destinés à l'investissement productif étaient en fait ceux directement accordés par l'État[39]. Sans réelles incitations à bien placer leurs fonds, les banques ne connurent pas des jours heureux et virent leur situation financière se dégrader dans les années 1970.

Le financement par les marchés financiers s'était considérablement réduit après la guerre : c'était naturel après les nationalisations. Le gouvernement gaulliste, sous l'inspiration des ministres libéraux comme Georges Pompidou et Valéry Giscard d'Estaing, assouplit les conditions d'émission boursière, à une époque où il voulait accroître le rôle du financement privé et faire diminuer celui de l'État progressivement. C'était également l'occasion de promouvoir la concentration industrielle française sur les marchés.

Les fusions-acquisitions avaient la bénédiction du gouvernement, qui annonça en 1964 vouloir « créer, par voie de concentration, des groupes à capitaux français de taille internationale, et [...] les doter de moyens propres suffisants pour affronter la concurrence là où elle se porte, pour investir à l'étranger [...], et avoir la possibilité de négocier des accords, dans un cadre plus large, avec des entreprises étrangères[40] ». Les procédures des offres publiques d'achat (OPA) et d'échange (OPE)[41] avaient été, dans cet esprit, considérablement simplifiées par une loi de 1966 : le gouvernement voulait favoriser la concentration industrielle en même temps que l'activité des marchés boursiers, sur la partie internationale et industrielle de l'économie à laquelle serait laissé davantage de champ.

La Bourse de Paris connut alors une nouvelle dynamique, avec une première vague de fusions-acquisitions d'entreprises cotées en France. Étant donné la faiblesse des banques, les marchés financiers allaient devenir la principale source de financement privé pour les entreprises, avec l'autofinancement. Saint-Gobain est un bon exemple de l'évolution de ces marchés boursiers : dans les années 1950 et 1960, l'ancienne manufacture des glaces avait fait appel aux investisseurs parisiens[42]. Les grandes familles propriétaires du groupe complétèrent ses besoins en lui accordant une grande partie de son financement. À la fin des années 1960, Saint-Gobain fit l'expérience des pressions qui poussaient alors les entreprises françaises à la concentration industrielle, et fut l'objet en 1968 de la première offre publique d'échange (OPE) hostile en France, de la part de BSN, futur Danone[43]. Les cadres de Saint-Gobain se rendirent compte avec étonnement que le gouvernement, officiellement « neutre » sur le dossier, n'était en réalité pas défavorable à cette opération. Le ministre des Finances de l'époque, François-Xavier Ortoli, déclarait ainsi : « Tout ce qui permettra de donner à la Bourse, dans des conditions satisfaisantes, l'animation qui est nécessaire et qui lui permettra de jouer son rôle, me paraît bon. » Refusant l'opération, Saint-Gobain lutta pour maintenir son cours d'action, lors de cet épisode largement médiatisé. Peu de temps après, Saint-Gobain, en accord avec ce désir de concentration industrielle exprimé par le gouvernement, fusionna avec le groupe sidérurgique Pont-à-Mousson, spécialisé dans les canalisations.

En dépit de cette animation nouvelle, la Bourse ne représentait que 14 % de l'investissement productif français dans les années 1960 – et son rôle ne fit que décroître jusque dans les années 1980[44]. En effet, la Bourse souffrit largement de la crise des années 1970, au point que, avant 1981, elle était perçue comme un vestige du capitalisme du XIXe siècle. Malgré les espérances qu'avaient placées en elle Pompidou ou Giscard d'Estaing, la Bourse n'était pas essentielle dans l'économie française avant les années 1980 et les grandes entreprises boursières constituaient une exception dans le paysage économique français. Elle ne remit pas en cause le rôle de l'État dans l'allocation des crédits.

C'est dans la politique du crédit que l'État mit le plus de temps à renoncer au dirigisme. Pourtant, elle avait suscité des critiques vocales, comme celle du libéral Jacques Rueff. De toutes les mesures qu'il prépara pour le ministre des Finances Antoine Pinay en 1958, seules celles portant sur la libéralisation du crédit ne furent pas adoptées. Les hommes politiques et les hauts fonctionnaires continuaient de penser qu'il fallait orienter le crédit pour poursuivre la modernisation. Une loi de 1973 sur le statut de la Banque de France réaffirmait son rôle dans le contrôle du crédit, comme outil gouvernemental[45].

Cette politique dirigiste ne prit fin qu'en 1984, quand le gouvernement socialiste libéra le marché du crédit et autorisa les banques à prêter sans contrôle de la Banque de France[46]. Il n'y a pas de preuve que le crédit ainsi dirigé ait été complètement inefficace jusque dans les années 1970[47] : par exemple, les investissements allaient en priorité vers les secteurs moins capitalisés de l'économie, ce qui correspond à peu près à ce que l'on attendrait de marchés efficaces[48]. Cela changea néanmoins dans les années 1970, lorsque la crise vint fragiliser de nombreuses institutions publiques et privées, surendettées en 1981.

La politique industrielle gaullienne : la recherche de la « grandeur » économique

La politique de crédit n'était pas la seule entorse au libéralisme des années 1950 et 1960 : le gouvernement subventionna également de grands projets qui reflétaient ses grandes ambitions. Après une phase de croissance rapide dans les années 1960, la France atteignait un stade où il ne suffisait plus de rebâtir à l'identique une maison détruite, de bâtir une barre d'immeubles ou de répliquer une technologie américaine pour progresser. Il lui fallait construire quelque chose de neuf, adapté à son nouveau train de vie. À ce moment-là, les investissements de modernisation devenaient plus difficiles à orienter. L'État tenta alors de laisser davantage de place aux banques et au financement privé, et de consacrer son énergie à deux types de projets : les infrastructures des nouveaux services d'une part, et les grands projets industriels dans les secteurs où les compagnies françaises semblaient trop faibles - informatique, aviation, télécommunications ou encore énergie.

Signe des temps et du fait que l'immense misère de l'hiver 1954 paraissait lointaine, l'État avait commencé à investir dans des stations balnéaires, pour accompagner l'émergence du tourisme de masse : les plus notables projets étaient la station de ski de Tignes[49] ou l'artificialisation des marécages de la Grande Motte en Camargue. Charles de Gaulle lui-même inaugura cet ensemble de logements pyramidal pour se féliciter que la France prenne sa part dans cette « civilisation moderne » dont « le tourisme, le loisir sont une part très importante ».

Cette intervention de l'État était-elle justifiée ? Pour le cas de la Camargue, les pyramides qui logeraient les vacanciers servaient plusieurs objectifs que des promoteurs privés n'eussent sans doute pas recherchés. Elles formaient un tout cohérent, où la végétation et les jardins abrités au milieu du complexe pouvaient être préservés des vents rudes. Elles permettaient également d'éviter l'étalement de pavillons urbains, et de protéger le littoral dont la préservation faisait la valeur du tourisme : il y avait bien une « externalité » justifiant l'intervention publique. Pour Tignes, l'État pouvait exproprier plus facilement les propriétaires récalcitrants à la fabrication de pistes de ski - et le projet était immense, peut-être trop risqué pour des groupes frileux[50]. Ces grandes stations balnéaires, malgré leur succès, faisaient partie des projets qui suscitaient le plus de doutes dans une partie de l'opinion : ils entraînaient la suspicion que l'État voulait encadrer les modes de vie des Français jusque dans leurs loisirs.

Les infrastructures publiques à proprement parler étaient un pari plus sûr et suscitaient moins de doutes sur leur utilité. Un de ces grands projets de modernisation fut la délocalisation des Halles à Rungis dans les années 1960 : elle permit de décongestionner Paris et de moderniser l'approvisionnement de la capitale - qui constituait un sujet délicat depuis plusieurs siècles. Cette décision était littéralement hors sol, l'emplacement de Rungis ayant été déterminé du haut d'un hélicoptère par le ministre de l'Aménagement du territoire, Olivier Guichard[51]. Il s'agissait d'une époque où la haute administration, peuplée d'ingénieurs des Mines ou des Ponts, de généralistes au fait de l'économie, n'hésitait pas à prendre des décisions techniques.

En plus de ces nouvelles infrastructures, l'État investit directement dans des grands projets industriels.

Le Concorde fait partie des plus fameux. Cette coopération franco-anglaise, lancée sous de Gaulle, répondait à une crise du groupe français Sud-Aviation, qui menaçait de faire faillite : le projet du Concorde permit de le maintenir à flot. Il consistait à utiliser le savoir-faire des industriels des deux pays pour fabriquer un avion commercial capable d'atteindre une vitesse supérieure à celle du son.

Terminé après plus de dix ans de préparation et en retard de plusieurs années, ce chef-d'œuvre d'ingénierie, capable de voler de Paris ou Londres à New York en trois heures et demie, ne serait cependant pas rentable. En effet, sa vitesse très élevée lui faisait consommer beaucoup plus d'essence qu'un avion traditionnel. Ce défaut n'était pas inquiétant au moment de sa conception, quand les prix du pétrole étaient bas : des commandes venues du monde entier semblaient lui promettre de belles ventes. La situation se modifia après la crise pétrolière de 1973, à la suite de laquelle plus des deux tiers des commandes initialement prévues furent annulées. Le Concorde ne fut vendu qu'à vingt exemplaires, à Air France et British Airways, et son exploitation commerciale fut à peu près rentable pour ces deux compagnies aériennes[52]. Il ne le fut cependant pas pour les industriels et les États. Sans la crise pétrolière, le Concorde aurait peut-être été rentable, mais l'échec commercial est indéniable.

C'est du point de vue symbolique, pour sa dimension affective, que le Concorde, sur lequel existent de nombreux documentaires et livres-photos nostalgiques, fut un triomphe.

D'un point de vue économique, le projet eut cependant plusieurs conséquences positives : cette commande permit d'éviter un douloureux licenciement de personnel spécialisé pour Sud-Aviation – lequel révèlerait ensuite son potentiel. Cette réussite technique, à défaut de générer des profits, permit surtout d'accumuler le savoir-faire qui ferait plus tard le succès des avions européens. Dans les années 1970, Sud-Aviation fusionnait avec Nord-Aviation pour devenir l'Aérospatiale, futur Airbus : ce nouveau groupe européen allait mettre fin au monopole qu'exerçait Boeing. Airbus illustre une autre conséquence inattendue de la politique industrielle : en mettant fin au monopole de Boeing, le groupe fit diminuer le coût d'acquisition des avions, ce qui bénéficia à tous les pays du monde – en dehors des États-Unis, dont le monopole était contesté. Les nouveaux avions d'Airbus (A300 en 1972, A310 en 1982, A320 en 1987, etc.) permirent également d'étendre la variété des modèles pour les vols commerciaux[53]. Enfin, plusieurs des innovations techniques que le Concorde avait été le premier à incorporer, comme les commandes de vol électriques ou le pilote automatique, seraient reprises par tous les fabricants par la suite.

L'échec du Concorde permit en partie le succès d'Airbus. Il est trompeur de juger la valeur de la politique industrielle au seul regard de ses échecs de l'époque. C'est le principe du capitalisme et du *venture capital* que de nombreuses compagnies s'effondrent pour laisser la place à quelques succès, qui atteignent des résultats inespérés et compensent toutes les pertes. Ce qui s'applique aux compagnies privées devrait également s'appliquer à l'État : pour juger rigoureusement d'une politique industrielle, il faudrait rassembler comptablement tous les projets qui forment un portefeuille d'investissements de l'État. Certains peuvent échouer sans compromettre la validité de la stratégie d'ensemble. Une autre difficulté est que le critère de succès d'un projet, pour la puissance publique, n'est pas toujours celui d'une rentabilité opérationnelle immédiate : l'État n'a pas financé ces projets pour s'enrichir, mais dans le but de modifier le tissu industriel, en espérant des retombées indirectes sur le reste de l'économie.

Ainsi, si l'on peut déplorer l'échec de l'aérotrain ou du plan Calcul (1966-1975)[54], il faut constater la réussite du TGV et du nucléaire dans les années 1970, ou encore le demi-succès de la télévision couleur française SECAM en 1967[55].

Bien qu'il se fût entouré de libéraux comme Pompidou ou Giscard d'Estaing et n'eût pas hésité à appliquer le volet de libéralisation du plan Pinay-Rueff, le général de Gaulle adhérait à cette vision des grands projets : l'État devait à ses yeux continuer d'orienter le développement industriel, même s'il ne le dirigeait plus. La politique industrielle était un changement de pratique et, malgré son caractère de grandeur, le signe d'un désengagement partiel de l'État, qui devenait plus sélectif dans ses interventions, en se concentrant sur les gros investissements que les banques seules ne pouvaient mener à bien. Ainsi, le choix des projets d'aviation avait une certaine logique, puisque le secteur est par construction très concentré voire quasi monopolistique, avec des coûts d'entrée mais aussi des rendements d'échelle très élevés. De plus, les investissements y demandent une solide assise financière et une capacité de se projeter à long terme : plus de dix ans sont souvent nécessaires entre le premier plan d'ingénieur et la première vente. L'État, comme investisseur, y avait un « avantage comparatif » naturel.

D'autres interventions, sans nécessairement être motivées par une inefficacité du marché, visaient à encourager les entreprises faibles dans les secteurs qui semblaient porteurs. Indigné par l'état de l'informatique française, dont le champion Bull venait d'être racheté par General Electric, Charles de Gaulle faisait cette déclaration significative à Peyrefitte :

> Nous ne pouvons pas être absents d'une technique qui jouera de plus en plus un rôle de premier plan pour le développement de notre industrie [...]. Évidemment, il faut que l'État s'en mêle. Vous voyez bien : en France, il n'y a pas de grands projets si ce n'est pas l'État qui en prend l'initiative[56].

La politique de grands projets amenait à négliger certains pans de l'économie. Ainsi, la France accusait un retard en matière de réseau et d'équipement téléphoniques à la fin des années 1960, en comparaison non seulement des États-Unis mais également des autres pays européens. Cette situation devenait difficilement tenable, alors que le téléphone s'imposait comme un moyen de communication ordinaire pour les affaires et la vie quotidienne.

La réaction à cette situation fut, à nouveau, une nouvelle politique industrielle. Le plan du « téléphone pour tous » d'avril 1975 fut mis en place sous l'égide d'un monopole national. Le gouvernement ne fit pas qu'investir dans les réseaux de télécommunication, il voulut replacer la France dans la concurrence informatique après l'échec du plan Calcul. Un rapport de l'inspection générale des finances de 1977, écrit par les hauts fonctionnaires Alain Minc et Simon Nora, recommandait même de combiner l'informatique et les télécommunications pour transmettre de l'information sous forme écrite : c'était le « télématique ». Ce texte eut une influence notable dans l'administration et devint même un succès d'édition auprès du grand public.

La première application industrielle, le vidéotex, allait donner naissance au Minitel, très populaire – même si c'était en grande partie grâce aux généreuses subventions de l'État. Ce terminal informatique donnait accès à des informations, des messageries électroniques et à des petites annonces pour la première fois. Plus d'1 million de Minitels furent vendus en France avant 1985, alors que très peu de ménages avaient accès à Internet et que le *World Wide Web* (WWW, qui définit la principale structure d'Internet) n'existait pas encore. Pourtant, ce terminal n'eut pas de succès dans le reste du monde, et allait disparaître en 2012 après une longue agonie, face à la concurrence de l'Internet américain, lui aussi développé dans des laboratoires de pointe avec l'argent de l'État[57]. Il échoua pour des raisons techniques qui n'étaient pas prévisibles.

Certains économistes affirment que cette approche centralisée était vouée à l'échec, car la nature du progrès technique changeait trop radicalement pour que l'État conservât son rôle. L'enrichissement de la France lui imposait de changer de méthode. Le PIB par habitant, moitié moindre que celui des États-Unis en 1950, ne lui était plus inférieur que de 25 % en 1970. Pour Philippe Aghion et ses coauteurs, à mesure que l'on se rapproche de la « frontière technique », il devient plus efficace d'encourager l'initiative privée en amont par une politique universitaire qu'en aval par une politique industrielle. Un haut fonctionnaire sélectionnant des grands projets n'a pas les mêmes incitations qu'un capitaine d'industrie ou qu'un banquier. S'il choisit avec soin un projet de politique industrielle, c'est parce qu'il est consciencieux et travailleur, mais il ne subira pas les conséquences d'un éventuel échec, contrairement aux deux autres. La différence devint plus criante quand la France cessa d'être une « économie d'imitation » et devint une « économie d'innovation », et qu'il devint plus difficile de sélectionner les bons investissements.

Cette thèse est attrayante, et sûrement valide sur l'importance de l'investissement en matière d'enseignement supérieur. Cependant, la politique industrielle elle-même n'était pas un substitut mais un complément du financement privé, même dans la conception du Général. La politique était en fait moins dirigiste que dans les années 1950. Surtout, la France, qui a renoncé depuis les années 1990 à la politique industrielle (en dehors du secteur de l'armement et, peut-être, de l'aviation), a eu de moins bons résultats macroéconomiques relativement aux États-Unis que celle des années 1960 et 1970.

Le débat qui entoure la politique gaullienne est en fait le même que pour la politique industrielle de Colbert. Les « succès » sont similaires : de même que Colbert a permis à la manufacture de la laine, à celle de la soie ou encore à celle du verre de prospérer, la politique industrielle gaullienne a réussi à spécialiser la France dans l'aviation, faisant de Toulouse, région anciennement en retard économique, un centre industriel aérospatial de premier plan. Sous Giscard d'Estaing, elle l'a doté d'une nouvelle source d'énergie, le nucléaire, que la France utilise singulièrement plus que les autres pays du monde. Ces politiques industrielles ont ainsi obtenu la redéfinition de la spécialisation sectorielle française, même après la libéralisation. Cela suffit-il à dire que le pays en a bénéficié ? La question est difficile à trancher rigoureusement, et suscite encore de nombreux débats. La politique industrielle, pour avoir une chance d'être efficace, présuppose un appareil administratif et des responsables politiques capables de la mettre en œuvre convenablement, et prêts à se plonger dans les sujets techniques pour résoudre au mieux les problèmes qui ne manquent pas de se poser : la France en disposait dans les années 1960.

La fin des colonies

La plus grave crise politique française de l'après-guerre fut celle de l'Algérie. Le pays, aveuglé sur ce qui lui restait de force et sur l'état du monde après 1945, avait déjà gâché une partie de ses ressources (y compris celles du plan Marshall) pour mener une guerre inutile en Indochine - qui fut soldée par l'indépendance de l'ancienne colonie en 1954. Dans la plupart des « territoires d'outre-mer », se formait un sentiment anticolonial marqué. L'attachement économique et politique aux colonies d'Afrique subsaharienne, du Maroc ou de la Tunisie était moins fort que pour l'Indochine, et leur décolonisation se déroula sans drame excessif pour la France métropolitaine. Il n'en fut pas de même pour l'Algérie.

Il y avait plus d'un million de colons installés en Algérie, qui bénéficiaient largement de la politique coloniale et étaient, en majorité, nés en Algérie. Les « pieds-noirs » n'avaient aucune envie de la quitter, et ils s'étaient également opposés aux politiques de développement et de droits civils qui auraient pu ralentir la décolonisation[58].

De l'autre côté de la Méditerranée, l'attachement des nationalistes et d'une partie de l'armée à la dernière colonie justifia une guerre violente qui ne dit jamais son nom. Elle fut la dernière à mobiliser les conscrits du service militaire, parce que la situation était insoluble.

Une révolte des colons assistés par une partie de l'armée à Alger le 13 mai 1958 déstabilisa la Quatrième République et provoqua le retour au pouvoir de Charles de Gaulle. Le Général, « dernier recours », revenu aux affaires avec une nouvelle constitution, qui donnait un poids accru à l'exécutif qu'il présiderait onze ans, mena d'abord vis-à-vis de l'Algérie une politique attentiste. L'influence internationale et les difficultés provoquées par la révolte du Front de libération nationale (FLN) algérien rendaient la poursuite de la colonisation difficile. Finalement, après s'être prononcé pour l'autodétermination en 1960, il l'accorda à l'Algérie par les accords d'Évian en 1962, non sans heurts politiques. Les électeurs français de métropole, résignés, indifférents voire lassés pour la plupart, approuvèrent par référendums ces accords et le principe de l'autodétermination algérienne.

Économiquement, la décision s'imposait au pire moment : des quantités importantes d'hydrocarbures avaient été découvertes dans le Sahara occidental en 1956, qui auraient permis de rentabiliser la colonisation en créant un approvisionnement « national » de pétrole et de gaz. Cette découverte prolongea la guerre, car la France voulut être en position de conserver les droits d'exploitation des hydrocarbures. Ce fut la principale concession qu'obtint le gouvernement de la part du FLN dans les accords d'Évian de 1962, même si ces avantages furent rapidement remis en cause par le nouveau gouvernement algérien. Le prix des matières premières étant assez faible avant les chocs pétroliers, ces gisements n'étaient cependant pas assez profitables pour justifier de retarder excessivement l'issue du conflit.

La politique coloniale était de moins en moins populaire, en partie parce qu'elle devenait coûteuse. La France, sur le point de perdre ses colonies, s'était engagée dans une politique d'aide au développement beaucoup plus généreuse que sous la Troisième République, à l'inverse du Royaume-Uni, qui s'était désengagé. Elle versait des aides substantielles, équivalentes à 3 % du PIB des colonies. Le plan de Constantine, qui visait à développer l'Algérie et à donner des droits à ses habitants, avait une véritable ambition économique : il représentait 16 % du PIB algérien en 1961. C'était un effort non négligeable de la métropole, qui dépensait au total 0,4 % de son propre revenu national en aide aux colonies[59], à une époque où elle cherchait sans cesse des fonds pour sa propre modernisation.

Ces plans étaient bien sûr très opportunistes et arrivaient si tard dans le processus de colonisation qu'ils en révélaient peut-être paradoxalement le caractère odieux - plus de 120 ans d'installation en Algérie, agrémentés de discours sur la mission civilisatrice française, n'avaient pas apporté beaucoup de chemins de fer utiles aux colonisés, tant les investissements avaient été faibles.

En métropole, ces aides provoquaient également des protestations politiques, alors que les gains économiques associés aux colonies paraissaient modestes : ils relevaient de l'ancien mode de production, textile et agricole, et non plus de la grande industrie. « Plutôt la Corrèze que le Zambèze[60] » était le mot d'ordre de l'anticolonialisme d'intérêt qui émergea dans cette période. Sans porter aucun jugement moral sur l'œuvre coloniale, ce courant politique, parfois nommé le « cartiérisme », en était arrivé à soutenir le désengagement de la France.

La guerre mobilisa 1,5 million de soldats. Une partie d'entre eux étaient soustraits à la force de travail : leur service militaire avait été allongé de dix-huit à trente mois pour certaines classes. Des jeunes Français manquèrent des années cruciales de modernisation pour leur pays, et revinrent dans un pays nouveau, presque méconnaissable. Dans *Les Parapluies de Cherbourg* de Jacques Demy (1964), le héros, Guy, mobilisé pendant la guerre, s'aperçoit avec tristesse que la boutique de parapluies artisanaux où travaillait son amante Geneviève a été remplacée par une laverie automatique. Surtout, les 24 000 morts (pour moitié de l'armée de métier, pour moitié du contingent) furent intolérables, pour une guerre dont les objectifs étaient devenus difficiles à expliquer.

La fin de la guerre soulagea le pays d'un lourd poids économique. Entre 1960 et 1970, la part du PIB consacrée à la défense passa de 5 % du PIB à 4 %. En 1967, pour la première fois de l'histoire de France, le budget de l'Éducation nationale dépassa celui consacré à l'armée. La guerre avait coûté du matériel militaire et des vies.

L'arrivée d'un million de « pieds-noirs » rapatriés d'Algérie en France, notamment dans la région de Marseille, fut absorbée sans mal par un marché du travail qui manquait de main-d'œuvre. Cependant, cette population, qui perdait une partie de son pouvoir d'achat, ainsi que sa terre de naissance, accumulerait la frustration qui en ferait le terreau de la renaissance de l'extrême droite en France[61].

Une conséquence de la décolonisation fut les difficultés rencontrées par les armateurs, dont une grande partie de l'activité venait des colonies. La forte croissance du commerce mondial allait offrir un marché de substitution à la marine marchande française, qui ne connaîtrait de réelle crise qu'à partir de la fin des années 1960. Les débouchés commerciaux des colonies furent progressivement remplacés par un nouveau grand marché : l'Europe.

L'Europe

Les échanges avec les colonies diminuèrent, mais le traité de Rome ouvrait en grand les portes du marché européen. En adoptant le plan Pinay-Rueff en 1958, Charles de Gaulle avait accepté les conséquences de ce traité et mis en règle l'économie : il n'y aurait plus de « licences d'exportation » vers le reste de la Communauté économique européenne (CEE) et le commerce y serait libre. Les partenaires de la France firent de même, ce qui permit un essor des échanges.

Cette croissance du commerce permit de tester la robustesse de l'économie dirigiste. Une grande partie de la production sortait de son cocon national pour la première fois depuis la Seconde Guerre mondiale, voire depuis les années 1920, et entrait au contact de la concurrence italienne, belge, luxembourgeoise, hollandaise et surtout allemande. La concomitance de la décolonisation et du traité de Rome mettait fin au protectionnisme français et à l'exclusif colonial dans le même temps. Sur le plan commercial, le traité fut une réussite : les exportations de la France vers le reste de la CEE, ramenées à son produit annuel, firent plus que doubler entre

1958 et 1970. Il n'y eut pas de perte sectorielle massive pour la France ; les agriculteurs bénéficièrent bien de la politique agricole commune, comme il était prévu initialement, mais cela ne se fit pas au détriment de l'industrie ni des services français.

Ce marché unique industriel et agricole succédait au marché unique du charbon et de l'acier créé en 1952 avec la CECA, après la déclaration de Robert Schuman le 9 mai 1950. Les quelques hauts fonctionnaires et hommes politiques européistes qui avaient poussé ce projet l'avaient fait par libéralisme, croyant aux vertus du « doux commerce ». Ouvrir les échanges entre pays européens assurerait la paix, et mettrait fin aux guerres absurdes qui avaient ruiné le continent au XXe siècle, en plus de permettre l'accélération du développement.

Un argument revient souvent pour défendre les avancées de l'Union européenne, qui s'est même vu accorder le prix Nobel de la paix en 2012 : aucun conflit militaire n'a éclaté entre États membres de l'Union européenne depuis 1945 – si l'on excepte le conflit nord-irlandais. Il est difficile de juger si le commerce européen est responsable de cette situation, ont également joué à la position de l'Europe dans la guerre froide, l'existence de la bombe nucléaire, ou celle de l'Otan et la force de dissuasion française. Que les institutions européennes aient été la cause ou la conséquence de la paix, elles en demeurent le symbole. Heureuse période, qui permit à la France de consacrer moins de 2 % de son PIB à sa défense dans les années 2010, sans que sa sécurité parût moins assurée que par le passé. Ce dividende de la paix a représenté une chance inédite dans l'histoire et permis d'allouer davantage de ressources à la production.

La relation entre le général de Gaulle et la Commission européenne – qui était à la tête de la CEE – fut tumultueuse, marquée par les fameuses critiques de ses conférences de presse contre le « volapük intégré ». La France en a tiré la réputation d'avoir ralenti la construction européenne : c'est elle qui a imposé le consensus informel du Luxembourg de 1966 pour protester contre la montée en puissance de la Commission européenne sur la politique agricole commune et surtout empêcher la formation de ressources fiscales propres à l'Europe. Cependant, la France ne fut pas le seul pays de la CEE à défendre agressivement ses intérêts voire le principe de veto : la Hollande fit ainsi une obstruction notable en 1968[62].

Ces blocages étaient une réaction contre la « méthode Monnet », qui poussait toujours plus loin l'intégration : incomplète, chaque étape du processus fédéral laissait en suspens d'autres problèmes, qui devraient être réglés soit par les institutions communautaires elles-mêmes, soit par un nouveau traité fédéral.

C'est sur le plan juridique que cette méthode obtint des résultats. La liqueur de cassis de Dijon, exemple bien connu des étudiants de sciences politiques et de droit, en offrit le premier exemple. Le droit allemand empêchait une liqueur de cassis à trop faible teneur alcoolique de se vendre comme telle. Cependant, la Cour de justice des Communautés européennes (CJCE, depuis devenue Cour de justice de l'Union européenne) allait décider en 1979 que, puisque la loi française autorisait cette liqueur de Dijon, la loi allemande ne pouvait l'interdire sans contrevenir au principe de libre-échange. Bien sûr, ce qui comptait n'était pas le cas d'espèce mais la jurisprudence : sans raison extra-économique valable[63], la loi de pays-membres pouvait être abolie. Cette attaque en due règle contre les « barrières non tarifaires » au sein de la CEE constituait un progrès pour le pouvoir fédéral de la Communauté et le libre-échange, mais elle poussait sans doute l'interprétation des traités plus loin que ne l'avaient compris et voulu les signataires. Le droit de la concurrence, qui était une prérogative théorique dans les années 1960, allait devenir la fondation sur laquelle s'appuierait une puissante administration européenne dans les années 1980 : ces politiques étaient traitées comme des conséquences techniques du traité de Rome et non comme des objets de discussion démocratique ou nationale, ce qui a parfois valu à la construction européenne l'accusation de « déficit démocratique », que n'a pas suffi à faire taire l'élection du Parlement européen au suffrage universel à partir de 1979.

Les vertus de ce système et de sa politique commerciale allaient être de plus en plus visibles alors que la CEE allait intégrer l'Angleterre, puis l'Espagne, le Portugal, et les autres États. Le marché unique devenant de plus en plus large, il était de plus en plus profitable pour les États membres. Sur le plan politique, les progrès institutionnels ne créèrent pas de blocage tant que les avancées communautaires seraient validées *a posteriori* par des élections et des traités consolidant les précédentes avancées juridiques. Ainsi le référendum sur l'élargissement de la Communauté en 1972 ou, plus tard, celui de 1992 étaient la confirmation des avancées passées.

Réussite économique, reprise démographique

Quel que soit le rôle joué par la politique industrielle en la matière, la France a connu une phase de croissance exceptionnelle. Le pays a rattrapé le retard qu'il avait conservé sur d'autres économies avancées. Les cadres du ministère de l'Économie des années 1950 avaient craint que la France ne replongeât à tout moment dans une longue crise économique morose comme celle des années 1930, et chaque retournement conjoncturel des chiffres de croissance de l'Insee suscitait une angoisse profonde chez eux.

L'objectif que se donnèrent les gouvernements successifs était d'atteindre le même niveau de développement que les Américains. Toutes les innovations qui avaient atteint un marché de masse aux États-Unis devaient arriver en France, avec plusieurs années de retard, mais le nombre d'années se réduisit. Au début des années 1980, lors de l'apogée économique relatif de la France, le PIB français atteignait 80 % de celui des États-Unis. Les Français étaient alors légèrement plus riches[64] que les Hollandais. Par un hasard du calendrier, les Français étaient devenus plus riches que les Anglais pour la première fois depuis le XVIIe siècle en 1969, au moment où le général de Gaulle quittait le pouvoir.

Cette situation était sans doute due en partie au hasard qui avait été plus clément pour la France. Elle avait perdu moins d'usines et de bâtiments pendant la guerre que la Hollande ou l'Allemagne, et mieux résisté à la décolonisation que l'Angleterre - car elle avait nettement moins investi de capitaux dans ses colonies. Il demeure que ce succès était aussi l'œuvre d'une politique et d'un état d'esprit dont la société est demeurée nostalgique, peut-être à l'excès.

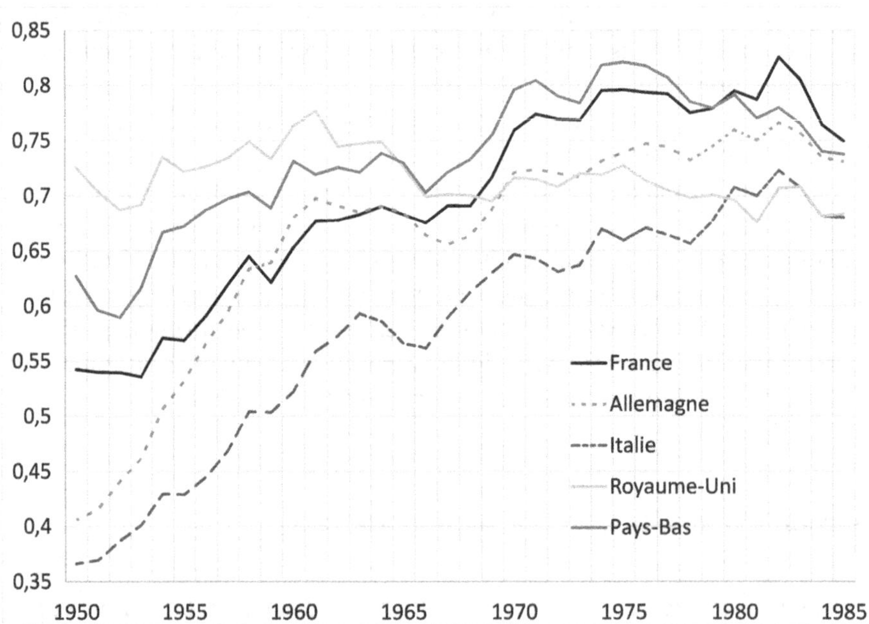

Figure 10.2. « Distance à la frontière » : ratio entre PIB par habitant de divers pays et celui des États-Unis.

Cette croissance économique avait été accompagnée d'une rupture avec la stagnation démographique française. Ce fut le *baby boom*[65], accompagné par une politique généreuse d'allocations familiales : en dépit de la pauvreté et des logements insalubres, les Français firent les deux tiers des « 12 millions de beaux bébés qu'il [fallait] à la France en dix ans[66] », avec plus de 800 000 naissances par an entre 1946 et 1955, alors qu'il y en avait près de 650 000 par an dans les années 1930. La population française augmentait de 1 % par an pendant les Trente Glorieuses.

Sur les trente années qui suivirent 1974, la population n'augmenterait plus que de 0,5 % par an et surtout vieillirait considérablement : ce n'étaient plus seulement les naissances qui faisaient croître la population, mais surtout l'allongement de l'espérance de vie. 40 millions de Français de 1945 deviendraient 54 millions de Français en 1975, 60 millions en 2000, et 68 millions en 2023[67]. Cette croissance était plus rapide que celle de la plupart des autres pays occidentaux, à l'exception notable des États-Unis[68].

Le poids de la France en Europe s'accroissait, et elle redevenait le pays le mieux placé économiquement et démographiquement pour affirmer une forme d'indépendance vis-à-vis de l'allié américain – de manière éclatante par la façon dont la France quitta le commandement intégré de l'Otan ou dénonça la guerre au Viêtnam. L'arme nucléaire, œuvre commune de la Quatrième République et de la Cinquième République du Général, garantissait l'indépendance française en cas de crise majeure par sa force de dissuasion. Si elle pesa sur les capacités militaires conventionnelles[69], elle fut une réussite géostratégique : une archive militaire du pacte de Varsovie de 1979 depuis déclassifiée montrait que la France et le Royaume-Uni étaient épargnés dans le scénario d'une guerre nucléaire entre l'URSS et l'Otan[70]. La France, qui gardait encore l'attrait de sa culture et de sa langue, parlée dans plusieurs pays du nouveau tiers monde, put se permettre le luxe, avec le général de Gaulle, de la « politique de la grandeur »[71]. Valéry Giscard d'Estaing, plus prudent que son illustre prédécesseur, voulait faire de la nation une « grande puissance moyenne » : même après 1969, la France conserverait une politique étrangère ambitieuse grâce à ses atouts économiques.

L'entrée des femmes dans l'économie

La transformation économique des Trente Glorieuses ne se fit pas sans une transformation sociale profonde, sans doute la plus rapide jamais connue en France. Le régime moralement assez conservateur des années 1960 sembla se détendre largement dans les années 1970 sous le contrecoup de mai 1968. Ce qui compta le plus du point de vue économique dans ces changements sociaux, ce fut l'accès des femmes au travail rémunéré. Entre 1962 et 2012, le taux d'emploi des femmes se rapprocha sensiblement de celui des hommes[72]. Les femmes participaient déjà au monde du travail, et avaient même joué un rôle majeur lors de la Grande Guerre, mais elles le quittaient souvent lorsqu'elles se mariaient - telles les « demoiselles du téléphone ». La nouveauté de la période serait l'intégration dans le monde du travail des femmes mariées et des mères.

Cette révolution fut favorisée par les écrits de nombreuses autrices féministes - la plus fameuse étant Simone de Beauvoir. La société se mit à valoriser le temps des femmes, au moins dans ses décisions économiques, à défaut de ses discours, qui demeuraient méprisants.

L'électroménager de masse favorisa largement l'émancipation des femmes et leur accès au travail salarié. Comme les tâches domestiques concernaient principalement les femmes, les nouveaux équipements permettaient de considérables progrès de productivité domestique, et libéraient du temps de travail. L'arrivée du lave-linge, qui se généralisa en France, raccourcissait considérablement une des tâches domestiques les plus ingrates et répétitives. De même, le réfrigérateur permettait de stocker plus facilement la nourriture - tout en gardant en réserve plus facilement un plat préparé. Il y eut aussi l'aspirateur et le four micro-ondes. Ce changement provoqua de nombreuses moqueries, comme cette liste d'appareils fantaisistes cités par Boris Vian dans *La Complainte du progrès* (1955) : « L'écorche-poulet, le canon à patates, l'atomixeur, les cuisinières, les pelles à gâteau, l'efface-poussière, la tourniquette pour faire la vinaigrette, l'aérateur pour bouffer les odeurs, le pistolet à gaufres. » Ces produits que l'on assimile trop facilement à la réclusion à domicile des femmes contribuèrent en fait à leur donner accès à des fonctions productives plus prestigieuses hors du foyer.

Dans le même temps, la transformation de l'économie offrait des débouchés économiques aux femmes qui semblaient leur convenir mieux, au regard des mœurs de l'époque, que l'industrie et l'agriculture : c'étaient notamment les métiers des services, fortement féminisés. Pendant les Trente Glorieuses et jusque dans les années 1980, l'ouvrier marié à une employée devint le couple le plus représentatif de l'état du travail en France[73]. Un autre métier, lui-même féminisé, favorisa les nouvelles carrières professionnelles des femmes : les puéricultrices et les assistantes maternelles s'occupaient des jeunes enfants, pendant que les deux parents pouvaient travailler. Enfin, pour les personnes suffisamment aisées pour en embaucher, les employés domestiques pouvaient faire en quelques heures ce qui eût nécessité plusieurs journées de travail sans l'aide des nouveaux appareils électroménagers.

Dans les métiers de cadres, les positions occupées par les hommes s'ouvraient progressivement, même si les femmes demeuraient sous-représentées dans les plus hautes fonctions managériales. Alors que les femmes en politique ou dans l'université étaient jusque-là une exception, elles devenaient progressivement une minorité.

Signe de cette émancipation, la loi du 13 juillet 1965 consacra l'indépendance économique des femmes, en reconnaissant à la femme mariée la capacité juridique, ce qui lui permettait d'ouvrir un compte en banque et de signer un contrat de travail sans avoir besoin du consentement marital, bien loin des standards patriarcaux du code civil initial.

Cette émancipation signifia aussi une fragilité économique plus forte pour de nombreuses femmes. Le nombre de mères célibataires, généralement pauvres, devant travailler tout en s'occupant seules de leur enfant, augmentait considérablement – elles sont aujourd'hui 1,5 million en France, et constituent une des catégories sociales les plus défavorisées.

La légalisation de l'interruption volontaire de grossesse, adoptée sous le gouvernement conservateur de Jacques Chirac en 1974, n'était pas étrangère à ces drames sociaux. Aux opposants à la loi, pour la plupart des hommes sur les bancs de la majorité, la ministre de la Santé, Simone Veil, rétorquait en rappelant la détresse sociale que provoquait cette situation :

> Parmi ceux qui combattent aujourd'hui une éventuelle modification de la loi répressive, combien sont-ils ceux qui se sont préoccupés d'aider ces femmes dans leur détresse ? Combien sont-ils ceux qui au-delà de ce qu'ils jugent comme une faute, ont su manifester aux jeunes mères célibataires la compréhension et l'appui moral dont elles avaient grand besoin[74] ?

Le choc pétrolier de 1973

Alors que la transformation sociale rapide du pays se poursuivait, la crise pétrolière ralentit considérablement le rythme du progrès économique. La crise des années 1970 fut un « choc d'offre » : il s'agit d'une hausse du prix de l'énergie, plus précisément du pétrole et du gaz. Les pays producteurs de pétrole, pour certains d'anciennes colonies, se rassemblèrent en un cartel et, en réponse à la crise géopolitique suscitée par la guerre du Kippour (1973) ainsi qu'à la dépréciation du dollar, décidèrent de diminuer leur production pour en faire augmenter le prix. C'était une conséquence lointaine de la décolonisation : les pays anciennement dépendants avaient pris conscience du rôle géopolitique que pouvait jouer cette matière première, que la plupart des pays développés ne produisaient pas en quantités suffisantes pour leur consommation.

La France fut légèrement moins touchée que les États-Unis car son équipement automobile, fortement consommateur en pétrole, était encore inférieur à celui de la première économie mondiale. Au moment du choc pétrolier, il y avait 15 millions d'automobiles, soit moins d'une pour trois Français (en 2022, deux pour trois), quand les États-Unis en avaient plus de 110 millions pour une population de 200 millions de personnes. La France consommait 2,5 fois moins de pétrole par habitant : elle était moins riche mais avait également un mode de vie moins énergivore[75].

Malgré tout, la crise eut de vives répercussions, car la France avait fait le choix des hydrocarbures comme principale source d'énergie, bien qu'elle n'en produisît presque pas, ne disposant que de médiocres gisements dans les Pyrénées. Symbole de cette dépendance nouvelle, sa flotte de navires gaziers et pétroliers s'était par exemple considérablement élargie dans les années 1960[76]. Une des raisons de ce choix était le manque de ressources houillères[77] ; la France diminua même sa production de charbon, reléguant des travailleurs immigrés, notamment marocains, dans ce secteur aux conditions de travail difficiles. La France avait en revanche gardé et entretenu un réseau hydraulique de bonne qualité, mais elle ne pouvait plus en augmenter la capacité pour des raisons physiques. Le pétrole représentait 70 % de la consommation d'énergie française. Son abondance et son faible coût avaient favorisé son usage dans les transports mais aussi dans de nombreuses applications industrielles qui pâtiraient de son prix élevé. Le pétrole était relativement difficile à remplacer : malgré une multiplication du prix du pétrole par quatre, la consommation par habitant baissa de moins de 10 % en volume[78]. Il en allait de même pour les autres hydrocarbures. Ceci aurait deux conséquences de long terme pour la France : le développement de l'industrie nucléaire, et une crise inflationniste persistante.

Le développement du nucléaire

Le poids de la facture énergétique provoqua une nette détérioration de la balance commerciale. La première réaction du gouvernement fut, comme aux États-Unis, d'inciter les Français à la sobriété, comme le fit le président Georges Pompidou : « Économisons l'essence, économisons l'électricité, économisons le chauffage et cela seul suffira à diminuer notre consommation. Que tous les Français veuillent bien, en pareille matière, aider l'action gouvernementale et, mon Dieu, nous arriverons bien, je l'espère, à surmonter les difficultés. »

C'est à cette époque que la France conçut alors une ambitieuse politique énergétique, consistant à laisser le groupe nationalisé Électricité de France (EDF) investir massivement dans le développement de l'énergie nucléaire[79]. C'était le plan Messmer de 1973 – du nom du Premier ministre de Georges Pompidou.

Chaque année, entre six et sept réacteurs nouveaux furent programmés, dans un des chantiers industriels les plus ambitieux qu'eût connus la France. Le gouvernement prit à sa charge 20 % du coût du programme, et le reste fut financé par les ressources propres d'EDF et surtout à l'aide du prêt international le plus important contracté par une entreprise nationale dans l'après-guerre : souscripteurs français et étrangers prêtèrent à EDF 30 milliards de francs en 1982, soit 1 % du PIB de cette année[80]. Ces emprunts étaient cependant largement soutenus par l'État. Le président Giscard d'Estaing avait implicitement promis que le budget public compenserait une éventuelle faillite du groupe EDF. Le financement par l'emprunt d'EDF plutôt que par des subventions avait deux buts : « responsabiliser » le groupe, et, par une forme de démocratie financière, intéresser les épargnants au succès du programme nucléaire, afin de convaincre l'opinion de son bien-fondé.

Le plan ne partait pas tout à fait d'une feuille blanche : il y avait eu dès 1948 des premiers projets et réacteurs nucléaires civils, quoiqu'en nombre limité, utilisant des technologies de turbines américaines à eau pressurisée, car la France avait obtenu une licence pour le modèle de Westinghouse[81]. La plupart des parcs conservèrent l'utilisation de cette licence Westinghouse, dont les procédés avaient été améliorés par des ingénieurs français. Afin de garantir l'indépendance énergétique du futur parc, Framatome – qui était chargée de fabriquer les réacteurs – obtint la francisation de la technologie par un accord avec Westinghouse. Cet exemple illustre l'importance de la coopération internationale comme voie vers l'indépendance ; sans Westinghouse, les Français auraient dû utiliser des réacteurs de type UNGG (uranium naturel-graphite-gaz) qui étaient nettement moins efficaces. Le choix de cette licence américaine ne signifiait pas qu'il n'y aurait pas de technologie française : les turbines seraient produites en France, notamment le modèle Arabelle d'Alsthom[82].

La France choisissait le « tout-nucléaire » pour sa production d'électricité, et tentait aussi de promouvoir l'électrification de l'énergie française, notamment en installant des pompes à chaleur électriques. L'équivalent de 80 % de la production d'énergie électrique française était, dans les années 2020, produite par le nucléaire, et 40 % de la production d'énergie primaire[83], tandis que la part des énergies fossiles reculait en dessous de 50 % en 2020.

Grâce au nucléaire, la France est devenue exportatrice nette d'électricité, ce qui a allégé la facture énergétique, qui resta cependant déficitaire[84]. Le prix de l'électricité baissa nettement après l'achèvement du parc nucléaire, au point que ce dernier fut mis en cause pour la menace qu'il faisait peser sur la concurrence énergétique en Europe. Les rendements d'échelle dont bénéficiait EDF lui permettaient de proposer un prix très faible, inférieur au coût marginal de production, ce qui empêchait de petits producteurs d'électricité d'entrer sur le marché pour répondre aux fluctuations de la demande[85]. Cependant, l'échec commercial des nouvelles générations de réacteurs nucléaires, couplés à l'application du principe concurrentiel au détriment d'EDF allaient provoquer des difficultés pour l'entreprise publique dans les années 2010 et 2020 : alors qu'elle avait été introduite en bourse comme pour célébrer son triomphe auprès d'une opinion acquise, le cours de son action fut divisé par trois entre 2005 et sa renationalisation complète annoncée en juillet 2022.

La politique électro-nucléaire avait été lancée en 1973 pour conjurer la dépendance énergétique française vis-à-vis de l'étranger, et elle atteignit son objectif. Par la suite, le prix du pétrole ne joua plus un rôle aussi important pour déterminer la conjoncture que celui qu'il avait joué dans les années 1970 et c'était en partie grâce à l'importante production d'électricité qui avait permis de se passer de davantage d'applications industrielles du pétrole[86]. Bien que l'uranium, nécessaire au fonctionnement d'un réacteur, soit importé de l'étranger, il représente une très faible part de la valeur ajoutée créée par le nucléaire, peut être stocké facilement et peut être acheté auprès d'un nombre relativement important de pays différents, ayant peu de risques de former un cartel de l'uranium[87].

Le nucléaire venait également résoudre un problème qui ne se posait pas encore en ces termes. La production de cette énergie n'émet pas de gaz à effet de serre – si l'on exclut la fabrication des réacteurs et turbines, cependant très peu polluante, une fois ramenée à la quantité d'énergie produite. Ainsi, grâce au nucléaire, la France put réduire ses consommations d'hydrocarbure et émettre moins de dioxyde de carbone, tout en continuant à croître : le pic d'émissions par habitant fut atteint précisément en 1973, avant le choc pétrolier et l'adoption de l'énergie nucléaire. Après avoir atteint plus de 10 tonnes de dioxyde de carbone par habitant, le total passa à moins de 8 dès la mise en œuvre du programme et était inférieur à 5 en 2019 et 2021[88].

Si le passage au nucléaire était la réaction technologique française au choc pétrolier, la réaction macroéconomique pourrait se résumer par une longue période d'inflation.

Troubles de la monnaie : fin du système de Bretton-Woods

Avant d'aborder l'épisode inflationniste des années 1970 et 1980, il convient de rappeler le contexte monétaire international des années 1960, qui était encore défini par les accords dits de Bretton-Woods.

Ces derniers avaient consacré l'importance du dollar, accepté aussi facilement que l'or dans les échanges internationaux, tandis que les autres monnaies pouvaient tenter de conserver leur parité-or en maintenant leur taux de change par rapport à celui du dollar. La position spécifique du dollar, monnaie de réserve sûre, qui gardait sa valeur en or fixée malgré d'importants déficits commerciaux américains, avait provoqué l'agacement du gouvernement. Le ministre des Finances Valéry Giscard d'Estaing avait parlé d'un « privilège exorbitant » – expression qu'a d'ailleurs reprise toute une littérature macroéconomique sur le dollar[89]. Le général de Gaulle, après avoir pris un cours auprès de l'économiste Jacques Rueff et surtout de ses conseillers du Trésor[90], fit une fameuse conférence de presse sur le sujet en 1965, et décida de convertir systématiquement en or les réserves de dollars françaises. Il déclarait vouloir que les « échanges internationaux soient établis, comme c'était le cas avant les grands malheurs du monde, sur une base monétaire indiscutable, et qui ne porte la marque d'aucun pays en particulier. Quelle base ? En réalité, on ne voit pas qu'il puisse y avoir réellement de critère, d'étalon autre que l'or ». Il fallait donc « équilibrer d'une zone monétaire à l'autre par entrée et sortie effectives de métal précieux les balances des paiements qui résultent de leurs échanges », et le Général proposait de refonder le système monétaire avec les grandes puissances mondiales, y compris la Chine et l'URSS.

Le gouvernement exprimait ainsi sa frustration d'avoir tenu une place marginale dans le *pool* de l'or mis en place par les États-Unis et le Royaume-Uni ; ce *pool* avait comme objectif de stabiliser le cours du dollar en or sur la place de Londres et supposait des règles de coordination monétaires dictées par les États-Unis et exécutées par le Royaume-Uni[91]. La France, dont le taux de change était fixé par rapport au dollar et à la livre sterling, était pourtant affectée par ces décisions auxquelles elle ne prenait pas part.

Il y avait aussi, plus prosaïquement, une décision financière : plusieurs conseillers économiques du général de Gaulle étaient persuadés que le dollar allait se dévaluer par rapport à l'or et faisaient ainsi un pari similaire à ceux que font les investisseurs qui se ruent sur l'or lorsqu'une crise se profile[92]. La France avait déjà dû subir la dévaluation de ses réserves en livres sterling lors de l'abandon de l'étalon-or par le Royaume-Uni en 1931 et plusieurs conseillers du Général se souvenaient de cet épisode.

Même si la suite des événements devait montrer que le commerce international pourrait parfaitement se passer de l'or, le Général pointait du doigt la contradiction entre les politiques intérieures américaines et anglaises d'une part et la convertibilité-or à taux fixe d'autre part. Angleterre et États-Unis entretenaient des tendances inflationnistes incompatibles avec le maintien de leur parité-or, et ces économies auraient dû s'inspirer des mesures de stabilisation françaises de 1958 et 1959. La proposition de coopération internationale était cependant peu diplomatique : la France convertissait en or tous ses dollars auprès de la Réserve fédérale américaine et rapatriait ces métaux précieux *physiquement*, ce qui était un signe de méfiance fort vis-à-vis de l'institution financière alors la plus crédible au monde[93]. Il n'y eut pas de plan international, et de Gaulle se retira également du *pool* de l'or en 1967. Le Général se voit parfois attribuer la pression à la baisse sur le dollar qui aboutit à la fin du système de Bretton-Woods, mais il faut rendre à César ce qui appartient à César : le dollar, qui était lié à la livre sterling par le *pool*, subit la pression provoquée par une perte de confiance générale dans la livre et une crise de la balance des paiements britannique à la fin des années 1960[94]. Le dollar n'avait ainsi plus de soutien sur les marchés londoniens, et même si le Général a joué son rôle, il fallut encore attendre quelques années pour que sa prédiction se réalisât - en partie.

L'inflation augmentant aux États-Unis, le dollar subit des pressions à la baisse jusqu'à la décision de Nixon de suspendre indéfiniment la convertibilité du dollar en or le 15 août 1971 : les monnaies auraient un cours flottant par rapport à l'or, et la base métallique rassurante sur laquelle reposait la valeur économique disparaissait - elle n'a pas été rétablie depuis. La période de l'étalon-or était terminée, et les monnaies étaient laissées à leur libre cours : les propositions de coopération monétaire internationale avaient échoué, alors que les Américains ne se souciaient plus des marchés des changes mondiaux. Dans un entretien avec ses conseillers de 1972 qui portait sur une crise de change qui affectait l'Italie, le président américain Richard Nixon déclarait « n'en avoir rien à f... » de la dévaluation de la lire[95].

Les cours de change menaçaient ainsi de fluctuer davantage dans ce nouveau monde. Pour pallier ce risque, la France allait intégrer le « serpent monétaire européen », avec l'Allemagne, le Benelux, le Danemark, la Suède, plus brièvement le Royaume-Uni et l'Italie, à partir de 1972 et jusqu'en 1979. C'était un accord entre pays qui s'engageaient à maintenir dans des marges réduites leurs taux de change afin de rétablir des taux de change fixes au sein de l'Europe. Cependant, la France s'était habituée aux dévaluations successives, et dut quitter le serpent monétaire en 1974 alors que les pressions inflationnistes s'accumulaient. Ceci fut vécu, ainsi que pour les crises de change de années 1920, comme un échec de l'économie française.

Elle essaya de réintégrer le serpent monétaire en 1975, mais fut contrainte de le quitter de nouveau quelques mois plus tard. Le taux de change du franc allait devenir, au même titre que le chômage ou l'inflation, un sujet de politique économique obsédant des années 1970 et 1980. En mai 1981, lors du débat entre les deux candidats du second tour de l'élection présidentielle, le président Valéry Giscard d'Estaing demandait à celui qui n'était pas encore son successeur, François Mitterrand, quel était le cours du Deutsche Mark. Le but de cette question étrange était de montrer que la dévaluation récente du cours du franc avait été provoquée par la crainte que suscitait la possible élection du socialiste. Mitterrand fit une réponse célèbre : « Je vais vous dire les chiffres, mais je n'accepte pas cette méthode, je ne suis pas votre élève [...]. Ce que je veux simplement vous dire, c'est que lorsque l'on passe de 1,87 francs à 2,35 francs environ en l'espace de sept ans, cela n'est pas une réussite pour le franc, pas davantage par rapport au dollar que par rapport au mark. » La baisse de 26 % du franc devenait ainsi un argument électoral, alors que l'opinion se préoccupait de plus en plus de l'inflation.

L'inflation avait en effet aggravé l'instabilité monétaire, en poussant les prix à augmenter plus vite en France qu'en Allemagne notamment. Elle avait été provoquée par la hausse des cours du pétrole, et se produisait en même temps que le ralentissement économique, ce qui était étonnant pour les économistes qui s'étaient habitués à voir les hausses rapides de prix coïncider avec des *booms* : cette crise serait ainsi nommée la « stagflation ».

Stagnation et inflation : la « stagflation »[96]

L'inflation des années 1970, contrairement à celle des années 1920 ou d'après 1950, fut persistante : son taux ne revint à son niveau d'avant-crise qu'en 1985, après douze ans de hausse des prix rapide et continue. Ainsi l'inflation devenait une donnée anticipée par les ménages : après avoir fait cinq ans de suite l'expérience du prix de la baguette qui augmente de 10 %, le travailleur savait qu'il lui faudrait demander une hausse de 10 % à son employeur pour ne pas perdre de pouvoir d'achat[97].

Surtout, une grande partie des salaires était indexée sur l'inflation en partie du fait des grands changements institutionnels qui avaient suivi le mouvement social de mai 1968 – c'était une des conséquences des accords de Grenelle. C'était notamment le cas du salaire minimum interprofessionnel garanti (Smig), ancêtre du salaire minimum interprofessionnel de croissance (Smic)[98]. La hausse des prix de l'énergie allait ainsi automatiquement être répercutée dans la hausse de ces nouveaux indices, mais aussi plus généralement des salaires, alors que les syndicats avaient atteint un apogée dans les années 1970. Les salaires augmentaient, ce qui comprimait les marges des entreprises et ralentissait les embauches. Certaines d'entre elles étaient écrasées par ces charges, et elles durent licencier des salariés voire faire faillite. Le chômage de masse faisait son apparition pour la première fois depuis la guerre, tandis que les prix continuaient d'augmenter. Celles qui survivaient augmentaient leurs prix, pour tenir compte de la hausse du coût du travail, ce qui faisait repartir l'inflation sans résoudre le problème du chômage.

En France, comme aux États-Unis et dans presque toute l'Europe, coïncidèrent pour la première fois l'inflation et le chômage : l'objectif de stabilisation de la conjoncture économique fut abandonné progressivement au profit de la lutte contre l'inflation.

La Banque de France, comme les autres banques centrales, réagit à cette hausse des prix en augmentant ses taux d'intérêt, ce qui restreignit le crédit et augmenta les difficultés des entreprises les plus endettées. Par conséquent, et malgré l'inflation qui venait rogner les gains de l'épargne, le taux d'intérêt réel (c'est-à-dire corrigé de l'inflation) atteignit dans les années 1980, en France comme aux États-Unis, des niveaux très élevés. Alors qu'ils avaient souvent été négatifs dans les années 1960, les taux des emprunts considérés comme sûrs étaient de 5 % dans les années 1980 et 1990.

Ces mesures de désinflation, si elles allaient faire leurs preuves et permettre un retour à des prix stables, accentuaient le ralentissement de l'activité économique. Elles furent cependant contrariées par la politique du gouvernement. Celui-ci allait s'employer à « relancer » l'économie, ce qui fit en réalité repartir de plus belle l'inflation et ne produisit pas de résultats probants.

Le gouvernement Chirac avait mis en œuvre un plan de relance en 1975, et les gouvernements Barre puis Mauroy firent de même autour de l'élection de 1981. L'année 1983, durant laquelle le gouvernement socialiste de François Mitterrand se convertit à la rigueur budgétaire, marqua l'abandon de ces politiques, et la fin de cette période de stagflation – ou du moins de sa partie inflationniste. Alors qu'elle était repartie à la hausse à la suite du deuxième choc pétrolier de 1979, l'inflation revint à des niveaux nettement plus faibles après le « tournant de la rigueur ».

Le cas de la France n'était pas unique, et très similaire à celui du Royaume-Uni, des États-Unis ou même de l'Italie. Cependant, un pays européen avait réussi à neutraliser l'inflation rapidement sans exacerber la crise : l'Allemagne de l'Ouest[99]. Ce succès était dû à l'étonnante concorde sociale allemande : entreprises et syndicats réussirent à se mettre d'accord sur un gel des salaires nominaux en quelques mois en 1975, après une inflation importante en 1974, tandis que la Banque centrale renchérissait le crédit. Les salariés acceptaient de s'appauvrir, ce qui rétablissait l'équilibre économique et permettait d'« encaisser » la perte de productivité et de revenus provoquée par la hausse du prix de l'énergie. Cette coordination, si elle eut des répercussions négatives sur les travailleurs allemands à court terme, permit cependant d'éviter les longues politiques de désinflation qui furent appliquées en France. La capacité de l'économie à éteindre les tensions monétaires et la réactivité de la Bundesbank firent du Deutsche Mark comme la « monnaie forte » de l'Europe, c'est-à-dire celle qui avait le plus tendance à s'apprécier relativement aux autres monnaies. Ceci tenait à la modération salariale du pays.

La France et le Royaume-Uni durent quitter le serpent monétaire européen dans les années 1970 en raison de leurs fortes tendances inflationnistes. En 1979, le « serpent » était abandonné, et le « système monétaire européen » était mis en œuvre. L'objectif de ce mécanisme était le même que celui du précédent ; maintenir les taux de change fixes entre eux. La mise en œuvre était différente et accordait davantage de place aux transferts monétaires entre pays. C'est la volonté de tenir cet engagement qui allait permettre de réduire le niveau des déficits.

La « stagflation » ne provoqua pas une récession, mais un ralentissement de l'activité : le taux de croissance fut divisé par deux, passant de plus de 4 % par an à 2 %. Pour des Français qui s'étaient habitués à s'enrichir à toute vitesse, c'était très peu, même si ce rythme de croissance restait rapide, à l'échelle des siècles passés. En quatorze ans de « crise économique » sous François Mitterrand, les Français s'étaient davantage enrichis que pendant tout le XVIIe siècle : la crise est ainsi affaire de contexte.

Ce qui modifia le plus la perception de l'économie et créa cette impression de stagnation permanente fut l'apparition du chômage de masse[100]. Le nombre de travailleurs sans emploi, qui avait été plus faible en France que dans les autres économies développées, y devenait plus élevé, atteignant

2 millions en 1982. Le marché du travail « rigide », caractérisé par un taux de licenciement faible et un taux d'embauche élevé, avait favorisé un faible taux de chômage dans les années 1950 et 1960 : les salariés quittaient rarement leur emploi et se faisaient peu licencier, car cela était plus difficile en France qu'ailleurs. Tant que le problème des entreprises avait été la pénurie de main-d'œuvre, ce marché du travail fut celui dans lequel le chômage était le plus faible.

Dans les années 1970, au moment où des entreprises faisaient faillite, les défauts de ce système apparaissaient : les travailleurs licenciés pouvaient rester longtemps sans emploi tant les autres entreprises rechignaient à employer, et un licenciement avait des effets de long terme. C'était notamment vrai pour les ouvriers qui souffraient des conséquences de la crise énergétique et du déclin de la part de l'industrie française dans l'emploi. Ce qui avait été la force du marché du travail français auparavant, sa rigidité et la relation stable entre salariés et entreprises, devenait avec la crise source de difficultés. Le chômage, qui n'était dans les années 1960 qu'une mauvaise passe temporaire, devenait une tragédie sociale.

Des années 1980 aux années 2000, les actifs pouvaient être classés dans deux catégories. Soit ils bénéficiaient d'un emploi protégé, soit ils étaient exclus des marchés du travail : même s'il était assez finalement rare de se faire renvoyer, les perspectives d'embauche étaient mauvaises après un premier licenciement[101]. Aux États-Unis, le chômage se manifestait différemment : il touchait plus souvent chaque travailleur, mais il durait rarement longtemps.

Le néolibéralisme en France ?

Cet épisode de « stagflation » eut des conséquences profondes sur les débats en science économique, mais aussi sur la politique en favorisant le tournant « néolibéral ». Ce terme polysémique désigne parfois le contrôle du déficit public et de l'inflation - doctrine des finances publiques et de la monnaie qui n'a rien d'original et ne mérite sans doute pas de néologisme[102]. Plus souvent et justement, il désigne la croyance dans l'économie de marché comme principe régulateur par défaut et la nécessité de diminuer les impôts et leur caractère progressif, souvent accompagnée d'une méfiance à l'égard des syndicats, perçus comme des forces de blocage prêtes à tout pour conserver des avantages acquis parfois contradictoires avec le progrès économique. Les principaux représentants de ce courant furent le président des

États-Unis Ronald Reagan (1981-1989) et la Première ministre britannique Margaret Thatcher (1979-1990).

En France, la vogue nouvelle des idées libérales eut des conséquences pour la politique économique. L'interventionnisme étatique recula dans les années 1970 et surtout les années 1980 et 1990. Un rapport de 1969 influent dans l'administration française, dit Marjolin-Sadrin-Wormser, soutenait l'idée que l'économie était devenue trop complexe pour pouvoir être dirigée de manière aussi tatillonne qu'auparavant par le Commissariat au Plan : on retrouvait la critique de la « prétention du savoir » faite par l'économiste Friedrich Hayek[103]. Ainsi, les plans quinquennaux se firent de moins en moins détaillés, avec un nombre réduit d'objectifs.

Cependant, il n'y eut pas en France de réformes à proprement parler « néolibérales ». Il n'y eut ni réduction substantielle des impôts, ni réduction du rôle institutionnel des syndicats. Les politiques des années 1980 et 1990 furent très différentes de celles adoptées aux États-Unis, tout d'abord parce que la majorité politique y était tout autre : elle élisait un président de la République de gauche en 1981 alors que les Américains venaient d'élire Ronald Reagan. De plus, les intellectuels favorables à ces idées néolibérales étaient peu influents à droite[104]. Enfin, les inégalités de revenus n'augmentèrent pas en France : presque tous les indicateurs disponibles témoignent d'une stabilité voire d'une baisse des écarts de revenus entre 1970 et 2019. La part des revenus détenue par le décile le plus riche de la population était de 34 % en 1970, et de 32 % en 2020. Aux États-Unis, elle passait de 34 % à 44 %[105].

L'extension de l'État-providence et la montée du poids des retraites

Il revint à Valéry Giscard d'Estaing, malgré sa réputation de libéral, d'étendre significativement le champ de l'État-providence pour répondre à la crise. La léthargie du marché du travail des années 1970 imposait d'offrir aux demandeurs d'emploi une protection étendue : l'assurance-chômage, qui restait de faible envergure tant que le taux de chômage était inférieur à 2 %, devenait un filet de sécurité majeur quand il dépassait 3 % et que certains ouvriers pouvaient rester longtemps sans emploi.

Le financement de la Sécurité sociale reposait sur les cotisations payées par les travailleurs et les employeurs. Celles-ci avaient été relativement indolores tant que le niveau de vie augmentait rapidement : ainsi, l'aide sociale pouvait être de plus en plus généreuse sans que les salariés et les entreprises eussent à payer davantage de cotisations en proportion de leur revenu.

La baisse de la croissance changeait l'équation : les recettes allaient croître moins rapidement alors que la protection sociale allait s'étendre. La taxation pesant sur le travail dut augmenter substantiellement, pour financer les lois de 1975 et 1978 qui généralisaient les aides à la population inactive. Le problème s'aggravait sous Mitterrand, quand les générations moins nombreuses nées après le *baby boom* commençaient à entrer sur le marché du travail : le rythme de croissance de la force de travail diminuait fortement. Le taux de cotisations payées sur le travail passait de 33 % du salaire brut à 40 % du salaire brut sous le septennat de Giscard d'Estaing[106]. Le taux de prélèvements obligatoires, c'est-à-dire le total des impôts et cotisations rapporté au PIB, allait passer de 34 % à 40 % dans le même temps[107].

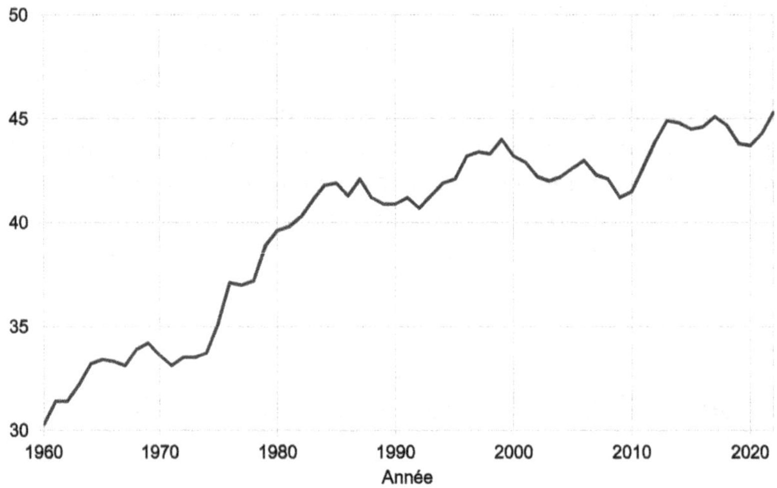

Figure 10.3. Taux de prélèvements obligatoires en pourcentage du PIB. Source : Insee.

Le poids de la Sécurité sociale crût également avec la part du montant total des pensions de retraite et des dépenses de santé dans la production, due à quatre causes. La première était la baisse de la natalité dans les années 1960 et 1970, qui réduisit le nombre de nouveaux actifs dans les années 1980 et 1990. La deuxième était l'allongement de l'espérance de vie, qui permettait aux retraités de bénéficier d'une pension plus longtemps. La troisième était la démocratisation de l'enseignement supérieur qui faisait que beaucoup de travailleurs commençaient leur carrière professionnelle plus tard. Au moment où François Mitterrand diminuait l'âge légal de la retraite de 65 à 60 ans, il y avait trois actifs qui cotisaient pour chaque retraité. Ce ratio était de 1,7 à la fin des années 2010. Le poids de la production revenant aux retraités sous forme de prestations sociales s'accroissait mécaniquement, passant de moins de 8 % du PIB en 1981 à près de 14 % aujourd'hui[108]. Enfin, la hausse des dépenses de santé, qui provenait en partie des progrès médicaux mais aussi de la nécessité de prendre en charge une population plus âgée, rendait le système social autrement plus généreux qu'il ne l'avait été sous Ambroise Croizat.

Ce changement signifiait que, pour l'équilibre des dépenses du régime de retraite, l'État devait se résoudre à choisir entre trois maux : augmenter les cotisations, baisser les retraites ou retarder l'âge de départ à la retraite.

L'État ne choisit pas de baisser les pensions de retraite dans l'immédiat : les retraités, parce que leur pauvreté avait été un des pires remords des Trente Glorieuses, bénéficièrent d'une montée de leur niveau de vie relatif très rapide après 1970[109]. La réforme du gouvernement conservateur d'Édouard Balladur en 1993 prévoit cependant pour les générations nées après 1980 une baisse progressive de leur niveau de vie relatif : depuis cette loi, les pensions sont appelées à être indexées sur l'inflation, et non plus sur les salaires[110].

Il restait donc à choisir entre le recul de l'âge du départ à la retraite et l'augmentation des cotisations : l'âge à partir duquel on pouvait partir à la retraite ayant baissé en 1981 après l'élection de Mitterrand, ce fut le taux d'imposition[111] global de l'économie qui dut augmenter.

Les économistes mettent en avant le fait que la hausse des taxes sur le travail - qu'il s'agisse de cotisations ou d'impôts à proprement parler - renchérissent le coût de l'emploi pour les entreprises et peuvent donc déprimer l'embauche. Le niveau élevé de taxation a favorisé les licenciements notamment dans le secteur industriel exposé à la concurrence internationale. Ceci a justifié dans les années 2010 une baisse des charges, spécialement pour les salariés les plus modestes : alors que les cotisations payées par l'employeur représentaient plus de 42 % du salaire brut au salaire minimal en 1990, elles n'étaient plus que de 7 % en 2020[112]. Le taux de chômage est descendu bien en deçà de ses records des années 1990, et il était de 7,3 % en 2022. Cependant, il n'a plus baissé en dessous de 5 % depuis 1980. Est-ce seulement encore possible[113] ?

Le premier mandat de François Mitterrand

François Mitterrand inquiétait les marchés à cause de son programme de nationalisations et de nouveaux impôts, voire de confiscations - il allait restreindre les mouvements des capitaux au début de son mandat pour limiter les sorties de fonds. Après son élection, le 10 mai 1981, il y eut un krach à la Bourse de Paris. Il ne faut pas exagérer l'importance de cette crise. Bien que la Bourse se fût effondrée de 40 %, sa capitalisation totale était bien moindre qu'aujourd'hui, de sorte que cette baisse de 40 % correspondait à une perte de valeur de « seulement » 4 % du PIB[114].

Le principal problème que rencontra Mitterrand dans ses premières années de gouvernement était l'incompatibilité entre sa politique de relance et sa volonté de rester dans le système monétaire européen mis en place en 1979. En période de tension inflationniste, la relance de son Premier ministre Pierre Mauroy n'eut pas d'effets sur le chômage, qui continuait de croître, mais contribua sans doute à augmenter les prix. Le gouvernement souffrait surtout de la méfiance des marchés, le franc et la dette française montrant des signes de faiblesse. Il tenta de maintenir la valeur du franc, mais dut se résoudre à le déprécier trois fois entre 1981 et 1983. Chaque dévaluation étant accompagnée de son train de mesures restrictives sur les dépenses publiques ou les transferts de capitaux, et semblait être un nouvel échec[115].

Le plan de relance de 1981, bien qu'il eût été conçu à contretemps, n'était pas pour autant le plus dispendieux de ceux qui avaient été proposés depuis 1973 : il prévoyait d'augmenter le déficit du gouvernement de moins de deux points de PIB sur deux années[116]. Il était moins ambitieux que celui qui avait été tenté en 1975 par le gouvernement de Jacques Chirac sous la présidence de Valéry Giscard d'Estaing, qui avait fait augmenter les dépenses de 3,5 % du PIB. C'était le signe que, dès qu'ils étaient arrivés au pouvoir, les socialistes étaient réceptifs à une forme de rigueur budgétaire, tendance qui se manifesterait en 1983.

Le « tournant de la rigueur » de 1983, qui provoque encore des divisions dans la gauche française, consistait en des mesures de hausse des impôts et de baisse des dépenses publiques. Il permit d'atteindre les objectifs que s'était fixés le gouvernement : la baisse de l'inflation et le maintien de la France dans le système monétaire européen. En revanche, le chômage commença à se réduire seulement à partir de 1987[117]. Ce plan ne permit, paradoxalement, pas de baisse générale du déficit, puisque la France subissait en même temps les conséquences de l'appréciation du dollar et de la politique monétaire américaine des années 1980.

Le tournant de la rigueur, même s'il reste une frustration historique et traumatisante pour la gauche[118], ne constituait pas un reniement complet de la politique socialiste : la lutte contre l'inflation, qui s'imposait dans toutes les économies développées à cette période, ne remit pas en cause les réformes de 1981-1982. Malgré quelques mesures d'économie dans la Sécurité sociale, le poids général des prestations sociales dans l'économie ne diminua pas. La taxation des Français les plus riches augmenta, avec la création de l'impôt sur les grandes fortunes en 1981, qui taxait leur patrimoine.

Avant même la coalition avec la droite de 1986, le gouvernement socialiste mettait en œuvre une véritable libéralisation de l'économie, en contradiction apparente avec l'ancienne rhétorique anticapitaliste de plusieurs dirigeants. La plus importante de ces mesures fut la fin de l'orientation nationale du crédit. Ce vestige des Trente Glorieuses fut aboli en 1984 et les banques furent libres de prêter sans avoir à rendre compte des secteurs, des entreprises ou des conditions de financement - tant qu'elles respectaient les règles prudentielles pour leurs prêts aux ménages.

Parmi les mesures sociales et économiques les plus emblématiques sur lesquelles le gouvernement ne revint pas, il y eut la baisse de l'âge légal de départ à la retraite à 60 ans, couplée à une revalorisation des pensions les plus faibles. Cette politique vint soulager l'existence des Français nés dans les années 1920 et 1930 qui avaient travaillé durement à la reconstruction du pays et connu les restrictions des années 1940, mais elle posait un problème pour les générations suivantes : elle avantagerait les *baby boomers* aisés dans les années 2000, alors que le pays devenait moins jeune et que la part des retraités dans la population augmentait et elle ne fut pas compensée par l'accumulation d'une cagnotte en vue du futur déséquilibre démographique.

Par ailleurs, les régularisations importantes de sans-papiers, couplées avec la politique récente de regroupement familial[119], contribuaient à la hausse de l'immigration, clandestine ou légale, que le gouvernement de Giscard avait précisément tenté de réduire. Constituée essentiellement de travailleurs non qualifiés, elle demeura à un niveau relativement élevé en France par rapport au reste de l'Europe. Cette question de l'immigration continue de plonger le pays dans des débats politiques qui ont pris une importance indéniable depuis le premier succès politique du Front national, parti d'extrême droite anti-immigration créé par Jean-Marie Le Pen, aux élections législatives de 1986[120].

Si beaucoup d'hommes politiques attachés à la rigueur des finances publiques ont critiqué ces politiques économiques, elles étaient très éloignées du programme communiste qui avait été redouté. En 1974, Mitterrand était candidat du « programme commun de la gauche », et défendait des options économiques radicales, mais il se sépara des communistes en 1977. Son élection de 1981, avec une candidature distincte, lui permit d'humilier politiquement le PCF et de transformer l'ancien premier parti de France en force d'appoint du Parti socialiste[121] : ceci évita sans doute l'élection d'un président communiste.

Enfin, une des réformes les plus emblématiques de l'ère Mitterrand fut le programme de nationalisations, annoncées dans son programme de campagne et mises en œuvre en 1982. Il est probable qu'elles aient sorti d'une situation délicate les grands groupes industriels (Thomson, Saint-Gobain, Rhône-Poulenc) et les banques qui furent concernés. Ces entreprises avaient accumulé des dettes, et étaient prises en tenaille entre les revendications salariales des années 1970 d'une part et la hausse des taux d'intérêt d'autre part. La faillite du Crédit lyonnais en 1992 a donné mauvaise réputation à ces entreprises publiques, en montrant à quel point leur *management* et leur gestion des risques pouvaient être déséquilibrés, mais elle a fait oublier les difficultés dans lesquelles étaient plongées ces sociétés dans les années 1980. Un gouvernement de droite aurait sans doute proposé un plan de soutien direct plutôt que de les laisser faire faillite, de sorte que la situation n'eût pas été radicalement différente pour ces grands groupes[122].

Une fois que l'inflation eut commencé de diminuer, cette politique socialiste fut suivie d'une politique exactement inverse de « dénationalisations » : la droite, qui remporta les élections législatives de 1986, fut appelé à gouverner sous la présidence de Mitterrand. Elle remit en cause une grande partie de ces nationalisations dans un mouvement continu. Entre 1986 et 1988, trente-et-une compagnies ou banques publiques furent privatisées, ces opérations étant mises en avant auprès des petits épargnants pour remplacer la gestion d'État par un « capitalisme populaire » : cela rapporta aux finances publiques 70 milliards de francs, ce qui représentait plus de 1 % du PIB. Paradoxalement, les nationalisations ont favorisé par contrecoup l'essor du marché boursier français, qui ne cesserait de s'étendre après 1986. Le nombre de détenteurs d'actions serait ainsi multiplié par six dans les années 1980[123].

Sous François Mitterrand, les socialistes n'avaient pas seulement renoncé à la planification : ils avaient même entamé le mouvement de libéralisation. Au nom de l'engagement européen, ils firent un pas de plus en s'engageant pour la stabilité de la monnaie lors du deuxième mandat du président socialiste.

Le traité de Maastricht et la naissance de la monnaie commune

En septembre 1992, par le traité de Maastricht, la France s'engageait à adopter une monnaie commune, l'euro, avec l'Allemagne, l'Italie, l'Espagne, le Benelux et quatre autres pays[124]. Bien que l'euro eût été largement perçu dans les années 2000 et une partie des années 2010 comme un handicap pour les exportations françaises, la monnaie unique était à l'origine une proposition de la France. L'Allemagne, au départ réticente, fit une concession, en espérant faire mieux accepter sa réunification, qui effrayait une partie de la classe politique en France - y compris le président - et d'autres pays dans le monde. L'euro offrait la garantie de réduire la pression sur le franc, et de maintenir un taux de change fixe avec le Deutsche Mark. S'il était adopté, la politique du « franc fort » ne serait plus soumise à la pression des marchés financiers, ce qui mettrait fin à un sujet de préoccupation lancinant des vingt dernières années.

Le traité, soumis par référendum au vote des Français en septembre 1992, et accepté à une courte majorité (51 %), redéfinit en grande partie les institutions économiques et politiques du pays. En plus de la monnaie commune, il renforçait l'intégration et la coordination économiques au sein de la communauté européenne. Il régulait également la politique budgétaire : la dette ne devait plus, en principe, dépasser 60 % du PIB, ni le déficit 3 %, *quand la conjoncture le permettait*. Il étendait les pouvoirs de la Commission et du Parlement européens.

L'opposition au traité avait dépassé les clivages politiques ordinaires. Elle rassemblait quelques partisans de gauche, notamment communistes, qui voulaient en renégocier les termes, jugés trop libéraux. Ce fut surtout une partie de la droite qui fit campagne contre le traité et son principe, autour du député Philippe Séguin, un « gaulliste social » issu du parti dominant de la droite, le Rassemblement pour la République (RPR). Dans un long discours prononcé à l'Assemblée nationale en mai 1992 qui allait préfigurer la campagne européenne, Philippe Séguin attaquait le niveau de fédéralisme accru, qui donnerait latitude totale à la future Union européenne en matière commerciale et réglementaire. Ce discours résume aussi plusieurs des arguments économiques qui exprimaient la méfiance vis-à-vis de l'Union européenne future et de sa monnaie commune.

Philippe Séguin annonçait aussi que Maastricht imposerait un réajustement à la baisse de l'État-providence. En réalité, la règle des 3 % de déficit public n'a pas particulièrement contraint les finances publiques françaises

– elle ne fut pas respectée – même si son existence a peut-être favorisé une politique fiscale excessivement sévère dans les autres pays d'Europe.

Cependant, cette solution au problème de change avait les inconvénients de ses avantages : l'impossibilité de sortir de l'euro, qui excluait la possibilité de faire une dévaluation de sa monnaie, impliquait de mener une politique déflationniste pour éviter une crise de la balance des paiements si les économies européennes ne s'accordaient pas. La France courait le risque d'être contrainte à des politiques de « modération salariale » – c'est-à-dire qu'il lui faudrait empêcher les salaires de croître plus vite que la productivité, voire les diminuer. La récession de 1991-1993 allait donner une illustration de ce qu'impliquait une politique monétaire commune.

Cette crise était une conséquence de la récente réunification allemande, actée au début de l'année 1990. L'ancienne Allemagne de l'Ouest étant bien plus riche que celle de l'Est, le pays réunifié mit en œuvre un gigantesque plan de réinvestissement pour éviter un déséquilibre trop flagrant du niveau de vie.

Ces investissements conduisirent à une « surchauffe » de l'économie – les liquidités abondaient et le plein emploi fut atteint, exerçant une pression à la hausse sur les prix. La Banque centrale allemande augmenta alors ses taux d'intérêt pour mettre fin à ces tendances inflationnistes. Ces taux plus élevés attirèrent des capitaux vers l'Allemagne, depuis les autres pays – à un rythme plus rapide que dans les années 1970, puisque les flux de capitaux étaient largement libéralisés[125].

Les autres monnaies européennes ayant un cours fixe par rapport au Deutsche Mark, il fallait accepter une dévaluation, comme le firent sous la contrainte des marchés, le Royaume-Uni, l'Italie, l'Espagne et le Portugal, ou accroître les taux. Malgré la pression, la France fit le choix de maintenir son taux de change artificiellement élevé et s'y tint jusqu'à la fin de la crise. Le franc se maintint à sa parité avec le Deutsche Mark mais le chômage atteignit un niveau record en 1994 (12,6 %)[126].

Philippe Séguin remarquait dans son discours de mai 1992 qu'avec l'euro, les pays participant à la monnaie unique n'auraient plus de choix :

> Eût-il été déraisonnable de laisser le mark se réévaluer quand la Bundesbank décida de relever ses taux d'intervention pour gérer les conséquences de la réunification ? On pourrait en discuter, mais le choix existait pour la France. Il n'en sera plus de même quand elle sera emprisonnée dans le système de la monnaie unique.

La gouvernance de la nouvelle monnaie garantissait son indépendance, la Banque centrale européenne ne pouvant se faire dicter sa politique monétaire par un seul pays. L'Allemagne eût-elle été dans l'euro entre 1990 et 1994, la BCE n'aurait pas augmenté ses taux aussi rapidement que la Bundesbank le fit, car les décisions y étaient prises avec l'accord des différentes banques centrales. Les gouverneurs des banques de France, d'Italie, d'Espagne, n'auraient pas voté pour une hausse du taux d'intérêt de plusieurs points de pourcentage pour une crise qui ne concernait que l'Allemagne[127].

Cependant, l'euro posait le problème de la coordination des besoins de chaque pays en matière monétaire : la politique monétaire commune entre pays de la zone euro serait facile à déterminer si les pays connaissaient des fluctuations économiques similaires (notamment des épisodes d'inflation comparables), et plus difficile à ajuster si les pays avaient des situations macroéconomiques trop disparates. Ainsi, l'Irlande, la Finlande ou la Grèce, qui avaient des cycles économiques décorrélés de ceux de la France ou de l'Allemagne, risqueraient de ne pas être en phase avec la politique monétaire de la future Banque centrale européenne[128].

Pour ses promoteurs, un autre intérêt de la monnaie unique était le suivant : en imposant une banque centrale européenne indépendante et avec comme unique mandat de lutter contre l'inflation, l'économie française pourrait bénéficier de taux bas, comme il n'y aurait plus de menace pesant sur le taux du franc par rapport à celui du Deutsche Mark. La France, au lieu de s'endetter en francs, pourrait s'endetter dans une monnaie internationale et fiable dont certains espéraient qu'elle dépasserait le dollar[129].

L'euro provoqua bien une baisse de l'inflation et des taux d'intérêt. Il s'agit incontestablement d'une réussite de l'euro sur ses vingt premières années. Le combat contre l'inflation fut un succès : en France, en Italie, en Espagne, elle se maintint à un niveau faible avant la crise de 2022[130]. Cette période de vingt-cinq ans sans crise des prix était unique après 1914. Les taux d'intérêt dont bénéficièrent les pays membres baissèrent substantiellement, et ce fut vrai pour la France, mais également pour l'Italie et l'Espagne[131]. En 2022, avec une dette trois fois plus élevée en pourcentage de la production nationale qu'en 1992, la France payait une charge d'intérêt largement inférieure[132]. Cela n'était pas seulement dû à la politique acommodante des années 2010, mais aussi à la réduction du risque de change.

Enfin, en faisant disparaître le risque de taux de change entre France et Allemagne, l'euro réduisait le besoin de couverture financière pour faire des échanges, et réduisait donc le coût du commerce. Si le rôle de l'euro dans l'expansion du commerce reste débattu, il favorisa l'intégration financière entre pays européens, les produits d'investissement ne souffrant plus du risque de change associé[133].

Le problème de la « compétitivité »

La monnaie unique, quand elle fut introduite dans les années 1990, était perçue comme favorable à l'industrie et à la position internationale financière de la France. L'Allemagne, dont la situation était relativement défavorable, crut pâtir dans un premier temps de la monnaie unique, et ses excédents commerciaux se rapetissaient. La France, pour la première fois depuis plusieurs décennies, bénéficiait d'excédents commerciaux supérieurs à ceux de l'Allemagne[134]. Le chômage y baissait continûment.

Cependant, les deux pays firent des choix antithétiques dans les années 2000, qui renversèrent cette tendance. La France réduisit son temps de travail en appliquant les trente-cinq heures - la loi fut votée en 2000 et appliquée en 2002. Ceci fit baisser la croissance de la production et augmenter le coût du travail : si des baisses de charge pour les employeurs allaient accompagner la réforme, elles furent financées par d'autres impôts et ne suffirent pas à compenser la hausse du salaire horaire de près de 10 % (les trente-cinq heures payées trente-neuf).

L'Allemagne, au contraire, mena des réformes pour contraindre les salaires voire les réduire entre 2003 et 2005, notamment une politique de réforme de « dévaluation fiscale », en abaissant les impôts sur le travail et en augmentant ceux sur la consommation (la taxe sur la valeur ajoutée)[135]. Le coût salarial unitaire - c'est-à-dire le salaire ramené à la productivité - y devenait nettement plus faible, ce qui fit de ce pays, avec la Chine, un des « ateliers du monde ». Son économie allait être tirée par des exportations considérables - l'Allemagne fut plusieurs années de suite le premier exportateur mondial - et un excédent commercial de près de 8 % du PIB, après une croissance très rapide entre 2003 et 2007.

Au contraire, la France accumulait des déficits commerciaux et perdait des parts de marché dans l'industrie. C'est davantage la conjonction de ces réformes « divergentes » que l'euro lui-même qui provoqua des problèmes pour l'industrie et l'emploi français[136]. La politique française (ou l'allemande, selon les préférences) des années 1990 et 2000 était en partie incohérente avec les contraintes de la monnaie unique[137]. Les conséquences s'en feraient ressentir pour le secteur manufacturier lors de la Grande Récession.

La crise de 2008 et la Grande Récession

La crise financière de 2007-2008 trouve son origine dans le surendettement des ménages américains et l'insolvabilité des prêts immobiliers. Elle fut déclenchée par un retournement de marché, qui fit soudainement baisser les prix des maisons, et révéla le niveau de risque élevé des titres financiers assis sur ces crédits[138]. Cette crise semblait propre au secteur immobilier américain mais le dépassait largement : les créances avaient été « titrisées », c'est-à-dire rassemblées et revendues dans des produits financiers complexes dans tout le système américain. De plus, du fait de la libéralisation financière qui avait fait renaître des flux d'investissement substantiels entre États-Unis et Europe, ces titres, qui rassemblaient des créances immobilières douteuses, se retrouvaient dans les actifs des banques européennes, notamment chez des établissements comme Deutsche Bank, sans que cela fût toujours clair aux yeux des banques et des analystes[139].

Bien que le système bancaire y représentât une part plus importante de l'économie que dans d'autres pays, la France était moins exposée aux faillites américaines que l'Allemagne ou que le Royaume-Uni car elle y investissait moins[140]. La fermeture de fonds d'investissement français de la BNP et d'AXA adossés sur les crédits domestiques américains à l'été 2007 fut l'un des signes avant-coureurs de la récession dans le pays, mais ils ne représentaient pas des positions majeures des deux banques.

Cependant, la crise prit toute son ampleur le 15 septembre 2008 : la banque d'investissement américaine Lehman Brothers, dont la valeur s'était effondrée à cause de ses actifs liés à l'immobilier, fit faillite, sans repreneur, malgré les tentatives de sauvetage de la Fed. Si les pertes de cet établissement avaient été couvertes, il est probable que la récession commencée en 2007 aurait été plus courte. Cependant, sauver la banque ou la nationaliser, c'était créer un mauvais précédent qui inciterait à des prises de risques inconsidérées les institutions financières : les États-Unis firent alors le choix de la rigueur.

Plus que n'importe quel autre événement historique, y compris la crise des années 1930, la faillite de Lehman Brothers allait démontrer l'interdépendance des banques dans le monde : même celles qui estimaient être peu exposées au risque financier américain subirent des pertes liées à la faillite de Lehman. L'Europe ne fut pas épargnée par la crise de 2008. De son côté, la France traversa une récession en partie moindre que celle du Royaume-Uni et de l'Allemagne en 2009 (récession de 2,9 % du PIB, contre 4,5 % et 5,7 % respectivement), parce que ses banques étaient légèrement moins exposées[141]

– mais ce fut malgré tout la plus grave récession depuis la fin de la Seconde Guerre mondiale et avant celle de la pandémie de 2020.

La contagion mondiale fut telle que les autorités monétaires des États-Unis prirent la décision extrême de prêter des liquidités aux établissements bancaires indépendamment de leur nationalité : des milliers de milliards de dollars transitèrent des États-Unis vers l'Europe, et permirent d'éviter une faillite généralisée des banques. Comme la crise devenait mondiale, le dollar n'était plus considéré comme la monnaie d'un pays au système financier instable ; le dollar restait la monnaie de la première puissance mondiale et la valeur-refuge par excellence vers laquelle se tournaient tous les investisseurs apeurés. Son abondance facilita la tâche des économies européennes.

En septembre 2008, Nicolas Sarkozy, président de la République entre 2007 et 2012, et président du Conseil de l'Union européenne pour six mois, allait tenter de coordonner une réponse à la crise, dans l'Union européenne. Tous les grands pays de l'UE firent un plan de relance ; la France dépensa 1,3 % de son PIB en soutien aux entreprises et en investissements publics, ainsi que 0,4 % étalés sur les années suivantes[142]. Cela s'ajoutait à la baisse des recettes fiscales que provoque mécaniquement une crise : proportionnelles aux revenus, elles diminuent avec la crise. Certains impôts étaient plus volatiles encore, comme l'impôt sur les sociétés, dont les recettes diminuèrent de deux tiers, ce qui représentait presque 2 % du PIB français. Ainsi, le déficit atteignit un niveau très élevé en 2009 puis en 2010[143]. Cette politique de relance coordonnée était bonne : dans un monde plus ouvert, il était nécessaire que chaque pays fît son propre effort de relance, afin d'éviter que les relances ne donnent surtout lieu à une hausse des importations et ne bénéficient exclusivement aux partenaires commerciaux[144]. L'Union européenne, sous la présidence de Sarkozy, mit également en œuvre une politique de garantie des dépôts bancaires, qui permit d'éviter des ruées aux guichets comme celles qui avaient eu lieu dans les banques régionales françaises dans les années 1930.

La France sortit cependant assez tard du marasme économique. Tandis que les États-Unis, qui avaient été le foyer de la crise, retrouvaient leur niveau de production par habitant d'avant crise en 2013, et l'Allemagne dès 2010 grâce à ses exportations, la France devait attendre 2016 ; l'Italie et l'Espagne ne l'avaient toujours pas retrouvé en 2023. La cause de cette léthargie fut la réaction de l'UE à la hausse des taux d'intérêt de la dette, notamment italienne, portugaise, espagnole et grecque. Ces pays, endettés, souffraient d'une détérioration de leur balance des paiements ; l'Espagne, en particulier, avait connu une bulle immobilière qui avait aggravé l'endettement général de l'économie ; l'Italie souffrait d'une croissance lente dans les décennies qui précédèrent la crise. Surtout, la Grèce avait emprunté dans les années 2000 des montants excessifs et son gouvernement avait maquillé les comptes publics. Bien que cette dernière fût une petite économie (2 % de la production de la zone euro), son défaut de 2011 provoqua des remous sur les marchés, car il mettait à l'épreuve la solidarité de la zone euro et provoqua une crise de confiance sur les dettes italienne et espagnole.

Les pays du nord de l'Union européenne voulurent utiliser l'exemple grec pour démontrer que l'euro ne créait pas de garantie implicite de la dette publique de chaque État-membre par les autres. Ils acceptèrent le principe du défaut mais ils ne firent pas preuve d'une mansuétude extrême et impliquèrent le FMI dans le règlement de la situation grecque. Ils renoncèrent à la moitié de la dette détenue par les banques françaises et allemandes mais maintinrent la Grèce en renégociation permanente – l'objectif double étant d'apaiser la crise tout en créant un exemple et d'éviter que des pays débiteurs se croient protégés par le reste de l'Union européenne[145]. En octobre 2010, une déclaration commune de Nicolas Sarkozy et d'Angela Merkel à Deauville laissa entendre que les détenteurs privés de dette devraient contribuer en cas de défaut. La conséquence directe de cette déclaration fut une augmentation des taux d'intérêt des dettes espagnoles, italiennes et grecques, et même françaises.

La raison pour laquelle les taux d'intérêt augmentaient dans les pays considérés comme peu sûrs était en partie politique : si l'euro ne survivait pas, il n'y avait aucune certitude sur la monnaie dans laquelle les différentes dettes seraient remboursées. La raison pour laquelle on craignait que ces pays ne quittent l'euro était au demeurant la hausse des taux. Elle détériorait les finances publiques, et pouvait ainsi provoquer elle-même un défaut : il s'agit d'un scénario de crise autoréalisatrice, où la crainte même qu'un événement ne se produise le provoque. Par conséquent, la France, comme les autres pays de l'Europe, lança une politique de « rigueur » ou d'« austérité », afin de réduire les émissions de dette et de rassurer les marchés. Les dépenses publiques diminuèrent de manière assez nette, contre la volonté de son président, qui aurait sans doute voulu se ménager une chance d'être réélu en 2012. La France maintint cependant un déficit élevé : de 7 % du PIB en 2010, il passa à 5,2 % en 2011 et 5 % en 2012. Comme en Italie et en Espagne, les efforts d'assainissement du gouvernement furent tellement difficiles qu'ils firent sensiblement ralentir l'économie en 2012 et 2013, et permirent seulement des progrès modestes en matière budgétaire[146]. La conséquence fut une croissance presque nulle, et une hausse du chômage, alors qu'il semblait s'être stabilisé après la récession de 2009 : la crise fut prolongée pour cinq années[147].

Les taux allaient baisser, en partie grâce aux engagements de baisse des dépenses publiques pris par les pays du sud de l'Europe. Surtout, la politique monétaire souple de Mario Draghi à la Banque centrale européenne, qui affirma son engagement à faire « tout ce qu'il faudra » (« *whatever it takes* ») en juillet 2012 pour éviter une crise de l'euro montra que la BCE ne laisserait pas l'Italie ni, *a fortiori*, la France s'enfoncer dans une crise si cela menaçait l'existence même de la monnaie commune. Cet engagement permit une forte baisse des taux d'intérêt sur les dettes publiques, tandis que la politique d'assouplissement quantitatif des années 2010 allait permettre aux États européens les plus « fiables » de bénéficier de taux négatifs : ainsi, la France, qui avait dû laisser rebondir la crise à cause des marchés financiers, bénéficia de taux négatifs sur sa dette de long terme à la fin des années 2010. Après 2016, les conditions macroéconomiques étaient devenues plus favorables, et la croissance reprenait jusqu'à la pandémie de 2020.

La difficile reprise de la croissance

La crise eut des conséquences durables pour l'économie française. Notamment, elle provoqua une baisse soudaine de la production industrielle en France. Alors que cette dernière avait cessé de croître depuis le début des années 2000, elle n'avait pas pour autant décru : son importance relative dans la production avait certes baissé, mais pas son niveau absolu. La décrue de 2008 n'était pas temporaire : la production industrielle perdue ne revint pas.

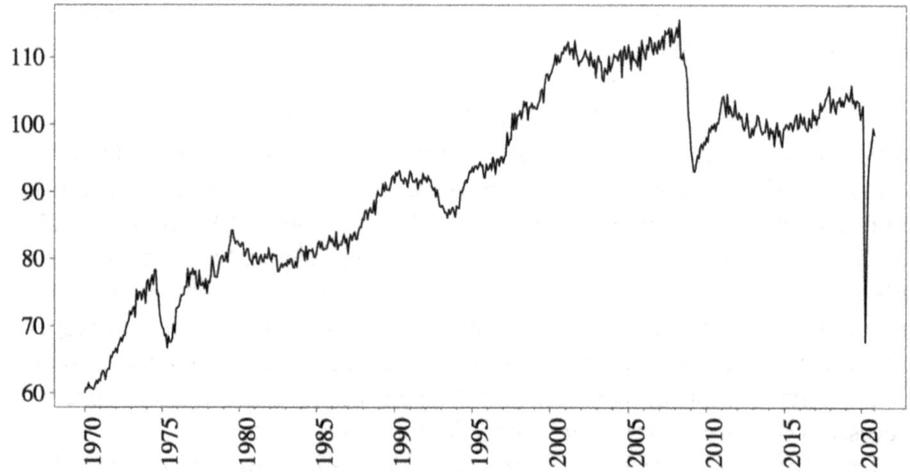

Figure 10.4. Indice de production industrielle. Antonin Aviat, Frédérique Bec, Claude Diebolt, Catherine Doz, Denis Ferrand, Laurent Ferrara, Éric Heyer, Valérie Mignon et Pierre-Alain Pionnier, *Les Cycles économiques de la France. Une datation de référence*, Paris, EconomiX-UMR7235, Université Paris Nanterre, 2021.

Ce phénomène et l'appauvrissement qu'il provoquait dans les anciens centres industriels accélérerait le déclassement de certaines petites villes au profit de métropoles régionales. Cette hausse des inégalités entre régions allait amplifier les divisions politiques, de plus en plus nettes sur les cartes électorales françaises qui s'étaient nettement transformées entre 1980 et 2017. La présidence d'Emmanuel Macron (commencée en 2017 et devant durer jusqu'en 2027) allait être le moment où s'exprimeraient les mécontentements provoqués par ces crises.

Certains choix politiques du nouveau président (taxe carbone, limitation des vitesses sur les routes) firent l'objet d'une contestation virulente de milliers de salariés modestes des petites villes et des campagnes, qui étaient sortis appauvris de la crise. La première manifestation des « gilets jaunes » eut lieu le 17 novembre 2018. Ce mouvement rassemblait les victimes des hausses des prix et taxes de l'énergie, ou des variations de l'immobilier : il y avait aussi bien des salariés propriétaires de régions désindustrialisées dont la maison s'était dévaluée que des locataires de grandes villes dont le loyer augmentait. Contrairement à des mouvements ouvriers anciens, plus pauvres, il rassemblait en fait des salariés dont le niveau de vie était proche du revenu médian, mais qui avaient subi une dégradation de leur mode de vie. Ils n'habitaient pas tous dans les régions désindustrialisées : à Bordeaux, la mise en service du TGV, qui se fit par étape entre 1990 et 2017, avait augmenté les inégalités. De nombreux cadres et entreprises voulant profiter de la liaison rapide avec Paris s'y étaient installés, et le tourisme y augmenta considérablement, ce qui rendait plus profitable l'immobilier de location. Ceci avait renchéri les prix et chassé de la ville tous les anciens pourvoyeurs de services qui y travaillaient. Ces derniers étaient condamnés à payer leur carburant et à subir les embouteillages de la rocade bordelaise, très denses : Bordeaux était devenue la troisième ville la plus embouteillée de France en 2019[148], et les protestations de gilets jaunes y furent particulièrement intenses. Les inégalités de temps de trajet entre domicile et travail reflétaient les inégalités géographiques entre des territoires denses bien connectés et d'autres plus épars sans réelle offre d'emploi de proximité. Plus le trajet moyen était long dans un département, plus il y eut de gilets jaunes[149]. La construction d'un nombre plus important de logements dans les grandes villes ou les territoires ruraux attractifs demeure l'un des points aveugles de la politique française, qui, volontairement ou non, restreint l'offre de logement[150]. Elle fit le choix de ne pas étendre la construction immobilière dans les marchés en tension[151], ce qui amplifiait les crises géographiques : pour que l'injonction à la mobilité eût un sens, encore faudrait-il qu'il y eût des habitations où s'installer.

Les protestations sociales ne furent pas la seule conséquence politique de la crise : les Français commencèrent également à voter massivement pour des partis contestataires. Les « partis antisystème » ou qui se revendiquaient tels rassemblaient 55 % des voix en 2022, contre 25 % en 2007[152]. Leurs deux principaux représentants dans les années 2010 étaient Marine Le Pen et Jean-Luc Mélenchon. Schématiquement, la première représentait les ruraux, souvent anciennement industriels, ou les habitants des villes appauvries, petits propriétaires dont la maison a vu son prix baisser, qui ont généralement un long temps de trajet jusqu'à leur travail ; le second représentait les employés, fonctionnaires et les travailleurs d'origine immigrée, en somme les classes populaires urbaines[153]. Au risque de simplifier à l'extrême le paysage politique, cette partition des mécontents sépare d'une part les Français des classes moyennes dont le niveau de vie a décliné, et d'autre part ceux qui ont réussi à mener des études supérieures sans devenir riches – la « gauche brahmane[154] ».

Il y aurait peu de chances que ces deux partis, populaires mais distincts, s'unissent pour former une coalition des mécontents, leurs aspirations étant fondamentalement différentes – notamment sur des sujets de société ou sur l'immigration – mais le système institutionnel français pourrait cependant favoriser l'arrivée au pouvoir de l'un de ces deux camps, à la faveur d'une abstention forte ou du rejet d'un candidat du « système ». Emmanuel Macron, centriste d'inspiration libérale, et favori de la bourgeoisie, fut moins confortablement élu en 2022 qu'en 2017. Il faudrait une reprise économique durable, et peut-être quelques changements sociaux et culturels, pour casser la tendance politique favorable aux partis « populistes » depuis 2007.

Les difficultés sociales et politiques risquent d'être amplifiées par la transition écologique, qui devrait ralentir la croissance et contraindre à des investissements massifs (réhabilitation des logements, changement progressif du parc automobile français, remplacement de nombreuses activités, etc.)[155]. Sans croissance, les problèmes de taxation et de redistribution des revenus deviennent plus difficiles à régler, car il n'y a plus de manne qui permette de limiter le nombre de perdants : imposer les émissions de gaz à effet de serre, comme le gouvernement avait essayé de le faire en 2018, devient par exemple plus délicat. En l'occurrence, la taxation du carbone, telle qu'elle existait en France en 2018, frappait davantage les Français modestes : l'essence y était disproportionnément taxée. Or les riches urbains utilisent moins leur voiture que les travailleurs ruraux.

Cependant, une partie de la classe politique espère que cette adaptation de l'économie permettra la formation de nouveaux bassins d'emploi industriels, spécialisés dans les « technologies vertes ». L'ouverture d'une usine de batteries à Douai, qui a bénéficié d'une visite du président de la République en juin 2021, illustre l'avantage qu'espère tirer la France de la transition écologique : conjurer la désindustrialisation.

Les causes de long terme de la désindustrialisation

Si la désindustrialisation s'est accentuée pendant la crise de 2008, elle n'était pas uniquement conjoncturelle : le coût salarial unitaire élevé ou la mauvaise image de marque des produits français avaient fragilisé les bases de son industrie. Cependant, cela allait plus loin : l'industrie ne retrouva pas son niveau de production d'avant crise. Ce phénomène était aussi une tendance de long terme, qui avait deux causes principales : la première était la transformation de l'économie française, dont la structure de consommation se modifiait à mesure qu'elle s'enrichissait. La deuxième était le progrès des importations industrielles chinoises à partir des années 2000, qui changerait la face du commerce de biens industriels.

Jean Fourastié, dès 1979, annonçait le passage à une « société de services ». La croissance du niveau de vie signifiait que la consommation matérielle allait s'épuiser, une fois que chaque Français disposerait des différents équipements électroménagers. Certes, la qualité des voitures, des lave-linges, des téléviseurs continuerait de s'améliorer avec le temps, et quelques nouveautés viendraient s'ajouter, comme les ordinateurs personnels, les téléphones portables, les tablettes ou les robots de cuisine. Cependant, ces biens deviendraient moins coûteux à mesure que la productivité progresserait, et les ménages n'achèteraient pas plusieurs voitures par an. Les consommateurs se tourneraient donc vers les services : c'est d'ailleurs un fait établi que la part des biens manufacturés dans la consommation décroît en fonction de la richesse une fois que l'on a atteint un certain niveau de revenu[156]. De même que le progrès agricole avait signifié l'urbanisation de la société, de même le progrès industriel allait impliquer la désindustrialisation, car la société allait consommer davantage de services et se tertiariser.

La part de la valeur ajoutée industrielle dans le revenu national allait effectivement baisser, après avoir déjà atteint un plafond autour de 1950. Alors qu'elle représentait 24 % du PIB en 1980, et 20 % en 2000, elle n'en représentait plus que 13 % en 2021, en partie à cause de la baisse brutale survenue en 2008[157]. Entre 2000 et 2020, la production industrielle en volume a baissé de seulement 10 % ; dans d'autres pays occidentaux, la part de l'industrie baissait alors que la production ne diminuait pas autant[158]. L'industrie s'est également transformée : avec moins d'employés, elle se concentra dans les secteurs à plus haute valeur ajoutée, tandis que le textile ou la manufacture de jouets se réduisaient aux segments plus luxueux.

Cette baisse de la production ne permettait pas de répondre à une demande qui demeurait en hausse : le nombre d'écrans ou de tablettes consommés a par exemple explosé. Ainsi, le déclin s'explique également parce que le pays importait une part plus importante des biens manufacturés qu'il consommait, du fait de l'ouverture commerciale croissante des années 1990 et 2000.

L'entrée de la Chine dans l'Organisation mondiale du commerce en décembre 2001 contribua à une réduction considérable des droits de douane imposés à ce pays qui disposait d'une force de travail peu chère et abondante. La concurrence chinoise fragilisa beaucoup d'industries et d'emplois dans presque toutes les économies avancées, y compris la France[159]. Les fermetures d'usine et les délocalisations associées firent des « perdants de la mondialisation ». L'importation de marchandises chinoises fit aussi des gagnants : les consommateurs bénéficièrent de produits au prix plus faible.

Il est fréquent de déplorer les conséquences sociales de l'ouverture au commerce. Il n'est pas certain que la concurrence chinoise ait fait augmenter les inégalités, comme le montre l'étude du cas américain[160]. Elle précipita en revanche le déclin de certaines classes moyennes françaises qui bénéficiaient de métiers industriels relativement qualifiés[161]. Les effets étaient visibles dans des « marchés du travail locaux » : des bassins d'emploi entiers souffrirent des délocalisations, sans issue économique possible pour les ouvriers ainsi touchés. Les métiers de services de ces mêmes régions souffrirent de l'appauvrissement général, de même que les prix de l'immobilier. Les « coûts de transition » que pouvaient entraîner des changements comme la concurrence chinoise se sont révélés importants : en attendant que les ouvriers et les friches industrielles trouvent de nouvelles vocations économiques, beaucoup de temps peut être perdu.

Contrairement à l'Allemagne, qui bénéficiait d'ouvriers spécialisés bien formés et d'une réputation de qualité, et qui put facilement « monter en gamme », la France ne réussit pas à adapter ses usines à la nouvelle donne économique et ne put empêcher ces drames sociaux qui contribuaient au mécontentement politique. La question a également des conséquences de plus long terme : en perdant son industrie, supposément motrice pour la croissance, la France court-elle le risque de se laisser dépasser par les autres économies développées ?

La baisse de la croissance est-elle due à la désindustrialisation ?

Il est fréquent d'attribuer la fin de la croissance à la désindustrialisation. Selon Jean Fourastié, l'avènement de la société de services mettrait fin à la société de croissance : en effet, le salaire d'un coiffeur doit être le même que celui d'un ouvrier pour qu'il y ait des coiffeurs, et le coiffeur ne bénéficie pas autant des progrès des outils-machines que les ouvriers.

Le fait que la part des services s'accroisse signifiait que le potentiel de croissance serait de plus en plus faible, car l'humain en est le principal outil de production. Outre l'exemple du coiffeur, revient souvent celui du spectacle vivant : fait selon les mêmes procédés qu'au temps de Molière, avec des acteurs sur place, victime de la « maladie des coûts », il ne ferait pas de progrès de productivité[162]. Cette thèse semble confirmée par les progrès de la productivité industrielle, plus importants que ceux des services : ainsi, les pays réussissant à se spécialiser dans l'industrie, grâce à une monnaie sous-évaluée ou à de bas salaires, comme la Chine et l'Allemagne, auraient bénéficié d'une meilleure croissance car ils se seraient laissé porter par le progrès technique. De tels raisonnements permettraient de justifier une politique industrielle en France.

Cependant, une analyse économique plus poussée montre que les services ont également bénéficié du progrès technique et que l'industrie n'en a pas le monopole. La croissance de la productivité dans l'industrie est sans doute surestimée, car l'on ne tient pas compte du fait que, à mesure que la part de son activité se réduit, elle devient une activité d'ouvriers spécialisés, attirant surtout des individus et des entrepreneurs qui se sentaient une appétence ou ont obtenu une formation technique spécifique dans les bassins d'emploi les plus propices[163]. À l'inverse, les emplois les moins qualifiés sont aujourd'hui dans les services ou le bâtiment, ce qui fait que le secteur des services est, pour beaucoup de Français sans formation, un métier par défaut ; par le passé, c'était l'industrie qui, avec ses tâches autonomisées, attirait les plus pauvres, ou ceux qui n'avaient pas de formation. Ainsi, quand nous comparons la productivité des différents secteurs de l'économie sans tenir compte du fait que la composition de leur main-d'œuvre a changé, nous surestimons les progrès de l'industrie et sous-estimons ceux des services[164]. Une étude qui tient compte de cet écart montre que les services ont en fait bénéficié des progrès techniques, notamment grâce à l'essor de l'informatique ou, pour les services de santé et tous ceux qui sont comparables, l'amélioration des recommandations professionnelles. Leur productivité aurait en fait crû au même rythme que celle de l'industrie[165]. Même les spectacles vivants, supposément le secteur dans lequel la croissance est impossible, bénéficient du progrès technique : le moindre coût de l'éclairage, la baisse du prix des costumes, l'amélioration des techniques et matériaux acoustiques, la billetterie en ligne, la croissance constante du nombre d'œuvres à représenter, les surtitres et le faible coût du billet d'avion qui facilitent la venue d'artistes étrangers, les nouvelles techniques de mise en scène qui se répandent, tous ces facteurs améliorent la qualité des spectacles[166].

Ainsi, la désindustrialisation ne semble pas être la cause univoque de la mauvaise performance macroéconomique française ces dernières années. Des pays qui ont conservé une industrie plus importante que la France, comme l'Italie ou l'Espagne, ont néanmoins pâti davantage de la Grande Récession. *A contrario*, les États-Unis, dont l'industrie manufacturière a également subi un lourd déclin et ne représente plus que 10 % du PIB, ont connu le taux de croissance entre 2000 et 2022 le plus élevé parmi les grandes économies développées. La Chine ou l'Allemagne ne sont pas des modèles uniques.

Il demeure possible que l'industrie, en poussant à la formation et à l'accumulation de capitaux, ait davantage de retombées économiques positives que les services, mais le problème suppose de bien distinguer les industries dans lesquelles on veut se développer. Ainsi, relocaliser en France la production d'articles manufacturés bas de gamme pourrait, au mieux, compenser en partie les victimes économiques du « choc chinois », mais n'aurait sans doute pas d'autre retombée positive – cela pourrait même contribuer à une hausse des prix. La relocalisation de biens manufacturés de qualité aurait plus de chance de bénéficier à l'économie, si elle permettait effectivement d'augmenter le savoir-faire productif. Afin de bénéficier de l'effet d'entraînement de l'industrie, il faudrait faire le choix de secteurs porteurs.

Une autre raison anthropologique explique sans doute les réticences de la société vis-à-vis de la tertiarisation, indépendamment de sa performance économique : c'est la transformation du type d'activité qu'elle engendre. La croissance dans les services n'est pas du même type que celle qui provient de l'amélioration d'une machine-outil par un ingénieur : pour la provoquer, il faut sans cesse bouleverser le cadre de travail ou couper les temps morts, comme le montrait Daniel Cohen. La révolution numérique a permis cette transformation : si l'avènement de l'informatique n'a pas encore dégagé des gains de productivité comparables à ceux de la révolution industrielle, il a néanmoins radicalement transformé le mode de vie. « Pour trouver de la croissance dans une société où l'homme est le produit final, il faut changer la nature de l'homme lui-même. Il faut numériser l'homme pour que la société tertiarisée devienne une société en croissance[167]. » La numérisation d'anciennes formes de relations humaines, depuis les services après vente jusqu'aux applications de rencontre amoureuse en passant par la comptabilité, crée le risque d'une distanciation sociale trop forte, voire d'une société inhumaine, où l'écran remplacerait presque systématiquement le face-à-face. Même si cette transformation semble irréversible, l'industrie, indépendamment de son importance pour la croissance, est perçue avec nostalgie comme le cadre de relations sociales plus agréables à rebours de ce qu'elle fut à ses débuts.

La France et la mondialisation libérale : les progrès de la concurrence en France

Sur le plan technique, une innovation majeure allait redéfinir le commerce international et les relations économiques mondiales : le conteneur, dont l'usage se généralisa à partir des années 1970, allait considérablement réduire le coût du transport maritime, en permettant à chaque navire de transporter davantage de marchandises, tout en accélérant considérablement les chargements et déchargements de marchandises. La France elle-même ne fut pas en pointe sur cette technique. Même si les armateurs français allaient disposer d'importantes parts de marché, la France produisit peu de conteneurs, et ses ports attirent un trafic relativement limité : Anvers et Rotterdam sont les principales destinations pour exporter des cargos vers la France[168]. La faiblesse relative de l'activité économique des ports français n'empêcha pas le porte-conteneurs de changer la donne du commerce international : le coût de transport des marchandises deviendrait négligeable, au point qu'il est devenu commun pour produire un objet de faire faire des allers-retours aux différents composants. La révolution du porte-conteneurs était la condition de possibilité de la mondialisation commerciale des années 1980 et 1990.

Depuis les années 1980, tous les flux internationaux ont augmenté en France : flux de capitaux, flux de marchandises, d'immigrés ou encore de touristes[169]. Sur le plan commercial, deux événements de nature géopolitique ont modifié la donne : la signature des accords de Marrakech de 1994 qui créaient l'Organisation mondiale du commerce que rejoindraient à terme toutes les grandes économies du monde (y compris la Chine en 2001) et l'intégration des anciens pays du pacte de Varsovie dans l'Union européenne et son marché unique en 2004. Les pays d'Europe de l'Est, qui devinrent des partenaires industriels majeurs de l'industrie allemande, accrurent encore la taille du marché commun et offrirent de nouveaux débouchés aux capitaux européens dans des pays moins équipés et plus pauvres. Même les pays d'Amérique latine allaient rejoindre le « village global » intégré, abandonnant une grande partie de leurs restrictions commerciales[170].

D'un point de vue institutionnel, la France s'est ouverte au reste du monde, et davantage de barrières y ont été abolies qu'aux États-Unis : au sein de l'Union européenne, les règles favorisaient une transparence du commerce, une certaine idée de la concurrence. L'intervention de l'État et la distribution des aides publiques sont désormais examinées par la Commission européenne, et doivent être justifiées par des raisons extra-économiques. Le droit de la concurrence est devenu une composante ambitieuse de l'Union européenne, avec des implications importantes.

Le principe de concurrence n'est pas absolu : les institutions européennes laissent une marge restreinte aux États, quand l'État se comporte en « investisseur avisé », avec en vue un profit. L'État racheta ainsi une partie du capital d'Alstom sous le gouvernement de Jacques Chirac en 2004, avec l'accord du commissaire européen chargé de la concurrence. Certains secteurs demeurent protégés du libre-échange, comme le cinéma, qui bénéficie de l'« exception culturelle française » – une partie du prix de chaque billet de cinéma vient financer un fonds d'aide au cinéma français, ce qui constitue une sorte de tarif pour les films étrangers. L'agriculture bénéficie encore de la politique agricole commune en 2022, et certaines commandes d'État, notamment en matière militaire, ne sont pas soumises aux règles de mise en concurrence.

Cependant, force est de reconnaître que, pour qui regrette Colbert et sa politique industrielle, l'Europe n'offre pas le cadre approprié : un ancien ministre du « Redressement productif » a ainsi qualifié l'institution d'« idiot du village global », craignant que la « naïveté » de l'ouverture de l'Union européenne ne lui nuise.

Au contraire, les défenseurs de l'Union insistent sur son efficacité en matière de lutte contre les monopoles. Un exemple souvent cité pour le cas français est celui des télécommunications : les principes du droit de la concurrence européenne ont facilité la mise en vente d'une nouvelle licence de téléphonie mobile en 2009, alors que les tarifs étaient élevés et qu'il n'existait que trois opérateurs téléphoniques. Le quatrième opérateur, Free mobile, entré sur les marchés en 2012, a proposé des tarifs compétitifs qui ont divisé par deux les tarifs téléphoniques sans provoquer de diminution des investissements dans les infrastructures[171]. De manière générale, l'économiste Thomas Philippon a affirmé que les indicateurs de concurrence démontraient que l'Europe, où jadis les intermédiaires prenaient de généreuses marges, serait devenue plus concurrentielle que les États-Unis, où les taux de marge ont augmenté : cela serait visible dans des secteurs aussi divers que la téléphonie, la grande distribution ou le voyage aérien[172]. Ce constat suscite des débats chez les économistes[173], mais il a une forme de vérité institutionnelle : l'Europe restreint les interventions de l'État et ses aides aux entreprises.

Cela n'empêche pas la persistance de certaines professions réglementées – les notaires ou les taxis. Dans le même registre, la réglementation de l'urbanisme commercial, inaugurée par la loi Royer en 1973, n'est pas conforme au droit de la concurrence en Europe, et cette entorse vise à protéger les petits commerces de centres-villes.

Ailleurs, la politique de la concurrence a été appliquée, y compris dans des secteurs où il n'existait pas de « marché » naturel, comme celui de l'énergie : la production d'électricité suscite d'importantes économies d'échelle, de sorte que les acteurs historiques bénéficient d'un avantage certain. Pour éviter qu'EDF, le monopole français, n'empêche d'éventuels nouveaux acteurs de produire de l'énergie, l'entreprise nationale a été contrainte par « l'accès régulé à l'électricité nucléaire historique » (ARENH) de revendre à un tarif préférentiel son électricité à des fournisseurs. Ceux-ci la revendaient ensuite plus cher aux consommateurs – leurs bénéfices étaient censés financer des investissements énergétiques.

La politique de l'UE a permis des gains de pouvoir d'achat pour les consommateurs, mais ils sont limités par rapport aux profits qu'a générés aux États-Unis la formation de géants des technologies de l'information, tels Apple, Microsoft, Alphabet ou encore Meta. La qualité de la politique de la concurrence, pas plus que l'ouverture au commerce, ne semble pas particulièrement corrélée à la croissance tant que le niveau de contrôle est raisonnable, comme le rappelle l'économiste Dani Rodrik[174]. De manière générale, l'économie européenne a été moins dynamique que celle des États-Unis dans cette période, alors que l'UE semble avoir mieux suivi les recommandations d'un manuel d'introduction à la macroéconomie jusqu'à la fin des années 2010.

La France décline-t-elle ?

Alors que le niveau de vie du Français moyen équivalait à 82 % de celui d'un Américain en 1982, il a décliné en termes relatifs depuis : le ratio était descendu à 70 % en 2018. La France était devenue plus riche que l'Allemagne dans les années 1970, mais elle avait été rattrapée dès la fin des années 1990 et elle était, en 2018, 15 % plus pauvre.

Une grande partie de cet écart est due à l'évolution du temps de travail. Le temps de travail moyen d'un actif occupé a baissé de plus de 15 % depuis 1976 en France, alors qu'il n'a presque pas diminué aux États-Unis. Cet écart est essentiellement dû à la baisse du temps de travail hebdomadaire à temps plein et à l'augmentation du nombre de jours de congés payés. Les trente-cinq heures, adoptées par le gouvernement socialiste de Lionel Jospin en 2000, ne contribuèrent sans doute pas à augmenter l'emploi – pas plus que le passage aux quarante heures du Front populaire, du reste – bien que cela eût été l'objectif affiché par le gouvernement[175]. Ainsi, la baisse du temps de travail hebdomadaire se traduisit, sans grande surprise, par une baisse du nombre total d'heures consacrées à la production dans l'économie. Néanmoins, cette perte pour le PIB se traduisait en un gain de temps de loisir, qui n'avait pas d'équivalent aux États-Unis. Cette différence n'est pas prise en compte si l'on ne compare que le PIB par habitant[176]. Un pays moins riche mais avec davantage de temps libre peut se consacrer à toutes ces activités qui ne sont pas comptées dans le PIB : profiter de ses enfants, lire des romans, en écrire, se reposer, regarder davantage de films, devenir champion du monde de Super Mario Kart, et autres activités honorables[177]. Ainsi, une grande partie de l'écart entre France et États-Unis s'explique par des préférences différentes : la *French way of life* laisse davantage de place au temps libre et moins à la consommation[178]. Ce qui est vrai pour le temps de travail annuel l'est également pour le nombre d'années de travail : la retraite est devenue plus longue en France qu'aux États-Unis du fait d'un âge de départ effectif plus bas et d'une espérance de vie plus élevée.

Une fois que l'on tient compte de la structure démographique et du nombre d'heures travaillées, il demeure que la France a décliné sur une dimension capitale : la productivité horaire, qui, en termes relatifs, a baissé de 10 %. La baisse est en fait probablement plus prononcée si l'on tient compte du fait que, en France, la population peu qualifiée et moins productive a moins d'emploi qu'aux États-Unis et ne vient donc pas réduire la productivité horaire moyenne[179]. Comment expliquer cette baisse ? S'agit-il d'un véritable signe avant-coureur du déclin, ou n'est-ce qu'une tendance passagère ? Est-ce le résultat d'une trop longue crise économique européenne, notamment dans les années 1990 et 2010 ? Est-ce l'énergie devenue abondante aux États-Unis dans les années 2010, alors que la France renonçait à explorer ses réserves de gaz de schiste ? Est-ce un problème de mobilisation du capital dans les secteurs innovants, et notamment la faiblesse du financement de la recherche publique et privée ? Est-ce un problème d'éducation ? Cette dernière hypothèse est la plus plausible et la plus inquiétante.

L'avenir : le poids de la dette, le changement climatique et l'éducation

La France doit faire attention à trois grands risques qui pèsent sur son économie dans les décennies qui viennent.

Le plus immédiat de ces risques mais aussi le moins certain est celui d'une crise de la dette publique. Elle pourrait ne jamais advenir, et dans le même temps elle pourrait, si elle se produisait, prolonger indéfiniment la conjoncture économique morose des années 2010. Le stock de dette publique française représentait 120 % de la production annuelle en 2022, plus qu'à la veille de la Révolution. Les conditions de financement sont cependant nettement plus favorables : les taux d'intérêt extrêmement bas hérités de la décennie 2010 permettraient théoriquement, s'ils persistaient, de rembourser la dette à long terme sans *jamais accumuler d'excédent budgétaire*[180]. La hausse des taux entamée en 2022 et 2023 pour lutter contre l'inflation n'a pas réellement modifié cette situation, car elle est survenue en période d'inflation élevée et le taux d'intérêt *réel* (ajusté de l'inflation) demeurait faible. À l'inverse, une hausse durable des taux d'intérêt réels, due par exemple à une crise de confiance, pourrait rendre cette situation plus difficilement soutenable : la France est dans cette zone grise où la dette n'est un problème que si ses créanciers pensent qu'il en est un.

Elle demeure comme une épée de Damoclès et ne peut être complètement négligée, surtout au vu de l'histoire que nous venons de parcourir. La situation de l'Italie, pire que celle de la France en la matière, pourrait aussi, par contagion, faire naître une crise en France. Ces risques demeurent évitables, et une simple réduction du déficit public dans les années 2020 pourrait significativement les réduire. Cela suppose cependant de savoir trancher entre certaines priorités : il faudra soit augmenter les prélèvements obligatoires, soit renoncer à certaines dépenses sociales. Cette tension est d'autant plus difficile que la France a besoin de dépenses publiques en hausse sur certains postes (hôpital public pour s'adapter au vieillissement de la population, écoles et universités qui traversent une crise, investissements pour la transition écologique) et que la conjoncture démographique est défavorable : le niveau des pensions de retraite assuré par les cotisations publiques est de 14,5 % du PIB, ce qui est un niveau record[181]. Ce montant est plus élevé que pour les générations précédentes, mais il pourrait baisser à l'avenir, comme les retraites futures seront indexées uniquement sur l'inflation et non plus sur les salaires, et que la part des retraités dans la population cessera d'augmenter[182].

Le grand enjeu inévitable est celui de la transition écologique. Il s'agira d'investir dans des nouvelles technologies, pour certaines au rendement incertain, pour éviter un réchauffement - dont l'ampleur dépendra également des actions des autres pays. Une adaptation des infrastructures et des logements aux nouvelles technologies et aux nouvelles conditions climatiques - un réseau de recharge pour les voitures électriques, une meilleure isolation pour les bâtiments, et l'adoption de l'air conditionné qui devrait devenir une nécessité pour maintenir un été productif - sera également nécessaire, ce qui supposera de dégager de l'épargne et du travail qui auraient pu être employés à consommer davantage. Une grande partie de l'industrie manufacturière sera forcée de se transformer, ce dont, paradoxalement, pourrait profiter une France déjà largement désindustrialisée : en effet, pour les activités neuves comme le recyclage et la production de batteries, elle aura une main-d'œuvre disponible et ne souffrira pas de la fermeture d'usines - car il y en a moins à fermer.

Ne pouvant avoir recours seule au protectionnisme industriel, elle devra trouver les moyens d'assurer un développement harmonieux avec ses partenaires européens. Surtout, en face de puissances économiques émergentes qui reprochent aux Européens et Américains leur responsabilité dans le stock accumulé d'émissions de gaz à effet de serre, l'Union européenne pourrait jouer un rôle moteur en utilisant l'accès à son important marché unique comme monnaie d'échange afin d'inciter d'autres grandes puissances à réduire leurs émissions de gaz à effet de serre[183].

Cependant, après la grande récession et le mouvement des gilets jaunes, une autre question se pose : celle de l'acceptabilité des politiques qui promeuvent l'écologie. Les économistes préconisent presque unanimement une taxe carbone, qui taxerait chaque bien ou service proportionnellement à la quantité d'émissions de gaz à effet de serre que sa production a occasionnée. Une telle taxe, en faisant sentir à chaque acteur économique le coût de ses actions pour la planète, permettrait ainsi de rendre la production plus verte grâce à un mécanisme de marché. L'Union européenne s'en rapproche, et essaie de résoudre plusieurs des problèmes qu'elle pose – notamment la prise en compte des émissions des biens importés. Cependant, ce genre de taxes suscite la méfiance générale de la population, en France et dans les autres pays développés[184]. Dans la mesure où le mouvement des Gilets jaunes était né du constat que la taxation du carbone était lourde et surtout inéquitablement répartie dans la population[185], d'autres approches complémentaires et plus acceptables pourraient être envisagées. Celle adoptée par les États-Unis en 2022, consistant à favoriser la production industrielle américaine de technologies vertes, à défaut d'être aussi efficace que l'outil préconisé par les économistes, pourrait au moins susciter l'approbation d'une opinion sensible au protectionnisme[186].

Cette transition écologique, pour ne pas provoquer un effondrement du niveau de vie, suppose des innovations techniques rapides, pour lesquelles un système d'enseignement solide est requis. Pour ne pas souffrir de ces crises futures et éviter d'adopter uniquement des technologies façonnées par d'autres pays, la France devra être capable de transformer son système éducatif, fragilisé.

L'évolution de ce dernier semblait positive jusque dans les années 2000. L'école forme de plus en plus d'élèves jusqu'au baccalauréat (80 % d'une classe d'âge le possède depuis les années 2010)[187]. Le nombre d'étudiants inscrits dans le supérieur, de 300 000 en 1960, est passé à plus de 2,4 millions en 2022. Pour les accueillir, 360 nouvelles universités générales et techniques ont été créées entre 1990 et 2003 grâce au plan Université 2000 mis en œuvre par Lionel Jospin. Ces établissements, situés pour beaucoup en dehors des grandes villes habituelles, ont offert des débouchés importants et permis à des dizaines de milliers de nouveaux étudiants d'améliorer leur formation technique[188] : une estimation de l'impact de cette réforme montre que les villes et les entreprises locales semblent bénéficier de la présence d'une université, et surtout que les étudiants obtiennent un meilleur taux d'emploi.

Chaque année d'études supérieures peut rendre plus productifs les étudiants, mais cela suppose que l'Université ait les moyens d'assurer ses missions : privilégier les unités de recherche et les formations qui offrent des débouchés aux étudiants et les instruisent, et donner à chacun une formation adaptée, qui ait une chance d'aboutir à un diplôme. Or le taux d'échec en licence universitaire est de plus de 40 %. Les dépenses par étudiant diminuent nettement entre 2010 et 2020[189] : la France a augmenté la quantité de formations en laissant la qualité de l'enseignement supérieur se dégrader, surtout à l'université, faute de moyens adéquats. Ceci aboutit à une perte de temps généralisée dans la société.

La plus inquiétante tendance pour l'avenir est le niveau de l'école élémentaire et du collège. Les différentes enquêtes menées sur les élèves relèvent toutes que leur niveau en compréhension de texte, en orthographe et en mathématiques a baissé[190]. Cela se manifeste par des inégalités scolaires importantes, avec un groupe de collégiens et d'écoliers aux résultats très faibles – mais également par la chute du niveau scolaire des meilleurs élèves, devenus moins compétents en mathématiques. La principale cause de ce déclin réside dans les difficultés de l'Éducation nationale à recruter des professeurs bien formés, faute d'attractivité économique. Le salaire d'entrée d'un professeur rapporté au salaire médian français a baissé de plus de 25 % entre 1980 et 2022, ce qui a découragé de nombreux candidats aux concours d'enseignement. L'enjeu ne se réduit pas à des revendications syndicales : c'est le capital humain du pays, l'un des principaux moteurs de la croissance, qui est en jeu. Une revalorisation des salaires des 900 000 enseignants français nécessiterait des mesures de compensation pour les finances publiques[191] : augmenter de 20 % leur rémunération coûterait, à terme (en comptant la hausse des pensions futures) 0,5 % du PIB. Couplé avec les investissements de la transition écologique, un tel effort, qui n'est pas impossible, rendrait cependant nécessaires de véritables coupures sur d'autres dépenses de l'État – ou une hausse des impôts. Surtout, il ne produirait d'effets qu'après de longues années : il faudrait que le gouvernement eût la patience d'attendre plusieurs décennies avant de cueillir les fruits de ses efforts.

Pour former des chercheurs, des inventeurs, des travailleurs qualifiés qui lui permettront de garder au XXIe siècle la place qu'elle a su garder depuis le XVIIe siècle dans l'économie mondiale, la France devra prendre davantage soin de ses enfants et de ses étudiants.

Notes

Avertissement
De la page 9 à la page 11

1. Il existe d'autres synthèses sur la France, mais elles se concentrent en général sur les deux derniers siècles. Voir François Caron, *Histoire économique de la France, XIXe-XIXe siècles*, Paris, Armand Colin, 1981 ; Jean-Charles Asselain, *Histoire économique de la France du XVIIIe siècle à nos jours*, Paris, Seuil, 1984 (tome I) et 2011 (tome II).
2. Le débat a été lancé par David S. Landes, *The Unbound Prometheus. Technological change and industrial development in Western Europe from 1750 to the present*, Cambridge, Cambridge University Press, 1965. Ce dernier voyait dans la France un pays sous-développé et largement en retard sur l'Angleterre. Ce point de vue a été vigoureusement contesté par Patrick O'brien et Caglar Keyder, *Economic Growth in Britain and France 1780-1914. Two Paths to the Twentieth Century*, Londres, Allen & Unwin, 1978. On peut en trouver une mise en perspective chez François Crouzet, « The historiography of French economic growth in the nineteenth century », *The Economic History Review*, 56.2, 2003, p. 215-242.
3. Pour donner un exemple frappant, une tentative de dénombrement historique de chaque grande région du monde depuis l'Antiquité a été proposée en 1978 par deux universitaires et citée des milliers de fois en économie, notamment pour établir des relations statistiques voire causales. Le problème est que, de l'aveu même des auteurs, ces estimations ne s'appuyaient pas sur des registres démographiques pour les siècles anciens, ce qui aurait été impossible, mais sur une appréciation subjective, qui s'appuyait au mieux sur la lecture de la littérature historique des années 1970. Dans la mesure où les économistes essaient parfois d'utiliser leur savoir-faire statistique pour discriminer entre thèses historiques, ils risquent, à cause de la sélection des sources par les deux encyclopédistes, d'utiliser des données fabriquées à partir des hypothèses qu'ils essaient de tester. Voir Timothy W. Guinnane, « We Do Not Know the Population of Every Country in the World for the Past Two Thousand Years », *CESifo Working Paper*, n° 924, 2021.
4. Les aspects juridiques ou sociaux de la dette ou du commerce sont néanmoins traités, par exemple dans les travaux de Julie Claustre.
5. Cela peut impliquer la disparition d'anciennes populations autochtones dans le processus de colonisation. Voir Daron Acemoglu, Simon Johnson et James A. Robinson, « The colonial origins of comparative development : An empirical investigation », *American Economic Review*, 91.5, p. 1369-1401, 2001.
6. Ces mêmes auteurs ont proposé une sélection d'exemple pour illustrer leur thèse : Daron Acemoglu et James A. Robinson, *Prospérité, puissance et pauvreté. Pourquoi certains pays réussissent mieux que d'autres*, Genève, Markus Haller, 2015.
7. Ce livre s'inspire ainsi de plusieurs autres récits économiques : Roger Finlay et Kevin O'Rourke, *Power and Plenty. Trade, War, and the World Economy in the Second Millennium*, Princeton, Princeton University Press, 2009 ; Leonor Freire Costa, Pedro Lains et Susana Münch Miranda, *An Economic History of Portugal, 1143-2010*, Cambridge, Cambridge University Press, 2016.

Introduction. Et si on écrivait une nouvelle histoire de France ? De la page 13 à la page 18

1. Emmanuel Le Roy Ladurie, « L'histoire immobile », *Annales. Histoire, Sciences sociales*, vol. 29, n° 3, 1974. Il la date précisément du début du XIVe siècle au début du XVIIIe siècle.
2. Sur l'abondance de l'épargne française dans l'Ancien Régime, voir Fernand Braudel, *L'Identité de la France. Les hommes et les choses*, vol. 2, Paris, Arthaud / Flammarion, 1986, p. 391-400.
3. Pour le classement des nations d'après leur revenu par habitant ajusté de la parité de pouvoir d'achat, voir Stephen Broadberry, « The Industrial Revolution and the Great Divergence : recent findings from historical national accounting », *The Handbook of Historical Economics*, 2021, p. 749-771. Il manque la France dans cet article, qui se situe cependant dans la moyenne d'après d'autres estimations. Si l'on s'intéresse aux régions en dehors de l'Europe, comme la Chine prise dans son ensemble, on trouvera que la France est à peu près au même niveau – même si les comparaisons de prix, déjà délicates pour des périodes anciennes, constituent un exercice encore plus difficile quand les régimes alimentaires sont différents.
4. Comprendre Europe, Amérique du Nord, Australie, Nouvelle-Zélande essentiellement. Le schéma s'applique au monde, si l'on accepte de considérer le PIB mondial moyen, mais cela est peu satisfaisant et ne tient pas compte d'un nombre important de régions qui ne semblent avoir bénéficié d'aucun progrès économique entre 1800 et 1950, voire pour les plus démunies entre 1800 et 2022.
5. Thomas Malthus, *An Essay on the Principle of Population*, Londres, 1798. Malthus affirme notamment que la population augmente de manière géométrique – c'est-à-dire multiplicative – tandis que la production ne croît que de manière linéaire. Si la suite a démontré que la production pouvait croître de manière multiplicative, ce n'était pas une mauvaise approximation pour les économies agraires d'avant le XVIIIe siècle.
6. Nous nous appuyons sur le PIB par habitant ajusté du pouvoir d'achat pour cette assertion, et comparons la France à l'Allemagne, aux États-Unis, à l'Italie, aux Pays-Bas et au Royaume-Uni.
7. Voir notamment la réinterprétation des thèses de Jean Fourastié par Daniel Cohen, *Il faut dire que les temps ont changé. Chronique (fiévreuse) d'une mutation qui inquiète*, Paris, Albin Michel, 2018.
8. Bruno Le Maire, ministre de l'Économie sous la présidence d'Emmanuel Macron, a défendu un projet de loi « industrie verte », adopté en juillet 2023, qui vise notamment à encourager la production d'hydrogène et de batteries en France ainsi que la décarbonation de la cimenterie.
9. Marc Bloch, *Les Caractères originaux de l'histoire rurale française*, Paris, Armand Colin, 1931. Il s'agit d'une simplification qui ne prétend pas épuiser l'agriculture française : elle exclut quelques formes locales plus originales comme les assolements sur quatre voire sept ans, ou encore néglige la vigne ou les cultures textiles. Elle retient cependant l'essentiel. Nous n'évoquons pas le bocage à l'ouest, que distinguait Marc Bloch, pour simplifier le propos.
10. Cela aurait de multiples influences et conséquences, que l'on peut entremêler avec d'autres grandes divisions du territoire, comme celles sur les coutumes d'héritage avant 1789 ou les systèmes familiaux. Voir notamment Jean Yver, *Essai de géographie coutumière*, Paris, Sirey, 1966, ainsi qu'Hervé Le Bras et Emmanuel Todd, *Le Mystère français*, Paris, Seuil, 2013.

Chapitre 1. Gaules celtique et romaine : discontinuité politique et continuité économique (600 av. J.-C. – 200) De la page 19 à la page 48

1. Citation attribuée au général de Gaulle par André Malraux, *Les chênes qu'on abat...*, Paris, Gallimard, 1971.
2. Emmanuel Joseph Sieyès, *Qu'est-ce que le Tiers-État ?*, Paris, 1789. Il n'est pas certain que Siéyès prenne au sérieux cette généalogie, et il cherche avant tout à répondre aux vieilles thèses de Boulainvilliers, selon lesquelles les aristocrates ont acquis les droits de conquête lorsque leurs ancêtres francs ont

conquis la Gaule et (plus ou moins bien) protégé son peuple des invasions qui le menaçaient. Napoléon lui-même reprenait cette idée à son compte : « La Révolution a fait de la France une nouvelle nation : elle a affranchi les Gaulois de la conquette [*sic*] des Francs : elle a créé de nouveaux intérêts et un nouvel ordre de choses, conformes au bien du peuple, à ses droits, à la justice et aux lumières du siècle. [...] La noblesse française, comme celle de toute l'Europe, date de l'incursion des barbares, qui se partagèrent l'empire romain. En France les nobles représentaient les Francs et les Bourguignons, le reste de la nation les Gaulois. » Emmanuel de Las Cases, *Mémorial de Sainte-Hélène* [1823], Paris, Gallimard, 2016, III, chap. IX.

3. Cette légende reprit une certaine fortune en France après la Renaissance et même durant la Révolution, avec la figure du Hercule gaulois.
4. Jean-Louis Brunaux, *Vercingétorix*, Paris, Gallimard, 2018.
5. Charles de Gaulle, *La France et son armée*, Paris, Plon, 1938.
6. Diodore de Sicile, cité par Roger Dion, *Histoire de la vigne et du vin en France des origines au XIXe siècle* [1959], Paris, CNRS, 2010, p. 102.
7. Lucain, *La Pharsale*, III, 399-437. Traduction de l'auteur.
8. Les Gaulois n'utilisèrent pas de charrues à proprement parler, mais plutôt des araires.
9. Voir Jean-Louis Brunaux, *Nos ancêtres les Gaulois*, Paris, Seuil, 2008. La palynologie – l'étude des concentrations de pollen dans la nature – confirme ce que l'observation archéologique a permis d'observer : les Gaulois pratiquaient l'étalement agricole, vivant assez densément, et tendaient à parsemer les forêts. Les études de palynologie sont locales et il n'existe pas d'étude globale sur la France pour savoir si les forêts représentaient moins de 30 % de l'actuel territoire national – c'est la valeur d'aujourd'hui. Voir par exemple David Étienne, Pascale Ruffaldi, Jean-Luc Dupouey, Murielle Georges-Leroy, Frédéric Ritz et Étienne Dambrine, « Searching for ancient forests : A 2000 year history of land use in northeastern French forests deduced from the pollen compositions of closed depressions », *The Holocene*, 23 (5), 2013, p. 678-691.
10. Poseidonios, dont les œuvres géographiques ne sont disponibles que par fragments, nous est connu par Strabon, *Géographie*, 4, 1, 2. Ce fragment est cité et interprété dans Jean-Louis Brunaux, « Poseidonios, la Gaule et son économie », *Revue du Nord*, vol. 403, n° 5, 2013, p. 15-23.
11. Jean-Claude Meuret, « De l'ancienneté et de l'immutabilité des massifs forestiers : le cas de la forêt de La Guerche (Ille-et-Vilaine) », *in* Vincent Bernard, François Favory et Jean-Luc Fiches (dir.), *Silva et saltus en Gaule Romaine. Dynamique et gestion des forêts et des zones rurales marginales*, Besançon, Presses universitaires de Franche-Comté, 2014.
12. Pline l'Ancien, *Histoire naturelle*, XVII, 6, 42 ; XVII, 7, 43 ; XVII, 8, 47.
13. Jean-Louis Brunaux, *Vercingétorix, op. cit.*
14. Nikola Koepke et Joerg Baten, « The biological standard of living in Europe during the last two millennia », *European Review of Economic History*, 9 (1), 2005, p. 61-95. Voir aussi Nikola Koepke et Joerg Baten, « Agricultural specialization and height in ancient and medieval Europe », *Explorations in Economic History*, 45 (2), 2008, p. 127-146.
15. Sur la production de fromage en Gaule, voir Alain Ferdière. *Le Fromage en Gaule. Origines, production et consommation dans le monde antique*, Paris, CNRS, 2022. Il en ressort que les fromages à pâte dure gaulois sont effectivement évoqués par de nombreuses sources littéraires latines : Martial cite le fromage des Pyrénées ; Strabon, différentes productions locales ; Galien, celui des Alpes (p. 158-160). Le fromage frais, considéré comme un produit barbare, semblait également bien consommé en Gaule romaine, comme l'indique la découverte de plusieurs dizaines de faisselles (le terme désigne aussi bien le récipient que le fromage frais) de la période.
16. Les monnaies d'argent et de bronze, qui ont un moindre pouvoir libératoire et peuvent être faites avec moins de pertes, rendent moins aigu le problème de la disponibilité et de la stabilité de la monnaie. Voir Thomas Sargent et François Velde, *The Big Problem of small change*, Princeton, Princeton University Press, 2002.
17. Georges Duby (dir.), *Histoire de la France urbaine*, t. I, *La Ville antique des origines au IXe siècle*, Paris, Seuil, 1981, p. 141-153.
18. Jean-Louis Brunaux, *Vercingétorix, op. cit.*

19. Voir Jules César, *Commentaire sur la guerre des Gaules*. Jean-Louis Brunaux, *Vercingétorix, op. cit.*, donne une interprétation du texte de César, complété par Plutarque, Dion Cassius et Diodore de Sicile. Alésia ne fut pas la dernière victoire de grande envergure en Gaule, mais c'est celle qu'a décrite César avec le plus de talent littéraire.
20. Voici le nombre approximatif de combattants du côté français pour quelques batailles célèbres, sans distinguer cavaliers et fantassins : aux champs Catalauniques, 45 000 hommes ; à Poitiers (732), 20 000 hommes ou moins ; à Bouvines, 8 500 hommes ; à Azincourt, 15 000 hommes ou moins ; à Castillon, 10 000 hommes ; à Marignan, 33 000 hommes ; à Rocroi, 25 000 hommes ; à Austerlitz, 65 000 hommes ; à la Moskova/Borodino, 130 000 hommes ; à Sedan, 120 000 hommes ; à la bataille de la Marne, 1 082 000 hommes. Les chiffres de Jules César sont hautement suspects et peuvent avoir été gonflés pour agrandir d'autant la gloire du mémorialiste. Néanmoins, il est peu probable qu'il ait menti effrontément sur le nombre de soldats romains (60 000) puisqu'il était facile à ses opposants politiques de le démentir. Étant donné l'excellente formation militaire romaine, il fallait que les Gaulois fussent au moins aussi nombreux que les soldats de César pour réussir à les inquiéter et tenter de les assiéger. Le site archéologique d'Alésia, qui a livré de riches informations, semble compatible avec une bataille de grande envergure, peut-être moindre que celle décrite par César.
21. Suétone, *Vie des douze césars*, Jules César, 54. Sur l'interprétation de ce passage, voir Koenraad Verboven, « Currency, bullion and accounts : monetary modes in the Roman world », *From mints to markets. The mechanisms of coin transformation in ancient times (Journée d'étude internationale organisée le 13 juin 2008 à la bibliothèque royale de Belgique)*, vol. 155, Société royale de numismatique de Belgique, Bruxelles, 2009.
22. Strabon, *Géographie*, III, chap. 1, 14. Pour une édition en français, Strabon, *Géographie*, texte établi et traduit par François Lasserre, Paris, Les Belles Lettres, 1966.
23. Ce postulat n'est pas immédiat : si les techniques de navigation et de constructions navales s'améliorent, le nombre de naufrages par trajet devrait baisser. De plus, la construction des navires et surtout la nature des marchandises et des contenants (poterie ou tonneaux) font qu'on ne retrouve pas les épaves avec la même facilité. Il est aussi possible que nous sous-estimions la hausse du commerce au Ier siècle : en effet, elle coïncide avec la fin de la guerre civile et des batailles navales ainsi qu'une plus grande sûreté des mers (absence de pirates depuis 67 av. J.-C.). La taille des bateaux et la période de navigation est un facteur important : Claude, lors d'une disette romaine dans l'hiver 51, subventionna les navires de tonnage suffisant puis procéda à une rationalisation des stocks de blé pour éviter d'être à la merci d'un hiver agité fermant la navigation. Cette politique, par exemple, a dû agir sur les pratiques de navigation, la taille des navires porteurs de blé, etc., ce qui empêche d'accorder trop de crédit à ces graphes. Les navires romains avaient de lourds tonnages, cependant, et n'étaient pas moins bons navigateurs que les Européens jusqu'à la Renaissance. Malgré tout, l'écroulement du volume de commerce maritime en Europe occidentale entre le IIe et le VIIe siècle ne semble pas devoir être remis en cause.
24. Même si le bovin produit de la viande pour les plus riches seulement, une grande partie de sa production de lait est trop périssable pour être transportée sans sel, ce qui bénéficie aux populations locales. Nikola Koepke et Joerg Baten, « The biological standard of living in Europe... », art. cité.
25. *Ibid.*
26. Voir Peter Temin, *The Roman Market Economy*, Princeton, Princeton University Press, 2013, en particulier le chapitre reprenant l'article de David Kessler et Peter Temin, « The organization of the grain trade in the early Roman Empire », *The Economic History Review*, 60 (2), 2007, p. 313-332.
27. Des spécialistes ont critiqué les données qu'utilisent Temin et son coauteur, Kessler : voir Gilles Bransbourg, « Rome and the economic integration of empire », *ISAW Papers*, 2012, qui corrige certaines erreurs du papier. Cependant, en ajoutant quelques points de données et en corrigeant la mesure de la distance, François Velde trouve dans sa revue du livre de Temin des résultats qui confortent son analyse initiale – François Velde, « A Review of Peter Temin's *The Roman Market Economy* », *Journal of Economic Literature*, 52 (4), 2014, p. 1151-1159.
28. Moses Finley a publié en 1973 un livre influent contre cette thèse, affirmant que Rome ne pouvait pas être comprise comme une économie de marché puisque le statut, la faveur et la propriété terrienne étaient plus valorisés que le profit dans la société. S'il est vrai que le but de tous les hommes riches était d'acquérir des terres, c'était aussi parce que c'était la source la plus naturelle de revenus dans

une économie essentiellement agricole. Dans tous les cas, notre expression d'« économie de marché » signifie seulement que les règles du commerce et du profit jouent un rôle pour déterminer les prix. Moses Finley, *The Ancient Economy*, Berkeley, University of California Press, 1973.

29. Bruno Dumézil, *Des Gaulois aux Carolingiens (du Ier au IXe siècle)*, Paris, Presses universitaires de France, 2013.
30. Voir François Artru, « La circulation dans les Alpes à l'époque romaine : l'exemple des Alpes Cottiennes », *Dialogues d'histoire ancienne*, vol. 39, n° 1, 2013, p. 237-263.
31. La France est le premier producteur mondial de lin brut au début du XXIe siècle, même si elle ne joue plus de rôle important dans l'industrie textile et le tissage du lin, devenu une spécialité chinoise.
32. Martial, *Épigrammes*, VI, 11, 7 : « Me pinguis Gallia vestitque. »
33. Il y eut cependant plusieurs inventions neuves, comme des machines agricoles innovantes, qui apparurent également. Nous parlons plus bas du rôle des moulins.
34. Voir Paul Veyne, « Vie de Trimalcion », *Annales. Histoire, Sciences sociales*, vol. 16, n° 2, p. 213-247, 1961.
35. Voir Keith Hopkins, « Taxes and trade in the Roman Empire (200 BC-AD 400) », *The Journal of Roman Studies*, 70, 1980, p. 101-125. Ceci placerait l'Empire romain au même niveau de taxation que la France d'après Richelieu - mais il faut tenir compte du fait que les gouvernements municipaux, exclus de ce calcul, jouaient un rôle important dans l'Empire romain, peut-être plus que dans la France d'Ancien Régime. Quoi qu'il en soit, au vu de l'histoire européenne après la chute de l'Empire, l'État était particulièrement important et bien doté à l'époque romaine.
36. L'annone persisterait à Rome jusqu'au IVe siècle et à Constantinople jusqu'au VIIe siècle, et cette institution a tellement marqué l'histoire romaine que sa fin est parfois considérée comme marquant la « véritable » chute de l'Empire romain.
37. Jean-Pierre Brun, « La viticulture en Gaule tempérée », *Gallia*, 68 (1), 2011, p. 1-12. L'archéologie contredit ici les résultats de la tradition historique qui interprétait essentiellement les sources textuelles.
38. Michael MacKinnon, « Changes in animal husbandry as a consequence of developing social and economic patterns from the Roman Mediterranean context », *in* Paul Erdkamp, Koenraad Verboven et Arjan Zuiderhoek (dir.), *Ownership and Exploitation of Land and Natural Resources in the Roman World*, Oxford, Oxford University Press, 2015, p. 249-273. La viande de porc était la principale source d'alimentation carnée dans l'Italie romaine, comme le montrent les sources archéozoologiques, littéraires et aristiques : Michael MacKinnon, « High on the hog : Linking zooarchaeological, literary, and artistic data for pig breeds in Roman Italy », *American Journal of Archaeology*, 105 (4), 2001, p. 649-673. Avant la conquête, les cochons ne représentaient qu'un cinquième des animaux élevés en Gaule, à en croire les ossements d'animaux retrouvés par la zooarchéologie ; après la conquête romaine, ils représentaient un peu moins d'un tiers de l'élevage.
39. Les poules gallo-romaines sont plus grandes que les poules de l'époque celtique ou de l'époque franque. Sébastien Lepetz et Véronique Zech-Matterne, « Systèmes agro-pastoraux à l'âge du Fer et à la période romaine en Gaule du Nord », *in* Michel Reddé (dir.), *Gallia Rustica*, t. II, *Les Campagnes du nord-est de la Gaule, de la fin de l'âge du Fer à l'Antiquité tardive*, Pessac, Ausonius, 2018, p. 327-400. Cette croissance des poules semble due à une nourriture plus abondante plutôt qu'à une sélection d'espèces, mais elle est difficile à interpréter : nourrissait-on mieux les poules parce que l'on était devenu plus riche, ou parce que le poulet devenait un bien réservé à l'élite, qui désirait le manger plus gras ?
40. Marc Bloch, faute de sources archéologiques, décrivait le moulin hydraulique (par opposition au moulin à traction) comme une « invention antique » mais un outil « médiéval par l'époque de sa véritable expansion ». De nombreux sites de moulins hydrauliques ont été retrouvés, en Égypte, Italie mais aussi en France. Pour une synthèse, voir Andrew Wilson, « Machines, power and the ancient economy », *The Journal of Roman Studies*, 92, 2002, p. 1-32.
41. Gül Sürmelihindi, Philippe Leveau, Christoph Spötl, Vincent Bernard et Cees W. Passchier, « The second century CE Roman watermills of Barbegal : Unraveling the enigma of one of the oldest industrial complexes », *Science advances*, 4 (9), 2018. Voir aussi Philippe Leveau, « Les moulins de Barbegal dans leur environnement. Archéologie et histoire économique de l'Antiquité », *Histoire & Sociétés rurales*, 6.1, 1996, p. 11-29.

42. Voir Pierre Gros, « La *Magnificienta publica* dans les centres urbains de la Gaule romaine sous le Haut-Empire », *in* Frédérique Duyrat et Sylvia Nieto-Pelletier, *Actes du colloque « Le Luxe en Gaule ». Musée départemental Arles Antique 16-17 octobre 2017*, Pessac, Ausonius, 2021.
43. « *Ill[i] divites* » dans le texte. Certains traduisent par « ces fameux riches » ou « ces richards ».
44. Tacite, *Annales*, XI, XXIII. La traduction vient de Tacite, *Œuvres complètes*, édition et traduction de Pierre Grimal, Paris, Gallimard, 1991, p. 625-626.
45. *Ibid.*, p. 627.
46. Voir la première partie de Georges Duby (dir.), *Histoire de la France urbaine*, t. I, *op. cit.*
47. L'archéologie ne donne généralement pas de restes assez fins pour distinguer les bons empereurs des mauvais. Sur les vestiges matériels romains, et l'idée que la période romaine est exceptionnelle, voir Bryan Ward-Perkins, *The Fall of Rome and the End of Civilization*, Oxford, Oxford University Press, 2006. Ce livre s'appuie essentiellement sur les vestiges archéologiques en Angleterre et en Italie mais beaucoup de ses conclusions s'appliqueraient à la France. Sur la notion de développement économique en Gaule, avec une discussion de la distinction entre luxe et niveau de vie, voir Béline Pasquini, *Mesurer le développement économique en Gaule du Ier siècle av. J.-C. au VIIe siècle ap. J.-C. Analyse méthodologique et épistémologique*, thèse de doctorat, Paris 1, 2020. Le grand débat général porte sur la question de savoir si, d'un point de vue matériel, le déclin politique de l'Empire romain a eu un impact négatif en Europe de l'Ouest, dans le cadre du débat sur la notion d'« Antiquité tardive » de Peter Brown.
48. Angus Maddison, *Contours of the World Economy 1-2030 AD. Essays in macro-economic history*, Oxford, Oxford University Press, 2007. Maddison penche pour une estimation faible. Pour les raisons qui permettraient une estimation plus élevée, voir Elio Lo Cascio et Paolo Malanima, « GDP in pre-modern agrarian economies (1-1820 AD). A revision of the estimates », *Rivista di storia economica*, 25 (3), 2009, p. 391-420.
49. Voir la synthèse proposée par Michel Reddé en conclusion de son *Gallia Rustica*, t. II, *op. cit.*
50. « *If a man were called to fix the period in the history of the world, during which the condition of the human race was most happy and prosperous, he would, without hesitation, name that which elapsed from the death of Domitian to the accession of Commodus.* » Edward Gibbon, *The History of the Decline and Fall of the Roman Empire*, 1788.
51. Sur les traces naturelles qu'a laissées le changement climatique en Gaule et qui ont permis d'identifier ce revirement, voir Michel Reddé, *Gallia comata. La Gaule du Nord. De l'indépendance à l'Empire romain*, Rennes, Presses universitaires de Rennes, 2022, p. 23-28.
52. D'après les données naturelles rassemblées dans Kyle Harper, *Comment l'Empire romain s'est effondré. Le climat, les maladies et la chute de Rome*, Paris, La Découverte, 2021. Le changement climatique, en modifiant le comportement d'espèces animales réservoirs de virus encore inconnus, peut faire advenir de nouvelles épidémies. Une telle hypothèse est plausible aussi bien pour les épidémies du IIe siècle que pour celles du VIIe siècle ou la peste noire.
53. Joseph McConnell, Andrew Wilson, Andreas Stohl, Monica Arienzo, Nathan Chellman, Sabine Eckhardt, Elisabeth Thompson, Mark Pollard et Jørgen Peder Steffensen, « Lead pollution recorded in Greenland ice indicates European emissions tracked plagues, wars, and imperial expansion during antiquity », *Proceedings of the National Academy of Sciences*, 115 (22), 2018, p. 5726-5731.
54. Alors que la population aurait baissé d'un tiers, le commerce fut divisé par plus de trois en Gaule entre l'apogée du Ier siècle et le IIIe siècle, à en croire les volumes d'épaves. Dans l'ensemble de l'Empire, le nombre d'épaves fut divisé par un peu plus de deux - ce qui serait compatible avec un maintien du commerce rapporté à la population si l'on est prêt à supposer que la peste antonine fut en fait plus mortelle. Cependant, même dans cette mesure d'ensemble, il faut distinguer l'est de l'Empire, qui réussit à sortir de la crise assez rapidement, de l'ouest, dont le commerce maritime a davantage pâti. Le cas de la Gaule est représentatif du reste de l'empire d'Occident.
55. Willem Jongman, « Gibbon was right : the decline and fall of the Roman economy », *in* Olivier Hekster *et al.* (dir.), *Crises and the Roman Empire*, Leyde, Brill, 2007, p. 183-199.
56. Le nombre de sites avec plusieurs presses en activité en même temps stagne au IIIe siècle, tout en restant à un haut niveau. Les presses multiples peuvent être interprétées comme un signe de développement, car elles permettent d'économiser beaucoup de main-d'œuvre humaine. Annalisa Marzano, « Agricultural production in the hinterland of Rome : Wine and olive oil », *in* Alan Bowman et Andrew

Wilson (dir.), *The Roman Agricultural Economy. Organization, Investment, and Production*, Oxford, Oxford University Press, 2013, p. 85-106.

57. Montesquieu, *Considérations sur les causes de la grandeur des Romains et de leur décadence*, 1734.
58. Gabriel Martinez-Gros, *Brève histoire des empires. Comment ils surgissent, comment ils s'effondrent*, Paris, Seuil, 2014.

Chapitre 2. La lente mort de la Gaule romaine (200-850)
De la page 49 à la page 76

1. Ammien Marcellin, *Res Gestae*, XVIII, 2.1 et XVIII, 2.3. D'après l'historien Chris Wickham, le réseau commercial par lequel les blés d'Aquitaine nourrissaient les soldats romains est le seul réseau commercial important qui ne dépend pas de Rome. Il a sans doute créé des habitudes qui eurent leur importance dans les siècles où s'amenuisa le commerce méditerranéen. Chris Wickham, *Framing the Early Middle Ages. Europe and the Mediterranean, 400-800*, Oxford, Oxford University Press, 2006.
2. Jean Durliat, *Les Finances publiques. De Dioclétien aux Carolingiens (284-888)*, Sigmaringen, Thorbecke, 1990.
3. Jean-Pierre Devroey, « Juifs et syriens : à propos de la géographie économique de la Gaule au haut Moyen Âge », *in* Jean-Marie Duvosquel et Erik Thoen (dir.), *Peasants and Townsmen in Medieval Europe*, Gand, Snoeck-Ducaju & Zoon, 1995, p. 51-72.
4. Anonyme, *Expositio totius mundi et gentium*, Paris, Cerf, 1966, p. 199.
5. Voir Peter Guest, « Roman Gold and Hun Kings : the use and hoarding of solidi in the late fourth and fifth centuries », 2008. Une base de données rassemblant les résultats de fouilles archéologiques donne confirmation quantitative et montre que les trésors enfouis au IVe siècle en Gaule sont trois fois moins nombreux que ceux du Ier siècle, 1 520 contre 570 : *Coins Hoards of the Roman Empire dataset*, en ligne : chre.ashmus.ox.ac.uk ; consulté en décembre 2022.
6. Peter Brown, *Late Antiquity*, Cambridge (Mass.), Harvard University Press, 1998.
7. Michael McCormick, *Origins of the European Economy. Communications and commerce AD 300-900*, Cambridge, Cambridge University Press, 2001.
8. Voir Georges Duby (dir.), *Histoire de la France urbaine*, t. I, *op. cit.* Pour l'époque carolingienne, voir Jean-François Reynaud, *Lyon à l'époque d'Agobard*, *in* François Bougard, Alexis Charansonnet et Marie-Céline Isaïa (dir.), *Lyon dans l'Europe carolingienne. Autour d'Agobard (816-840)*, Turnhout, Brepols, 2019.
9. Voir l'article déjà cité : Nikola Koepke et Joerg Baten, « The biological standard of living in Europe... ». Notons que ces indices sont malgré tout plus fragiles que d'autres : les ossements humains, contrairement à ceux des poulets par exemple, sont peu nombreux - au mieux quelques dizaines d'individus par siècle - et nous n'avons pas tant d'indices du caractère représentatif pour chaque siècle des individus dont les restes nous sont parvenus.
10. Walter Scheidel et Steven Friesen, « The Size of the Economy and the Distribution of Income in the Roman Empire », *The Journal of Roman Studies*, 99, 2009, p. 61-91.
11. Nous reprenons la distinction entre confort et luxe que fait Bryan Ward-Perkins, *The Fall of Rome*, *op. cit.* Notamment, il remarque que, dans les tombes des riches Francs qui allaient régner sur l'Europe de l'Ouest, l'orfèvrerie n'était pas moins raffinée qu'à Rome, mais les contenants étaient extrêmement grossiers.
12. L'eau des aqueducs pouvait dans certains cas servir à l'irrigation, comme le montre Andrew Wilson, « Deliveries extra urbem : aqueducts and the countryside », *Journal of Roman Archaeology*, 12, 1999, p. 314-331. Il est probable que les vols opérés directement par des paysans sur les aqueducs - décrits par les arpenteurs romains comme Frontin - aient contribué à une reconnaissance des besoins des populations paysannes. La majeure partie de l'eau détournée de sources de l'arrière-pays servait tout de même à la consommation urbaine.
13. Kyle Harper, *Comment l'Empire romain s'est effondré...*, *op. cit.*

14. Sa vie fut reprise par l'historien Flodoard au xe siècle dans son histoire de l'Église rémoise. Flodoard, *Historia Remensis Ecclesiæ*, I, 25.
15. *Historia Augusta* pour Septime Sévère, *Chanson de Guillaume* pour les exploits alimentaires de Didier, roi des Lombards, surprenant Charlemagne même par son valeureux appétit.
16. Alexander Demandt, *Der Fall Roms. Die Auflösung des römischen Reiches im Urteil der Nachwelt*, Munich, C.H. Beck, 1984. On fait souvent le parallèle avec l'Empire chinois, qui connut de grandes difficultés au IIIe siècle en parallèle.
17. L'Empire atteindrait un point de cassure, ou *break point*, dans une économie urbaine. Pour cette notion modèle d'économie urbaine qui s'appliquerait bien à l'Empire, voir Masahisa Fujita, Paul Krugman et Anthony Venables, *The Spatial Economy. Cities, regions, and international trade*, Cambridge (Mass.), MIT Press, 1999, chap. 1-4.
18. Il composait ses propres vers latins, comme le rapportait l'évêque Grégoire de Tours.
19. Tacite, *La Germanie*. Le livre discutait des anciens voisins germaniques de Rome du Ier siècle et non des Francs du VIe ou VIIe siècle, mais il demeure une des seules sources descriptives sur les peuples germaniques.
20. Eudes de Mézeray, *Histoire de France*, Paris, 1643, t. I. La source de Mézeray est le *Liber historiæ Francorum*, chronique anonyme de 727.
21. Maurice Bouvier-Ajam, *Dagobert*, Paris, Tallandier, 1979 ; rééd. « Texto », p. 49-52.
22. Bruno Dumézil, *Le Baptême de Clovis*, Paris, Gallimard, 2019, p. 136.
23. Michel Rouche, *Clovis*, Paris, Fayard, 1996.
24. Code théodosien, XI-XIII. Exemple tiré de Chris Wickham, *Framing the Early Middle Ages*..., *op. cit.*, p. 63.
25. Salvien de Marseille, *Œuvres*, texte critique, traduction et notes par Georges Lagarrigue, Paris, Cerf, 1976.
26. Grégoire de Tours, évêque qui écrivit une histoire des Francs à la fin du VIe siècle, est la principale source sur le règne de Clovis : Grégoire de Tours, *Histoire des Francs*, édition et traduction de Robert Latouche, Paris, Les Belles Lettres, 1963-1965. Grégoire fait de Clovis un barbare édifié par la foi catholique, devenu très respectueux des prérogatives des évêques. Ce récit, qui visait sans doute à accomplir les objectifs politiques de son auteur plutôt qu'à dire la vérité nue sur le règne de Clovis, donne néanmoins la preuve que, dans l'imagination collective du temps de Grégoire, un bon roi mérovingien s'entendait bien avec l'Église.
27. Clothilde, l'épouse de Clovis, princesse burgonde, était catholique, mais c'était une exception.
28. Voir Bruno Dumézil, *Le Sacre de Clovis*, *op. cit.*
29. *Vita Genovefæ.*
30. Grégoire de Tours, V, 28.
31. Les reliques et les cadavres de saints jouant un véritable rôle liturgique en ces siècles.
32. Les preuves de la faiblesse du fisc après Dagobert sont essentiellement liées à l'histoire politique. On relève toujours des registres de prélèvement fiscal, en nature (grains ou bois plutôt qu'argent), dans la vallée de la Loire au VIIe siècle, après la supposée crise. Cependant, la faiblesse des rois mérovingiens après Dagobert est incompatible avec un important revenu fiscal. Voir Chris Wickham, *Framing the Early Middle Ages*..., *op. cit.*, p. 104-115.
33. Geneviève Bührer-Thierry, Charles Mériaux et Jean-Louis Biget, *La France avant la France. 481-888*, Paris, Belin, 2010.
34. Michael Hendy, « From public to private : the western barbarian coinages as a mirror of the disintegration of late Roman state structures », *Viator*, 19, 1988, p. 29-78.
35. Sur l'absence de cavalerie, voir Michel Rouche, *L'Aquitaine, des Wisigoths aux Arabes, 418-781. Naissance d'une région*, Paris, EHESS, 1979, p. 40. L'auteur se fonde sur un témoignage de l'anonyme de Cordoue : « Ces peuples ne se soucient nullement de la poursuite. » Cette précision dans la mesure où l'organisation militaire donne une idée du recrutement militaire mais également du prélèvement fiscal. En revanche, la chevalerie joua un rôle important dans les batailles qui suivirent, alors que les armées occidentales comptaient de moins en moins d'hommes.
36. Les musulmans remportèrent en 751 une importante bataille contre la Chine, mais ils ne poursuivirent pas leur expansion vers l'est : on a pu ainsi dire que, sans la victoire de Charles Martel, les Andalous n'auraient pas nécessairement mené une guerre d'invasion en Gaule. Cependant, la présence musulmane en Europe ne fit que reculer à partir de 732.

37. Sur les relations entre Andalousie elle-même et le royaume franc, qui laissèrent tout de même une place au commerce ainsi qu'à la diplomatie, voir Philippe Sénac, *Charlemagne en Mahomet. En Espagne (VIIIe-IXe siècles)*, Paris, Gallimard, « Folio histoire », 2015.
38. *Ibid.*
39. Éginhard, *Vie de Charlemagne.*
40. Henri Pirenne, *Mahomet et Charlemagne* [1931], Paris, Tallandier, 2021. Pour des contributions plus récentes qui s'appuient sur l'archéologie et confirment plutôt la thèse de Pirenne sur la chronologie du commerce méditerranéen, voir Richard Hodges et David Whitehouse, *Mohammed, Charlemagne and the Origins of Europe. Archaeology and the Pirenne thesis*, Ithaca, Cornell University Press, 1983, ainsi que Michael McCormick, *Origins of the European Economy. Communications and commerce AD 300-900*, Cambridge, Cambridge University Press, 2001.
41. Henri Pirenne, « Le commerce du papyrus dans la Gaule mérovingienne », *Comptes rendus des séances de l'Académie des inscriptions et belles-lettres*, 72e année, n° 2, 1028, p. 178-191.
42. Grégoire de Tours, *Histoire des Francs, op. cit.*
43. *Ibid.*
44. Sidoine Apollinaire, *Correspondance*, livres I-V, édité et traduit par André Loyen, Paris, Belles Lettres, 1970, livre I, lettre 5.
45. On attribue également quelques travaux à la royauté mérovingienne : ainsi la reine Brunehaut aurait entretenu certaines routes gallo-romaines – les « chaussées Brunehaut ».
46. Voir Alain Dierkens, « Chameaux et dromadaires en Gaule mérovingienne : quelques remarques critiques », *Hommages à Carl Deroux*, 2003, p. 114-137, pour une remise en cause de la présence massive de chameaux en Gaule.
47. Les plus récents documents publics rédigés sur papyrus datent des années 670. Voir Dario Internullo, « Latin Documents Written on Papyrus in the Late Antique and Early Medieval West (5th-11th century) : an overview », *Proceedings of the 28th Congress of Papyrology, August 2016 1-6*, Barcelone, Publicacions de l'Abadia de Montserrat, Universitat Pompeu Fabra, 2019, p. 654-663, notamment p. 657.
48. Elles étaient théoriquement restées sous la domination politique de Byzance depuis la reconquête de l'Italie sous Justinien mais étaient plutôt ses alliées indociles.
49. L'interruption du circuit méditerranéen de l'annone à Constantinople au VIIe siècle fut un coup dur pour Marseille, qui bénéficiait de son passage. La peste du VIIe siècle fit également d'importants dégâts à Marseille. Il demeure que la nouvelle situation politique, en réduisant la sécurité de la navigation méditerranéenne et en appauvrissant le partenaire commercial naturel, l'Empire byzantin, était nuisible au commerce en Europe de l'Ouest – sans que cela signifie qu'il y avait une guerre de civilisation entre islam et chrétienté.
50. Voir Michael McCormick, « New light on the 'Dark Ages' : How the Slave trade fuelled the carolingian economy », *Past & Present*, 177, 2002, p. 17-54, et Michael McCormick, *Origins of the European Economy..., op. cit.*, p. 733-778.
51. McCormick utilise la datation des lettres du pape vers le nord de la Gaule comme indice de leur saisonnalité. Le fait que les flux de lettres ne coïncident plus avec les saisons propices à la navigation du Rhône prouve que les voyageurs passaient par la terre et la difficile route des Alpes plutôt que par le fleuve. *Ibid.*, p. 80.
52. Une telle politique ne semble pas avoir été envisagée pour la Provence ou l'Italie carolingiennes, peut-être à cause de la supériorité maritime des concurrents méditerranéens.
53. François Bougard, « Le crédit dans l'Occident du haut Moyen Âge : documentation et pratique », *HAL*, 2010.
54. Odon de Cluny, *Vita sancti Geraldi comitis Auriliacensis.* Odon raconte que Géraud d'Aurillac renonçait à l'intérêt et au capital dans ses prêts : « *non solum augmentendum wadii, sed etiam capitale [debitori] relaxabat* ».
55. Sur l'économie domaniale carolingienne, voir notamment Jean-Pierre Devroey, *Économie rurale et société dans l'Europe franque (VIe-IXe siècles)*, Paris, Belin, 2003. Plusieurs des exemples ci-dessus sont cités d'après son livre.
56. Naturellement, ces exemptions pouvaient être détournées : les marchands anglo-saxons se faisaient parfois passer pour des pèlerins afin d'être dispensés de tonlieux quand ils se rendaient à Venise, au grand dam de l'empereur.

57. Jean-Pierre Devroey, « Un monastère dans l'économie d'échanges : les services de transport à l'abbaye Saint-Germain-des-Prés au IXe siècle », *Annales. Histoire, Sciences sociales*, vol. 39, n° 3, 1984, p. 570-589.
58. Voltaire, *Essai sur les mœurs et l'esprit des nations*, Paris, 1756.
59. Walter Scheidel, *Escape from Rome. The failure of empire and the road to prosperity*, Princeton, Princeton University Press, 2019.
60. Agobard, *De grandine et tonitruis*.
61. Voir Michael McCormick, *Origins of the European Economy*..., *op. cit.*, p. 281-318.
62. Ces estimations proviennent de David Herlihy, « Church property on the European Continent, 701-1200 », *Speculum*, 36 (1), 1961, p. 81-105.
63. Jean-Pierre Devroey, *Économie rurale et société dans l'Europe franque*..., *op. cit.*
64. Adriaan Verhulst, *The Carolingian Economy*, Cambridge, Cambridge University Press, 2002.
65. Pour donner un exemple parmi d'autres, Georges Duby interprète le faible nombre de bovins présents dans la seigneurie d'Annappes comme une preuve de recul économique, alors qu'au contraire, comme les paysans y faisant leurs corvées venaient avec leurs propres bovins, il atteste un nombre élevé de paysans propriétaires de bovins. L'idée de Duby qu'une nette mutation économique aurait eu lieu en l'an 1000 fait l'objet d'un consensus contre elle, depuis notamment les travaux de Dominique Barthélemy ou de Pierre Toubert. Voir Georges Duby, *L'An mil*, Paris, Gallimard, 1993, ou Dominique Barthélemy, *L'An mil et la paix de Dieu. La France chrétienne et féodale, 980-1060*, Paris, Fayard, 1999.
66. Charles Higounet, « Les forêts de l'Europe occidentale du Ve au XIe siècle », *Agricoltura e mondo rurale in Occidente nell'Alto Medioevo*, 1966, p. 343-398.
67. Marc Bloch, « Les Invasions. Occupation du sol et peuplement », *Annales d'histoire sociale*, VIII, 1945, p. 16-18.
68. Sur l'état des données dendrochronologiques du haut Moyen Âge ainsi que sur les crises alimentaires et les réponses politiques de l'empereur, voir Jean-Pierre Devroey, *La Nature et le Roi. Environnement, pouvoir et société à l'âge de Charlemagne (740-820)*, Paris, Albin Michel, 2019. Dans la panoplie de l'empereur pour répondre aux crises frumentaires, viennent tous les classiques que nous retrouverons plus tard : contrôle des prix, punition des « profiteurs », distribution de blé subventionné, allègements d'impôts, dans une moindre mesure les achats à l'étranger et les redistributions dans le pays, etc.

Chapitre 3. Le grand défrichement (850-1300)
De la page 77 à la page 108

1. Karl Marx, *Misère de la philosophie*, Paris, V. Giard et E. Brière, 1896.
2. Cela n'empêche pas que l'exploitation d'esclaves hors du territoire par les Français ou les Anglais ait contribué au XVIIIe siècle à leur prospérité.
3. Cela semble vrai au moins pour l'économie intérieure, même si l'exploitation d'esclaves dans les colonies ne joue pas de rôle important. Si l'on tient compte de facteurs géographiques de réussite comme la disponibilité des terres, l'esclavage semble négativement corrélé à la réussite macroéconomique de long terme après le XVIIIe siècle, probablement parce qu'il crée de mauvaises bases institutionnelles pour la société – les inégalités économiques qu'il génère à long terme ne semblent pas jouer de rôle dans la relation. Voir Nathan Nunn. « Slavery, Inequality, and Economic Development in the Americas: An Examination of the Engerman-Sokoloff Hypothesis. », *Document de travail*, 2007.
4. Marc Bloch, « Comment et pourquoi finit l'esclavage antique », *Annales. Histoire, Sciences sociales*, vol. 2, n° 1, p. 30-44, 1947.
5. Que les conquêtes aient cessé ne peut avoir été le seul facteur expliquant la fin de l'esclavage. Une partie du système judiciaire mérovingien et carolingien avait permis d'asservir les paysans anciennement libres : tout paysan défaillant sur une dette ou commettant un crime pouvait être condamné à devenir l'esclave de ses créditeurs (ou victimes).
6. Le difficile problème de la reproduction des esclaves n'a pas été tranché : certains pensent que les esclaves n'avaient que très peu d'enfants à l'époque romaine. Sur la définition anthropologique de

l'esclavage, voir Aurélia Michel, *Un monde en nègre et blanc. Enquête historique sur l'ordre racial*, Paris, Seuil, 2020.

7. Evsey Domar, « The Causes of Slavery or Serfdom : A Hypothesis », *The Journal of Economic History*, 1970. Cet article se propose à l'origine de tenter d'expliquer le passage d'un monde de paysans libres au servage en Russie au XVIe siècle, mais son cadre analytique s'applique au-delà.
8. Dans un livre influent, Richard Lefebvre des Noëttes avait soutenu que le collier d'épaule aurait été une amélioration par rapport au collier romain qui se portait sur le cou du cheval et étranglait la malheureuse bête, l'empêchant d'exercer un effort de traction important. Il existait en fait une importante variété de colliers pour chevaux adaptés aux différents usages dans l'Empire romain, et c'est la sélection de nouvelles races de chevaux aptes à la traction plutôt qu'une invention exogène qui permit les progrès de la traction animale. Richard Lefebvre des Noëttes, *L'Attelage. Le cheval de selle à travers les âges : contribution à l'histoire de l'esclavage*, Paris, A. Picard, 1931 et, surtout, Marie-Claire Amouretti, « L'attelage dans l'Antiquité. Le prestige d'une erreur scientifique », *Annales. Économies, Sociétés, Civilisations*, 46e année, n° 1, 1991, p. 219-232.
9. Le moulin à eau semble avoir connu une diffusion précoce sous le Haut-Empire romain. Voir, par exemple, Jean-Pierre Brun et Marc Borréani, « Deux moulins hydrauliques du Haut-Empire romain en Narbonnaise : villae des Mesclans à La Crau et de Saint-Pierre/Les Laurons aux Arcs (Var) », *Gallia - Archéologie de la France antique*, 55, 1998, p. 279-326, ainsi que l'article déjà cité d'Andrew Wilson, « Machines, power and the ancient economy ».
10. L'estimation provient d'une extrapolation d'un recensement de Paris opéré en 1328. Il existe des débats pour savoir si la capitale abritait 50 000 « feux » (l'équivalent médiéval d'un ménage) de quatre personnes ou bien 50 000 habitants, mais la première interprétation est plus plausible. Après le siège normand de 885, Paris était probablement peuplée de moins de 10 000 habitants.
11. Pierre Bonnassie, « Les conventions féodales dans la Catalogne du XIe siècle », *Annales du Midi*, vol. 80, n° 89, 1968, p. 529-561.
12. Il y avait des tensions palpables entre propriétaires de moulins, et les seigneurs tentaient souvent d'interdire l'usage de moulins concurrents à leurs paysans - afin de conserver un pouvoir de monopole.
13. Mathieu Arnoux, *Le Temps des laboureurs. Travail, ordre social et croissance en Europe (XIe-XIVe siècle)*, Paris, Albin Michel, 2012, p. 335.
14. Ester Boserup, *Woman's Role in Economic Development*, Londres, George Allen & Unwin, 1970.
15. Marc Bloch, *Caractères originaux de l'histoire rurale française*, Paris, Armand Colin, 1931. Noter que l'assolement triennal n'est pas la rotation : l'assolement est la coordination, souvent sous l'égide du seigneur, entre les paysans sur leur culture, tandis que la rotation désigne le simple fait de modifier la culture, indépendamment du système d'exploitation.
16. Sur la guerre féodale, voir Dominique Barthélemy, *La France des Capétiens. 978-1214*, Paris, Seuil, « Points histoire », 2015. Les principales victimes de ces conflits sont souvent les paysans des alentours, dont les récoltes sont écrasées ou pillées par les soldats.
17. Cette bataille impliquait un roi de France au domaine largement étendu à l'empereur allemand, le Welf Otton, les deux accompagnés de nombreux vassaux. Sa dimension nationale lui fut certes attribuée sur la base d'une propagande royale réussie, mais elle dépasse par le large horizon géopolitique dans lequel elle se place de nombreux combats dont les enjeux furent locaux avant tout.
18. Voir Achille Luchaire, Ernest Lavisse, *Histoire de France depuis les origines jusqu'à la Révolution*, t. III, première partie, Paris, Armand Colin, 1901, p. 244.
19. Quoique la laine anglaise fût fort demandée, en raison de sa bonne réputation, la laine flamande - que les citadins de Bruges appelaient « notre laine » - était utilisée en plus grandes quantités. Gérard Sivéry, *L'Économie du royaume de France au siècle de Saint Louis*, Lille, Presses universitaires du Septentrion, 1984, p. 25, et Adriaan Verhulst, « La laine indigène dans les anciens Pays-Bas entre le XIIe et le XVIIe siècle. Mise en œuvre industrielle, production et commerce », *Revue historique*, 248, fasc. 2 (504), 1972, p. 281-322.
20. Les abbayes expulsaient souvent des petites communautés de paysans isolées qui exploitaient voire habitaient ces domaines.

21. Voir Marc Bloch, *Caractères originaux de l'histoire rurale française, op. cit.*, p. 16. L'expression d'« entrepreneurs de défrichement » est la sienne. Il remarque cependant que ces clercs défricheurs furent plus nombreux en Allemagne qu'en France.
22. Branche XII, *in* Anonyme, *Le Roman de Renart*, Paris, Gallimard, 1998, p. 331.
23. Le développement qui suit s'inspire en partie de Mathieu Arnoux, *Le Temps des laboureurs. Travail, ordre social et croissance en Europe, op. cit.*, p. 257-290.
24. Voir Georges Duby, *La Société aux xie et xiie siècles dans la région mâconnaise*, Paris, Armand Colin, 1953, p. 476.
25. Ainsi, au XIIIe siècle, une rente peut être déterminée en fonction du prix du blé au marché hebdomadaire de Rouen. Voir exemples dans Isabelle Theiller, « Prix du marché, marché du grain et crédit au début du XIIIe siècle : autour d'un dossier rouennais », *Le Moyen Âge*, 115 (2), 2009, p. 253-276.
26. Texte écrit dans la première moitié du XIe siècle par le moine bourguignon de Cluny Raoul Glaber. *Histoires*, traduction et présentation de Mathieu Arnoux, Turnhout, Brepols, 1999, p. 75.
27. Mathieu Arnoux, *Le Temps des laboureurs. Travail, ordre social et croissance en Europe (xie-xive siècle)*, Paris, Albin Michel, 2012, p. 269.
28. Florian Mazel. *Féodalités (888-1180)*, Paris, Belin, 2015, p. 426.
29. *Ibid.*, p. 426-427, qui reprend la légende hagiographique de la *Chronique universelle* de Robert d'Auxerre. La pierre du pont, si l'on omet les reconstructions ultérieures, pourrait en fait dater du XIIIe siècle : Matthieu Ghilardi, David Sanderson, Tim Kinnaird, Andrew Bicket, Simone Balossino, Jean-Claude Parisot, Daniel Hermitte, Frédéric Guibal et Jules T. Fleury, « Dating the bridge at Avignon (south France) and reconstructing the Rhone River fluvial palaeo-landscape in Provence from medieval to modern times », *Journal of Archaeological Science. Reports*, 4, 2015, p. 336-354.
30. Dans son livre de vulgarisation de la finance, Pierre-Noël Giraud utilise d'ailleurs l'exemple réel d'un contrat vénitien pour illustrer tous les risques qu'assure encore la finance : Pierre-Noël Giraud, *Le Commerce des promesses. Petit traité sur la finance moderne*, Paris, Seuil, 2001 ; rééd. « Points histoire », 2009. Pour les différents types de contrats, d'associations et de sociétés ouverts à Venise, voir Robert Lopez, *The Commercial Revolution of the Middle Ages, 950-1350*, Englewood Cliffs, Prentice-Hall, 1971.
31. Les juifs jouaient surtout un rôle local et ne participaient pas aux premières banques ni aux premiers prêts directs au roi. Voir Gérard Nahon, « Le crédit et les juifs dans la France du XIIIe siècle », *Annales. Histoire, Sciences sociales*, vol. 24, n° 5, 1969, p. 1121-1148, ou Robert Chazan, *Medieval Jewry in Northern France. A political and social history* [1974], Baltimore, Johns Hopkins University Press, 2019.
32. Il est question de 135 000 livres – ou 0,2 % du PIB d'après les calculs de l'auteur, même si le montant précis de l'opération semble être perdu. Cela représenterait un transfert financier important même aujourd'hui, et *a fortiori* à une époque où les flux de commerce censés équilibrer un tel don d'argent étaient plus rares.
33. La qualité des draps européens venait en partie de la qualité de ses moutons, et ne date pas seulement de l'essor flamand, même si les villes de Flandre lui donnèrent un éclat particulier. Ainsi, dès 797, Charlemagne avait offert au sultan Hâroun ar-Rachid des draps en échange desquels ce dernier lui avait offert un éléphant blanc.
34. D'après des estimations de Paul Bairoch, Jean Batou et Pierre Chèvre, *Population des villes européennes de 800 à 1850. Banque de données et analyse sommaire des résultats*, Genève, Droz, 1988.
35. Ces foires ont parfois été prises comme un exemple montrant que des marchands trouveraient un intérêt à se coordonner sans puissance publique : c'est ce qu'affirment plusieurs économistes prestigieux dans Paul Milgrom, Douglass North et Barry Weingast, « The role of institutions in the revival of trade : The law merchant, private judges, and the champagne fairs », *Economics & Politics*, 2 (1), 1990, p. 1-23. Néanmoins, cette position est sans doute un contresens historique. Ce qui semble remarquable dans l'organisation des foires de Champagne est plutôt l'intervention du comte et de la puissance publique : Jeremy Edwards et Sheilagh Ogilvie, « What lessons for economic development can we draw from the Champagne fairs ? », *Explorations in Economic History*, 49 (2), 2012, p. 131-148.
36. Le rabbin navarrois Benjamin de Tulède (1130-1173) avait écrit un récit similaire plus de cent ans avant Marco Polo, mais ne l'avait pas publié : il ne serait découvert par les lettrés européens qu'à la Renaissance. Voyageant jusqu'à la mer d'Arabie, il avait collecté des informations sur les communautés juives locales ainsi que sur la Chine, dans laquelle il ne s'est probablement pas rendu.

37. Naturellement, une grande partie de ce commerce était limité aux biens de luxe tant le transport conservait des coûts prohibitifs : on ne peut pas parler de mondialisation comme si la vie des paysans européens commençait à dépendre des fluctuations économiques en Chine comme cela peut être le cas dans l'Europe des années 2020.
38. Janet Abu-Lughod, *Before European Hegemony. The world system AD 1250-1350*, Oxford, Oxford University Press, 1989.
39. Les épices n'étaient consommées que par les plus riches bourgeois et aristocrates. Elles ne servirent pas de condiment pour cacher le goût de la viande avariée que consommaient les pauvres : elles étaient bien trop chères pour cela.
40. Jared Diamond a défendu l'idée que les inventions passaient plus facilement d'un bout de l'Eurasie à l'autre, d'Est en Ouest qu'en Amérique, du Nord au Sud ou qu'entre Europe et Afrique. En effet les pays partageant une même latitude font souvent face aux mêmes problèmes agricoles. Pour une confirmation statistique à grands traits de cette idée, voir Jamie Pavlik et Andrew Young, « Did technology transfer more rapidly East-West than North-South ? », *European Economic Review*, 119, 2019, p. 216-235.
41. Estimation de Philippe Contamine, *La Guerre au Moyen Âge*, Paris, Presses universitaires de France, 1999, p. 103.
42. *Ibid.*, p. 107.
43. Mancur Olson, « Dictatorship, democracy, and development », *American Political Science Review*, 87 (3), 1993, p. 567-576.
44. Il fut nommé ainsi parce que son règne avait été trop court pour qu'il eût le temps de lancer la moindre action.
45. Voir Yves Sassier, *Hugues Capet. Naissance d'une dynastie*, Paris, Fayard, 1987, pour les détails de l'ascension robertienne au pouvoir, de la défense de Paris par Robert le Fort et ses fils jusqu'à la mort d'Hugues Capet.
46. Il existe un débat historiographique pour savoir si cette prise d'autorité royale n'était pas le résultat d'une crise économique et politique d'un XIIe siècle qui aurait plus que les autres été marqué par les violences féodales à en croire les témoignages des clercs. Ces témoignages peuvent en fait démontrer que les violences sont devenues moins tolérables, pas qu'elles sont devenues plus fréquentes. Thomas Bisson, *The Crisis of the Twelfth Century*, Princeton, Princeton University Press, 2015.
47. Le roi avait été frappé d'anathème par l'Église à cause de conflits qui les opposaient. Son frère Hugues de Vernandois joua cependant un rôle important dans la croisade.
48. *Ibid.*, p. 573.
49. Le Languedoc fut donné en apanage à Alphonse, fils de Louis VIII et frère de Saint Louis, et, comme Alphonse de Poitiers n'eut pas d'enfants, il entra dans le domaine français de Philippe III en 1271.
50. On estimait qu'Aix-la-Chapelle avait 5 000 habitants en 800. Le Paris de 1328 en ayant 200 000 d'après le recensement de Philippe VI, il n'est pas interdit de penser que celui de 1200, déjà relativement grand (les enceintes de Philippe Auguste en témoignent) et très vivant, était peuplé de 100 000 habitants voire davantage.
51. Marc Bloch, *La Société féodale* [1939-1940], Paris, Albin Michel, 2014, p. 172, reprenant une histoire de Lambert d'Ardres. Que cette histoire fût véridique ou non, elle semblait vraisemblable à l'auteur qui la rapportait.
52. *Ibid.*, p. 173.
53. Il ne le fit pas en contestant le droit féodal mais en s'appuyant sur une subtilité d'interprétation féodale qui tenait à la division de l'héritage de Coucy pour nier sa baronnie.
54. Jacques Le Goff, *Saint Louis*, Paris, Gallimard, 1996, p. 240-243.
55. Les institutions extractives sont celles qui ont pour seul but de garantir les profits d'une partie réduite de la population, et elles nuiraient à la croissance économique en empêchant les individus d'entreprendre, selon la théorie développée par Daron Acemoglu et James Robinson, *Prospérité, puissance et pauvreté. Pourquoi certains pays réussissent mieux que d'autres*, Genève, Markus Haller, 2015.
56. Archives nationales, J.899 fol. 141a, éd. Auguste Molinier, HL, VII *Enquêteurs royaux 88* (n° 81) p. 148-149. Cité par Thomas Bisson, *The Crisis of the Twelfth Century*, *op. cit.*, p. 581.
57. L'organisation stricte en forme de monopole des métiers pouvait avoir un sens si elle permet une meilleure régulation des mauvaises pratiques, comme le mensonge sur le poids du pain vendu. Ces

pratiques minent la confiance et créent des aléas moraux, qui ne peuvent pas toujours être réglés dans des marchés privés. Néanmoins, les plaintes sur les mauvaises pratiques ne disparurent pas.

58. Cette idée a été notamment développée par Marc Bloch, *La Société féodale, op. cit.*
59. Deborah Boucoyannis. *Kings as judges: Power, justice, and the origins of parliaments.* Cambridge University Press, 2021.
60. Charles Petit-Dutaillis, « Le premier budget de la monarchie française. Le compte général de 1202-1203 », *Bibliothèque de l'École des hautes études*, 1933, p. 259 ; Michel Nortier et John Baldwin, « Contributions à l'étude des finances de Philippe Auguste », *Bibliothèque de l'École des chartes*, 1980, p. 5-33. Des documents budgétaires plus anciens ont sans doute existé mais ils furent perdus lorsque le roi perdit ses archives en 1204.
61. Je m'appuie sur le travail de Ridolfi et Nuvolari (2021) et des estimations de la valeur de la livre tournois en blé pour estimer que le PIB français total était proche de 50 millions de livres tournois au milieu du XIIIe siècle. En reprenant cette valeur pour 1222, le budget de 1222 représentait plus de 200 000 livres, soit près de 0,5 % du PIB. Le budget de 1222 de Philippe Auguste est le premier dont les archives nous donnent la trace, voir l'article cité plus haut de Charles Petit-Dutaillis de 1933. 0,5 % se rapporte à la France dans ses frontières d'aujourd'hui : la riche Flandre appartenait cependant à la France, tandis que l'est du Rhône ou l'Alsace n'en faisaient pas partie.
62. Nous faisons l'hypothèse que les recettes de 1217 étaient les mêmes que celles de 1222.
63. Gérard Sivéry, *L'Économie du royaume de France au siècle de Saint Louis, op. cit.*, chap. 2.
64. Aujourd'hui, on compte encore quarante-neuf Château-Neuf, quarante Castelnau, quatorze Neufchâtel et surtout 110 Villeneuve - dont une majorité date du Moyen Âge.
65. Raoul Glaber, *Histoires, op. cit.*, p. 163-165. Nous modifions la traduction de *candidam ecclasiarum vestem* pour que le lecteur retrouve la formule mieux connue en français.
66. Dans le Sud, les choses se feraient plus lentement et l'on observe dans certains domaines comme Saint-Claude une fixation sur les différents impôts dus par le serf, comme la taille ou la mainmorte. Voir Vincent Corriol, « Chapitre IV. La progressive constitution d'un statut servile », in *Id.*, *Les Serfs de Saint-Claude. Étude sur la condition servile au Moyen Âge*, Rennes, Presses universitaires de Rennes, 2010.
67. Denise Angers, « La Normandie à la fin du Moyen Âge. Des servitudes sans servage », *in* Paul Freedman et Monique Bourin (dir.), *Forms of Servitude in Northern and Central Europe. Decline, Resistance and Expansion*, Turnhout, Brepols, 2005, p. 179-196.
68. Cité par Mathieu Arnoux, *Le Temps des laboureurs..., op. cit.*
69. Robert Lopez, *The Commercial Revolution of the Middle Ages..., op. cit.*
70. Gérard Sivéry, « Le mécontentement dans le royaume de France et les enquêtes de Saint Louis », *Revue historique*, 269, fasc. 1 (545), 3-24, 1983, p. 11.
71. Sur l'état du débat, voir Dominique Barthélemy, *L'An mil et la paix de Dieu..., op. cit.*
72. Paul Bairoch, *Cities and Economic Development. From the dawn of history to the present*, Chicago, University of Chicago Press, 1988.
73. Cité par Florian Mazel, *Féodalités..., op. cit.*, p. 410. L'université de Paris avait été créée entre-temps, mais Paris était déjà une ville étudiante, accueillant des maîtres et leurs étudiants aristocratiques ou clercs. Un des plus fameux de ces maîtres est Abélard (1079-1142), séducteur d'Héloïse mais aussi grand penseur français, qui fut un des premiers à tenter de réhabiliter un Aristote largement oublié en Occident.
74. Charles Jourdain, *La Taxe des logements dans l'Université*, Nogent-le-Rotrou, Daupeley, 1878, p. 3, cité par Christian Gillon, *Les Étudiants et la délinquance au Moyen Âge (XIIIe-XVe siècles)*, Université de Cergy-Pontoise, 2017.
75. Le graphe reprend les frontières de la France d'aujourd'hui et surestime donc la population urbaine sous la dépendance du roi, surtout entre 800 et 1200.
76. Voir cartes dans Marc Bloch, *Caractères originaux de l'histoire rurale française, op. cit.*
77. Robert Lopez, « Économie et architecture médiévale. Cela aurait-il tué ceci ? *Annales. Histoire, Sciences sociales*, vol. 7, n° 4, 1952, p. 433-438. Lopez remarque que, dans le sud de l'Italie, les églises occupent une place moins imposante que dans le nord de la France (ou qu'en Angleterre).
78. Georges Duby, *Le Dimanche de Bouvines*, Paris, Gallimard, 1973.
79. Les estimations proviennent de Leonardo Ridolfi, « Six centuries of real wages in France from Louis IX to Napoleon III : 1250-1860 », *The Journal of Economic History*, 79 (3), 2019, p. 589-627. Voir aussi la

thèse originale et les données mises à jour dans Leonardo Ridolfi et Alessandro Nuvolari, « *L'histoire immobile ?* A reappraisal of French economic growth using the demand-side approach, 1280-1850 », *European Review of Economic History*, 25 (3), 2021, p. 405-428, ci-après cité comme Ridolfi et Nuvolari (2021). Les données utilisées par l'auteur pour ces calculs viennent principalement de Georges d'Avenel, *Histoire économique de la propriété, des salaires, des denrées et de tous les prix en général depuis l'an 1200 jusqu'en l'an 1800*, Paris, Imprimerie nationale, 1894-1901, 7 volumes.

Chapitre 4. Naissance d'une taxation (1300-1450)
De la page 109 à la page 134

1. Comme l'indique le nom de « métayage » : la « moitié », étymologiquement.
2. Voir Philippe Contamine, « Les fortifications urbaines en France à la fin du Moyen Âge : aspects financiers et économiques », *Revue historique*, 260, fasc. 1 (527), 1978, p. 23-47.
3. Après plusieurs années de paix, les villes négligent davantage leurs remparts. Reims, toujours, est surprise par le développement de la guerre. On leva des subsides substantiels pour ces fortifications. Cela se compte en dizaines de milliers de livres, soit le salaire annuel de 800 ouvriers : en 1404, à Rouen, les fortifications auraient coûté 20 000 livres.
4. Une armée permanente de 30 000 soldats implique, dans la France de 1328, 0,15 % de la population ; probablement 0,3 % après la peste noire en 1348. Étant donné le niveau de qualification moyen d'un soldat, ainsi que les dépenses en équipement, chevaux, plus tard dans notre période en artillerie, que cela implique, les dépenses militaires requises sont un peu inférieures à 2 % du PIB. Pour le même ratio entre militaires et population totale, la France dépensait en 2019 2 % de sa production dans l'armée. Les dépenses d'équipement étaient moindres au Moyen Âge qu'aujourd'hui, malgré l'évidente sophistication de nos armes ; en revanche, les militaires avaient un salaire plus élevé qu'aujourd'hui si on le compare à la richesse nationale (évidemment moindre qu'aujourd'hui en niveau absolu).
5. Ce motif revient souvent dans les chroniques médiévales, notamment celles de Froissart ou de Jean de Venette. Si cette qualification a une tournure essentiellement morale, elle reflète peut-être les problèmes qu'il y a à diriger une armée qui n'est pas permanente.
6. Robert-Henri Bautier, « Diplomatique et histoire politique : ce que la critique diplomatique nous apprend sur la personnalité de Philippe le Bel », *Revue historique*, 259, fasc. 1 (525), 1978, p. 3-27.
7. Jean Favier, *Philippe le Bel*, Paris, Fayard, 1978.
8. Françoise Autrand, *Charles V*, Paris, Fayard, 1994, p. 191-193.
9. John Bell Henneman, *Royal Taxation in 14th Century France. The Development of War Financing, 1322-1356*, Princeton, Princeton University Press, 1971.
10. Le crédit créait cependant des dépendances économiques fortes. Ainsi, certains paysans libres devinrent des serfs à défaut d'avoir remboursé des prêts à l'époque carolingienne.
11. *Ibid.*, p. 339-341, tableau 1 de l'appendice 1. Les chiffres pour Saint Louis proviennent de Natalis de Wailly, *Recherches sur le système monétaire de Saint Louis*, Paris, Imprimerie impériale, 1857.
12. Raymond Cazelles, *Étienne Marcel*, Paris, Tallandier, 2006.
13. Marc Bompaire. *La question monétaire : avis et consultations à l'époque de Philippe le Bel et de ses fils*, in Monnaie, *fiscalité et finances au temps de Philippe le Bel*. Vincennes, Institut de la gestion publique et du développement économique, 2007.
14. Théologien et précurseur par sa curiosité des savants humanistes du XVIe siècle, lecteur d'Aristote, Nicolas Oresme eut plusieurs autres contributions scientifiques intéressantes. On lui doit notamment une preuve de la divergence de la série harmonique en mathématiques. Nicolas Oresme, *Traité des monnaies et autres écrits monétaires du XIVe siècle*, Lyon, La Manufacture, 5, 1989, p. 347-361. Dans ce texte, il s'appuie notamment sur la *Politique* du Stagirite.
15. La gabelle, avant de désigner spécifiquement l'impôt sur le sel, désigne généralement les impôts sur la consommation. Il y a eu des gabelles sur les draps dans des villes du Languedoc au XIVe siècle.
16. Par exemple la révolte parisienne de 1306.

17. John Bell Henneman, *Royal Taxation...*, *op. cit.*, p. 234.
18. Boris Bove, *Le Temps de la guerre de Cent Ans. 1328-1453*, Paris, Belin, 2009, notamment la section dans « L'atelier de l'historien » sur les causes de la guerre.
19. Le principe de la loi salique n'a été retrouvé par des juristes que beaucoup plus tard. Ce nouveau principe de succession tint à des problèmes conjoncturels : la fille de Louis X, trop jeune pour régner, était soupçonnée d'être un enfant adultérin : on décida qu'une femme ne pouvait régner. En 1328, Philippe VI, cousin de feu Charles IV, était le plus fort en France, tandis qu'Édouard III, descendant le plus légitime par ligne féminine, était trop loin. On décida que les femmes ne transmettraient pas la royauté.
20. Stéphane Péquignot et Jean-Marie Moeglin (dir.), *Diplomatie et « relations internationales » au Moyen Âge (IXe-XVe siècle)*, Paris, Presses universitaires de France, 2017.
21. *Ibid.*
22. Ce que proposent, sur la base de données issues du Kazakhstan, Nils Stenseth *et al.*, « Plague dynamics are driven by climate variation », *Proceedings of the National Academy of Sciences*, 103 (35), 2006, p. 13110-13115.
23. Ce mode de contamination avait été remis en cause par des historiens et des épidémiologistes dans les années 1980 et 1990 mais il est défendu de manière tout à fait convaincante par Ole Benedictow. *What Disease was Plague ? On the Controversy Over the Microbiological Identity of Plague Epidemics of the Past*, Leyde, Brill, 2011. Voir aussi Frédérique Audoin-Rouzeau, *Les Chemins de la peste. Le rat, la puce et l'homme*, Rennes, Presses universitaires de Rennes, 2003.
24. Cette « contagion » se produisait, dans le cas de la peste bubonique, par propagation des puces de rats déjà infectées plutôt que par transmission directe ou indirecte entre humains. Dans les cas, plus rares, de peste pulmonaire, elle pouvait se produire d'homme à homme. Extrêmement mortelle, rapide et contagieuse, cette forme de peste était trop efficace pour durer.
25. *Chronique dite de Jean de Venette*, édition et traduction du latin de Colette Beaune, Paris, LGF, Le Livre de Poche, « Lettres gothiques », 2011, p. 111.
26. Autrement, la probabilité d'observer une population entièrement contaminée passer de vingt à deux personnes serait inférieure à 3 %.
27. Près de 10 % des villages français auraient disparu. Le mouvement est encore plus net en Alsace et en Allemagne. Emmanuel Le Roy Ladurie, *Les Paysans français d'Ancien Régime. Du XIVe au XVIIIe siècle*, Paris, Seuil, 2015, p. 20.
28. Ce qui n'a rien d'improbable dans une ville aussi grande que Paris : Ricardo Olea et George Christakos, « Duration of urban mortality for the 14th-century Black Death epidemic », *Human Biology*, 2005, p. 291-303.
29. Ole Benedictow, *The Black Death, 1346-1353. The complete history*, Martlesham, Boydell & Brewer, 2004, p. 309-337.
30. Il n'est pas sûr que l'épidémie de peste soit survenue en Inde et en Chine au XIVe siècle. L'épidémie ne semble pas avoir atteint l'Inde, mais il existe des témoignages en Chine sur des vagues épidémiques mortelles, dès 1331, sans description des symptômes, pourtant aisément identifiables, de la peste. George D. Sussman, « Was the black death in India and China ? », *Bulletin of the History of Medicine*, 2011, p. 319-355. Pour une preuve microbiologique, parmi d'autres, que l'agent pathogène en question était bien *Yersinia pestis*, voir Didier Raoult, Gérard Aboudharam, Éric Crubézy, Georges Larrouy, Bertrand Ludes et Michel Drancourt, « Molecular identification by "suicide PCR" of Yersinia pestis as the agent of medieval black death », *Proceedings of the National Academy of Sciences*, 97 (23), 2000, p. 12800-12803.
31. Guy Bois, *La Grande Dépression médiévale. XIVe et XVe siècles*, Paris, Presses universitaires de France, 2000.
32. L'hypothèse que les cycles économiques se coordonnent n'est pas si absurde, puisqu'il existait une forme de commerce entre ces économies. On observe empiriquement que les économies qui commercent les unes avec les autres ont des cycles économiques corrélés : Jeffrey Frankel et Andrew Rose, « The endogeneity of the optimum currency area criteria », *The Economic Journal*, 108 (449), 1998, p. 1009-1025, sur les cycles de la seconde moitié du XXe siècle. Cependant, le volume de commerce médiéval était trop faible pour que l'hypothèse d'une crise mondiale « endogène » et synchrone soit plausible : il est plus probable qu'un événement commun ait précipité ces régions différentes dans une crise.

33. Peter Turchin a développé le concept d'élite surnuméraire (*elite overpopulation*) : selon son modèle, l'élite trop nombreuse se bat pour un nombre de postes hiérarchiques stable. Quand l'élite, prospère, se met à accroître son poids démographique dans la population, cela aboutit à une guerre de positions, qui mène à la guerre de clientèles et donc à la guerre civile. Si l'on prend au sérieux ce modèle, tant que les riches font plus d'enfants que les pauvres, le monde est fondamentalement instable.
34. La Jacquerie, important mouvement paysan, n'eut lieu qu'après la peste en 1358 et fut sévèrement réprimée en 1358. Des mouvements de colère, comme ceux des ouvriers parisiens contre la réévaluation de la monnaie en 1306, qui impliquait une hausse soudaine de la valeur réelle de leurs loyers, n'eurent pas plus de postérité.
35. Emmanuel Le Roy Ladurie considéra dans des travaux plus tardifs que le retournement de la conjoncture médiévale était à attribuer au climat - ce qui n'est pas une hypothèse absurde. Emmanuel Le Roy Ladurie, *Histoire humaine et comparée du climat*, Paris, Fayard, 2006.
36. Sur l'effet du petit âge glaciaire en Angleterre, qui souffrit aussi de graves épizooties affectant ses troupeaux de moutons (qu'on ne soupçonnera pas d'avoir été mal nourris du fait des contradictions du système « féodaliste »), voir Bruce Campbell, *The Great Transition*, Cambridge, Cambridge University Press, 2016.
37. William Chester Jordan, *The Great Famine. Northern Europe in the early fourteenth century*, Princeton, Princeton University Press, 1997. Le livre discute des réponses possibles des paysans à une famine et fait le lien entre histoire médiévale et économie du développement. La famine a frappé surtout le nord de l'Europe, touché par les avanies climatiques, et non le sud, épargné. Le sud de l'Europe, spécialement l'Italie, cœur économique de l'Europe, aurait été immunisé contre sa propre crise systémique.
38. Cette association entre prix du blé faible et crise est souvent commise dans les manuels. En l'absence de preuve que ce prix aurait posé un problème aux paysans - qui pouvaient consommer le surplus qu'ils ne parvenaient à vendre -, il est plus logique de voir dans le prix faible du blé un signe de bonne santé et d'abondance, bien que les campagnes voient les termes de leurs échanges avec les villes se détériorer.
39. L'homme transforme la nature : ainsi, plus de commerce sur la route de la soie peut favoriser certains agents pathogènes ; nous voyons aujourd'hui notre activité changer le climat ; notre organisation sociale et urbaine, notre activité fermière et agricole changent sensiblement la manière dont la nature peut nous atteindre. Cela est certes vrai et important : ainsi, la pandémie vient à la fin d'un cycle d'expansion de la population et du commerce, car la promiscuité et les échanges favorisent son essor, tandis qu'elle décime les centres-villes et muselle l'activité des marchands. On peut pousser certes cette logique jusqu'au bout dans le cas de la peste noire afin de dire qu'elle n'est pas exogène et est une conséquence de l'activité humaine. Mais qu'est-ce qui ne le serait pas dans ce cas ?
40. Carlos Álvarez Nogal, Leandro Prados de la Escosura et Carlos Santiago Caballero, « Economic effects of the Black Death. Spain in European perspective », Document de travail, 2020.
41. Guy Bois, *Crise du féodalisme*, Paris, Presses de la Fondation nationale des sciences politiques, 1976. Cet auteur, sceptique vis-à-vis des interprétations malthusiennes du XIVe siècle, fournit des chiffres qui tendent plutôt à le confirmer, dans cette étude de la Normandie orientale.
42. C'est en tout cas ce que l'on constate dans les menus d'ouvriers salariés dans les chantiers : voir Guy Bois, *Crise du féodalisme*, *op. cit.*
43. C'est la théorie du « salaire d'efficience » : Carl Shapiro et Joseph Stiglitz, « Equilibrium unemployment as a worker discipline device », *The American Economic Review*, 74 (3), 1984, p. 433-444. Un employé davantage payé est plus effrayé à l'idée de perdre sa réputation de bon travailleur - et ce mécanisme devient important quand l'économie offre peu de débouchés.
44. La densité est amie de la spécialisation et du commerce. John Munro, « Before and after the Black Death : money, prices, and wages in fourteenth-century England », *MPRA Paper 15748*, 2004. Le commerce de laine, qui avait déjà pâti d'une succession d'épizooties affectant les moutons, baisse après la peste.
45. John Hatcher, « Unreal wages : long-run living standards and the "golden age" of the fifteenth century », *in* John Hatcher et Judy Z. Stephenson (dir.), *Seven Centuries of Unreal Wages. The Unreliable Data, Sources and Methods that have been used for Measuring Standards of Living in the Past*, Basingstoke, Palgrave Macmillan, 2018, p. 227-266.
46. Certaines raisons sont invoquées par des historiens pour dire que cette hypothèse ne tiendrait pas et que les stocks de métaux auraient nettement baissé (arrêt de production d'argent en Allemagne,

érosion naturelle, et disparition supposément rapide des stocks de métaux vers la Méditerranée, où les pays européens étaient importateurs de denrées et exportateurs de métaux) – ces mouvements, aussi intéressants soient-ils, ne paraissent pas pouvoir l'emporter quantitativement contre la baisse massive de la population et de la production. Ces mêmes mouvements, s'ils étaient si importants, auraient fait augmenter les prix et mené à l'accélération des extractions de métaux. Or, les extractions interrompues ne reprirent pas aussitôt. Plus de détails sur ces thèses dans Philippe Contamine, Marc Bompaire, Stéphane Lebecq et Jean-Luc Sarrazin, *L'Économie médiévale*, Paris, Armand Colin, 1993.

47. $MV = \mu PY$, où M est la masse de monnaie en circulation, V la vitesse de la circulation de la monnaie (ou vélocité), P le niveau des prix en métaux, Y le niveau de la production, et μ le degré de monétisation de l'économie – terme qui tient compte du fait qu'une partie de l'économie agricole peut s'organiser sans recourir à la monnaie. Nous observons que P et Y baissent énormément, et que leur produit est divisé par quatre ; nous ne pensons pas qu'il soit plausible que M baisse, ni que μ augmente, puisque l'économie de 1347 était une économie largement monétaire – le degré de monétisation a plutôt dû baisser après la peste. Par conséquent, il faut supposer que MV est divisé par près de quatre. La seule explication possible est qu'il y eut un écroulement du crédit (M baisse), ou une forte thésaurisation (V baisse ou M baisse, selon la définition précise retenue, mais cela est équivalent). La deuxième hypothèse est la plus plausible car le crédit, même s'il est plus présent qu'on ne le croyait, ne devait pas être suffisamment important pour que sa baisse suffît à expliquer celle des prix.
48. Voir Jean Duplessy, *Les Trésors monétaires médiévaux et modernes découverts en France*, Paris, Bibliothèque nationale, 1985-1995, 2 volumes. Les résultats sont cités notamment par Peter Turchin et Serguey Nefedov, *Secular Cycles*, Princeton, Princeton University Press, 2009, p. 115.
49. Andrew Finch, « The nature of violence in the Middle Ages : an alternative perspective », *Historical Research*, 70 (173), 1997, p. 249-268.
50. Les désastres militaires ont leur part également dans cette stagnation démographique.
51. Remi Jedwab, Noel Johnson et Mark Koyama, « The economic impact of the Black Death », *GMU Working Paper in Economics*, n° 20-45, 2020.
52. Le « bourgeois de Paris », clerc anonyme dont le journal est une source souvent utilisée sur la vie de Paris dans la première moitié du XVe siècle, écrit ainsi : « En ce temps venaient les loups dedans Paris par la rivière et prenaient les chiens, et si mangèrent un enfant de nuit en la place aux Chats derrière les Innocents. » *Journal d'un bourgeois de Paris*, Paris, LGF, Le Livre de Poche, 1990.
53. C'était une demande constante des « réformateurs » depuis plusieurs décennies, comme le rappelle Raymond Cazelles, *Étienne Marcel*, *op. cit.*
54. *Ibid.*, p. 12.
55. Cette politique frappait particulièrement les éleveurs de moutons, contraints de vendre leur laine à bas prix. Certains bourgeois, intéressés à la vente de laine vers l'Italie, s'y opposèrent et obtinrent son abolition en 1332. Voir John Bell Henneman, *Royal Taxation…*, *op. cit.*, p. 84-85.
56. Charles le Mauvais était petit-fils de Louis X par sa mère, Jeanne d'Évreux, éloignée du trône lorsque Louis X (roi et fils de Philippe IV) mourut sans héritier mâle en 1316. Roi de Navarre, comte d'Évreux, puissant en Normandie. Notons que si la couronne pouvait être héritée par la mère, comme le revendiquait le roi d'Angleterre, Charles de Navarre aurait eu un meilleur titre qu'Édouard III (fils d'Isabelle, la fille de Philippe IV) pour prétendre à la couronne, bien qu'il fût né après Édouard. On voit qu'il n'y a pas de règle de succession satisfaisante où les femmes passent la couronne sans la porter elles-mêmes : la cohérence obligerait soit à autoriser une femme à exercer le pouvoir (quitte à ce que les femmes passent après frères et neveux), soit à les priver de tout droit de succession. Ainsi, si on prive les filles du roi de France de la possibilité de devenir reines, le système est plus cohérent si on les prive également de la succession de la couronne. La loi salique, forgée en ce temps, avait au moins le mérite de désigner sans ambiguïté le successeur du roi.
57. Le terme « inclusif » est repris des travaux de Daron Acemoglu et James Robinson. Les institutions inclusives sont des institutions où les droits de propriété sont bien définis et protégés, à la fois contre les hors-la-loi et contre l'État, et elles sont définies par opposition aux institutions extractives, où l'État ne protège pas les propriétaires voire les dérobe.

58. La royauté française disposait de comptes très précis, mais il ne nous en reste que des bribes à cause du grand incendie de la Chambre des comptes de 1737. Sans cet incendie, il serait possible de mesurer la profondeur de chaque crise politique depuis le XIIIe siècle à l'état des finances publiques.
59. Maurice Rey, *Les Finances royales sous Charles VI. Les Causes du déficit 1388-1413*, Paris, SEVPEN, 1965, p. 607.
60. Calcul effectué pour les années 1419-1420 par Nathan Sussman, « Debasements, Royal Revenues, and Inflation in France During the Hundred Years' War, 1415-1422 », *The Journal of Economic History*, 53 (1), 1993, p. 44-70.
61. Voir Colette Beaune, *Naissance de la nation France*, Paris, Gallimard, 1985, p. 348.
62. Il faut tenir compte du fait que la rente seigneuriale avait baissé à cause de la hausse des salaires (et du faible prix du blé dans les zones de céréaliculture). Jean-François Lassalmonie, *La Boîte à l'enchanteur. Politique financière de Louis XI*, Paris, Comité pour l'histoire économique et financière, 2002.
63. Chiffré cité dans Amable Sablon du Corail, *Louis XI*, Paris, Belin, 2011.
64. Lydwine Scordia, « Le "roi-berger" dans le *Livre des trois âges* : métaphore de l'impôt permanent dans le royaume de France à la fin du XVe siècle », *Parlement[s]. Revue d'histoire politique*, vol. 37, nº 1, p. 104-114, 2023.
65. Calcul mené en calculant la variance de la variation de population d'un siècle à l'autre sur les données de Paul Bairoch, *Cities and Economic Development..., op. cit.* L'écart-type est de 0,7, contre 0,5 pour tous les autres siècles (sauf le XVIIe siècle). Cet écart mesure la diversité dans l'évolution démographique et non le choc de la peste, même s'il existe un risque que cette variance reflète en partie l'incertitude des estimations, qui pourrait être plus lourde en période de guerre.
66. Jacques Cœur, argentier de Charles VII, prêteur du roi et des grands, marchand de draps, d'épices, de sel, bien au fait des monopoles et des règles du commerce que ses fonctions politiques lui permettent également de manipuler, n'est clairement pas un marchand ordinaire – c'est bien plutôt la forme française de la grande compagnie italienne, mêlée étroitement au pouvoir royal, avant sa chute brutale. C'est ce que Fernand Braudel appelle le « capitalisme », c'est-à-dire l'activité économique des puissants qui se soustraient aux lois du marché compétitif. Voir Michel Mollat, *Jacques Cœur ou l'esprit d'entreprise*, Paris, Flammarion, 1988.
67. Henri Dubois, *Les Foires de Chalon et le commerce dans la vallée de la Saône à la fin du Moyen Âge*, Paris, Imprimerie nationale, 1976, p. 363. En 1428, on voit des marchands de draps normands passer par les foires de la Saône dans le seul but de bénéficier du sauf-conduit ducal qui exemptait d'impôts les marchands traversant la France pour vendre aux foires de Chalon. Une fois arrivés, les marchands tentent discrètement de se diriger vers Genève pour y vendre leurs biens tout en obtenant un certificat de vente de Chalon – que ces marchands se fussent donné tant de peine nous montre à quel point l'imposition du commerce était lourde, mais aussi à quel point les foires de Genève étaient devenues plus attractives. Cette tentative d'optimisation fiscale ne passa pas inaperçue et elle fut jugée en procès auprès de la Cour des aides de Paris (*ibid.*, p. 366).
68. Le modèle de sédentaires et nomades d'Ibn Khaldûn s'appliquerait bien dans ce cas : la France, puissance fruste, est plus forte militairement que l'Italie, décentralisée, et capable d'y mener des conquêtes. Gabriel Martinez-Gros, *Brève histoire des empires. Comment ils surgissent, comment ils s'effondrent*, Paris, Seuil, 2014.

Chapitre 5. Une France immobile ? (1450-1650)
De la page 135 à la page 179

1. Manuscrits de travail, 1861-1863, Division du travail et atelier mécanique.
2. Certains ouvrages « révisionnistes » attribuent complètement à la chance l'arrivée de la révolution industrielle en Angleterre (et en Europe) plutôt qu'en Chine, qui semblerait bien mieux disposée à accueillir une révolution industrielle. Ainsi, Andre Gunter Frank, *ReOrient. Global economy in the Asian age*, Oakland, University of California Press, 1998, ou Roy Bin Wong, *China Transformed. Historical*

change and the limits of European experience, Ithaca, Cornell University Press, 1997. Pour une revue de littérature sur la question, voir Peer Vries, *State, Economy and the Great Divergence. Great Britain and China, 1680s-1850s*, Londres, Bloomsbury Publishing, 2015, chap. 1. Pour un contrepoint intéressant au livre influent de Frank, voir Immanuel Wallerstein, « Frank Proves the European Miracle », *Review (Fernand Braudel Center)*, vol. 22, n° 3, Research Foundation of SUNY, 1999, p. 355-371.

3. Dans un livre publié en 2000, Kenneth Pommeranz avait lourdement critiqué la thèse selon laquelle la suprématie de l'Europe daterait du XVIe siècle, affirmant que, au début du XVIIIe, les régions les plus riches de Chine étaient aussi riches que les régions les plus riches de l'Europe. Les progrès de la « cliométrie », l'histoire quantitative, ont cependant remis en cause cette thèse : dès le XVIIIe, l'Angleterre est la région la plus riche du monde. Kenneth Pomeranz, *Une grande divergence. La Chine, l'Europe et la construction de l'économie mondiale*, Paris, Albin Michel, 2021. L'édition originale américaine date de 2000.
4. Chiffre cité par Geoffrey Parker, *La Révolution militaire. La guerre et l'essor de l'Occident 1500-1800*, Paris, Gallimard, 1993 ; rééd. « Folio histoire », 2013, p. 65, sur la base des travaux de Headrick.
5. Certains s'interrogent sur l'intérêt voire le sens de telles questions contrefactuelles, comme Andre Gunder Frank. Les livres de Needham, dont certains extraits ont été traduits en français, restent des classiques. Un livre plus récent traite de la question du développement de la poudre à canon entre Europe et Asie de façon stimulante : Tonio Andrade, *Gunpowder Age*, Princeton, Princeton University Press, 2017.
6. Voir le livre déjà cité de Kenneth Pomeranz. Il existe des querelles historiographiques au sujet de la comparaison entre Chine et Angleterre, certaines portant aussi sur les méthodes d'estimation du PIB fondés sur le taux d'urbanisation. Nous utilisons pour la suite Stephen Broadberry, « The Industrial Revolution and the Great Divergence : recent findings from historical national accounting », *in* Alberto Bisin et Giovanni Federico (dir.), *The Handbook of Historical Economics*, Cambridge (Mass.), Academic Press Inc., 2021, p. 749-771. Certaines méthodes s'appuient sur le taux d'urbanisation, qui augmente en Europe et diminue en Chine lors de cette période.
7. Il est possible qu'à certaines périodes, la technique agricole se soit améliorée, sans progrès de productivité à cause d'une détérioration du climat, qui en a compensé les bénéfices (le petit âge glaciaire décrit par Le Roy Ladurie).
8. Données de Ridolfi et Nuvolari (2021). Ces estimations sont fondées essentiellement sur des corrections et extrapolations de données de salaires et de prix des denrées.
9. « Règne » est entre guillemets car Henri IV passa de longues années à reconquérir son royaume. Joseph Goy et Emmanuel Le Roy Ladurie, *Les Fluctuations du produit de la dîme. Conjoncture décimale et domaniale de la fin du Moyen Âge au XVIIIe siècle*, La Haye, Mouton, 1972. Pour un graphique sur la Bourgogne, voir p. 142-143, graphique 22, et p. 74, graphique 13, pour Namur. Parfois, les données en viennent à disparaître temporairement, ce qui n'est pas bon signe : ainsi dans le Cambrésis (p. 65). Les cycles du produit de la région ne coïncident pas exactement d'une région à l'autre. Précisons que le facteur national jouait à plein alors : l'Alsace, hors du royaume de France, et pas concernée par les guerres civiles, a un produit de la dîme stable : graphique 20, p. 98-99. L'écart entre dîmes et PIB peut venir du fait que les dîmes sont proportionnelles à la population, ce que ne sont pas les salaires. Si 10 % de la population a disparu lors des guerres de Religion (estimation plausible), alors l'effondrement du produit des dîmes s'explique en partie par la baisse du nombre de contribuables, en plus des conditions difficiles.
10. L'expression est de Jean Jacquart, et reprend une citation attribuée à Henri IV : « Si Dieu me prête encore vie, je ferai qu'il n'y aura point de laboureur en mon royaume qui n'ait moyen d'avoir une poule dans son pot. » Il s'agit d'un propos rapporté par Hardouin de Péréfixe en 1661, cinquante et un ans après la mort du roi, dont l'authenticité est douteuse.
11. Que le niveau de vie par habitant soit plus élevé en 1450 qu'en 1550, cela n'est pas une surprise pour l'économiste malthusien, étant donné que 1450 est le moment où la population était à son plus bas niveau en France, et 1550 correspondrait au moment où, la population ayant trop augmenté, la capacité de la terre à nourrir 20 millions d'habitants était compromise. Cependant, la période de redémarrage après le milieu du XVIe siècle est moins triviale.
12. Entre 1960 et 1969, le PIB réel par habitant a augmenté de 60 % en France.

13. Si nous pouvions calculer le revenu réel d'un individu au cours de sa vie au XVIe ou au XVIIe siècle, nous observerions une variabilité du revenu année par année bien plus importante qu'aujourd'hui - et ceci est vrai au niveau de l'économie. C'est ce que nous indiquent nos calculs - même si l'incertitude liée à l'estimation de chiffres du PIB d'Ancien Régime gonfle artificiellement la variance.
14. L'idée qu'il s'agisse d'une « découverte » est souvent contestée, entre autres parce que des navigateurs vikings s'étaient déjà aventurés en Amérique autour de l'an 1000. Néanmoins, le voyage de Christophe Colomb change la nature des relations entre l'Amérique et l'Eurasie, deux continents qui ne s'ignorent plus - il suffit de voir les ravages des pathogènes européens en Amérique pour voir qu'une véritable « intégration » s'y est faite, ce qui n'avait jamais eu lieu auparavant. Il faut aussi rappeler qu'il existait des hommes qui avaient déjà « découvert » l'Amérique avant tous les Européens : les Amérindiens qui l'habitaient. Il faut bien donner un nom cependant à ce que Christophe Colomb a fait, qui mérite d'être nommé.
15. Un manuel récent situe la Renaissance dans les années 1450 en France : Philippe Hamon, *Renaissances. 1453-1559*, Paris, Belin, 2009.
16. Cette appellation française traditionnelle permettra de distinguer Charles Quint du roi français Charles V (le Sage).
17. Denis Crouzet, *Christophe Colomb. Héraut de l'Apocalypse*, Paris, Presses universitaires de France, 2018, p. 15-16.
18. Patrick Wyman, *The Verge. Reformation, Renaissance, and forty years that shook the world*, New York, Twelve, 2021. Une autre erreur de calcul de Colomb, plus grave mais beaucoup plus difficile à corriger au vu des connaissances de l'époque, est la surestimation de la distance terrestre entre Europe et littoral chinois, qu'il n'était possible de mesurer qu'en s'appuyant sur les récits de Marco Polo : par conséquent, il sous-estima encore plus la distance maritime (dans l'autre direction) entre l'Espagne et l'extrémité orientale du Japon où il comptait accoster.
19. Pour une biographie de ce roi qui regarde de près la construction de l'image royale, voir Didier Le Fur, *François Ier*, Paris, Perrin, 2015 ; sur les premières campagnes d'Italie et les premières représentations des entrées du roi de France dans les villes nouvellement conquises, voir Didier Le Fur, *Louis XII. Un autre César*, Paris, Perrin, 2010.
20. C'est le titre que donne Patrick Boucheron à son chapitre consacré à l'année 1492 : il remarque la coïncidence entre la date de l'entrée de la France en Italie et la découverte de Colomb. Patrick Boucheron *et al.* (dir.), *Histoire mondiale de la France*, Paris, Seuil, 2017.
21. Plus de 25 % furent avancés par Colomb lui-même. Pour l'estimation du coût total de l'expédition, voir la revue de littérature de David Satava, « Columbus's First Voyage : Profit or loss from a historical accountant's perspective », *Journal of Applied Business Research*, 23 (4), 2007. Un consensus se dégage pour une estimation du coût à 2 millions de maravédis. J'ai calculé le taux de change avec l'intermédiaire du taux de change du Florin de Florence sur la décennie la plus proche (1450) où une telle année existait, en ligne : memdb.libraries.rutgers.edu/spufford-currency, base de données tirée des travaux de Peter Spufford. Pour le budget du roi de France, voir Jean-Jules Clamageran, *Histoire de l'impôt en France*, Paris, Guillaumin et Cie, 1876, t. II, p. 84 (budget de 1497). D'autres hypothèses plausibles pour les taux de change donnaient des résultats légèrement inférieurs pour le prix du voyage de Colomb.
22. Ces îles étaient rentables grâce à la culture de l'orseille, colorant rouge qui servait en teinturerie.
23. La piraterie n'étant pas exclue. Voir Christophe Maneuvrier, « De Honfleur au Cap-Vert. Retour sur le voyage de Georges Bissipat dit "le Grec" de 1483 », *Annales de Normandie*, n° 1, 2018, p. 45-54.
24. Voir par exemple le texte consacré à 1492 dans Patrick Boucheron *et al.* (dir.), *Histoire mondiale de la France*, *op. cit.*
25. Le système monétaire métallique de l'Europe moderne est fondé essentiellement sur l'argent entre le XVIe et la fin du XVIIIe siècle, l'or perdant de son importance par sa raréfaction. Il existait deux sortes d'inflation : 1) quand la teneur en métal d'une unité de monnaie (par exemple une livre tournois) se modifie. Ce genre d'inflation peut avoir des conséquences réelles sur l'économie mais, à long terme, ne devrait pas modifier la valeur en argent des biens. 2) L'inflation des prix en argent : il s'agit d'une hausse du prix en argent des marchandises, autrement dit d'une baisse du prix de l'argent lui-même. C'est du second type d'inflation que nous parlons ici.

26. Certains auteurs attribuent l'inflation à la population croissante. La population fait augmenter le niveau de la production et baisser la quantité relative de métaux précieux, et, à moins de susciter une augmentation de l'activité minière ou d'augmenter considérablement le degré de financiarisation de l'économie, la croissance démographique devrait créer de la déflation dans une économie avec une monnaie métallique. Cependant, une population en hausse favorise une croissance de la vélocité de la monnaie, en augmentant le degré d'urbanisation et de financiarisation des transactions, comme nous l'avons vu, dans l'autre sens, pour la peste noire. Quoi qu'il en soit de l'effet réel de la croissance démographique sur l'inflation, nous pouvons noter que, pour une population qui a augmenté de moins de 20 % entre 1550 et 1700, le prix en grammes d'argent d'un boisseau de blé a été multiplié par dix : c'est d'Amérique que vint la révolution des prix.
27. Jehan Cherryt de Malestroict, Jean Bodin, *Les Paradoxes du seigneur de Malestroict [...] sur le faict des monnoyes, présentez à sa Majesté, au mois de Mars 1566 : avec la responce de Jean Bodin audicts Paradoxes*, Paris, 1568. L'idée qu'une hausse de quantité de la monnaie aboutisse à une hausse des prix est sujette à débats, critiquée par les tenants de la « théorie monétaire moderne » ou de la théorie fiscale du niveau des prix ; plus généralement, la théorie macroéconomique reconnaît que la création de monnaie de réserve ne crée pas toujours d'inflation car elle ne fait pas toujours augmenter la quantité *totale* de monnaie, créée en partie sous forme de prêts par les banques. Cependant, si nous revenons à notre problème, dans un pays où le système financier n'est pas responsable de la majeure partie de la création monétaire, et où la monnaie est par ailleurs une marchandise recherchée en partie pour elle-même, il nous semble que les arguments de Jean Bodin s'appliquent pleinement. Par ailleurs, des recherches empiriques les confirment.
28. D'après les données de Lyon, tirées de Nicolas de Nicolaï et d'un anonyme lyonnais, résumées dans la contribution de Richard Gascon à Fernand Braudel et Ernest Labrousse, *Histoire économique et sociale de la France*, t. I, *1450-1660*, Paris, Presses universitaires de France, 1977, p. 267-271.
29. Les Portugais jouaient par exemple un rôle d'intermédiaires commerciaux entre Chine et Japon à Macao. Voir Ronald Findlay et Kevin H. O'Rourke, *Power and Plenty. Trade, War, and the World Economy in the Second Millenium*, Princeton, Princeton University Press, 2009, chap. 4.
30. Nuno Palma, « The real effects of monetary expansions : evidence from a large-scale historical experiment », *Review of Economic Studies*, 2021. Une autre étude utilise les données sur les naufrages comme chocs de « surprise monétaire », utilisant un concept de la littérature macroéconomique monétaire contemporaine : Adam Brzezinski, Yao Chen, Nuno Palma et Felix Ward, « The vagaries of the sea : evidence on the real effects of money from maritime disasters in the Spanish Empire », *Centre for Economic Policy Research*, 2019.
31. *Ibid.*
32. Le piment d'Amérique, qui serait cultivé au sud de l'Europe, contribua au déclin du commerce des épices entre Orient et Occident à partir du XVIIe siècle.
33. Nathan Nunn et Nancy Qian, « The potato's contribution to population and urbanization : evidence from a historical experiment », *The Quarterly Journal of Economics*, 126 (2), 2011, p. 593-650, 2011. Il s'agit d'une comparaison entre régions de l'Europe, fondée sur des estimations agronomiques de la qualité des sols, selon une méthode de différence des différences.
34. Ce manque de volontaires est sans aucun doute à attribuer aux dures conditions de vie dans les colonies plutôt qu'à un manque d'hommes : la France était pleine, et il y avait de nombreux émigrés français par exemple en Espagne.
35. On peut mettre le commerce du Canada en parallèle avec la conquête de la Sibérie par la Russie, entreprise essentiellement pour les produits de la chasse.
36. Gilles Havard, Cécile Vidal, *Histoire de l'Amérique française*, Paris, Flammarion, 2019.
37. Le papier le plus connu est Daron Acemoglu, Simon Johnson et James Robinson, « The colonial origins of comparative development : An empirical investigation », *American Economic Review*, 91 (5), 2001, p. 1369-1401.
38. Inclusifs malgré l'esclavage dans le Sud, pour ces auteurs, car les esclaves n'étaient pas majoritaires : ce qui compte pour leur théorie est qu'une large portion de la population soit prise en compte équitablement par les institutions, même s'il existe une large minorité exploitée.

39. Pour un contraste entre les deux modèles du point de vue de l'assimilation, voir Raphaël Doan, *Le Rêve de l'assimilation. De la Grèce antique à nos jours*, Paris, Passés Composés, 2021.
40. Colette Beaune, *Jeanne d'Arc*, Paris, Perrin, 2004. Jeanne, socialement, était la fille d'un laboureur, c'est-à-dire un des plus riches paysans-propriétaires de son petit village de Domrémy, personnage aisé par rapport à la masse paysanne mais bien en dessous des grands bourgeois ou seigneurs.
41. Ce sont les vendeurs de draps qui tiennent le haut du pavé dans le monde du vêtement médiéval, contrairement à ce que nous observons dans le luxe d'aujourd'hui où, le prix du tissu ayant généralement baissé, le travail du tailleur devient le principal poste de dépenses des amateurs de haute couture. Voir Julie Claustre, *Faire ses comptes au Moyen Âge. Les mémoires de besogne de Colin de Lormoye*, Paris, Les Belles Lettres 2021.
42. Vincent Corriol, « La fausse charte de franchises des paysans de Montbenoît. Cultures et pratiques de l'écrit dans le monde rural médiéval (Comté de Bourgogne, 1406) », *Revue historique*, (1), 2021, p. 3-25.
43. *Les Très Riches Heures* et *Les Riches Heures du duc de Berry* sont les plus connus. Les livres d'heures sont des livres de prière, donnant une illustration à caractère religieux ou social de chaque grand moment de prière - l'heure.
44. Eltjo Buringh et Jan Luiten Van Zanden, « Charting the "Rise of the West" : Manuscripts and Printed Books in Europe, a long-term Perspective from the Sixth through Eighteenth Centuries », *The Journal of Economic History*, 69 (2), 2009, p. 409-445. Les auteurs utilisent des hypothèses inspirées de la physique sur le taux de déperdition par siècle, mais ils peuvent affiner leurs hypothèses sur ce taux en comparant le nombre de manuscrits dont nous disposons avec le nombre de manuscrits dont nous savons qu'ils ont existé parce qu'ils ont été cités : si nous connaissons tous les manuscrits et toutes les œuvres que citent les hommes d'un siècle donné, nous pouvons estimer qu'il s'en est peu perdu et réciproquement.
45. Le passage du papyrus au manuscrit, lequel se conserve mieux, peut biaiser les résultats entre le haut Moyen Âge et le bas Moyen Âge.
46. Celle-ci serait survenue au XIIIe siècle, par le biais de marchands italiens.
47. Malgré une stagnation de la production totale, le XIVe siècle est une période de croissance pour le livre si l'on tient compte du grand choc démographique de la peste.
48. Le principal apport de Gutenberg fut de concevoir, à partir de principes déjà connus, une machine au perfectionnement pourtant inégalé à l'époque. Il introduisit des caractères mobiles et interchangeables en utilisant un alliage nouveau, constitué de plomb, d'étain et d'antimoine, qui serait utilisé pendant cinq siècles. Il y adjoignit l'utilisation d'une encre adaptée au processus, et la presse à bras.
49. Braudel donne le même argument dans Fernand Braudel et Ernest Labrousse (dir.), *Économie, civilisation et capitalisme*, t. I, *Les Structures du quotidien*, Paris, Armand Colin, 1977. D'un point de vue économique, la théorie sous-jacente est celle du progrès technique endogène : le progrès technique vient répondre aux désirs les plus pressants de la société, ou plutôt aux désirs les plus pressants de ceux qui, dans la société, ont les moyens de payer ce dont ils estiment avoir besoin. Ainsi, la forte demande pour des livres favorise le progrès de l'imprimerie. La raison en est très simple : ce sont ces innovations qui rapportent le plus d'argent, et qui suscitent le plus d'intérêt spontané chez les « chercheurs ».
50. Jeremiah Dittmar et Skipper Seabold, « New media and competition. Printing and Europe's transformation after Gutenberg », Document de travail, 2019. Les auteurs utilisent des données de prix de livres et découvrent une tendance à la baisse de 2,4 % par an, ce qui donne une division par dix au bout de 100 ans. Aujourd'hui, un livre de poche de 8 euros vaut moins de dix minutes de temps de travail mesurées d'après la productivité horaire moyenne française.
51. L'Inventaire de la Librairie royale - l'ancêtre de la Bibliothèque nationale - de Charles V tourne autour de 1 000 livres pendant le règne du roi ; Montaigne estime sa librairie à un millier de livres.
52. Contribution de Richard Gascon dans Fernand Braudel et Ernest Labrousse (dir.), *Histoire économique et sociale de la France*, t. I, *op. cit.*, p. 266.
53. Comme le commente Hugo, cette citation signifie non seulement que l'autorité de l'Église est fragilisée par l'imprimerie et le foisonnement d'écrits qu'elle implique, mais aussi que le livre devrait remplacer l'architecture comme forme artistique.

54. Guillaume Budé (1467-1540) est un de nos prédécesseurs en histoire économique : il a écrit une histoire des monnaies et mesures de l'Antiquité, jamais traduite en français, si ce n'est sous forme abrégée par l'auteur. Guillaume Budé, *Épitomé du livre* et *De Asse*, Paris, Les Belles Lettres, 2020.
55. Quand Érasme se permet de corriger la Vulgate, il se réclame de saint Jérôme, l'auteur initial de la traduction, et de l'esprit qui l'animait lorsqu'il s'attela à ce travail, tout en essayant de dépasser son autorité par l'extension du savoir.
56. Cet inventeur du Moyen Âge le faisait terminer au moment de la croissance des cités italiennes, autour du XIIe siècle, plus tôt que la plupart des historiens de l'Europe (la seconde moitié du XVe siècle est le plus souvent retenue).
57. Pour donner l'exemple le plus illustre, les écrits biologiques d'Aristote, préfigurant les classifications par espèces et sous-espèces de notre biologie moderne, sont extrêmement « modernes ». Armand Leroi, *La Lagune*, Paris, Flammarion, 2017.
58. L'expérience remplace la simple observation, et sa description assure une forme de reproductibilité. La *Physique* d'Aristote était dérivée d'observations, et il s'agissait d'une sorte de système minimal pour regrouper toutes les régularités observées par Aristote – la fumée monte dans le ciel, les objets plus lourds tombent plus vite sur terre, donc la fumée est moins lourde que l'air – mais elle ne donnait lieu ni à des prédictions quantitatives, ni à des expériences. L'idée qu'il se produisit une révolution scientifique en Europe dans les Temps modernes est régulièrement contestée, par exemple dans James Poskett, *Horizons. A global history of science*, Londres, Penguin, 2022, qui constate tous les apports et toutes les observations venues d'Asie ou d'Amérique dont ont bénéficié les savants européens. Cependant, il ne faut pas se contenter de retracer les « apports » étrangers dans la science européenne mais observer les nouvelles méthodes de sa partie la plus avancée, comme le propose David Wootton. *The Invention of Science. A new history of the scientific revolution*, Londres, Penguin, 2015.
59. Voir Patrick O'Brien, « Cosmographies for the discovery, development and diffusion of useful and reliable knowledge in pre-industrial Europe and Late imperial China : a survey and speculation », *Economic History working papers (289)*, London School of Economics and Political Science, 2018. Une comparaison entre la production de savoirs utiles entre deux régions aussi vastes et différentes est évidemment compliquée et sujette à des biais de source, mais les enquêtes suggèrent une coupure au XVIe siècle : la « production » européenne va soudainement plus vite.
60. Le brevet est, d'un point de vue économique, un monopole temporaire sur une innovation. La théorie économique *mainstream*, qui a absorbé la pensée de Schumpeter sur les entrepreneurs, approuve généralement le brevet, quoiqu'elle désapprouve le monopole, car les profits associés au monopole sont censés inciter les inventeurs à innover : le monopole est un mal pour un bien, l'invention. Cela n'empêche pas que les inefficacités créées par le monopole puissent dans certains cas dépasser le bénéfice qu'il y a à favoriser l'innovation.
61. Courant catholique du XVIIe siècle se réclamant de saint Augustin et qui fit dès son apparition l'objet de vifs débats, notamment pour sa critique virulente de la casuistique jésuite. Il est associé au couvent de Port-Royal, qui a laissé son nom à une station du RER B de Paris. Après une brève période de « paix clémentine », le jansénisme fit l'objet de violentes persécutions dans la seconde moitié du règne de Louis XIV.
62. Hélène Duccini, *Faire voir, faire croire. L'opinion publique sous Louis XIII*, Seyssel, Champ Vallon, 2003. Elle montre l'explosion du nombre de pamphlets pendant la Fronde.
63. Voir Hervé Drévillon, *Les Rois absolus*, Paris, Belin, 2011, p. 118-120.
64. Nicolas d'Oresme ou Thomas d'Aquin sont d'importants penseurs du Moyen Âge, qui se sont intéressés à de nombreux sujets, comme les humanistes du XVIe siècle.
65. Rachi de Troyes, rabbin talmudiste, écrivit des commentaires du *Pentateuque* en français au XIe siècle.
66. Jared Rubin, « Printing and Protestants : an empirical test of the role of printing in the Reformation », *Review of Economics and Statistics*, 96 (2), 2014, p. 270-286. L'auteur utilise la distance à Mayence comme instrument « exogène » – les villes plus proches du siège de l'invention de Gutenberg avaient plus de chances de développer l'imprimerie.
67. Réciproquement, être lettré n'assurait pas une conversion ou la sympathie à l'égard du protestantisme. Les imprimeurs de livres parisiens furent ainsi de fervents partisans de la Ligue.
68. Max Weber, *L'Éthique protestante et l'esprit du capitalisme* [1904], Paris, Gallimard, 1963, p. 13.

69. *Ibid.*, p. 11.
70. L'immigration « qualifiée » est très bonne pour la macroéconomie et, contrairement à d'autres formes d'immigration, elle suscite rarement des protestations politiques.
71. Erik Hornung, « Immigration and the Diffusion of Technology : The Huguenot Diaspora in Prussia », *American Economic Review*, 104 (1), 2014, p. 84-122.
72. Alfred Sauvy, *Histoire économique de l'entre-deux-guerres*, Paris, Economica, 1984. Il fait le parallèle avec la décision du Front populaire de mettre en œuvre la semaine de travail de quarante heures en 1936.
73. Nathalia Genet-Rouffiac, *Le Grand Exil. Les Jacobites en France, 1688-1715*, Paris, Service historique de la Défense, 2008.
74. Koselleck a soutenu que la guerre civile a changé la relation des sujets du royaume avec l'autorité en la vidant en partie de sa nature religieuse. Elle a ainsi permis la victoire de la notion d'« innocence du gouvernement » ou de raison d'État, qui serait une justification importante de la hausse des impôts sous Richelieu. Reinhart Koselleck, *Le Règne de la critique*, Paris, Minuit, 1979.
75. Nous estimons le PIB français en multipliant par le nombre d'habitants une estimation du PIB par habitants provenant de Ridolfi et Nuvolari (2021). L'estimation étant fournie sous forme d'indice, nous avons dû la combiner avec l'estimation d'un PIB français égal à 6 milliards de livres en 1789, donnée par les travaux de l'Institut de science économique appliquée dans les années 1960 sous la direction de Markovitch et des travaux de Jean-Claude Toutain. Comme source pour les prélèvements fiscaux, nous reprenons notamment une estimation fournie par Philip Hoffman, « Taxes and Agrarian Life in Early Modern France : Land Sales, 1550-1730 », *The Journal of Economic History*, 46 (1), 1986, p. 37-55. Il s'agit naturellement d'estimations entourées de nombreuses incertitudes, mais les biais éventuels de la méthode sont stables sur des périodes courtes : si nous voyons l'estimation impôts doubler sous Richelieu, cela signifie qu'ils ont probablement doublé.
76. Ou 550 000 selon les sources. La somme fut payée en deux fois. Jean-François Lassalmonie, *La Boîte à l'enchanteur. Politique financière de Louis XI*, *op. cit.*, p. 154. Cela représentait un peu plus de 0,3 % du PIB et près de 20 % de ce que payait déjà le pays en impôts.
77. Estimation en livre tournois fondée sur les travaux d'Alfred Spont ; voir Jean-François Lassalmonie, *La Boîte à l'enchanteur*, *op. cit.*, Introduction. La valeur de la monnaie en argent diminua un peu sous Louis XI, avec une dévaluation de 20 % en 1471, de sorte que la hausse « réelle » de l'impôt reste très forte.
78. Nous estimons que, à l'époque de Louis XI, les recettes, entre 5 et 6 millions de livres d'après des estimations de Guéry, représentaient plus de 3 % du PIB. Sous les règnes suivants de Charles VIII et Louis XII, ce chiffre serait de moins de 2 %. Le graphique montre que les recettes ramenées à la production ne dépassent 3 % avant le règne de Louis XIII et la décennie 1620.
79. Bas-reliefs qui étaient dans le monument funéraire de François à l'abbatiale de Saint-Denis, perdus. Voir Didier Le Fur, *Henri II*, Paris, Tallandier, 2009, partie III.
80. Philippe Hamon, *L'Argent du roi. Les finances sous François I*er, Paris, Institut de la gestion publique et du développement économique, 2011.
81. C'est l'un des traits que Brantôme retient le plus dans sa vie de François Ier.
82. Philippe Hamon, *L'Argent du roi...*, *op. cit.*, remarque que les châteaux de la Loire ne mobilisèrent pas plus de 20 % du budget de la vie de cour seule : les spectacles quotidiens et le train de vie du roi étaient la principale dépense en dehors de la guerre.
83. Cela allait de pair avec la guerre, si l'on applique la fameuse inversion de la formule de Clausewitz par Foucault : « La diplomatie est la guerre continuée par d'autres moyens. »
84. La vente de nouveaux offices faisait baisser le prix des offices, au détriment des détenteurs d'offices, nombreux dans le parlement de Paris.
85. Sur la nature des débats et leur rôle dans le débat public et la limitation du pouvoir royal, voir Sylvie Daubresse, *Le Parlement de Paris ou la voix de la raison (1559-1589)*, Genève, Droz, 2005.
86. La participation au massacre de 1572 à Paris et dans d'autres capitales alla au-delà de la populace, et incluait une grande partie de la bourgeoisie : un des plus grands tueurs de la Saint-Barthélemy était un « coquin nommé Thomas » Croizier, tireur d'or qualifié dans l'orfèvrerie ; tel commissaire examinateur du Châtelet (haut poste dans la police parisienne) était heureux que sa femme, d'une

religion différente de la sienne, eût été tuée. Voir Jérémie Foa, *Tous ceux qui tombent. Visages du massacre de la Saint-Barthélemy*, Paris, La Découverte, 2021.

87. On peut en débattre et considérer qu'elles ne finirent qu'avec la prise de La Rochelle par Richelieu en 1629, mais les conflits qui suivent l'édit de Nantes sont de bien moins grande ampleur et plus sporadiques.
88. Richelieu lui-même participa à des gouvernements qui n'étaient pas exempts de corruption et de clientélisme - mal nécessaire pour quiconque faisait de la politique en ce temps. Il mourut riche de 20 millions de livres tournois, l'équivalent de 20 % du budget de l'État à sa mort, d'après les estimations de Joseph Bergoin. Sully était riche de 5 millions de livres, d'après Isabelle Aristide, sa fortune représentant également un peu moins de 20 % des derniers budgets royaux auxquels il prit part dans les années 1610. Mazarin, dont Daniel Dessert a estimé la fortune à 38 millions de livres, avait une fortune équivalente à plus de 30 % du budget annuel du royaume.
89. Si l'absolutisme signifie que le roi décide seul de la politique en écrasant tous les corps intermédiaires et opposants, il faut s'en défaire, comme l'a montré l'historiographie des dernières décennies. Voir par exemple James B. Collins, *La Monarchie républicaine. État et société dans la France moderne*, Paris, Odile Jacob, 2016. Sur la notion de clientélisme comme cœur du système monarchique, voir Sharon Kettering, *Patrons, brokers, and clients in seventeenth-century France*, Oxford, Oxford University Press, 1986. Ernest Lavisse lui-même remarquait que Louis XIV ne décidait pas de tout.
90. Voir Katia Béguin, *Les Princes de Condé. Rebelles, courtisans et mécènes dans la France du Grand Siècle*, Seyssel, Champ Vallon, 2014.
91. Le Parlement n'était pas une assemblée représentative, mais la cour d'appel de Paris, peuplée de magistrats, souvent officiers royaux. Il avait acquis, par son prestige, un droit de regard assez limité sur la monarchie, celui de présenter de « très humbles remontrances » au roi lorsqu'il publiait un édit, ce qui empêchait son enregistrement. Si cela arrivait et que le roi voulait tout de même publier son édit, il devait venir en personne au Parlement enregistrer l'édit lors d'un « lit de justice ».
92. Le parti de l'Ormée, à Bordeaux, exprimait des opinions républicaines, mais il sort clairement du lot. Voir le vieux classique Ernst Kossmann, *La Fronde*, Leyde, Universitaires Pers Leiden, 1953. Il relève que presque tous les frondeurs se réclamaient du roi dans leurs discours.
93. Citation d'Henri IV, dans une lettre de 1594 à son conseiller Rosny. Il y comparait sa politique à celle de Louis XI.
94. Ce paragraphe s'appuie notamment sur la synthèse de Katia Béguin, *Financer la guerre au XVIIe siècle*, Seyssel, Champ Vallon, 2012.
95. Voir Philippe de Commynes, *Mémoires*, édition de Joël Blanchard, Paris, LGF, Le Livre de Poche, 2001, p. 503. Charles VIII n'était pas le premier roi à faire des emprunts : nous savons que Louis VI le Gros (1108-1137) ou son père, Philippe Ier (1059-1108), en ont fait. Voir Achille Luchaire, *Histoire des premiers Capétiens, op. cit.*, t. I, p. 126.
96. Thomas Basin, *Histoire de Charles VII et de Louis XI*, édition et traduction de Joël Blanchard, Paris, Pocket, 2018, p. 263. Il est question de 100 000 écus pour achever les derniers sièges de la reconquête de la Normandie.
97. Les greniers disposaient d'un pouvoir de marché important et leurs décisions pouvaient faire et défaire les fortunes des fournisseurs de sel, d'où la haine tenace du Poitou pour le Berrichon Jacques Cœur, qui voulait imposer aux Poitevins des greniers à sel. Voir Michel Mollat, *Jacques Cœur..., op. cit.*
98. Philippe Hamon, *L'Argent du roi..., op. cit.*, p. 4
99. Ces constitutions se vendirent mieux que les émissions de l'Hôtel de Ville de Paris ou les offices. Olivier Poncet, « Une utilisation nouvelle de la rente constituée au XVIe siècle : les membres du conseil au secours des finances d'Henri III », *Bibliothèque de l'École des chartes*, 1993, p. 307-357.
100. La situation eût pu être différente si Henri IV n'avait pas dû réintégrer parmi ses proches tous les anciens ministres et conseillers d'Henri III. Notons que François d'Anjou, frère d'Henri III, faisait aussi signer comme cautions ses plus proches partisans pour des prêts, qui furent pour leur part inquiétés. Le roi offrait des garanties bien meilleures que les cours rivales, même les plus puissantes comme celle d'Anjou.

101. Pour une liste d'exemples européens, voir Paul Schmelzing, « Eight centuries of global real interest rates. *r, g,* and the 'suprasecular' decline, 1311-2018 », Document de travail sur le site de l'auteur, 2022. Sur le cas particulier, la source est Philippe de Commynes.
102. Supposons que j'achète à un emprunteur une rente valant 100 livres tournois au taux d'intérêt de 10 % : je verse 100 livres tournois à l'emprunteur immédiatement. Je reçois ensuite 10 livres tournois chaque année tant que l'emprunteur ne me rembourse pas mon capital de 100 livres.
103. À Rouen, le chapitre des cathédrales était l'émetteur le plus actif, et la petite bourgeoisie participait au commerce : Alain Sadourny, « Les rentes à Rouen au XIIIe siècle », *Annales de Normandie*, vol. 21, nº 2, 1971, p. 99-108.
104. Les archives judiciaires du Châtelet nous laissent une trace de cette pratique, parce que les rentiers se voyaient donner un droit de saisine sur l'immeuble adossé à leur rente, et que cela provoquait des litiges judiciaires. Bernard Schnapper, *Essai sur l'évolution des rentes au XVIe siècle*, Mémoire DES : Droit romain, histoire du droit, 1954, p. 43.
105. Cette notion de rente sert souvent en introduction à la macroéconomie, sous un concept étendu aux revenus du travail, où elle est connue sous le nom de « revenu permanent » depuis Milton Friedman.
106. Bernard Schnapper, *Les Rentes au XVIe siècle. Histoire d'un instrument de crédit*, Paris, SEVPEN, 1957.
107. Voir Bernard Schnapper, *Essai sur l'évolution des rentes au XVIe siècle, op. cit.*, p. 45. Outre le fait d'être assise sur un immeuble, les deux conditions pour qu'une rente ne fût pas considérée usuraire étaient un taux d'intérêt inférieur à 10 %, et la possibilité laissée au débiteur de racheter sa rente à tout moment. En pratique, le rachat n'était pas toujours possible : *ibid.*, p. 129. Les bulles *Regimini* ne signifiaient pas qu'une forme d'emprunt auparavant proscrite allait soudainement apparaître : nous avons en effet vu qu'il existait des rentes même en France deux siècles avant les *Regimini*. Cependant, les bulles furent importantes car elles donnaient un solide support théologique et légal pour les rentes. Dans un autre registre, notons aussi que les rentes permettaient d'esquiver les « droits de lods et de vente », équivalent de nos droits de mutation, dus au seigneur local : plutôt que de vendre sa terre et d'encourir le paiement d'un impôt de 8 % de la valeur de ladite terre, il pouvait être plus intéressant de constituer une rente sur cette terre et de la vendre.
108. Paul Cauwès, « Les commencements du crédit public en France : les rentes sur l'Hôtel de Ville au XVIe siècle », *Revue d'économie politique*, 1895, p. 97-123.
109. Expression de Philippe Hamon dans *L'Argent du roi…, op. cit.*
110. Le déplacement des revenus des impôts et des emprunts vers Paris était loin d'être un problème trivial, à cause du coût des transports, des délais et des problèmes de sécurité. Autant que possible, la monarchie essayait de minimiser les transferts d'argent, en chargeant ses trésoriers régionaux de payer des dépenses locales sur place, plutôt que de faire faire des trajets à l'argent.
111. Cependant, les créanciers de l'Espagne ont dans l'ensemble obtenu de bons rendements sur leur investissement. Mauricio Drelichman et Hans-Joachim Voth, *Lending to the Borrower from Hell*, Princeton, Princeton University Press, 2014.
112. Dans les années 1590, les actes commerciaux et financiers des Bonvisi se sont écroulés. Voir Françoise Bayard, « Les Bonvisi, marchands banquiers à Lyon, 1575-1629 », *Annales. Économies, Sociétés, Civilisations*, 26e année, nº 6, p. 1234-1269, 1971.
113. Dans la gestion de ses biens personnels, Sully était un excellent « mesnager » ou *manager*. En matière de finances publiques, son grand mérite est d'avoir su maintenir le niveau minimal de crédit nécessaire à la reprise fiscale, et d'avoir servi en période de paix, maintenue jusqu'à la mort d'Henri IV. Isabelle Aristide, *La Fortune de Sully*, Paris, Comité pour l'Histoire économique et financière, 1990.
114. Voir Katia Béguin, *Financer la guerre…, op. cit.*, p. 183, pour la source de ces chiffres. Le ratio entre dette et PIB est notre estimation. Pour comparaison, dans la France de 2019, le ratio entre dette et recettes fiscales était de près de 3, avec un taux d'intérêt nettement plus faible, une croissance annuelle nettement plus élevée. Étant donné que le niveau de prélèvement fiscal était trois fois plus faible qu'au XVIIIe siècle et les taux d'intérêt plus élevés, la soutenabilité de la dette était à peine meilleure qu'en 1789, malgré une dette plus faible en proportion du revenu national.
115. Les titres de rentes étaient initialement transférables, ce qui participait à leur attrait – comme le sont les titres de dettes souveraines aujourd'hui. Si la confiance dans la solidité budgétaire d'un État se dégrade, il est fréquent que ceux qui en possèdent des titres de dette soient prêts à les revendre à un

moindre prix qu'ils ne l'avaient acheté : les acheteurs des marchés secondaires achètent ainsi un titre à valeur faciale élevée mais à valeur commerciale faible. Sully considérait, en accord avec d'autres économistes de l'Ancien Régime comme Forbonnais, que cette pratique était nocive. On reconnaît l'intention de punir la spéculation. L'État de New York discutait en 2023 de l'introduction de mesures similaires dans sa loi, qui régit une grande partie des émissions financières internationales. Les économistes d'aujourd'hui sont sceptiques sur ce genre de dispositions, pour deux raisons principales : 1) l'« échangeabilité » du titre de dette participe à sa valeur, et le fait de tenir compte des moyens d'acquisition du titre de dette remet en cause cette facilité de revente – s'il faut connaître l'ensemble des transactions dont a fait l'objet un titre de dette particulier pour savoir son rendement, il devient très risqué de racheter de la dette sur le marché secondaire, et les transactions peuvent donner lieu à des contestations juridiques sans fin, point que remarquait déjà le juriste Charles Loyseau dans son *Traité de la garantie des rentes* ; 2) la possibilité de revendre la dette à un prix plus élevé à l'avenir fait augmenter son prix de vente aujourd'hui pour l'État.

116. Katia Béguin, « Sully, une conception des finances et de la dette publique », *Albineana. Cahiers d'Aubigné*, 26, 2014. Sully, le ministre et le mécène. Actes du colloque international des 23 et 24 novembre 2012 réunis par Cécile Huchard, Marie-Dominique Legrand et Gilbert Schrenck, sous la direction de Cécile Huchard, Marie-Dominique Legrand et Gilbert Schrenck, p. 135-151.
117. Cette idée de marge de manœuvre fiscale se retrouve dans les écrits de Sully et obséda l'historien des finances Forbonnais au siècle suivant. Elle était compréhensible au vu des taux d'intérêt exorbitants dont devait s'acquitter l'État.
118. Roland Mousnier, *La Vénalité des offices sous Henri IV et Louis XIII*, Paris, Presses universitaires de France, 1971, chap. 1. Si un père cédait un office à son fils, il ne fallait pas qu'il mourût dans les soixante jours qui suivaient. Cela représentait un réel inconvénient et une véritable insécurité juridique pour la transmission de l'office.
119. Nicolas Pinsard, Yamina Tadjeddine, « À l'origine de la financiarisation de la dette publique française : l'édit de Paulette de 1604 et ses conséquences économiques et politiques », *HAL*, 2017. Précisément, la création de l'office est équivalente à un allégement du taux d'intérêt sur tous les offices, mais implique l'impossibilité pour la monarchie de revendre certains offices qui lui seraient revenus à la mort du bénéficiaire ; dans le même temps, la possibilité d'assurer la transmission avec la paulette fait augmenter le prix de l'office, ce qui augmenta les rentrées associées aux nouveaux offices, notamment sous Richelieu. À très long terme, une fois tous les offices créés, la mesure fait de ces charges des perpétuités. Il est possible de négocier le rachat ou l'échange de l'office avec certains offices, mais, une fois l'office créé, la charge de l'officier devient permanente.
120. John Elliott, *Richelieu and Olivares*, Cambridge, Cambridge University Press, 1991. Il compare Richelieu et son équivalent, contemporain et rival espagnol Olivares. Les deux eurent recours à des expédients fiscaux vigoureux, et la victoire de Richelieu se joua à quelques réussites militaires.
121. Voir tableau 1 dans Noel Johnson, « Banking on the king : The evolution of the royal revenue farms in old regime France », *The Journal of Economic History*, 66 (4), 2006, p. 963-991. Le principal intérêt des fermes était leur capacité d'avancer de l'argent sur les futurs impôts affermés, ce qui en faisait un substitut aux emprunts de dette publique : Noel Johnson et Mark Koyama, « Tax farming and the origins of state capacity in England and France », *Explorations in Economic History*, 51, 2014, p. 1-20, proposent un modèle explicatif des comportements de la France et de l'Angleterre.
122. Les impôts directs, les tailles, furent toujours prélevés par la monarchie directement.
123. C'est le propos de Noel Johnson, « Banking on the king... », art. cité. Il remarque que les impôts n'ont pas augmenté dans la période. Il explique ce paradoxe par la baisse des coûts de transaction et les rendements d'échelle de l'activité de prélèvement de l'impôt, dont ne bénéficiaient pas les petits fermiers dispersés.
124. Par analogie avec l'Angleterre où le Parlement représentait les créanciers du roi, on fait parfois mine de considérer que l'assemblée représentative française, celle des états généraux, aurait dû jouer le même rôle de garde-fou institutionnel veillant à la stabilité des comptes publics et au remboursement de la dette. Les états généraux étaient en fait indifférents à la gouvernance de la dette, essentiellement une affaire parisienne, et ne discutaient que les impôts. C'est plutôt l'Hôtel de Ville qui jouait le rôle

d'organe représentatif, et c'est le fait que cette administration ait été phagocytée par les officiers royaux qui importe.

125. Roger Doucet attribuait l'échec du Grand Parti à l'incompétence de l'administration municipale. Roger Doucet, « Finances municipales et crédit public à Lyon au XVIe siècle », *Revue d'histoire économique et sociale*, 1934, p. 19-66.
126. Katia Béguin, *État, société et crédit public en France au XVIIe siècle*, Thèse de doctorat, 2010, p. 110-115.
127. L'Hôtel de Ville tenta d'imposer l'utilisation des prénoms des certificats de baptême pour éviter les tricheries.
128. Cardinal de Retz, *Mémoires*, Paris, LGF, Le Livre de Poche, 1987. Un homme qui a « médiocrement du bien » est un épargnant assez aisé qui n'a pas la richesse d'un grand financier. La notion de « pauvres » semble complètement déconnectée de la réalité chez ce privilégié qui ne s'intéressait aux affaires économiques que dans la mesure où elles rentraient dans ses schémas tactiques.
129. Il s'agit de l'émission de rentes sur les 8 millions de taille et 3 millions d'aides. Les arrérages cessèrent rapidement d'être payés, et la mesquinerie du pouvoir royal alla jusqu'à faire que la seule juridiction compétente sur ces rentes fût le Conseil du roi, évidemment inféodé au roi, et qui changeait de plus très fréquemment de siège, ce qui créait toutes sortes de difficultés pour pouvoir suivre les plaintes. Voir Katia Béguin, *Financer la guerre..., op. cit.*, p. 120-121.
130. Olivier Blanchard, « Public debt and low interest rates », *American Economic Review*, 109 (4), 2019, p. 1197-1229. Quand l'économie croît à un taux plus rapide que le taux d'intérêt, toute dette est soutenable à terme sans même nécessiter de véritable surplus. Ce n'était pas le cas et les finances publiques requièrent de vigoureux excédents pour être maîtrisées.
131. Ceci était déjà constaté par Steven Epstein, *Freedom and Growth. The rise of states and markets in Europe, 1300-1750*, Milton Park, Routledge, 2000. Voir l'article déjà cité de Paul Schmelzing pour une compilation de données de taux d'intérêt confirmant la baisse « supraséculaire » des taux, notamment dans la seconde moitié du XVIIe siècle (après une légère période de hausse).
132. Nous reprenons implicitement un argument économique sur la dette souveraine : les créanciers peuvent « excuser » un défaut et conserver leur confiance dans un pays si le défaut a été imposé par des circonstances extérieures plutôt que par un comportement opportuniste et stratégique du débiteur. Voir Herschel Grossman et John B. Van Huyck, « Sovereign Debt as a Contingent Claim : Excusable Default, Repudiation, and Reputation », *The American Economic Review*, vol. 78, n° 5, American Economic Association, 1988, p. 1088-1097.
133. Nous reprenons le titre d'un colloque de référence sur la question de la taille : Antoine Follain et Gilbert Larguier, *L'Impôt des campagnes. Fragile fondement de l'État dit moderne, XVe-XVIIIe siècle : colloque tenu à Bercy les 2 et 3 décembre 2002*, Paris, Comité pour l'histoire économique et financière de la France, 2018.
134. En Espagne, où une étude fiable du défaut a été proposée, on observe que peu de créanciers avaient perdu de l'argent en investissant dans la dette espagnole ; en France, les défauts furent suffisamment massifs pour que l'on exclue ce cas de figure, à part pour les investisseurs qui savaient se faire rembourser davantage par leurs relations - comme ce financier, rachetant des dettes à tour de bras sur le marché secondaire pour les faire rembourser par ses connaissances de l'Hôtel de Ville, Jean de La Bruyère, oncle de l'écrivain.
135. Le « denier douze » désigne un taux d'intérêt de 8,33 % : un denier d'intérêt pour douze investis, soit un douzième ou 8,33 %. De même, le « denier seize » désigne un taux d'intérêt de 6,25 %, soit un seizième ; le « denier dix », un taux de 10 %, etc. Nous utiliserons plutôt des chiffres de taux que ceux du denier.
136. Jean Bodin, *Les Six Livres de la République*, livre IV, Paris, 1576.
137. Philip Hoffman, Gilles Postel-Vinay et Jean-Laurent Rosenthal, *Des marchés sans prix. Une économie politique du crédit à Paris, 1660-1870*, Paris, EHESS, 2001, p. 81, tableau 3.2. Les auteurs montrent que, statistiquement, il n'est pas possible de détecter d'effet négatif du volume du crédit une année t sur le crédit privé notarial l'année t + 1, de sorte que les émissions de dette publique ne semblent pas détruire de dette privée. Cela ne répond pas cependant tout à fait à la critique de Bodin, puisque crédit privé n'est pas forcément la même chose qu'investissement productif, un crédit pouvant servir à la consommation.
138. Si l'on en croit l'analyse économétrique de Noel Johnson et Mark Koyama, « Taxes, lawyers, and the decline of witch trials in France », *The Journal of Law and Economics*, 57 (1), 2014, p. 77-112.

139. Dans sa contribution à Fernand Braudel et Ernest Labrousse (dir.), *Histoire économique et sociale de la France*, t. I, *op. cit.* Il n'y a pas d'éléments substantiels pour soutenir cette thèse, même si elle est assez cohérente avec l'idée de révolution industrieuse développée par ailleurs par Jan De Vries.
140. Voir par exemple Geoffrey Parker, *La Révolution militaire...*, *op. cit.*
141. La chevalerie prend fin, et la cavalerie s'organise, avec des unités disciplinées qui ne dominent plus nécessairement l'armée. La cavalerie continua à jouer un rôle central jusqu'à la Première Guerre mondiale incluse (où elle servit pour les besoins logistiques).
142. Tonio Andrade, *Gunpowder Age*, Princeton, Princeton University Press, 2017, notamment les chapitres 5 à 7.
143. Édouard Perroy, « L'artillerie de Louis XI dans la campagne d'Artois (1477) », *Revue du Nord*, 26 (103), 1943.
144. Machiavel, cité par Geoffrey Parker, *La Révolution militaire...*, *op. cit.*, p. 14.
145. Philippe Contamine, « Les industries de guerre dans la France de la Renaissance : l'exemple de l'artillerie », *Revue historique*, 271, fasc. 2 (550), 1984, p. 249-280.
146. Voir par exemple le tableau des soldes dans l'article d'Édouard Perroy cité ci-dessus, p. 191. Les canonniers peu qualifiés étaient nettement moins payés que les autres soldats.
147. Philip Hoffman, « Prices, the military revolution, and Western Europe's comparative advantage in violence », *The Economic History Review*, 64, 2011, p. 39-59. Les estimations de croissance annuelle de la productivité sont de 0,7 % pour l'artillerie, 0,4 % pour les mousquets et 0,3 % pour la poudre à canon. Hoffman calcule la productivité à l'aide des prix. Il utilise la notion de productivité globale des facteurs, popularisée en histoire économique par McKloskey, pour tenir compte de l'effet des coûts du travail et du capital sur la production des canons (sur la base d'hypothèses sur le coût des facteurs impliqués pour la production d'un canon). Il est possible cependant que son travail surestime la productivité propre du secteur, et qu'il mesure en fait la plus grande concentration de capital humain qui s'y agrège : le secteur a pu progresser parce qu'il absorbait les ingénieurs et artisans plus talentueux qui travaillaient dans d'autres secteurs. Même dans ce cas, cela reste un progrès significatif.

Chapitre 6. La modernité des Lumières (1650-1789)
De la page 181 à la page 226

1. Morgane Laouenan, Palaash Bhargava, Jean-Benoît Eyméoud, Olivier Gergaud, Guillaume Plique et Étienne Wasmer, « A cross-verified database of notable people, 3500 BC-2018 AD », *Sci Data* 9, 290, 2022. J'en exclus les femmes de l'échantillon, nettement moins nombreuses dans les périodes anciennes (vingt fois moins, voire trente au XVIIIe siècle), selon la pratique statistique courante. Leur espérance de vie augmente également mais le faible nombre de notices rend la tendance moins significative statistiquement.
2. Il existe des cas exceptionnels comme les enfants royaux, tels Jean Ier le Posthume ou Louis XVII. Plus on a vécu longtemps, plus on a de chance d'avoir eu un moment marquant dans sa vie, de sorte que la mortalité infantile devrait être très largement sous-estimée dans cet échantillon.
3. J'ai regroupé les individus célèbres par doubles décennies de naissance, de sorte que la valeur correspondant à 1760 correspond en fait à l'espérance de vie des cohortes d'hommes illustres nés entre 1760 et 1780.
4. Isabelle Séguy, *La Population de la France de 1670 à 1829. L'enquête Louis Henry et ses données*, Paris, Ined, 2001. Je remercie le *data-lab* de l'Ined d'avoir mis à ma disposition les résultats de l'enquête avant de les republier en libre accès sur son site.
5. Ces données ne sont pas contradictoires avec la baisse de l'espérance de vie après 1750 dans notre graphe. L'espérance de vie calculée à la naissance et la durée de vie moyenne effective ne sont pas la même chose : l'effet des guerres napoléoniennes sur la mortalité d'un homme né en 1770 n'est naturellement pas visible dans les registres démographiques de l'année de sa naissance.

6. Voir John Komlos, « An anthropometric history of early-modern France », *European Review of Economic History*, 7 (2), 2003, p. 159-189, qui estime la taille moyenne des Français à partir des archives militaires et des mesures de soldats. De 162 centimètres à fin du XVIIe siècle (autour de 1660), la taille passe à 166 centimètres pour les cohortes nées dans la première décennie du XVIIIe siècle. La taille diminue assez fortement à 164 (1725), puis monte jusqu'à 168 centimètres en 1740, avant de décliner.
7. Dans une synthèse récente, Harper penche pour l'amélioration des confinements, mais cette hypothèse impliquerait le retour épisodique de la maladie, qui semble avoir totalement disparu en Europe. Kyle Harper, *Plagues Upon the Earth. Disease and the Course of Human History*, Princeton, Princeton University Press, 2021.
8. Emmanuel Le Roy Ladurie, pionnier, a bien fait connaître ce problème en France. Voir aussi Geoffrey Parker, *Global Crisis*, New Haven, Yale University Press, 2013. Il existe un débat dans la littérature quantitative sur le climat pour savoir s'il y a bien eu un petit âge glaciaire dans les Temps modernes, ou si ce dernier constitue un artefact statistique, dû à l'utilisation inappropriée de données de filtrage entre tendance et bruit - l'effet Slutsky, thèse défendue par Kelly et O'Grada. La lecture de la littérature technique montre que, quelle que soit la manière dont on nomme le phénomène, le XVIIe siècle a été témoin d'une proportion plus importante d'avanies climatiques.
9. Le célèbre agronome et voyageur Arthur Young célébrait le maïs comme source de progrès dans ses voyages des années 1780.
10. Michel Morineau faisait déjà cette remarque. Voir Michel Nassiet, « La diffusion du blé noir en France à l'époque moderne », *Histoire & Sociétés rurales*, 9 (1), 1990, p. 57-76.
11. Le sire de Gouberville était un aristocrate, propriétaire et exploitant, qui tint un journal précieux comme source sur la vie et la production rurales.
12. Ces chiffres, obtenus en croisant chiffres de populations et les estimations de la production par habitants de l'article déjà cité de Ridolfi et Nuvolari (2021), sont similaires à ceux qu'a obtenus Philip Hoffman en regardant la valeur de location des terres en Île-de-France - notons que deux méthodes différentes qui s'appuient sur des données de nature distincte donnent un résultat comparable. Philip Hoffman, *Growth in a Traditional Society. The French countryside, 1450-1815*, Princeton, Princeton University Press, 2000.
13. Il s'agit d'un raisonnement malthusien, qui s'applique à une économie largement agricole. À partir du moment où l'agriculture devient suffisamment productive pour n'occuper qu'une petite minorité de la population, la croissance démographique cesse généralement d'être mauvaise pour le revenu par habitant. En effet, la malédiction de la productivité marginale décroissante de la terre pèse avant tout sur la production agricole et non sur la manufacture ou les services, ces secteurs bénéficiant même d'un certain niveau de concentration démographique.
14. Gérard Bouchard, *Le Village immobile. Sennely-en-Sologne au XVIIIe siècle*, Paris, Plon, 1972.
15. Morgan Kelly et Cormac Ó Gráda, « Speed under sail during the early industrial revolution (c. 1750-1830) », *The Economic History Review*, 72 (2), 2019, p. 459-480. La hausse commencerait dès les années 1750 et serait due à l'amélioration dans la conception des bateaux, notamment le doublage en cuivre des coques et une meilleure conception des voiles.
16. La question de la mesure de la valeur a agité les contemporains lorsqu'ils se rendirent compte que la corvée était inefficace et voulurent les remplacer par des contributions en argent. Anne Conchon, « Le temps de travail en quête de mesure. La corvée royale au XVIIIe siècle », *Genèses*, n° 85, 2011, p. 50-69. Le chiffre de 36 millions est une estimation des années 1770 et demeure entouré d'incertitude, notamment à cause du temps de travail des bêtes. Le calcul donnant 1 % se fait en supposant que la population active en France était de 15 millions (un peu plus de la moitié de la population) et travaillait près de 300 jours par an ; si l'on ne comptait que la population masculine, on trouverait davantage. Cela représente à peu près trois jours de travail par an.
17. Au Moyen Âge, un seigneur ou une confrérie pouvaient investir dans une route ou un pont ; cependant, ils faisaient payer leurs œuvres, et il n'était pas rare que leurs droits devinssent excessifs. Le réseau royal épargnait en partie ce problème.
18. Formule de Vidal de La Blache quand il discute des conceptions anciennes de la géographie française, *Tableau de la géographie de la France*, Paris, Hachette et Cie, 1901, p. 10.

19. Georges Frêche, « Les états du Languedoc et la construction du canal royal des Deux-Mers ou canal du Midi (1661-1681) », *Études héraultaises*, 1974-4.
20. Le Pont-Neuf, achevé en 1607, est le seul pont d'Ancien Régime encore en place à Paris avec le Pont Royal (1689) et le pont de la Concorde (achevé en 1791).
21. Voir Antoine Picon, *Architectes et ingénieurs au siècle des Lumières*, Marseille, Parenthèse, 1988, pour une histoire des progrès architecturaux d'alors ; sur les ponts, voir notamment p. 145-149.
22. Voir François Caron, *Histoire économique de la France. XIXe-XXe siècles*, Paris, Armand Colin, 1981, p. 16. Voir aussi François Caron, *Histoire des chemins de fer en France*, t. I, Paris, Fayard, 1997.
23. Rapport de l'Inspection générale des finances, *Revues de dépenses de voirie de collectivités territoriales*, 2017, p. 7. Pour affiner la comparaison, il faudrait ajouter en faveur de la France d'Ancien Régime les milliers de kilomètres de fleuves navigables qui, bien qu'encore exploités pour la navigation, sont devenus des axes commerciaux secondaires : il y a 5 000 kilomètres de réseau navigable utilisé aujourd'hui en France.
24. Bernard Lepetit, tout en reconnaissant les progrès de la voirie du XVIIIe siècle, soulignait ses limites et ne le pensait pas comme un « réseau ». Bernard Lepetit, « L'impensable réseau. Les routes françaises avant les chemins de fer », *FLUX. Cahiers scientifiques internationaux Réseaux et Territoires*, 2 (5), p. 11-29.
25. Exemples tirés du livre pittoresque et complet de Reynald Abad, *Le Grand Marché. L'approvisionnement alimentaire de Paris sous l'Ancien Régime*, Paris, Fayard, 2002.
26. Entre 1720 et 1725, la ferme générale chargée de taxer l'entrée du vin dans Paris relève 285 000 muids de vin chaque année : Thomas Brennan, *Burgundy to Champagne. The wine trade in early modern France*, Baltimore, Johns Hopkins University Press, 1997, p. 322. Le muid mesurait 280 litres de vin, et il y avait quelque 500 000 ou 600 000 Parisiens au XVIIIe siècle.
27. La bouteille de vin semble avoir été inventée pour la première fois en Iran ; voir Jean-Robert Pitte, *La Bouteille de vin. Histoire d'une révolution*, Paris, Tallandier, 2021. Les Anglais, qui voulaient consommer du vin portugais, et plus entreprenants en matière industrielle en général, sont dans ce domaine, à cause du misérable potentiel de leur viticulture, le principal moteur de l'innovation.
28. Chiffre cité par Philip Hoffman, *Growth in a Traditional Society...*, *op. cit.*
29. Les prêts les plus importants étaient cependant effectués en ville. Ils représentaient 16 % du PIB en 1740, 23 % en 1780. L'estimation a été faite par sondage des minutes notariales, dans le livre de Philip Hoffman, Gilles Postel-Vinay et Jean-Louis Rosenthal, *Dark Matter Credit. The Development of Peer-to-Peer Lending and Banking in France*, Princeton, Princeton University Press, 2019.
30. Un vieux livre américain reste le meilleur catalogue détaillé de l'action de Colbert : Charles Cole, *Colbert and a Century of French Mercantilism*, New York, Columbia University Press, 1939. Pour une biographie plus récente, voir Thierry Sarmant et Matthieu Stoll, *Le Grand Colbert*, Paris, Tallandier, 2019.
31. Citation de Pierre Goubert, *Louis XIV et vingt millions de Français*, Paris, Fayard, 1966, partie II, chap. 2.
32. Il existe une règle connue des économistes selon laquelle le rachat des actifs financiers n'est pas toujours une bonne idée : si un État souverain proche du défaut rachète ses dettes, il ne fait pas diminuer la valeur de marché de ses remboursements anticipés, et, en présence d'un marché secondaire, pourrait ne pas faire baisser la valeur de la dette restante, l'exemple typique étant la Bolivie des années 1980. La monarchie semble avoir paré ce coup : lorsqu'elle rachetait des rentes ou des offices dépréciés, elle bloquait les transactions et les rachetait au prix d'obtention de la rente sur le marché secondaire (normalement consigné sur un acte notarial) – cela récompensait d'ailleurs ceux qui avaient conservé leur dette envers et contre tout.
33. La récolte de 1661, notoirement mauvaise, fut cause de famines. Les suivantes furent meilleures : celle de 1669 fut tellement bonne que le pouvoir royal autorisa l'exportation de blés en dehors du royaume.
34. Des historiens ont pu soutenir que l'augmentation du stock d'or en France au XVIIIe siècle (dû aux arrivages d'Amérique) avait été une aide pour la conjoncture économique : Christian Morrisson, Jean-Noël Barrandon et Cécile Morrisson, *Or du Brésil, monnaie et croissance en France au XVIIIe siècle*. Paris, CNRS, 1999.
35. Les *workhouses* étaient des institutions ouvertes à la fin du XVIIe siècle en Angleterre qui visaient à encadrer les mendiants et vagabonds en les contraignant à travailler.
36. Charles Cole, *Colbert and a Century of French Mercantilism*, *op. cit.*, t. II, p. 262-270.

37. Une fois que l'industrie lainière du Nord eut atteint un certain niveau, Colbert se refusa à accorder de nouveaux privilèges. *Ibid.*, p. 155.
38. *Ibid.*, p. 142-153.
39. Les prêts plus importants des centres-villes venaient en fait alimenter la consommation des plus riches aristocrates à Paris, et non l'investissement productif. Il n'est pas à exclure que certains prêts exécutés à Paris aient servi à des entreprises économiques, même si cela ne nous paraît pas devoir être la norme. On observe une croissance forte du crédit au XVIIIe siècle, peut-être de plus de 1 % par an, mais elle semble être portée essentiellement par le crédit urbain à la consommation des riches dans les grandes villes. Voir Philip Hoffman, Gilles Postel-Vinay et Jean-Louis Rosenthal, *Dark Matter Credit..., op. cit.*
40. Il faut noter qu'elle souffrirait particulièrement de la politique de détente commerciale avec l'Angleterre dans les années 1780.
41. Les exportations de draps du Languedoc partant vers le Levant depuis Marseille furent subventionnées généreusement, mais ce soutien persista au XVIIIe siècle. Voir Charles Cole, *Colbert and a Century of French Mercantilism, op. cit.*, t. II, p. 156-171.
42. Gilbert Buti, « Des goûts et des couleurs. Draps du Languedoc pour clientèle levantine au XVIIIe siècle », *Rives méditerranéennes*, 29, 2008, p. 125-140. Voir aussi Crouzet, *La Guerre économique franco-anglaise au XVIIIe siècle*, Paris, Fayard, 2008, chapitre sur le Levant.
43. Il s'agit d'un drap de laine tissé de manière à faire des côtes ou des plis obliques ; il existe plusieurs procédés, mais un des rendus peut consister en un vêtement avec d'harmonieux plis parallèles. L'activité de tissage, d'abord menée à Calais avec de la laine anglaise, avait, depuis la reprise de la ville par le duc de Guise en 1558, rejoint l'Angleterre, d'où son nom.
44. Maurice Hamon, « La Manufacture royale des glaces et Versailles aux XVIIe et XVIIIe siècles », *Versalia. Revue de la Société des amis de Versailles*, nº 20.1, 2017, p. 135-156.
45. *Ibid.*, tableau 2. Le PIB français était de près de 6 milliards de livres avant la Révolution. En 2022, le chiffre d'affaires de Saint-Gobain est de près de 2 % du PIB français. Même si la part des biens intermédiaires est sans doute plus importante en 2022 qu'elle ne l'était sous l'Ancien Régime, Saint-Gobain est une compagnie bien plus grande que ne l'était la Manufacture des glaces. Il faut noter que, contrairement à une idée répandue, les commandes de Versailles ne représentaient qu'une minorité des commandes, même si elles ont aidé la manufacture à ses débuts.
46. Dans les années 1690, un prêtre flamand était encore payé par la manufacture royale plus de 100 livres par an pour assurer l'exercice religieux des ouvriers non francophones ; Charles Cole, *Colbert and a Century of French Mercantilism, op. cit.*, t. II, p. 287.
47. L'employé de la compagnie à Alençon, un certain Prévost, fut victime de plusieurs tentatives de meurtre de la part de la population qui craignait de perdre des emplois.
48. Le tarif de 1664 concernait surtout le commerce intérieur, ce qui permettait d'harmoniser les tarifs de différentes régions douanières françaises et de faciliter l'adoption d'un tarif extérieur qui, à défaut d'être commun, eût au moins de la cohérence ; le tarif de 1667, adopté lors de la guerre de Dévolution contre les Provinces-Unies et l'Angleterre, visait davantage le commerce extérieur.
49. Il demeure quelques exceptions à ce principe général, comme le papier, car il existait une industrie de production de papier qui exigeait le soutien de l'État.
50. Ce type de tarifs n'a rien d'exceptionnel, et l'on remarque aujourd'hui encore dans la guerre commerciale entre États-Unis et Chine cette tendance des tarifs à l'« escalade », c'est-à-dire à viser les secteurs les plus sophistiqués. Il en existe des rationalisations, comme Pol Antràs, Teresa Fort, Agustín Gutiérrez et Felix Tintelnot, « Trade Policy and Global Sourcing : A Rationale for Tariff Escalation », *NBER Working Paper*, 2022. L'argument est le suivant ; la disponibilité de nombreuses variétés de matière première (telle la laine) entraîne des rendements d'échelle sur le secteur sophistiqué (filature et tissage), par exemple parce que la variété des qualités de laine permettrait de mieux segmenter le marché, ou de découvrir la variété qui colle le mieux avec les métiers que l'on utilise.
51. L'exemple de la soierie française, toujours interdite en Angleterre, est éloquent également. Sur le vin et la politique tarifaire générale, voir John Nye, *War, Wine, and Taxes. The Political Economy of Anglo-French Trade, 1689-1900*, Princeton, Princeton University Press, 2018. Le système de restriction anglaise du vin permit à terme de financer l'État anglais : en effet, la bière s'imposant progressivement comme la boisson populaire de référence, à la consommation inélastique (c'est-à-dire peu réactive au prix),

la taxation de sa consommation devenait une ressource importante pour l'Angleterre, comme celle du tabac pour la France. Le vin permettant de contourner ces impôts fut lui aussi lourdement taxé ; ce sont d'ailleurs les productions de faible qualité qui étaient le plus taxées, les tarifs étant appliqués au volume et pénalisant moins les grandes cuvées. Les liqueurs françaises étaient interdites.

52. Yves Charbit, « Les colonies françaises au XVIIe siècle : mercantilisme et enjeux impérialistes européens », *Revue européenne des migrations internationales*, vol. 22, n° 1, 2006, p. 183-199.
53. Les Français participèrent dès le XIVe siècle au commerce avec l'Afrique de l'Ouest, notamment à l'époque où elle était pourvoyeuse en or, même si les Portugais dominaient ce commerce.
54. Voir Rémi Monaque, *Une histoire de la marine de guerre française*, Paris, Perrin, 2016.
55. Voir Simon Elzinga, « Le tarif de Colbert de 1664 et celui de 1667 et leur signification », *Economisch Historisch Jaarboek*, 1929. Ce vieil article édite le texte des tarifs et les replace dans leur contexte.
56. Aujourd'hui, beaucoup d'historiens soutiennent l'idée, inspirée par Polanyi, que ce genre d'institutions demeurait intouchable avant la Révolution, car elles étaient l'incarnation de ce qu'ils appellent une « économie morale », où l'assurance créée par la solidarité et l'appartenance à un groupe servait de fondement à la société. Voir par exemple les travaux de Laurence Fontaine.
57. Chiffre issu des estimations d'exportations totales de la France par François Crouzet, *La Guerre économique franco-anglaise...*, *op. cit.*, qui frôlent les 500 millions de livres, que je rapporte à l'estimation du PIB français autour de 5 ou 6 milliards de livres déjà évoquée. Le taux d'ouverture de la France d'aujourd'hui est de 30 %. Une partie notable de ces échanges était des réexportations de denrées coloniales.
58. Voir par exemple Sven Beckert, *Empire of Cotton. A global history*, New York, Vintage, 2015. Ce livre affirme que le capitalisme et le progrès technique comme dépendants du colonialisme et de l'esclavage : le coton est sans doute le meilleur exemple pour défendre une telle thèse.
59. Voir Guillaume Daudin, « Profitability of Slave and Long-Distance Trading in Context : the case of eighteenth-century France », *The Journal of Economic History*, 2004, 64 (1), p. 144-171. Cet article analyse le taux de rendement de plusieurs entreprises coloniales et trouve que le commerce colonial offrait de meilleurs profits que les autres options financières du royaume, sans être plus risqué pour autant. Le manque d'investissement dans cette activité avait déjà frappé Richelieu et ses successeurs, lesquels avaient exclu le commerce colonial du principe de dérogeance (interdiction faite aux nobles d'investir dans des activités commerciales), tentant d'inciter les riches aristocrates à s'y intéresser. Malgré cela, le commerce colonial français, contrairement au commerce intérieur, est resté un jeu fermé n'exploitant pas à fond les possibilités de profits qui s'offraient.
60. Alan Forrest, *The Death of the French Atlantic. Trade, war, and slavery in the age of revolution*, Oxford, Oxford University Press, 2020.
61. François Crouzet, *Bordeaux au XVIIIe siècle*, Bordeaux, Delmas, 1968.
62. La France, autosuffisante en blé lors des bonnes récoltes, ne l'était pas lors des mauvaises, tandis que l'Angleterre, qui ne s'était pas encore spécialisée dans la production manufacturière comme elle devait le faire après l'abolition des *corn laws* en 1846, bénéficiait d'un surplus agricole plus stable.
63. Contrairement à d'autres conflits de Louis XIV, cette guerre ne fait pas l'unanimité sur sa responsabilité : pris de court par le testament du roi d'Espagne Charles II en 1700, Louis XIV voit la possibilité de donner le trône d'Espagne à son petit-fils Philippe. Renoncer, c'est prendre le risque d'une montée en puissance des Habsbourg, ce qui serait un retour en arrière au temps de Charles Quint pour la puissance française ; accepter, c'est acquérir une alliance unique avec l'Espagne, au risque de froisser les alliés. Conscient des risques, Louis XIV accepte, mais commettant plusieurs erreurs diplomatiques, il subit la formation d'une coalition de toute l'Europe, sauf l'Espagne, contre la France. Voir Clément Oury, *La Guerre de succession d'Espagne. La fin tragique du Grand Siècle*, Paris, Tallandier, 2020.
64. Lettre du roi à Amelot du 18 février 1709, citée par Erik Dahlgren, *Les Relations commerciales et maritimes entre la France et les côtes de l'océan Pacifique (commencement du XVIIIe siècle)*, Paris, Librairie ancienne Honoré Champion, 1909.
65. Stéphane Guerre, *Nicolas Desmaretz (1648-1721). Le Colbert oublié du Roi Soleil*, Seyssel, Champ Vallon, 2019.
66. L'Angleterre étant de moindre taille que la France, il est naturel selon la plupart des modèles économiques qu'elle gagne davantage au commerce et soit plus ouverte *en proportion de sa production*,

toutes choses égales par ailleurs ; étant plus petite, elle n'a pas la diversité des sols qui lui permette de répondre à ses besoins et a davantage de chances de se spécialiser. Cependant, la France devrait tout de même exporter davantage au total selon ces mêmes modèles. Le fait que l'Angleterre exportât davantage ou presque autant que la France au XVIIIe siècle était dû au caractère plus avancé de sa marine et de son économie en général.

67. Voir Jean Meyer, « La guerre de course de l'Ancien Régime au XXe siècle : essai sur la guerre industrielle », *Histoire, économie et société*, 1997, p. 7-43.
68. Deux méthodes ont été employées pour reconstituer le PIB : la méthode de l'offre (proposée en France par l'équipe de l'ISEA, menée sous l'impulsion de l'économiste Robert Kuznets, avec les travaux Markovitch et Marczewski, puis Jean-Claude Toutain, dans les années 1960), consistant à mesurer la production agrégée des différents secteurs ; d'autre part, la méthode dite de la demande (proposée par des travaux déjà cités de Ridolfi), consistant à déduire le PIB du niveau de vie de la population – méthode fondée essentiellement sur les séries de salaires, corrigées des prix des denrées nécessaires ainsi que d'estimation de la durée totale de travail.
69. Cela ne signifie pas que le progrès technique a été de la même vitesse en Angleterre qu'en France ; en effet, il est difficile pour une économie agricole d'absorber de la croissance démographique. Ainsi, si deux pays ont un niveau de vie qui augmente au même rythme mais qu'un des deux pays voit sa population croître à un rythme supérieur, c'est signe que le pays dont la population croît le plus vite bénéficie de davantage de progrès techniques. Le progrès technique est resté plus rapide en Angleterre qu'en France jusqu'au XIXe siècle.
70. Cette scène célèbre nous a été rapportée par Saint-Simon dans ses *Mémoires*, lequel déplore cette « espèce de prostitution du roi ». Samuel Bernard ne bluffait pas et il dut faire banqueroute l'année suivante sur les marchés hollandais auxquels il avait seul accès en France – ce qui ne l'empêcherait de conserver un rôle important dans la finance française.
71. Les mêmes erreurs se répètent sans cesse : sous Desmarets comme sous les premiers Valois, l'opinion semble se plaindre autant si ce n'est plus de la politique déflationniste que de la politique inflationniste : la manipulation de la monnaie, à la hausse comme à la baisse, avait suscité l'essai de Nicolas d'Oresme. La monnaie de compte servant de base à beaucoup de contrats de longue durée, les manipulations créent de l'incertitude pour les affaires.
72. L'impôt de 1695, réadopté en 1701 après une abolition temporaire, divisait les Français en vingt-deux catégories selon leurs revenus et leur statut, qui devaient payer une somme fixe, et les plus aisées payaient davantage, même si cela n'était pas calculé proportionnellement au revenu de chacun ni même des groupes constitués.
73. Schumpeter le décrit ainsi dans son *Histoire de l'analyse économique*. Beaucoup d'idées importantes de macroéconomie se trouvent dans Law, telle la loi du prix unique. Voir Antoin E. Murphy, *John Law. Economic theorist and Policy-Maker*, Oxford, Oxford University Press, 1997.
74. John Law est conscient des risques inflationnistes, et il formula soigneusement sa pensée avec les notions de demande et d'offre de monnaie : il fut, peut-être paradoxalement au vu de sa réputation, un des précurseurs de la théorie quantitative de la monnaie. Cette idée que la création monétaire ne suscite pas, dans des limites raisonnables, d'inflation dans une économie en sous-emploi est toujours au cœur des modèles macroéconomiques d'aujourd'hui, et on a pu la voir mise en pratique dans les économies avancées des années 2010 : des émissions importantes des banques centrales n'eurent pas d'effet sur les prix des biens avant 2020.
75. Voir Edgar Faure, *La Faillite de Law*, Paris, Gallimard, 1977, p. 100. À la fin de 1715, Noailles, contrôleur général, avait annulé la politique déflationniste et procédé à une « augmentation » de la monnaie, avant l'arrivée de John Law.
76. Quand, en 1720, serait publié un nouvel édit de manipulation de la monnaie, la confiance dans la valeur des billets de banque vacillerait très vite.
77. La Compagnie d'Occident de Law absorba une Compagnie du Mississippi fondée en 1684, et se vit accorder un monopole de vingt-cinq ans ; la Compagnie des Indes orientales et d'autres compagnies plus modestes liées à d'autre débouchés commerciaux, avec monopole de vingt-cinq ans également, s'ajoutèrent à la Compagnie de Law en 1719.

78. Sur les conséquences concrètes du système de Law dans les colonies, voir Malick Ghachem, « The Mississippi Bubble in Saint-Domingue (Haiti) », *in* Stefano Condorelli et Daniel Menning (dir.), *Boom, Bust, and Beyond. New Perspectives on the 1720 Stock Market Bubble*, Boston, De Gruyter Oldenbourg, 2019, p. 95-116.
79. L'acquisition de la Louisiane par les Français, fragile faute de présence massive, datait de la fin du XVIIe siècle. Le nom de La Nouvelle-Orléans était un hommage au Régent. Notons en passant que la politique coloniale de Law s'accordait avec la politique étrangère du Régent : la paix avec l'Angleterre donnait virtuellement le temps de rendre défendable la position française en Louisiane. Marcel Giraud a écrit dans les années 1960 une somme sur cette région : voir notamment Marcel Giraud, *Histoire de la Louisiane française*, t. III, *L'Époque de John Law (1717-1720)*, Paris, Presses universitaires de France, 1966.
80. Arnaud Orain, *La Politique du merveilleux. Une autre histoire du système de Law (1695-1795)*, Paris, Fayard, 2018.
81. C'est le jugement qu'en a également l'économiste Cochrane dans sa revue d'un livre de Garber portant entre autres sur la bulle du système de Law. Voir John Cochrane, *Famous First Bubbles. The Fundamentals of Early Manias*, Cambridge (Mass.), MIT Press, 2001.
82. Arnaud Orain voit dans le système une mystique, qu'il relie à la culture littéraire du début du XVIIIe siècle, laquelle met souvent en scène des financiers ; il minimise le rôle de Law en remarquant que plusieurs idées du système étaient dans l'ère du temps. Ainsi, Samuel Bernard voulait créer une banque qui aurait servi d'intermédiaire entre l'État et ses créanciers. Le reste de l'historiographie insiste au contraire souvent sur le rôle personnel de Law dans le système : voir le livre classique d'Edgar Faure (1977) ou, plus récemment, James Buchan, *John Law. A Scottish Adventurer of the Eighteenth Century*, Londres, MacLehose Press, 2018.
83. Formule d'Arnaud Orain.
84. De 500 livres à 15 000 livres. Il est vrai qu'il y eut entre-temps un changement de définition de l'activité de la Compagnie.
85. Les encaisses monétaires métalliques étaient de 500 millions de livres et valaient dix fois moins que le stock d'actions de la Banque royale. Quand la Banque émettait des billets pour compenser la baisse des actions, ce serait, étant donné les quantités en jeu, au risque d'exercer une forte pression à la hausse sur les prix - ce qui ne manqua pas d'arriver.
86. François Velde, « Was John Law's system a bubble ? The Mississippi bubble revisited », *in* Jeremy Atack et Larry Neal (dir.), *The Origins and Development of Financial Markets and Institutions. From the seventeenth century to the present*, Cambridge, Cambridge University Press, 2009, p. 99-120.
87. Les intérêts du prêt au roi devaient rapporter 48 millions de livres, l'activité de Ferme générale entre 10 et 15 millions (les profits faits par les fermiers en moyenne d'après Velde, qui cite Marion), les mines du Mississippi ne seraient pas rentables, le monopole commercial devait rapporter 6,5 millions, et le monopole du tabac 10 millions. Cependant, Velde néglige les profits liés au commerce dans les Caraïbes, de l'ordre de 15 millions de livres à la fin du siècle (10 % de profit, comme mesuré par Guillaume Daudin, sur un commerce de 150 millions de livres), car, après la fin du système, le commerce devint libre (et il n'y avait pas de compagnie privée faisant des profits mesurables sur ce monopole) ; de plus, les activités coloniales en Louisiane pâtirent de la faillite, de sorte qu'il n'est pas à exclure que, en cas de prospérité, le commerce avec la Louisiane eût été plus profitable, et qu'une économie esclavagiste plus performante que celle décrite par Cécile Vidal s'y fût installée. Peut-être un monopole eût-il empêché le système esclavagiste d'être aussi performant qu'il le devint au cours du XVIIIe siècle dans les Caraïbes ; on peut rêver (ou cauchemarder) que le système eût permis à la France d'accroître son empire colonial contre l'Angleterre. Beaucoup d'inconnues demeurent : on ne sait quel pouvoir de négociation aurait eu la Compagnie face à l'État, aussi bien dans les conflits coloniaux que sur la question du fermage des impôts. Dans tous les cas, le chiffre de 90 millions de livres de dividendes à long terme ne nous paraît pas irréaliste, même s'il est optimiste.
88. François Velde, « Chronicle of a deflation unforetold », *Journal of Political Economy*, 117 (4), 2009, p. 591-634. Il s'agit, comme pour l'arrivée de métaux d'Amérique, d'un bon test des conséquences « réelles » de la monnaie.

89. Line Teisseyre-Sallmann, *L'Industrie de la soie en Bas-Languedoc. XVIIe-XVIIIe siècles*, Paris, École des chartes, 1995.
90. Un économiste contemporain pourrait dans certains cas soutenir une telle politique mais il devrait pour ceci faire l'argument que le marché a une faille - par exemple la nécessité de vendre à perte avant de devenir rentable, une friction du marché de la terre, un problème de coordination entre agriculteurs lié à l'assolement (ce qui formerait une externalité), ou bien encore des contraintes de crédit qui empêcherait des fermiers de s'endetter suffisamment pour passer à certaines formes de culture plus « capitalistes ».
91. Pour citer un exemple plus tardif, Necker se réclamerait de l'héritage de Colbert dans les années 1770 et 1780. Voir Philippe Minard, *La Fortune du colbertisme. État et industrie dans la France des Lumières*, Paris, Fayard, 2014.
92. Toutes ces citations proviennent de l'article « Grains » dans le volume VII de l'*Encyclopédie* de 1757. Voir François de Quesnay, *Œuvres économiques complètes et autres textes*, Paris, Ined, 2005, t. I, p. 174. Dans le passage en question, Quesnay reproche à Colbert de n'avoir pas suffisamment baissé les impôts agricoles (et non de les avoir augmentés), mais son texte est parsemé de reproches contre sa politique des manufactures.
93. S'il est facile de souscrire à l'idée selon laquelle il est peu judicieux de subventionner les industries du luxe dans un pays dont beaucoup d'habitants vivent au seuil de subsistance, il est plus difficile de s'accorder avec Quesnay sur l'idée que toute activité industrielle est stérile - produire en masse de meilleurs outils agricoles bénéficie à tous. Certains physiocrates « de gouvernement », comme Turgot ou Gournay, ne partageaient pas cette opinion.
94. Certains citadins étaient également agriculteurs puisque des jardins potagers environnaient les villes.
95. Jean Marczewski et Jean-Claude Toutain, « Le produit de l'agriculture française de 1700 à 1958 », *Cahiers de l'Institut de science économique appliquée*, n° 115, 1961.
96. John Francis Bosher, *The Single Duty Project. A study of the movement for a French customs union in the eighteenth century*, Londres, Athlone Press, 1964, p. 2, pour une énumération d'exemples.
97. Qui payait un tarif à un bureau recevait un acquit de paiement, lequel devait décrire précisément la qualité et les quantités des marchandises transportées, ainsi que l'itinéraire - avant un dernier contrôle au bureau le plus proche de la destination finale du marchand - lequel lui confierait un brevet de contrôle.
98. *Ibid.*, table 2, p. 11, d'après les calculs du financier Mahy de Cormeré. L'estimation du PIB entre 7 et 8 milliards de livres provient de Jean Marczewski, « Some aspects of the economic growth of France, 1660-1958 », *Economic Development and Cultural Change*, 9 (3), 1961, p. 369-386. Des allègements notables ayant été mis en œuvre par l'administration au XVIIIe siècle, il est probable que les douanes intérieures percevaient davantage de recettes lors des décennies précédentes.
99. Steven Kaplan, *Bread, Politics and Political Economy in the Reign of Louis XV* [1976], Londres, Anthem Press, 2015, chap. 1.
100. Des estimations existent, et elles sont le fruit du long travail de certains commis isolés comme Lallemant de Betz.
101. Une réforme est efficace si elle permet d'agrandir le volume total des biens utiles produits dans l'économie pour la même quantité de travail ; cependant, il est concevable qu'une telle réforme rebatte les cartes de la distribution sociale et appauvrisse certaines personnes. Le « deuxième théorème du bien-être » affirme qu'il est toujours possible de trouver une compensation qui satisfasse tout le monde, mais il présuppose que le pouvoir soit capable d'identifier les perdants d'une réforme « efficace » et de les indemniser directement. Pour prendre un exemple contemporain, les États-Unis, malgré des politiques visant explicitement à ce but, n'ont pas pu dédommager suffisamment les ouvriers de la *rust belt* touchés par la concurrence chinoise dans les années 2000 et 2010, comme le montrent les recherches de David Autor et ses coauteurs sur la question.
102. Pour une moyenne nationale en France comparée à l'indice des prix, voir tableaux des prix dans Leonardo Ridolfi, *The French Economy in the Longue Durée. A study on real wages, working days and economic performance from Louis IX to the Revolution*, Thèse de doctorat, IMT School for Advanced Studies, Lucques, 2016.

103. L'absence d'encadrement des prix permet une meilleure adaptation des marchés, mais elle peut aussi s'accompagner d'une volatilité excessive, surtout quand l'arrivage du blé dépend de grands négociants qui suivent les marchés financiers parisiens. Un article de finance classique sur le jus d'orange de Floride trouve que le prix du jus sur les marchés financiers permet une transmission efficace des informations pertinentes (les accidents climatiques), mais que la volatilité des prix est bien plus élevée lors des jours où le marché est ouvert que lors d'une période de fermeture : R. Roll, « Orange juice and weather », *The American Economic Review*, 74 (5), 1984, p. 861-880. Ce résultat suggère qu'une partie des fluctuations est artificielle et due peut-être à ce que Keynes appelait les « esprits animaux » ; l'absence d'encadrement du prix du blé à Paris peut avoir contribué à lui faire connaître de larges variations au jour le jour. Sur une matière première comme le blé, dont le prix détermine la santé macroéconomique du pays, un excès de volatilité peut avoir des effets néfastes : paniques, émeutes, rétention d'information voire délit d'initié des plus grands marchands les mieux informés sur les quantités disponibles.
104. Steven Kaplan, *Bread, Politics and Political Economy in the Reign of Louis XV*, La Haye, Martinus Nijhof, 1976. Ce livre revient sur la généalogie de la réforme de libéralisation, insistant sur l'aveuglement excessif d'hommes comme Turgot.
105. Il y eut en fait un bref intermède de Clugny de Nuits, qui défit les réformes de Turgot avant de mourir et de céder la place à Necker.
106. Les premiers édits de liberté ont parfois suscité des critiques au sein de l'administration française. Steven Kaplan, *Bread, Politics and Political Economy in the Reign of Louis XV*, *op. cit.*, chap. 5. Après les premières révoltes urbaines contre la mesure, à Sens, les premières réactions de l'Averdy comme celles de Turgot semblent négliger l'idée que la réforme puisse faire des perdants.
107. L'alexandrin est anonyme. Le mur fut construit entre 1784 et 1790.
108. Voir par exemple Daron Acemoglu et James Robinson, *Prospérité, puissance et pauvreté…*, *op. cit.* Plus généralement, l'économie institutionnaliste soutient souvent ce genre d'histoire.
109. Allusion au titre d'un ouvrage de François Crouzet, *De la supériorité de l'Angleterre sur la France. L'économique et l'imaginaire, XVIIe-XXe siècles*, Librairie académique Perrin, 1985.
110. Voir par exemple les chiffres de Morgan Kelly, Joel Mokyr et Cormac Ó Gráda, « Precocious Albion : a new interpretation of the British industrial revolution », *Annual Review of Econonomics*, 6 (1), 2014, p. 363-389.
111. On pourrait en dire autant de la Hollande. Voir Robert Allen, *The British Industrial Revolution in Global Perspective*, Cambridge, Cambridge University Press, 2009, p. 49.
112. C'est ce que suggère un modèle classique de Kevin Murphy, Andrei Shleifer et Robert Vishny, « Income distribution, market size, and industrialization », *The Quarterly Journal of Economics*, 104 (3), 1989, p. 537-564.
113. Les chiffres du PIB anglais proviennent de Stephen Broadberry, Bruce Campbell, Alexander Klein, Mark Overton et Baas van Leeuwen, *British Economic Growth, 1270-1870*, Cambridge, Cambridge University Press, 2015. Les données sont accessibles sur le site web du *Maddison Project Database*, qui recense les travaux de cliométrie. Les chiffres français proviennent toujours de Ridolfi et Nuvolari (2021). Dans la Figure 5.2, j'utilise les estimations de la productivité anglaise calculés par Paul Bouscasse, Emi Nakamura et Jon Steinsson, *When Did Growth Begin ? New estimates of productivity growth in England from 1250 to 1870*, National Bureau of Economic Research, 2021. Je calcule moi-même les chiffres de productivité française, en combinant les estimations du PIB par habitant de Ridolfi et Nuvolari avec des estimations démographiques glanées dans Dupâquier, que Leonardo Ridolfi nous a transmises déjà mises en forme avant publication. Pour mesurer la productivité, il faut estimer la part du travail dans la production et la population ; j'ai appliqué le même coefficient que Bouscasse, Nakamura et Steinsson pour l'Angleterre. Le plus important changement de rythme de la productivité peut être daté de 1810 en Angleterre comme en France : à partir de cette année, productivité et revenu progressent nettement plus vite.
114. De même pour le Second Empire en France : les changements préparés lors des décennies précédentes y deviennent visibles de manière éclatante, comme le chemin de fer – mais le véritable rythme de croissance était en fait plus lent. Il en va de même pour le XVIIIe siècle anglais.

115. Ce problème de datation est important étant donné le rôle que l'on attribue souvent à la *Glorious Revolution* de 1688 dans le développement de l'Angleterre. Gregory Clark, économiste iconoclaste spécialiste de l'histoire quantitative anglaise, faisait la même remarque : la « Glorieuse » Révolution ne s'est pas traduite par une accélération du niveau de vie ou de la productivité (voir graphiques présentés ci-dessous). Gregory Clark, *The Secret History of the Industrial Revolution*, Manuscrit, University of California Davis, 2001. Il va plus loin, et il affirme que seul le coton a bénéficié d'un régime de croissance soutenu jusqu'à la seconde moitié du XIXe siècle.
116. Les graphes que nous traçons donnent l'évolution de nos variables par rapport aux points de référence de 1600, ce qui explique que l'on n'y retrouve pas le *ratio* entre salaires anglais et français de 2.
117. L'article original de 1976 et des réponses à cet article sont compilés dans Trevor Aston et C. H. E. Philpin (dir.), *The Brenner Debate*, Cambridge, Cambridge University Press, 1987.
118. Il y eut des *enclosure acts* dès 1604 mais la vraie activité de masse commence dans la seconde moitié du XVIIIe siècle. Le Parlement anglais accordait, sur pétition de propriétaires, le droit d'enclosures, et examinait des requêtes individuelles.
119. Robert Allen, *Enclosure and the Yeoman. The agricultural development of the South Midlands 1450-1850*, Oxford, Oxford University Press, 1992.
120. Un article récent s'efforce de quantifier l'importance en utilisant les décisions parlementaires comme variation entre exploitations : Leander Heldring, James Robinson et Sebastian Vollmer, « The economic effects of the English Parliamentary enclosures », *National Bureau of Economic Research*, n° w29772, 2022. L'effet « causal » serait substantiel, et les enclosures feraient croître le rendement par hectare de 45 % (peut-être en augmentant l'intensité du travail sur les champs, ou en dissipant une partie des biens communs). Cette estimation ferait des enclosures la principale cause de l'essor anglais. Cependant, le coût du recours au Parlement pour une enclosure était particulièrement coûteux (l'équivalent de cinq années de revenus d'une ferme) et le papier ne mesure l'effet que pour les paroisses qui souffraient de problèmes particulièrement graves de coordination. Des études d'Allen ou de McKloskey ont trouvé un effet sur la productivité plus proche de 10 %.
121. Jean Meuvret distinguait deux types de « communs » : le blé fauché, le champ en pâture. Il montre qu'en France, seul le champ de blé juste moissonné ne pouvait être protégé systématiquement par le propriétaire d'un champ qui le souhaitait, ce qui réduit la portée du problème des enclosures à cette dimension. Les champs moissonnés fournissaient de la paille et de la chaume, utiles pour le bétail. Voir Jean Meuvret, *Le Problème des subsistances à l'époque Louis XIV*, La Haye, Mouton, 1977, vol. 2.
122. Philip Hoffman, *Growth in a Traditional Society...*, *op. cit.*
123. Trois fois moins que le blé seulement, qui dominait l'agriculture française. De plus, l'exploitation viticole était plus intense en travail, de sorte qu'un hectare de vigne requérait davantage de main-d'œuvre qu'un hectare consacré à des céréales. Pour la surface ensemencée en blé, je m'appuie sur Octave Noël. « Le blé en France depuis le commencement du siècle ». *Journal de la société française de statistique*, 17, 1876, p. 129-133. Il cite un chiffre de près de 5 millions d'hectares en 1815. Le chiffre de la surface viticole provient de Marcel Lachiver, « La viticulture française à l'époque moderne », in Collectif, *Le Vigneron, la Viticulture et la Vinification. En Europe occidentale, au Moyen Âge et à l'époque moderne*, Toulouse, Presses universitaires du Midi, 1991. Les deux chiffres ont pour source des enquêtes nationales menées peu de temps après la Révolution.
124. Tim Unwin, *Wine and the Vine. An historical geography of viticulture and the wine trade*, Londres, Routledge, 2005. Ce livre porte sur le développement parallèle des marchés de la vigne en France et en Amérique au XIXe siècle.
125. Philip Hoffman, *Growth in a Traditional Society...*, *op. cit.*
126. Il l'avait terminée en 1776 mais il lui fallut six ans pour obtenir un brevet.
127. Joel Mokyr, *The Enlightened Economy. An Economic History of Britain 1700-1850*, New Haven, Yale University Press, 2009, p. 405.
128. Voir le livre de référence sur la comparaison franco-anglaise, Liliane Hilaire-Pérez, *L'Invention technique au siècle des Lumières*, Paris, Albin Michel, 2000.
129. Robert Allen, *The British Industrial Revolution in Global Perspective*, *op. cit.* Voir aussi, du même, *Global Economic History. A very short introduction*, Oxford, Oxford University Press, 2011. Allen y propose sa théorie comme guide de l'histoire économique mondiale. Nous négligeons dans cet exposé l'aspect

commercial : il souligne pourtant l'importance de l'accès au coton importé et à un marché colonial captif pour former l'industrie manufacturière anglaise.

130. Il s'agit des théories du progrès technique endogène : le progrès ne tombe pas du ciel mais survient des efforts d'inventeurs pour surmonter les contraintes qui pèsent sur la production. Une conséquence, par exemple, est que le progrès technique dépend des contraintes de la distribution de la valeur ajoutée. Le premier à avoir exprimé cette hypothèse fut John Habakukk, *American and British Technology in the Nineteenth Century*, Londres, Cambridge University Press, 1962. Pour être plus précis, le coût d'un travailleur doit encore être ramené à sa productivité pour que l'argument soit valide d'un point de vue économique : si le travailleur anglais moyen était deux fois plus payé parce qu'il était, toutes choses égales par ailleurs, deux fois plus productif, économiser son temps de travail n'était nécessairement plus important en Angleterre qu'en France.
131. Pour que l'argument fût complet, il faudrait comparer le coût salarial unitaire (valeur d'une heure de travail divisée par la valeur ajoutée qu'elle produit) avec le coût de l'énergie. Cependant, l'écart du prix de l'énergie était très important, de sorte que, même en corrigeant de la productivité plus élevée des Anglais, on trouverait que l'énergie était moins chère rapportée au coût salarial unitaire en Angleterre qu'en France. Robert Allen, *The British Industrial Revolution in Global Perspective, op. cit.*, p. 138-140.
132. On peut penser par analogie au pétrole issu de gisements de gaz de schiste qui a fait baisser le prix de l'énergie lorsque les États-Unis décidèrent de l'exploiter.
133. L'argument qui suit s'appuie sur Morgan Kelly, Joel Mokyr et Cormac Ó Gráda, « The mechanics of the Industrial Revolution », *Journal of Political Economy*, 131 (1), 2023, p. 59-94. Le rôle indirect du charbon est sans doute plus important que son rôle direct : les premières machines textiles profitant du charbon ne se développèrent pas avant les applications de la machine à vapeur dans les années 1820.
134. Ruth Goodman, *The Domestic Revolution. How the introduction of coal into Victorian homes changed everything*, New York, Liveright Publishing, 2020.
135. D'après l'analyse économétrique proposée par Joel Mokyr et ses coauteurs dans l'article cité ci-dessus.
136. Cormac Ó Gráda, « Did science cause the industrial revolution ? », *Journal of Economic Literature*, 54 (1), 2016, p. 224-239.
137. Les autorités françaises tentèrent de recruter beaucoup de ces ouvriers anglais au XVIIIe siècle, et, même si l'Académie des beaux-arts leur était fermée, il existait une politique de soutien en la matière. Voir Paola Bertucci, *Artisanal Enlightenment*, New Haven, Yale University Press, 2017.
138. Comme Henry Sully, horloger très talentueux recruté en France par John Law. *Ibid.*, p. 83-88.
139. Colbert put déjà le constater dans beaucoup d'industries. Les nouvelles formes pour fabriquer des bas de soie plus rapidement viennent d'Angleterre, et celles fabriquées en France étaient de moindre qualité – alors que, sur le principe, rien n'empêchait de les reproduire.
140. Le pays le plus riche du monde est plus de quarante fois plus riche que le pays le plus pauvre du monde aujourd'hui. Ce ratio nous est inconnu à la vérité au XIXe siècle, mais, étant donné la misère des pays les plus opulents, on l'imagine difficilement être supérieur à 4.
141. En 1800, la Russie était un peu plus peuplée que la France, mais le niveau de taxation ou de développement économique y était bien moindre.
142. Une synthèse accessible a été proposée par l'auteur le plus connu des modèles de croissance unifié : Oded Galor, *The Journey of Humanity. The Origins of Wealth and Inequality*, New York, Random House, 2022.
143. L'éducation formelle augmenta de fait tout au long du XVIIIe et du XIXe siècle, la Troisième République venant donner une forme définitive à l'Instruction publique.
144. Voir Guillaume Blanc, « The Cultural Origins of the Demographic Transition in France », Document de travail, 2022. L'enquête Louis Henry fournit également un fichier de familles, mais elle est sélective et ne remonte pas suffisamment dans le temps, contrairement aux généalogies obtenues par *crowdsourcing*. Sur les années où les deux sources sont disponibles, elles donnent des tendances similaires.
145. Michel Vovelle, *Piété baroque et déchristianisation en Provence au XVIIIe siècle*, Paris, Plon, 1973.
146. Pour des chiffres sur la décennie 1770, voir Claude Delasselle, « Les enfants abandonnés à Paris au XVIIIe siècle », *Annales. Économies, sociétés, civilisations*, 30, n° 1, 1975, p. 187-218. Il y avait 4 000 enfants abandonnés chaque année dans la capitale, sans compter ceux qui étaient amenés de province. La population de la ville était de 850 000 habitants, et elle avait un taux de natalité

inférieur à celui du reste de pays (40 pour 1 000) : plus de 20 000 enfants y étaient baptisés chaque année. Si l'on est prudent et si l'on suppose qu'un tiers des enfants abandonnés venait du voisinage de la capitale, le chiffre d'un enfant abandonné sur dix est plausible. La hausse du nombre d'enfants abandonnés peut être interprétée comme une preuve supplémentaire que l'Église encadre moins les modes de vie à cette période.

Chapitre 7. Une crise de dette souveraine (1789-1815)
De la page 227 à la page 265

1. Cette décision est mise en valeur par Jules Michelet dans l'introduction de son *Histoire de la Révolution française*. David Bien affirme que cette décision de 1781, l'édit de Ségur, avait en fait pour but de reprofessionnaliser l'armée, en chassant de la carrière d'officiers des recrues issues de la noblesse de robe sans expérience militaire dans leur famille, puisqu'il fallait plusieurs générations de noblesse pour aspirer à une carrière militaire ; l'édit de Ségur, plutôt que l'acte vengeur de la noblesse contre la bourgeoisie, serait une victoire des nobles d'épée contre les nobles de robe, motivée par une vision méritocratique, le mérite étant alors associé à la lignée militaire, et un bannissement de l'avancement par l'argent ; néanmoins, même si l'on comprend la nuance, la restriction des carrières d'officiers ne s'appliquait pas moins aux bourgeois, ainsi qu'à sa forme évoluée socialement, la noblesse de robe. Voir David Bien, « La réaction aristocratique avant 1789 : l'exemple de l'armée », *Annales. Histoire, Sciences sociales*, vol. 29, n° 2, 1974, p. 505-534, et, plus récemment, Rafe Blaufarb, *The French Army 1750-1820. Careers, Talent, Merit*, Manchester, Manchester University Press, 2017.
2. Il s'agissait surtout d'hommes même si les femmes du tiers état n'étaient pas exclues *a priori* et que des veuves chefs de famille participèrent.
3. Barry Eichengreen et Ugo Panizza, « Asurplus of ambition : can Europe rely on large primary surpluses to solve its debt problem ? », *Economic Policy*, 31.85, 2016, p. 5-49.
4. C'est ce que Blanchard appelle « $r < g$ ». Si les revenus fiscaux croissent avec le revenu (ou le produit) nominal de l'économie, au taux g, la dette croît au taux d'intérêt de la dette publique r. Par conséquent, si un gouvernement a un budget à l'équilibre, il peut voir son taux d'endettement remboursé sans avoir à épargner, simplement si g est supérieur à r. Blanchard a remarqué en 2019 que cela avait été le cas aux États-Unis depuis 1945 dans un article déjà cité au chapitre 5. L'Angleterre était dans cette situation confortable où r est inférieur à g, non la France.
5. Il se pourrait bien sûr que les taux d'intérêt français en général, et non seulement ceux de la dette publique, fussent plus élevés à cause du manque de capital en France, et de l'imparfaite circulation des capitaux alors. Cependant, les études du marché foncier semblent trouver un taux d'intérêt de 3,5 % en France comme en Angleterre (le ratio entre les revenus nets de la terre et sa valeur foncière). Les estimations que nous citons sont pour le Languedoc et proviennent de Georges Frêche, *Toulouse et la région Midi-Pyrénées au siècle des Lumières, vers 1670-1789*, Paris, Cujas, 1974.
6. Si le roi pouvait faire passer ses édits en négligeant les remontrances des parlements, c'était un mouvement politique coûteux qui suscitait toutes sortes de résistances. Les leviers institutionnels théoriques ne sont pas toujours ceux que l'on peut appliquer dans la pratique.
7. Jacques Necker, *Compte rendu au roi*, Paris, 1781, p. 2-4.
8. Si le présent livre était vendu à 100 000 exemplaires, l'auteur serait harcelé par l'éditeur pour en produire un nouveau et pourrait facilement vivre de sa plume. En 1781, un tel tirage était évidemment encore plus impressionnant.
9. L'emprunt tontinier ou « tontine » était émis sur les marchés tous les dix ans à peu près, à partir de la fin du XVIIe siècle, par un groupe de souscripteurs qui allait être lié jusqu'à la mort : le montant total des remboursements ne varierait par année tant que l'ensemble des souscripteurs ne serait pas mort, et il serait partagé entre les souscripteurs survivants. Ainsi, ce produit consistait à parier non pas seulement sur sa propre longévité, mais sur celle des autres souscripteurs : plus ils mouraient tôt, plus les bénéfices étaient élevés. À une époque où le goût des jeux d'argent s'affirmait, de tels produits

suscitaient un certain enthousiasme. Voir Georges Gallais-Hamonno et Jean Berthon. *Les emprunts tontiniers de l'Ancien Régime : un exemple d'ingénierie financière au XVIIIe siècle*. Paris, Publications de la Sorbonne, 2008.

10. Le plus connu est Antoine Deparcieux, *Essai sur les probabilités de la durée de la vie humaine. D'où l'on déduit la manière de déterminer les rentes viagères tant simples qu'en tontines, précédé d'une courte explication sur les rentes à terme, ou annuités, et accompagné d'un grand nombre de tables*, Paris, 1746. Pour une présentation plus générale de l'application des probabilités naissantes, voir Lorraine J. Daston, « Fitting numbers to the world : The case of probability theory », *History and Philosophy of Modern Mathematics*, 1988, p. 221-237.
11. François Velde et David Weir, « The financial market and government debt policy in France... », art. cité. Sur les banques, voir Herbert Lüthy, *La Banque protestante en France..., op. cit.*
12. Voir, sur cette idée, la description vivante de Rebecca Spang, *Stuff and Money in the Time of the French Revolution*, Cambridge, Harvard University Press, 2015, chap. 1.
13. Voir Herbert Lüthy, *La Banque protestante en France..., op. cit.*, t. III.
14. Depuis un article de Bulow et Rogoff (1989), la théorie économique de la dette souveraine prédit qu'un souverain n'a la possibilité d'emprunter sur les marchés financiers en étant crédible que s'il existe un coût à répudier sa dette allant au-delà de la perte de réputation auprès des créanciers : par exemple, si le système du crédit, s'écroulant à cause d'un défaut, met au chômage des ouvriers parisiens des manufactures et que ces derniers se révoltent suffisamment bruyamment, c'est une conséquence du défaut que pourrait prédire et souhaiter éviter le monarque, ce qui pourrait l'amener à rembourser sa dette dans une certaine mesure.
15. Cité par François Crouzet, *La Grande Inflation. La monnaie en France, de Louis XVI à Napoléon*, Paris, Fayard, 1993, p. 129. Burke attribuait peu de légitimité aux emprunts du roi parce que le Parlement anglais contrôlait les dépenses publiques et qu'il n'y avait pas de tel contrôle en France.
16. Voir la démonstration très convaincante de Michel Morineau, « Esquisse et crise : une relecture nécessaire d'Ernest Labrousse », *Annales historiques de la Révolution française*, Société des études robespierristes, janvier 1996, p. 77-107. Le livre original, qui reste une référence incontournable pour l'historiographie, est celui d'Ernest Labrousse, *La Crise de l'économie française à la fin de l'Ancien Régime et au début de la Révolution* [1944], Paris, Presses universitaires de France, 1991.
17. Des études des comptes de certains grands vignerons confirment que, si les prix ont baissé, les récoltes ont davantage augmenté, de sorte que les profits montent.
18. Cela demeure vrai même si les Anglais s'empressèrent de baisser les droits de douane des vins portugais après la signature du traité afin de ne pas trop avantager les vins français en comparaison des portugais.
19. Certains auteurs, observant que le déclin de la manufacture française commençait avant 1786 et négligeant cette ouverture clandestine des échanges, ont conclu à tort que la manufacture française connaissait une crise endogène. Voir Charles Walton, « The Fall from Eden : The Free-Trade Origins of the French Revolution », *in* Suzanne Desan, Lynn Hunt et William Max Nelson (dir.), *The French Revolution in Global Perspective*, Ithaca, Cornell University Press, 2013, p. 44-56.
20. Depuis 1703 et le traité de Methuen, le vin portugais disposait du tarif le plus avantageux pour l'Angleterre. Cette politique tarifaire anglaise visait, entre autres, à faire baisser la consommation de vin français, pour des raisons géopolitiques.
21. *Ibid.*
22. Pour ceux qui travaillaient en ville du moins, car énormément d'ouvriers étaient des paysans qui travaillaient à domicile.
23. Voir David Weir, « Les crises économiques et les origines de la Révolution française », *Annales. Histoire, Sciences sociales*, vol. 46, n° 4, 1991, p. 917-947.
24. Voir les chiffres rassemblés par Michel Morineau pour plusieurs villes dans « Esquisse et crise... », art. cité.
25. Sur la semaine cruciale de juin 1789, où le roi, tout en cédant aux députés du tiers, rate l'occasion de faire une coalition avec eux contre le corps de la noblesse, voir Emmanuel de Waresquiel, *Sept jours : 17-23 juin 1789. La France entre en révolution*, Paris, Tallandier, 2020.
26. Jules Michelet, *Histoire de la Révolution française* [1847-1853], Paris, Gallimard, 2019, t. I, p. 199-201.

27. L'Ancien Régime ne pratiquait pas tant l'expropriation, et le principal apport de la Révolution en matière de droit de propriété fut l'uniformisation du régime et la capacité de distinguer les vieux droits féodaux du droit général de la terre. Les terres devenaient plus facilement échangeables grâce à ce régime.
28. Marcel Marion, *Histoire financière de la France depuis 1715*, t. II, *1789-1792*, Paris, Rousseau, 1922.
29. Ivan Cloulas, « Les aliénations du temporel ecclésiastique sous Charles IX et Henri III (1563-1587) », *Revue d'histoire de l'Église de France*, 44 (141), 1958, p. 5-56 ; pour une étude régionale des acheteurs, voir David Nicholls, « Les aliénations du temporel ecclésiastique en Normandie pendant les guerres de Religion », *Annales de Normandie*, vol. 38, n° 4, p. 295-316, 1988. On pourrait évoquer également Charles Martel au VIIIe siècle, qui se réappropria plusieurs biens d'Église pour les redistribuer à ses hommes.
30. D'après les estimations de Thomas Piketty, la propriété foncière représentait près de 500 % du PIB en France en 1789. Les terres d'Église étant souvent de meilleure qualité que les autres terres, comme l'illustre l'exemple des vignobles de luxe champenois ou bourguignons, anciennes propriétés ecclésiastiques : Dom Pérignon, Beaune, Gevrey-Chambertin pour les vignes, ou encore les cultures céréalières de Notre Dame autour de Paris, abordées au précédent chapitre. Thomas Piketty, *Le Capital au XXIe siècle*, Paris, Seuil, 2013.
31. Thomas Sargent et Neil Wallace, « Some unpleasant monetarist arithmetic », *Federal Reserve Bank of Minneapolis Quarterly Review*, 5 (3), 1981, p. 1-17.
32. Sur le contexte et les débats politiques du maximum entre la fin de 1792 et septembre 1793, voir Seymour Harris, *The Assignats*, Cambridge (Mass.), Harvard University Press, 1934, p. 133-162. Sur l'évolution des prix, voir p. 102-108. Dans l'Allier, les prix du pain, du vin et de la viande triplent entre 1789 et 1793.
33. La loi du maximum, si elle illustre le caractère dirigiste du gouvernement jacobin, est cependant un exemple de loi jacobine qui n'a pas fonctionné en partie par manque de centralisation, ce qui va à l'encontre des idées répandues.
34. La viande, dont la consommation n'était plus limitée par les journées de maigre de l'Église, était consommée de manière excessive, et sa vente avait fait l'objet d'une grande souplesse pendant le maximum, d'où sa pénurie relative : un nombre excessif de bêtes furent abattues. Quelques fermes semblent avoir été abandonnées du fait du maximum. Seymour Harris attribue la crise à la fin soudaine de cette politique, car les vendeurs auraient attendu une hausse des prix de marché avant de revendre leurs stocks.
35. Florin Aftalion a étudié la corrélation entre la valeur des assignats à Paris et la quantité émise à chaque trimestre. En appliquant le logarithme aux deux variables, il trouve une élasticité très proche de - 1, ce qui est la prédiction de la théorie quantitative de la monnaie. Florin Aftalion, *L'Économie de la Révolution française*, Paris, Hachette, 1987, p. 256-260.
36. Voir Bernard Bodinier et Éric Teyssier, *L'Événement le plus important de la Révolution. La vente des biens nationaux (1789-1867) en France et dans les territoires annexés*, Paris, Société des études robespierristes, 2000, p. 89. Ils citent un mémoire de recherche de Daniel Martin sur la vente des biens des émigrés dans le district de Clermont-Ferrand : la valeur d'adjudication de ces biens aurait été comprise entre 3 et 10 % de leur valeur réelle.
37. Jean Jaurès, *Histoire socialiste de la Révolution française*, Paris, 1901, t. I, p. 746.
38. Voir Bernard Bodinier et Éric Teyssier, *L'Événement le plus important de la Révolution...*, *op. cit.* Cette synthèse des travaux régionaux sur la question contient les meilleurs chiffres, que nous reprenons.
39. Nous comparons la mise initiale à la fortune finale du père Grandet, qui inclut, il est vrai, d'autres affaires et la valorisation efficace de ses terres, ainsi qu'une longue accumulation de l'épargne. Il obtint par exemple que son vin devînt « tête de pays », une sorte de premier cru de la région de Saumur. Un doublement de la mise grâce aux achats de biens nationaux pour un entrepreneur roué nous paraît plus probable qu'une multiplication par 100 pour un achat fait au début de la vente des biens nationaux ; comme le père Grandet devint ensuite maire et qu'il s'opposa à la vente des biens des émigrés par opportunisme politique, on devine qu'il a fait son achat avant 1793, ce qui rend peu probable son immense enrichissement - à moins que les prairies obtenues en échange de son vin n'aient eu une valeur exceptionnelle.
40. La première étude permettant une identification des classes sociales qui se portèrent acquéreuses des biens est l'étude d'un professeur de l'université de Kiev en 1895. L'ouvrage a été réédité en 1999 :

Ivan Loutchisky, *Propriété paysanne et ventes des biens nationaux pendant la Révolution française*, Paris, CTHS, 1999.

41. Jean Jaurès, *Histoire socialiste de la Révolution française*, *op. cit.*, p. 487. Cité par Bernard Bodinier et Éric Teyssier, *L'Événement le plus important de la Révolution...*, *op. cit.*, p. 56-57.
42. *Ibid.*
43. Theresa Finley, Raphael Franck et Noel Johnson, « The effects of land redistribution : Evidence from the French Revolution », *The Journal of Law and Economics*, 64 (2), 2021, p. 233-267, tableau 7. Leur argument sur l'inégalité foncière n'est pas si évident : il faut comparer la situation de ces districts où il y eut beaucoup de ventes de biens nationaux (Calais ou Arles, par exemple) à la situation d'avant 1789 où un unique propriétaire foncier très riche, l'Église, possédait 20 voire 40 % des terres.
44. La nuit du 4 août 1789, ces privilèges n'avaient pas été abolis sans contrepartie : ils avaient été transformés en contrats commerciaux, et la possibilité avait été offerte aux paysans de les racheter.
45. Ils sont par exemple 788 dans les Bouches-du-Rhône, département qui s'est peu prêté à cet exercice. Voir Bernard Bodinier et Éric Teyssier, *L'Événement le plus important de la Révolution...*, *op. cit.*, p. 152.
46. Paul Bois, *Paysans de l'Ouest. Des structures économiques et sociales aux options politiques depuis l'époque révolutionnaire dans la Sarthe*, La Haye, Mouton, 1960. Il ne s'agit pas de dire que les ventes de biens nationaux ont provoqué la chouannerie : les départements de l'Ouest ne furent pas les seuls où des communautés furent frustrées par l'expropriation de l'Église. Le poids social de l'institution comptait également.
47. Quelques exceptions existent : ainsi, Austerlitz est un engagement pris dans une position potentiellement défavorable, où l'armée était éparpillée, retournée à son avantage par Napoléon grâce à la dissémination de fausses informations et de faux indices dans le camp russe.
48. Le style de guerre napoléonien, contrairement à sa diplomatie, était assez rapide, visant à fracturer les lignes de mouvement pour forcer l'ennemi à enclencher la bataille en position défavorable. Ainsi, il se révélait plus économe en vies que des styles de guerre plus défensifs, faisant durer les conflits.
49. Stéphane Béraud, *Bonaparte en Italie, 1796-1797. Naissance d'un stratège*, Paris, Bernard Giovanangeli, 2008.
50. La campagne fut néanmoins décrite par Bonaparte comme un succès notamment grâce à sa bonne communication et à des découvertes scientifiques, ainsi qu'au dromadaire qu'il en ramena.
51. Jean Tulard, *Napoléon ou le mythe du sauveur* [1977], Paris, Fayard, 2021.
52. Voir par exemple Patrick O'Brien et Nuno Palma, « Danger to the Old Lady of Threadneedle Street ? The Bank Restriction Act and the regime shift to paper money, 1797-1821 », *European Review of Economic History*, 24 (2), 2020, p. 390-426. Ce papier affirme que le crédit anglais fut le principal facteur.
53. Données générales tirées de Philip Hoffman, Gilles Postel-Vinay et Jean-Louis Rosenthal, *Dark Matter Credit...*, *op. cit.*, p. 3, tableau 1. Voir aussi le chapitre 3 du même ouvrage, notamment p. 79-81.
54. Jacques Bainville, *Histoire de France*, Paris, Fayard, 1924.
55. Sur le manque de réalisme du projet d'invasion de l'Angleterre et les détails de cette victoire anglaise contre la flotte franco-espagnole, voir Rémi Monaque, *Trafalgar* [2005], Paris, Passés Composés, 2021.
56. Voir Alexander Mikaberidze, *Les Guerres napoléoniennes. Une histoire globale*, Paris, Flammarion, 2020, p. 340-341.
57. Voir les remarques de Ronald Findlay et Kevin H. O'Rourke, *Power and Plenty*, *op. cit.*, p. 366-367. Ils voient dans cette pratique mercantiliste une preuve que la guerre napoléonienne était encore une guerre du XVIIIe siècle.
58. Le Japon a une dette aussi importante depuis 2009, mais elle est essentiellement détenue par des résidents et même par des administrations locales. L'Italie se rapproche de cette situation, mais sa dette souveraine était considérée en 2022 comme le principal risque en matière financière en Europe.
59. Voir François Crouzet, « Wars, blockade, and economic change in Europe, 1792-1815 », *The Journal of Economic History*, 24 (4), 1964, p. 567-588. Voir aussi sa thèse : *L'Économie britannique et le blocus continental (1806-1813)*, Paris, Presses universitaires de France, 1958. Nous rediscuterons ci-dessous les effets de long terme du blocus sur l'industrie française.
60. L'Empereur déchu débarquerait à Cannes et se dirigerait vers Grenoble et Lyon, villes qui avaient bénéficié du système continental, au détriment des soieries italiennes, et où sa popularité était moins entamée qu'à Marseille.

61. Le terme de « pastoralisation » est de François Crouzet.
62. Non seulement la Restauration ne remit pas en cause les anciennes ventes, mais elle confirma définitivement le principe des domaines nationaux : plusieurs terrains confisqués à l'Église qui étaient demeurés propriété de l'État furent mis en vente sous la Restauration, notamment des massifs forestiers. Bernard Bodinier et Éric Teyssier, *L'Événement le plus important de la Révolution..., op. cit.*
63. Jean Tulard, *Napoléon ou le mythe du sauveur, op. cit.*, p. 457.
64. Jules Michelet, *Histoire de la Révolution française*, t. II, *op. cit.*, p. 1096.
65. Thomas Piketty parle de société « propriétariste ». Thomas Piketty, *Capital et idéologie*, Paris, Seuil, 2019, chap. 4, et notamment graphiques 4.1, 4.2 et 4.3, p. 159-170. La structure du capital a bien changé pourtant, la part du foncier baissant au profit du capital financier. La répartition du patrimoine est presque toujours plus inégalitaire que celle des revenus, parce qu'il traduit l'accumulation des inégalités de revenus, et que les riches épargnent davantage que les pauvres.
66. Rafe Blaufarb, *The Great Demarcation. The French revolution and the invention of modern property*, Oxford, Oxford University Press, 2016.
67. Steven Kaplan, *La Fin des corporations*, Paris, Fayard, 2001, p. 500-546.
68. Alexis de Tocqueville, *L'Ancien Régime et la Révolution*, Paris, 1856.
69. La liberté de tester est cependant légèrement plus importante aujourd'hui qu'au lendemain de la révolution : la « quotité disponible » est passée de 10 à 25 %. Elle peut être plus élevée pour les personnes qui ont deux enfants ou moins.
70. Pour une brève description et un exemple de réactions dans le Midi, voir Jacques Poumarède, « La législation successorale de la Révolution entre l'idéologie et la pratique », *in* Isabelle Théry et Christian Biet (dir.), *La Famille, la Loi, l'État*, Paris, Centre national d'art et de culture Georges-Pompidou, 1989, p. 167-182. Une des raisons de cette législation était aussi l'influence et l'expérience personnelle de Mirabeau. Celui-ci, en conflit ouvert avec son père, voulait réduire l'arbitraire du pouvoir paternel.
71. Emmanuel Todd, *L'Origine des systèmes familiaux*, t. I, *L'Eurasie*, Paris, Gallimard, 2011.
72. Jean Yver, *Égalité entre héritiers et exclusion des enfants dotés. Essai de géographie coutumière*, Paris, Sirey, 1966.
73. La Révolution n'a dans l'ensemble pas favorisé les grandes propriétés foncières : la petite propriété paysanne resta très importante en France jusqu'au lendemain de la Seconde Guerre mondiale.
74. Antoine Compagnon, *Proust du côté juif*, Paris, Gallimard, 2022, p. 20-21.
75. Pour savoir quelle année constitue une véritable rupture pour le chiffre de productivité, nous reprenons les estimations de productivité déjà évoquées, et nous estimons pour chaque année possible ce que donnerait une rupture du rythme de croissance dans une régression linéaire. Nous retenons comme année de rupture celle qui permet d'expliquer le mieux le taux de croissance (c'est-à-dire celle qui maximise le R^2). Cet exercice aboutit généralement à 1815 ou 1820 selon la plupart des spécifications raisonnables de l'exercice. L'utilisation du revenu par habitant donne des résultats similaires.
76. C'est par exemple le point de vue de Pierre Chaunu, dans sa préface du livre de François Crouzet, *De la supériorité économique de l'Angleterre..., op. cit.*
77. Teresa Finley, Raphael Franck et Noel Johnson, « The effects of land redistribution... », art. cité. Les auteurs n'ont pas collecté de données sur les vignes. La vente des biens nationaux pourrait expliquer 9 % de croissance agricole entre 1789 et 1850 car les districts avec 1 % de biens nationaux vendus en plus étaient 0,9 % plus productifs en 1840 : or les biens nationaux représentaient au total 10 % de la propriété foncière. Il n'y a plus de différence après le Second Empire. Les auteurs attribuent ceci à une hausse de la grande propriété, mais leurs résultats ne donnent pas d'éléments probants à cet égard.
78. Jean-Laurent Rosenthal, *The Fruits of Revolution. Property Rights, Litigation and French Agriculture, 1700-1800*, Cambridge, Cambridge University Press, 1992, p. 73-74.
79. *Ibid.*, p. 88.
80. *Ibid.*, p. 98-99 et p. 120.

Chapitre 8. L'enrichissement du monde (1815-1914)
De la page 267 à la page 310

1. Ce chiffre, comme beaucoup d'autres que nous allons citer, provient de la *Maddison database*. Sur ces données, que nous réutiliserons par la suite, voir Robert Inklaar, Herman De Jong, Jutta Bolt et Jan Luiten Van Zanden, « Rebasing 'Maddison' : new income comparisons and the shape of long-run economic development », *GGDC Research Memorandum*, 174, 2018.
2. David R. Weir, « Parental consumption decisions and child health during the early French fertility decline, 1790-1914 », *The Journal of Economic History*, 53 (2), 1993, p. 259-274. Un article de Komlos précise le résultat.
3. Cette question demeure problématique pour les comparaisons de salaires : si le nombre relatif d'hommes augmente après un choc comme une guerre, et que les reconstructions du revenu par habitant se concentrent avant tout sur les salaires masculins, il est possible qu'une hausse du revenu mesurée reflète une hausse du salaire relatif des hommes au détriment des femmes, sans qu'il y ait nécessairement un revenu plus élevé pour un ménage. Le choix méthodologique de se concentrer sur les salaires masculins s'explique par la commodité : il existe davantage de données et les métiers sont plus comparables au cours du temps et entre pays que pour les femmes, dont le rôle dans la société productive fluctue davantage. Cependant, le revenu et le nombre d'heures de travail de la moitié de l'humanité importent également pour le développement économique. Ceci est vrai, du reste, pour les enfants, qui travaillaient encore beaucoup au XIXe siècle. Pour un exemple de papier incluant la question du travail féminin sur un débat important d'histoire économique anglaise, voir Jane Humphries et Jacob Weisdorf, « The wages of women in England, 1260-1850 », *The Journal of Economic History*, 75 (2), 2015, p. 405-447, et Jane Humphries et Benjamin Schneider, « Spinning the industrial revolution », *The Economic History Review*, 72 (1), 2019, p. 126-155.
4. Paradoxalement, malgré la rhétorique de la chambre monarchiste élue en 1815, la Restauration conserva beaucoup des innovations institutionnelles de la Révolution : transparence et universalité du droit, même si une forme de corruption subsistait ; découpage du territoire en départements encadrés par des préfets ; et montée en puissance de la fiscalité. Dans un même état d'esprit, le gouvernement ne remit pas en cause la vente des biens nationaux au moment du retour des émigrés, qui avaient vu leur domaine confisqué par la Révolution, et compensa leur perte économique en leur versant une rente annuelle représentant 0,3 % du PIB annuel. C'est la politique que ses détracteurs appelèrent le « milliard des émigrés ».
5. Il faut néanmoins nuancer cette idée de « marché national », car le formalisme légal du XIXe siècle n'était pas celui d'aujourd'hui, et il n'y avait pas alors d'autorité juridique permettant de faire respecter l'unité du marché douanier. Une loi de 1837 tenta par exemple d'imposer un tarif douanier plus élevé dans le nord du pays que dans le sud pour la houille. Le but était de favoriser la production du Nord et l'approvisionnement en houille du Sud. Voir Francis Démier, *La Nation, frontière du libéralisme. Libre-échangistes et protectionnistes français, 1786-1914*, Paris, CNRS, 2022.
6. Calculs de l'auteur, d'après la base de données « Tradhist », décrite dans Michel Fouquin et Jules Hugot, « Two centuries of bilateral trade and gravity data : 1827-2014 », *CEPII Working Paper*, 2016. Les chiffres de PIB proviennent des travaux de Jean-Claude Toutain, « Le produit intérieur brut de la France, 1789-1990 », *Économie et Sociétés* 1997, p. 5-187. Les chiffres du commerce de cette base proviennent d'estimation du *Groningen Growth and Development Centre*. Elle sera par la suite citée comme « Tradhist ». Entre 1825 et 1830, les exportations représentent 4,7 % du PIB français : entre 1830 et 1850, 5,7 %.
7. Ce constat est celui fait par l'historien Paul Bairoch, appelé « paradoxe de Bairoch », et confirmé par des études ultérieures. Voir Kevin H. O'Rourke, « Globalization and inequality : historical trends », *NBER working paper*, 2001.
8. Précisons que la comparaison des tarifs n'est pas chose aisée, car plus un bien est taxé, moins il est consommé ; dans un cas extrême, si un pays prohibe un grand nombre de biens de ses importations, sauf quelques produits dénués de taxe, tandis qu'un autre pays plus ouvert taxe à 15 % les mêmes

biens, le pays prohibitif aura un taux de tarif moyen inférieur au pays ouvert. Ceci est particulièrement pertinent pour la France, qui prohiba beaucoup sous la Restauration. Cinquante-huit types de marchandises auraient été prohibés à l'importation. Francis Démier, *La Nation, frontière du libéralisme…, op. cit.*, p. 129. Cependant, une fois les prohibitions transformées en tarif, l'Angleterre semblait imposer davantage. Voir les calculs de John Nye, « The myth of free-trade Britain and fortress France : tariffs and trade in the nineteenth century », *The Journal of Economic History*, 51 (1), 1991, p. 23-46.

9. Réka Juhász, « Temporary protection and technology adoption : Evidence from the napoleonic blockade », *American Economic Review*, 108 (11), 2018, p. 3339-3376.
10. La filature et le tissage du textile sont deux activités souvent disjointes dans les chaînes de valeur de l'époque. Malgré leur complémentarité évidente, elles pouvaient donc avoir des intérêts opposés. Voir Francis Démier, *La Nation, frontière du libéralisme…, op. cit.*
11. Les salaires belges étaient inférieurs de 30 % aux français, ceux des Anglais étaient plus élevés comme nous l'avons déjà vu pour le XVIIIe siècle. Cependant, il faudrait ajuster les salaires des chiffres de productivité pour savoir quelles industries textiles étaient le plus compétitives.
12. Voir Francis Démier, *La Nation, frontière du libéralisme…, op. cit.*, p. 193.
13. Le sucre des colonies devait déjà s'acquitter d'un tarif pour entrer en France. Louis-Napoléon Bonaparte écrivit un traité en 1842 sur le sucre colonial et sucre betteravier, tous les deux « victimes » de la concurrence internationale. Louis-Napoléon Bonaparte, *Analyse de la question des sucres*, Paris, 1842.
14. Il s'agit de la croissance réelle, c'est-à-dire en tenant compte des variations de pouvoir d'achat. Exclure la crise causée par la guerre de 1870 ne modifie pas la comparaison ; le taux de croissance change à peine, car la récession mesurée par nos données a été étonnamment faible ; cela n'empêche pas bien sûr que la guerre de 1870 ait pesé à long terme. Le moment de « marasme » est en fait concentré dans les années du Second Empire, notamment les années 1860.
15. Près de 30 millions par an sous la Restauration et 70 millions de francs sous la monarchie de Juillet. Voir François Caron, *Histoire des chemins de fer en France*, t. I, *1740-1883*, Paris, Fayard, 1997, p. 45. Pour donner un point de comparaison, le budget total consacré à l'entretien des routes nationales (toutes administrations publiques, hors autoroutes) est de 0,6 % du PIB en 2021 d'après le rapport annuel de l'Union routière de France.
16. François Caron, *Histoire des chemins de fer en France*, t. I, *op. cit.*, p. 125. Sur les enthousiastes et les opposants aux chemins de fer, voir p. 98-103.
17. Le programme ne fut pas pensé en ces termes, ce fut une rationalisation *a posteriori*. Sur l'épuisement des lignes rentables, voir David Le Bris, « Les grands travaux du plan Freycinet : de la subvention à la dépression ? », *Entreprises et histoire*, (69), 8, 2012. L'auteur calcule que le taux de rendement des lignes de chemin de fer a atteint une sorte de palier en calculant la valeur du chemin de fer : en 1865, elle ne cesse de décroître, ce qui indique que le secteur a atteint sa maturité. L'auteur pense que le plan Freycinet a évincé d'autres sources de financement, mais il n'est pas impossible d'arguer que la valeur économique du chemin de fer pour la société était supérieure à la valeur d'une ligne privée et que l'État est venu combler cet écart. La question reste ouverte.
18. Yasuo Gonjo, « Le "plan Freycinet", 1878-1882 : un aspect de la "grande dépression" économique en France », *Revue historique*, 248, fasc. 1 (503), 1972, p. 49-86.
19. C'est vrai également hors de France : Giovanni Federico, « The first European grain invasion : a study in the integration of the European market 1750-1870 », *Working paper*, 2008. La Corrèze, s'intégra la dernière aux grands flux de la mondialisation, à partir des années 1880, si l'on en croit les mouvements du prix local du blé. Voir Stéphane Gauthier, « Ouverture et fragmentation : le seigle en Corrèze, 1860-1896 », Document de travail, 2021.
20. Sur les taux d'imposition qui demeurent inégaux d'un département à l'autre à la fin du XIXe siècle, voir Robert Schnerb, *Deux siècles de fiscalité française*, Paris, EHESS, 1973, p. 97.
21. L'étude s'efforce de comparer des villes qui avaient les mêmes caractéristiques avant de devenir chefs-lieux de département ou d'arrondissement, et se focalise notamment sur les départements dans lesquels il était prévu d'avoir des chefs-lieux tournants au début de la Révolution. Voir Cédric Chambru, Emeric Henry et Benjamin Marx, « The dynamic consequences of state-building : evidence from the French Revolution », *Sciences Po economics discussion paper*, 2021.

22. L'adoption de la faux en remplacement de la faucille partout et plus seulement dans quelques cultures de pointe ou les champs d'avoine est davantage un symptôme qu'une cause du progrès technique – même si, naturellement, cette adoption se traduit par une croissance plus élevée de la productivité du travail. Voir George Grantham, Michel Adam et Gilles Postel-Vinay, « La faucille et la faux : Un exemple de dépendance temporelle », *Études rurales*, 1999, p. 103-131. Cet article remonte même jusqu'à l'adoption des céréales lors de l'invention de l'agriculture pour expliquer le retard de l'adoption de la faux.
23. Voir Corinne Marache, *Les Petites Villes et le monde agricole. France* XIX*e siècle*, Rennes, Presses universitaires de Rennes, 2021, p. 165.
24. Voir Corinne Marache, *ibid.*, p. 41, qui cite Pierre Féral.
25. Patrick O'Brien et Caglar Keyder, « Les voies de passage vers la société industrielle en Grande-Bretagne et en France (1780-1914) », *Annales. Économies, Sociétés, Civilisations*, 34e année, nº 6, 1979, p. 1284-1303. Les mêmes auteurs ont écrit un livre de référence : Patric O'Brien et Caglar Keyder, *Economic growth in Britain and France 1780-1914. Two paths to the twentieth century*, Milton Park, Routledge, 2011.
26. La raison pour laquelle ce retard se rétrécit est essentiellement l'accélération du rythme de croissance dans les deux pays – le ratio entre PIB anglais et français restant constant, comme nous l'avons dit plus haut. Mon calcul est le suivant : si l'on prend le revenu par habitant en France en 1816, en quelle année fut-il atteint en Angleterre ? La différence me donne le retard de la France. Calculs faits avec la *Maddison database*.
27. Voir Maurice Lévy-Leboyer et François Bourguignon, *L'Économie française au* XIX*e siècle. Analyse macroéconomique*, Paris, Economica, 1985, tableau 1.4, p. 32, et figure 2.2, p. 143. La consommation alimentaire additionne la production agricole réservée à l'alimentation humaine et la balance commerciale agricole nette ; la France avait un léger déficit en la matière.
28. Un pays peut être plus productif qu'un autre dans tous les secteurs, mais il se spécialisera dans ce cas dans le secteur où son avance est la plus forte. En présence de coûts du commerce importants, le pays se spécialise également dans les secteurs où le portent ses préférences de consommation. L'intuition ricardienne reste la base des modèles de commerce international d'aujourd'hui.
29. Leonardo Ridolfi, Carla Salvo et Jacob Weisdorf, « The impact of mechanisation on wages and employment : evidence from the diffusion of steam power », *CEPR working paper nº 17389*, 2022.
30. La France consommait entre 120 et 140 litres de vin par habitant par an d'après la *Wine Market database*. Le chiffre par adulte s'obtient en supposant que les trois quarts de la population sont adultes, et l'on prend le standard d'une bouteille de 75 centilitres. Il faut ajouter que les vins étaient souvent moins forts, avec un degré d'alcool deux fois plus faible.
31. Ce n'était pas un record : la surface viticole de l'Italie était supérieure, mais cette dernière, à cause de ses rendements inférieurs, produisait moins de vin que la France.
32. Les chiffres proviennent de la *Global Wine Database*. Voir Kim Anderson et Vicente Pinilla, « What's in the annual database of Global Wine Markets, 1835 to 2016 ? », *Working paper*, 2018. La base de données a été consultée en décembre 2022.
33. La bière était entrée dans le goût anglais, et le vin français ne bénéficia pas tant du traité Cobden-Chevalier.
34. Gérard Noiriel, *Les Ouvriers dans la société française,* XIX*e*-XX*e siècle* [1986], Paris, Seuil, 2002, p. 13.
35. Pierre Sicsic, « Establishment size and economies of scale in 19th-century France », *Explorations in Economic History*, 31 (4), 1994, p. 453-478.
36. Le caractère saisonnier du travail agricole a fortement favorisé ce type d'arrangements dans la plupart des pays du monde.
37. Chiffre issu de Stéphane Becuwe, Bertrahd Blancheton et Karine Onfroy, « "Base Montesquieu" : les données du commerce extérieur français de 1836 à 1938 », *Revue de l'OFCE*, 164 (4), 2019, p. 87-109. Les exportations de soie représentaient 500 millions de francs, soit plus de 2 % du PIB.
38. Sur la question de la soie et sur l'entente franco-anglaise, voir le livre de David Todd, *Un empire de velours. L'impérialisme informel français du* XIX*e siècle*, Paris, La Découverte, 2022.
39. D'après les chiffres de Karl Marx, il y avait en France quatorze broches par ouvrier ; en Angleterre, soixante-quatorze. Karl Marx, *Le Capital* [1867], livre I, Paris, Presses universitaires de France, 2014, partie I, chap. 22.

40. Seuls les 200 plus gros actionnaires pouvaient siéger dans la Galerie dorée de la Banque, d'où le mantra des « 200 familles » dirigeant la France, les familles conservant leurs actions de père en fils dans la Banque. Les actionnaires nommaient quinze « régents », qui prenaient les décisions les plus importantes. L'influence importante de la famille Rothschild dans la Banque de France au XIXe siècle a été et demeure un des grands *leitmotivs* des antisémites de tous bords.
41. Le monopole était de fait, mais il devint complet en 1860, lorsque Pereire, rival de toujours des Rothschild et de la Banque de France, tenta de racheter la petite banque de Savoie qui avait gardé un droit d'émission de billets après que le département eut rejoint la France. Depuis la Savoie, Pereire tenta de concurrencer le monopole de la Banque de France sur l'émission de billets.
42. Voir par exemple l'article suivant de Milton Friedman, qui voit que la France joue le rôle de régulateur de prix relatifs des métaux que renoncèrent à jouer les États-Unis, après des débats politiques passionnés et stériles entre tenants du bimétallisme, amis de l'argent et partisans de l'or (il n'y eut jamais de débat violent sur ces sujets en France). Milton Friedman, « Bimetallism revisited », *Journal of Economic Perspectives*, 4 (4), 1990, p. 85-104. Sur le sujet, voir le livre de référence suivant : Marc Flandreau, *L'Or du monde. La France et la stabilité du système monétaire international*, Paris, L'Harmattan, 1995.
43. Il s'agit d'un PIB ajusté de pouvoir d'achat. Il s'agit d'une approximation, qui s'appuie sur le fait que la France possède près de 3 % de la population mondiale, et apparaît deux fois plus riche que le pays moyen dans la base de comparaison historique, en PIB ajusté de pouvoir d'achat. Nous utilisons la *Maddison database*. Le calcul pour 2021 utilise des données de PIB nominal en dollars. Avec le PIB ajusté de pouvoir d'achat, la France pèserait moins de 3 % de l'économie mondiale en 2021. Si l'on tient compte du fait qu'une portion importante des économies d'alors ne faisait pas réellement partie des circuits financiers mondiaux, la France était encore plus importante.
44. Sur ce manque de coopération internationale, voir Marc Flandreau, « The French crime of 1873 : An essay on the emergence of the international gold standard, 1870-1880 », *The Journal of Economic History*, 56 (4), 1996, p. 862-897.
45. Ceci est vrai quelle que soit la mesure : nombre de titres émis ou échangés sur la place.
46. Sur les réformes de ce système à la fin du XIXe siècle, voir Pierre-Cyrille Hautcœur et Angelo Riva, « The Paris financial market in the nineteenth century : complementarities and competition in microstructures 1 », *The Economic History Review*, 65 (4), 2012, p. 1326-1353.
47. Le rôle de l'intermédiaire financier est de permettre aux acheteurs et aux vendeurs d'acheter et de vendre ; un cours d'action est coté à un cours de 10 euros, mais cela ne signifie pas qu'il y aurait un autre investisseur prêt à immédiatement me racheter une action pour 10 euros si je veux la vendre, ou à l'inverse à me la vendre si je veux l'acheter. L'attente entre un ordre de vente et sa réalisation peut être particulièrement long dans les marchés plus spéculatifs, notamment les produits dérivés, où le prix quotidien reflète parfois un nombre assez faible de transactions quotidiennes ; il faut de plus assurer que, lorsque l'on vend un produit indexé, la contrepartie soit capable d'honorer les promesses de paiement qu'elle fait. L'adéquation entre offre et demande, qui permet de constater quels mouvements de prix seraient compatibles avec les volumes de vente et d'achat, sont encore entrepris par des intermédiaires français spécialisés, notamment les banques.
48. Voir Eugen White, « The Crash of 1882 and the Bailout of the Paris Bourse », *Cliometrica*, 1 (2), 2007, p. 115-144.
49. L'affaire fut peut-être défavorable pour la coulisse, où davantage de juifs opéraient, parce que les décisions légales se prirent avant la victoire dreyfusarde ; plus généralement, les entreprises possédées par des juifs semblent avoir souffert de l'affaire. Lorsque la vérité commença à éclater dans les journaux, les entreprises possédées par des juifs regagnèrent en bourse ce que la montée de l'antisémitisme leur avait fait perdre, d'après ce papier de recherche en économétrie historique : Quoc-Ahn Do, Roberto Galbiati et Benjamin Marx, « *J'accuse !* Antisemitism and financial markets in the time of the Dreyfus affair », *Sciences Po economics discussion paper*, 2020.
50. En Angleterre ou aux États-Unis, les avocats jouaient parfois un rôle similaire aux notaires français, mais dans une moindre mesure en général. Voir Philip Hoffman, Gilles Postel-Vinay et Jean-Louis Rosenthal, *Dark Matter Credit…*, *op. cit.*
51. *Ibid.*, p. 193.

52. Jean Bouvier, *Le Crédit lyonnais de 1863 à 1882. Les années de formation d'une banque de dépôt*, Paris, EHESS, 1961.
53. Voir tableau 2 dans David Le Bris, « Les krachs boursiers en France depuis 1854 », *Revue économique*, 61 (3), 2010, p. 421-430. Les titres cotés n'ont baissé que de 14 % en janvier 1882, à rapporter par exemple à la baisse de 33 % enregistrée après l'élection de Mitterrand en mai 1981. Cependant, des mouvements de cette ampleur étaient bien plus rares en 1882 qu'en 1981, et la bourse française put récupérer assez rapidement après 1981. Beaucoup d'entreprises cotées furent nationalisées en 1982, ce qui rend compliquée une comparaison entre les deux reprises. Il fait cependant peu de doutes que le krach de l'Union générale a représenté un choc inédit à moyen terme pour l'économie française.
54. Pierre-Cyrille Hautcœur, Angelo Riva et Eugen White, « Floating a "lifeboat" : The Banque de France and the crisis of 1889 », *Journal of Monetary Economics*, 65, 2014, p. 104-119.
55. J'utilise le mot pour qualifier la tendance du gouvernement, constitué alors de républicains modérés, que l'on appelait alors « opportunistes », et de députés radicaux.
56. Le scandale de Panama n'avait pas encore éclaté, même si la compagnie du canal venait de faire faillite ; celui des décorations, qui avait entraîné la démission du président de la République Jules Grévy, était souvent cité.
57. Selon le trilemme qu'apprennent les étudiants en macroéconomie, si les mouvements de capitaux sont libres et les taux de change fixes, les conditions de crédit sûr dans deux pays doivent être équivalentes, car il est toujours plus rentable pour les capitaux de s'investir là où l'intérêt est le plus élevé : les taux d'intérêt doivent donc coïncider, et les taux de la Banque d'Angleterre dicter ceux de la Banque de France d'après la théorie bien connue des étudiants de macroéconomie. La Banque de France jouait sur son bilan.
58. Voir l'étude économétrique de Guillaume Bazot, Éric Monnet et Matthias Morys, « Taming the Global Financial Cycle : Central Banks and the Sterilization of Capital Flows in the First Era of Globalization (1891-1913) », 2019.
59. La Banque d'Angleterre modifiait ses taux bien plus souvent que la Banque de France. Guillaume Bazot, Michael Bordo et Éric Monnet, « International shocks and the balance sheet of the Bank of France under the classical gold standard », *Explorations in Economic History*, 62, 2016, p. 87-107.
60. David Le Bris et Pierre-Cyrille Hautcœur, « A challenge to triumphant optimists ? A blue chips index for the Paris stock exchange, 1854-2007 », *Financial History Review*, 17 (2), 2010, p. 141-183. Investir au XIXe siècle dans les grandes entreprises françaises, malgré ces quelques crises, rapporterait beaucoup plus qu'au XXe siècle.
61. Voir la thèse de Pierre-Cyrille Hautcœur, *Le Marché boursier et le financement des entreprises françaises (1890-1939)*, Thèse doctorale, Université de Paris I – Panthéon-Sorbonne, 1994. L'auteur recalcule le taux d'autofinancement en comparant la valorisation finale aux émissions initiales d'actions et d'obligations, et en supposant un rendement égal. Les transports sont le seul secteur à ne pas être autofinancé à plus de 80 %, les investissements initiaux des compagnies de chemin de fer n'y représentant que la moitié des emprunts.
62. Philip Hoffman, Gilles Postel-Vinay et Jean-Louis Rosenthal, *Dark Matter Credit*..., *op. cit.*
63. Un article du *New York Times*, qui a consulté des sources de première main, affirme que cette dette odieuse de 150 millions de francs, équivalente à une année d'exportation de Saint-Domingue en 1789, mais grossie par des commissions et les intérêts croissants de puissantes banques, aurait durablement grevé le développement d'Haïti. L'absence de partenaire commercial et géopolitique fiable et la baisse du prix des denrées tropicales nous semblent cependant des conditions importantes pour expliquer la fragilité de cette jeune nation. Il existe une version française de l'article, en ligne : www.nytimes.com/fr/2022/05/20/world/haiti-france-dette-reparations.html
64. David Todd, *Un empire de velours*..., *op. cit.* p. 30. L'auteur cite le *Mémoire sur les relations commerciales des États-Unis avec l'Angleterre* de 1797.
65. Il y avait très peu d'émigration en France : d'après des données américaines, la France était le pays d'Europe dans lequel le taux d'émigration vers les États-Unis était le plus faible au XIXe siècle. Voir Walter F. Willcox (dir.), *International Migrations*, vol. 1, *Statistics*, New York, Publications of the National Bureau of Economic Research, 1929, p. 200-201. La diaspora française, y compris celle des

colonies, était bien moins nombreuse que la britannique. La France elle-même accueillait plus d'immigrés (italiens, espagnols) qu'il n'en partait.

66. Le beau Paris haussmannien fut bâti à cette époque avec ces capitaux.
67. David Todd considère que la tentative d'installation d'un royaume ami de la France au Mexique constituait une autre tentative d'impérialisme informel. La mort de Maximilien est le symbole de l'échec de cette politique informelle, qui va inciter les économistes comme Paul Leroy-Beaulieu et les hommes politiques comme Jules Ferry à devenir partisans de la colonisation.
68. C'est le titre que donne à la France un certain Lysis (c'est un pseudonyme) dans une série d'articles dénonçant « l'oligarchie financière » en France entre 1905 et 1910.
69. La Deuxième République a été l'occasion de débats intéressants sur la politique économique. Voir notamment Francis Démier, *La Nation, frontière du libéralisme...*, *op. cit.*
70. Éric Anceau, *Napoléon III. Un Saint-Simon à cheval*, Paris, Tallandier, 2016.
71. Louis-Napoléon Bonaparte, *Extinction du paupérisme*, Paris, Pagnerre, 1844, p. 11.
72. Voir Jean Walch, *Michel Chevalier. Économiste saint-simonien, 1806-1879*, Paris, J. Vrin, 1975, p. 99-101.
73. Si le commerce prend du temps et qu'il est difficile de s'informer sur les différences de prix, le télégraphe, notamment transatlantique, peut améliorer la circulation de l'information et accroître les gains du commerce. Voir, pour une estimation économétrique appliquée aux États-Unis et au Royaume-Uni, Claudia Steinwender, « Real effects of information frictions : When the states and the kingdom became united », *American Economic Review*, 108 (3), 2018, p. 657-696.
74. Ferdinand de Lesseps était par exemple un saint-simonien.
75. Bien sûr, une partie de cette hausse est à attribuer au progrès du chemin de fer et à la baisse des coûts de navigation, mais la rapide hausse des exportations dans les années 1860 suggère un effet important du traité.
76. Abhijit Banerjee, Esther Duflo, Gilles Postel-Vinay et Tim Watts, « Long-run health impacts of income shocks : Wine and phylloxera in nineteenth-century France », *The Review of Economics and Statistics*, 92 (4), 2010, p. 714-728.
77. Voir Francis Démier, *La Nation, frontière du libéralisme...*, *op. cit.*, p. 351-372.
78. Dans le tarif Méline, une partie des mesures pourrait être justifiée aujourd'hui dans le cadre de l'OMC : ainsi, le tarif protégeant les betteraviers français était une réponse à la politique allemande de subvention des exportations dans le cadre de ce que l'on a nommé la « guerre des sucres ».
79. Karl Marx, *Le Dix-huit brumaire de Louis Bonaparte* [1852], Paris, Flammarion, 2007. C'est un jugement statistique qui ne porte pas sur l'unanimité des paysans : si le prince-président avait été élu en 1848 avec l'appui de la paysannerie, celui-ci n'était pas universel et plusieurs des protestations réprimées contre le coup d'État vinrent de la France rurale.
80. La lecture de ses discours des années 1870 montre clairement que le grand républicain considérait la classe paysanne comme « intellectuellement en arrière de quelques siècles sur la partie éclairée du pays » (discours de Bordeaux de juin 1871). On a souvent fait la comparaison entre l'entreprise de colonisation de larges pans de l'Afrique et de l'Asie sous la Troisième République avec la francisation de la ruralité reculée : les deux politiques se donnaient comme objectif d'apporter la civilisation à des populations prétendument reculées. Il n'est pas douteux que des hommes comme Jules Ferry ou Paul Bert réfléchissaient ainsi. Voir Eugen Weber, *La Fin des terroirs*, Paris, Fayard, 1984.
81. Une grande partie des appuis paysans dans cette période étaient monarchistes, ce qui allait de pair avec les intérêts économiques d'aristocrates qui demeuraient d'importants propriétaires fonciers comme le marquis de Dampierre.
82. C'est ce que tente de faire le professeur Bouteiller dans le roman *Les Déracinés* du nationaliste Maurice Barrès (1897). Maurice Agulhon a travaillé sur la manière dont l'iconographie de la Troisième République, moins « agressive » que dans celle de la Première République, a fini par s'imposer dans les villages. Maurice Agulhon, *La République au village (les populations du Var, de la Révolution à la Seconde République)*, Paris, Plon, 1970.
83. Pierre Sicsic, « City-farm wage gaps in late nineteenth-century France », *The Journal of Economic History*, 52 (3), 1992, p. 675-695, 1992. L'écart remonte à la fin du siècle, mais il faut tenir compte des effets de court terme de la crise agricole dans les années 1880 pour jauger de leur permanence.
84. Gérard Noiriel, *Les Ouvriers dans la société française, XIXe-XXe siècle*, Paris, Seuil, 2002.

85. La question de l'impact de l'immigration sur les salaires des travailleurs autochtones est contentieuse en économie, malgré le prix Nobel 2021 attribué à David Card. De manière générale, l'immigration qualifiée et l'immigration non qualifiée semblent avoir des effets très distincts. Quoi qu'il en soit de ce débat, plusieurs études suggèrent que la présence d'une immigration non qualifiée à faible salaire peut retarder la mécanisation : ainsi la restriction américaine de l'immigration mexicaine dans les années 1960 a permis d'accélérer la mécanisation des récoltes ; voir Michael Clemens, Ethan Lewis et Hannah Postel, « Immigration restrictions as active labor market policy : Evidence from the mexican bracero exclusion », *American Economic Review*, 108 (6), 2018, p. 1468-1487.
86. Le niveau de vie belge, mesuré par le PIB par habitant en parité de pouvoir d'achat, est 25 % plus élevé que le français en 1913. En Italie, il est 25 % plus faible la même année, et 40 % plus faible en Espagne. Le niveau de vie allemand est sensiblement équivalent au français sur toute la période.
87. Ces résultats proviennent d'une étude utilisant les noms de famille des admis, dont on a conservé les listes. Stéphane Benveniste, « Like Father, Like Child : Social Reproduction in the French Grandes Écoles throughout the 20th Century », *Working paper*, 2021. La méthode utilisée consiste à comparer sur plusieurs générations la fréquence d'un nom de famille dans le recensement de la population et dans la liste des admis des grandes écoles – pour tenir compte du fait qu'un Eugène Peugeot admis à HEC en 1866 a de bonnes chances d'être le père d'un Armand Peugeot admis à Centrale en 1887 mais qu'un Martin admis à Sciences Po en 1933 a moins de chances d'être le fils d'un Martin admis à Sciences Po en 1919.
88. C'est une thèse du livre de Gregory Clark, *The Son Also Rises. Surnames and the History of Social Mobility*, Princeton, Princeton University Press, 2014. En comparant (à l'aide des occurrences de noms de famille rares) le taux de reproduction sociale dans des sociétés apparemment très différentes (des États-Unis à la Révolution culturelle chinoise), l'auteur trouve une étonnante stabilité de la hiérarchie socio-économique entre générations, qui ne disparaît qu'après de nombreuses générations, et celle-ci semble être de même ampleur partout. La Révolution française ou les hussards noirs de la République changent bien davantage la perception de la mobilité sociale que sa réalité.
89. Eugen Weber, *La Fin des terroirs*, *op. cit.* Pour une tentative de quantification, voir ce papier affirmant que les communes qui bénéficièrent de la loi Guizot en 1833 avaient une « distance linguistique » vis-à-vis du français plus basse en 1900 : Guillaume Blanc et Masahiro Kubo, « Schools, Language, and Nations : Evidence From a Natural Experiment in France », *Working paper*, Brown University, 2021.
90. Il y en aurait un peu moins de 250 000 aujourd'hui en France, sur une population plus élevée : moins de 1 % de l'emploi français. Une autre différence est que les employées de maison (la profession est très féminine et l'était) d'alors travaillaient souvent pour une seule famille, alors qu'elles travaillent aujourd'hui presque uniquement par groupe d'heures dans des logements.
91. Caroline Moriceau, *Les Douleurs de l'industrie. L'hygiénisme industriel en France, 1860-1914*, Paris, EHESS, 2009.
92. Si un salarié conçoit l'« aménité » (assurance maladie, risque d'accident) comme un gain personnel, il devrait en contrepartie de l'aménité être prêt à travailler pour un moindre salaire. S'il ne dispose pas d'un pouvoir de négociation fort, il pourrait ainsi subir une baisse de salaire équivalente à ce qu'il perçoit comme gain.
93. Avec les mêmes qu'auparavant et en regardant le PIB réel par habitant (corrigé de la parité de pouvoir d'achat), on obtient les taux de croissance annuels suivants : 0,9 % dans les années 1880, 1,9 % dans les années 1890, 1,8 % dans les années 1900.
94. Patrick Fridenson, *Histoire des usines Renault*, t. I, *Naissance de la grande entreprise, 1898-1939*, Paris, Seuil, 1998, notamment la première partie du livre consacrée à la Belle Époque.
95. Mathieu Flonneau, « Paris au cœur de la révolution des usages de l'automobile, 1884-1908 », *Histoire, Économie, Société*, 26 (2), 2007, p. 61-74.
96. Si l'on prend les chiffres de la base de données de la *World Inequality Database*, la France, en 1918-1920 (années à partir desquelles des estimations britanniques sont disponibles), est plus inégalitaire que le Royaume-Uni : le plus riche décile de la population détient 47 % des revenus, contre 37 % des revenus. L'écart existait probablement pour la Belle Époque également. Ainsi, la bourgeoisie parisienne approchait davantage du niveau de vie de la bourgeoisie londonienne que ne le suggère une comparaison du revenu agrégé des deux pays.

97. L'important parc automobile français, malgré son orientation touristique, servirait pendant la guerre : la célèbre réquisition de taxis de 1914 parisiens permit d'acheminer à la bataille décisive de la Marne plus de 6 000 soldats que les chemins de fer ne pouvaient transporter.
98. Il faut ajuster de la productivité - mais la main-d'œuvre française, alphabétisée et mieux nourrie qu'au début du siècle, était sans doute proche de la main-d'œuvre américaine pour ce qui était des tâches répétitives et laborieuses.
99. D'expérience, rouler 300 kilomètres sur l'autoroute avec une voiture électrique ayant une autonomie de 120 kilomètres et sans certitude sur l'emplacement des stations de recharge fonctionnelles est extrêmement peu confortable.
100. Il n'est pas sûr que l'adoption de véhicules électriques au début du XXe siècle eût réduit les émissions de gaz à effet de serre significativement : la production d'électricité était nettement plus carbonée qu'elle ne le serait un siècle plus tard. Cependant, le coût de la transition climatique d'aujourd'hui eût été bien moindre si la technologie des batteries électriques avait été adoptée et avait bénéficié d'un siècle de progrès technique. Pour la pollution locale, ce qui aurait été gagné d'une part sur les pots d'échappement aurait été perdu dans les centres urbains par la présence d'usines d'électricité plus importantes encore pour charger les batteries.
101. Cité dans l'article de Flonneau ci-dessus, Sloan raconte dans ses Mémoires avoir connu les premiers ingénieurs de l'automobile qui révolutionnèrent le monde « sans le savoir ».
102. Les sous-marins nucléaires reproduiraient le miracle technique imaginé par Jules Verne - car leur réacteur nucléaire leur confère une autonomie énergétique très longue ; en revanche, les appartements de l'équipage n'y sont pas aussi spacieux que ceux du capitaine Nemo.
103. On dit parfois que les frères Lumière ont inventé le cinéma, ce qui est une forme de chauvinisme un peu inexacte. Émile Reynaud avait projeté en public le premier film animé (avec des dessins peints sur pellicule) en 1892 ; Auguste et Louis Lumière firent « seulement » la première projection de film photographique sur grand écran en 1895. Ce n'était pas la première projection filmée à proprement parler : les frères Lumière avaient perfectionné la machine d'Edison et Dickson, qui pouvait capturer des images et les restituer sous forme animée mais pas sur un grand écran avec un projecteur comme le cinématographe. Les frères Lumière ont perfectionné l'outil technique pour filmer et projeter mais ils n'ont pas inventé l'expérience du grand écran ni le principe de projection d'images photographiques.
104. Si l'on mesure la population de l'agglomération, elle est passée de moins de 1 000 000 à plus de 4 000 000 entre 1800 et 1914. La population urbaine a bénéficié de l'augmentation de l'aire de Paris.
105. Du point de vue de la France et de l'Angleterre, le XIXe siècle de 1815-1914 fut, malgré la guerre de Crimée et celle de 1870, un siècle plus pacifique que le XVIIe et le XVIIIe. Si l'on exclut les fréquentes guerres coloniales, provoquées par volonté de puissance française et sans grand risque pour l'envahisseur, la France a été en guerre seulement seize années sur cent. Entre 1715 et 1815, la France fut en guerre avec des puissances européennes plus de cinquante ans, presque soixante ans entre 1610 et 1715. Si l'on excepte l'invasion de 1870, la France avait réussi à exporter le gros de ses guerres loin de ses frontières métropolitaines.

Chapitre 9. La guerre de trente ans (1914-1945)
De la page 311 à la page 348

1. Expression que Churchill a employée en référence à la guerre de 1618-1648.
2. Graham Allison, *Can America and China escape Thucydides' Trap ?*, New York, Houghton Mifflin Harcourt, 2017. Le livre parle du conflit politique latent entre la Chine et les États-Unis dans les années 2010, mais cite comme exemple de sa théorie la Première Guerre mondiale.
3. Pour une critique de la thèse des intérêts économiques comme cause de la guerre, voir Georges-Henri Soutou, *L'Or et le Sang. Les buts de guerre économique de la Première Guerre mondiale*, Paris, Fayard, 1989.

4. Alfred Fabre-Luce, dans un livre de 1924 alors à contre-courant de l'opinion, résumait le partage des responsabilités par cette formule : « L'Allemagne et l'Autriche ont fait les gestes qui rendaient la guerre possible ; la Triple Entente a fait ceux qui la rendaient certaine. » Voir Georges-Henri Soutou, « Les responsabilités de la guerre de 1914 et Alfred Fabre-Luce », *Commentaire*, vol. 162, n° 2, 2018, p. 381-394.
5. Cependant, on accuse parfois le président de la République Raymond Poincaré d'avoir affiché un soutien trop ferme au tsar, alors qu'il visitait (par hasard) la Russie en juillet 1914 après l'assassinat de l'archiduc François-Ferdinand.
6. Sur la crise de juillet, voir notamment Christopher Clark, *Les Somnambules. Été 1914 : comment l'Europe a marché vers la guerre*, Paris, Fayard, 2013.
7. Raymond Poidevin, *Les Relations économiques et financières entre la France et l'Allemagne de 1898 à 1914*, Paris, Armand Colin, 1969.
8. Sandrine Grotard, « Le premier impôt sur les bénéfices d'entreprises en France. La contribution extraordinaire sur les bénéfices de guerre », *Études et documents. Comité pour l'histoire économique et financière de la France*, 8, 1996, p. 259-280. Cet impôt exceptionnel était le premier à imposer les profits des entreprises en France, avant la création de l'impôt sur les sociétés en 1948.
9. Même si la part du commerce dans le revenu national était stable, les volumes totaux de commerce continuaient de croître rapidement, au rythme de la croissance économique.
10. Nous comptons seulement les exportations françaises vers l'Allemagne et les exportations allemandes vers la France, qui représentent respectivement 2 % du revenu national des deux nations. En 2019, alors que ces puissances ont scellé de longue date une alliance militaire et appartiennent à la même union douanière, les chiffres correspondants oscillent autour de 3 % et de 4 % du PIB français. Pour donner un autre point de comparaison, les importations chinoises représentaient 2 % du PIB américain en 2022 – autant que les importations allemandes en France en 1914.
11. Près de 60 % de la population avait entre 18 et 60 ans en France en 1910, d'après les reconstitutions de l'Insee, ce qui représente 24 millions de Françaises et Français. Le ratio est d'autant plus important si l'on considère que le taux d'emploi des femmes était inférieur à celui des hommes à l'époque, ce que vint compenser l'encouragement du travail féminin.
12. Michel Goya, *L'Invention de la guerre moderne. Du pantalon rouge au char d'assaut, 1871-1918*, Paris, Tallandier, 2004, chap. VIII. Sur l'aspect technique de l'artillerie, voir Henri Ortholan, *L'Artillerie de la Grande Guerre, 1914-1918. Une arme en constante évolution*, Saint-Cloud, Soteca, 2020.
13. Ce niveau relativement élevé de déficit avant la guerre était permis par un des excédents sur les comptes des services financiers, grâce aux banques françaises : la France n'accumulait pas de dettes substantielles vis-à-vis du reste du monde avant la guerre. La guerre contribua à la baisse de valeur de nombreux actifs internationaux et dégrada donc les autres postes de la balance courante française.
14. Soit 5 % du PIB. Calcul effectué sur la base « Tradhist ».
15. L'imposition ne pouvait naturellement augmenter plus que de raison : la base sur laquelle elle était prélevée s'était considérablement réduite du fait du conflit, et les travailleurs appauvris ne pouvaient subir des hausses de prélèvement trop importantes.
16. Michel Goya, *L'Invention de la guerre moderne…*, *op. cit.*, chap. IX, « Le poing d'acier ».
17. Le chiffre compte le territoire français tel que défini après la guerre, c'est-à-dire en comptant Alsace et Lorraine. Voir Pierre-Cyrille Hautcœur, « Was the Great War a Watershed ? The Economics of World War I in France », *in* Stephen Broadberry et Mark Harrison (dir.), *The Economics of World War I*, Cambridge, Cambridge University Press, 2005, p. 169-205.
18. Comme l'automobile, le téléphone et l'électricité, plusieurs des biens de consommation neufs, prisés par les riches, requéraient les mêmes matériaux que l'équipement militaire : acier, énergie, combustible. Même les plus riches furent affectés dans leur mode de consommation par la guerre.
19. Sur le traité de Versailles, voir Adam Tooze, *The Deluge. The Great War, America and the Remaking of the Global Order, 1916-1931*, Londres, Penguin, 2015. De tous les vaincus, l'Allemagne fut peut-être la puissance à bénéficier de la paix la plus équilibrée.
20. Une des raisons de l'armistice – plutôt que d'une capitulation – était la préservation de l'honneur de l'armée allemande : il fut signé sans que l'opinion allemande eût pu constater la faillite de son armée. Ce choix de l'Entente s'expliquait par la peur d'une grande révolution sociale outre-Rhin. Le souvenir de l'armistice, signé alors que l'armée allemande avait encore le pied en France, nourrirait plus tard le

mythe de la trahison par l'élite civile. Voir Michel Goya, *Les Vainqueurs. Comment la France a gagné la guerre*, Paris, Tallandier, 2018.

21. Si l'on exclut la restitution de l'Alsace-Lorraine à la France, région industrielle qui avait connu une importante croissance économique depuis 1870.
22. Voir Eugen White, « Making the French Pay. The costs and consequences of the Napoleonic reparations », *European Review of Economic History*, 5 (3), 2001, p. 337-365. L'auteur propose les réparations de 1919 avec les précédents historiques. Il existe une métrique selon laquelle la dette française de 1815 était plus importante : le ratio dette/exportations, souvent retenu dans les analyses de soutenabilité de la dette. C'était le cas essentiellement parce que la France exportait une très faible partie de son produit national après 1815. Une précision : les réparations allemandes étaient en marks-or, et leur valeur « réelle » ne fut pas affectée par l'inflation allemande.
23. La crise hyperinflationniste allemande a été provoquée en partie par les réparations et les difficultés du gouvernement à boucler son budget, étant donné les impératifs de la reconstruction et l'instabilité du pays. Ces difficultés furent accentuées sur le moment par l'occupation française de la Ruhr.
24. Expression de Jacques Bainville, *Les Conséquences politiques de la paix*, Paris, Nouvelle librairie nationale, 1920. Ce livre fut publié en France peu après le livre de Keynes.
25. Une partie de la dette française vis-à-vis des alliés était souvent en dollars ou en livres, ce qui signifiait qu'elle ne serait pas dévaluée du fait de l'inflation des années 1920. En revanche, la dette due aux rentiers français était en francs. Les autres vaincus étaient tellement appauvris qu'ils ne payèrent presque rien. Les États-Unis n'obtinrent qu'une modeste portion des réparations de guerre, 100 millions de marks-or. Pour les chiffres du PIB allemand en marks-or, voir Carsten Burhop et Guntram Wolff, « A compromise estimate of German net national product, 1851-1913, and its implications for growth and business cycles », *The Journal of Economic History*, 65 (3), 2005, p. 613-657.
26. Voir Alfred Sauvy et Anita Hirsch, *Histoire économique de la France entre les deux guerres* [1965], Paris, Economica, 1984, vol. 3, chap. 4, p. 61-74.
27. Sauvy fait remarquer à juste titre que, sans les emprunts russes, la Russie n'aurait pas pu développer de chemins de fer et que ses capacités logistiques militaires auraient été largement réduites ; ainsi, l'engagement russe de Tannenberg, défaite russe qui força les Allemands à se désengager en partie de la Marne en 1914, doit beaucoup aux prêts de la France, qui a ainsi récupéré de cette façon une partie de son investissement. Voir Alfred Sauvy et Anita Hirsch, *Histoire économique de la France entre les deux guerres, op. cit.*, vol. 1, p. 15, note de bas de page (1).
28. Archive de la Federal Reserve Bank of St. Louis.
29. Alfred Sauvy et Anita Hirsch, *Histoire économique de la France entre les deux guerres, op. cit.*, p. 12-13.
30. La richesse a davantage baissé que le revenu national. Je reprends les estimations de Stephen Broadberry et Mark Harrison, « The economics of World War I : A comparative quantitative analysis », in *Paper to the annual meeting of the Economic History Association, Toronto*, vol. 16, p. 1-22, 2005. Le chiffre pour la France provient de Pierre-Cyrille Hautcœur, « Was the Great War a Watershed ? The Economics of World War I in France », *in* Stephen Broadberry et Mark Harrison (dir.), *The Economics of World War I, op. cit.*, p. 169-205.
31. L'empire était la première destination des investissements financiers en France en 1929, mais il n'avait pas été l'unique destination des investissements français précédents. La plupart des infrastructures servaient à l'exploitation directe de ressources naturelles, comme les chemins de fer. De manière générale, une gestion inefficace de l'administration coloniale par rapport à celle des Anglais ralentit considérablement les investissements publics en infrastructure qui auraient rendu les entreprises privées encore plus profitables qu'elles ne l'étaient.
32. *Ibid.*, chapitre 7 et figure 0.2, p. 39. Une distinction s'impose : si les colonies d'Afrique du Nord ou d'Indochine semblent avoir crû en parallèle de l'économie française entre 1870 et 1950, les colonies d'Afrique subsaharienne ont vu leur niveau de vie stagner et l'écart avec la France s'accroître dans la même période. L'Algérie semble connaître une phase de croissance rapide lors des toutes dernières années de sa colonisation. Madagascar bénéficie d'une phase d'expansion rapide grâce au café au début du XXe siècle.
33. Pour cette partie, voir notamment Denis Cogneau, *Un empire bon marché. Histoire et économie politique de la colonisation française, XIXe-XXIe siècle*. Paris, Seuil, 2023.

34. Nous avons cité dans l'ordre les principales importations coloniales en France : vin, riz, blé, caoutchouc.
35. Voir l'exemple de Pierre Guesde, devenu employé de la Société indochinoise de commerce, d'agriculture et de finance dans les années 1920 après avoir servi l'administration coloniale. Marianne Boucheret, « Les organisations de planteurs de caoutchouc indochinois et l'État du début du XXe siècle à la veille de la Seconde Guerre mondiale », *Publications de la Société française d'histoire des outre-mers*, 6 (1), 2008, p. 715-734.
36. Denis Cogneau, *Un empire bon marché…*, *op. cit.*, p. 38.
37. Le budget du ministère de la Culture est de 4,2 milliards d'euros en 2023, soit un peu moins 0,2 % du PIB. Cela n'inclut pas les dépenses fiscales ni la dotation de l'audiovisuel public, qui le rapprocheraient de 0,4 % du PIB.
38. La culture de l'hévéa aurait monopolisé 70 % des investissements de capitaux français en Indochine.
39. Pour un exemple d'analyse économique, voir David Donaldson, « Railroads of the Raj : Estimating the impact of transportation infrastructure », *American Economic Review*, 108 (4-5), 2018, p. 899-934.
40. Alexander Lee et Kenneth A. Schultz, « Comparing British and French Colonial Legacies : A Discontinuity Analysis of Cameroon », *Quarterly Journal of Political Science*, vol. 7, n° 4, 2012, p. 365-410.
41. Denis Cogneau, Yannick Dupraz et Sandrine Mesplé-Somps, « Fiscal capacity and dualism in colonial states : the French empire 1830-1962 », *The Journal of Economic History*, 81 (2), 2021, p. 441-480.
42. L'écart était de 20 %. Pour un état des lieux des inégalités entre colons et colonisés, voir Facundo Alvaredo, Denis Cogneau et Thomas Piketty, « Income inequality under colonial rule. Evidence from French Algeria, Cameroon, Tunisia, and Vietnam and comparisons with British colonies 1920-1960 », *Journal of Development Economics*, 152, 2021, 102680.
43. Jacques Marseille, *Empire colonial et capitalisme français. Histoire d'un divorce*, Paris, Albin Michel, 1984, p. 153-156.
44. Les accords d'Évian de 1962, comme ceux d'indépendance du Maroc en 1956, prévoyaient des clauses facilitant l'arrivée d'immigrés en France. Depuis l'espace Schengen, il est devenu nettement plus facile d'immigrer en France depuis un autre pays européen cependant.
45. À la limite de la soutenabilité sans inflation, la dette aurait été supérieure à la valeur actualisée de toute la production nationale avec une déflation comme celle nécessaire au rétablissement de l'ancienne parité entre or et franc. Voir Michael Bordo et Pierre-Cyrille Hautcœur, « Why didn't France follow the British stabilisation after World War I ? », *European Review of Economic History*, 11 (1), 2007, p. 3-37.
46. L'économie se fondant sur les anticipations, les idées politiques qui ne sont pas appliquées y jouent un rôle. Pour une idée similaire appliquée aux États-Unis, voir Alberto Alesina et Jeffrey Sachs, « Political Parties and the Business Cycle in the United States, 1948-1984 », *Journal of Money, Credit, and Banking*, 20 (1), 1988, p. 63-82.
47. Sauvy attribue au prélèvement exceptionnel sur le capital annoncé par le cartel des gauches un rôle néfaste : il compare cette annonce aux tirs en l'air d'un chasseur menaçant son gibier sans le viser, et ne faisant que le faire fuir sans espoir de conquête. Alfred Sauvy et Anita Hirsch, *Histoire économique de la France entre les deux guerres*, *op. cit.*, vol. 1. Ce risque de prélèvement automatique incitait en effet les épargnants à vendre leurs actifs français et à les remplacer par des étrangers. Pierre-Cyrille Hautcœur et Pierre Sicsic, « Threat of a capital levy, expected devaluation and interest rates in France during the interwar period », *European Review of Economic History*, 3 (1), 1999, p. 25-56.
48. La Section française de l'internationale ouvrière (SFIO) soutenait les gouvernements du cartel des gauches sans y participer.
49. Sur la baisse des inégalités qui fut provoquée en fin de compte par un effondrement de la valeur du patrimoine, voir Thomas Piketty, *Le Capital au XXIe siècle*, *op. cit.*
50. Si un actif inspire moins confiance, du fait de sa sensibilité à l'inflation, les acheteurs requièrent une « prime à l'inflation » qui se manifeste par un plus faible prix de vente de l'actif (ou, de manière équivalente, une hausse du taux d'intérêt).
51. Voir Pierre Sicsic, « Was the Franc Poincaré deliberately undervalued ? », *Explorations in Economic History*, 29 (1), 1992, p. 69-92. La politique française de cette période rappelle celle que l'on reproche parfois à la Chine, qui provoquerait une sous-évaluation de sa monnaie pour accumuler des excédents.
52. Une certaine confusion entoure les auteurs, qui minimisent la sous-évaluation du franc en constatant que la balance commerciale était proche de l'équilibre voire déficitaire en 1929-1931. Cependant,

la position extérieure nette française s'était considérablement améliorée grâce à la dévaluation des dettes en francs, et la France bénéficiait généralement d'un meilleur rendement à l'étranger que les étrangers qui investissaient chez elle ; de plus, elle bénéficiait du tourisme à Paris : il y avait donc un écart entre la balance commerciale du pays et sa balance courante, comme au XIXe siècle. L'énorme afflux d'or prouve la sous-évaluation.

53. Cité par Mouré, 1988.
54. Dans un modèle simpliste, l'inflation se confond avec le taux de change à long terme, si le taux de change réel effectif est stable ; lors de grands chocs de long terme sur les prix, les deux peuvent être confondus. Cependant, ils sont très différents en pratique - et même en théorie si l'on essaie de modéliser plus finement. Dans la crise des années 1930, les pays qui laissèrent flotter leur change ne connurent pas de poussée inflationniste équivalente à la dépréciation de leur change - sauf la France, pour des raisons spécifiques. La différence entre inflation et dépréciation du taux de change est cruciale dans les années 1930, mais très peu d'hommes politiques des années 1930 la comprirent.
55. Pour l'analyse et le contrefactuel, voir Douglas Irwin, « Did France cause the Great Depression ? » *National Bureau of Economic Research*, n° w16350, 2010.
56. L'idée que la crise est précoce en France a été défendue par Jacques Marseille, « Les origines "inopportunes" de la crise de 1929 en France », *Revue économique*, 1980, p. 648-684. Il reprend des arguments de Sauvy et montre par plusieurs chiffres sectoriels et d'entreprises que plusieurs industries étaient en difficulté dès cette période.
57. Les exportations en francs constants baissant de 20 % entre 1926 et 1929, tandis que les profits du secteur se réduisaient très nettement de 70 % d'après des chiffres de Jacques Marseille. La production avait dans le même temps énormément augmenté, de près de 50 %, de sorte qu'il n'est pas sûr que la crise automobile ne soit pas plutôt un choc de demande spécifique : la baisse de la demande mondiale et l'absence d'infrastructures suffisantes en France limitent la demande. Enfin, l'automobile, comme bien durable, bénéficiait de l'inflation : un bien durable comme une automobile est un investissement - surtout pour un loueur - et en tant qu'actif physique elle offre une garantie contre l'inflation. La fin de l'inflation rend moins attractive la possession d'une automobile. Les exportations représentaient au plus haut 15 % de la production, comme dans la seconde moitié du XIXe siècle.
58. La notion de retard est téléologique et suppose que la France était destinée à s'urbaniser et à voir son secteur agricole se réduire. Nous connaissons la suite de l'histoire, mais de nombreuses personnalités de l'époque ne pensaient pas que la France devait devenir comme l'Angleterre ; nombreux au contraire étaient les hommes politiques, comme Tardieu ou Méline, qui déploraient l'excessive production industrielle et pensaient que la crise des débouchés forcerait la production industrielle à plafonner.
59. Voir Thilo Albers et Martin Uebele, « The global impact of the Great Depression », *London School of Economics working papers*, 2015. On arrive à des résultats similaires à leur méthode en regardant, sans ajouter de filtre, les séries de PIB par habitant.
60. Les chiffres du chômage de la France d'alors ne sont pas comparables à ceux d'aujourd'hui ou des économies anglo-saxonnes car ils concernent surtout les salariés. Les indépendants étaient majoritaires en France et minoritaires ailleurs.
61. Voir P. Baubeau, E. Monnet, A. Riva, et S. Ungaro, « Flight-to-safety and the credit crunch : a new history of the banking crises in France during the Great Depression », *The Economic History Review*, 74 (1), 2021, p. 223-250. La crise bancaire française avait été sous-estimée car l'on s'était concentré sur les quatre plus grandes banques françaises, épargnées par ce mouvement.
62. Le traitement classique en économie de cette question est le modèle de Douglas Diamond et Philip H. Dybvig, « Bank runs, deposit insurance, and liquidity », *Journal of Political Economy*, 91 (3), 1983, p. 401-419. La ruée aux guichets est parfaitement rationnelle dans le modèle.
63. Il s'agit d'une recommandation classique de Walter Bagehot, *Lombard Street. A Description of the Money Market*, Henry S. King and Co., 1873. D'après Bagehot, lors d'une crise financière, la banque centrale devrait exercer son rôle de prêteur de dernier ressort en accordant des prêts tant que les banques qui bénéficient de son soutien sont solvables : ainsi, la banque centrale laisse faire faillite les banques moins bien gérées mais évite les crises de liquidités pour les banques qui souffrent de l'instabilité financière des marchés à cause de la crise.

64. C'est ce que montre l'article de Kris James Mitchener et Éric Monnet, « Connected Lending of Last Resort », *National Bureau of Economic Research*, n° w30869, 2023.
65. Le garde des Sceaux Raoul Péret était lié à Oustric, banquier qui avait utilisé les dépôts de ses clients pour spéculer dangereusement et avait fait faillite en 1930 – une sorte de Jérôme Kerviel, à la différence qu'Oustric était aussi le dirigeant de la banque. L'affaire Stavisky, avec des ramifications financières également, éclaterait plus tard : ces scandales rendaient la Chambre des députés et le gouvernement très prudents en la matière.
66. La leçon que l'on apprend en cours d'introduction de macroéconomie est que la politique monétaire ne peut pas stimuler de demande dans une trappe à liquidités (c'est-à-dire quand les taux d'intérêt sont proches de 0), car les agents préfèrent détenir de la monnaie plutôt que d'investir – d'où l'existence de politiques non conventionnelles. Même si l'on s'en tient à ce modèle simpliste, il reste que la politique monétaire peut déprimer l'activité économique si elle est déflationniste ; une hausse des taux peut ajouter la crise à la crise. Même si, par doute méthodique, on considère qu'elle n'a eu aucun effet positif, la politique monétaire de la Fed et de la Banque centrale européenne des années 2008-2019 était autrement meilleure que la politique monétaire française ou américaine des années 1930 car elle ne déprima pas l'économie.
67. En 1926, le traité de Locarno apaisait les relations entre les deux anciennes ennemies. Les deux ministres des Affaires étrangères, Aristide Briand et Gustav Stresemann, reçurent même le prix Nobel de la paix à cette occasion.
68. Adam Tooze, *The Deluge..., op. cit.*
69. Il s'agit de la somme des importations et des exportations ramenées au PIB – si les exportations sont de 15 % du PIB et les importations de 15 % du PIB, l'ouverture commerciale est de 30 % du PIB. Elle est d'à peu près 60 % en France dans les années 2010 et 2020.
70. Pour une synthèse sur la question du commerce, outre les travaux d'Eichengreen davantage centrés sur la coopération financière et les dévaluations, voir Douglas Irwin, *Trade Policy Disaster. Lessons from the 1930s*, Cambridge (Mass.), MIT Press, 2011.
71. *Ibid.*, p. 88-89.
72. La France augmenta ses tarifs avec les pays qui n'avaient pas d'accord commercial avec elle et joua également sur les quotas pour augmenter la pondération des biens lourdement taxés dans ses importations. Voir Barry Eichengreen et Douglas Irwin, « The slide to protectionism in the Great Depression : who succumbed and why ? », *The Journal of Economic History*, 70 (4), 2010, p. 871-897. Si la politique a donné des résultats déplorables et est généralement désapprouvée par les économistes, il n'y a pas de corrélation statistique claire entre la hausse des tarifs et la performance macroéconomique pour chaque pays dans les années 1930.
73. La crise est un exemple typique de « dilemme des prisonniers » ; s'il est préférable de coopérer, la pire situation dans laquelle on puisse se trouver est de garder son commerce ouvert quand tous les autres subventionnent leurs exportations, si l'on s'en tient à la logique mercantiliste – mais cela demeure vrai dans les modèles du commerce *mainstream* admettant un niveau de tarif optimal.
74. La baisse est d'autant plus forte que nous l'exprimons ici en pourcentage du produit intérieur brut : comme le PIB s'écroulait également, la baisse des échanges physiques était encore plus marquée que ne le suggère le graphe.
75. Moins un pays a dévalué sa monnaie, plus il a augmenté ses tarifs douaniers dans les années 1930 en général, d'après Irwin, *Trade Policy Disaster..., op. cit.*, p. 116. L'exception est le Royaume-Uni, qui a dévalué sa monnaie et beaucoup augmenté ses tarifs en même temps, mais le pays souffrait déjà d'une crise de balance des paiements au début de la crise.
76. Le contexte britannique était bien sûr différent : Londres était une place monétaire forte et avait besoin d'inspirer confiance. Keynes avait été opposé à la restauration de l'ancienne parité-or pour la livre sterling ; en revanche, au début des années 1930, quand la question se posait d'abolir cette acquisition qui avait été acquise par un plan d'austérité dans les années 1920, Keynes conseillait plutôt de recourir à une politique de taxation protectionniste pour des raisons que l'on peut résumer au prestige financier. Voir par exemple une exposition de ses thèses dans Irwin, *Trade Policy Disaster..., op. cit.*, p. 50-60.
77. Une mesure donne l'intensité de la relance : l'excédent budgétaire primaire (l'excédent budgétaire en excluant le service de la dette) de Tardieu est de 4,5 % du PIB. Si ceci peut sembler « austéritaire »

vu d'aujourd'hui, c'est le plus faible excédent primaire de toute la décennie 1925-1935. Le déficit total (en incluant le service de la dette) était de 1,3 % du PIB, et c'était le premier déficit depuis 1925. Le gouvernement de 1929 avait eu un excédent de 1,3 %. Les données sont issues du travail de Pierre Villa, « Une histoire macroéconomique de la France au XXe siècle », *Cahiers du séminaire d'économétrie*, CNRS, 1993.

78. La synthèse de référence est le livre de Barry Eichengreen, *Golden Fetters. The gold standard and the Great Depression, 1919-1939*, Oxford, Oxford University Press, 1992.
79. Une des raisons pour l'insistance française sur cette question était qu'elle détenait beaucoup de réserves en livres sterling en 1931, acquises par la Banque de France en partie par solidarité avec la Banque d'Angleterre. La dévaluation, qui avait fait baisser le cours de la livre, signifiait une perte dans le portefeuille financier national, qu'aurait compensée une réévaluation.
80. Les Français ont eu une belle croissance macroéconomique mais une crise monétaire ; les Anglais ont rétabli l'ancien cours de la livre sterling en or mais ont connu une décennie 1920 assez piteuse.
81. Paul Bouscasse, « Canst Thou Beggar Thy Neighbour ? Evidence from the 1930s », Document de travail, 2022.
82. Voir Michel Margairaz, *L'État, les finances et l'économie...*, *op. cit.*, chap. 2. Léon Blum, notamment, semble avoir assez bien compris les enjeux économiques de la période.
83. Le terme est tiré de l'ouvrage éclairant de Kenneth Mouré, *The Gold Standard Illusion. France, the Bank of France, and the International Gold Standard, 1914-1939*, Oxford, Oxford University Press, 2002.
84. Bien qu'il ait été défendu par des économistes illustres et que certains de ses arguments détaillés soient corrects, ce point de vue demeure minoritaire dans l'économie académique. Voir Alberto Alesina, Carlo Favero et Francesco Giavazzi, *Austerity. When it works and when it doesn't*, Princeton, Princeton University Press, 2020.
85. Voir Michel Margairaz, *L'État, les finances et l'économie...*, *op. cit.*, vol. 1, p. 46.
86. *Ibid.*, p. 54.
87. Sur le Front populaire, voir Julian Jackson, *The Popular Front in France. Defending democracy, 1934-38*, Cambridge, Cambridge University Press, 1990. Les communistes avaient bénéficié d'un important vote ouvrier, au détriment des socialistes, qui bénéficièrent du soutien de nombreuses communes rurales. Dans l'ensemble, ce sont les progrès du bloc de gauche dans les campagnes qui firent son succès électoral.
88. La durée du service militaire avait atteint trois ans à la veille de la Première Guerre mondiale. À cause du coût de l'immobilisation d'une telle partie de la main-d'œuvre alors que la démographie française était si faible, la durée avait été abaissée à un an après la guerre.
89. Le fait que la mesure n'ait pas eu un décret d'application au même moment selon les secteurs permet, à l'aide des statistiques de production mensuelle, de comparer les secteurs entre eux au moment où certains sont touchés par la réforme et d'autres non : cela donne une estimation des effets de la politique. Nous reprenons les estimations de Jeremie Cohen-Setton, Joshua Hausman et Johannes Wieland, « Supply-Side Policies in the Depression : Evidence from France », *Journal of Money, Credit and Banking*, 49 (2-3), 2017, p. 273-317.
90. Voir Thomas Belaich, *Reap (not) what you sow. Contradictory policies during the French Popular Front*, Mémoire de master sous la direction d'Éric Monnet, École d'économie de Paris, 2022. Il insiste sur le canal agricole en France – l'importance de l'agriculture dans la crise américaine a été étudiée par Temin et, malgré le caractère agricole de la France des années 1930, plutôt négligé pour la France.
91. Plutôt que de revenir sur le plafond du prix du blé, le Front populaire tenterait de diminuer les marges des intermédiaires commerciaux et les profits des grands propriétaires – mais ceci n'améliorerait pas le sort des paysans en l'occurrence.
92. Sur l'extrémisme politique d'une partie de la paysannerie française, et le rôle d'Henri Dorgères, voir Robert Paxton, *French Peasant Fascism. Henri Dorgères' Greenshirts and the Crises of French Agriculture, 1929-1939*, Oxford, Oxford University Press, 1997.
93. Jakob B. Madsen, « Agricultural Crises and the International Transmission of the Great Depression », *The Journal of Economic History*, 61, n° 2, 2001, p. 327-365.
94. Calculs de l'auteur, d'après les données de la *Maddison database*.

95. Adam Tooze, *The Wages of Destruction. The making and breaking of the Nazi economy*, New York, Penguin, 2006.
96. Dans la première version de son témoignage, *L'Étrange Défaite*, Marc Bloch pense que l'Allemagne disposait d'un armement supérieur. Il écrit en note de bas de page rectificatrice avoir appris par la suite que la supériorité matérielle allemande avait été exagérée pour épargner la réputation de l'armée.
97. Si les Français avaient anticipé les évolutions de l'armée allemande, ils auraient pu infliger de très sérieuses pertes à l'armée ennemie embourbée dans la forêt dense des Ardennes, ce qui fait de cette décision militaire une décision très risquée. Notons que la stratégie de la ligne Maginot n'était pas mauvaise : elle restreignait les choix des Allemands et avait rendu leur attaque par les Ardennes nettement plus risquée, car plus prévisible.
98. Il s'agit en fait du texte de l'appel radiophonique du 22 juin, celui du 18 juin étant légèrement incertain.
99. Fabrice Grenard, Florent Le Bot et Cédric Perrin, *Histoire économique de Vichy. L'État, les hommes, les entreprises*, Paris, Perrin, 2017, p. 93.
100. *Ibid.*, p. 112-113.
101. Voir Michel Margairaz, *L'État, les finances et l'économie…*, *op. cit.*, vol. 1, partie V, et notamment p. 628-629. Dans l'ensemble, le gouvernement de l'État français semble avoir été soucieux de montrer sa bonne volonté sans toujours obtenir des contreparties notables de la part de l'Allemagne, par exemple sur la question des prisonniers ou sur les charges d'occupation.
102. Cela était en partie dû à la politique de collaboration, à un niveau de pillage différent de la part d'un occupant revanchard, ainsi qu'à une politique de contrôle du marché poreuse et inefficace. Les pays d'Europe de l'Est et même l'Italie furent moins nourris durant la guerre. Voir Kenneth Mouré, « Food rationing and the black market in France (1940–1944) », *French History*, 24 (2), 2010, p. 262-282.
103. En la matière de « question juive », du point de vue économique, outre le statut des juifs qui interdisait de nombreuses fonctions aux juifs de France, il y eut l'aryanisation en zone occupée : des entreprises juives furent dépossédées, pour être en théorie laissées aux Allemands. Contrairement au statut des juifs, cette politique fut imposée par l'occupant. L'État français mena à bien cette politique injuste, mais il tenta de conserver au profit de la France les capitaux confisqués.
104. Sur la politique économique de Vichy, voir la revue de littérature de Michel Margairaz, « Les politiques économiques sous et de Vichy », *Histoire@ politique*, (3), 2009, p. 93-93.
105. Voir Michel Margairaz, *L'État, les finances et l'économie…*, *op. cit.*, vol. 2, partie VI, chap. XXII, p. 48.

Chapitre 10. Des Trente Glorieuses à nos jours (1944-2022) De la page 349 à la page 414

1. Jean Fourastié, *Les Trente Glorieuses, ou la révolution invisible*, Paris, Fayard, 1979.
2. Louis Chauvel, *La Spirale du déclassement. Essai sur la société des illusions*, Paris, Seuil, 2016.
3. Discours retranscrit dans Camille Juza, *De Gaulle bâtisseur*, documentaire, 2020.
4. Charles de Gaulle, *Mémoires de guerre. Le Salut 1944-1946* [1959], Paris, Gallimard, 2000.
5. Il s'agit de l'indice des prix à la production, mesuré grâce aux données de Pierre Villa, « Une histoire macroéconomique de la France au XXe siècle », *Cahiers du séminaire d'économétrie*, CNRS, 1993.
6. À part celles des entreprises « collaboratrices » comme Renault, les nationalisations avaient fait l'objet de compensations qui furent relativement faibles : d'une part, la valeur du capital productif de ces entreprises avait baissé, et, d'autre part, les actionnaires n'étaient pas en position de force pour obtenir des concessions.
7. Tout d'abord, elle réduisait les recettes de l'État, puisque la hausse des prix entre la perception et l'utilisation des fonds était nocive : ainsi, en 1947, les prélèvements représentaient 20 % du PIB, mais seulement 16 % en 1948 essentiellement à cause de la crise des prix.
8. Le capital français crût plus vite que l'économie : alors que le capital représentait 2,5 années de revenus en France au sortir de la guerre, il en représentait 3,5 années d'un revenu national substantiellement

plus important en 1970. Voir Thomas Piketty, *Le Capital au xxie siècle, op. cit.*, ainsi que la *World Inequality Database.*

9. L'idée de l'inflation comme résultat d'un conflit redistributif provient des post-keynésiens ; elle s'applique particulièrement bien à cette période de l'après-guerre. Une formalisation *mainstream* peut être trouvée dans Guido Lorenzoni et Iván Werning, « Wage price spirals », *Working paper*, 2022.
10. Le niveau de production de 1950 était un niveau record en France. Cependant, du fait du contrôle de l'économie et de la compression de la consommation, ainsi que de l'extrême faiblesse du chômage, la demande de main-d'œuvre était excessive, et la demande pour les biens également : cela correspond à ce que la vieille théorie macroéconomique des déséquilibres décrit comme une économie de pénurie. Voir Jean-Pascal Benassy, « Théorie du déséquilibre et fondements microéconomiques de la macroéconomie », *Revue économique*, 1976, p. 755-804.
11. Le plan Pinay-Rueff de 1958, qui donna naissance au nouveau franc, avait comme objectif de mettre fin à l'inflation très importante de 1958, due aux dépenses de la guerre d'Algérie. Il consistait en une réduction du déficit, en une dévaluation et en plusieurs mesures de libéralisation. De même, les plans de 1963, 1967 et 1969 mirent vigoureusement fin à l'inflation qui démarrait ces années-là. Une des raisons pouvant expliquer pourquoi les tensions inflationnistes furent plus fortes en France qu'aux États-Unis fut le très faible chômage en France, qui rendait plus probables les épisodes de surchauffe en cas de hausse de la demande - il n'y avait pas de possibilité d'augmenter la production quand la consommation croissait - tandis que les chômeurs américains pouvaient plus facilement être mobilisés quand la demande augmentait. Les marchés du travail étaient plus « contraints » en France (du point de vue des employeurs).
12. Même si les marchés de capitaux étaient contraints, les échanges financiers croissants rendaient les politiques monétaires dépendantes les unes des autres. Si le taux d'intérêt est plus élevé aux États-Unis qu'en France, cela attire les capitaux et menace le taux de change, selon le fameux « trilemme ».
13. Éric Monnet, *Controlling Credit. Central Banking and the Planned Economy in Postwar France, 1948-1973*, Cambridge, Cambridge University Press, 2018, chapitre 4.
14. Elle n'était pas encore universelle car la couverture n'était pas la même pour les salariés et les indépendants, encore nombreux dans l'après-guerre.
15. Sur cet accroissement sans précédent en temps de paix du rôle de l'État et la naissance de l'État-providence, voir Pierre Rosanvallon, *L'État en France de 1789 à nos jours*, Paris, Seuil, 1991.
16. La différence entre la TVA et une aide ou une taxe indirecte généralisée comme il s'en payait sous l'Ancien Régime est que chaque prestataire n'est imposé que sur sa valeur ajoutée. Si un plombier achète du matériel 600 francs dont 100 de TVA, et facture ses services 1 000 francs, dont 200 de TVA, il ne doit s'acquitter directement que de 100 francs de TVA et non de 200 francs. Un impôt indiscriminé sur la consommation taxerait plusieurs fois les biens intermédiaires.
17. Les gouvernements successifs firent diminuer le taux, et il avait atteint 25 % à partir de 2022, ce qui a rapproché la France du taux en vigueur dans les autres économies développées.
18. Discours retranscrit dans Camille Juza, *De Gaulle bâtisseur*, documentaire, 2020.
19. C'est une des thèses défendues par Stephen S. Cohen, *Modern Capitalist Planning. The French model*, Oakland, University of California Press, 1977.
20. C'est la vision du plan que défend *a posteriori* Bloch-Lainé, directeur du Trésor entre 1947 et 1953, qui fut un des artisans de la modernisation, dans François Bloch-Lainé, Jean Bouvier, *La France restaurée. 1944-1954. Dialogue sur les choix d'une modernisation*, Paris, Fayard, 1986.
21. Citation de Jean-Jacques Carré, Paul Dubois et Edmond Malinvaud, *La Croissance française. Un essai d'analyse économique causale de l'après-guerre*, Paris, Seuil, 1972.
22. Une partie des transferts (15 %) se ferait également sous la forme de prêts.
23. La France acheta aussi quelques pétroliers et quelques navires d'occasion, pour retrouver en 1950 son tonnage d'avant guerre (il était passé de 3 millions de tonnes à 0,8 million de tonnes en 1945). Voir Bernard Cassagnou, *Les Grandes Mutations de la marine marchande française (1945-1995)*, vol. 2, Paris, Comité pour l'histoire économique et financière, 2002. Voir notamment la conclusion.
24. La majeure partie du plan, plus de 80 %, fut octroyée sous forme de don. Les prêts, accordés par des banques américaines, étaient garantis par le gouvernement américain et bénéficiaient d'un taux favorable.

25. Il s'agit du chiffre pour la France : la France reçut sur quatre ans 2,7 milliards de dollars, quand son PIB était légèrement inférieur à 30 milliards de dollars en 1950, en appliquant le taux de change nominal alors en vigueur. Voir annexes de Bernard Steil, *Le Plan Marshall*, Paris, Les Belles Lettres, 2020.
26. Le plan bénéficiait également à la Turquie et à la Grèce, voisines des nouveaux pays communistes, ainsi qu'à l'Irlande et au Benelux.
27. Nos calculs, sur la base de données Tradhist du CEPII, déjà citée.
28. Gérard Bossuat, « Le plan Marshall dans la modernisation de la France », *in* Serge Berstein (dir.), *L'Année 1947*, Presses de Sciences Po, 1999, p. 45-73.
29. Bradford DeLong et Barry Eichengreen, « The Marshall Plan : History's most successful structural adjustment program », *NBER Working Paper*, 1991.
30. Il s'agit du titre d'un fameux ouvrage : Henri Mendras, *La Fin des paysans*, Paris, SEDEIS, 1967.
31. Le calcul pour obtenir ce chiffre est effectué sur les données de Pierre Villa, « Une histoire macroéconomique de la France au XXe siècle », *Cahiers du séminaire d'économétrie*, CNRS, 1993. Nous divisons la part de la production agricole dans la production intérieure par la part de l'emploi agricole dans l'emploi total.
32. Nous divisons la production agricole mesurée en volume (*i.e.* en neutralisant la variation des prix) par le nombre de travailleurs agricoles, indépendants ou salariés, pour obtenir cette mesure. Étant donné qu'une des sources de ces progrès de productivité du travail a été un accroissement du taux d'équipement des travailleurs, il ne s'agit pas d'une mesure du progrès technique (ou de la productivité globale des facteurs) mais également d'une mesure des progrès du taux de capital. De plus, la spécialisation d'une portion accrue de l'économie hors de l'agriculture peut nous amener à surestimer le réel progrès productif : en effet, ceux qui restent agriculteurs sont probablement plus motivés ou talentueux en matière agricole que ceux qui partent, ce qui implique un biais de sélection qui rend les comparaisons de productivité problématiques. Nous rencontrerons de nouveau ce problème avec la supposée absence de progrès technique dans le secteur des services.
33. Même si la France était un pays producteur, les prix garantis profiteraient largement aux agriculteurs des autres pays de la Communauté européenne dont l'agriculture n'était pas plus productive que celle de la France, comme l'Allemagne.
34. D'après des propos rapportés par Alain Peyrefitte, *C'était de Gaulle*, Paris, Fayard, 1994, t. I, partie III, chap. 8 : « Pour l'agriculture, si on entre dans les vues des Anglais, la Grande-Bretagne continuerait à s'approvisionner à bon marché au Canada, en Nouvelle-Zélande, en Australie, etc. Les Allemands meurent d'envie d'en faire autant avec l'Argentine. Les autres suivraient. Que faire alors de la surproduction européenne, notamment française ? »
35. Le soutien accordé par les institutions européennes à l'agriculture changerait de forme. Au départ pensée comme une garantie contre les récoltes abondantes et les prix trop faibles, la politique agricole a entraîné une surproduction agricole en Europe et absorbé une grande partie du budget de la Communauté européenne qui cherchait pourtant à s'étendre. Depuis 1992 et surtout 2003, le montant des aides publiques aux agriculteurs a été « découplé » de la production : une aide directe est versée aux agriculteurs.
36. Voir le livre érudit et pédagogique d'Éric Monnet, *Controlling Credit. Central Banking and the Planned Economy in Postwar France, 1948 1973*, Cambridge, Cambridge University Press, 2018.
37. Spécifiquement dans les années 1960. Voir *ibid.*, introduction.
38. Voir la bonne synthèse proposée par Pierre-Cyrille Hautcœur, « Le marché financier français de 1945 à nos jours », *Risques*, janvier-mars 1996. Alors que les banques accordaient 41 % du crédit en 1966, le Trésor en accordait 35 %. La réforme accroîtrait le rôle des banques et leur indépendance.
39. Éric Monnet, *Controlling Credit*..., *op. cit.*, chap. 6.
40. Cité par Maurice Lévy-Leboyer, *L'Économie française dans la compétition internationale au XXe siècle*, Paris, Comité pour l'histoire économique et financière de la France, 2018, Introduction.
41. L'offre publique d'échange est la proposition d'achat par une entité d'un groupe à un prix fixé, comme une offre publique d'achat (OPA) ; seulement, l'OPE propose d'échanger des actions du groupe acheteur contre celles du groupe acheté, afin d'éviter le recours à des liquidités. Les deux opérations ont beaucoup de points communs.
42. La moitié de ses fonds propres des années 1950 et 1960 provenaient d'émissions sur les marchés.

43. Voir Florence Gomez, « Saint-Gobain réfracté dans les Trente Glorieuses. Images d'une société prise entre identité et modernisation », *Revue française d'histoire économique*, (2), 2016, p. 56-70. De manière cohérente avec la politique de concentration du gouvernement, l'OPE fut soutenue par le ministre des Finances, Valéry Giscard d'Estaing, dans une interview radiophonique.
44. Ramenée au PIB, la capitalisation boursière totale française était de 10 % du PIB en 1974 et de 6 % en 1984. En 2021, la capitalisation boursière totale représentait 85 % du PIB – ce qui demeure nettement moins que dans la seconde moitié du XIXe siècle. Les chiffres de capitalisation boursière sont calculés d'après David Le Bris et Pierre-Cyrille Hautcœur, « A challenge to triumphant optimists ? A blue chips index for the Paris stock exchange, 1854-2007 », *Financial History Review*, 17 (2), 2010, p. 141-183. Il est vrai que la hausse du crédit des banques avait augmenté la part de la dette dans le financement des entreprises dans les années 1970.
45. Cette loi Giscard est souvent citée à contre-emploi car elle interdit le rachat direct de bons du Trésor par la Banque et contraint les avances monétaires de la Banque à être exposées avec davantage de transparence, afin d'avoir une meilleure visibilité sur la quantité de monnaie émise. Il se trouve que celles-ci étaient déjà interdites avant 1973 et que la Banque de France n'achetait pas directement de bons du Trésor. La loi n'a de plus pas mis fin au financement partiel de la politique de l'État par les avances monétaires de la Banque. Voir par exemple le chapitre 3 dans Éric Monnet, *Controlling Credit..., op. cit.*
46. Les banques doivent contrôler la qualité de leur crédit, et dans le cas d'un prêt immobilier, la stabilité du contrat de l'emprunteur, mais l'allocation sectorielle du crédit ne serait plus du ressort de l'État.
47. Il existe une branche de la littérature économique qui considère que, pour une économie en phase de rattrapage comme la France de cette période, ou la Corée du Sud d'après 1953. Voir par exemple Mitchell Petersen et Raghuram Rajan, « The effect of credit market competition on lending relationships », *The Quarterly Journal of Economics*, 110 (2), 1995, p. 407-443. L'argument est le suivant : l'État exerçant un monopole sur le crédit public, il peut avoir intérêt à prêter à des entreprises contraintes financièrement mais rentables auxquelles ne prêterait pas un marché compétitif du crédit. En effet, le monopole anticipe que l'entreprise à laquelle il a prêté et dont il a permis le développement à ses risques deviendra une cliente future de laquelle il pourra tirer des revenus. Une banque normale ne peut faire de même, car ses concurrentes lui voleront un bon client.
48. Voir le chapitre 6 dans Éric Monnet, *Controlling Credit..., op. cit.* Les hommes à la tête de la Banque de France, en charge du crédit, étaient plutôt d'inspiration libérale – même s'ils n'appréciaient pas les critiques d'un Jacques Rueff. Ainsi, Baumgartner, gouverneur de la Banque de France puis ministre des Finances, était conscient des risques de la politique de crédit et se donnait comme objectif d'éviter d'encourager les « rentes » économiques.
49. Le village, peuplé de bergers, avait été victime d'une grave avalanche.
50. Le problème est « endogène » : l'État absorbant une bonne partie de l'épargne nationale pour ses investissements, il restait moins de capitaux disponibles pour les entreprises.
51. La décision fut prise en 1969, comme l'emplacement de villes nouvelles, telle Évry. Plus tard, le Premier ministre Jacques Chaban-Delmas superviserait de son hélicoptère des travaux.
52. Même si l'exploitation commerciale par les compagnies aériennes, dont Air France, n'a pas occasionné de pertes jusqu'à l'accident de juillet 2000, la fabrication du Concorde ne fut pas rentable car ni le constructeur ni l'État ne purent en vendre suffisamment pour rembourser leur investissement.
53. Les économistes Paul Krugman et Richard Baldwin ont même affirmé que les subventions et promesses de commande accordées à l'Aérospatiale avaient été un transfert implicite des États européens aux exploitants et passagers aériens du monde entier. Voir Richard Baldwin et Paul Krugman, « Industrial policy and international competition in wide-bodied jet aircraft », *in* Robert Baldwin (dir.), *Trade Policy Issues and Empirical Analysis*, Chicago, University of Chicago Press, p. 45-78, 1988.
54. Le plan Calcul visait à regrouper les groupes industriels français dans un grand consortium pour tenter de concurrencer IBM : il y eut notamment la Compagne internationale pour l'informatique (CII), qui produisit les « mini-ordinateurs » Mitra 15 et les ordinateurs Iris 80. Il avait également une dimension académique, et aboutit à la création de l'Institut de recherche en informatique et automatique (IRIA, futur INRIA) en 1967, qui collaborait avec ces groupes informatiques français. La CII produisit les premiers ordinateurs européens utilisant des semi-conducteurs, mais elle ne fut pas rentable et finit

par être rachetée par Bull. Deux causes sont souvent invoquées pour son échec : la première est que ce projet de concentration excluait le plus grand groupe informatique français, Bull, pour des raisons obscures. La seconde aurait été la culture technique voire « bourbakiste » – c'est-à-dire très orientée vers les mathématiques théoriques – des informaticiens français. Sur le second point, voir notamment Pierre-Éric Mounier-Kuhn, *L'Informatique en France. De la Seconde Guerre mondiale au plan Calcul*, Paris, Presses de l'université Paris-Sorbonne, 2010.

55. Ce standard de codage du signal de transmission télévisée, qui était compatible avec la couleur, offrait davantage de lignes que la concurrence européenne et américaine, imposait un standard sur l'émission télévisée. Souffrant de la concurrence du PAL, ce standard fut tout de même adopté en France, dans ses anciennes colonies et en URSS.
56. Alain Peyrefitte, *C'était de Gaulle*, *op. cit.*, t. II, partie II, chap. 7.
57. L'échec du Minitel contre Internet est dû à une raison technique. Le vidéotex, le réseau du Minitel, fut conçu d'emblée pour des transmissions à longue distance, et utilisa donc les normes du réseau téléphonique, avec des restrictions de qualité dues à la nécessité de conserver et revérifier l'information transmise sur une longue distance ; Arpanet, l'ancêtre de l'Internet, développé par des chercheurs universitaires pour l'armée américaine, avait été conçu pour des transmissions locales déconnectées du réseau téléphonique, moins contraintes par les protocoles de vérification. Cependant, quand la qualité des réseaux de télécommunications se fut améliorée, Internet pourrait plus facilement basculer vers les nouveaux standards, tandis que Minitel resterait contraint par la faible transmission des données fixée par les normes des réseaux en vigueur en 1960 et 1970 : le Minitel serait ainsi condamné à un débit très lent.
58. Certains partisans de l'Algérie française soutenaient au contraire cette politique, comme le député et ministre gaulliste Jacques Soustelle – qui quitterait le gouvernement à cause de cette de question. Il promouvait une politique de développement et d'« assimilation » en espérant qu'elle dissuaderait l'Algérie de devenir indépendante, mais n'était pas si représentatif.
59. Chiffres tirés de Denis Cogneau, Yannick Dupraz et Sandrine Mesplé-Somps, « Fiscal capacity and dualism in colonial states : the French empire 1830-1962 », *The Journal of Economic History*, 81 (2), 2021, p. 441-480.
60. Il s'agit d'une expression attribuée – à tort – au journaliste Raymond Cartier, qui aurait été prononcée par le député Jean Montalat. Celui-ci écrivait cependant la chronique d'actualité internationale et géopolitique de *Paris Match*, où il défendait ce type de point de vue.
61. Les pieds-noirs sont une illustration intéressante des bénéfices perdus : une fois un privilège économique distribué, il n'est plus possible de revenir dessus, même quand l'efficacité et la justice l'exigent, sans faire de perdants.
62. Sur les débats en France et l'interprétation de la crise de la chaise vide de 1966, voir Laurent Warlouzet. *Le Choix de la CEE par la France. L'Europe économique en débat de Mendès France à de Gaulle (1955-1969)*, Paris, Comité pour l'histoire économique et financière, 2011.
63. Par exemple, un pays européen conserve le droit de bannir un type de boisson *trop* alcoolisé de son marché, car cela répond à un besoin de politique sanitaire.
64. Chiffres issus de la *Maddison database*, calculs de l'auteur. Bien que ces chiffres concernent des périodes récentes et soient relativement fiables, une marge d'erreur méthodologique les entoure encore : en effet, ils sont ajustés de la parité de pouvoir d'achat, et comparer les prix d'un pays à l'autre où la structure de consommation est différente implique des choix de méthode parfois difficiles.
65. Il est à noter que la croissance des années 1950 est d'autant plus notable que les nouveaux bébés étaient des personnes à charge et venaient peser sur le PIB par habitants sans avoir de rôle productif. La croissance des années 1960 et surtout 1970 bénéficie en fait de l'entrée sur les marchés du travail des *boomers*, qui accroissent la part des actifs dans la population.
66. Déclaration de Charles de Gaulle de mars 1945.
67. Il s'agit d'une projection de 2022 en extrapolant le taux de natalité et le taux de mortalité des dernières années.
68. La population états-unienne crût de 1,5 % par an entre 1945 et 1974. La population hollandaise crût également à un rythme plus important que la française.

69. Le financement important de la force de dissuasion (0,2 % du PIB annuel aujourd'hui) ne fut pas ajouté au budget militaire conventionnel mais plutôt soustrait de ce budget. Voir Fabien Cardoni, *Le Futur empêché. Une histoire financière de la défense en France (1945-1974)*, Paris, Éditions de la Sorbonne, 2022.
70. Il s'agit du plan « Sept jours pour parvenir au Rhin », déclassifié par des anciens pays membres du pacte de Varsovie comme la Pologne, la République tchèque ou la Hongrie. Le pacte se donnait comme objectif « additionnel » d'atteindre Lyon voire les Pyrénées en neuf jours, mais par des moyens conventionnels.
71. Maurice Vaïsse, *La Grandeur. Politique étrangère du général de Gaulle (1958-1969)*, Paris, Fayard, 2014. Ce mot de « grandeur » est présent dans la première page des Mémoires du général de Gaulle : « Bref, à mon sens, la France ne peut être la France sans la grandeur. » Charles de Gaulle, *Mémoires de guerre*, *op. cit.*, p. 5.
72. Le taux d'emploi des femmes nées en 1935 était de 50 % au cours de leur vie, contre 90 % pour les hommes ; pour les femmes nées en 1970, ce taux était de 70 %, contre 80 % pour les hommes.
73. Plus de 40 % des femmes avec un travail sont des employées entre les années 1970 et 2022 - et ce pourcentage frôle 50 % en 1982. 40 % des hommes avec un travail étaient ouvriers en 1980, contre 30 % en 2022, d'après l'Insee. Les ouvriers incluent des travailleurs hors de l'industrie (chauffeurs, garagistes, techniciens de surface, etc.).
74. Discours du 26 novembre 1974 à l'Assemblée nationale.
75. Cela demeure vrai si l'on compare la dépense d'énergie par unité de consommation (c'est-à-dire si l'on tient compte du fait que la France est plus pauvre).
76. Entre 1966 et 1975, le tonnage des navires gaziers et pétroliers s'était multiplié par cinq. Voir Bernard Cassagnou, *Les Grandes Mutations de la marine marchande française (1945-1995)*, *op. cit.*, tableau 282.
77. La France bénéficia quelques années, au nom de son statut de vainqueur du conflit en 1945, de livraisons de charbon venues de Rhénanie, mais celles-ci s'étaient rapidement terminées.
78. Entre 1973 et 1975, d'après des données de l'Agence internationale de l'énergie.
79. Les sources de financement proviendraient en partie des marchés internationaux. Sur le nucléaire, voir Boris Dänzer-Kantof et Félix Torres, *L'Énergie de la France. De Zoé aux EPR, l'histoire du programme nucléaire*, Paris, François Bourin, 2016, notamment chap. 4. Pour la citation de Pompidou, *ibid.*, p. 277.
80. *Ibid.*, p. 310-311. EDF a emprunté 220 milliards de francs au total en six ans, soit 7 % du PIB français annuel de cette période. L'entreprise émit des dettes notamment sur les marchés américains, ce qui attirerait quelques devises américaines à une époque de guerre des devises.
81. Le réacteur nucléaire suscite une chaleur très forte, qui permet de chauffer une eau froide, laquelle, en se chauffant, va activer par énergie mécanique une turbine qui génère de l'électricité exploitable sur le réseau électrique. La technologie de turbines à eau pressurisée de l'entreprise américaine Westhinghouse avait fait l'objet d'une licence pour Framatome, qui développerait les turbines des réacteurs nucléaires lancés dans les années 1970.
82. La propriété intellectuelle de ces turbines passerait à General Electric en 2018 lors du rachat d'Alstom, avant de repasser à EDF en 2022, non sans avoir suscité de vives polémiques sur l'indépendance énergétique française.
83. L'énergie électrique représente la moitié de l'énergie primaire utilisée en France, d'où la différence entre les deux taux.
84. La mise à l'arrêt en 2022 et 2023, pour des problèmes de sûreté dus à la corrosion des réacteurs, de la moitié des réacteurs nucléaires a fait envisager des coupures d'électricité en France et accentué la hausse des prix en Europe.
85. Ce sont les tensions économiques provoquées par cette situation qui expliquent les politiques énergétiques mises en œuvre depuis, notamment l'accès régulé à l'électricité nucléaire historique (ARENH), objet de vives polémiques.
86. Voir l'étude de Muriel Barlet et Laure Crusson, « Quel impact des variations du prix du pétrole sur la croissance française ? », *Économie prévision*, (2), 2009, p. 23-41.
87. Par ordre de réserves, les cinq plus grands producteurs exportateurs d'uranium sont le Kazakhstan, l'Australie, le Canada, le Niger, la Namibie. Le fait que les États-Unis aient renoncé à nucléariser leur

parc énergétique dans la même mesure que la France signifie aussi que les pressions sur la demande d'uranium sont moindres.

88. D'après des données du *Global Carbon Project*, consultées en avril 2023 sur *Our World In Data*. Ces données tiennent compte du contenu en carbone des importations.
89. Pierre-Olivier Gourinchas et Hélène Rey, « From world banker to world venture capitalist : US external adjustment and the exorbitant privilege », *in* Richard H. Clarida (dir.), *G7 current account imbalances. Sustainability and adjustment*, Chicago, The University of Chicago Press, 2007, p. 11-66.
90. Alain Peyrefitte rapporte quelques éléments des discussions entre le président et l'économiste, dans *C'était de Gaulle*, *op. cit.*
91. Londres restait (et reste encore) une importante place financière, et le cours de l'or pouvait y différer de celui qui était garanti aux États-Unis, du fait des délais de livraison mais aussi des marchés des capitaux imparfaits. Un prix plus élevé de l'or à Londres qu'aux États-Unis créait une pression sur le dollar, et la Banque d'Angleterre acceptait d'y suppléer en rachetant des dollars contre de l'or préventivement pour garantir le cours, en échange du support de la Fed. L'opération était avantageuse pour la Banque d'Angleterre qui, recevant une compensation en or au cours américain, empochait une marge, et pour la Fed, qui pouvait ainsi plus rapidement stabiliser le cours du dollar, puisque tel était son objectif. Dans le pool de l'or, le Royaume-Uni mettrait en œuvre cette politique financière concertée avec des réserves d'autres pays européens. Voir par exemple Éric Monnet, « Une coopération à la française. La France, le dollar et le système de Bretton Woods, 1960-1965 », *Histoire@Politique*, (1), 2013, p. 83-100.
92. En convertissant en or ses réserves de dollars, la France renonçait au taux d'intérêt que lui offrait la Réserve fédérale américaine, et la dévaluation du dollar ne survint que cinq ans après la décision du général : le pari ne fut pas pris au meilleur moment même si les pertes associées ont été modiques. Sur cet aspect et pour la suite de ce paragraphe, nous nous appuyons sur Maylis Avaro, *A Gold Battle ? De Gaulle vs Dollar Hegemony during the Bretton Woods era*, Présentation faite à la Banque de France (Paris) en juin 2023.
93. Le coût de transport n'était pas totalement négligeable, et le transfert de l'or hors des États-Unis réduisait la capacité de la Banque de France à intervenir sur les marchés financiers américains. Cette décision était évidemment motivée par une volonté d'affirmation diplomatique, ce qui explique que le général ait pris à cœur ce sujet technique et ait annoncé lui-même cette décision. Le gros de l'or alors racheté est resté stocké en France depuis cet épisode, le pays n'y ayant recours qu'en mai 1968 pour stabiliser le franc.
94. Michael Bordo, Éric Monnet et Alain Naef, « The Gold Pool (1961-1968) and the fall of the Bretton Woods system : Lessons for central bank cooperation », *The Journal of Economic History*, 79 (4), 2019, p. 1027-1059. Les ventes d'or menées par les autorités monétaires britanniques et américaines pour stabiliser le cours du dollar et de la livre durant la crise britannique représentaient un volume d'or bien plus important que celui généré par les excédents de balance de paiement français.
95. D'après les archives présidentielles de Richard Nixon, il répond à des conseillers qui lui parlent d'une crise de la lire en juin 1972 : « *I don't give a shit about the lira* », ce qui illustrait plus généralement la nouvelle approche américaine sur les crises de change européennes.
96. Le livre de référence sur la macroéconomie de cette période est celui de Michael Bruno et Jeffrey D. Sachs, *Economics of Worldwide Stagflation*, Cambridge (Mass.), Harvard University Press, 1987.
97. Il s'agit du mécanisme d'anticipations rationnelles, par lequel fut expliquée dans la science économique des années 1970 la fin de la corrélation statistique entre baisse du chômage et inflation.
98. Le salaire minimal ayant été fixé assez bas, il y avait moins de salariés le recevant qu'aujourd'hui, où il s'est nettement rapproché du salaire médian en France.
99. De plus, le taux de croissance de la production par habitant fut plus élevé en Allemagne qu'en France entre 1973 et 1980 : 2,4 % contre 2 %. L'inflation allemande, après avoir atteint un niveau élevé un 1974, redescendit rapidement à un niveau modéré après 1975.
100. Le salariat n'ayant pas été majoritaire en France jusque dans la seconde moitié du XXe siècle, le chômage ne s'exprimait pas en statistiques comme aujourd'hui ; les crises laissaient cependant des désœuvrés avant la généralisation du salariat, comme ces « vagabonds » qui représentaient d'après Vauban un dixième de la population française en 1707.

101. Le rôle des « rigidités » du marché du travail a été longuement discuté en économie. En général, le consensus est sur le fait que les freins au licenciement rendent les périodes de chômage plus longues sans nécessairement augmenter ni réduire le chômage ; elles réduisent en revanche la productivité du travail en laissant survivre des emplois peu productifs trop longtemps. Voir Stephen Nickell, « Unemployment and labor market rigidities : Europe versus North America », *Journal of Economic perspectives*, 11.3, 1997, p. 55-74, ou Daniel Cohen, *Richesse du monde, pauvreté des nations*, Paris, Flammarion, 1997.
102. Les budgets « néolibéraux » étaient moins vertueux que ceux de l'économie administrée. L'argument est parfois renversé chez les critiques du néolibéralisme, et le néolibéralisme devient justement l'émission de dette visant à étendre la relation entre marché et État. Voir comme exemple récent d'une telle interprétation Benjamin Lemoine, *L'Ordre de la dette*, Paris, La Découverte, 2016.
103. Voir par exemple Friedrich Hayek, « The pretense of knowledge », *American Economic Review*, 79 (6), 1974, p. 3-7. Ce qui fonde la croyance du libre-échange chez Hayek n'est pas la conviction mathématique que le libéralisme améliore le bien-être, mais la croyance qu'une économie est un système trop complexe pour que l'on puisse réellement en améliorer le fonctionnement, à cause des conséquences inattendues de l'action gouvernementale. La liberté économique est aimable par principe et non seulement comme un moyen d'atteindre une fin. Si plusieurs libéraux de gouvernement français reconnaissaient la complexité croissante de l'économie et pensaient qu'une économie libre serait mieux à même de l'appréhender, ils n'embrassaient pas la thèse jusqu'au bout, à part quelques « nouveaux économistes ».
104. Kevin Brookes, *Why Neo-liberalism Failed in France. Political Sociology of the Spread of Neo-liberal Ideas in France (1974-2012)*, Londres, Palgrave Macmillan, 2021.
105. Il s'agit des chiffres avant impôts. Les inégalités après impôts ont plus nettement baissé du fait de la hausse de la redistribution. La seule exception étant la part des revenus du centième le plus riche de la population, qui semble avoir augmenté au détriment de la classe moyenne plutôt que de la moitié la plus pauvre de la population. Les coefficients de Gini, les écarts entre quantiles, l'écart entre le revenu du décile le plus riche et la moitié la plus pauvre de la population, part du revenu gagné par la moitié la plus pauvre de la population, etc. Les inégalités de patrimoine ont bien augmenté en France, mais cela reflète surtout la baisse du taux de rendement et une conséquence importante, la hausse soutenue des prix de l'immobilier entre les années 1990 et 2020. *World Inequality Database*, consultée en décembre 2022.
106. Il s'agit de la somme des taux de cotisations sociales et patronales sous le plafond. Sous Giscard d'Estaing, une partie des cotisations, notamment les familiales, furent déplafonnées : la nature assurantielle du régime plafonnait en principe le montant de cotisation dont l'on pouvait être redevable. La contribution sociale généralisée, impôt à la source sur tous les revenus du travail, mise en place par Michel Rocard en 1991, généraliserait plus encore la contribution sociale.
107. Il s'agit d'un chiffre très différent du précédent : la similitude est trompeuse. Les taux de prélèvements obligatoires incluent l'impôt sur le revenu, les taxes sur profits, les impôts payés par les inactifs, la TVA, ainsi que les cotisations, mais les rapportent à un ensemble plus grand, le PIB, qui ne comprend pas seulement les salaires mais également les profits.
108. Chiffres de la Direction de la recherche, des études, des évaluations et des statistiques (DREES), cités également par le Comité d'orientation des retraites (COR).
109. Il est possible de citer un moment où le niveau de vie des retraités a baissé, comme lors de la désindexation des retraites sous François Hollande ou encore avec la hausse de la CSG pour les retraités en 2017. Néanmoins, depuis 1970, le niveau de vie des retraités, qui était largement inférieur à celui des actifs (moins de 70 %) est devenu similaire voire supérieur. Quand on dit que le niveau de vie des retraités augmente, cela ne signifie pas que les personnes retraitées de 1970 se sont enrichies mais plutôt que les actifs de 1970 devenus retraités en 2000 avaient un meilleur niveau de vie relatif que leurs parents en 1970, en ayant eu un taux de cotisation plus faible par ailleurs que leurs enfants.
110. Le niveau de vie relatif des retraités rapporté à celui des actifs devrait baisser de 20 % entre 2022 et 2050 selon les projections du Comité d'orientation des retraites : les retraites ne croissent plus au rythme des salaires, mais à celui de l'inflation, et les prévisions projettent une hausse des salaires

réels. Ils demeureraient plus riches que les retraités de 2010, le taux de croissance compensant largement cette baisse *relative.*

111. Il s'agit, du point de vue des finances publiques, de cotisations et non d'impôts mais, pour l'économiste, les notions sont équivalentes tant que l'incidence fiscale est la même et que l'on néglige la gestion de l'argent à l'intérieur de l'appareil d'État.
112. Hors contribution sociale généralisée (CSG).
113. Le concept théorique de « taux de chômage d'équilibre » décrit parfois l'équilibre que peut atteindre une économie fonctionnant en régime de production normale sans connaître de hausse de l'inflation, et les estimations de la Banque de France ou de l'Insee le placent souvent au-dessus de 6 %, seuil qui n'a plus été atteint en quarante ans en France. Il sera intéressant d'observer si les très faibles niveaux de chômage des années 1960 seront un jour retrouvés en France. Le taux de chômage de 1980 était anormalement élevé du point de vue des contemporains car le poids des salariés avait beaucoup augmenté dans l'économie, alors qu'il n'y a plus eu de changement important sur cette dimension depuis 1981, malgré l'apparition des autoentrepreneurs - pour certains, salariés déguisés.
114. Le CAC 40 a baissé de 9,5 % en 2022, mais comme sa capitalisation représentait 94 % du PIB début 2022, cette perte de valeur représente près de 9 % du PIB, soit deux fois plus que le *krach* provoqué par l'élection de Mitterrand.
115. De manière générale, les socialistes étaient intimidés par les sujets économiques et le manque d'expérience du pouvoir les avait rendus craintifs. Voir Mathieu Fulla, *Les Socialistes français et l'économie (1944-1981). Une histoire économique du politique,* Paris, Presses de Sciences Po, 2016.
116. Le déficit augmenta de plus de 2 % du PIB, mais c'était en partie à cause d'une conjoncture internationale défavorable qui faisait baisser les recettes fiscales et non seulement à cause du plan de relance.
117. Le chômage, dont la hausse ralentit nettement à partir de 1984, atteignit un pic en 1987 de 9,3 % et il atteignit 7,8 % en 1990. Il remonterait ensuite, à cause d'une crise américaine et de la pression qu'exercerait sur le franc au cours fixé la hausse des taux de la Bundesbank après la réunification allemande.
118. La différence entre 1983 et ces deux périodes est que, les institutions de la Cinquième République donnant une grande stabilité au gouvernement, ce fut le même président de la République qui dut changer de cap politique, avec un gouvernement en grande partie identique.
119. Le regroupement familial avait été pensé comme une politique de limitation de l'intégration : Giscard d'Estaing, restreignant l'immigration de travail en France à cause du chômage, laissait cependant les ouvriers installés en France et qui préféraient y rester faire venir leur famille pour éviter des tragédies familiales. Il y avait beaucoup d'immigrés parmi les ouvriers en France, notamment dans les métiers les plus ingrats. Voir Gérard Noiriel, *Le Creuset français. Histoire de l'immigration* XIXe-XXe *siècle,* Paris, Seuil, 1988.
120. Que l'immigration, en particulier non qualifiée, même quand elle n'a pas de conséquences économiques négatives, soit une des causes du vote populiste anti-immigration est en général assez bien documenté : Marco Tabellini, « Gifts of the immigrants, woes of the natives : Lessons from the age of mass migration », *The Review of Economic Studies,* 87 (1), 2020, p. 454-486.
121. Lors de sa première rencontre avec le vice-président américain George Bush, inquiet comme le reste de l'administration Reagan de l'élection d'un socialiste, Mitterrand tint à le rassurer sur la politique étrangère française, qui ne serait pas influencée par la présence de ministres communistes : il lui assura que l'inclusion de ministres communistes dans le gouvernement à des postes mineurs était la meilleure manière d'affaiblir le parti. Sur le plan diplomatique, François Mitterrand mènerait une politique plus hostile à l'égard de l'URSS que son prédécesseur. Ce qu'il fit sur le plan diplomatique, il le fit aussi, malgré lui peut-être, sur le plan économique. Sur cet épisode avec Bush et pour un portrait général du « dernier grand président », voir Philip Short, *Mitterrand. A study in ambiguity,* New York, Random House, 2013.
122. Le Crédit lyonnais était déjà en grande partie nationalisé avant 1981. L'État ne possédait cependant pas toutes les parts du Crédit lyonnais et nationalisa l'entièreté de son capital en 1982. Le gouvernement socialiste nationalisa beaucoup d'autres banques, notamment des banques régionales.
123. Laure Quennouëlle-Corre, « Les privatisations de 1986-1988 : un moment libéral du capitalisme français ? », *Histoire, économie & société,* vol. 41, n° 2, 2022, p. 30-53.

124. Les six autres pays étaient l'Autriche, la Finlande, l'Irlande et le Portugal. Neuf autres pays rejoindraient la monnaie commune entre 2001 et 2023. L'euro fut créé en 1999 – les taux de change entre monnaies nationales étant alors définitivement stabilisés – bien qu'il ne fût entré en usage qu'en 2002.
125. Quand les flux de capitaux sont restreints,
126. Tandis que la politique monétaire visait à maintenir le franc, le gouvernement fit un plan de relance pour éviter d'aggraver la crise.
127. *A contrario*, si l'Allemagne avait été dominante dans les débats monétaires des années 2010, les déclarations de Draghi en 2012 ou sa politique expansionniste en 2015 aurait pu être remise en cause ou du moins être arrêtée plus tôt qu'elle ne le fut. Il faut cependant reconnaître que la Bundesbank tenait compte de la conjoncture européenne : son gouverneur, Helmut Schlesinger, fut contraint par le gouvernement allemand et, peut-être, par des pressions anglaises, de diminuer ses taux d'intérêt en septembre 1992. Alain Naef, *An Exchange Rate History of the United Kingdom. 1945-1992*, Cambridge, Cambridge University Press, 2022.
128. Voir par exemple, dans les termes du débat de l'époque, Barry Eichengreen, « European monetary unification », *Journal of Economic Literature*, 31 (3), 1993, p. 1321-1357.
129. En dollars courants, le PIB de la zone euro (qui est plus restreinte que l'Union européenne) représente près de 60 % du PIB américain, selon le taux de change. Les États-Unis sont un pays moins ouvert commercialement que ne le sont les pays européens, mais cela n'empêche pas le dollar d'être la principale monnaie véhiculaire : une grande part des échanges commerciaux et financiers mondiaux qui n'impliquent pas les États-Unis se font en dollars, tandis qu'il n'est pas possible d'en dire autant de l'euro et de l'Union européenne.
130. Les taux d'intérêt moyens ont substantiellement baissé durant cette période, et se sont maintenus plus faibles en zone euro qu'aux États-Unis. Jusqu'à la fin de 2021, l'inflation s'était maintenue à un niveau raisonnable, proche de sa « cible » de 2 %. L'objectif n'est pas une inflation nulle : l'idée que les prix doivent être complètement stables a été abandonnée pour des raisons compréhensibles au xxe siècle ; l'inflation permet d'introduire un peu d'« huile » dans l'économie : ainsi, lorsqu'un coup de malchance dans une entreprise provoque une perte de productivité ou de demande, une quantité modérée d'inflation permet à l'entreprise de faire baisser le salaire réel de manière invisible, ce qui réduit les potentiels conflits productifs ou licenciements.
131. Ceci est tellement vrai que l'on a parfois accusé l'euro d'avoir favorisé des cycles d'endettement rapides, car les pays peu fiables bénéficiaient d'une garantie morale implicite des pays plus fiables.
132. Cela demeure vrai si l'on diminue la charge d'intérêt de l'effet négatif de l'inflation sur la valeur réelle de la dette.
133. Sur le commerce, la littérature est partagée entre des estimations extrêmement optimistes, et d'autres, qui semblent plus précises, qui trouvent un effet faible voire, dans certains cas, non significatif statistiquement. Pour une estimation « optimiste », voir Reuven Glick et Andrew Rose, « Currency unions and trade : A post-EMU reassessment », *European Economic Review*, 87, 2016, p. 78-91. Pour une vision opposée, voir Douglas Campbell et Aleksandr Chentsov, « Breaking badly : the currency union effect on trade », *Working paper*, 2017.
134. Aussi bien en valeur nominale que rapporté à la production.
135. Cette politique a été présentée sous le nom de « TVA sociale » en France dans les années 2010 ; une version réduite serait appliquée en 2014. Dans cette politique, la consommation supporte une partie des taxes qui pèsent sur l'emploi, ce qui devrait améliorer la « compétitivité ». En effet, les producteurs nationaux, bien qu'ils soient affectés par la hausse des prix provoquée par la hausse de la TVA, voient leurs coûts de production baisser grâce aux plus faibles impôts sur l'emploi. Les biens importés ne bénéficiant pas de baisses de charges deviennent moins attractifs. Pour une présentation théorique, voir Emmanuel Farhi, Gita Gopinath et Oleg Itskhoki, « Fiscal devaluations », *Review of Economic Studies*, 81 (2), 2014, p. 725-760.
136. Le taux de change de l'euro, parfois « trop fort » vis-à-vis du dollar, a été accusé de plomber les comptes français également. Si une appréciation de l'euro diminue les exportations françaises à l'extérieur de la zone euro, il faut noter que les pays de la zone euro ont été sur les deux décennies 2000 et 2010 exportateurs nets. Le problème français était plutôt son « taux de change effectif » au sein de l'Europe que le taux de l'euro vis-à-vis des autres monnaies.

137. Sur les raisons macroéconomiques pour lesquelles la politique monétaire doit suivre la politique budgétaire, voir Kai Arvai, « The Political Economy of Currency Unions », *Banque de France Working Paper*, 2022.
138. Les prix de l'immobilier étaient-ils vraiment trop élevés aux États-Unis en 2007, ou se sont-ils écroulés à cause de mauvaises institutions financières ? Les prix moyens réels des maisons ont davantage augmenté en France, en Espagne ou en Hollande qu'aux États-Unis entre 1990 et 2007 (données de l'OCDE), et ces pays n'ont pas connu de crise immobilière. Les prix immobiliers américains ont largement regagné en 2020 leur niveau d'avant-crise. Voir Atif Mian et Amir Sufi, *House of Debt. How they (and you) caused the Great Recession, and how we can prevent it from happening again*, Chicago, University of Chicago Press, 2015 ; Gabriel Chodorow-Reich, Adam Guren et Timothy McQuade, « The 2000s Housing Cycle With 2020 Hindsight : A Neo-Kindlebergerian View », *Working Paper*, 2022.
139. Sur les relations financières transatlantiques et plus généralement sur la « Grande Récession » (nom de la crise de 2007-2008), voir Adam Tooze, *Crashed. How a decade of financial crises changed the world*, Londres, Penguin, 2018.
140. En 2007, la valeur des actifs financiers détenus par les banques françaises ramenés à la production annuelle était de 100 % du PIB, ce qui plaçait la France derrière le Royaume-Uni (160 % du PIB) ou l'Allemagne (126 % du PIB) mais devant les États-Unis (70 %). La France fait partie, depuis la fin des années 1990, des pays avec un important système bancaire. Cependant, les banques de dépôt sont tournées avant tout vers le marché domestique : en France, 5 % des actifs des banques étaient des actifs étrangers, contre 13 % pour l'Allemagne, 14 % pour le Royaume-Uni et 11 % pour les États-Unis. Source : *Global financial database* de la Banque mondiale. Les banques d'investissement étaient naturellement plus exposées aux chocs venus de l'étranger.
141. Un élément proprement français fragilisa les banques : ce fut la perte de 5 milliards d'euros que fit la Société générale en janvier 2008 à cause des positions financières énormes que prenait un *trader*, sans que la supervision financière de la banque en ait eu connaissance, à en croire la Société générale, qui a gagné son procès.
142. Un rapport de la Cour des comptes de juillet 2010 sur *La Mise en œuvre du plan de relance de l'économie françaises* minimise cependant l'efficacité du plan de relance, dont une partie aurait fini dans la trésorerie d'entreprises oisives, mais les arguments ne sont pas très bien étayés.
143. Respectivement 7,2 % et 6,9 % du PIB. En comparaison, les États-Unis eurent un déficit de 9,8 % du PIB en 2009 et de 8,6 % du PIB en 2010.
144. Un plan de relance fait augmenter la demande, y compris celle pour les biens étrangers. Quand une économie est très ouverte, son plan de relance bénéficie ainsi à ses partenaires commerciaux et réciproquement.
145. Malgré ces va-et-vient, la politique européenne permit d'importants transferts financiers vers la Grèce : grâce aux programmes d'assistance et aux prêts à bas taux, la Grèce aurait bénéficié de transferts équivalant à plus de 40 % de son PIB, d'après Pierre-Olivier Gourinchas, Philippe Martin et Todd E. Messer, « The economics of sovereign debt, bailouts and the Eurozone crisis », *NBER working paper* n° w27403, 2020.
146. La France a eu un déficit plus élevé que celui de l'Italie mais plus faible que celui de l'Espagne sur la période. Les trois pays l'ont ramené à la baisse.
147. Sans austérité, on estime que le PIB français aurait été 4 % plus élevé à la fin de 2012. Voir « France : austérité consolidée. Perspectives 2011-2012 pour l'économie française », *Revue de l'OFCE*, vol. 119, n° 4, 2011, p. 125-194.
148. Il s'agit du classement *TomTom*, qui estime le temps perdu dans les bouchons à l'aide de ses données d'utilisateurs de GPS. Si la ville avait déjà été le théâtre d'une manifestation contre les bouchons en 1999, c'était à cause de travaux temporaires et les autorités bordelaises ont reconnu que leur ville avait été « dépassée par son succès ».
149. Voir l'étude économétrique de Pierre C. Boyer, Thomas Delemotte, Germain Gauthier, Vincent Rollet et Benoît Schmutz, « Les déterminants de la mobilisation des Gilets jaunes », *Revue économique*, 71 (1), 2020, p. 109-138. De la même manière, plus il y avait de routes qui allaient passer de 90 km/h à 80 km/h, plus il y aurait de « gilets jaunes ».

150. La France est un des pays où la réactivité de l'offre des logements au prix est la plus faible : Aida Caldera et Åsa Johansson, « The price responsiveness of housing supply in OECD countries », *Journal of Housing Economics*, 22.3, 2013, p. 231-249.
151. Étienne Wasmer et Alain Trannoy, *Le Grand Retour de la terre dans les patrimoines. Et pourquoi c'est une bonne nouvelle !*, Paris, Odile Jacob, 2022.
152. Nous qualifions d'« antisystème » les partis à la droite de l'UMP et à la gauche du PS et des Verts. Naturellement, ces pourcentages désignent un tout extrêmement hétérogène mais ils résument la méfiance envers le personnel politique classique et expérimenté.
153. Les différences vont naturellement au-delà du seul facteur économique, qui est le seul sur lequel nous nous attardons ici étant donné la nature du livre. Voir par exemple les différences sociales et culturelles décortiquées dans Yann Algan, Elizabeth Beasley, Daniel Cohen et Martial Foucault, *Les Origines du populisme*, Paris, Seuil, 2019.
154. Thomas Piketty, « Brahmin Left vs Merchant Right : Rising inequality & the changing structure of political conflict », *Working paper*, 2018.
155. Certains écologistes font remarquer à juste titre que, si la croissance tenait compte des ressources naturelles et de l'état de la Terre, une politique de transition écologique bien calibrée serait en fait favorable à la croissance ainsi définie. En revanche, si la croissance est mesurée d'après les biens de consommation que l'on peut s'acheter et leur valeur d'usage, la transition écologique est mauvaise pour la croissance à court terme, car elle force l'économie à se détourner d'énergies fossiles efficaces techniquement pour adopter des techniques moins polluantes mais qui n'ont pas toutes encore fait leurs preuves.
156. Il s'agit de la courbe d'Engel. Plus précisément, un ménage très pauvre consacre une grande partie de ses dépenses à sa nourriture. Si son revenu augmente et qu'il rejoint les classes moyennes, il achète des biens manufacturés et consacre une moindre partie de son revenu aux biens agricoles. S'il s'enrichit encore, il consommera davantage de services. La France entrait dans cette dernière phase dès la fin des années 1960. Pour un exemple d'analyse de ce principe, voir Diego Comin, Danial Lashkari et Martí Mestieri, « Structural change with long-run income and price effects », *Econometrica*, 89.1, 2021, p. 311-374.
157. Chiffres de l'Insee. La valeur ajoutée soustrait de la production la consommation de biens intermédiaires afin d'éviter de les compter plusieurs fois. Il faut noter que la définition de l'industrie est de plus en plus difficile. Apple, aux États-Unis, est l'entreprise emblématique de ce mélange entre services et industries : Apple vend-elle des services, avec ses abonnements iTunes et son logiciel iOS, ou des biens industriels, avec ses iPhones produits en Chine ?
158. Cela ne suffit pas à expliquer la baisse si l'on ne tient pas compte de la hausse du PIB dans le même temps. Calculs d'après les chiffres de l'Insee. La France n'est pas la seule dans ce cas : la production industrielle réelle n'a baissé nettement qu'au Royaume-Uni. Voir Dani Rodrik, « Premature deindustrialization », *Journal of Economic Growth*, 21 (1), 2016, p. 1-33. Ces chiffres n'incluent pas la construction dans le secteur industriel.
159. Voir notamment Philippe Aghion, Antonin Bergeaud, Matthieu Lequien, Marc Melitz et Thomas Zuber, « Opposing firm-level responses to the China shock : horizontal competition versus vertical relationships ? », *National Bureau of Economic Research*, n° w29196, 2021. L'article montre de manière crédible que les entreprises françaises exposées à la concurrence chinoise sur leurs ventes ont pâti de l'entrée de la Chine dans l'OMC ; il est à noter que les entreprises qui utilisaient des biens intermédiaires chinois bénéficièrent de cette baisse de prix, mais que l'industrie française fut perdante dans son ensemble.
160. Dans une étude sur les États-Unis où ils prennent en considération tous les impacts de la concurrence chinoise, deux économistes concluent qu'elle n'a pas fait augmenter les inégalités même si elle a rebattu les cartes entre différentes catégories de travailleurs aux revenus similaires. Kirill Borusyak et Xavier Jaravel, « Are Trade Wars Class Wars ? The Importance of Trade-Induced Horizontal Inequality », *Working paper*, 2022.
161. Clément Malgouyres, « The impact of Chinese import competition on the local structure of employment and wages : Evidence from France », *Journal of Regional Science*, 57 (3), 2017, p. 411-441.

162. Il s'agit de la thèse de Baumol, initialement appliquée aux spectacles vivants : William J. Baumol et William G. Bowen, « On the Performing Arts : The Anatomy of Their Economic Problems », *The American Economic Review*, 55, n° 1/2, 1965, p. 495-502.
163. Plus que les services, les emplois manufacturiers français emploient des personnes spécialisées avec une formation poussée de plus en plus souvent jusqu'au brevet de technicien supérieur (BTS) voire le diplôme universitaire de technologie (DUT), là où la plupart des ouvriers se seraient arrêtés avant le lycée dans les Trente Glorieuses. L'hôtellerie et restauration, où il existe une filière de formation professionnelle prestigieuse en France, a formé moins de la moitié des professionnels de la restauration.
164. L'effet est exacerbé par les changements de secteur : le déclin de la part de l'industrie textile ou de l'extraction, alors qu'il s'agissait de secteurs peu productifs avec une main-d'œuvre peu qualifiée, fait « mécaniquement » augmenter la productivité industrielle moyenne, sans que les autres emplois aient réellement changé.
165. Alwyn Young, « Structural transformation, the mismeasurement of productivity growth, and the cost disease of services », *American Economic Review*, 104 (11), 2014, p. 3635-3667.
166. Certains économistes affirment même que, parce que nous ignorons que la diversité accrue de l'offre des services accroît leur valeur (par exemple la disponibilité de restaurants japonais qui n'existaient pas auparavant), nous sous-estimons la croissance. Voir Philippe Aghion, Antonin Bergeaud, Timo Boppart, Peter Klenow et Huiyu Li, « Missing growth from creative destruction », *American Economic Review*, 109 (8), 2019, p. 2795-2822.
167. Daniel Cohen, *Il faut dire que les temps ont changé. Chronique (fièvreuse) d'une mutation qui inquiète*, Paris, Albin Michel, 2018.
168. En équivalent vingt pieds, les arrivées de conteneurs en France sont trois fois moindres que celles en Allemagne ou Espagne, et deux fois moindres qu'en Belgique ou qu'aux Pays-Bas, alors que la France bénéficie de nombreux ports tout à fait bien situés. Voir la *Transformation du modèle économique des grands ports*, rapport de l'Inspection générale des finances de novembre 2018 sur l'état des ports français, handicapés par un manque d'infrastructures adaptées et un dialogue social défectueux.
169. Les immigrés représentent 14 % de la population en France en 2022, contre moins de 8 % en 1981. Les exportations ramenées au PIB représentent près de 30 % en 2022, contre 21 % en 1980. Les flux de capitaux à destination de la France représentent 15 % du PIB en 2022, contre moins de 2 % en 1980.
170. Douglas A. Irwin, « The trade reform wave of 1985-1995 », *AEA Papers and Proceedings*, vol. 112, 2022, p. 244-251.
171. Il y eut un litige juridique provoqué par les trois concurrents, parce qu'ils avaient payé leur propre licence mobile à un prix plus élevé. Ils ont été déboutés par les instances françaises ainsi que par la Commission européenne.
172. Thomas Philippon, *The Great Reversal. How America gave up on free markets*, Cambridge (Mass.), Harvard University Press, 2019.
173. Thomas Philippon appuyait son constat sur une comparaison des indices de concentration entre l'Europe et les États-Unis. D'autres économistes ont affirmé que, bien qu'il fût souvent utilisé en droit de la concurrence, le taux de concentration était moins pertinent que le taux de marge. Pour une revue critique du livre qui donne une revue du problème, voir Jan Eeckhout, « Book Review : The Great Reversal by Thomas Philippon », *Journal of Economic Literature*, 59 (4), 2021, p. 1340-1360.
174. Voir par exemple la synthèse grand public de Dani Rodrik, *Straight Talk on Trade*, Princeton, Princeton University Press, 2017.
175. Matthieu Chemin et Étienne Wasmer, « Using Alsace-Moselle local laws to build a difference-in-differences estimation strategy of the employment effects of the 35-hour workweek regulation in France », *Journal of Labor Economics*, 27 (4), 2009, p. 487-524. D'autres études ont trouvé des effets positifs sur l'emploi, mais elles n'essayaient pas de séparer l'effet de la réduction du temps de travail de celui de la baisse de charges décidées par le gouvernement Jospin.
176. La principale raison pour laquelle nous n'avons pas entrepris de comparaison similaire pour les périodes précédentes est le manque de données fiables sur le temps de travail, mais il existe toute une littérature sur cette question, notamment au XVIIIe siècle.
177. L'objet que veut maximiser l'économiste n'est pas le PIB, mais le bien-être – si l'on en croit du moins les cours d'introduction à l'économie.

178. Les trente-cinq heures ont cependant créé des problèmes d'organisation dans plusieurs administrations publiques et notamment dans l'hôpital, en réduisant virtuellement de 10 % la main-d'œuvre des différents assistants médicaux spécialisés, sans personnel de rechange facile à trouver. Le recours aux heures supplémentaires n'a pas toujours suffi à empêcher des problèmes de personnel persistants, ce qui aurait participé à la détérioration du métier d'aide-soignant.
179. D'après des chiffres de l'OCDE, le taux d'emploi était de 68,3 % en France au quatrième trimestre de 2022, contre 71,4 % aux États-Unis ou 77,3 % en Allemagne. De plus, le salaire minimal est plus élevé en France qu'aux États-Unis. Comme les travailleurs dont la productivité est inférieure au Smic sont rarement employés - ce serait à perte - ils ne sont pas comptés dans la statistique de productivité, ce qui la fait sembler artificiellement avantageuse pour la France.
180. « Rembourser » signifie ici que la dette deviendrait minuscule en comparaison du produit national, mais elle pourrait continuer à croître en termes nominaux.
181. Il est appelé à décroître, puisque les pensions de retraite des générations nées après le *baby boom* sont appelées à ne plus être indexées que sur l'inflation et à décroître par conséquent en comparaison du PIB, depuis la réforme Balladur de 1993.
182. Voir projections du rapport annuel du Conseil d'orientation des retraites, septembre 2022.
183. A. Hsiao, « Coordination and commitment in international climate action : evidence from palm oil », *Job market paper*, 2021. Le mécanisme d'ajustement du carbone aux frontières pourrait en partie jouer ce rôle.
184. Thomas Douenne et Adrien Fabre, « French attitudes on climate change, carbon taxation and other climate policies », *Ecological Economics*, 169, 2021, 106496.
185. Cette notion a été confirmée par un audit des finances publiques : le gros de la taxation verte en France en 2018 pesait essentiellement sur l'énergie, qui est un poste de dépenses plus important, en proportion du revenu, chez les ménages plus modestes. Voir rapport du Conseil des prélèvements obligatoires, *La Fiscalité environnementale au défi de l'urgence climatique*, septembre 2019.
186. Même si l'économiste pense que la taxe carbone est plus efficace, la politique industrielle permet dans ce cas de réduire une inefficacité de marché (l'absence de prise en compte des émissions de gaz à effet de serre) en promouvant une réforme acceptable pour l'opinion publique. Le volet environnemental de l'*Inflation reduction act* consiste surtout en subventions de la production de panneaux solaires, voitures électriques et autres sources d'énergie verte, à condition qu'ils soient fabriqués aux États-Unis. Cette politique contrevient aux principes de l'organisation mondiale du commerce mais ne devrait pas être sanctionnée puisque l'organe d'appel des jugements des différends commerciaux de l'OMC a été saboté par l'administration de Donald Trump.
187. Le baccalauréat fait parfois l'objet de débats entre ceux qui déplorent la baisse du niveau d'obtention et ceux qui affirment parfois que son niveau ne baisse pas. Le niveau d'obtention du baccalauréat a baissé, comme l'on peut s'en convaincre en comparant les sujets de mathématiques des épreuves du baccalauréat C des années 1970 avec ceux des baccalauréats scientifiques plus récents. Cependant, cela ne signifie aucunement que le niveau scolaire a baissé, car beaucoup plus d'élèves passent le baccalauréat. Des élèves qui n'auraient jamais envisagé d'aller au lycée dans les années 1950 deviennent titulaires du baccalauréat, mais le niveau scolaire des tout meilleurs élèves qui auront de très bonnes notes à l'épreuve n'en pâtit pas nécessairement, tandis que celui des élèves qui auraient travaillé plutôt que d'aller au lycée en bénéficie.
188. Elio Nimier-David, « Local Human Capital and Firm Creation : Evidence from the Massification of Higher Education in France », Document de travail, 2023.
189. Voir Gabrielle Fack et Élise Huillery, « Enseignement supérieur : pour un investissement plus juste et plus efficace », Note du Conseil d'analyse économique, décembre 2021.
190. Les enquêtes Timms, Pisa, LEC et Cedre, faites selon des méthodes différentes, trouvent que le niveau français a baissé depuis les années 1970. Certaines critiques méthodologiques faites aux méthodes des tests Pisa (par exemple sur la prise en compte des redoublements et des programmes) s'appliquent à la comparaison internationale entre France et Angleterre par exemple mais ne devraient pas empêcher d'interpréter une baisse du niveau Pisa de la France comme une véritable baisse du niveau. Voir Raphaël Martin, Thomas Renault et Baptiste Roux, « Baisse de la productivité en France, échec en "maths" ? », Note du Conseil d'analyse économique, septembre 2022.

191. En matière d'enseignement supérieur, la possibilité reste ouverte d'exiger des frais d'étude plus importants des étudiants dans les universités publiques et surtout les classes préparatoires, le prérequis étant naturellement que ces formations permettent réellement d'augmenter leur niveau de salaire moyen et par conséquent d'obtenir un emprunt remboursable pour les étudiants.

Bibliographie

Avertissement

ACEMOGLU, Daron et ROBINSON, James A., *Prospérité, puissance et pauvreté. Pourquoi certains pays réussissent mieux que d'autres*, Genève, Markus Haller, 2015.

ACEMOGLU, Daron, JOHNSON, Simon et ROBINSON, James A., « The colonial origins of comparative development : An empirical investigation », *American Economic Review*, 91.5, 2001, p. 1369-1401.

ASSELAIN, Jean-Charles, *Histoire économique de la France du XVIIIe siècle à nos jours*, Paris, Seuil, 1984 (tome I) et 2011 (tome II).

CARON, François, *Histoire économique de la France, XIXe-XIXe siècles*, Paris, Armand Colin, 1981.

CROUZET, François, « The historiography of French economic growth in the nineteenth century », *The Economic History Review*, 56.2, 2003, p. 215-242.

FINLAY, Roger et O'ROURKE, Kevin, *Power and Plenty. Trade, War, and the World Economy in the Second Millennium*, Princeton, Princeton University Press, 2009.

FREIRE COSTA, Leonor, LAINS, Pedro et MÜNCH MIRANDA, Susana, *An Economic History of Portugal, 1143-2010*, Cambridge, Cambridge University Press, 2016.

GUINNANE, Timothy W., « We Do Not Know the Population of Every Country in the World for the Past Two Thousand Years », *CESifo Working Paper*, n° 924, 2021.

LANDES, David S., *The Unbound Prometheus. Technological change and industrial development in Western Europe from 1750 to the present*, Cambridge, Cambridge University Press, 1965.

O'BRIEN, Patrick et KEYDER, Caglar, *Economic Growth in Britain and France 1780-1914. Two Paths to the Twentieth Century*, Londres, Allen & Unwin, 1978.

Introduction. Et si on écrivait une nouvelle histoire de France ?

BLOCH, Marc, *Les Caractères originaux de l'histoire rurale française*, Paris, Armand Colin, 1931.

BRAUDEL, Fernand, *L'Identité de la France. Les hommes et les choses*, vol. 2, Paris, Arthaud / Flammarion, 1986.

BROADBERRY, Stephen, « The Industrial Revolution and the Great Divergence : recent findings from historical national accounting », *The Handbook of Historical Economics*, 2021.

COHEN, Daniel, *Il faut dire que les temps ont changé. Chronique (fiévreuse) d'une mutation qui inquiète*, Paris, Albin Michel, 2018.

LE BRAS, Hervé et TODD, Emmanuel, *Le Mystère français*, Paris, Seuil, 2013.

LE ROY LADURIE, Emmanuel, « L'histoire immobile », *Annales. Histoire, Sciences sociales*, vol. 29, nº 3, 1974.

MALTHUS, Thomas, *An Essay on the Principle of Population*, Londres, 1798.

YVER, Jean, *Essai de géographie coutumière*, Paris, Sirey, 1966.

Chapitre 1. Gaules celtique et romaine : discontinuité politique et continuité économique (600 av. J.-C. -200)

ARTRU, François, « La circulation dans les Alpes à l'époque romaine : l'exemple des Alpes Cottiennes », *Dialogues d'histoire ancienne*, vol. 39, nº 1, 2013, p. 237-263.

BRANSBOURG, Gilles, « Rome and the economic integration of empire », *ISAW Papers*, 2012.

BRUN, Jean-Pierre, « La viticulture en Gaule tempérée », *Gallia*, 68 (1), 2011, p. 1-12.

BRUNAUX, Jean-Louis, « Poseidonios, la Gaule et son économie », *Revue du Nord*, vol. 403, nº 5, 2013, p. 15-23.

BRUNAUX, Jean-Louis, *Nos ancêtres les Gaulois*, Paris, Seuil, 2008.

BRUNAUX, Jean-Louis, *Vercingétorix*, Paris, Gallimard, 2018.

DION, Roger, *Histoire de la vigne et du vin en France des origines au XIXe siècle* [1959], Paris, CNRS, 2010.

DUBY, Georges (dir.), *Histoire de la France urbaine*, t. I, *La Ville antique des origines au IXe siècle*, Paris, Seuil, 1981.

DUMÉZIL, Bruno, *Des Gaulois aux Carolingiens (du Ier au IXe siècle)*, Paris, Presses universitaires de France, 2013.

ÉTIENNE, David, RUFFALDI, Pascale, DUPOUEY, Jean-Luc, GEORGES-LEROY, Murielle, RITZ, Frédéric et DAMBRINE, Étienne, « Searching for ancient forests : A 2000 year history of land use in northeastern French forests deduced from the pollen compositions of closed depressions », *The Holocene*, 23 (5), 2013, p. 678-691.

FERDIÈRE, Alain, *Le Fromage en Gaule. Origines, production et consommation dans le monde antique*, Paris, CNRS, 2022.

FINLEY, Moses, *The Ancient Economy*, Berkeley, University of California Press, 1973.

GAULLE, Charles de, *La France et son armée*, Paris, Plon, 1938.

GIBBON, Edward, *The History of the Decline and Fall of the Roman Empire*, 1788.

GROS, Pierre, « La *Magnificienta publica* dans les centres urbains de la Gaule romaine sous le Haut-Empire », *in* DUYRAT, Frédérique et NIETO-PELLETIER, Sylvia (dir.), *Actes du colloque « Le Luxe en Gaule ». Musée départemental Arles Antique 16-17 octobre 2017*, Pessac, Ausonius, 2021.

HARPER, Kyle, *Comment l'Empire romain s'est effondré. Le climat, les maladies et la chute de Rome*, Paris, La Découverte, 2021.

HOPKINS, Keith, « Taxes and trade in the Roman Empire (200 BC–AD 400) », *The Journal of Roman Studies*, 70, 1980, p. 101-125.

JONGMAN, Willem, « Gibbon was right : the decline and fall of the Roman economy », *in* HEKSTER, Olivier *et al.* (dir.), *Crises and the Roman Empire*, Leyde, Brill, 2007, p. 183-199.

KESSLER, David et TEMIN, Peter, « The organization of the grain trade in the early Roman Empire », *The Economic History Review*, 60 (2), 2007, p. 313-332.

Koepke, Nikola et Baten, Joerg, « Agricultural specialization and height in ancient and medieval Europe », *Explorations in Economic History*, 45 (2), 2008, p. 127-146.

Koepke, Nikola et Baten, Joerg, « The biological standard of living in Europe during the last two millennia », *European Review of Economic History*, 9 (1), 2005, p. 61-95.

Lepetz, Sébastien et Zech-Matterne, Véronique, « Systèmes agro-pastoraux à l'âge du Fer et à la période romaine en Gaule du Nord », *in* Reddé, Michel (dir.), *Gallia Rustica*, t. II, *Les Campagnes du nord-est de la Gaule, de la fin de l'âge du Fer à l'Antiquité tardive*, Pessac, Ausonius, 2018, p. 327-400.

Leveau, Philippe, « Les moulins de Barbegal dans leur environnement. Archéologie et histoire économique de l'Antiquité », *Histoire & Sociétés rurales*, 6.1, 1996, p. 11-29.

Lo Cascio, Elio et Malanima, Paolo, « GDP in pre-modern agrarian economies (1-1820 AD). A revision of the estimates », *Rivista di storia economica*, 25 (3), 2009, p. 391-420.

MacKinnon, Michael, « Changes in animal husbandry as a consequence of developing social and economic patterns from the Roman Mediterranean context », *in* Erdkamp, Paul, Verboven, Koenraad et Zuiderhoek, Arjan (dir.), *Ownership and Exploitation of Land and Natural Resources in the Roman World*, Oxford, Oxford University Press, 2015, p. 249-273.

MacKinnon, Michael, « High on the hog : Linking zooarchaeological, literary, and artistic data for pig breeds in Roman Italy », *American Journal of Archaeology*, 105 (4), 2001, p. 649-673.

Maddison, Angus, *Contours of the World Economy 1-2030 AD. Essays in macro-economic history*, Oxford, Oxford University Press, 2007.

Martinez-Gros, Gabriel, *Brève histoire des empires. Comment ils surgissent, comment ils s'effondrent*, Paris, Seuil, 2014.

Marzano, Annalisa, « Agricultural production in the hinterland of Rome : Wine and olive oil », *in* Bowman, Alan et Wilson, Andrew (dir.), *The Roman Agricultural Economy. Organization, Investment, and Production*, Oxford, Oxford University Press, 2013, p. 85-106.

McConnell, Joseph, Wilson, Andrew, Stohl, Andreas, Arienzo, Monica, Chellman, Nathan, Eckhardt, Sabine, Thompson, Elisabeth, Pollard, Mark et Steffensen, Jørgen Peder, « Lead pollution recorded in Greenland ice indicates European emissions tracked plagues, wars, and imperial expansion during antiquity », *Proceedings of the National Academy of Sciences*, 115 (22), 2018, p. 5726-5731.

Meuret, Jean-Claude, « De l'ancienneté et de l'immutabilité des massifs forestiers : le cas de la forêt de La Guerche (Ille-et-Vilaine) », *in* Bernard, Vincent, Favory, François et Fiches, Jean-Luc (dir.), *Silva et saltus en Gaule Romaine. Dynamique et gestion des forêts et des zones rurales marginales*, Besançon, Presses universitaires de Franche-Comté, 2014.

Montesquieu, *Considérations sur les causes de la grandeur des Romains et de leur décadence*, 1734.

Pasquini, Béline, *Mesurer le développement économique en Gaule du Ier siècle av. J.-C. au VIIe siècle ap. J.-C. Analyse méthodologique et épistémologique*, thèse de doctorat, Paris 1, 2020.

Reddé, Michel, *Gallia comata. La Gaule du Nord. De l'indépendance à l'Empire romain*, Rennes, Presses universitaires de Rennes, 2022.

Sargent Thomas et Velde François, *The Big Problem of small change*, Princeton, Princeton University Press, 2002.

Strabon, *Géographie*, texte établi et traduit par François Lasserre, Paris, Les Belles Lettres, 1966.

Sürmelihindi, Gül, Leveau, Philippe, Spötl, Christoph, Bernard, Vincent et Passchier, Cees W., « The second century CE Roman watermills of Barbegal : Unraveling the enigma of one of the oldest industrial complexes », *Science advances*, 4 (9), 2018.

Temin, Peter, *The Roman Market Economy*, Princeton, Princeton University Press, 2013

VELDE, François, « A Review of Peter Temin's *The Roman Market Economy* », *Journal of Economic Literature*, 52 (4), 2014, p. 1151-1159.

VERBOVEN, Koenraad, « Currency, bullion and accounts : monetary modes in the Roman world », *From mints to markets. The mechanisms of coin transformation in ancient times (Journée d'étude internationale organisée le 13 juin 2008 à la bibliothèque royale de Belgique)*, vol. 155, Société royale de numismatique de Belgique, Bruxelles, 2009.

VEYNE, Paul, « Vie de Trimalcion », *Annales. Histoire, Sciences sociales*, vol. 16, n° 2, 1961, p. 213-247.

WARD-PERKINS, Bryan, *The Fall of Rome and the End of Civilization*, Oxford, Oxford University Press, 2006.

WILSON, Andrew, « Machines, power and the ancient economy », *The Journal of Roman Studies*, 92, 2002, p. 1-32.

Chapitre 2. La lente mort de la Gaule romaine (200-850)

BARTHÉLEMY, Dominique, *L'An mil et la paix de Dieu. La France chrétienne et féodale, 980-1060*, Paris, Fayard, 1999.

BLOCH, Marc, « Les Invasions. Occupation du sol et peuplement », *Annales d'histoire sociale*, VIII, 1945, p. 16-18.

BOUGARD, François, « Le crédit dans l'Occident du haut Moyen Âge : documentation et pratique », *HAL*, 2010.

BOUVIER-AJAM, Maurice, *Dagobert*, Paris, Tallandier, 1979 ; rééd. « Texto », 2018.

BROWN, Peter, *Late Antiquity*, Cambridge (Mass.), Harvard University Press, 1998.

BÜHRER-THIERRY, Geneviève, MÉRIAUX, Charles et BIGET, Jean-Louis, *La France avant la France. 481-888*, Paris, Belin, 2010.

DEMANDT, Alexander, *Der Fall Roms. Die Auflösung des römischen Reiches im Urteil der Nachwelt*, Munich, C.H. Beck, 1984.

DEVROEY, Jean-Pierre, « Juifs et syriens : à propos de la géographie économique de la Gaule au haut Moyen Âge », *in* DUVOSQUEL, Jean-Marie et THOEN, Erik (dir.), *Peasants and Townsmen in Medieval Europe*, Gand, Snoeck-Ducaju & Zoon, 1995, p. 51-72.

DEVROEY, Jean-Pierre, « Un monastère dans l'économie d'échanges : les services de transport à l'abbaye Saint-Germain-des-Prés au IXe siècle », *Annales. Histoire, Sciences sociales*, vol. 39, n° 3, 1984, p. 570-589.

DEVROEY, Jean-Pierre, *Économie rurale et société dans l'Europe franque (VIe-IXe siècles)*, Paris, Belin, 2003.

DEVROEY, Jean-Pierre, *La Nature et le Roi. Environnement, pouvoir et société à l'âge de Charlemagne (740-820)*, Paris, Albin Michel, 2019.

DIERKENS, Alain, « Chameaux et dromadaires en Gaule mérovingienne : quelques remarques critiques », *Hommages à Carl Deroux*, 2003, p. 114-137.

DUBY, Georges (dir.), *Histoire de la France urbaine*, t. I, *La Ville antique des origines au IXe siècle*, Paris, Seuil, 1981.

DUBY, Georges, *L'An mil*, Paris, Gallimard, 1993.

DUMÉZIL, Bruno, *Le Baptême de Clovis*, Paris, Gallimard, 2019.

Durliat, Jean, *Les Finances publiques. De Dioclétien aux Carolingiens (284-888)*, Sigmaringen, Thorbecke, 1990.

Eudes de Mézeray, *Histoire de France*, Paris, 1643, t. I.

Fujita, Masahisa, Krugman, Paul et Venables, Anthony, *The Spatial Economy. Cities, regions, and international trade*, Cambridge (Mass.), MIT Press, 1999, chap. 1-4.

Grégoire de Tours, *Histoire des Francs*, édition et traduction de Robert Latouche, Paris, Les Belles Lettres, 1963-1965.

Guest, Peter, « Roman Gold and Hun Kings : the use and hoarding of solidi in the late fourth and fifth centuries », 2008.

Harper, Kyle, *Comment l'Empire romain s'est effondré. Le climat, les maladies et la chute de Rome*, Paris, La Découverte, 2021.

Hendy, Michael, « From public to private : the western barbarian coinages as a mirror of the disintegration of late Roman state structures », *Viator*, 19, 1988, p. 29-78.

Herlihy, David, « Church property on the European Continent, 701-1200 », *Speculum*, 36 (1), 1961, p. 81-105.

Higounet, Charles, « Les forêts de l'Europe occidentale du ve au xie siècle », *Agricoltura e mondo rurale in Occidente nell'Alto Medioevo*, 1966, p. 343-398.

Hodges, Richard et Whitehouse, David, *Mohammed, Charlemagne and the Origins of Europe. Archaeology and the Pirenne thesis*, Ithaca, Cornell University Press, 1983.

Internullo, Dario, « Latin Documents Written on Papyrus in the Late Antique and Early Medieval West (5th-11th century) : an overview », *Proceedings of the 28th Congress of Papyrology, August 2016 1-6*, Barcelone, Publicacions de l'Abadia de Montserrat, Universitat Pompeu Fabra, 2019, p. 654-663.

Koepke, Nikola et Baten, Joerg, « The biological standard of living in Europe during the last two millennia », *European Review of Economic History*, 9 (1), 2005, p. 61-95.

McCormick, Michael, « New light on the 'Dark Ages' : How the Slave trade fuelled the carolingian economy », *Past & Present*, 177, 2002, p. 17-54.

McCormick, Michael, *Origins of the European Economy. Communications and commerce AD 300-900*, Cambridge, Cambridge University Press, 2001.

Pirenne, Henri, « Le commerce du papyrus dans la Gaule mérovingienne », *Comptes rendus des séances de l'Académie des inscriptions et belles-lettres*, 72e année, n° 2, 1028, p. 178-191.

Pirenne, Henri, *Mahomet et Charlemagne* [1931], Paris, Tallandier, 2021.

Reynaud, Jean-François, *Lyon à l'époque d'Agobard*, *in* Bougard, François, Charansonnet, Alexis et Isaïa, Marie-Céline (dir.), *Lyon dans l'Europe carolingienne. Autour d'Agobard (816-840)*, Turnhout, Brepols, 2019.

Rouche, Michel, *Clovis*, Paris, Fayard, 1996.

Rouche, Michel, *L'Aquitaine, des Wisigoths aux Arabes, 418-781. Naissance d'une région*, Paris, EHESS, 1979.

Salvien de Marseille, *Œuvres*, texte critique, traduction et notes par Georges Lagarrigue, Paris, Cerf, 1976.

Scheidel, Walter et Friesen, Steven, « The Size of the Economy and the Distribution of Income in the Roman Empire », *The Journal of Roman Studies*, 99, 2009, p. 61-91.

Scheidel, Walter, *Escape from Rome. The failure of empire and the road to prosperity*, Princeton, Princeton University Press, 2019.

Sénac, Philippe, *Charlemagne et Mahomet. En Espagne (viiie-ixe siècles)*, Paris, Gallimard, « Folio histoire », 2015.

SIDOINE APOLLINAIRE, *Correspondance*, livres I-V, édité et traduit par André Loyen, Paris, Les Belles Lettres, 1970, livre I, lettre 5.

VERHULST, Adriaan, *The Carolingian Economy*, Cambridge, Cambridge University Press, 2002.

VOLTAIRE, *Essai sur les mœurs et l'esprit des nations*, Paris, 1756.

WARD-PERKINS, Bryan, *The Fall of Rome and the End of Civilization*, Oxford, Oxford University Press, 2006.

WICKHAM, Chris, *Framing the Early Middle Ages. Europe and the Mediterranean, 400-800*, Oxford, Oxford University Press, 2006.

WILSON, Andrew, « Deliveries extra urbem : aqueducts and the countryside », *Journal of Roman Archaeology*, 12, 1999, p. 314-331.

Chapitre 3. Le grand défrichement (850-1300)

ABU-LUGHOD, Janet, *Before European Hegemony. The world system AD 1250-1350*, Oxford, Oxford University Press, 1989.

ACEMOGLU, Daron et ROBINSON, James, *Prospérité, puissance et pauvreté. Pourquoi certains pays réussissent mieux que d'autres*, Genève, Markus Haller, 2015.

AMOURETTI, Marie-Claire, « L'attelage dans l'Antiquité. Le prestige d'une erreur scientifique », *Annales. Économies, Sociétés, Civilisations*, 46e année, no 1, 1991, p. 219-232.

ANGERS, Denise, « La Normandie à la fin du Moyen Âge. Des servitudes sans servage », *in* FREEDMAN, Paul et BOURIN, Monique (dir.), *Forms of Servitude in Northern and Central Europe. Decline, Resistance and Expansion*, Turnhout, Brepols, 2005, p. 179-196.

ARNOUX, Mathieu, *Le Temps des laboureurs. Travail, ordre social et croissance en Europe (XIe-XIVe siècle)*, Paris, Albin Michel, 2012.

AVENEL, Georges d', *Histoire économique de la propriété, des salaires, des denrées et de tous les prix en général depuis l'an 1200 jusqu'en l'an 1800*, Paris, Imprimerie nationale, 1894-1901, 7 volumes.

BAIROCH, Paul, BATOU, Jean et CHÈVRE, Pierre, *Population des villes européennes de 800 à 1850. Banque de données et analyse sommaire des résultats*, Genève, Droz, 1988.

BAIROCH, Paul, *Cities and Economic Development. From the dawn of history to the present*, Chicago, University of Chicago Press, 1988.

BARTHÉLEMY, Dominique, *L'An mil et la paix de Dieu. La France chrétienne et féodale, 980-1060*, Paris, Fayard, 1999.

BARTHÉLEMY, Dominique, *La France des Capétiens. 978-1214*, Paris, Seuil, « Points histoire », 2015.

BISSON, Thomas, *The Crisis of the Twelfth Century*, Princeton, Princeton University Press, 2015.

BLOCH, Marc, « Comment et pourquoi finit l'esclavage antique », *Annales. Histoire, Sciences sociales*, vol. 2, no 1, 1947, p. 30-44.

BLOCH, Marc, *Caractères originaux de l'histoire rurale française*, Paris, Armand Colin, 1931.

BLOCH, Marc, *La Société féodale* [1939-1940], Paris, Albin Michel, 2014.

BONNASSIE, Pierre, « Les conventions féodales dans la Catalogne du XIe siècle », *Annales du Midi*, vol. 80, no 89, 1968, p. 529-561.

BOSERUP, Ester, *Woman's Role in Economic Development*, Londres, George Allen & Unwin, 1970.

BOUCOYANNIS Deborah, *Kings as judges: Power, justice, and the origins of parliaments*. Cambridge University Press, 2021.

BRUN, Jean-Pierre et BORRÉANI, Marc, « Deux moulins hydrauliques du Haut-Empire romain en Narbonnaise : villae des Mesclans à La Crau et de Saint-Pierre/Les Laurons aux Arcs (Var) », *Gallia - Archéologie de la France antique*, 55, 1998, p. 279-326.

CHAZAN, Robert, *Medieval Jewry in Northern France. A political and social history* [1974], Baltimore, Johns Hopkins University Press, 2019.

CONTAMINE, Philippe, *La Guerre au Moyen Âge*, Paris, Presses universitaires de France, 1999.

CORRIOL, Vincent, *Les Serfs de Saint-Claude. Étude sur la condition servile au Moyen Âge*, Rennes, Presses universitaires de Rennes, 2010, chapitre IV : « La progressive constitution d'un statut servile ».

DOMAR, Evsey, « The Causes of Slavery or Serfdom : A Hypothesis », *The Journal of Economic History*, 1970.

DUBY, Georges, *La Société aux XIe et XIIe siècles dans la région mâconnaise*, Paris, Armand Colin, 1953.

DUBY, Georges, *Le Dimanche de Bouvines*, Paris, Gallimard, 1973.

EDWARDS, Jeremy et OGILVIE, Sheilagh, « What lessons for economic development can we draw from the Champagne fairs ? », *Explorations in Economic History*, 49 (2), 2012, p. 131-148.

GHILARDI, Matthieu, SANDERSON, David, KINNAIRD, Tim, BICKET, Andrew, BALOSSINO, Simone, PARISOT, Jean-Claude, HERMITTE, Daniel, GUIBAL, Frédéric et FLEURY, Jules T., « Dating the bridge at Avignon (south France) and reconstructing the Rhone River fluvial palaeo-landscape in Provence from medieval to modern times », *Journal of Archaeological Science. Reports*, 4, 2015, p. 336-354.

GILLON, Christian, *Les Étudiants et la délinquance au Moyen Âge (XIIIe-XVe siècles)*, Université de Cergy-Pontoise, 2017.

GIRAUD, Pierre-Noël, *Le Commerce des promesses. Petit traité sur la finance moderne*, Paris, Seuil, 2001 ; rééd. « Points histoire », 2009.

JOURDAIN, Charles, *La Taxe des logements dans l'Université*, Nogent-le-Rotrou, Daupeley, 1878.

LEFEBVRE DES NOËTTES, Richard, *L'Attelage. Le cheval de selle à travers les âges : contribution à l'histoire de l'esclavage*, Paris, A. Picard, 1931.

LE GOFF, Jacques, *Saint Louis*, Paris, Gallimard, 1996.

LOPEZ, Robert, « Économie et architecture médiévale. Cela aurait-il tué ceci ? », *Annales. Histoire, Sciences sociales*, vol. 7, nº 4, 1952, p. 433-438.

LOPEZ, Robert, *The Commercial Revolution of the Middle Ages, 950-1350*, Englewood Cliffs, Prentice-Hall, 1971.

LUCHAIRE, Achille et LAVISSE, Ernest, *Histoire de France depuis les origines jusqu'à la Révolution*, t. III, Paris, Armand Colin, 1901.

MARX, Karl, *Misère de la philosophie*, Paris, V. Giard et E. Brière, 1896.

MAZEL, Florian, *Féodalités (888-1180)*, Paris, Belin, 2015.

MICHEL, Aurélia, *Un monde en nègre et blanc. Enquête historique sur l'ordre racial*, Paris, Seuil, 2020.

MILGROM, Paul, NORTH, Douglass et WEINGAST, Barry, « The role of institutions in the revival of trade : The law merchant, private judges, and the champagne fairs », *Economics & Politics*, 2 (1), 1990, p. 1-23.

NAHON, Gérard, « Le crédit et les juifs dans la France du XIIIe siècle », *Annales. Histoire, Sciences sociales*, vol. 24, nº 5, 1969, p. 1121-1148.

NORTIER, Michel et BALDWIN, John, « Contributions à l'étude des finances de Philippe Auguste », *Bibliothèque de l'École des chartes*, 1980, p. 5-33.

NUNN Nathan, « Slavery, Inequality, and Economic Development in the Americas: An Examination of the Engerman-Sokoloff Hypothesis. », *Document de travail*, 2007.

OLSON, Mancur, « Dictatorship, democracy, and development », *American Political Science Review*, 87 (3), 1993, p. 567-576.

PAVLIK, Jamie et YOUNG, Andrew, « Did technology transfer more rapidly East-West than North-South ? », *European Economic Review*, 119, 2019, p. 216-235.

PETIT-DUTAILLIS, Charles, « Le premier budget de la monarchie française. Le compte général de 1202-1203 », *Bibliothèque de l'École des hautes études*, 1933.

RAOUL GLABER, *Histoires*, traduction et présentation de Mathieu Arnoux, Turnhout, Brepols, 1999, p. 75.

RIDOLFI, Leonardo et NUVOLARI, Alessandro, « *L'histoire immobile ?* A reappraisal of French economic growth using the demand-side approach, 1280-1850 », *European Review of Economic History*, 25 (3), 2021, p. 405-428.

RIDOLFI, Leonardo, « Six centuries of real wages in France from Louis IX to Napoleon III : 1250-1860 », *The Journal of Economic History*, 79 (3), 2019, p. 589-627.

SASSIER, Yves, *Hugues Capet. Naissance d'une dynastie*, Paris, Fayard, 1987.

SIGAUT, François, « Pour une cartographie des assolements en France au début du XIXe siècle », *Annales. Histoire, Sciences Sociales*, 1976, p. 631-643.

SIVÉRY, Gérard, « Le mécontentement dans le royaume de France et les enquêtes de Saint Louis », *Revue historique*, 269, fasc. 1 (545), 3-24, 1983, p. 11.

SIVÉRY, Gérard, *L'Économie du royaume de France au siècle de Saint Louis*, Lille, Presses universitaires du Septentrion, 1984.

THEILLER, Isabelle, « Prix du marché, marché du grain et crédit au début du XIIIe siècle : autour d'un dossier rouennais », *Le Moyen Âge*, 115 (2), 2009, p. 253-276.

VERHULST, Adriaan, « La laine indigène dans les anciens Pays-Bas entre le XIIe et le XVIIe siècle. Mise en œuvre industrielle, production et commerce », *Revue historique*, 248, fasc. 2 (504), 1972, p. 281-322.

WILSON, Andrew, « Machines, power and the ancient economy », *The Journal of Roman Studies*, 92, 2002, p. 1-32.

Chapitre 4. Naissance d'une taxation (1300-1450)

ÁLVAREZ NOGAL, Carlos, PRADOS DE LA ESCOSURA, Leandro et SANTIAGO CABALLERO, Carlos, « Economic effects of the Black Death. Spain in European perspective », Document de travail, 2020.

AUDOIN-ROUZEAU, Frédérique, *Les Chemins de la peste. Le rat, la puce et l'homme*, Rennes, Presses universitaires de Rennes, 2003.

AUTRAND, Françoise, *Charles V*, Paris, Fayard, 1994.

BAIROCH, Paul, *Cities and Economic Development. From the dawn of history to the present*, Chicago, University of Chicago Press, 1988.

BAUTIER, Robert-Henri, « Diplomatique et histoire politique : ce que la critique diplomatique nous apprend sur la personnalité de Philippe le Bel », *Revue historique*, 259, fasc. 1 (525), 1978, p. 3-27.

BEAUNE, Colette, *Naissance de la nation France*, Paris, Gallimard, 1985.

BELL HENNEMAN, John, *Royal Taxation in 14th Century France. The Development of War Financing, 1322-1356*, Princeton, Princeton University Press, 1971.

BENEDICTOW, Ole, *The Black Death, 1346-1353. The complete history*, Martlesham, Boydell & Brewer, 2004.

BENEDICTOW, Ole, *What Disease was Plague ? On the Controversy Over the Microbiological Identity of Plague Epidemics of the Past*, Leyde, Brill, 2011.

BOIS, Guy, *Crise du féodalisme*, Paris, Presses de la Fondation nationale des sciences politiques, 1976.

BOIS, Guy, *La Grande Dépression médiévale. XIVe et XVe siècles*, Paris, Presses universitaires de France, 2000.

BOVE, Boris, *Le Temps de la guerre de Cent Ans. 1328-1453*, Paris, Belin, 2009.

CAMPBELL, Bruce, *The Great Transition*, Cambridge, Cambridge University Press, 2016.

CAZELLES, Raymond, *Étienne Marcel*, Paris, Tallandier, 2006.

CONTAMINE, Philippe, « Les fortifications urbaines en France à la fin du Moyen Âge : aspects financiers et économiques », *Revue historique*, 260, fasc. 1 (527), 1978, p. 2347. -

CONTAMINE, Philippe, BOMPAIRE, Marc, LEBECQ, Stéphane et SARRAZIN, Jean-Luc, *L'Économie médiévale*, Paris, Armand Colin, 1993.

DUBOIS, Henri, *Les Foires de Chalon et le commerce dans la vallée de la Saône à la fin du Moyen Âge*, Paris, Imprimerie nationale, 1976.

DUPLESSY, Jean, *Les Trésors monétaires médiévaux et modernes découverts en France*, Paris, Bibliothèque nationale, 1985-1995, 2 volumes.

FAVIER, Jean, *Philippe le Bel*, Paris, Fayard, 1978.

FINCH, Andrew, « The nature of violence in the Middle Ages : an alternative perspective », *Historical Research*, 70 (173), 1997, p. 249-268.

FRANKEL, Jeffrey et ROSE, Andrew, « The endogeneity of the optimum currency area criteria », *The Economic Journal*, 108 (449), 1998, p. 1009-1025.

HATCHER, John, « Unreal wages : long-run living standards and the "golden age" of the fifteenth century », *in* HATCHER, John et STEPHENSON, Judy Z. (dir.), *Seven Centuries of Unreal Wages. The Unreliable Data, Sources and Methods that have been used for Measuring Standards of Living in the Past*, Basingstoke, Palgrave Macmillan, 2018, p. 227-266.

JEDWAB, Remi, JOHNSON, Noel et KOYAMA, Mark, « The economic impact of the Black Death », *GMU Working Paper in Economics*, n° 20-45, 2020.

JORDAN, William Chester, *The Great Famine. Northern Europe in the early fourteenth century*, Princeton, Princeton University Press, 1997.

LASSALMONIE, Jean-François, *La Boîte à l'enchanteur. Politique financière de Louis XI*, Paris, Comité pour l'histoire économique et financière, 2002.

LE ROY LADURIE, Emmanuel, *Histoire humaine et comparée du climat*, Paris, Fayard, 2006.

LE ROY LADURIE, Emmanuel, *Les Paysans français d'Ancien Régime. Du XIVe au XVIIIe siècle*, Paris, Seuil, 2015.

MARTINEZ-GROS, Gabriel, *Brève histoire des empires. Comment ils surgissent, comment ils s'effondrent*, Paris, Seuil, 2014.

MOLLAT, Michel, *Jacques Cœur ou l'esprit d'entreprise*, Paris, Flammarion, 1988.

MUNRO, John, « Before and after the Black Death : money, prices, and wages in fourteenth-century England », *MPRA Paper 15748*, 2004.

NICOLAS ORESME, *Traité des monnaies et autres écrits monétaires du XIVe siècle*, Lyon, La Manufacture, 5, 1989.

OLEA, Ricardo et CHRISTAKOS, George, « Duration of urban mortality for the 14th-century Black Death epidemic », *Human Biology*, 2005, p. 291-303.

PÉQUIGNOT, Stéphane et MOEGLIN, Jean-Marie (dir.), *Diplomatie et « relations internationales » au Moyen Âge (IXe-XVe siècle)*, Paris, Presses universitaires de France, 2017.

RAOULT, Didier, ABOUDHARAM, Gérard, CRUBÉZY, Éric, LARROUY, Georges, LUDES, Bertrand et DRANCOURT, Michel, « Molecular identification by "suicide PCR" of Yersinia pestis as the agent of medieval black death », *Proceedings of the National Academy of Sciences*, 97 (23), 2000, p. 12800-12803.

REY, Maurice, *Les Finances royales sous Charles VI. Les Causes du déficit 1388-1413*, Paris, SEVPEN, 1965.

SABLON DU CORAIL, Amable, *Louis XI*, Paris, Belin, 2011.

SCORDIA, Lydwine, « Le "roi-berger" dans le *Livre des trois âges* : métaphore de l'impôt permanent dans le royaume de France à la fin du XVe siècle », *Parlement[s]. Revue d'histoire politique*, vol. 37, n° 1, 2023, p. 104-114.

SHAPIRO, Carl et STIGLITZ, Joseph, « Equilibrium unemployment as a worker discipline device », *The American Economic Review*, 74 (3), 1984, p. 433-444.

STENSETH, Nils *et al.*, « Plague dynamics are driven by climate variation », *Proceedings of the National Academy of Sciences*, 103 (35), 2006, p. 13110-13115.

SUSSMAN, George D., « Was the black death in India and China ? », *Bulletin of the History of Medicine*, 2011, p. 319-355.

SUSSMAN, Nathan, « Debasements, Royal Revenues, and Inflation in France During the Hundred Years' War, 1415-1422 », *The Journal of Economic History*, 53 (1), 1993, p. 44-70.

TURCHIN, Peter et NEFEDOV, Serguey, *Secular Cycles*, Princeton, Princeton University Press, 2009.

WAILLY, Natalis de, *Recherches sur le système monétaire de Saint Louis*, Paris, Imprimerie impériale, 1857.

Chapitre 5. Une France immobile ? (1450-1650)

ACEMOGLU, Daron, JOHNSON, Simon et ROBINSON, James, « The colonial origins of comparative development : An empirical investigation », *American Economic Review*, 91 (5), 2001, p. 1369-1401.

ANDRADE, Tonio, *Gunpowder Age*, Princeton, Princeton University Press, 2017.

ARISTIDE, Isabelle, *La Fortune de Sully*, Paris, Comité pour l'Histoire économique et financière, 1990.

BASIN, Thomas, *Histoire de Charles VII et de Louis XI*, édition et traduction de Joël Blanchard, Paris, Pocket, 2018.

BAYARD, Françoise, « Les Bonvisi, marchands banquiers à Lyon, 1575-1629 », *Annales. Économies, Sociétés, Civilisations*, 26e année, n° 6, 1971, p. 1234-1269.

BEAUNE, Colette, *Jeanne d'Arc*, Paris, Perrin, 2004.

BÉGUIN, Katia, « Sully, une conception des finances et de la dette publique », *Albineana. Cahiers d'Aubigné*, 26, 2014. Sully, le ministre et le mécène. Actes du colloque international des 23 et 24 novembre 2012 réunis par Cécile Huchard, Marie-Dominique Legrand et Gilbert Schrenck, p. 135-151.

BÉGUIN, Katia, *État, société et crédit public en France au XVIIe siècle*, Thèse de doctorat, 2010.

BÉGUIN, Katia, *Financer la guerre au XVIIe siècle*, Seyssel, Champ Vallon, 2012.

BÉGUIN, Katia, *Les Princes de Condé. Rebelles, courtisans et mécènes dans la France du Grand Siècle*, Seyssel, Champ Vallon, 2014.

BIN WONG, Roy, *China Transformed. Historical change and the limits of European experience*, Ithaca, Cornell University Press, 1997.

BLANCHARD, Olivier, « Public debt and low interest rates », *American Economic Review*, 109 (4), 2019, p. 1197-1229.

BOUCHERON, Patrick *et al.* (dir.), *Histoire mondiale de la France*, Paris, Seuil, 2017.

BRAUDEL, Fernand et LABROUSSE, Ernest (dir.), *Économie, civilisation et capitalisme*, t. I, *Les Structures du quotidien*, Paris, Armand Colin, 1977.

BROADBERRY, Stephen, « The Industrial Revolution and the Great Divergence : recent findings from historical national accounting », *in* BISIN, Alberto et FEDERICO, Giovanni (dir.), *The Handbook of Historical Economics*, Cambridge (Mass.), Academic Press Inc., 2021, p. 749-771.

BRZEZINSKI, Adam, YAO Chen, PALMA, Nuno et WARD, Felix, « The vagaries of the sea : evidence on the real effects of money from maritime disasters in the Spanish Empire », *Centre for Economic Policy Research*, 2019.

BURINGH, Eltjo et VAN ZANDEN, Jan Luiten, « Charting the "Rise of the West" : Manuscripts and Printed Books in Europe, a long-term Perspective from the Sixth through Eighteenth Centuries », *The Journal of Economic History*, 69 (2), 2009, p. 409-445.

CAUWÈS, Paul, « Les commencements du crédit public en France : les rentes sur l'Hôtel de Ville au XVIe siècle », *Revue d'économie politique*, 1895, p. 97-123.

CLAMAGERAN, Jean-Jules, *Histoire de l'impôt en France*, Paris, Guillaumin et Cie, 1876, t. II.

CLAUSTRE, Julie, *Faire ses comptes au Moyen Âge. Les mémoires de besogne de Colin de Lormoye*, Paris, Les Belles Lettres, 2021.

COLLINS, James B., *La Monarchie républicaine. État et société dans la France moderne*, Paris, Odile Jacob, 2016.

CONTAMINE, Philippe, « Les industries de guerre dans la France de la Renaissance : l'exemple de l'artillerie », *Revue historique*, 271, fasc. 2 (550), 1984, p. 249-280.

CORRIOL, Vincent, « La fausse charte de franchises des paysans de Montbenoît. Cultures et pratiques de l'écrit dans le monde rural médiéval (Comté de Bourgogne, 1406) », *Revue historique*, (1), 2021, p. 3-25.

CROUZET, Denis, *Christophe Colomb. Héraut de l'Apocalypse*, Paris, Presses universitaires de France, 2018.

DAUBRESSE, Sylvie, *Le Parlement de Paris ou la voix de la raison (1559-1589)*, Genève, Droz, 2005.

DITTMAR, Jeremiah et SEABOLD, Skipper, « New media and competition. Printing and Europe's transformation after Gutenberg », Document de travail, 2019.

DOAN, Raphaël, *Le Rêve de l'assimilation. De la Grèce antique à nos jours*, Paris, Passés Composés, 2021.

DOUCET, Roger, « Finances municipales et crédit public à Lyon au XVIe siècle », *Revue d'histoire économique et sociale*, 1934, p. 19-66.

DRELICHMAN, Mauricio et VOTH, Hans-Joachim, *Lending to the Borrower from Hell*, Princeton, Princeton University Press, 2014.

DRÉVILLON, Hervé, *Les Rois absolus*, Paris, Belin, 2011.

DUCCINI, Hélène, *Faire voir, faire croire. L'opinion publique sous Louis XIII*, Seyssel, Champ Vallon, 2003.

ELLIOTT, John, *Richelieu and Olivares*, Cambridge, Cambridge University Press, 1991.

EPSTEIN, Steven, *Freedom and Growth. The rise of states and markets in Europe, 1300-1750*, Milton Park, Routledge, 2000.

FINDLAY, Ronald et O'ROURKE, Kevin H., *Power and Plenty. Trade, War, and the World Economy in the Second Millenium*, Princeton, Princeton University Press, 2009.

FOA, Jérémie, *Tous ceux qui tombent. Visages du massacre de la Saint-Barthélemy*, Paris, La Découverte, 2021.

FOLLAIN, Antoine et LARGUIER, Gilbert, *L'Impôt des campagnes. Fragile fondement de l'État dit moderne, XVe-XVIIIe siècle : colloque tenu à Bercy les 2 et 3 décembre 2002*, Paris, Comité pour l'histoire économique et financière de la France, 2018.

FRANK, Andre Gunder, *ReOrient. Global economy in the Asian age*, Oakland, University of California Press, 1998.

GENET-ROUFFIAC, Nathalia, *Le Grand Exil. Les Jacobites en France, 1688-1715*, Paris, Service historique de la Défense, 2008.

GOY, Joseph et LE ROY LADURIE, Emmanuel, *Les Fluctuations du produit de la dime. Conjoncture décimale et domaniale de la fin du Moyen Âge au* XVIIIe *siècle*, La Haye, Mouton, 1972.

GROSSMAN, Herschel et VAN HUYCK, John B., « Sovereign Debt as a Contingent Claim : Excusable Default, Repudiation, and Reputation », *The American Economic Review*, vol. 78, nº 5, American Economic Association, 1988, p. 1088-1097.

HAMON, Philippe, *L'Argent du roi. Les finances sous François Ier*, Paris, Institut de la gestion publique et du développement économique, 2011.

HAMON, Philippe, *Renaissances. 1453-1559*, Paris, Belin, 2009.

HAVARD, Gilles et VIDAL, Cécile, *Histoire de l'Amérique française*, Paris, Flammarion, 2019.

HOFFMAN, Philip, « Prices, the military revolution, and Western Europe's comparative advantage in violence », *The Economic History Review*, 64, 2011, p. 39-59.

HOFFMAN, Philip, « Taxes and Agrarian Life in Early Modern France : Land Sales, 1550-1730 », *The Journal of Economic History*, 46 (1), 1986, p. 37-55.

HOFFMAN, Philip, POSTEL-VINAY, Gilles et ROSENTHAL, Jean-Laurent, *Des marchés sans prix. Une économie politique du crédit à Paris, 1660-1870*, Paris, EHESS, 2001.

HORNUNG, Erik, « Immigration and the Diffusion of Technology : The Huguenot Diaspora in Prussia », *American Economic Review*, 104 (1), 2014, p. 84-122.

JOHNSON, Noel et KOYAMA, Mark, « Tax farming and the origins of state capacity in England and France », *Explorations in Economic History*, 51, 2014, p. 1-20.

JOHNSON, Noel et KOYAMA, Mark, « Taxes, lawyers, and the decline of witch trials in France », *The Journal of Law and Economics*, 57 (1), 2014, p. 77-112.

JOHNSON, Noel, « Banking on the king : The evolution of the royal revenue farms in old regime France », *The Journal of Economic History*, 66 (4), 2006, p. 963-991.

KETTERING, Sharon, *Patrons, brokers, and clients in seventeenth-century France*, Oxford, Oxford University Press, 1986.

KOSELLECK, Reinhart, *Le Règne de la critique*, Paris, Minuit, 1979.

KOSSMANN, Ernst, *La Fronde*, Leyde, Universitaires Pers Leiden, 1953.

LASSALMONIE, Jean-François, *La Boîte à l'enchanteur. Politique financière de Louis XI*, Paris, Comité pour l'histoire économique et financière, 2002.

LE FUR, Didier, *François Ier*, Paris, Perrin, 2015.

LE FUR, Didier, *Henri II*, Paris, Tallandier, 2009.

LE FUR, Didier, *Louis XII. Un autre César*, Paris, Perrin, 2010.

LEROI, Armand, *La Lagune*, Paris, Flammarion, 2017.

LUCHAIRE, Achille, *Histoire de France depuis les origines jusqu'à la Révolution*, t. I, *Les Premiers Capétiens*, Paris, Armand Colin, 1901.

MANEUVRIER, Christophe, « De Honfleur au Cap-Vert. Retour sur le voyage de Georges Bissipat dit "le Grec" de 1483 », *Annales de Normandie*, n° 1, 2018, p. 45-54.

MOLLAT, Michel, *Jacques Cœur ou l'esprit d'entreprise*, Paris, Flammarion, 1988.

MOUSNIER, Roland, *La Vénalité des offices sous Henri IV et Louis XIII*, Paris, Presses universitaires de France, 1971.

NUNN, Nathan et QIAN, Nancy, « The potato's contribution to population and urbanization : evidence from a historical experiment », *The Quarterly Journal of Economics*, 126 (2), 2011, p. 593-650.

O'BRIEN, Patrick, « Cosmographies for the discovery, development and diffusion of useful and reliable knowledge in pre-industrial Europe and Late imperial China : a survey and speculation », *Economic History working papers (289)*, London School of Economics and Political Science, 2018.

PALMA, Nuno, « The real effects of monetary expansions : evidence from a large-scale historical experiment », *Review of Economic Studies*, 2021.

PARKER, Geoffrey, *La Révolution militaire. La guerre et l'essor de l'Occident 1500-1800*, Paris, Gallimard, 1993 ; rééd. « Folio histoire », 2013.

PERROY, Édouard, « L'artillerie de Louis XI dans la campagne d'Artois (1477) », *Revue du Nord*, 26 (103), 1943.

PINSARD, Nicolas et TADJEDDINE, Yamina, « À l'origine de la financiarisation de la dette publique française : l'édit de Paulette de 1604 et ses conséquences économiques et politiques », *HAL*, 2017.

POMERANZ, Kenneth, *Une grande divergence. La Chine, l'Europe et la construction de l'économie mondiale*, Paris, Albin Michel, 2021.

PONCET, Olivier, « Une utilisation nouvelle de la rente constituée au XVIe siècle : les membres du conseil au secours des finances d'Henri III », *Bibliothèque de l'École des chartes*, 1993, p. 307-357.

POSKETT, James, *Horizons. A global history of science*, Londres, Penguin, 2022.

RUBIN, Jared, « Printing and Protestants : an empirical test of the role of printing in the Reformation », *Review of Economics and Statistics*, 96 (2), 2014, p. 270-286.

SADOURNY, Alain, « Les rentes à Rouen au XIIIe siècle », *Annales de Normandie*, vol. 21, n° 2, 1971, p. 99-108.

SATAVA, David, « Columbus's First Voyage : Profit or loss from a historical accountant's perspective », *Journal of Applied Business Research*, 23 (4), 2007.

SAUVY, Alfred, *Histoire économique de l'entre-deux-guerres*, Paris, Economica, 1984.

SCHMELZING, Paul, « Eight centuries of global real interest rates. *r*, *g*, and the 'suprasecular' decline, 1311-2018 », Document de travail sur le site de l'auteur, 2022.

SCHNAPPER, Bernard, *Essai sur l'évolution des rentes au XVIe siècle*, Mémoire DES : Droit romain, histoire du droit, 1954.

SCHNAPPER, Bernard, *Les Rentes au XVIe siècle. Histoire d'un instrument de crédit*, Paris, SEVPEN, 1957.

VRIES, Peer, *State, Economy and the Great Divergence. Great Britain and China, 1680s-1850s*, Londres, Bloomsbury Publishing, 2015.

WALLERSTEIN, Immanuel, « Frank Proves the European Miracle », *Review (Fernand Braudel Center)*, vol. 22, n° 3, Research Foundation of SUNY, 1999, p. 355-371.

WEBER, Max, *L'Éthique protestante et l'esprit du capitalisme* [1904], Paris, Gallimard, 1963.

WOOTTON, David, *The Invention of Science. A new history of the scientific revolution*, Londres, Penguin, 2015.

WYMAN, Patrick, *The Verge. Reformation, Renaissance, and forty years that shook the world*, New York, Twelve, 2021.

Chapitre 6. La modernité des Lumières (1650-1789)

ABAD, Reynald, *Le Grand Marché. L'approvisionnement alimentaire de Paris sous l'Ancien Régime*, Paris, Fayard, 2002.

ACEMOGLU, Daron et ROBINSON, James, *Prospérité, puissance et pauvreté. Pourquoi certains pays réussissent mieux que d'autres*, Genève, Markus Haller, 2015.

ALLEN, Robert, *Enclosure and the Yeoman. The agricultural development of the South Midlands 1450-1850*, Oxford, Oxford University Press, 1992.

ALLEN, Robert, *Global Economic History. A very short introduction*, Oxford, Oxford University Press, 2011.

ALLEN, Robert, *The British Industrial Revolution in Global Perspective*, Cambridge, Cambridge University Press, 2009.

ANTRÀS, Pol, FORT, Teresa, GUTIÉRREZ, Agustín et TINTELNOT, Felix, « Trade Policy and Global Sourcing : A Rationale for Tariff Escalation », *NBER Working Paper*, 2022.

ASTON, Trevor et PHILPIN, C. H. E. (dir.), *The Brenner Debate*, Cambridge, Cambridge University Press, 1987.

BECKERT, Sven, *Empire of Cotton. A global history*, New York, Vintage, 2015.

BERTUCCI, Paola, *Artisanal Enlightenment*, New Haven, Yale University Press, 2017.

BLANC, Guillaume, « The Cultural Origins of the Demographic Transition in France », Document de travail, 2022.

BOSHER, John Francis, *The Single Duty Project. A study of the movement for a French customs union in the eighteenth century*, Londres, Athlone Press, 1964.

BOUCHARD, Gérard, *Le Village immobile. Sennely-en-Sologne au XVIIIe siècle*, Paris, Plon, 1972.

BOUSCASSE, Paul, NAKAMURA, Emi et STEINSSON, Jon, *When Did Growth Begin ? New estimates of productivity growth in England from 1250 to 1870*, National Bureau of Economic Research, 2021.

BRENNAN, Thomas, *Burgundy to Champagne. The wine trade in early modern France*, Baltimore, Johns Hopkins University Press, 1997.

BROADBERRY, Stephen, CAMPBELL, Bruce, Klein, ALEXANDER, Overton, Mark et VAN LEEUWEN, Baas, *British Economic Growth, 1270-1870*, Cambridge, Cambridge University Press, 2015.

BUCHAN, James, *John Law. A Scottish Adventurer of the Eighteenth Century*, Londres, MacLehose Press, 2018.

BUTI, Gilbert, « Des goûts et des couleurs. Draps du Languedoc pour clientèle levantine au XVIIIe siècle », *Rives méditerranéennes*, 29, 2008, p. 125-140.

CARON, François, *Histoire des chemins de fer en France*, t. I, Paris, Fayard, 1997.

CARON, François, *Histoire économique de la France. XIXe-XXe siècles*, Paris, Armand Colin, 1981.

CHARBIT, Yves, « Les colonies françaises au XVIIe siècle : mercantilisme et enjeux impérialistes européens », *Revue européenne des migrations internationales*, vol. 22, n° 1, 2006, p. 183-199.

CLARK, Gregory, *The Secret History of the Industrial Revolution*, Manuscrit, University of California, Davis, 2001.

COCHRANE, John, *Famous First Bubbles. The Fundamentals of Early Manias*, Cambridge (Mass.), MIT Press, 2001.

COLE, Charles, *Colbert and a Century of French Mercantilism*, New York, Columbia University Press, 1939.

CONCHON, Anne, « Le temps de travail en quête de mesure. La corvée royale au XVIIIe siècle », *Genèses*, n° 85, 2011, p. 50-69.

CROUZET, François, *Bordeaux au XVIIIe siècle*, Bordeaux, Delmas, 1968.

CROUZET, François, *De la supériorité de l'Angleterre sur la France. L'économique et l'imaginaire, XVIIe-XXe siècles*, Paris, Librairie académique Perrin, 1985.

CROUZET, François, *La Guerre économique franco-anglaise au* XVIIIe *siècle*, Paris, Fayard, 2008, chapitre sur le Levant.

DAHLGREN, Erik, *Les Relations commerciales et maritimes entre la France et les côtes de l'océan Pacifique (commencement du XVIIIe siècle)*, Paris, Librairie ancienne Honoré Champion, 1909.

DAUDIN, Guillaume, « Profitability of Slave and Long-Distance Trading in Context : the case of eighteenth-century France », *The Journal of Economic History*, 2004, 64 (1), p. 144-171.

DELASSELLE, Claude, « Les enfants abandonnés à Paris au XVIIIe siècle », *Annales. Économies, sociétés, civilisations*, 30, n° 1, 1975, p. 187-218.

ELZINGA, Simon, « Le tarif de Colbert de 1664 et celui de 1667 et leur signification », *Economisch Historisch Jaarboek*, 1929.

FAURE, Edgar, *La Faillite de Law*, Paris, Gallimard, 1977.

FORREST, Alan, *The Death of the French Atlantic. Trade, war, and slavery in the age of revolution*, Oxford, Oxford University Press, 2020.

FRÊCHE, Georges, « Les états du Languedoc et la construction du canal royal des Deux-Mers ou canal du Midi (1661-1681) », *Études héraultaises*, 1974-4.

GALOR, Oded, *The Journey of Humanity. The Origins of Wealth and Inequality*, New York, Random House, 2022.

GHACHEM, Malick, « The Mississippi Bubble in Saint-Domingue (Haiti) », *in* CONDORELLI, Stefano et MENNING, Daniel (dir.), *Boom, Bust, and Beyond. New Perspectives on the 1720 Stock Market Bubble*, Boston, De Gruyter Oldenbourg, 2019, p. 95-116.

GIRAUD, Marcel, *Histoire de la Louisiane française*, t. III, *L'Époque de John Law (1717-1720)*, Paris, Presses universitaires de France, 1966.

GOODMAN, Ruth, *The Domestic Revolution. How the introduction of coal into Victorian homes changed everything*, New York, Liveright Publishing, 2020.

GOUBERT, Pierre, *Louis XIV et vingt millions de Français*, Paris, Fayard, 1966.

GUERRE, Stéphane, *Nicolas Desmaretz (1648-1721). Le Colbert oublié du Roi Soleil*, Seyssel, Champ Vallon, 2019.

HABAKUKK, John, *American and British Technology in the Nineteenth Century*, Londres, Cambridge University Press, 1962.

HAMON, Maurice, « La Manufacture royale des glaces et Versailles aux XVIIe et XVIIIe siècles », *Versalia. Revue de la Société des amis de Versailles*, n° 20.1, 2017, p. 135-156.

HELDRING, Leander, ROBINSON, James et VOLLMER, Sebastian, « The economic effects of the English Parliamentary enclosures », *National Bureau of Economic Research*, n° w29772, 2022.

HILAIRE-PÉREZ, Liliane, *L'Invention technique au siècle des Lumières*, Paris, Albin Michel, 2000.

HOFFMAN, Philip, *Growth in a Traditional Society. The French countryside, 1450-1815*, Princeton, Princeton University Press, 2000.

HOFFMAN, Philip, POSTEL-VINAY, Gilles et ROSENTHAL, Jean-Louis, *Dark Matter Credit. The Development of Peer-to-Peer Lending and Banking in France*, Princeton, Princeton University Press, 2019.

KAPLAN, Steven, *Bread, Politics and Political Economy in the Reign of Louis XV* [1976], Londres, Anthem Press, 2015.

KELLY, Morgan et Ó GRÁDA, Cormac, « Speed under sail during the early industrial revolution (c. 1750-1830) », *The Economic History Review*, 72 (2), 2019, p. 459-480.

KELLY, Morgan, MOKYR, Joel et Ó GRÁDA, Cormac, « Precocious Albion : a new interpretation of the British industrial revolution », *Annual Review of Econonomics*, 6 (1), 2014, p. 363-389.

KELLY, Morgan, MOKYR, Joel et Ó GRÁDA, Cormac, « The mechanics of the Industrial Revolution », *Journal of Political Economy*, 131 (1), 2023, p. 59-94.

KOMLOS, John, « An anthropometric history of early-modern France », *European Review of Economic History*, 7 (2), 2003, p. 159-189.

KYLE, Harper, *Plagues Upon the Earth. Disease and the Course of Human History*, Princeton, Princeton University Press, 2021.

LACHIVER, Marcel, « La viticulture française à l'époque moderne », *in* COLLECTIF, *Le Vigneron, la Viticulture et la Vinification. En Europe occidentale, au Moyen Âge et à l'époque moderne*, Toulouse, Presses universitaires du Midi, 1991.

LAOUENAN, Morgane, BHARGAVA, Palaash, EYMÉOUD, Jean-Benoît, GERGAUD, Olivier, PLIQUE, Guillaume et WASMER, Étienne, « A cross-verified database of notable people, 3500 BC-2018 AD », *Sci Data* 9, 290, 2022.

LEPETIT, Bernard, « L'impensable réseau. Les routes françaises avant les chemins de fer », *FLUX. Cahiers scientifiques internationaux Réseaux et Territoires*, 2 (5), p. 11-29.

MARCZEWSKI, Jean et TOUTAIN, Jean-Claude, « Le produit de l'agriculture française de 1700 à 1958 », *Cahiers de l'Institut de science économique appliquée*, n° 115, 1961.

MARCZEWSKI, Jean, « Some aspects of the economic growth of France, 1660-1958 », *Economic Development and Cultural Change*, 9 (3), 1961, p. 369-386.

MEUVRET, Jean, *Le Problème des subsistances à l'époque Louis XIV*, La Haye, Mouton, 1977, vol. 2.

MEYER, Jean, « La guerre de course de l'Ancien Régime au XXe siècle : essai sur la guerre industrielle », *Histoire, économie et société*, 1997, p. 7-43.

MINARD, Philippe, *La Fortune du colbertisme. État et industrie dans la France des Lumières*, Paris, Fayard, 2014.

MOKYR, Joel, *The Enlightened Economy. An Economic History of Britain 1700-1850*, New Haven, Yale University Press, 2009.

MONAQUE, Rémi, *Une histoire de la marine de guerre française*, Paris, Perrin, 2016.

MORRISSON, Christian, BARRANDON, Jean-Noël et MORRISSON, Cécile, *Or du Brésil, monnaie et croissance en France au XVIIIe siècle*. Paris, CNRS, 1999.

MURPHY, Antoin E., *John Law. Economic theorist and Policy-Maker*, Oxford, Oxford University Press, 1997.

MURPHY, Kevin, SHLEIFER, Andrei et VISHNY, Robert, « Income distribution, market size, and industrialization », *The Quarterly Journal of Economics*, 104 (3), 1989, p. 537-564.

NASSIET, Michel, « La diffusion du blé noir en France à l'époque moderne », *Histoire & Sociétés rurales*, 9 (1), 1990, p. 57-76.

NOËL, Octave, « Le blé en France depuis le commencement du siècle », *Journal de la société française de statistique*, 17, 1876, p. 129-133.

NYE, John, *War, Wine, and Taxes. The Political Economy of Anglo-French Trade, 1689-1900*, Princeton, Princeton University Press, 2018.

Ó GRÁDA, Cormac, « Did science cause the industrial revolution ? », *Journal of Economic Literature*, 54 (1), 2016, p. 224-239.

ORAIN, Arnaud, *La Politique du merveilleux. Une autre histoire du système de Law (1695-1795)*, Paris, Fayard, 2018.

OURY, Clément, *La Guerre de succession d'Espagne. La fin tragique du Grand Siècle*, Paris, Tallandier, 2020.

PARKER, Geoffrey, *Global Crisis*, New Haven, Yale University Press, 2013.

PICON, Antoine, Architectes et ingénieurs au siècle des Lumières, Marseille, Parenthèse, 1988.

PITTE, Jean-Robert, *La Bouteille de vin. Histoire d'une révolution*, Paris, Tallandier, 2021.

QUESNAY, François de, *Œuvres économiques complètes et autres textes*, Paris, Ined, 2005, t. I.

RIDOLFI, Leonardo et NUVOLARI, Alessandro, « *L'histoire immobile ?* A reappraisal of French economic growth using the demand-side approach, 1280-1850 », *European Review of Economic History*, 25 (3), 2021, p. 405-428.

RIDOLFI, Leonardo, *The French Economy in the Longue Durée. A study on real wages, working days and economic performance from Louis IX to the Revolution*, Thèse de doctorat, IMT School for Advanced Studies, Lucques, 2016.

ROLL, R., « Orange juice and weather », *The American Economic Review*, 74 (5), 1984, p. 861-880.

SARMANT, Thierry et STOLL, Matthieu, *Le Grand Colbert*, Paris, Tallandier, 2019.

SÉGUY, Isabelle, *La Population de la France de 1670 à 1829. L'enquête Louis Henry et ses données*, Paris, Ined, 2001.

TEISSEYRE-SALLMANN, Line, *L'Industrie de la soie en Bas-Languedoc. XVIIe-XVIIIe siècles*, Paris, École des chartes, 1995.

UNWIN, Tim, *Wine and the Vine. An historical geography of viticulture and the wine trade*, Londres, Routledge, 2005.

VELDE, François, « Chronicle of a deflation unforetold », *Journal of Political Economy*, 117 (4), 2009, p. 591-634.

VELDE, François, « Was John Law's system a bubble ? The Mississippi bubble revisited », *in* ATACK, Jeremy et NEAL, Larry (dir.), *The Origins and Development of Financial Markets and Institutions. From the seventeenth century to the present*, Cambridge, Cambridge University Press, 2009, p. 99-120.

VIDAL DE LA BLACHE, Paul, *Tableau de la géographie de la France*, Paris, Hachette et Cie, 1901.

VOVELLE, Michel, *Piété baroque et déchristianisation en Provence au XVIIIe siècle*, Paris, Plon, 1973.

Chapitre 7. Une crise de dette souveraine (1789-1815)

AFTALION, Florin, *L'Économie de la Révolution française*, Paris, Hachette, 1987.

BAINVILLE, Jacques, *Histoire de France*, Paris, Fayard, 1924.

BÉRAUD, Stéphane, *Bonaparte en Italie, 1796-1797. Naissance d'un stratège*, Paris, Bernard Giovanangeli, 2008.

BIEN, David, « La réaction aristocratique avant 1789 : l'exemple de l'armée », *Annales. Histoire, Sciences sociales*, vol. 29, n° 2, 1974, p. 505-534.

BLAUFARB, Rafe, *The French Army 1750-1820. Careers, Talent, Merit*, Manchester, Manchester University Press, 2017.

BLAUFARB, Rafe, *The Great Demarcation. The French revolution and the invention of modern property*, Oxford, Oxford University Press, 2016.

BODINIER, Bernard et TEYSSIER, Éric, *L'Événement le plus important de la Révolution. La vente des biens nationaux (1789-1867) en France et dans les territoires annexés*, Paris, Société des études robespierristes, 2000.

BOIS, Paul, *Paysans de l'Ouest. Des structures économiques et sociales aux options politiques depuis l'époque révolutionnaire dans la Sarthe*, La Haye, Mouton, 1960.

CLOULAS, Ivan, « Les aliénations du temporel ecclésiastique sous Charles IX et Henri III (1563-1587) », *Revue d'histoire de l'Église de France*, 44 (141), 1958, p. 5-56.

COMPAGNON, Antoine, *Proust du côté juif*, Paris, Gallimard, 2022.

CROUZET, François, « Wars, blockade, and economic change in Europe, 1792-1815 », *The Journal of Economic History*, 24 (4), 1964, p. 567-588.

CROUZET, François, *L'Économie britannique et le blocus continental (1806-1813)*, Paris, Presses universitaires de France, 1958.

CROUZET, François, *La Grande Inflation. La monnaie en France, de Louis XVI à Napoléon*, Paris, Fayard, 1993.

DASTON, Lorraine J., « Fitting numbers to the world : The case of probability theory », *History and Philosophy of Modern Mathematics*, 1988, p. 221-237.

DEPARCIEUX, Antoine, *Essai sur les probabilités de la durée de la vie humaine. D'où l'on déduit la manière de déterminer les rentes viagères tant simples qu'en tontines, précédé d'une courte explication sur les rentes à terme, ou annuités, et accompagné d'un grand nombre de tables*, Paris, 1746.

EICHENGREEN, Barry et PANIZZA, Ugo, « Asurplus of ambition : can Europe rely on large primary surpluses to solve its debt problem ? », *Economic Policy*, 31.85, 2016, p. 5-49.

FINDLAY, Ronald et O'ROURKE, Kevin H., *Power and Plenty. Trade, War, and the World Economy in the Second Millenium*, Princeton, Princeton University Press, 2009.

FINLEY, Theresa, FRANCK, Raphael et JOHNSON, Noel, « The effects of land redistribution : Evidence from the French Revolution », *The Journal of Law and Economics*, 64 (2), 2021, p. 233-267.

FRÊCHE, Georges, *Toulouse et la région Midi-Pyrénées au siècle des Lumières, vers 1670-1789*, Paris, Cujas, 1974.

GALLAIS-HAMONNO Georges et BERTHON Jean, *Les emprunts tontiniers de l'Ancien Régime : un exemple d'ingénierie financière au XVIIIe siècle*. Paris, Publications de la Sorbonne, 2008.

HARRIS, Seymour, *The Assignats*, Cambridge (Mass.), Harvard University Press, 1934.

JAURÈS, Jean, *Histoire socialiste de la Révolution française*, Paris, 1901, t. I.

JUHÁSZ, Réka, « Temporary protection and technology adoption : Evidence from the napoleonic blockade », *American Economic Review*, 108.11, 2018, p. 3339-3376.

KAPLAN, Steven, *La Fin des corporations*, Paris, Fayard, 2001.

LABROUSSE, Ernest, *La Crise de l'économie française à la fin de l'Ancien Régime et au début de la Révolution* [1944], Paris, Presses universitaires de France, 1991.

LOUTCHISKY, Ivan, *Propriété paysanne et ventes des biens nationaux pendant la Révolution française*, Paris, CTHS, 1999.

LÜTHY, Herbert, *La Banque protestante en France. De la révocation de l'édit de Nantes à la Révolution*, Paris, SEVPEN, 1959.

MARION, Marcel, *Histoire financière de la France depuis 1715*, t. II, *1789-1792*, Paris, Rousseau, 1922.

Michelet, Jules, *Histoire de la Révolution française* [1847-1853], Paris, Gallimard, 2019, t. I.

Mikaberidze, Alexander, *Les Guerres napoléoniennes. Une histoire globale*, Paris, Flammarion, 2020.

Monaque, Rémi, *Trafalgar* [2005], Paris, Passés Composés, 2021.

Morineau, Michel, « Esquisse et crise : une relecture nécessaire d'Ernest Labrousse », *Annales historiques de la Révolution française*, Société des études robespierristes, janvier 1996, p. 77-107.

Necker, Jacques, *Compte rendu au roi*, Paris, 1781.

Nicholls, David, « Les aliénations du temporel ecclésiastique en Normandie pendant les guerres de Religion », *Annales de Normandie*, vol. 38, n° 4, 1988, p. 295-316.

O'Brien, Patrick et Palma, Nuno, « Danger to the Old Lady of Threadneedle Street ? The Bank Restriction Act and the regime shift to paper money, 1797-1821 », *European Review of Economic History*, 24 (2), 2020, p. 390-426.

Piketty, Thomas, *Capital et idéologie*, Paris, Seuil, 2019.

Piketty, Thomas, *Le Capital au xxi*e *siècle*, Paris, Seuil, 2013.

Poumarède, Jacques, « La législation successorale de la Révolution entre l'idéologie et la pratique », *in* Théry, Isabelle et Biet, Christian (dir.), *La Famille, la Loi, l'État*, Paris, Centre national d'art et de culture Georges-Pompidou, 1989, p. 167-182.

Rosenthal, Jean-Laurent, *The Fruits of Revolution. Property Rights, Litigation and French Agriculture, 1700-1800*, Cambridge, Cambridge University Press, 1992.

Sargent, Thomas et Wallace, Neil, « Some unpleasant monetarist arithmetic », *Federal Reserve Bank of Minneapolis Quarterly Review*, 5 (3), 1981, p. 1-17.

Spang, Rebecca, *Stuff and Money in the Time of the French Revolution*, Cambridge (Mass.), Harvard University Press, 2015, chap. 1.

Tocqueville, Alexis de, *L'Ancien Régime et la Révolution*, Paris, 1856.

Todd, Emmanuel, *L'Origine des systèmes familiaux*, t. I, *L'Eurasie*, Paris, Gallimard, 2011.

Tulard, Jean, *Napoléon ou le mythe du sauveur* [1977], Paris, Fayard, 2021.

Velde, François et Weir, David, « The financial market and government debt policy in France, 1746-1793 », *The Journal of Economic History*, 52 (1), 1992, p. 1-39.

Walton, Charles, « The Fall from Eden : The Free-Trade Origins of the French Revolution », *in* Desan, Suzanne, Hunt, Lynn et Nelson, William Max (dir.), *The French Revolution in Global Perspective*, Ithaca, Cornell University Press, 2013, p. 44-56.

Waresquiel, Emmanuel de, *Sept jours : 17-23 juin 1789. La France entre en révolution*, Paris, Tallandier, 2020.

Weir, David, « Les crises économiques et les origines de la Révolution française », *Annales. Histoire, Sciences sociales*, vol. 46, n° 4, 1991, p. 917-947.

Yver, Jean, *Égalité entre héritiers et exclusion des enfants dotés. Essai de géographie coutumière*, Paris, Sirey, 1966.

Chapitre 8. L'enrichissement du monde (1815-1914)

Agulhon, Maurice, *La République au village (les populations du Var, de la Révolution à la Seconde République)*, Paris, Plon, 1970.

Anceau, Éric, *Napoléon III. Un Saint-Simon à cheval*, Paris, Tallandier, 2016.

ANDERSON, Kim et PINILLA, Vicente, « What's in the annual database of Global Wine Markets, 1835 to 2016 ? », *Working paper*, 2018.

BANERJEE, Abhijit, DUFLO, Esther, POSTEL-VINAY, Gilles et WATTS, Tim, « Long-run health impacts of income shocks : Wine and phylloxera in nineteenth-century France », *The Review of Economics and Statistics*, 92 (4), 2010, p. 714-728.

BAZOT, Guillaume, BORDO, Michael et MONNET, Éric, « International shocks and the balance sheet of the Bank of France under the classical gold standard », *Explorations in Economic History*, 62, 2016, p. 87-107.

BAZOT, Guillaume, MONNET, Éric et MORYS, Matthias, « Taming the Global Financial Cycle : Central Banks and the Sterilization of Capital Flows in the First Era of Globalization (1891-1913) », 2019.

BECUWE, Stéphane, BLANCHETON, Bertrand et ONFROY, Karine, « "Base Montesquieu" : les données du commerce extérieur français de 1836 à 1938 », *Revue de l'OFCE*, 164 (4), 2019, p. 87-109.

BENVENISTE, Stéphane, « Like Father, Like Child : Social Reproduction in the French Grandes Écoles throughout the 20th Century », *Working paper*, 2021.

BLANC, Guillaume et KUBO, Masahiro, « Schools, Language, and Nations : Evidence From a Natural Experiment in France », *Working paper*, Brown University, 2021.

BONAPARTE, Louis-Napoléon, *Analyse de la question des sucres*, Paris, 1842.

BONAPARTE, Louis-Napoléon, *Extinction du paupérisme*, Paris, Pagnerre, 1844.

BOUVIER, Jean, *Le Crédit lyonnais de 1863 à 1882. Les années de formation d'une banque de dépôt*, Paris, EHESS, 1961.

CARON, François, *Histoire des chemins de fer en France*, t. I, *1740-1883*, Paris, Fayard, 1997.

CHAMBRU, Cédric, HENRY, Emeric et MARX, Benjamin, « The dynamic consequences of state-building : evidence from the French Revolution », *Sciences Po economics discussion paper*, 2021.

CLARK, Gregory, *The Son Also Rises. Surnames and the History of Social Mobility*, Princeton, Princeton University Press, 2014.

CLEMENS, Michael, LEWIS, Ethan et POSTEL, Hannah, « Immigration restrictions as active labor market policy : Evidence from the mexican bracero exclusion », *American Economic Review*, 108 (6), 2018, p. 1468-1487.

DÉMIER, Francis, *La Nation, frontière du libéralisme. Libre-échangistes et protectionnistes français, 1786-1914*, Paris, CNRS, 2022.

DO, Quoc-Ahn, GALBIATI, Roberto et MARX, Benjamin, « *J'accuse !* Antisemitism and financial markets in the time of the Dreyfus affair », *Sciences Po economics discussion paper*, 2020.

FEDERICO, Giovanni, « The first European grain invasion : a study in the integration of the European market 1750-1870 », *Working paper*, 2008.

FLANDREAU, Marc, « The French crime of 1873 : An essay on the emergence of the international gold standard, 1870-1880 », *The Journal of Economic History*, 56 (4), 1996, p. 862-897.

FLANDREAU, Marc, *L'Or du monde. La France et la stabilité du système monétaire international*, Paris, L'Harmattan, 1995.

FLONNEAU, Mathieu, « Paris au cœur de la révolution des usages de l'automobile, 1884-1908 », *Histoire, Économie, Société*, 26 (2), 2007, p. 61-74.

FOUQUIN, Michel et HUGOT, Jules, « Two centuries of bilateral trade and gravity data : 1827-2014 », *CEPII Working Paper*, 2016.

FRIDENSON, Patrick, *Histoire des usines Renault*, t. I, *Naissance de la grande entreprise, 1898-1939*, Paris, Seuil, 1998.

FRIEDMAN, Milton, « Bimetallism revisited », *Journal of Economic Perspectives*, 4 (4), 1990, p. 85-104.

GAUTHIER, Stéphane, « Ouverture et fragmentation : le seigle en Corrèze, 1860-1896 », Document de travail, 2021.

GONJO, Yasuo, « Le "plan Freycinet", 1878-1882 : un aspect de la "grande dépression" économique en France », *Revue historique*, 248, fasc. 1 (503), 1972, p. 49-86.

GRANTHAM, George, ADAM, Michel et POSTEL-VINAY, Gilles, « La faucille et la faux : Un exemple de dépendance temporelle », *Études rurales*, 1999, p. 103-131.

HAUTCŒUR, Pierre-Cyrille et RIVA, Angelo, « The Paris financial market in the nineteenth century : complementarities and competition in microstructures 1 », *The Economic History Review*, 65 (4), 2012, p. 1326-1353.

HAUTCŒUR, Pierre-Cyrille, *Le Marché boursier et le financement des entreprises françaises (1890-1939)*, Thèse doctorale, Université de Paris I - Panthéon-Sorbonne, 1994.

HAUTCŒUR, Pierre-Cyrille, RIVA, Angelo et WHITE, Eugen, « Floating a "lifeboat" : The Banque de France and the crisis of 1889 », *Journal of Monetary Economics*, 65, 2014, p. 104-119.

HUMPHRIES, Jane et SCHNEIDER, Benjamin, « Spinning the industrial revolution », *The Economic History Review*, 72 (1), 2019, p. 126-155.

HUMPHRIES, Jane et WEISDORF, Jacob, « The wages of women in England, 1260-1850 », *The Journal of Economic History*, 75 (2), 2015, p. 405-447.

INKLAAR, Robert, DE JONG, Herman, BOLT, Jutta et VAN ZANDEN, Jan Luiten, « Rebasing 'Maddison' : new income comparisons and the shape of long-run economic development », *GGDC Research Memorandum*, 174, 2018.

JUHÁSZ, Réka, « Temporary protection and technology adoption : Evidence from the napoleonic blockade », *American Economic Review*, 108 (11), 2018, p. 3339-3376.

LE BRIS, David et HAUTCŒUR, Pierre-Cyrille, « A challenge to triumphant optimists ? A blue chips index for the Paris stock exchange, 1854-2007 », *Financial History Review*, 17 (2), 2010, p. 141-183.

LE BRIS, David, « Les grands travaux du plan Freycinet : de la subvention à la dépression ? », *Entreprises et histoire*, (69), 8, 2012.

LE BRIS, David, « Les krachs boursiers en France depuis 1854 », *Revue économique*, 61 (3), 2010, p. 421-430.

LÉVY-LEBOYER, Maurice et BOURGUIGNON, François, *L'Économie française au XIXe siècle. Analyse macroéconomique*, Paris, Economica, 1985.

MARACHE, Corinne, *Les Petites Villes et le monde agricole. France XIXe siècle*, Rennes, Presses universitaires de Rennes, 2021.

MARX, Karl, *Le Capital* [1867], livre I, Paris, Presses universitaires de France, 2014, partie I, chap. 22.

MARX, Karl, *Le Dix-huit brumaire de Louis Bonaparte* [1852], Paris, Flammarion, 2007.

MORICEAU, Caroline, *Les Douleurs de l'industrie. L'hygiénisme industriel en France, 1860-1914*, Paris, EHESS, 2009.

NOIRIEL, Gérard, *Les Ouvriers dans la société française, XIXe-XXe siècle* [1986], Paris, Seuil, 2002.

NOIRIEL, Gérard, *Les Ouvriers dans la société française, XIXe-XXe siècle*, Paris, Seuil, 2002.

NYE, John, « The myth of free-trade Britain and fortress France : tariffs and trade in the nineteenth century », *The Journal of Economic History*, 51 (1), 1991, p. 23-46.

O'BRIEN, Patrick et KEYDER, Caglar, « Les voies de passage vers la société industrielle en Grande-Bretagne et en France (1780-1914) », *Annales. Économies, Sociétés, Civilisations*, 34e année, n° 6, 1979, p. 1284-1303.

O'Brien, Patrick et Keyder, Caglar, *Economic growth in Britain and France 1780-1914. Two paths to the twentieth century*, Milton Park, Routledge, 2011.

O'Rourke, Kevin H., « Globalization and inequality : historical trends », *NBER working paper*, 2001.

Ridolfi, Leonardo, Salvo, Carla et Weisdorf, Jacob, « The impact of mechanisation on wages and employment : evidence from the diffusion of steam power », *CEPR working paper n° 17389*, 2022.

Schnerb, Robert, *Deux siècles de fiscalité française*, Paris, EHESS, 1973.

Sicsic, Pierre, « City-farm wage gaps in late nineteenth-century France », *The Journal of Economic History*, 52 (3), 1992, p. 675-695.

Sicsic, Pierre, « Establishment size and economies of scale in 19th-century France », *Explorations in Economic History*, 31 (4), 1994, p. 453-478.

Steinwender, Claudia, « Real effects of information frictions : When the states and the kingdom became united », *American Economic Review*, 108 (3), 2018, p. 657-696.

Todd, David, *Un empire de velours. L'impérialisme informel français du XIX*e *siècle*, Paris, La Découverte, 2022.

Toutain, Jean-Claude, « Le produit intérieur brut de la France, 1789-1990 », *Économie et Sociétés*, 1997, p. 5-187.

Walch, Jean, *Michel Chevalier. Économiste saint-simonien, 1806-1879*, Paris, J. Vrin, 1975.

Weber, Eugen, *La Fin des terroirs. La modernisation de la France rurale, 1870-1914*, Paris, Fayard, 1983.

Weir, David R., « Parental consumption decisions and child health during the early French fertility decline, 1790-1914 », *The Journal of Economic History*, 53 (2), 1993, p. 259-274.

White, Eugen, « The Crash of 1882 and the Bailout of the Paris Bourse », *Cliometrica*, 1 (2), 2007, p. 115-144.

Willcox, Walter F. (dir.), *International Migrations*, vol. 1, *Statistics*, New York, Publications of the National Bureau of Economic Research, 1929.

Chapitre 9. La guerre de trente ans (1914-1945)

Albers, Thilo et Uebele, Martin, « The global impact of the Great Depression », *London School of Economics working papers*, 2015.

Alesina, Alberto et Sachs, Jeffrey, « Political Parties and the Business Cycle in the United States, 1948-1984 », *Journal of Money, Credit, and Banking*, 20 (1), 1988, p. 63-82.

Alesina, Alberto, Favero, Carlo et Giavazzi, Francesco, *Austerity. When it works and when it doesn't*, Princeton, Princeton University Press, 2020.

Allison, Graham, *Can America and China escape Thucydides' Trap ?*, New York, Houghton Mifflin Harcourt, 2017.

Alvaredo, Falcundo, Cogneau, Denis et Piketty, Thomas, « Income inequality under colonial rule. Evidence from French Algeria, Cameroon, Tunisia, and Vietnam and comparisons with British colonies 1920-1960 », *Journal of Development Economics*, 152, 2021, 102680.

Bagehot, Walter, *Lombard Street. A Description of the Money Market*, Henry S. King and Co., 1873.

BAINVILLE, Jacques, *Les Conséquences politiques de la paix*, Paris, Nouvelle librairie nationale, 1920.

BAUBEAU, P., MONNET, E., RIVA, A. et UNGARO, S., « Flight-to-safety and the credit crunch : a new history of the banking crises in France during the Great Depression », *The Economic History Review*, 74 (1), 2021, p. 223-250.

BELAICH, Thomas, *Reap (not) what you sow. Contradictory policies during the French Popular Front*, Mémoire de master sous la direction d'Éric Monnet, École d'économie de Paris, 2022.

BORDO, Michael et HAUTCŒUR, Pierre-Cyrille, « Why didn't France follow the British stabilisation after World War I ? », *European Review of Economic History*, 11 (1), 2007, p. 3-37.

BOUCHERET, Marianne, « Les organisations de planteurs de caoutchouc indochinois et l'État du début du XXe siècle à la veille de la Seconde Guerre mondiale », *Publications de la Société française d'histoire des outre-mers*, 6 (1), 2008, p. 715-734.

BOUSCASSE, Paul, « Canst Thou Beggar Thy Neighbour ? Evidence from the 1930s », Document de travail, 2022.

BROADBERRY, Stephen et HARRISON, Mark, « The economics of World War I : A comparative quantitative analysis », in *Paper to the annual meeting of the Economic History Association, Toronto*, vol. 16, 2005, p. 1-22.

BURHOP, Carsten et WOLFF, Guntram, « A compromise estimate of German net national product, 1851-1913, and its implications for growth and business cycles », *The Journal of Economic History*, 65 (3), 2005, p. 613-657.

CLARK, Christopher, *Les Somnambules. Été 1914 : comment l'Europe a marché vers la guerre*, Paris, Fayard, 2013.

COGNEAU, Denis, DUPRAZ, Yannick et MESPLÉ-SOMPS, Sandrine, « Fiscal capacity and dualism in colonial states : the French empire 1830-1962 », *The Journal of Economic History*, 81 (2), 2021, p. 441-480.

COGNEAU, Denis, *Un empire bon marché. Histoire et économie politique de la colonisation française, XIXe-XXIe siècle*, Paris, Seuil, 2023.

COHEN-SETTON, Jeremie, HAUSMAN, Joshua et WIELAND, Johannes, « Supply-Side Policies in the Depression : Evidence from France », *Journal of Money, Credit and Banking*, 49 (2-3), 2017, p. 273-317.

DIAMOND, Douglas et DYBVIG, Philip H., « Bank runs, deposit insurance, and liquidity », *Journal of Political Economy*, 91 (3), 1983, p. 401-419.

DONALDSON, David, « Railroads of the Raj : Estimating the impact of transportation infrastructure », *American Economic Review*, 108 (4-5), 2018, p. 899-934.

EICHENGREEN, Barry et IRWIN, Douglas, « The slide to protectionism in the Great Depression : who succumbed and why ? », *The Journal of Economic History*, 70 (4), 2010, p. 871-897.

EICHENGREEN, Barry, *Golden Fetters. The gold standard and the Great Depression, 1919-1939*, Oxford, Oxford University Press, 1992.

GOYA, Michel, *L'Invention de la guerre moderne. Du pantalon rouge au char d'assaut, 1871-1918*, Paris, Tallandier, 2004.

GOYA, Michel, *Les Vainqueurs. Comment la France a gagné la guerre*, Paris, Tallandier, 2018.

GRENARD, Fabrice, LE BOT, Florent et PERRIN, Cédric, *Histoire économique de Vichy. L'État, les hommes, les entreprises*, Paris, Perrin, 2017, p. 93.

GROTARD, Sandrine, « Le premier impôt sur les bénéfices d'entreprises en France. La contribution extraordinaire sur les bénéfices de guerre », *Études et documents. Comité pour l'histoire économique et financière de la France*, 8, 1996, p. 259-280.

HAUTCŒUR, Pierre-Cyrille et SICSIC, Pierre, « Threat of a capital levy, expected devaluation and interest rates in France during the interwar period », *European Review of Economic History*, 3 (1), 1999, p. 25-56.

HAUTCŒUR, Pierre-Cyrille, « Was the Great War a Watershed ? The Economics of World War I in France », *in* BROADBERRY, Stephen et HARRISON, Mark (dir.), *The Economics of World War I*, Cambridge, Cambridge University Press, 2005, p. 169-205.

IRWIN, Douglas, « Did France cause the Great Depression ? » *National Bureau of Economic Research*, n° w16350, 2010.

IRWIN, Douglas, *Trade Policy Disaster. Lessons from the 1930s*, Cambridge (Mass.), MIT Press, 2011.

JACKSON, Julian, *The Popular Front in France. Defending democracy, 1934-38*, Cambridge, Cambridge University Press, 1990.

LEE, Alexander et SCHULTZ, Kenneth A., « Comparing British and French Colonial Legacies : A Discontinuity Analysis of Cameroon », *Quarterly Journal of Political Science*, vol. 7, n° 4, 2012, p. 365-410.

MADSEN, Jakob B., « Agricultural Crises and the International Transmission of the Great Depression », *The Journal of Economic History*, 61, n° 2, 2001, p. 327-365.

MARGAIRAZ, Michel, « Les politiques économiques sous et de Vichy », *Histoire@ politique*, (3), 2009.

MARGAIRAZ, Michel, *L'État, les finances et l'économie. Histoire d'une conversion, 1932-1952*, Paris, Comité pour l'histoire économique et financière de la France, 1991.

MARSEILLE, Jacques, « Les origines "inopportunes" de la crise de 1929 en France », *Revue économique*, 1980, p. 648-684.

MARSEILLE, Jacques, *Empire colonial et capitalisme français. Histoire d'un divorce*, Paris, Albin Michel, 1984.

MITCHENER, Kris James et MONNET, Éric, « Connected Lending of Last Resort », *National Bureau of Economic Research*, n° w30869, 2023.

MOURÉ, Kenneth, « Food rationing and the black market in France (1940-1944) », *French History*, 24 (2), 2010, p. 262-282.

MOURÉ, Kenneth, *The Gold Standard Illusion. France, the Bank of France, and the International Gold Standard, 1914-1939*, Oxford, Oxford University Press, 2002.

ORTHOLAN, Henri, *L'Artillerie de la Grande Guerre, 1914-1918. Une arme en constante évolution*, Saint-Cloud, Soteca, 2020.

PAXTON, Robert, *French Peasant Fascism. Henri Dorgères' Greenshirts and the Crises of French Agriculture, 1929-1939*, Oxford, Oxford University Press, 1997.

PIKETTY, Thomas, *Le Capital au XXIe siècle*, Paris, Seuil, 2013.

POIDEVIN, Raymond, *Les Relations économiques et financières entre la France et l'Allemagne de 1898 à 1914*, Paris, Armand Colin, 1969.

SAUVY, Alfred et HIRSCH, Anita, *Histoire économique de la France entre les deux guerres* [1965], Paris, Economica, 1984, vol. 3, chap. 4, p. 61-74.

SICSIC, Pierre, « Was the Franc Poincaré deliberately undervalued ? », *Explorations in Economic History*, 29 (1), 1992, p. 69-92.

SOUTOU, Georges-Henri, « Les responsabilités de la guerre de 1914 et Alfred Fabre-Luce », *Commentaire*, vol. 162, n° 2, 2018, p. 381-394.

SOUTOU, Georges-Henri, *L'Or et le Sang. Les buts de guerre économique de la Première Guerre mondiale*, Paris, Fayard, 1989.

TOOZE, Adam, *The Deluge. The Great War, America and the Remaking of the Global Order, 1916-1931*, Londres, Penguin, 2015.

TOOZE, Adam, *The Wages of Destruction. The making and breaking of the Nazi economy*, New York, Penguin, 2006.

VILLA, Pierre, « Une histoire macroéconomique de la France au XXe siècle », *Cahiers du séminaire d'économétrie*, CNRS, 1993.

WHITE, Eugen, « Making the French Pay. The costs and consequences of the Napoleonic reparations », *European Review of Economic History*, 5 (3), 2001, p. 337-365.

Chapitre 10. Des Trente Glorieuses à nos jours (1944-2022)

AGHION, Philippe, BERGEAUD, Antonin, BOPPART, Timo, KLENOW, Peter et LI, Huiyu, « Missing growth from creative destruction », *American Economic Review*, 109 (8), 2019, p. 2795-2822.

AGHION, Philippe, BERGEAUD, Antonin, LEQUIEN, Matthieu, MELITZ, Marc et ZUBER, Thomas, « Opposing firm-level responses to the China shock : horizontal competition versus vertical relationships ? », *National Bureau of Economic Research*, n° w29196, 2021.

ALGAN, Yann, BEASLEY, Elizabeth, COHEN, Daniel et FOUCAULT, Martial, *Les Origines du populisme*, Paris, Seuil, 2019.

ARVAI, Kai, « The Political Economy of Currency Unions », *Banque de France Working Paper*, 2022.

AVARO, Maylis, *A Gold Battle ? De Gaulle vs Dollar Hegemony during the Bretton Woods era*, Présentation faite à la Banque de France (Paris) en juin 2023.

BALDWIN, Richard et KRUGMAN, Paul, « Industrial policy and international competition in wide-bodied jet aircraft », *in* BALDWIN, Robert (dir.), *Trade Policy Issues and Empirical Analysis*, Chicago, University of Chicago Press, 1988, p. 45-78.

BARLET, Muriel et CRUSSON, Laure, « Quel impact des variations du prix du pétrole sur la croissance française ? », *Économie prévision*, (2), 2009, p. 23-41.

BAUMOL, William J. et BOWEN, William G., « On the Performing Arts : The Anatomy of Their Economic Problems », *The American Economic Review*, 55, n° 1/2, 1965, p. 495-502.

BENASSY, Jean-Pascal, « Théorie du déséquilibre et fondements microéconomiques de la macroéconomie », *Revue économique*, 1976, p. 755-804.

BLOCH-LAINÉ, François et BOUVIER, Jean, *La France restaurée. 1944-1954. Dialogue sur les choix d'une modernisation*, Paris, Fayard, 1986.

BORDO, Michael, MONNET, Éric et NAEF, Alain, « The Gold Pool (1961-1968) and the fall of the Bretton Woods system : Lessons for central bank cooperation », *The Journal of Economic History*, 79 (4), 2019, p. 1027-1059.

BORUSYAK, Kirill et JARAVEL, Xavier, « Are Trade Wars Class Wars ? The Importance of Trade-Induced Horizontal Inequality », *Working paper*, 2022.

BOSSUAT, Gérard, « Le plan Marshall dans la modernisation de la France », *in* BERSTEIN, Serge (dir.), *L'Année 1947*, Paris, Presses de Sciences Po, 1999, p. 45-73.

BOYER, Pierre C., DELEMOTTE, Thomas, GAUTHIER, Germain, ROLLET, Vincent et SCHMUTZ, Benoît, « Les déterminants de la mobilisation des Gilets jaunes », *Revue économique*, 71 (1), 2020, p. 109-138.

BROOKES, Kevin, *Why Neo-liberalism Failed in France. Political Sociology of the Spread of Neo-liberal Ideas in France (1974-2012)*, Londres, Palgrave Macmillan, 2021.

BRUNO, Michael et SACHS, Jeffrey D., *Economics of Worldwide Stagflation*, Cambridge (Mass.), Harvard University Press, 1987.

CALDERA, Aida et JOHANSSON, Åsa, « The price responsiveness of housing supply in OECD countries », *Journal of Housing Economics*, 22.3, 2013, p. 231-249.

CAMPBELL, Douglas et CHENTSOV, Aleksandr, « Breaking badly : the currency union effect on trade », *Working paper*, 2017.

CARDONI, Fabien, *Le Futur empêché. Une histoire financière de la défense en France (1945-1974)*, Paris, Éditions de la Sorbonne, 2022.

CARRÉ, Jean-Jacques, DUBOIS, Paul et MALINVAUD, Edmond, *La Croissance française. Un essai d'analyse économique causale de l'après-guerre*, Paris, Seuil, 1972.

CASSAGNOU, Bernard, *Les Grandes Mutations de la marine marchande française (1945-1995)*, vol. 2, Paris, Comité pour l'histoire économique et financière, 2002.

CHAUVEL, Louis, *La Spirale du déclassement. Essai sur la société des illusions*, Paris, Seuil, 2016.

CHEMIN, Matthieu et WASMER, Étienne, « Using Alsace-Moselle local laws to build a difference-in-differences estimation strategy of the employment effects of the 35-hour workweek regulation in France », *Journal of Labor Economics*, 27 (4), 2009, p. 487-524.

CHODOROW-REICH, Gabriel, GUREN, Adam et MCQUADE, Timothy, « The 2000s Housing Cycle With 2020 Hindsight : A Neo-Kindlebergerian View », *Working Paper*, 2022.

COGNEAU, Denis, DUPRAZ, Yannick et MESPLÉ-SOMPS, Sandrine, « Fiscal capacity and dualism in colonial states : the French empire 1830-1962 », *The Journal of Economic History*, 81 (2), 2021, p. 441-480.

COHEN, Daniel, *Il faut dire que les temps ont changé. Chronique (fièvreuse) d'une mutation qui inquiète*, Paris, Albin Michel, 2018.

COHEN, Daniel, *Richesse du monde, pauvreté des nations*, Paris, Flammarion, 1997.

COHEN, Stephen S., *Modern Capitalist Planning. The French model*, Oakland, University of California Press, 1977.

COMIN, Diego, LASHKARI, Danial et MESTIERI, Martí, « Structural change with long-run income and price effects », *Econometrica*, 89.1, 2021, p. 311-374.

CONSEIL DES PRÉLÈVEMENTS OBLIGATOIRES, *La Fiscalité environnementale au défi de l'urgence climatique*, rapport, septembre 2019.

DÄNZER-KANTOF, Boris et TORRES, Félix, *L'Énergie de la France. De Zoé aux EPR, l'histoire du programme nucléaire*, Paris, François Bourin, 2016.

DELONG, Bradford et EICHENGREEN, Barry, « The Marshall Plan : History's most successful structural adjustment program », *NBER Working Paper*, 1991.

DOUENNE, Thomas et FABRE, Adrien, « French attitudes on climate change, carbon taxation and other climate policies », *Ecological Economics*, 169, 2021, 106496.

ECKHOUT, Jan, « Book Review : The Great Reversal by Thomas Philippon », *Journal of Economic Literature*, 59 (4), 2021, p. 1340-1360.

EICHENGREEN, Barry, « European monetary unification », *Journal of Economic Literature*, 31 (3), 1993, p. 1321-1357.

FACK, Gabrielle et HUILLERY, Élise, « Enseignement supérieur : pour un investissement plus juste et plus efficace », Note du Conseil d'analyse économique, décembre 2021.

FARHI, Emmanuel, GOPINATH, Gita et ITSKHOKI, Oleg « Fiscal devaluations », *Review of Economic Studies*, 81 (2), 2014, p. 725-760.

FOURASTIÉ, Jean, *Les Trente Glorieuses, ou la révolution invisible*, Paris, Fayard, 1979.

« France : austérité consolidée. Perspectives 2011-2012 pour l'économie française », *Revue de l'OFCE*, vol. 119, n° 4, 2011, p. 125-194.

FULLA, Mathieu, *Les Socialistes français et l'économie (1944-1981). Une histoire économique du politique*, Paris, Presses de Sciences Po, 2016.

GAULLE, Charles de, *Mémoires de guerre. Le Salut 1944-1946* [1959], Paris, Gallimard, 2000.

GLICK, Reuven et ROSE, Andrew, « Currency unions and trade : A post-EMU reassessment », *European Economic Review*, 87, 2016, p. 78-91.

GOMEZ, Florence, « Saint-Gobain réfracté dans les Trente Glorieuses. Images d'une société prise entre identité et modernisation », *Revue française d'histoire économique*, (2), 2016, p. 56-70.

GOURINCHAS, Pierre-Olivier et REY, Hélène, « From world banker to world venture capitalist : US external adjustment and the exorbitant privilege », *in* CLARIDA, Richard H. (dir.), *G7 current account imbalances. Sustainability and adjustment*, Chicago, The University of Chicago Press, 2007, p. 11-66.

GOURINCHAS, Pierre-Olivier, MARTIN, Philippe et MESSER, Todd E., « The economics of sovereign debt, bailouts and the Eurozone crisis », *NBER working paper* n° w27403, 2020.

HAUTCŒUR, Pierre-Cyrille, « Le marché financier français de 1945 à nos jours », *Risques*, janvier-mars 1996.

HAYEK, Friedrich, « The pretense of knowledge », *American Economic Review*, 79 (6), 1974, p. 3-7.

HSIAO, A., « Coordination and commitment in international climate action : evidence from palm oil », *Job market paper*, 2021. Le mécanisme d'ajustement du carbone aux frontières pourrait en partie jouer ce rôle.

IRWIN, Douglas A., « The trade reform wave of 1985-1995 », *AEA Papers and Proceedings*, vol. 112, 2022, p. 244-251.

JUZA, Camille, *De Gaulle bâtisseur*, documentaire, 2020.

LE BRIS, David et HAUTCŒUR, Pierre-Cyrille, « A challenge to triumphant optimists ? A blue chips index for the Paris stock exchange, 1854-2007 », *Financial History Review*, 17 (2), 2010, p. 141-183.

LEMOINE, Benjamin, *L'Ordre de la dette*, Paris, La Découverte, 2016.

LÉVY-LEBOYER, Maurice, *L'Économie française dans la compétition internationale au XXe siècle*, Paris, Comité pour l'histoire économique et financière de la France, 2018, Introduction.

LORENZONI, Guido et WERNING, Iván, « Wage price spirals », *Working paper*, 2022.

MALGOUYRES, Clément, « The impact of Chinese import competition on the local structure of employment and wages : Evidence from France », *Journal of Regional Science*, 57 (3), 2017, p. 411-441.

MARTIN, Raphaël, RENAULT, Thomas et ROUX, Baptiste, « Baisse de la productivité en France, échec en "maths" ? », Note du Conseil d'analyse économique, septembre 2022.

MENDRAS, Henri, *La Fin des paysans*, Paris, SEDEIS, 1967.

MIAN, Atif et SUFI, Amir, *House of Debt. How they (and you) caused the Great Recession, and how we can prevent it from happening again*, Chicago, University of Chicago Press, 2015.

MONNET, Éric, « Une coopération à la française. La France, le dollar et le système de Bretton Woods, 1960-1965 », *Histoire@Politique*, (1), 2013, p. 83-100.

MONNET, Éric, *Controlling Credit. Central Banking and the Planned Economy in Postwar France, 1948 1973*, Cambridge, Cambridge University Press, 2018.

MOUNIER-KUHN, Pierre-Éric, *L'Informatique en France. De la Seconde Guerre mondiale au plan Calcul*, Paris, Presses de l'université Paris-Sorbonne, 2010.

NAEF, Alain, *An Exchange Rate History of the United Kingdom. 1945-1992*, Cambridge, Cambridge University Press, 2022.

NICKELL, Stephen, « Unemployment and labor market rigidities : Europe versus North America », *Journal of Economic perspectives*, 11.3, 1997, p. 55-74.

NIMIER-DAVID, Elio, « Local Human Capital and Firm Creation : Evidence from the Massification of Higher Education in France », Document de travail, 2023.

NOIRIEL, Gérard, *Le Creuset français. Histoire de l'immigration* XIXe-XXe *siècle*, Paris, Seuil, 1988.

PETERSEN, Mitchell et RAJAN, Raghuram, « The effect of credit market competition on lending relationships », *The Quarterly Journal of Economics*, 110 (2), 1995, p. 407-443.

PEYREFITTE, Alain, *C'était de Gaulle*, Paris, Fayard, 1994, t. I.

PHILIPPON, Thomas, *The Great Reversal. How America gave up on free markets*, Cambridge (Mass.), Harvard University Press, 2019.

PIKETTY, Thomas, « Brahmin Left vs Merchant Right : Rising inequality & the changing structure of political conflict », *Working paper*, 2018.

PIKETTY, Thomas, *Le Capital au* XXIe *siècle*, Paris, Seuil, 2013.

QUENNOUËLLE-CORRE, Laure, « Les privatisations de 1986-1988 : un moment libéral du capitalisme français ? », *Histoire, économie & société*, vol. 41, n° 2, 2022, p. 30-53.

RODRIK, Dani, « Premature deindustrialization », *Journal of Economic Growth*, 21 (1), 2016, p. 1-33.

RODRIK, Dani, *Straight Talk on Trade*, Princeton, Princeton University Press, 2017.

ROSANVALLON, Pierre, *L'État en France de 1789 à nos jours*, Paris, Seuil, 1991.

SHORT, Philip, *Mitterrand. A study in ambiguity*, New York, Random House, 2013.

STEIL, Bernard, *Le Plan Marshall*, Paris, Les Belles Lettres, 2020.

TABELLINI, Marco, « Gifts of the immigrants, woes of the natives : Lessons from the age of mass migration », *The Review of Economic Studies*, 87 (1), 2020, p. 454-486.

TOOZE, Adam, *Crashed. How a decade of financial crises changed the world*, Londres, Penguin, 2018.

VAÏSSE, Maurice, *La Grandeur. Politique étrangère du général de Gaulle (1958-1969)*, Paris, Fayard, 2014.

VILLA, Pierre, « Une histoire macroéconomique de la France au XXe siècle », *Cahiers du séminaire d'économétrie*, CNRS, 1993.

WARLOUZET, Laurent, *Le Choix de la CEE par la France. L'Europe économique en débat de Mendès France à de Gaulle (1955-1969)*, Paris, Comité pour l'histoire économique et financière, 2011.

WASMER, Étienne et TRANNOY, Alain, *Le Grand Retour de la terre dans les patrimoines. Et pourquoi c'est une bonne nouvelle !*, Paris, Odile Jacob, 2022.

YOUNG, Alwyn, « Structural transformation, the mismeasurement of productivity growth, and the cost disease of services », *American Economic Review*, 104 (11), 2014, p. 3635-3667.

Remerciements

C'est à Raphaël Doan que je dois l'idée d'écrire ce livre. Quand je lui ai dit qu'il était dommage qu'une histoire économique complète de notre nation n'existât pas, il me donna le meilleur conseil possible : « Eh bien, fais-le ! »

Premier soutien de ce projet, Arthur Chevallier a été un éditeur rigoureux qui n'a eu de cesse d'améliorer le contenu du livre jusque dans ses plus petits détails, et son enthousiasme est toujours aussi contagieux, même pendant les relectures d'épreuves.

Je dois un remerciement à tous ceux qui ont accepté de relire des pages de ce livre, notamment mes amis Thomas Belaich, René de Nicolaÿ, Antoine Imberti, Alain Naef, Raphaël Rodrigues et Thomas Zuber, qui m'ont fait beaucoup de suggestions utiles.

Surtout, le livre n'aurait pas vu le jour sans l'aide de mon épouse, Florence. S'il est commun de remercier son conjoint dans toutes sortes de livres, les remerciements sont en toute objectivité plus que mérités dans le cas présent : Florence a tout relu, m'a aidé à réorganiser le propos et a corrigé de nombreuses erreurs, alors que son travail au cœur du capitalisme français d'aujourd'hui, la naissance de notre fille adorée et son engagement associatif lui laissaient peu de temps libre.

J'étais convenu avec Daniel Cohen, mon professeur et mon premier mentor, que je lui enverrais ce livre quand il serait prêt et j'étais extrêmement enthousiaste à l'idée de bénéficier de ses commentaires lumineux. Je retardai stupidement cet envoi pour le perfectionner car une petite incertitude me paralysait : je ne savais pas s'il monterait dans les aigus et me dirait « C'est génial ! » ou s'il garderait sa voix grave et se contenterait d'un « Très bien, très bien, mais quel est le plan pour après ? ». Malheureusement, la maladie l'a emporté trop vite, et j'ai dû terminer cet ouvrage sans pouvoir bénéficier de ses conseils, pourtant irremplaçables. N'étant pas son seul disciple, je me console en me disant que sa sagesse s'est propagée chez de nombreux intellectuels et économistes français. Je dédie ce livre à sa mémoire.

Table des matières

Composition et mise en pages
Nord Compo à Villeneuve-d'Ascq

PEFC
10-31-3532
Certifié PEFC
Ce produit est issu de forêts gérées durablement et de sources contrôlées
www.pefc-france.org

Imprimé en France sur papiers
issus de forêts gérées durablement

Sepec Numérique

1, rue de Prony - ZA des Bruyères
01960 Peronnas

IMPRIM'VERT®

Achevé d'imprimer en février 2024
Numéro d'impression : N17932240197